Krüger/Hertel

Der Grundstückskauf

RWS-Skript 105

Der Grundstückskauf

Höchstrichterliche Rechtsprechung und notarielle Gestaltungshinweise

13., neu bearbeitete Auflage

von

Vors. Richter am BGH a. D. Prof. Dr. Wolfgang Krüger, Karlsruhe

Notar Christian Hertel, LL.M., Weilheim i. OB

begründet und bis zur 7. Auflage bearbeitet

von

Vizepräsident des BGH a. D. Prof. Dr. Horst Hagen, Karlsruhe

Notar a. D. Prof. Dr. Günter Brambring, Köln

RWS Verlag Kommunikationsforum GmbH & Co. KG · Köln

Die Deutsche Nationalbibliothek verzeichnet diese Publikation in der Deutschen Nationalbibliografie; detaillierte bibliografische Daten sind im Internet über http://dnb.d-nb.de abrufbar.

Postfach 27 01 25, 50508 Köln
E-Mail: info@rws-verlag.de, Internet: http://www.rws-verlag.de

Satz und Datenverarbeitung: SEUME Publishing Services GmbH, Erfurt
Druck und Verarbeitung: sedruck KG, Köln

Vorwort

Das vorliegende Buch verbindet eine Darstellung der höchstrichterlichen Rechtsprechung zum Grundstückskauf, v. a. des V. Zivilsenates des Bundesgerichtshofs, mit Hinweisen für die Vertragsgestaltung, die sich aus dieser Rechtsprechung ableiten.

Seit der 12. Auflage aus dem Jahr 2020 wurden Gesetzesänderungen, veröffentlichte Rechtsprechung und wichtige Literatur bis Juli 2025 eingearbeitet (vereinzelt auch darüber hinaus), insbesondere zu:

- Einführung einer elektronischen Präsenzbeurkundung,
- falsa demonstratio und Schwarzkauf,
- Haftung für Exposé und vorvertragliche Äußerungen des Verkäufers,
- Bereitstellung eines Datenraums,
- neue Vorschläge für Finanzierungssicherheiten beim Teilflächenkauf,
- Barzahlungsverbot und notarielle Amtspflichten nach Geldwäschegesetz,
- Pflicht zur Einsicht in die Grundakten beim Erbbaurechtsverkauf.

Wie in den Vorauflagen stellt Professor *Krüger* die höchstrichterliche Rechtsprechung dar, während *Hertel* Gestaltungshinweise für die notarielle Praxis ergänzt.

Karlsruhe/Weilheim, im Dezember 2025

Wolfgang Krüger
Christian Hertel

Inhaltsverzeichnis

Literaturverzeichnis

Kommentare, Handbücher, Monographien

Amann/Brambring/Hertel
Vertragspraxis nach neuem Schuldrecht, 2. Aufl., 2002
(zit.: *Bearbeiter*, in: Amann/Brambring/Hertel)

Amann/Hertel
Aktuelle Probleme der notariellen Vertragsgestaltung im Immobilienrecht 2004/2005, DAI-Tagungsskript 18./19. und 25./26.2.2005
(zit.: *Bearbeiter*, in: Amann/Hertel)

Armbrüster/Preuß
Beurkundungsgesetz mit NotAktVV und DONot, Kommentar, 9. Aufl., 2023 (8. Aufl., 2020)
(zit.: *Bearbeiter*, in: Armbrüster/Preuß)

Arndt/Lerch/Sandkühler
Bundesnotarordnung, Kommentar, 8. Aufl., 2016
(zit.: *Bearbeiter*, in: Arndt/Lerch/Sandkühler)

Basty
Der Bauträgervertrag, 11. Aufl., 2023

Bauer/Schaub
GBO, Kommentar, 5. Aufl., 2023 (zit.: Bauer/Schaub-*Bearbeiter*, GBO)

Beck'scher Online-Großkommentar Zivilrecht
hrsg. von Beate Gsell, Wolfgang Krüger, Stephan Lorenz, Christoph Reymann
(zit.: BeckOGK/*Bearbeiter*)

Beck'scher Online-Kommentar zum Beurkundungsgesetz mit DONot und NotAktVV
hrsg. von Till Bremkamp, Martin Kindler, Armin Winnen, Stand: 1.9.2025, 12. Edition
(zit.: BeckOK BeurkG/*Bearbeiter*)

Beck'scher Online Kommentar zum Bürgerlichen Gesetzbuch
hrsg. von Georg Bamberger und Herbert Roth, Stand: 1.5.2025, 74. Edition
(zit.: BeckOK BGB/*Bearbeiter*)

Beck'sches Formularbuch Bürgerliches, Handels- und Wirtschaftsrecht
hrsg. von Alexander Gebele, Kai-Steffen Scholz, 14. Aufl., 2022
(zit.: *Bearbeiter*, in: Beck'sches Formularbuch Bürgerliches, Handels- und Wirtschaftsrecht)

Beck'sches Notar-Handbuch
hrsg. von Heribert Heckschen, Sebastian Herrler, Christof Münch, 8. Aufl., 2024
(zit.: *Bearbeiter*, in: Beck'sches Notar-Handbuch)

Blank
Bauträgervertrag, 6. Aufl., 2023

Bräu
Verwahrungstätigkeit des Notars, 1992

Clemente
Recht der Sicherungsgrundschuld, 4. Aufl., 2008

Demharter
Grundbuchordnung (GBO), Kommentar, 33. Aufl., 2023

Driehaus
Kommunalabgabenrecht, Stand 2025 (zit.: *Bearbeiter*, in: Driehaus)

Frenz/Miermeister
Bundesnotarordnung (BNotO), Beurkundungsgesetz (BeurkG), 6. Aufl., 2024 (bis 4. Aufl. *Eylmann/Vaasen*)
(zit.: Frenz/Miermeister-*Bearbeiter*)

Ganter/Hertel/Wöstmann
Handbuch der Notarhaftung, 5. Aufl., 2023
(zit.: *Bearbeiter*, in: Ganter/Hertel/Wöstmann)

Grüneberg
BGB, Kommentar, 84. Aufl., 2025 (zit.: Grüneberg-*Bearbeiter*, BGB)

Grziwotz/Everts/Heinemann/Koller
Grundstückskaufverträge, 2. Aufl., 2016
(zit.: *Bearbeiter*, in: Grziwotz/Everts/Heinemann/Koller)

Grziwotz/Sauer/Heinemann
Beurkundungsgesetz, 4. Aufl., 2024 (zit.: Grziwotz/Sauer/Heinemann-*Bearbeiter*)

Haug/Zimmermann
Die Amtshaftung des Notars, 4. Aufl., 2018

Hausmann/Odersky
Internationales Privatrecht in der Notar- und Gestaltungspraxis, 4. Aufl., 2021

Henrich/Dutta/Ebert
Internationales Ehe- und Kindschaftsrecht, Loseblatt, Stand: Juli 2025

Herrler/Hertel/Kesseler
Aktuelles Immobilienrecht 2022, 2022, Aktuelles Immobilienrecht 2023, 2023, Aktuelles Immobilienrecht 2024, 2024, Aktuelles Immobilienrecht 2025, 2025
(zit.: *Bearbeiter*, in: Herrler/Hertel/Kesseler, Aktuelles Immobilienrecht)

Jansen
FGG, Bd. 3: Beurkundungsgesetz, 2. Aufl., 1971

Kawohl
Notaranderkonto, 1995

Kehe
Grundbuchrecht, Kommentar, hrsg. v. Ulrich Keller, Jörg Munzig, 9. Aufl., 2023 (zit.: KEHE-*Bearbeiter*)

Keim
Das notarielle Beurkundungsverfahren, 1990

Kersten/Bühling
Formularbuch und Praxis der Freiwilligen Gerichtsbarkeit, 27. Aufl., 2023
(zit.: *Bearbeiter*, in: Kersten/Bühling)

Kölner Formularbuch Grundstücksrecht
hrsg. von Jörn Heinemann, 3. Aufl., 2020
(zit.: *Bearbeiter*, in: Kölner Formularbuch Grundstücksrecht)

König
Rechtsverhältnisse und Rechtsprobleme bei der Darlehensvalutierung über Notaranderkonto, 1988

Korintenberg
Gerichts- und Notarkostengesetz (GNotKG), Kommentar, 22. Aufl., 2022
(zit.: Korintenberg-*Bearbeiter*, GNotKG)

Krauß
Immobilienkaufverträge in der Praxis, 10. Aufl., 2023

Lambert-Lang/Tropf/Frenz
Handbuch der Grundstückspraxis, 2. Aufl., 2005
(zit.: *Bearbeiter*, in Lambert-Lang/Tropf/Frenz)

Lerch
Beurkundungsgesetz, 5. Aufl., 2016

Mayer/Geck
Der Übergabevertrag, 3. Aufl., 2013

Meikel
GBO, Kommentar, 12. Aufl., 2020
(zit.: Meikel-*Bearbeiter*, GBO)

Münchener Kommentar
zum BGB, 9. Aufl., 2021 ff.
(zit.: MünchKomm-*Bearbeiter*, BGB)

Münchener Vertragshandbuch
Bd. 5: Bürgerliches Recht I, 8. Aufl., 2020 (6. Aufl., 2008)
(zit.: *Bearbeiter*, in: Münchener Vertragshandbuch)

Preuß
Die notarielle Hinterlegung, 1995

Reithmann
Vorsorgende Rechtspflege durch Notare und Gerichte, 1989

Reithmann/Albrecht
Handbuch der notariellen Vertragsgestaltung, 8. Aufl., 2001
(zit.: *Bearbeiter*, in: Reithmann/Albrecht)

Reithmann/Martiny
Internationales Vertragsrecht, 9. Aufl., 2021
(zit.: *Bearbeiter*, in: Reithmann/Martiny)

Schippel/Eschwey
Bundesnotarordnung, Kommentar, 11. Aufl., 2023
(zit.: Schippel/Eschwey-*Bearbeiter*, BNotO)

Schöner/Stöber
Grundbuchrecht, 16. Aufl., 2020

Schotten/Schmellenkamp
Das IPR in der notariellen Praxis, 2. Aufl., 2007

Soergel
BGB, Kommentar, 13. Aufl., 2000 ff., z. T. 14. Aufl., 2020 ff
(zit.: Soergel-*Bearbeiter*)

Staudinger
BGB, Kommentar, Neubearb., 2009 ff.
(zit.: Staudinger-*Bearbeiter*, BGB)

Staudinger
BGB, Kommentar, §§ 125–129; BeurkG (Beurkundung), 2023
(zit.: Staudinger-*Bearbeiter*, BeurkG)

Süß/Wachter
Handbuch des internationalen GmbH-Rechts, 4. Aufl., 2021

Ulmer/Brandner/Hensen
AGB-Recht, Kommentar, 13. Aufl., 2022
(zit.: *Bearbeiter*, in: Ulmer/Brandner/Hensen)

Wegen/Spahlinger/Barth
Gesellschaftsrecht des Auslands, 10. Aufl., 2025 (Loseblatt)

Weingärtner
Das notarielle Verwahrungsgeschäft, 2. Aufl., 2004

Winkler
Beurkundungsgesetz (BeurkG), Kommentar, 21. Aufl., 2023

Winkler
Der Testamentsvollstrecker, 23. Aufl., 2020

Wurm/Wagner/Zartmann
Das Rechtsformularbuch, 18. Aufl., 2025
(zit.: *Bearbeiter*, in: Wurm/Wagner/Zartmann)

Würzburger Notarhandbuch
hrsg. von Peter Limmer, Christian Hertel, Norbert Frenz, 6. Aufl., 2022
(zit.: *Bearbeiter*, in: Würzburger Notarhandbuch)

Aufsätze, Beiträge in Festschriften

Amann
Der Ausschluss von Sachmängelrechten beim Kauf privater Gebrauchtimmobilien – was soll und kann er bewirken?,
DNotZ 2003, 643

Amann
Streitwert der Klausel auf Zustimmung zum Auflassungsvollzug,
MittBayNot 2002, 112

Amann
Notarielle und gerichtliche Verfahren zur Durchsetzung des Eigentumsverschaffungsanspruchs des Immobilenkäufers, MittBayNot 2001, 150

Amann
Wiederverwendung unwirksamer Eigentumsvoraussetzungen,
MittBayNot 2000, 197

Armbrüster
Wirksamwerden beurkundungsbedürftiger Willenserklärungen gegenüber Abwesenden, (Besprechung von BGH, Urt. v. 7.6.1995 – VIII ZR 125/94, NJW 1995, 2217), NJW 1996, 438

Bank
Muss die Veräußerung von gemeindeeigenen Grundstücken an einen privaten Investor zum Zwecke der Bebauung öffentlich ausgeschrieben werden?, BauR 2012, 174

Bardy
Belehrungspflicht und Haftung des Notars in Fällen mit Auslandsberührung, MittRhNotK 1993, 305

Basty
Anmerkung zu BGH, Urt. v. 7.6.2001 – VII ZR 420/00 (Auflassung mit der Vorlagesperre im Bauträgervertrag), DNotZ 2002, 44

Basty
Vertragsgestaltung bei rechtsgeschäftlichen Vorkaufsrechten, ZNotP 1998, 275

Basty
Amtspflicht des Notars zur Beratung der Urkundsbeteiligten, in: Festschrift Schippel, 1996, S. 571

Bestelmeyer
Die erwerbende GbR im Grundstücksrecht – Ein Machtwort des BGH contra legem?, ZIP 2011, 1389

Bestelmeyer
Zur Zulässigkeit eines nachlaßgerichtlichen Zeugnisses über die Fortdauer des Amtes des Testamentsvollstreckers, ZEV 1997, 316

Bitter/Meidt
Nacherfüllungsrecht und Nacherfüllungspflicht des Verkäufers im neuen Schuldrecht, ZIP 2001, 2114

Böhmer
Zur bestimmten Bezeichnung einer noch nicht vermessenen Grundstücksteilfläche, MittBayNot 1998, 329

Böhr
Verbraucher und Unternehmer in der notariellen Praxis, RNotZ 2003, 277

Bohrer
Notarsperre für Verbraucherverträge, DNotZ 2002, 579

Böhringer
Neue Amtspflichten des Notars bei Verbraucherverträgen (§ 17 Abs. 2a Satz 2 BeurkG), BWNotZ 2003, 6

Böttcher
Vertretung bei der notariellen Beurkundung von Verbraucherverträgen, BWNotZ 2003, 49

Brambring
Wer schützt den Verbraucher vor dem Verbraucherschutz?, ZNotP 2003, 42

Brambring
Sperrfrist für Beurkundungstermine, ZfIR 2002, 597

Brambring
Schuldrechtsreform und Grundstückskaufvertrag, DNotZ 2001, 590

Brambring
Das „berechtigte Sicherungsinteresse“ als Voraussetzung für notarielle Verwahrungstätigkeit, DNotZ 1999, 381

Brambring
Mitbeurkundung der Auflassung beim Grundstückskaufvertrag?, in: Festschrift Hagen, 1999, S. 251

Brambring
Widerruf der notariellen Verwahrungsanweisung (§ 54 BeurkG), ZfIR 1999, 333

Brambring
Die Änderungen des Beurkundungsgesetzes durch die BNotO-Novelle, FGPrax 1998, 201

Brambring
Kaufpreiszahlung über Notaranderkonto, in: RWS-Forum 13, Immobilienrecht 1998, S. 11

Brambring
Pflicht des Notars zur Gestaltung des Beurkundungsverfahrens, § 17 Abs. 2a BeurkG, DNotI-Report 1998, 184

Brambring
Anmerkung zu: BayObLG, Beschl. v. 30.5.1996 – 2 Z BR 47/96 (Vollmacht zur Abänderung der Gemeinschaftsordnung), BayObLG, Beschl. v. 14.8.1996 – 2 Z BR 42/96 (Zur Auslegung von Grundbuchvollmachten), DNotZ 1997, 478

Brambring
Aktuelle Fragen der Grundstücksvollmacht, ZIR 1997, 184

Brambring
Rechtsprechungsübersicht zur Notarhaftung, FGPrax 1996, 1617

Brambring
Kaufpreiszahlung über Notaranderkonto, DNotZ 1990, 615

Brambring/Schippel
Vertragsmuster des Notars und Allgemeine Geschäftsbedingungen, NJW 1979, 1802

Brüggemann
Causa und Synallagma im Recht des Vorvertrages, JR 1968, 201

Burbulla
Die Form der Änderung von Grundstücksverträgen – Anmerkung zu OLG Düsseldorf, Urt. v. 6.10.1997 – 9 U 24/97, Jura 2001, 384

Campe, v.
Der Widerruf des Treuhandauftrags des finanzierenden Kreditinstituts bei Kaufpreisabwicklung über Notaranderkonto, (Anmerkung zu: LG Schwerin, Beschl. v. 3.4.2001 – 4 T 36/00), NotBZ 2001, 208

Campe, v.
Zum Bestimmtheitserfordernis bei der Bezeichnung von Grundstücksteilflächen – Vereinbarung eines Leistungsbestimmungsrechts als Problemlösung? DNotZ 2000, 109

Canaris
Der Bereicherungsausgleich bei Bestellung einer Sicherheit an einer rechtsgrundlos erlangten oder fremden Sache, NJW 1991, 2513

Cremer/Wagner
Zur Angemessenheit und Unangemessenheit von Bindungsfristen in notariellen Urkunden, (Anmerkung zu: OLG Dresden, Urt. v. 26.6.2003 – 19 U 512/03), NotBZ 2004, 331

Deckers
Sind Kosten der Rückabwicklung des Kaufvertrags Vertragskosten i. S. v. § 467 Satz 2 BGB?, NJW 1997, 158

Demharter
Anmerkung zu OLG Düsseldorf, Beschl. v. 22.11.2002 – 3 Wx 327/02, (Verweisung bei Beurkundung einer Erklärung auf in Bezug genommene Urkunde), FGPrax 2003, 139

Demharter
„Reaktivierung“ einer erloschenen Auflassungsvormerkung durch erneute Bewilligung, MittBayNot 2000, 106

Döbereiner
Die Rechtswahl nach Art. 25 Abs. 2 EGBGB bei ausländischem Güterrechtsstatut, MittBayNot 2001, 266

Dübeck
Gütertrennungsreform in Dänemark und skandinavisches Güterstandsrecht, ZEuP 1995, 827

Dümig
EG-ausländische Gesellschaften im Grundbuchverfahren nach „Überseering“, ZfIR 2003, 191

Eckardt
Die Aufhebung des Grundstückskaufvertrags, JZ 1996, 934

Eckert
EG-Beihilferecht und Grundstückskaufvertrag, NotBZ 2005, 345

Eckhardt, W.
Zum „Vorbehalt der Eigentumsumschreibung“ beim Kaufvertrag, DNotZ 1983, 96

Ehlers
Das Vorlesen von der Niederschrift, NotBZ 1997, 109

Einsele
Formerfordernisse bei mehraktigen Rechtsgeschäften, DNotZ 1996, 835

Ertl
Verzicht auf das Antragsrecht nach § 13 Abs. 2 GBO – ein neuer Weg zum Schutz des Grundstücksverkäufers?, DNotZ 1975, 644

Faber
Elemente verschiedener Verbraucherbegriffe in EG-Richtlinien, zwischenstaatlichen Übereinkommen und nationalem Zivil- und Kollisionsrecht, ZEuP 1998, 854

Fabis
Anmerkung zu: LG Bonn, Beschl. v. 14.2.2002 – 4 T 801/01 (Reichweite des BGH-Urteils zur Umschreibungssperre), RNotZ 2002, 191

Feller
Sachmängel beim Kauf – Möglichkeiten und Grenzen vertraglicher Gestaltung, insbesondere beim Grundstückskauf, MittBayNot 2003, 81

Fembacher
Urkundsgewährungspflicht und „Grauer Kapitalmarkt", MittBayNot 2002, 496

Frenz
Amtspflichten bei ungesicherten Vorleistungen, ZNotP 2012, 122

Frenz
Energieausweise, ZMR 2014, 852

Ganter
Die Belehrungspflichten des Urkundsnotars im Falle des Vorliegens einer ungesicherten Vorleistung, NotBZ 2000, 277

Gotzen
Nichtige kommunale Grundstücksgeschäfte – EG-Beihilferecht und § 134 BGB, KommJur 2005, 161

Grothmann/Tschäpe
Entwarnung für Projektentwickler bei städtebaulichen Verträgen – EuGH, Helmut Müller, ZfBR 2011, 442

Grunewald
Das Beurkundungserfordernis nach § 313 BGB bei Gründung und Beitritt zu einer Personengesellschaft, in: Festschrift Hagen, 1999, S. 277

Grziwotz
Die BGB-Ablösung – Erschließungskostenregelung beim Bauplatzverkauf durch Gemeinden, BauR 2008, 471

Grziwotz
EG-Recht, Verfahren und Nichtigkeit, ZfIR 2004, 53

Grziwotz
Erschließungsbeiträge und sonstige Anliegerbeiträge in Bayern: Regelung im Grundstückskaufvertrag und Grunderwerbsteuer, MittBayNot 2003, 200

Grziwotz
Haftung für die Bebaubarkeit beim Grundstückskauf nach neuem Schuldrecht, ZfIR 2002, 246

Grziwotz
Erschließungskosten im Grundstückskauf nach der Schuldrechtsmodernisierung, NotBZ 2001, 383

Grziwotz
Mehr Verbraucherschutz – der neue § 17 Abs. 2a S. 2 Nr. 2 BeurkG, notar 2013, 343

Grziwotz
Neuregelung des Wohnungsbaurechts und Grundstücksverkehr – ein Überblick, DNotZ 2001, 821

Grziwotz
Erschließungskostenvereinbarungen bei Straßengrundabtretungen, ZfIR 2000, 161

Gsell
Vorvertragliche Beschaffungsangaben und Gewährleistungsausschluss beim Grundstückskauf, in: Festschrift Krüger, 2017, 117

Gursky
Auflassungsvormerkung, Rangänderung und Wirksamkeitsvermerk, (Anmerkung zu: OLG Köln, Beschl. v. 25.8.1997 – 2 Wx 42/97), DNotZ 1998, 273

Häming
Vertretungsbefugnisse von Stiftungsorganen und Neuerungen durch das Stiftungsregister, RNotZ 2025, 328

Hagen
Zur Formwirksamkeit beurkundeter Verträge bei Verweisungen auf Baubeschreibungen, Bauleitpläne und Teilungserklärungen, NJW 1979, 2135

Hagenbucher
Die Eintragung der Eigentumsvormerkung für den Grundstückskäufer: ein unvermeidbares Risiko für den Verkäufer?, MittBayNot 2003, 249

Hartmann
Grundstückserwerb von einer GbR nach § 899a BGB – sicher gestaltbar und kondiktionsfest, ZNotP 2011, 139

Heimsoeth
Ausgewählte Aspekte des alten und neuen Wohnungsbauförderungsrechts, RNotZ 2002, 88

Heinemann
Nochmals: Zu den Anforderungen an die Unterschrift der Beteiligten in der notariellen Niederschrift, DNotZ 2003, 243

Heinemann
Zu den Anforderungen an die Unterschrift der Beteiligten in der notariellen Niederschrift, Anmerkung zu OLG Stuttgart, Urt. v. 14.11.2001 – 3 U 123/01, ZNotP 2002, 223

Heinrichs
Das Gesetz zur Änderung des AGB-Gesetzes, Umsetzung der EG-Richtlinie über mißbräuchliche Klauseln in Verbraucherverträgen durch den Bundesgesetzgeber, NJW 1996, 2190

Heinze
Verbraucherschutz im Beurkundungsverfahren, ZNotP 2013, 122

Heinze/Salzig
Gestaltungsüberlegungen zum Grundstückskaufvertrag unter Geltung des neuen Rechts, NotBZ 2002, 1

Henke
Die Vorteilsausgleichung im Schadensersatzrecht des BGB, in: Festschrift Hagen, 1999, S. 371

Henrich
Vermögensregelung bei Trennung und Scheidung im europäischen Vergleich, FamRZ 2000, 6

Herrler
Vorvertragliche Eigenschaftsangaben beim Immobilienkaufvertrag, DNotZ 2020, 397

Herrler
Dingliches Vorkaufsrecht, Form und Heilung – zugleich Besprechung von BGH Urt. v. 8.4.2016 – V ZR 73/15, in: Festschrift Krüger, 2017, 165

Hertel
Vertretungsnachweis für (Kapital-)Gesellschaften aus Common Law-Staaten, in: Festschrift Heidinger, 2023, S. 219

Hertel
Energieausweis für Bestandsgebäude, DNotZ 2007, 486

Hertel
Anmerkung zu: BGH, Urt. v. 26.9.2003 – V ZR 70/03 (Kein Vorkaufsrecht bei Bestellung persönlicher Dienstbarkeit), DNotZ 2004, 451

Hertel
Einheimischenmodelle an der Schnittstelle zwischen Öffentlichem Recht und Zivilrecht – Zur Gestaltung von Einheimischenmodellen im Zwischenerwerb, in: DNotI (Hrsg.), Zehn Jahre Deutsches Notarinstitut, 2003, S. 77

Hertel
Anmerkung zu: BGH, Urt. v. 25.10.2001 – IX ZR 427/98 (einseitige Einschränkung der Verwahrungsanweisung nach Kaufpreishinterlegung), MittBayNot 2002, 181

Hertel
Erste Anmerkungen zur Ergänzung des § 17 Abs. 2a BeurkG, ZNotP 2002, 286

Hertel
„Gekauft wie besichtigt“ – Beschaffenheitsvereinbarung und Ausschluss der Mängelrechte beim Altbauverkauf nach neuem Schuldrecht, ZNotP 2002, 126

Hertel
Vertragliche Regelungen zu Sach- und Rechtsmängeln im Grundstückskaufvertrag nach der Schuldrechtsreform, in: RWS-Forum 23, Immobilienrecht 2002, S. 171

Hertel
Anmerkung zu: BGH, Urt. v. 7.6.2001 – VII ZR 420/00 (Vorleistungspflicht des Käufers als Verstoß gegen das AGB-Gesetz), NotBZ 2001, 463

Hertel
Neues Verzugsrecht – Folgen für die notarielle Vertragsgestaltung, DNotZ 2001, 910

Hertel
Änderungen der Zwangsvollstreckungsunterwerfung durch die Zweite Zwangsvollstreckungsnovelle, DNotZ 1999, 1

Hoffmann
Haustürwiderruf bei Realkrediten und verbundenes Grundstücksgeschäft, ZIP 2002, 1066

Höfinghoff
Notarrelevante Probleme des Europäischen Beihilfenrechts, RNotZ 2005, 387

Holzborn/Israel
Internationale Handelsregisterpraxis, NJW 2003, 3014

Ising/v. Loewenich
Eingeschränkte Verlesungspflicht gem. § 14 BeurkG bei Bestandsverzeichnissen, ZNotP 2003, 176

Jerschke
Die Wirklichkeit als Muster – Der richtige Weg zum gerechten Vertrag, DNotZ 1989, Sonderheft S. 21

Jost
Neues zur Beurkundung von Verbraucherverträgen, ZGS 2002, 346

Junglas
Entwurf eines Gesetzes zur Stärkung des Verbraucherschutzes im notariellen Beurkundungsverfahren, VuR 2013, 114

Kaiser
Rückgewähr durch Restitution oder Kompensation?, in: Festschrift Picker, 2010, S. 413

Kamlah
Neue Rechtsprechung des BGH zur Bezugnahme auf andere Urkunden in Grundstückskaufverträgen, MDR 1980, 532

Kamphausen
Expertenhaftung für mangelhafte Energieausweise nach der neuen EnEV 2006, BauR 2006, 1208

Kanzleiter
Anforderungen an die Unterzeichnung der Niederschrift durch die Beteiligten (Anmerkungen zum Urteil des BGH v. 25.10.2002 – V ZR 279/01), MittBayNot 2003, 197

Kanzleiter
Nochmals: Die Namensunterschrift, NotBZ 2003, 210

Kanzleiter
Anforderungen an die Unterschriften von Beteiligten und Notar unter der notariellen Niederschrift, DNotZ 2002, 520

Kanzleiter
Formzwecke, Beurkundungsverfahren und Berufsrecht – Die Änderungen des Berufsurkundenverfahrensrechts durch die BNotO-Novelle v. 31.8.1998, DNotZ 1999, 292

Kanzleiter
Das Vorlesen der Niederschrift, DNotZ 1997, 261

Kanzleiter
Der Schutz des Grundstücksverkäufers vor vollständiger Zahlung des Kaufpreises – Zugleich Bemerkungen zum Beschluss des OLG Düsseldorf v. 8.11.1994 – 10 W 123/94, DNotZ 1996, 242

Kanzleiter
Der Zugang beurkundeter Willenserklärungen – Zugleich Anmerkungen zum Urteil des BGH v. 7.6.1995 – VIII ZR 125/94, DNotZ 1996, 931

Kanzleiter
Anmerkung zu BGH, Urt. v. 28.9.1984 – V ZR 43/83 (Die Änderung eines Grundstückskaufvertrages nach Auflassung bedarf nicht der Form des § 313 BGB), DNotZ 1985, 285

Kappler/Kappler,
Beteiligung von Ausländern an Immobilienerwerben, ZfIR 2019, 296

Keim
Die notarielle Vorlagesperre – Begründung einer Vorleistungspflicht oder Sicherungsinstrument im Rahmen der Zug-um-Zug-Abwicklung?, MittBayNot 2003, 21

Kemp
Notarielles Treuhandverfahren bei Ablösung, RNotZ 2004, 460

Kemp
Anmerkung zu OLG Düsseldorf, Urt. v. 17.7.2002 – 18 U 246/01, ZNotP 2003, 27

Kesseler
Das Verhältnis der Eintragungsbewilligung zur Einigung, ZNotP 2005, 176

Kiethe
Abwicklung der wegen Verstoßes gegen das Verbot der Durchführung rechtswidriger Beihilfemaßnahmen (Art. 88 EG) nichtigen Verträge – Anmerkung zu BGH, U. v. 4.4.2003 – V ZR 314/02, RIW 2003, 782

Kirstgen
Zinsbeginn und inhaltliche Bestimmtheit der Zwangsvollstreckungsunterwerfung, MittRhNotK 1988, 172

Köhler
Die Unterschrift als Rechtsproblem, in: Festschrift Schippel, 1996, S. 209

Kohler
Bereicherungsrechtliche Rückgewähr eines grundpfandrechtlich belasteten Grundstücks, Anmerkung zu BGH, Urt. v. 26.10.1990 – V ZR 22/89, NJW 1991, 1999

Kohler
Verwendungsersatzansprüche des Zwischenerwerbers gegen den Vormerkungsgeschützten, (Anmerkung zu: BGH, Urt. v. 20.5.1983 – V ZR 291/81), NJW 1984, 2849

Kornexl
„Gekauft wie besichtigt“: Gestaltungsüberlegungen zum Kaufvertrag über eine gebrauchte Immobilie, ZNotP 2002, 86 und 131

Knapp
Anmerkung zu: BGH, Urt. v. 4.4.2003 – V ZR 314/02 (Verfassungsmäßigkeit des Ausgleichsleistungsgesetzes), MittBayNot 2004, 253

Kreuzer
Unwirksame Vorleistungsklausel im Bauträgervertrag und Gewährleistungsrechte des Erwerbers wegen Mängeln des Gemeinschaftseigentums, NZM 2002, 17

Krüger
Wissen, kennen müssen, sich verschließen, in: Festschrift Säcker, 2021, 27

Krüger
Von der Heilung formungültiger Verpflichtungsverträge, in: Festschrift 25 Jahre Deutsches Notarinstitut, 2018, 183

Krüger
Sachmängelhaftung und Formgebot beim Grundstückskauf, ZfIR 2018, 753

Krüger
Die Gesellschaft bürgerlichen Rechts und das Grundbuch, ZNotP 2012, 42

Krüger
Der arglistig verschwiegene Mangel, ZNotP 2011, 442

Krüger
Die Aufhebung des Grundstückskaufvertrages – ein Fall für den Notar?, in: Festschrift Brambring, 2011, S. 235

Krüger
Vorgemerkter Anspruch und Anspruch auf Zustimmung nach § 888 Abs. 1 BGB, ZNotP 2011, 82

Krüger
Die Gesellschaft bürgerlichen Rechts und das Grundbuch – causa infinita, NZG 2010, 801

Krüger
Grundstückskaufverträge im Einheimischenmodell, ZNotP 2010, 450

Krüger
Wiederverwendung einer Vormerkung?, in: Festschrift Krämer, 2009, S. 475

Krüger
Haftung für fehlerhafte Beratung beim Grundstückskauf, ZNotP 2007, 442

Krüger
Vereinbartes und Beurkundetes, ZfIR 2007, 175

Krüger
Vorvertrag und Hauptvertrag, ZNotP 2006, 447

Krüger
Von Wissenschaft und Praxis, in: Festschrift Wenzel, 2005, S. 491

Krüger
Vertragsrückabwicklung im Wege des Schadensersatzes, in: Festschrift Kollhosser, 2004, S. 329

Lauer
Risiken des neu geregelten verbundenen Geschäfts bei Immobilienfinanzierungen, BKR 2004, 92

Lerch
Zur Neufassung des § 50 Abs. 1 Nr. 9 BNotO i. V. m. § 17 Abs. 2a Satz 2 Nr. 2 BeurkG, NotBZ 2014, 37

Lichtenberger
Das Gesetz zur Änderung und Ergänzung beurkundungsrechtlicher Vorschriften, NJW 1980, 864

Lichtenberger
Das Verweisen bei öffentlicher Beurkundung, NJW 1979, 1857

Lichtenwimmer
Anmerkung zu: BGH, Urt. v. 26.11.2004 – V ZR 119/04 (Beweislast für Zugang der Fälligkeitsmitteilung), MittBayNot 2005, 396

Limmer
Personengesellschaften und Immobilien: Form-, Schutz- und ordnungspolitische Defizite am Beispiel des geschlossenen Immobilienfonds, in: Festschrift Hagen, 1999, S. 321

Limmer
Erweiterung der Vollstreckbarkeit aus notariellen Urkunden – Zweites Gesetz zur Änderung zwangsvollstreckungsrechtlicher Vorschriften, DNotI-Report 1998, 9

Limmer
Praxisprobleme der Grundstücksverkehrsordnung im Spiegel der Rechtsprechung, ZNotP 1998, 353

Litzenburger
Der Widerruf des mit einem Grundstücksgeschäft gemäß § 358 BGB verbundenen Verbraucherkreditvertrages, RNotZ 2002, 444

Litzenburger
Anmerkung zu: BGH, Urt. v. 7.6.2001 – VII ZR 420/00 (Verstoß der Umschreibungssperre im Bauträgervertrag gegen das AGBG), RNotZ 2002, 51

Lorenz, St.
Anmerkung zu BGH, Urt. v. 24.3.2006 – V ZR 173/05, NJW 2006, 1925

Lorenz, St.
Vertragsaufhebung wegen culpa in contrahendo: Schutz der Entscheidungsfreiheit oder des Vermögens? Eine Besprechung des Urteils des BGH v. 26.9.1997 – V ZR 29/96 (ZIP 1998, 154), ZIP 1998, 1053

Maaß
Sorgfaltspflichten und Haftungsrisiken des Notars bei widersprechenden Treuhandauflagen des finanzierenden Kreditinstituts, ZNotP 1998, 58

Martin-Ehlers
Die Rechtsfolge von Verstößen gegen Art. 88 Abs. 3 EG-Vertrag bei Beihilfen – Zugleich Anmerkung zu: BGH, Urt. v. 4.4.2003 – V ZR 314/02, WM 2003, 1598

Mayer
Gemeindegeschenke? Probleme des Art. 75 BayGO aus der Sicht der notariellen Praxis, MittBayNot 1996, 251

Medicus
Grenzen der Haftung für culpa in contrahendo, JuS 1965, 209

Melchior/Schulte
Die Vertretungsbescheinigung nach § 21 BNotO in der Handelsregisterpraxis, ZNotP 2003, 344

Messer/Schmitt
Zum Umfang der „Rentabilitätsvermutung“ und zu vorvertraglichen und vordeliktischen Aufwendungen, in: Festschrift Hagen, 1999, S. 425

Mihm
Pflicht zur Verlesung notarieller Urkunden bei EDV-Einsatz – Zur Unwirksamkeit der Verlesung vom Bildschirm und zum Umfang der Verlesung von geänderten, neu ausgedruckten Seiten, NJW 1997, 3121

Miller
Verkauf von Baugrundstücken durch Gemeinden – Weitergabe von Erschließungskosten und Beitragsablösung, VBlBW 2007, 46

Mödl
Die ausländische Kapitalgesellschaft in der notariellen Praxis, RNotZ 2008, 1

Möhrle
Kaufpreisabwicklung über Notaranderkonto – Auslaufmodell oder Maßanzug?, DB 2000, 605

Müller-Magdeburg
Notarielle Pflichten bei finanzierten Grundstückskaufverträgen, ZNotP 2003, 213

Münch
Der Anwendungsbereich der Vollstreckungsunterwerfung – Zum neuen Recht der vollstreckbaren Urkunde, ZNotP 1998, 474

Neuhausen
Rechtsgeschäfte mit Betreuten, RNotZ 2003, 157

Pechstein
Anmerkung zu BGH, Urt. v. 4.4.2003 – V ZR 314/02 (Rückwirkende Kaufpreiserhöhung als Beihilfenrückforderung in neuen Bundesländern verfassungsgemäß), EuZW 2003, 447

Putz
Beweisfragen bei Einschreibesendungen, NJW 2007, 2450

Pützhoven
Die Verbraucher-Unternehmer-Eigenschaft in der notariellen Verhandlung, NotBZ 2002, 273

Quardt/Nielandt
Nichtigkeit von Rechtsgeschäften bei Verstoß gegen das Durchführungsverbot des Art. 88 III 3 EG, EuZW 2004, 201

Reithmann
Die Bindung im notariellen Treuhandverfahren, ZNotP 2004, 319

Reithmann
Notarielle Verwahrung bei der Finanzierung des Grundstückskaufs, WM 2002, 683

Reithmann
Anmerkung zu: OLG Hamm, Urt. v. 8.1.1997 – 11 U 93/96 (Abweichung der Niederschrift von geäußertem rechtsgeschäftlichen Willen), DNotZ 1997, 576

Reithmann
Vertragsgestaltung als „Urkundstätigkeit", in: Festschrift Schippel, 1996, S. 769

Reithmann
Notarielle Vertragsgestaltung und mitgebrachte Entwürfe, in: Festschrift Merz, 1992, S. 469

Reithmann
Funktionen und Instrumente der notariellen Rechtsbetreuung, DNotZ 1975, 324

Renner
Die Namensunterschrift, NotBZ 2003, 178

Reuter
Anmerkung zu BGH Urt. v. 26.10.1990 – V ZR 22/89, JZ 1991, 872

Reymann
Nachweismediatisierung durch § 47 Abs. 2 GBO beim Grundstückserwerb durch eine GbR, ZNotP 2011, 84

Rieger
Neue Regeln für die Beurkundung von Verbraucherverträgen, MittBayNot 2002, 325

Ritter
Auslegungsbedürftigkeit von Urkunden und Notarhaftung, NJW 2004, 2137

Roth
Anmerkung zu: BGH, Urt. v. 24.3.2006 – V ZR 173/05 (Arglist des Verkäufers und Unerheblichkeit seiner Pflichtverletzung), JZ 2006, 1026

Schaub
Ausländische Handelsgesellschaften und deutsches Registerverfahren, NZG 2000, 953

Schilling
Gefahren beim Widerruf des Treuhandauftrages des abzulösenden Gläubigers bei der „Bayerischen Methode", ZNotP 2004, 138

Schlick
Rechtsprechung des III. Zivilsenats zur Notarhaftung, ZNotP 2013, 362

Schmidt, Karsten
100 Bände BGHZ: Allgemeines Handelsrecht – Zur Entwicklung des allgemeinen Handelsrechts in der Rechtsprechung des BGH – Zum Gedenken an Kurt Ballerstedt (1905–1977), ZHR 151 (1987), 302

Schmidt-Räntsch
Zivilrechtliche Wirkungen von Verstößen gegen das EU-Beihilfenrecht, NJW 2005, 106

Schmidt-Räntsch
Aufklärungspflichten beim Verkauf von Immobilien, ZfIR 2004, 569

Schmitz-Valckenberg
Anmerkungen zu: OLG Frankfurt, Beschl. v. 17.3.1989 – 20 W 384/88 und OLG Düsseldorf, Beschl. v. 22.3.1990 – 10 W 25/90, DNotZ 1990, 674

Schubert
Auflassungsvormerkung, Rangänderung, Wirksamkeitsvermerk, oder: Der Rangrücktritt ist tot, es lebe der Wirksamkeitsvermerk? Anmerkung zu: BGH, Beschl. v. 25.3.1999 – V ZB 34/98, DNotZ 1999, 967

Schubert
Unredliches Verhalten Dritter bei Vertragsabschluß, AcP 168 (1968), 470

Schütz/Häußermann
Die Tragung der Erschließungskosten beim Verkauf gemeindeeigener Grundstücke, BWGZ 2005, 928

Seibt
Rechtssicherheit beim Unternehmens-, Beteiligungs- und Anlagenverkauf: Analyse der Änderungen bei §§ 444, 639 BGB, NZG 2004, 801

Solveen
Die Ergänzung des § 17 Abs. 2 a BeurkG und ihre Folgen für die notarielle Praxis, RNotZ 2002, 318

Sorge
Die Ergänzung des § 17 Abs. 2a BeurkG, DNotZ 2002, 593

Stapper
Erwerb staatlicher Grundstücke vor dem Hintergrund des EG-Beihilferechts – EG-rechtliche Risiken unternehmerischer Neuansiedlungen, DB 1999, 2399

Stauf
Umfang und Grenzen der Verweisungsmöglichkeiten nach § 13a BeurkG und der eingeschränkten Vorlesungspflicht nach § 14 BeurkG, RNotZ 2001, 129

Stresemann
Treuhandvereinbarungen über ein Grundstück: Formbedürftigkeit und Heilung, in: Festschrift Frenz, 2024, S. 399

Struck
Der Verbraucher-/Unternehmerbegriff im BGB, MittBayNot 2003, 259

Süß
Ausländer im Grundbuch- und Registerverfahren, Rpfleger 2003, 53

Suppliet
Anmerkung zu BGH, Urt. v. 5.4.2001 – VII ZR 119/99 (Formbedürftigkeit einer nachträglichen Fristsetzung für den Baubeginn beim Bauträgervertrag), NotBZ 2001, 221

Terner
Verbraucherschutz durch Notare, NJW 2013, 1404

Tiedtke
Anmerkung zu: BGH, Urt. v. 30.11.1990 – V ZR 91/89 (Haftung für Wohnfläche eines errichteten Gebäudes), DNotZ 1991, 677

Tiedtke
Die Form des Verlängerungsvertrages, DNotZ 1991, 348

Tönnies
Kaufpreisabwicklung über Notaranderkonto – gemäß § 54a Abs. 2 Nr. 1 BeurkG ein Auslaufmodell, ZNotP 1999, 419

Tröder
Pro und Contra Anderkonto nach neuem Beurkundungsrecht, AnwBl 1999, 633

Tröder
Verwahrung auf Anderkonto – Zu Tönnies, ZNotP 1999, 419 ff., ZNotP 1999, 462

Vaasen/Starke
Zur Reform des notariellen Berufsrechts, DNotZ 1998, 661

Verse/Wurmnest
Zur Nichtigkeit von Verträgen bei Verstößen gegen das EG-Beihilferecht, AcP 204 (2004), 855

Vielitz
Das neue Mietrecht – Die wichtigsten Änderungen, RNotZ 2001, 574

Vogt
Muß der Vorkaufsberechtigte Änderungen des Drittkaufs bis zur Ausübung des Vorkaufsrechts gegen sich gelten lassen?, in: Festschrift Hagen, 1999, S. 219

Volmer
Anmerkung zu: OLG Brandenburg, Urt. v. 21.3.2007 – 4 U 79/06 (Verbundenes Geschäft beim finanzierten Grundstückskauf), MittBayNot 2007, 401

Volmer
Anmerkung zu BGH, Urt. v. 26.11.1999 – V ZR 432/98, ZflR 2000, 206

Wacke
Anmerkung zu BGH, Urt. v. 26.11.1999 – V ZR 432/98 (Erloschene Auflassungsvormerkung zur Sicherung eines deckungsgleichen Anspruchs), DNotZ 2000, 643

Wacke
Vorgemerkter Schwarzkauf und Bestätigung oder Novation – Weiterführende Überlegungen anläßlich OLG Frankfurt, Urt. v. 28.10.1993 – 12 U 197/92, DNotZ 1995, 507

Wachter
Das Mietrechtsreformgesetz – einzelne Auswirkungen bei Übertragung von vermietetem Grundbesitz, MittBayNot 2001, 544

Wälzholz/Bülow
Die Schuldrechtsreform in der notariellen Praxis – ein Überblick mit Checklisten und Formulierungsvorschlägen, MittBayNot 2001, 509

Wehrstedt
Anmerkung zu OLG Düsseldorf, Urt. v. 17.7.2002 – 18 U 246/01, ZNotP 2002, 461

Weigl
Anmerkung zu OLG Hamm, Urt. v. 28.1.1999 – 22 U 100/98 (Gewährleistungsausschluss für Mängel, die zwischen Kaufvertragsschluss und Gefahrübergang entstehen), MittBayNot 2000, 33

Weigl
Sonderwunschvereinbarungen im Bauträgervertrag, MittBayNot 1996, 10

Weigl
Zur Reichweite von Gewährleistungsausschlüssen, insbesondere vor Eintritt des Gefahrübergangs, MittBayNot 1996, 349

Weingärtner
Berechtigtes Sicherungsinteresse i. S. d. § 54a Abs. 2 BeurkG, DNotZ 1999, 393

Welser
Die Erklärung der Auflassung unter Aussetzung der Bewilligung der Eigentumsumschreibung, MittBayNot 1993, 253

Wilhelms
Öffentliche Beitragslasten beim Grundstückskauf, NJW 2003, 1420

Winkler
Der Notar im Spannungsverhältnis zwischen Tätigkeitspflichten und Amtsverweigerung, MittBayNot 1998, 141

Wolf
Der Nachweis der Untervollmacht bei Notar und Grundbuchamt, MittBayNot 1996, 266

Wolf
Anmerkung zu BGH, Urt. v. 5.5.1976 – IV ZR 63/75, JZ 1976, 714

Wolfsteiner
Die vollstreckbare Urkunde nach der 2. Zwangsvollstreckungsnovelle, DNotZ 1999, 306

Wolfsteiner
Anmerkung zu OLG Düsseldorf, Beschl. v. 22.3.1990 – 10 W 25/90, (Zeitpunkt der Auflassung), Rpfleger 1990, 505

Wolfsteiner
Bewilligungsprinzip, Beweislast und Beweisführung im Grundbuchverfahren, DNotZ 1987, 67

Wolfsteiner
Nochmals: Zur Erteilung vollstreckbarer Ausfertigungen getrennt beurkundeter Angebots- und Annahmeerklärungen, MittRhNotK 1985, 113

Wolfsteiner
Anmerkung zu BayObLG, Beschl. v. 26.10.1970 – BReg. 2 Z 71/70 (Grundschuld-Eintragungsbewilligung eines nicht eingetragenen Auflassungsempfängers), NJW 1971, 1140

Wudy
Anmerkung zu OLG Dresden, Beschl. v. 25.6.1999 – 3 W 0570/99 und 3 W 570/99, ZNotP 1999, 394

Wufka
Formfreiheit oder Formbedürftigkeit der Genehmigung von Grundstücksverträgen, der Ausübung von Wiederkaufs-, Vorkaufs- und Optionsrechten sowie der Anfechtung, des Rücktritts und der Wandelung?, DNotZ 1990, 339

Zimmer
Anmerkung zu OLG Schleswig, Beschl. v. 6.7.2007 – Not 1/07, ZNotP 2007, 407

Zimmermann
Weisungen der Beteiligten bei Verwahrungsgeschäften nach § 23 BNotO, DNotZ 1980, 451

A. Vertragsabschluss

I. Bestimmung des Vertragsinhalts

1. Tatsächlich übereinstimmender Vertragswille

Der übereinstimmende Wille der Vertragsparteien geht jedem Wortlaut und jeder Vertragsinterpretation vor. Daher ist immer zuerst zu prüfen, ob ein übereinstimmender Wille festzustellen ist. Erst wenn dies nicht der Fall ist, kann der Vertrag ausgelegt werden. 1

a) Falsa demonstratio

Auf dem Vorrang des übereinstimmenden Willens beruht der Gedanke der *falsa demonstratio*, der auch für **formgebundene Geschäfte** gilt. Dem kann nicht entgegengehalten werden, dass dann zwar der – nicht maßgebliche – Wortlaut, nicht aber der – maßgebliche – Sinn beurkundet sei. Beurkundet ist der Wortlaut mit dem Sinn, den ihm die Parteien übereinstimmend beigemessen haben. Der Wortlaut ist falsch, aber unschädlich. 2

Klassisches Beispiel für einen Anwendungsfall der *falsa demonstratio* ist die Falschbezeichnung von Grundstücksparzellen oder auch Teilflächen, und zwar sowohl beim Verpflichtungsgeschäft als insbesondere auch bei der **Auflassung**. 3

Dazu ein anschaulicher Fall: 4

BGH, Urt. v. 7.12.2001 – V ZR 65/01,
ZfIR 2002, 485 = NJW 2002, 1038:

Der Kläger war Eigentümer zweier nebeneinander liegender Grundstücke (Flurstücke 64/2 und 66/2. Der Stadt gehörte das benachbarte Grundstück 64/1. Eine Teilfläche dieses Grundstücks von etwa 20 qm nutzte jedoch mit Zustimmung der Stadt allein der Kläger als Parkplatz. Hintergrund dafür war ein – nicht formgerecht durchgeführter – Grundstückstausch, den die Stadt und der Kläger noch legalisieren wollten. Für den unbefangenen Beobachter schien die Teilfläche aufgrund der sich von der übrigen Gestaltung des städtischen Grundstücks abhebenden Pflasterung und aufgrund der Abgrenzung mit massiven Steinpollern dem Grundstück des Klägers zuzugehören. Die Stadt verkaufte nun „das Flurstück 64/1" an den Beklagten und ließ es ihm auf. Dementsprechend wurde das Grundbuch umgeschrieben. Der Kläger nahm den Beklagten zuletzt hinsichtlich der Teilfläche im Wege der gewillkürten Prozessstandschaft auf Grundbuchberichtigung in Anspruch (während des Rechtsstreits war die streitige Fläche abvermessen worden). Der Bundesgerichtshof gab ihm – im Gegensatz zum Oberlandesgericht – Recht.

Dem Wortlaut nach war das gesamte Flurstück 64/1 an den Beklagten verkauft und aufgelassen worden. Der Bundesgerichtshof schloss jedoch aufgrund aller Umstände auf den übereinstimmenden Willen von Stadt und Beklagtem dahin, dass das Flurstück ohne die vom Kläger genutzte Teilfläche verkauft und aufgelassen war, und sah in der Flurstücksbezeichnung eine versehentliche 5 falsa demonstratio. Maßgeblich dafür war, dass die Kaufvertragsparteien das Grundstück vor dem Vertragsschluss besichtigt hatten und dass die Stadt an dem Flächentausch festhalten wollte. Aufgelassen war danach das um die Teilfläche verminderte Flurstück 64/1; die Eintragung in das Grundbuch ging darüber hinaus. Insoweit wurde das Grundbuch unrichtig. Das führt zu § 894 BGB.

6 Diese Grundsätze gelten auch für den umgekehrten Fall: Beschreiben die Parteien das verkaufte Anwesen versehentlich mit einer Grundstücksbezeichnung, die nur einen Teil der Fläche erfasst, über die sich die Parteien geeinigt haben, so ist auch die übrige Fläche mitverkauft.

> BGH, Urt. v. 18.1.2008 – V ZR 174/06,
> NJW 2008, 1658 = ZfIR 2008, 372 (m. Anm. *Lang*, S. 375).

7 Allerdings rechtfertigt nicht jede, etwa auch geringe Abweichung in der Örtlichkeit von den katastermäßigen Grenzen die Anwendung der Lehre von der falsa demonstratio. Im Zweifel wollen die Parteien das Grundstück in den katastermäßig bestimmten Grenzen kaufen/verkaufen, mag auch der Grenzzaun oder die Hecke die Grenze nicht genau getroffen haben.

> BGH, Urt. 23.6.2023 – V ZR 89/22 (eng begrenzte Ausnahme),
> NJW 2023, 2942 = ZIP 2023, 2370 = ZNotP 2023, 358.

b) Bestimmtheit

8 Der Grundsatz des Vorrangs übereinstimmenden Parteiwillens kann an seine Grenzen stoßen, wenn eine zu verkaufende Teilfläche nicht hinreichend genau bezeichnet wird.

9 Eine noch nicht abvermessene Teilfläche stellt kein Grundstück dar, das im Grundbuch gebucht werden könnte. Gleichwohl kann sie Gegenstand eines Kaufvertrags sein, muss aber – wie stets der Kaufgegenstand – hinreichend bestimmt worden sein. Andernfalls ist der Kaufvertrag **nichtig**; wohlgemerkt: **wegen fehlender inhaltlicher Bestimmtheit**, nicht wegen Mängeln bei der Beurkundung.

> BGH, Urt. v. 23.4.1999 – V ZR 54/98,
> ZfIR 1999, 818 = NJW-RR 1999, 1030;
>
> BGH, Urt. v. 23.11.2001 – V ZR 282/00,
> ZfIR 2002, 194 = WM 2002, 202.

10 Hinreichende Bestimmtheit kann dadurch hergestellt werden, dass der Kaufvertrag Angaben zur Identifizierung der Teilfläche enthält oder dass ihm eine Skizze beigefügt wird, aus der die Teilfläche ermittelt werden kann. Handelt es sich um eine **maßstabsgerechte Skizze**, fehlt es auch dann nicht an der Bestimmtheit, wenn die Parteien zusätzlich – unzutreffende – Flächenangaben gemacht haben. Denn in der Regel geht der objektive Inhalt der Erklärungen übereinstimmend dahin, dass die Angabe des Flächenmaßes bedeutungslos und die zeichnerische Umgrenzung allein maßgeblich ist.

BGH, Urt. v. 13.6.1980 – V ZR 119/79,
WM 1980, 1013;

BGH, Urt. v. 30.1.2004 – V ZR 92/03,
ZfIR 2004, 812 = NJW-RR 2004, 735.

Ist die Skizze **nicht maßstabsgerecht**, können zeichnerische Bemühungen eine hinreichende Bestimmtheit nicht herbeiführen. Gleichwohl muss das nicht in jedem Fall die Nichtigkeit des Vertrags zur Folge haben. Zum einen kann dies durch zusätzliche Angaben im Vertrag vermieden werden; zum anderen kann es dem **übereinstimmenden Willen** der Parteien entsprechen, sich mit einem an sich nicht ausreichenden Bestimmtheitsgrad zufrieden zu geben und die verbindliche Festlegung der Durchführung des Vertrags einer der Parteien nach dem Maßstab des § 315 BGB zu überlassen. 11

BGH, Urt. v. 19.4.2002 – V ZR 90/01,
BGHZ 150, 334 = ZfIR 2002, 550 = NJW 2002, 2249;.
dazu EWiR 2002, 775 *(Demharter)*;
bestätigt von BGH Urt. v. 18.1.2008 – V ZR 174/06,
NJW 2008, 1658 = ZfIR 2008, 372 (m. Anm. *Lang*).

Nur wenn die Parteien den Willen hatten, die noch zu vermessende Teilfläche in dem Vertrag abschließend festzulegen, dies aber in einer nicht maßstabsgerechten Skizze zum Ausdruck zu bringen versucht haben, fehlt es an der notwendigen inhaltlichen Bestimmtheit. Die übereinstimmende Vorstellung, sie hätten eine genaue Bestimmung vorgenommen, hilft dann nicht. 12

c) Besonderheit: Vorvertrag

Das Problem fehlender Bestimmtheit stellt sich auch beim **Vorvertrag**. Entgegen der Auslegungsregel des § 154 Abs. 1 Satz 2 BGB einigen sich die Parteien hier nur über einzelne Punkte und behalten die Bereinigung der offen gebliebenen Punkte einer späteren Verständigung vor. Die Annahme eines solchen Vorvertrags ist aber nur gerechtfertigt, wenn besondere Umstände darauf schließen lassen, dass sich die Parteien ausnahmsweise vor der abschließenden Einigung über alle regelungsbedürftigen Punkte vertraglich binden wollten. Inhaltlich ist es erforderlich, aber auch ausreichend, dass die wesentlichen Bestandteile des Hauptvertrags und die Verpflichtung, über die weiteren Einzelheiten des abzuschließenden Vertrags eine Einigung herbeizuführen, festgelegt sind. 13

BGH, Urt. v. 12.5.2006 – V ZR 97/05,
NJW 2006, 2843 = WM 2006, 1499 = DNotZ 2006, 835;
dazu EWiR 2006, 641 *(Freitag)*.

Jede Partei kann dann auf Abschluss des Hauptvertrags klagen, und zwar zweckmäßigerweise auf Abgabe einer von ihr vorformulierten Vertragserklärung. Sache der anderen Partei ist es dann, einen möglichen Gestaltungsspielraum einwendungsweise durch konkrete Alternativvorschläge geltend zu machen. Unterlässt sie dies, ist die Klage begründet, wenn die von dem Kläger 14 formulierten Regelungen des abzuschließenden Vertrags den Vorgaben des Vorvertrags, dessen Auslegung sowie Treu und Glauben entsprechen.

BGH, Urt. v. 12.5.2006 – V ZR 97/05, a. a. O.;
zum Problem ausführlich *Krüger*, ZNotP 2006, 447.

2. Auslegung des erklärten Willens

a) Auslegung und Form

15 Bei der **Auslegung formgebundener Verträge** ergibt sich häufig ein **Spannungsverhältnis** zwischen dem nach allgemeinen Grundsätzen durch Auslegung ermittelten Inhalt des Vertrags und dem Beurkundungserfordernis. Bei näherer Betrachtung erweist sich die Lösung dieses Spannungsverhältnisses allerdings als weniger problematisch, als es auf den ersten Blick scheint.

16 In einem ersten Schritt ist der Vertrag – völlig losgelöst von dem Umstand, dass er einem Formzwang unterliegt – nach den anerkannten Grundsätzen (§§ 133, 157 BGB) auszulegen. Dabei kann und muss selbstverständlich auf Umstände zurückgegriffen werden, die außerhalb des fixierten Vertrags (außerhalb der Urkunde, wie zumeist formuliert wird) liegen. Wenn solche Umstände ausgespart werden, ist die Auslegung unvollständig und damit fehlerhaft. Erst wenn auf diese Weise der Inhalt des Vereinbarten festgestellt worden ist, stellt sich in einem zweiten Schritt die Frage, ob das Vereinbarte auch beurkundet worden ist (bzw. anderen Formerfordernissen genügt). Dabei hilft im Einzelfall die **„Andeutungstheorie“** weiter, wonach es für die Erfüllung des Formerfordernisses ausreicht, wenn das Auslegungsergebnis in der Urkunde einen, wenn auch nur unvollkommenen Ausdruck gefunden hat.

Vgl. BGHZ 63, 359, 362 m. w. N.;

BGH, Urt. v. 12.7.1996 – V ZR 202/95,
ZIP 1996, 1747 = NJW 1996, 2792, 2793;
dazu EWiR 1996, 831 *(Geimer)*.

17 Bei der Frage, ob das Vereinbarte beurkundet worden ist, besteht oft die Neigung, zu schnell einen Verstoß gegen das Formgebot anzunehmen. Das gilt insbesondere, wenn auf nicht mitbeurkundete Anlagen Bezug genommen wird. Beurkundungsbedürftig ist die Anlage nur, wenn sie **Inhalt des Vereinbarten** ist. Das ist bei **Baubeschreibungen** in der Regel der Fall; denn die Vertragsparteien wollen im Zweifel den Inhalt der Baubeschreibung zum Gegenstand der Vertragspflicht des Verkäufers/Unternehmers machen.

Siehe nur BGH, Urt. v. 23.9.1977 – V ZR 90/75,
BGHZ 69, 266, 268 = NJW 1978, 102
= LM BGB § 313 Nr. 74 *(Hagen)*.

18 Werden aber z. B. in einem Grundstückskaufvertrag die Rechte an der bereits vorhandenen **Baugenehmigungsplanung** mitverkauft, so müssen die entsprechenden Unterlagen nicht mitbeurkundet werden.

BGH, Urt. v. 17.7.1998 – V ZR 191/97,
ZIP 1998, 1593 = ZfIR 1998, 541 = WM 1998, 1886.

Vereinbart ist, dass die vorhandene Bauplanung mitverkauft werden soll. Das muss beurkundet werden. Der Inhalt der Genehmigungsplanung gehört demgegenüber nicht mehr zum Regelungsgehalt des Kaufvertrags, zum Vereinbarten also. 19

Ebenso wenig muss ein Gutachten mitbeurkundet werden, wenn der Kaufvertrag über eine noch zu errichtende Eigentumswohnung die Vereinbarung einer bestimmten Bauausführung enthält und in der – insoweit notwendigerweise mitbeurkundeten – Baubeschreibung der Hinweis enthalten ist, dass ein bestimmtes **Bodengutachten** zu beachten ist. 20

BGH, Urt. v. 14.3.2003 – V ZR 278/01,
NJW-RR 2003, 434 = MDR 2003, 735.

Bestandteil des Kaufvertrags war nicht der Inhalt des Gutachtens, sondern die Abrede, dass es bei der Gründung zu berücksichtigen ist. 21

Auch wenn die Parteien in einer beurkundungsbedürftigen Vertriebsvereinbarung hinsichtlich einer im Bau befindlichen Wohnungseigentumsanlage die Teilflächen der zu verkaufenden Wohnungen und den jeweiligen Anteil am Gemeinschaftseigentum nicht in die notarielle Urkunde aufgenommen haben, fehlt es nicht notwendigerweise an der Einhaltung der notariellen Form. Haben nämlich die Parteien – wie im entschiedenen Fall – die Flächen noch nicht endgültig festgelegt, gehört dies nicht zum Vereinbarten und bedarf folglich nicht der Beurkundung. Nichtig kann der Vertrag höchstens unter dem Gesichtspunkt fehlender Bestimmtheit sein. 22

BGH, Urt. v. 23.11.2001 – V ZR 282/00,
ZfIR 2002, 194 = WM 2002, 202.

b) Vermutung

Nach der ständigen Rechtsprechung des Bundesgerichtshofs besteht für die über ein Rechtsgeschäft aufgenommene Urkunde die Vermutung der Vollständigkeit und Richtigkeit. 23

BGHZ 20, 109;

BGH, Urt. v. 14.10.1999 – III ZR 203/98,
ZIP 1999, 1887 = NJW 2000, 207;
dazu EWiR 2000, 1 *(Heinrichs)*.

Es wird also vermutet, dass das, was im beurkundeten Text steht, der Vereinbarung entspricht und nur das vereinbart ist. Die Partei, die sich auf außerhalb der Urkunde liegende Umstände – sei es zum Nachweis eines vom Urkundstext abweichenden übereinstimmenden Willens der Beteiligten (auch falsa demonstratio), sei es zum Zwecke der Auslegung des Beurkundeten aus der Sicht des Erklärungsempfängers (§§ 133, 157 BGB) – beruft, trifft die Beweislast für deren Vorliegen. 24

BGH, Urt. v. 5.2.1999 – V ZR 353/97,
ZfIR 1999, 516 = NJW 1999, 1702 = WM 1999, 965;
dazu EWiR 1999, 441 *(Demharter)*.

25 Die Vermutung gründet sich auf den Text der Urkunde, so wie er sich nach seinem Wortlaut, seinem inneren Zusammenhang unter Berücksichtigung der Verkehrssitte (§ 157 BGB) erschließt. Sie greift also nicht nur bei eindeutigem Wortlaut ein; anderenfalls könnte sie ja auch nicht widerlegt werden.

BGH, Urt. v. 5.7.2002 – V ZR 143/01,
ZIP 2002, 1809 = NJW 2002, 3164;
dazu EWiR 2002, 983 *(Mayer-Maly)*.

26 Die **Vermutung** ist von demjenigen **zu widerlegen**, der sich darauf beruft, dass der Urkundstext das Vereinbarte nicht richtig wiedergibt. Es genügt nicht, dass die Beweiswirkung erschüttert wird (z. B. durch eine schriftliche „Gegenerklärung" gegenüber der beurkundeten Erklärung, es sei bereits ein Teil des Kaufpreises im Voraus bezahlt); vielmehr muss das Gegenteil bewiesen werden.

BGH, Urt. v. 19.6.1998 – V ZR 133/97 (unveröffentlicht).

27 Zur Widerlegung der Vermutung kann – natürlich – auf außerhalb der Urkunde liegende Umstände, wie Begleitumstände des Geschäfts, Äußerungen der Vertragspartner, zurückgegriffen werden.

BGH, Urt. v. 5.7.2002 – V ZR 143/01,
ZIP 2002, 1809 = NJW 2002, 3164;
dazu EWiR 2002, 983 *(Mayer-Maly)*;

BGH, Urt. v. 5.2.1999 – V ZR 353/97,
ZfIR 1999, 516 = NJW 1999, 1702
= WM 1999, 965;
dazu EWiR 1999, 441 *(Demharter)*.

28 Die Vermutung wird nicht durch die Vorlage eines inhaltlich abweichenden Vertragsentwurfs widerlegt. Denn die notarielle Urkunde dokumentiert, zu welchem Ergebnis die Beurkundungsverhandlung vor dem Notar geführt hat. Ein Entwurf besagt darüber nichts.

BGH, Urt. v. 10.6.2016 – V ZR 295/14, ZNotP 2016, 360
= DNotZ 2017, 48 = WM 2018, 475.

3. Inhaltskontrolle bei langer Angebotsbindung

29 Nicht selten kommen Grundstückskaufverträge durch getrennt beurkundete Angebote und Annahmeerklärungen zustande. Dabei gibt der Verkäufer häufig durch eine Klausel des von ihm vorgegebenen Kaufangebots eine längere Bindung des Käufers an das Angebot vor, innerhalb derer ihm, dem Verkäufer, die Annahme freisteht. Derartige Klauseln unterliegen der **Kontrolle nach § 308 Nr. 1 BGB** und sind folglich unwirksam, wenn die Bindung unangemessen lang ist. Was unangemessen ist, bestimmt sich nach den Umständen des Vertrags unter Berücksichtigung der gesetzlichen Regelung, wie sie in

§ 147 Abs. 2 BGB enthalten ist. Bei finanzierten Verträgen, deren Abschluss eine Bonitätsprüfung vorausgeht, nimmt der Bundesgerichtshof an, dass der Eingang der Annahmeerklärung regelmäßig innerhalb eines Zeitraums von vier Wochen erwartet werden kann. Eine Bindung des Käufers an sein Angebot, die erheblich über diesen Zeitraum hinausgeht, ist unangemessen.

> BGH, Urt. v. 11.6.2010 – V ZR 85/09,
> NJW 2010, 2873 = ZIP 2010, 1854 = DNotZ 2013, 913
> (m. Anm. *Herrler*, S. 883).

Im entschiedenen Fall betrug die Bindungsfrist vier Monate und drei Wochen. 30

Der V. Zivilsenat wendet diese Rechtsprechung auch auf **Bauträgerverträge** 31 an. Ebenso hier geht er davon aus, dass der Eingang der Annahmeerklärung regelmäßig innerhalb eines Zeitraums von vier Wochen erwartet werden könne (§ 147 Abs. 2 BGB). Eine Klausel in AGB, nach denen der den Abschluss eines solchen Vertrags Antragende an sein Angebot **länger als drei Monate** gebunden ist, ist regelmäßig **mit § 308 Nr. 1 BGB unvereinbar**.

> BGH, Urt. v. 27.9.2013 – V ZR 52/12,
> NJW 2014, 854 = ZfIR 2014, 51 = DNotZ 2014, 41
> (m. Anm. *Blank*, S. 166);
> dazu EWiR 2014, 115 *(Cramer)*.

Sogar eine **Bindungsfrist von sechs Wochen** (50 % über der nach § 147 Abs. 2 32 BGB anzunehmenden Frist) hält der Senat für unangemessen lang; einer Kontrolle halte sie nur stand, wenn der Verwender (Bauträger) hierfür ein schutzwürdiges Interesse geltend machen kann, hinter dem das Interesse des Kunden an dem baldigen Wegfall der Bindung zurückstehen muss.

> BGH, Urt. v. 17.1.2014 – V ZR 5/12,
> NJW 2014, 857 = WM 2014, 902;
> dazu EWiR 2014, 387 *(Cramer)*.

Es muss sich dabei um besondere Umstände handeln, die den Fall von einem 33 üblichen Bauträgervertrag abheben; eingehend dazu

> BGH, Urt. v. 26.2.2016 – V ZR 208/14, NJW 2016, 2173
> = ZIP 2016, 1486;
> dazu EWiR 2016, 369 (*Armbrüster*).

Die Kautelarjurisprudenz hat nach Wegen gesucht, dieser Rechtsprechung aus- 34 zuweichen. Ein Versuch bestand darin, die Bindung an das Angebot auf den gesetzlich zulässigen Zeitraum zu beschränken, das **Angebot danach aber als widerrufliches** fortbestehen zu lassen. Auch einer solchen Klausel hat der V. Zivilsenat eine Abfuhr erteilt.

> BGH, Urt. v. 7.6.2013 – V ZR 10/12,
> NJW 2013, 3434 = ZIP 2013, 2108 = ZfIR 2013, 766;
> dazu EWiR 2013, 645 *(Cramer)*;

ebenso bei der Vereinbarung eines Lösungsrechts für den Antragenden: BGH, Urt. v. 26.2.2016 – V ZR 208/14; ZIP 2016, 1486 = NJW 2016, 2173;
dazu EWiR 2016, 369 *(Armbrüster)*.

35 Im Ergebnis selten anders verhält es sich bei Verträgen, die keine Verbraucher-, sondern Unternehmerverträge sind (im konkreten Fall: weil der Verbraucher zur Umsatzsteuer optiert hat). Hier vollzieht sich die Kontrolle nach §§ 310 Abs. 1 Satz 2, 307 Abs. 2 BGB.

BGH, Urt. v. 26.2.2016 – V ZR 208/14; ZIP 2016, 1486 = NJW 2016, 2173;
dazu EWiR 2016, 369 *(Armbrüster)*.

36 Auch ein nicht beurkundetes und daher nichtiges Vertragsangebot unterliegt der AGB-Kontrolle, etwa nach § 308 Nr. 1 BGB, und kann daher aus einem weiteren Grund nichtig sein (Doppelwirkung). Die Folge ist, dass es erstens erlischt, wenn es nicht rechtzeitig angenommen wird, und zweitens auch nicht durch nachfolgende Auflassung und Eintragung an der Heilungswirkung des § 311b Abs. 1 Satz 2 BGB teilnimmt.

BGH, Urt. v. 13.5.2016 – V ZR 265/14; ZIP 2016, 2069 = NZM 2016, 646 = NJW-RR 2017, 114;
dazu Bespr. *Krauß*, NotBZ 2016, 302.

II. Willensmängel

1. Zur Bedeutung arglistiger Täuschung im Kaufvertragsrecht

37 Beim Grundstückskauf spielt die Frage arglistiger Täuschung in Theorie und Praxis eine bedeutende Rolle. So berechtigt arglistige Täuschung durch Vorspiegeln oder Unterlassen zur **Anfechtung nach § 123 BGB**. Nach früherem Gewährleistungsrecht eröffnete § 463 Satz 2 BGB a. F. für den Fall arglistigen Verschweigens eines Fehlers einen Anspruch auf Schadensersatz wegen Nichterfüllung; dem war von der Rechtsprechung der Fall arglistigen Vorspiegelns einer Eigenschaft im Wege der Analogie gleichgestellt worden.

BGH, Urt. v. 16.10.1991 – VIII ZR 140/90, NJW 1992, 170;
dazu EWiR 1992, 147 *(Bayer)*;

BGH, Urt. v. 29.1.1993 – V ZR 227/91, NJW 1993, 1643).

38 Das geltende Kaufrecht gewährt dem Käufer im Falle des Sach- und des Rechtsmangels bei jedem Verschulden nach §§ 437 Nr. 3, 440, 280, 281 BGB Schadensersatz. Insofern spielt Arglist keine Rolle mehr. Sie wird indes wieder bedeutsam – und insofern ist die bisherige Rechtsprechung zum alten Recht nach wie vor verwertbar –, als ein – bei Grundstückskaufverträgen üblicher – **Haftungsausschluss nach § 444 BGB** ohne Wirkung bleibt, wenn der Verkäufer den Mangel **arglistig verschwiegen** hat. Nichts anderes gilt, wenn er ein Beschaffenheitsmerkmal des Grundstücks arglistig vorgespiegelt hat. Arglist des Verkäufers wirkt sich ferner anspruchserhaltend aus, wenn dem Käufer der Mangel infolge grober Fahrlässigkeit unbekannt geblieben ist, was an sich

nach § 442 Abs. 1 BGB den Ausschluss der Käuferrechte zur Folge hat. Schließlich ist bei Arglist des Verkäufers die Verjährung anders geregelt (§ 438 Abs. 3 BGB).

2. Arglistiges Verschweigen

Arglistiges Verschweigen bedeutet arglistige Täuschung durch Unterlassen. Sie 39
setzt die Verletzung einer **Rechtspflicht zum Offenbaren** bestimmter Umstände voraus. Derartige Aufklärungspflichten bestehen nach gefestigter Rechtsprechung auch bei Vertragsverhandlungen, in denen die Parteien entgegengesetzte Interessen verfolgen. Dabei ist jeder Vertragspartner verpflichtet, den anderen über solche Umstände aufzuklären, die den Vertragszweck (aus der Sicht des anderen) vereiteln oder gefährden können und daher für seinen Entschluss von wesentlicher Bedeutung sind, sofern er nach der Verkehrsanschauung die Mitteilung erwarten konnte.

BGH, Urt. v. 2.3.1979 – V ZR 157/77,
NJW 1979, 2243 = WM 1979, 696;

BGH, Urt. v. 25.6.1982 – V ZR 143/81, WM 1982, 960.

Im Allgemeinen braucht der Verkäufer den Käufer allerdings **nicht über Art** 40
und Umfang von dessen Vertragspflichten aufzuklären. Er darf grundsätzlich davon ausgehen, dass sich sein künftiger Vertragspartner darüber selbst, im eigenen Interesse, Klarheit verschafft hat. Eine Aufklärungspflicht besteht nur dann, wenn wegen besonderer Umstände des Einzelfalls davon ausgegangen werden muss, dass der Vertragsgegner nicht hinreichend unterrichtet ist und die Verhältnisse nicht durchschaut.

Vgl. BGH, Urt. v. 6.4.2001 – V ZR 402/99,
ZIP 2001, 1152 = ZfIR 2001, 819 = NJW 2001, 2021;
dazu EWiR 2001, 609 *(Frisch)*.

Eine Aufklärungspflicht über **Beschaffenheitsmerkmale des Kaufgegenstan-** 41
des kommt dagegen eher in Betracht, so z. B. in dem Fall, dass die bisherige Nutzung des verkauften Hausgrundstücks (oder der verkauften Eigentumswohnung) rechtswidrig ist und von der Behörde nur stillschweigend geduldet wird oder dass sie dem Verkäufer gar durch bestandskräftigen behördlichen Bescheid untersagt worden ist.

Vgl. BGH, Urt. v. 10.6.1988 – V ZR 125/87, WM 1988, 1449.

Typische Anwendungsfälle sind der ohne Genehmigung zu Wohnzwecken 42
ausgebaute Spitzboden oder das Kellergeschoss („Hobbyraum").

Von dem Problem der Offenbarungspflicht zu trennen ist der Fall, dass ein 43
Verkäufer auf Frage des Kaufinteressenten oder ungefragt Angaben zum Kaufgegenstand macht. Diese müssen auch dann richtig sein, wenn eine Offenbarungspflicht an sich nicht bestand.

Vgl. BGH, Urt. v. 22.3.1979 – VII ZR 259/77,
BGHZ 74, 103 = NJW 1979, 1449;

BGH, Urt. v. 20.11.1987 – V ZR 66/86, WM 1988, 95.

BGH, Urt. v. 15.9.2023 – V ZR 77/22, BGHZ 238, 179 = ZIP 2023, 2152 = NJW 2023, 3423.

3. Begriff der Arglist

44 Arglist setzt Vorsatz voraus. Dabei reicht es aus, dass der offenbarungspflichtige Verkäufer das Vorliegen des Mangels für möglich hält, dies aber billigend in Kauf nimmt (bedingter Vorsatz).

BGH, Urt. v. 19.12.1980 – V ZR 185/79,
BGHZ 79, 183 = NJW 1981, 864.

BGH, Urt. v. 10.6.1983 – V ZR 292/81, WM 1983, 990.

45 Eine praktisch sehr bedeutsame Variante des bedingten Vorsatzes bilden die sog. Behauptungen **„ins Blaue hinein"**. Danach handelt auch derjenige arglistig, dem – wie er weiß – entgegen der offensichtlichen Erwartung des Erklärungsempfängers jegliche zur sachgemäßen Beurteilung des Erklärungsgegenstands erforderliche Kenntnis fehlt und der dies verschweigt. Der gute Glaube an die Richtigkeit des Erklärten schließt in einem solchen Falle Arglist nicht aus.

BGH, Urt. v. 16.3.1977 – VIII ZR 283/75,
NJW 1977, 1055 (Gebrauchtwagenhändler);

BGH, Urt. v. 8.5.1980 – IVa ZR 1/80, NJW 1980, 2460
(Zusicherung, dass keine Rechtsstreitigkeiten bezüglich
des verkauften Hausgrundstücks anhängig sind);

BGH, Urt. v. 19.12.1980 – V ZR 185/79,
BGHZ 79, 183 = NJW 1981, 864 = WM 1981, 383
(Möglichkeit erhöhter Abschreibungen nach § 7b EStG);

BGH, Urt. v. 18.3.1981 – VIII ZR 44/80,
ZIP 1981, 626 = NJW 1981, 1441 = WM 1981, 560
(Gebrauchtwagenhändler);

BGH, Urt. v. 26.9.1997 – V ZR 29/96,
ZIP 1998, 154 = ZfIR 1998, 81;
dazu EWiR 1998, 727 *(Grunsky)*.

46 Hat der Verkäufer allerdings im Zeitpunkt des Vertragsschlusses an das Vorhandensein eines offenbarungspflichtigen Mangels des Grundstücks keine Erinnerung mehr, so begründet seine Versicherung in dem Kaufvertrag, dass ihm erhebliche Mängel nicht bekannt seien, auch unter dem Gesichtspunkt der Erklärung ins Blaue hinein nicht den Vorwurf arglistigen Verhaltens.

BGH, Urt. v. 11.5.2001 – V ZR 14/00,
ZfIR 2001, 541 = NJW 2001, 2326 = WM 2001, 1420.

47 Die objektive Seite einer arglistigen Täuschung ist z. B. gegeben, wenn Kellerräume als Wohnraum angepriesen werden, obwohl die für eine solche Nutzung erforderliche baurechtliche Genehmigung fehlt; ebenso, wenn die Nutzung lediglich anzeigepflichtig ist, die Anzeige aber unterblieben ist.

BGH, Urt. v. 27.6.2014 – V ZR 55/13, NJW 2014, 3296.

An der subjektiven Seite mangelt es, wenn dem Verkäufer der Umstand der fehlenden Genehmigung/Anzeige (schuldlos) unbekannt war. 48

III. Stellvertretung/Wissenszurechnung

1. Stellvertretung

a) Offenheitsprinzip

Nach § 164 BGB muss bei der von einem Vertreter abgegebenen Willenserklärung das Handeln im fremden Namen deutlich werden. Es genügt, wenn sich dies aus den Umständen ergibt (§ 164 Abs. 1 Satz 2 BGB). Ist das Rechtsgeschäft **beurkundungsbedürftig**, folgt aus der materiell-rechtlichen Formvorschrift, also z. B. aus § 311b Abs. 1 Satz 1 BGB, dass das Handeln im fremden Namen **aus der Urkunde ersichtlich** sein muss. Dafür genügt es allerdings, wenn das Auftreten eines der Beteiligten als Vertreter, die vertretene Person und das Vertretungsverhältnis in der Urkunde wenigstens andeutungsweise einen, wenn auch unvollständigen, Niederschlag gefunden haben. 49

BGH, Urt. v. 12.7.1996 – V ZR 202/95,
ZIP 1996, 1747 = NJW 1996, 2792;
dazu EWiR 1996, 831 *(Geimer)*.

Bei unternehmensbezogenen Geschäften geht der Wille der Beteiligten im Zweifel dahin, dass der wahre Betriebsinhaber Vertragspartner werden soll. Deshalb reicht es nach der Rechtsprechung aus, wenn der Vertreter für eine tatsächlich existierende Person als Trägerin eines bestimmten Unternehmens mit deren Vollmacht handelt und die von ihm vertretene Partei nur unrichtig bezeichnet. 50

So auch BGH, Urt. v. 13.10.1994 – IX ZR 25/94,
ZIP 1994, 1860 = NJW 1995, 43, 44;
dazu EWiR 1995, 19 *(Tiedtke)*.

Das gilt auch dann, wenn der Geschäftspartner den Vertreter für den Betriebsinhaber hält oder sonst unrichtige Vorstellungen über die Person des Betriebsinhabers hat. Wenn der Vertreter von dem Betriebsinhaber bevollmächtigt ist, haftet er daher nicht als Vertreter ohne Vertretungsmacht (§ 179 BGB). 51

BGH, Urt. v. 18.1.1996 – III ZR 121/95,
ZIP 1996, 459 = WM 1996, 592;
dazu EWiR 1996, 445 *(Noack)*.

Im entschiedenen Falle existierte zwar nicht die von dem Vertreter benannte amerikanische Firma, wohl aber der als Vertragspartner gewollte Träger des Handelsgeschäfts. Es besteht kein Grund, auf Fälle dieser Art die Vorschrift des § 179 BGB auszudehnen und damit dem Gläubiger einen zusätzlichen Schuldner außer dem Geschäftsinhaber zu geben. 52

BGH, Urt. v. 18.1.1996 – III ZR 121/95, a. a. O,
(unter Hinweis auf BGH, Urt. v. 7.5.1984 – II ZR 276/83,
BGHZ 91, 148, 153 = ZIP 1984, 950).

53 Auch ein im Jahre 1971 in der DDR geschlossener Kaufvertrag über ein staatlich verwaltetes Grundstück brauchte nicht deshalb unwirksam zu sein, weil er keinen Hinweis darauf enthielt, dass der vor dem Liegenschaftsdienst erschienene Bürgermeister für den zum Verwalter bestellten Rat der Gemeinde gehandelt hat; es genügt, dass sich dies andeutungsweise aus dem Inhalt der Urkunde ergab.

BGH, Urt. v. 14.2.1997 – V ZR 114/95,
ZIP 1997, 1044 = ZfIR 1997, 274 = WM 1997, 1024.

b) Bestimmtheit des Vertretenen?

54 Der Vertretene braucht bei der Vornahme des Vertretergeschäfts noch nicht bestimmt zu sein. Es genügt, dass die nachträgliche Bestimmung dem Vertreter überlassen wird oder vereinbarungsgemäß aufgrund sonstiger Umstände erfolgen soll.

BGH, Urt. v. 23.6.1988 – III ZR 84/87, WM 1988, 1418;
dazu EWiR 1988, 1153 *(Brambring)*.

55 Noch weitergehend hat der V. Zivilsenat ausnahmsweise im Wege ergänzender Vertragsauslegung einen Grundstückskaufvertrag **„für den, den es angeht“**, angenommen. In diesem Fall hatte der Verkäufer den Kaufpreis schon vor Vertragsschluss erhalten und machte weitere Ansprüche nicht geltend; die Person des Vertragspartners konnte ihm daher gleichgültig sein.

BGH, Urt. v. 4.11.1977 – V ZR 60/75, WM 1978, 12.

56 Diese Entscheidung überzeugt nicht. Das ohnehin fragwürdige Institut des Geschäfts für den, den es angeht, sollte auf Bargeschäfte des täglichen Lebens beschränkt bleiben. Im konkreten Fall bedurfte es auch nicht der Heranziehung dieser vom Offenkundigkeitsprinzip abweichenden Rechtskonstruktion. Denn die Auslegung ergab, dass der Vertrag mit **„dem wirtschaftlichen Inhaber“** des bezeichneten, aber nicht rechtsfähigen Geschäftsbetriebs geschlossen werden sollte. Das ist ein Fall von § 164 Abs. 1 Satz 2 BGB.

2. Wissenszurechnung

57 Soweit die rechtlichen Folgen einer Willenserklärung durch Willensmängel oder durch die **Kenntnis oder das Kennenmüssen** bestimmter Umstände beeinflusst werden, kommt es nach § 166 Abs. 1 BGB grundsätzlich auf den Kenntnisstand desjenigen an, der als **Vertreter** auftritt. Die Kenntnis des Vertretenen ist nur dann maßgeblich, wenn er auf das Handeln des Vertreters steuernd eingewirkt hat (§ 166 Abs. 2 BGB).

58 Auch außerhalb von Willenserklärungen stellen Vorschriften des Bürgerlichen Gesetzbuchs auf die Kenntnis oder das Kennenmüssen bestimmter Tatsachen ab. Beispiele, die auch für den Grundstückskauf Bedeutung haben, bieten §§ 138, 442, 444, 990 BGB.

a) Natürliche Personen

Soweit es um die Kenntnis natürlicher Personen geht, bietet § 166 BGB wiederum den leitenden Wertungsgesichtspunkt. In der Norm kommt der allgemeine Rechtsgedanke zum Ausdruck, dass derjenige, der einen anderen im Rahmen jedweder Arbeitsteilung mit der Erledigung bestimmter Angelegenheiten beauftragt, sich das in diesem Rahmen erlangte Wissen des anderen zurechnen lassen muss. 59

BGH, Urt. v. 25.3.1992 – VII ZR 60/81,
BGHZ 83, 293, 296 = ZIP 1982, 670;

BGH, Urt. v. 24.1.1992 – V ZR 262/90, BGHZ 117, 104, 106.

Das bedeutet: Überlässt der Verkäufer eines Grundstücks die Verhandlungsführung vollständig einer mit der Sachlage vertrauten Hilfsperson, so muss er sich hiernach deren in diesem Zusammenhang erlangtes Wissen zurechnen lassen. Eine solche Zurechnung rechtfertigt sich unabhängig davon, ob die Hilfsperson als Stellvertreter aufgetreten ist und ob sie Vertretungsmacht zum Abschluss des Vertrags gehabt hat. Das gilt auch dann, wenn der Vertrag schließlich in Abwesenheit des Verhandlungsführers durch die Vertragspartei persönlich geführt wird. 60

BGH, Urt. v. 21.2.1992 – V ZR 268/90, WM 1992, 921 m. w. N.

Erforderlich ist aber, dass die Hilfsperson von dem Geschäftsherrn als Verhandlungsführer oder Verhandlungsgehilfe in die Vertragsverhandlungen eingeschaltet wurde. War er lediglich im Innenverhältnis beratend tätig, kommt § 166 Abs. 1 BGB, weder direkt noch entsprechend, in Betracht. 61

BGH, Urt. v. 24.1.1992 – V ZR 262/90, BGHZ 117, 104, 107;

BGH, Urt. v. 7.3.2003 – V ZR 437/01,
ZfIR 2003, 769 = WM 2003, 1680;
dazu EWiR 2003, 557 *(Reinking)*.

Allerdings kann sich die Partei bei Vertragsschluss von allen Äußerungen ihres Verhandlungsführers distanzieren und klarstellen, dass der Vertragsinhalt nur von ihren Erklärungen und von ihrem Kenntnisstand abhängen soll. 62

BGH, Urt. v. 2.6.1995 – V ZR 52/94,
NJW 1995, 2550 = WM 1995, 1542 = DNotZ 1996, 964.

b) Juristische Personen

Bei juristischen Personen privaten oder öffentlichen Rechts wird die Frage der Wissenszurechnung komplizierter, weil dort im Rahmen arbeitsteiliger Organisation das **Wissen typischerweise** auf viele Wissensträger **aufgespaltet** ist. §§ 31, 89 BGB helfen nur insoweit, als es bei der Haftung des Vereins, des Fiskus etc. um die Zurechnung des Handelns des Vorstands, eines Mitglieds 63 des Vorstands und eines verfassungsmäßig berufenen Vertreters geht. Unterhalb dieser Organwalter- oder Vertretungsebene helfen diese Normen nicht. Eine Wissensvertretung kann nur in entsprechender Anwendung des § 166 BGB begründet werden. Als **Wissensvertreter** wurde in solchen Fällen derjenige angesehen, der nach der Arbeitsorganisation des Geschäftsherrn dazu berufen ist, im Rechtsverkehr als dessen Repräsentant bestimmte Aufgaben in eigener Verantwortung zu erledigen und die dabei angefallenen Informationen zur Kenntnis zu nehmen sowie gegebenenfalls weiterzuleiten. Er braucht weder zum rechtsgeschäftlichen Vertreter noch zum „Wissensvertreter" ausdrücklich bestellt zu sein.

BGH, Urt. v. 24.1.1992 – V ZR 262/90, BGHZ 117, 104, 107.

64 Die Entwicklung zeigte jedoch, dass eine Anknüpfung an Stellung und Funktion des Handelnden als Wissensvertreters nicht geeignet war, die Problematik ausreichend zu erfassen. Wie sollte der Fall behandelt werden, in dem das handelnde Organ keine Kenntnis von rechtserheblichen Umständen hatte, wohl aber ein früheres, jetzt nicht mehr im Dienst befindliches Organ?

Vgl. BGH, Urt. v. 8.12.1989 – V ZR 246/87, BGHZ 109, 327.

65 Wie der Fall, dass Organe und Repräsentanten unwissend waren, ein Sachbearbeiter aber über Kenntnisse verfügte oder die Akten hätten Auskunft geben können (Aktenwissen, vgl. BGHZ 117, 104)? Diese Fragen lassen sich nicht mit logisch-begrifflicher Stringenz, sondern nur in wertender Beurteilung entscheiden.

66 Bei der Erfassung dieser Problematik ist der Bundesgerichtshof vom Gedanken des **Verkehrsschutzes** ausgegangen. Gemessen daran kann der Vertragspartner einer juristischen Person nicht schlechter gestellt werden als der Kontrahent einer natürlichen Person (**Gleichstellungsargument**). Zum anderen fällt bei einer wertenden Beurteilung ins Gewicht, dass bei einer juristischen Person die wichtigen Informationen typischerweise aktenmäßig (oder auf Dateien) festgehalten werden (**Dokumentationsargument**) und daher für den für die juristische Person Handelnden verfügbar sind (so wie für eine natürliche Person das im Gedächtnis Gespeicherte verfügbar ist). Hieraus hat der Bundesgerichtshof eine **Pflicht zu ordnungsgemäßer Organisation der internen Kommunikation** hergeleitet. Bei Verstoß gegen diese Organisationspflicht wird die juristische Person so behandelt, als habe ihr Organ oder ihr verfassungsmäßig berufener Vertreter Kenntnis von den rechtserheblichen Umständen gehabt.

67 Diese Grundsätze gelten nicht nur für juristische Personen des öffentlichen oder des privaten Rechts, sondern für alle Organisationsformen, die zu einer Wissenszersplitterung führen können, insbesondere auch für Gesamthandsgesellschaften.

Siehe zu allem
BGH, Urt. v. 2.2.1996 – V ZR 239/94,
BGHZ 132, 30 = ZIP 1996, 548 = NJW 1996, 1339;
dazu EWiR 1996, 585 *(Taupitz)*;

BGH, Urt. v. 12.11.1998 – IX ZR 145/98,
ZIP 1998, 2162 = NJW 1999, 284, 286
= LM KO § 8 Nrn. 4/5 Bl. 555 (m. Anm. *Berger*) (für GbR);

ebenso
BGH, Urt. v. 8.10.1999 – V ZR 149/98 (unveröffentlicht);

auch BGH, Urt. v. 10.12.2010 – V ZR 203/09, Rn. 15 ff., (unveröffentlicht).

Die Rechtsprechung des Bundesgerichtshofs zu diesen Problemen hat sich in tastenden Schritten entwickelt. Frühere Entscheidungen (BGHZ 109, 327; BGHZ 117, 104) haben andere Akzente gesetzt und sind – wenn auch nicht im Ergebnis – durch die Ausführungen in **BGHZ 132, 30** überholt. In diesem Fall ging es im Rahmen einer Klage auf Zahlung des Kaufpreises um die Aufrechnung mit einer Schadensersatzforderung wegen Verunreinigung des Kaufgrundstücks mit produktionsbedingten Rückständen von Teer und Chemikalien, die dort vergraben und seitens der klagenden Verkäuferin, einer GmbH & Co. KG, angeblich arglistig verschwiegen worden waren (§ 463 Satz 2 BGB a. F.). Revisionsrechtlich war u. a. von zwei Handlungsvarianten auszugehen, zu denen – vom Berufungsgericht nachzuholende – Feststellungen fehlten. Denkbar war, dass die Rückstände vor Vertragsschluss in Kenntnis der Geschäftsführer der Komplementärin der Klägerin vergraben worden waren. Dann liegt ein unproblematischer Fall der direkten Anwendung des § 166 Abs. 1 BGB vor. Denkbar war aber auch, dass frühere vertretungsberechtigte Personen der Klägerin oder deren früherer Werksleiter von den möglicherweise schon vor 1955 vergrabenen Altlasten wussten, nicht aber die bei Vertragsschluss maßgeblichen Leute. Für diesen Fall kam eine analoge Anwendung des § 166 BGB unter dem Gesichtspunkt der „Wissensvertretung" in Betracht. Bei der gebotenen wertenden Beurteilung zeigt der Bundesgerichtshof **Grenzen** der Zurechnung auf: 68

Die gebotene Pflicht zur Organisation eines Informationsausgleichs zwischen den einzelnen Stellen der juristischen Person kann inhaltlich in drei Pflichten aufgeteilt werden, in die grundsätzliche Pflicht, wichtige Informationen zu **speichern**, in die Pflicht, Informationen **weiterzuleiten** (an die Stellen, die es angeht) und in die Pflicht (der Stellen, die es angeht), Informationen **abzufragen**. Bei der Beachtung dieser Pflichten gelten persönliche und zeitliche Grenzen, die sich aus dem Gleichstellungsargument ergeben. Der Vertragspartner, der mit einer juristischen Person kontrahiert, soll zwar nicht schlechter stehen, als wenn er mit einer natürlichen Person kontrahiert hätte; er soll aber auch nicht besser stehen. Bei natürlichen Personen beruht die Kenntnis auf dem Erinnerungsvermögen, das von der Wichtigkeit der Information und von Zeitabläufen abhängig ist. 69

70 Ähnlich sind der Pflicht zur Organisation eines Informationsaustauschs Grenzen zu setzen. So ist zu fragen, ob im konkreten Fall überhaupt gespeichert werden musste (nach den seinerzeit herrschenden Umständen), wie lange gespeichert werden musste (Vergleich mit Erinnerungsvermögen einer natürlichen Person) und ob weitergeleitet bzw. abgefragt werden musste. Das sind Fragen, deren Beantwortung vom jeweiligen Einzelfall abhängt. So war im konkreten Fall eher zweifelhaft, ob für die Zeit vor 1955 eine Pflicht bestand, die Umstände der Abfallbeseitigung zu dokumentieren und zu speichern. Solange nämlich z. B. Asbest oder bestimmte Lösungsmittel als harmlos galten, durfte man keine Speicherung von Informationen verlangen.

71 Ein **Beispiel für die Verneinung der Wissenszurechnung** bietet die Entscheidung

> BGH, Urt. v. 1.10.1999 – V ZR 218/98,
> ZfIR 1999, 897 = NJW 1999, 3777.

72 Danach ist selbst auf die gezielte Frage nach Altlasten das Liegenschaftsamt einer kommunalen Selbstverwaltungskörperschaft als Verkäufer eines Grundstücks ohne Anhaltspunkte nicht verpflichtet, sämtliche die Nachbargrundstücke betreffenden Akten auf – bis zu 30 Jahre zurückliegende – Hinweise auf eine mögliche Kontamination des Kaufgrundstücks durchzusehen. Die Pflicht zur Informationsabfrage oder gar -suche ist nämlich am Zeitablauf, an der Bedeutung des Anlasses und an der Schwierigkeit der Suche zu messen.

> BGH, Urt. v. 2.2.1996 – V ZR 239/94,
> BGHZ 132, 30, 39 = ZIP 1996, 548;
> dazu EWiR 1996, 585 *(Taupitz)*.

73 Verneint hat der Bundesgerichtshof auch die Anwendung der Grundsätze der Wissenszurechnung auf das Verhältnis von Testamentsvollstrecker und Erben. Der Erbe ist nicht kraft Erbenstellung in die Organisation des Testamentsvollstreckers eingegliedert.

> BGH Urt. v. 19.3.2021 – V ZR 158/19, NJW-RR 2021, 1068 (Rn. 20 f.) = NZM 2021, 662 = FamRZ 2021, 1065.

74 Bejaht hat er hingegen eine Informationsabfragepflicht bei der Hereinnahme von Schecks durch Bankbeamte, wenn in anderen Abteilungen der Bank Wissen vorhanden ist, das von einer Hereinnahme der Schecks abgehalten hätte.

> BGH, Urt. v. 15.4.1997 – XI ZR 105/96,
> BGHZ 135, 202 = ZIP 1997, 1023;
> dazu EWiR 1998, 61 *(Hamann)*.

75 Die Grundsätze der Wissenszurechnung finden dort ihre **Grenze, wo es nicht um die Beherrschung arbeitsteiliger Abläufe innerhalb eines Unternehmens** oder einer Organisation geht, sondern um Kenntnisse Dritter, mögen diese auch vom Verkäufer mit bestimmten Aufgaben betraut worden sein. So war es beim Kauf eines Hausgrundstücks, dessen Mängel weder der beklagten Aktiengesellschaft noch deren Stellvertreterin beim Vertragsschluss, wohl aber

möglicherweise dem Hauswart und der Hausverwaltung bekannt waren. Die Hausverwaltung war in die Verhandlungen nicht eingeschaltet, der Hauswart war zwar bei der Besichtigung vor dem Vertragsschluss hinzugezogen worden, jedoch allein auf Veranlassung der Käuferin (Klägerin). Daher waren beide nicht als „Repräsentanten" der Verkäuferin aufgetreten, die sich ihre etwaigen Kenntnisse nicht nach § 166 Abs. 1 BGB zurechnen zu lassen brauchte. Die Grundsätze der Wissenszurechnung unter dem Gesichtspunkt einer Pflicht zur ordnungsgemäß organisierten Kommunikation waren ebenfalls nicht anwendbar. Weder die Hausverwaltung noch der von dieser beschäftigte Hauswart waren in den Betrieb der Verkäuferin (Beklagten) eingegliedert. Es handelte sich rechtlich und organisatorisch um Dritte. Damit ist der von dem Vertretenen beherrschbare Risikobereich, welcher Gedanke letztlich die Wissenszurechnung trägt, verlassen. Eine Zurechnung der Kenntnisse Dritter findet nur unter den engeren Voraussetzungen des § 166 Abs. 1 BGB statt.

Der Bundesgerichtshof hat daher stets eine Zurechnung von Wissen einer Hausverwaltung abgelehnt, deren sich der spätere Verkäufer auf vertraglicher Grundlage bedient hat. 76

> Vgl. BGH, Urt. v. 22.11.1996 – V ZR 196/95, NJW-RR 1997, 270;
>
> BGH, Urt. v. 27.9.2002 – V ZR 320/01, ZfIR 2003, 203 = DNotZ 2003, 274.
>
> BGH, Urt. v. 19.3.2021 – V ZR 158/19, NJW-RR 2021, 1068 = NZM 2021, 662 = FamRZ 2021, 1065.

Denkbar ist, dass den Verkäufer in solchen Fällen, in denen er über den Zustand des verkauften Hausgrundstücks unwissend ist, die Pflicht trifft, den Käufer darauf hinzuweisen, dass dieser Angaben darüber bei der Hausverwaltung erhalten könne. 77

IV. Verstoß gegen die guten Sitten

1. Verwerfliche Gesinnung, insbesondere auffälliges Missverhältnis der Leistungen

Das geltende Recht kennt nicht den Gedanken des *iustum pretium*. Es entspricht dem Grundsatz der Privatautonomie, die Vertragspflichten frei zu vereinbaren, beim gegenseitigen Vertrag das Verhältnis von Leistung und Gegenleistung ohne einen gesetzlich vorgegebenen Rahmen frei auszuhandeln. Zwar findet die Privatautonomie ihre Grenzen u. a. in den Sittengesetzen (§ 138 BGB). Der Gesetzgeber hat sich aber gegen den gemeinrechtlichen Grundsatz der *laesio enormis* entschieden und es für die Annahme der Sittenwidrigkeit nicht genügen lassen, dass zwischen einer Leistung und ihrer Gegenleistung ein auffälliges Missverhältnis besteht. 78

Das zeigt sich sehr deutlich am Wuchertatbestand des § 138 Abs. 2 BGB, der die Frage des auffälligen Missverhältnisses behandelt. Ein auffälliges Missverhältnis allein genügt nicht. Hinzukommen muss die Verwirklichung eines 79 subjektiven Tatbestandes, nämlich die Ausbeutung der Zwangslage, der Unerfahrenheit, des Mangels an Urteilsvermögen oder der erheblichen Willensschwäche des Bewucherten. Dieser subjektive Tatbestand stellt eine hohe Hürde dar. Zum einen sind die geforderten Umstände schwer zu beweisen. Zum anderen werden sie wegen der weitreichenden Rechtsfolgen des § 138 Abs. 2 BGB (Sittenwidrigkeit auch des Erfüllungsgeschäfts) eng ausgelegt.

BGH, Urt. v. 8.2.1994 – XI ZR 77/93,
ZIP 1994, 527 = NJW 1994, 1275 m. w. N.;
dazu EWiR 1994, 435 *(H. P. Westermann)*.

80 Daher hat man, zumal im Grundstückskaufrecht, nach Wegen gesucht, den Schutz des Schwächeren, des Übervorteilten, in anderer Weise zu verwirklichen. Das geschieht durch die Aufnahme so genannter **„wucherähnlicher Verträge"** in den Schutzbereich des § 138 Abs. 1 BGB. Ein wucherähnliches Geschäft setzt auch eine Äquivalenzstörung voraus, also ein auffälliges Missverhältnis zwischen Leistung und Gegenleistung. Und hinzu treten muss auch hier ein subjektiver Tatbestand, nämlich eine verwerfliche Gesinnung, d. h. die Ausnutzung der Unterlegenheit des anderen, dessen geschäftliche Unerfahrenheit, Mangel an Urteilsvermögen, erhebliche Willensschwäche o. Ä. für das eigene übermäßige Gewinnstreben. Dabei ist nicht positive Kenntnis der objektiven Umstände, aus denen sich die missliche Situation des anderen Teils ergibt, notwendig, sondern es soll genügen, dass der Begünstigte sich der Erkenntnis böswillig oder grob fahrlässig verschließt.

Std. Rspr. des BGH, vgl. Urt. v. 25.10.1979 – III ZR 182/77,
MDR 1980, 294 = WM 1980, 10;

BGH, Urt. v. 26.5.1982 – VIII ZR 123/81, WM 1982, 849;

umfassend BGH, Urt. v. 19.1.2001 – V ZR 437/99, BGHZ 146,
298 = ZIP 2001, 747 (m. Bespr. *Flume*, S. 1621) = ZfIR 2001, 907;
dazu EWiR 2001, 607 *(Medicus)*.

81 Natürlich ist es auch im Rahmen des § 138 Abs. 1 BGB schwierig, den Nachweis der subjektiven Merkmale der Sittenwidrigkeit, die verwerfliche Gesinnung des Begünstigten, zu beweisen. Die Rechtsprechung, schon das Reichsgericht und ihm folgend der Bundesgerichtshof, arbeitet hier mit einer Beweiserleichterung, einer, wie der Bundesgerichtshof klargestellt hat,

BGHZ 146, 298,

Vermutung: Ist das **Missverhältnis zwischen Leistung und Gegenleistung besonders groß (grob)**, so lässt dies den Schluss darauf zu, dass der Begünstigte die den Vertragspartner in seiner Entscheidungsfreiheit beeinträchtigenden Umstände bewusst ausgenutzt hat oder sich der Erkenntnis jedenfalls grob fahrlässig verschlossen hat.

Siehe schon
BGH, Urt. v. 18.1.1980 – V ZR 34/78, WM 1980, 597;

BGH, Urt. v. 30.1.1981 – V ZR 7/80, WM 1981, 404;

BGH, Urt. v. 5.6.1981 – V ZR 80/80, WM 1981, 1050;

vor allem BGH, Urt. v. 19.1.2001 – V ZR 437/99, BGHZ 146, 298 = ZIP 2001, 747 (m. Bespr. *Flume*, S. 1621) = ZfIR 2001, 907; dazu EWiR 2001, 607 *(Medicus)*.

Hierbei handelt es sich um eine tatsächliche Vermutung, die der benachteiligten Partei zwar die Darlegung und Beweisführung für das Vorliegen des subjektiven Merkmals eines wucherähnlichen Rechtsgeschäfts erleichtert, ihr aber nicht die Behauptungslast nimmt. An diesen Vortrag sind allerdings keine hohen Anforderungen zu stellen; es genügt, wenn aus dem Kontext mit dem Vortrag zu einem groben Missverhältnis von Leistung und Gegenleistung ersichtlich ist, dass die davon benachteiligte Partei sich auf die darauf gründende Vermutung beruft. 82

BGH, Urt. v. 9.10.2009 – V ZR 178/08, NJW 2010, 363 = MDR 2010, 135.

Die an das grobe Missverhältnis geknüpfte Vermutung beruht auf dem Erfahrungssatz, dass in der Regel außergewöhnliche Leistungen nicht ohne Not oder nicht ohne einen anderen den Benachteiligten hemmenden Umstand zugestanden werden und dass auch der Begünstigte diese Erfahrung teilt. 83

BGHZ 146, 298, 302 f. m. w. N.

Die Vermutung erstreckt sich dabei auf zwei Dinge, darauf, dass Umstände vorliegen, die die freie Entschließung des Benachteiligten beeinträchtigt haben (wirtschaftliche Not, Willensschwäche, Mangel an Urteilsvermögen etc.), und darauf, dass der Begünstigte sich diese Situation zunutze gemacht hat, bewusst oder durch grob fahrlässiges Sichverschließen vor der Erkenntnis dieser Sachlage. 84

Diese **Vermutung setzt nach der Rechtsprechung des BGH nicht voraus, dass der Begünstigte das grobe Missverhältnis zwischen Leistung und Gegenleistung kennt**. Eine verwerfliche Gesinnung soll nämlich (siehe Rn. 80) schon dann vorliegen, wenn sich der Begünstigte leichtfertig der Einsicht verschließt, dass der Vertragspartner sich nur unter dem Zwang der Verhältnisse auf den ungünstigen Vertrag eingelassen hat. Der Kenntnis der misslichen Lage des anderen Teils kann man sich aber nicht nur dadurch verschließen, dass man bei erkannt krassem Missverhältnis die Zwangslage des anderen oder einen anderen ihn hemmenden Umstand nicht zur Kenntnis nimmt, sondern auch dadurch, dass man schon das objektiv grobe Missverhältnis nicht zur Kenntnis nimmt (und natürlich dann auch nicht die sich daraus ergebenden Folgerungen). Der Bundesgerichtshof hält also den Lebenserfahrungssatz auch insoweit für tragfähig, als es um die Kenntnis der Wertverhältnisse geht: wer ein Grundstück kauft oder verkauft, kennt im Allgemeinen die Wertverhältnisse. 85

BGH, Urt. v. 19.1.2001 – V ZR 437/99, BGHZ 146, 298, 303 f. = ZIP 2001, 747 = ZfIR 2001, 907; dazu EWiR 2001, 607 *(Medicus)*.

Dieser Ansatz des Bundesgerichtshof ist **angreifbar**. Denn der Lebenserfahrungssatz, dass in der Regel außergewöhnliche Leistungen nicht ohne Not 86 oder einen anderen den Benachteiligten hemmenden Zustand zugestanden werden, mag eine Rechtfertigung abgeben für die Vermutung, dass sich die benachteiligte Partei in einer Not- oder Zwangssituation befunden hat. Er lässt aber entgegen der Auffassung des Bundesgerichtshofs (die er auch nicht begründet) nicht den Schluss darauf zu, dass der Bevorteilte wusste oder zumindest damit rechnete (und dies billigend in Kauf nahm), dass Leistung und Gegenleistung in einem groben Missverhältnis standen. Diese Kenntnis ist vielmehr festzustellen, wobei dem Richter allerdings weitreichende Möglichkeiten der freien Beweisführung zu Gebote stehen.

Ausführlich zu allem *Krüger*, in: Festschrift Säcker, S. 27, 33 f.

87 Für das Vorliegen eines „besonders groben“ Missverhältnisses von Leistung und Gegenleistung und die daran anknüpfende Vermutung der verwerflichen Gesinnung kommt es allein auf die **objektiven Werte** dieser Leistungen, nicht aber auf ein Affektionsinteresse der Parteien an.

BGH, Urt. v. 30.3.1984 – V ZR 61/83, WM 1984, 874;

BGH, Urt. v. 3.7.1992 – V ZR 76/91,
DNotZ 1993, 504 = NJW-RR 1999, 198 = WM 1992, 1916.

88 Etwaige Grundstücksbelastungen mindern den Wert der in der Überlassung des Grundstücks liegenden Leistung.

Vgl. BGH, Urt. v. 7.4.1989 – V ZR 252/87,
ZIP 1989, 996 = WM 1989, 1100;
dazu EWiR 1989, 865 *(Kollhosser)*.

89 Dabei ist es unerheblich, ob die dinglichen Rechte dem Erwerber oder einem Dritten zustehen.

BGH, Urt. v. 18.5.1990 – V ZR 304/88, WM 1990, 1790.

90 Die Erwerbsnebenkosten, die üblicherweise von dem Käufer zu tragen sind, sind von dessen Leistung abzuziehen, wenn sie im konkreten Fall vom Verkäufer übernommen wurden.

BGH, Urt. v. 15.1.2016 – V ZR 278/14, MDR 2016, 455.

91 Von einem **besonders groben Missverhältnis** geht die Rechtsprechung des V. Zivilsenats des Bundesgerichtshofs aus, wenn der Wert der Leistung **knapp doppelt so hoch** ist wie der Wert der Gegenleistung.

BGH, Urt. v. 8.11.1991 – V ZR 260/90, NJW 1992, 899;
dazu EWiR 1992, 431 *(Leinweber)*;

BGH, Urt. v. 25.2.1994 – V ZR 63/93,
ZIP 1994, 538 (Timesharing-Modell).

92 **Beispiele** hierfür aus der Rechtsprechung bieten Wertverhältnisse von 45.000 DM zu 80.000 DM,

BGH, Urt. v. 18.1.1980 – V ZR 34/78, WM 1980, 597,

von 164.136 DM zu 300.000 DM,

BGH, Urt. v. 30.3.1984 – V ZR 61/83, WM 1984, 874,

von 220.000 DM zu 400.000 DM,

BGH, Urt. v. 18.1.1991 – V ZR 171/89, NJW-RR 1991, 589,

von 350.000 DM zu 650.000 DM,

BGH, Urt. v. 8.12.2000 – V ZR 270/99 (unveröffentlicht),

sowie von 224.000 DM zu 410.000 bis 440.000 DM,

BGH, Urt. v. 19.1.2001 – V ZR 437/99, BGHZ 146, 298 = ZIP 2001, 747 (m. Bespr. *Flume*, S. 1621) = ZfIR 2001, 907; dazu EWiR 2001, 607 *(Medicus)*.

93 Der Bundesgerichtshof hat unterdessen eine **klare Grenze** für die Annahme eines besonders groben Missverhältnisses festgelegt. Die Verkehrswertüber- bzw. -unterschreitung muss 90 % oder mehr betragen.

BGH, Urt. v. 24.1.2014 – V ZR 249/12, NJW 2014, 1652 Rn. 8 = ZNotP 2014, 511; dazu *Herrler*, ZNotP 2014, 252;

BGH, Urt. v. 19.12.2014 – V ZR194/13, NJW 2015, 1510, Rn. 19 = ZfIR 2015, 375 (m. Anm. *Meier*, S. 378).

94 Das Missverhältnis kann nicht allein deswegen verneint werden, weil mehrere Hundert Erwerber im Rahmen eines Steuersparmodells denselben oder einen annähernd gleichen Preis für ihre Immobilie bezahlt haben.

BGH, Urt. v. 17.6.2005 – V ZR 220/04, ZIP 2005, 1423 = WM 2005, 1598 = NJW-RR 2005, 1418.

95 **Maßgeblicher Zeitpunkt** für den Vergleich der Werte von Leistung und Gegenleistung ist der **Vertragsschluss**.

BGH, Urt. v. 3.11.1995 – V ZR 102/94, ZIP 1996, 155 = WM 1996, 262.

BGH, Urt. v. 25.2.2011 – V ZR 208/09, NJW-RR 2011, 880 = NZM 2012, 32.

96 Auf eine spätere Veränderung des Wertes oder der Verhältnisse kommt es nicht an, weil es eine rückwirkende Sittenwidrigkeit für ein zum Abschlusszeitpunkt einwandfreies Rechtsgeschäft nicht gibt. Das gilt auch dann, wenn die Vereinbarungen erst zu einem späteren Zeitpunkt durch Eintritt einer Bedingung volle Wirksamkeit entfalten sollen, und selbst, wenn der Bedingungseintritt von einer Rechtshandlung einer der Parteien abhängt.

BGH, Urt. v. 3.11.1995 – V ZR 102/94, ZIP 1996, 155 = WM 1996, 262;

vgl. auch BGH, Urt. v. 16.2.1996 – V ZR 14/95 (unveröffentlicht).

97 Vereinbarungen, mit denen die Parteien den im Ursprungsvertrag vereinbarten **Preis nachträglich ändern**, sind bei der Prüfung, ob das Rechtsgeschäft

nach § 138 Abs. 1 BGB nichtig ist, grundsätzlich zu berücksichtigen. Ist der Vertrag mit der ursprünglichen Preisabrede wegen eines auffälligen Missverhältnisses von Leistung und Gegenleistung nichtig, so genügt es aber nicht, dass die Parteien lediglich den Preis auf einen Betrag reduzieren, der unter der die Sittenwidrigkeit indizierenden Grenze bleibt. Erforderlich ist vielmehr, dass der nichtige Vertrag entweder nach § 141 BGB bestätigt oder insgesamt neu abgeschlossen wird.

> BGH, Urt. v. 10.2.2012 – V ZR 51/11, MDR 2012, 450.

98 Bei der **Ermittlung des Verkehrswertes** steht die Auswahl der geeigneten **Wertermittlungsmethode** im pflichtgemäßen Ermessen des Tatrichters. Ist diese Auswahl rechtsfehlerfrei vorgenommen worden, kann die Sittenwidrigkeit des Kaufvertrags nicht daraus hergeleitet werden, dass ein mithilfe einer anderen (auch zulässigen) Methode ermittelter Wert in einem auffälligen oder besonders groben Missverhältnis zum vereinbarten Kaufpreis stünde.

> BGH, Urt. v. 2.7.2004 – V ZR 213/03, BGHZ 160, 8 = ZIP 2004, 1758 = ZfIR 2004, 805 = NJW 2004, 2671; dazu EWiR 2004, 1059 *(Medicus)*.

99 Die auf das besonders grobe Missverhältnis zwischen Leistung und Gegenleistung gestützte tatsächliche Vermutung kann **durch besondere Umstände erschüttert werden.**

> BGHZ 146, 298, 305.

100 Der Tatrichter muss zwar die Vermutung im Rahmen der Beweiswürdigung berücksichtigen, er kann aber ohne Rechtsverstoß zu einer anderen Beurteilung gelangen, wenn besondere Umstände vorliegen (und der Benachteiligte nicht positiv die verwerfliche Gesinnung des Begünstigten beweist). Dabei wird eine Erschütterung der Vermutung eher möglich sein, wenn nicht festgestellt werden kann, dass der Begünstigte das grobe Missverhältnis kannte (wenn also nach der Rechtsprechung des Bundesgerichtshofs nur von einem Sichverschließen ausgegangen werden kann). Andererseits kann die Vermutung nicht allein deshalb als erschüttert angesehen werden, weil die benachteiligte Partei das Missverhältnis kannte.

> BGH, Urt. v. 29.6.2007 – V ZR 1/06, ZfIR 2007, 844 (m. Anm. *Heinemann*).

101 **Beispiele** für eine Erschütterung der Vermutung aus der Rechtsprechung:

102 Die Parteien haben ein **fehlerhaftes Verkehrswertgutachten**, das das Missverhältnis nicht zum Ausdruck bringt, zur Grundlage des vereinbarten Kaufpreises gemacht.

> BGH, Urt. v. 18.1.1985 – V ZR 123/83, WM 1985, 948;
>
> BGH, Urt. v. 21.3.1997 – V ZR 355/95, ZIP 1997, 931 = ZfIR 1997, 260 = WM 1997, 1155; dazu EWiR 1997, 639 *(Tiedke)*.

Die Beurteilung des Verkehrswerts war besonders schwierig, weil z. B. noch **kein funktionierender Grundstücksmarkt** bestand. 103

BGH, Urt. v. 21.3.1997 – V ZR 355/95,
ZIP 1997, 931 = ZfIR 1997, 260 = WM 1997, 1155;
dazu EWiR 1997, 639 *(Tiedtke)*.

Zu Schwierigkeiten bei der Verkehrswertermittlung siehe auch 104

BGH, Urt. v. 27.9.2002 – V ZR 218/01,
ZfIR 2003, 151 = NJW 2003, 283;
dazu EWiR 2003, 451 *(Lorenz)*.

Die Parteien haben sich in **sachgerechter**, eine Übervorteilung regelmäßig ausschließender **Weise um die Ermittlung** eines den Umständen nach angemessenen Leistungsverhältnisses **bemüht**. Der Benachteiligte hatte im entschiedenen Fall den Begünstigten zunächst eine Schenkung angeboten und dann, nachdem diese die Schenkung nicht angenommen hatten, einen Rechtsanwalt mit der Ermittlung eines angemessenen Kaufpreises betraut. 105

BGH, Urt. v. 19.7.2002 – V ZR 240/01,
ZIP 2003, 80 = NJW 2002, 3165 = WM 2003, 154;
dazu EWiR 2003, 7 *(Freitag)*;

vgl. auch BGH, Urt. v. 27.9.2002 – V ZR 218/01,
ZfIR 2003, 151 = NJW 2003, 283;
dazu EWiR 2003, 451 *(Lorenz)*.

Den Parteien war das **Wertverhältnis gleichgültig**, etwa weil ein besonderes Affektionsinteresse des Käufers bestand. 106

Vgl. BGH, Urt. v. 19.1.2001 – V ZR 437/99,
BGHZ 146, 298, 305 = ZIP 2001, 747 = ZfIR 2001, 907;
dazu EWiR 2001, 607 *(Medicus)*.

Auch bei **Risikogeschäften** kann der Rückschluss von einem besonders auffälligen Missverhältnis auf eine verwerfliche Gesinnung unzulässig sein. 107

Vgl. BGH, Urt. v. 9.10.1996 – VIII ZR 233/95,
MDR 1997, 127 = WM 1997, 230, 232.

Das gilt aber nicht ohne Weiteres für einen „Grundstückskaufvertrag mit Auflassung", der die Abtretung von Restitutionsansprüchen enthält. 108

BGH, Urt. v. 13.6.1997 – V ZR 352/95 (unveröffentlicht).

Im entschiedenen Fall entsprach es der üblichen Regelung, dass der Käufer die – bei dem vereinbarten Preis ohnehin minimalen – Vertragskosten übernahm. Gleiches galt für das – stets vom Leistenden zu tragende – Risiko, ob beim Scheitern des Geschäfts der Anspruch auf Rückforderung einer Vorleistung durchgesetzt werden kann. Dafür, dass die klagende Verkäuferin zur Rückzahlung nicht bereit oder nicht in der Lage sein würde, ließ sich dem Sachverhalt nichts entnehmen. Hinzu kam, dass die beklagten Käufer ohnehin nur 1/10 des Kaufpreises angezahlt hatten und der Rest erst nach Eigentumsumschreibung zahlbar sein sollte, wohingegen sich die Beklagten bereits im Kauf- 109 vertrag zusätzlich den Rückforderungs- und etwaige Entschädigungsansprüche hatten abtreten lassen.

110 Umgekehrt kann **besondere Sachkunde** eines Vertragsteils den Schluss auf das Vorliegen der subjektiven Voraussetzungen des § 138 Abs. 1 BGB erleichtern. So kann es z. B. liegen, wenn der Verkäufer eines Grundstücks bei Vertragsschluss aufgrund eines schweren depressiven Syndroms zwar nicht mit an Sicherheit grenzender Wahrscheinlichkeit geschäftsunfähig, wohl aber „willensschwach“ und „eher fremdbestimmbar“ ist und der Käufer als Arzt (im entschiedenen Fall zugleich als Bruder des Verkäufers) mit den näheren Umständen vertraut ist.

BGH, Urt. v. 12.12.1986 – V ZR 100/85, WM 1987, 353.

111 Unanwendbar kann die Vermutung sein, wenn es um **relativ geringe Werte** geht, weil die Unter- bzw. Überschreitung des Kaufpreises um die Hälfte bzw. um das Doppelte umso weniger aussagekräftig ist, je geringer der absolute Wert der Sache ist.

Vgl. BGH, Urt. v. 26.11.1997 – VIII ZR 322/96,
WM 1998, 932, 934;
dazu EWiR 1998, 201 *(Tiedtke)*;

BGH, Urt. v. 27.9.2002 – V ZR 218/01, ZfIR 2003, 151
= NJW 2003, 283, 284: 9 000 DM – rd. 30.000 DM;
dazu EWiR 2003, 451 *(Lorenz)*.

2. Mangel an Urteilsvermögen

112 Fehlt es an einem groben Missverhältnis zwischen Leistung und Gegenleistung, entfällt die Vermutung auf das Vorliegen der die Sittenwidrigkeit begründenden subjektiven Umstände. Der Vertrag kann gleichwohl sittenwidrig sein; nur muss der Benachteiligte das Vorliegen der Umstände, etwa einen Mangel an Urteilsvermögen, und deren Ausnutzung beweisen. Ein Mangel an Urteilsvermögen liegt nicht vor, wenn der Betroffene nach seinen Fähigkeiten in der Lage ist, Inhalt und Folgen eines Rechtsgeschäfts sachgerecht einzuschätzen, diese Fähigkeiten aber nicht oder **nur unzureichend einsetzt** und deshalb ein unwirtschaftliches Rechtsgeschäft abschließt.

BGH, Urt. v. 23.6.2006 – V ZR 147/05,
ZfIR 2006, 795 (m. Bespr. *Kulke*) = NJW 2006, 3054
= WM 2006, 1915;
dazu EWiR 2007, 3 *(Hegmanns)*.

113 Ein Ausnutzen der **Unerfahrenheit oder Schwäche** des Benachteiligten kann ebenfalls zur Sittenwidrigkeit nach § 138 Abs. 1 BGB führen. Das kommt z. B. in Betracht, wenn ein deutliches Ungleichgewicht zwischen dem Wert der beiderseitigen Verpflichtungen besteht und es zum Abschluss des Vertrags durch die Ausnutzung eines besonderen Vertrauensverhältnisses zu einem unerfahrenen oder hilfsbedürftigen Vertragspartner gekommen ist.

BGH, Urt. v. 13.10.2006 – V ZR 169/05 (unveröffentlicht).

3. Überlange Bindung

Wie namentlich für **Bierlieferungsverträge** in der Rechtsprechung des Bundesgerichtshofs anerkannt ist, gerät ein Gastwirt durch übermäßig lange Bindung der Bezugspflicht an eine bestimmte Brauerei in eine nicht durch entsprechende Gegenleistungen aufgewogene wirtschaftliche Abhängigkeit und wird dadurch in seiner Entscheidungsfreiheit über die Führung der Gaststätte und eine etwaige Änderung ihres Charakters unvertretbar eingeengt; äußerstenfalls ist deshalb eine Bindungsdauer von 20 Jahren hinzunehmen. 114

Vgl. etwa BGH, Urt. v. 23.11.1983 – VIII ZR 333/82,
ZIP 1984, 335 = WM 1984, 88.

Diese Beurteilungsgrundsätze werden auch auf **Mineralöllieferungsverträge** 115
angewendet.

BGH, Urt. v. 31.3.1982 – I ZR 56/80,
BGHZ 83, 313 = ZIP 1982, 702 = WM 1982, 694.

Sie lassen sich aber, wie der V. Zivilsenat klargestellt hat, auf den **Verkauf eines** 116
Grundstücks nicht einfach übertragen. Ein Grundstück ist nicht irgendeine Handelsware, sondern ein Wertobjekt, das der Eigentümer u. U. nur deshalb aus der Hand gibt, um es einem bestimmten Nutzungszweck zuzuführen. Eine auf die Zweckerhaltung angelegte Bindung des Erwerbers ist nicht ohne Weiteres anstößig. Auch einer Gemeinde ist es nicht verwehrt, einen solchen Zweck mit den Mitteln des Privatrechts zu verfolgen.

Vgl. BGH, Urt. v. 24.6.1983 – V ZR 167/82,
DNotZ 1985, 34 = NJW 1984, 924 = WM 1983, 1192.

Verkauft eine Gemeinde (Kurort) ein Grundstück zum Zwecke der Errichtung 117
einer Kurpension, so ist die mit dem Käufer getroffene Vereinbarung, dass dieser das Grundstück für den Betrieb einer solchen Pension nutzen muss und der Gemeinde anderenfalls ein Rücktrittsrecht zusteht, nicht schon wegen der unbefristeten Dauer der Nutzungspflicht sittenwidrig.

BGH, Urt. v. 6.7.1984 – V ZR 62/83, WM 1984, 1252.

4. Schädigungsabsicht

Ein Rechtsgeschäft, welches die Parteien in der Absicht schließen, einen Dritten 118
zu schädigen, kann die Voraussetzungen des § 138 Abs. 1 BGB erfüllen. Die bloße Absicht genügt allerdings nicht, hinzukommen muss, dass das Rechtsgeschäft für den Dritten auch objektiv nachteilig ist.

BGH, Urt. v. 28.10.2011 – V ZR 212/10, NJW-RR 2012, 18.

V. Verstoß gegen ein gesetzliches Verbot

Ein Rechtsgeschäft, das gegen ein gesetzliches Verbot verstößt, ist nichtig, 119
wenn sich nicht aus dem Gesetz ein anderes ergibt (§ 134 BGB). Ob sich aus

dem Verbotsgesetz „ein anderes" ergibt, beurteilt sich in erster Linie nach dem durch Auslegung zu ermittelnden Sinn und Zweck des Verbotsgesetzes.

BGH, Urt. v. 22.9.1983 – VII ZR 43/83,
BGHZ 88, 240 m. w. N. = ZIP 1983, 1460.

1. Verpflichtung der Gemeinde zur Aufstellung eines Bebauungsplans

120 Die Verpflichtungserklärung einer Gemeinde, innerhalb bestimmter Frist einen Bebauungsplan aufzustellen, ist nichtig.

BGH, Urt. v. 22.11.1979 – III ZR 186/77,
BGHZ 76, 16 = NJW 1980, 826 = WM 1980, 114.

121 Dagegen kann eine privatrechtliche Vereinbarung, mit der eine Gemeinde als Verkäuferin von Bauerwartungsland die künftige Nutzbarkeit als Bauland gewährleistet, zulässig sein. Die Zulässigkeit hängt von der – im Wege der Auslegung zu beantwortenden – Frage ab, wie weit die vertragliche Einstandspflicht der Gemeinde reichen soll. Hieran knüpft sich sodann die (entscheidende) rechtliche Wertung, ob durch die vertragliche Bindung etwa – mittelbar – ein vom Gesetz nicht gestatteter Einfluss auf die Ausübung der Planungshoheit ausgeübt würde (vgl. hierzu die in § 1 Abs. 5 BauGB vorgeschriebene Abwägung der durch die Bauleitplanung berührten öffentlichen Interessen, die einen grundsätzlich ungebundenen und umfassenden Abwägungsvorgang voraussetzt). Noch hinnehmbar ist eine privatrechtliche Vereinbarung, die für den Fall, dass der Bebauungsplan ausbleibt oder von den früheren Vorstellungen der Vertragsparteien abweicht, die Gemeinde mit Schadensersatz oder Aufwendungsersatz belastet.

BGH, Urt. v. 22.11.1979 – III ZR 186/77, a. a. O.

122 Unproblematisch ist es auch, wenn sich eine Gebietskörperschaft vertraglich verpflichtet, einem Straßenbauunternehmen Flächen für die Ablagerung von Abraum aus Straßenbauprojekten zur Verfügung zu stellen. Darin liegt keine unzulässige Bindung im Hinblick auf zukünftige Planungen. Anders könnte es sein, wenn der Körperschaft abverlangt würde, „im Zusammenhang zukünftiger Planungen i. V. m. Planfeststellungsverfahren" geeignete Ablagerungsvolumen einzuplanen.

Vgl. BGH, Urt. v. 28.3.2003 – V ZR 47/02 (unveröffentlicht).

123 Es verstößt nicht gegen ein gesetzliches Verbot, wenn sich ein Grundstückskäufer im Vertrag gegenüber der Entwicklungsgesellschaft einer Gemeinde in der Weise bindet, dass er – der Bauleitplanung entsprechend – von seinem auf dem Kaufgrundstück zu betreibenden Großhandelsunternehmen aus grundsätzlich keinen Endverbraucher beliefern darf.

BGH, Urt. v. 12.12.1980 – V ZR 43/79,
NJW 1981, 916 = WM 1981, 306.

Zulässig ist es auch, wenn die Gemeinde ein Grundstück unter der aufschiebenden Bedingung verkauft, dass ein Bebauungsplan mit einem bestimmten Inhalt zustande kommt. Darin liegt kein Verstoß gegen das Koppelungsverbot des § 1 Abs. 3 Satz 2 BauGB. **124**

BGH, Urt. v. 2.10.2015 – V ZR 307/13,
WM 2016, 525 = ZfIR 2016, 69 (m. Anm. *Busse*).

2. Verknüpfung zwischen gemeindlichem Grundstückserwerb und Baulandausweisung („Einheimischenmodell")

Nach dem „Ankaufmodell" erwerben Gemeinden Bauerwartungsland, um es im Rahmen ihrer Bauleitplanung später in einen Bebauungsplan einzubeziehen, eventuell um es dann vorzugsweise an einheimische Bauwillige zu veräußern („Einheimischenmodell"). Ein solches Vorgehen ist grundsätzlich weder verboten noch sittenwidrig. Es dient den Gemeinden, die eine starke Nachfrage nach Bauland durch auswärtige Interessenten verzeichnen, Einheimischen den Erwerb von Bauflächen zu bezahlbaren, in der Regel deutlich unter dem Verkehrswert liegenden Preisen zu ermöglichen. Solche die Bauleitplanung ergänzende, städtebaulichen Zwecken dienende privatrechtliche Verträge zur Deckung des Wohnbedarfs der ortsansässigen Bevölkerung (vgl. § 11 Abs. 1 Satz 2 Nr. 2 BauGB) sind **grundsätzlich zulässig**. **125**

BGH, Urt. v. 2.10.1998 – V ZR 45/98,
ZIP 1998, 2158 = ZfIR 1998, 726 (m. Anm. *Grziwotz*)
= NJW 1999, 208, 209;
dazu EWiR 1999, 301 *(Mayer-Maly)*;

BVerwG, Urt. v. 11.2.1993 – BVerwG 4 C 18.91,
BVerwGE 92, 56, 59 ff. = DNotZ 1994, 63 = NJW 1993, 2695.

Allerdings ist anerkannt, dass eine Behörde ohne gesetzliche Ermächtigung die Erfüllung ihrer amtlichen Aufgaben nicht von „wirtschaftlichen Gegenleistungen" des Gesuchstellers abhängig machen darf (vgl. § 11 BauGB). Beim Erwerb von Bauerwartungsland nach dem Ankaufsmodell kommt ein solches **unzulässiges Koppelungsgeschäft** in Betracht, wenn sich die Gemeinde als Gegenleistung zur Baulandausweisung verpflichtet, insoweit hierin nämlich ein „Verkauf von Hoheitsrechten" liegt. Diese Grenze ist nicht überschritten, wenn die Gemeinde im Rahmen des Einheimischenmodells von einem Grundstückseigentumer einen Teil des im Außenbereich liegenden Grundstücks zu marktgerechtem Preis (Bauerwartungsland) kauft und ihm dafür in Aussicht stellt, sie werde das ganze Grundstück in den Bebauungsplan aufnehmen. **126**

BGH, Urt. v. 2.10.1998 V ZR 45/98, a. a. O.

Erlaubt sind auch sog. Folgekostenverträge, in denen ein Privater sich zur Zahlung eines bestimmten Betrags verpflichtet, um eine Gemeinde zur Aufstellung eines Bebauungsplans zu veranlassen. **127**

BGH, Urt. v. 21.3.1985 – VII ZR 192/83,
BGHZ 94, 125, 127 f. m. w. N. = ZIP 1985, 790.

128 Die Veräußerung der Grundstücke an Einheimische geschieht häufig durch standardisierte Verträge, sodass sich die Frage der **Inhaltskontrolle nach §§ 305 ff. BGB** stellt. Auf den Prüfstand werden dabei insbesondere Klauseln gestellt, wonach dem Käufer ein Weiterverkauf innerhalb bestimmter Frist (z. B. zehn Jahre) durch Vereinbarung einer Mehrwertabschöpfung durch die Gemeinde erschwert wird. Für Verträge, die vor dem 31.12.1994 (Ablauf der Umsetzungsfrist für die EG-Richtlinie vom 5.4.1993 über missbräuchliche Klauseln in Verbraucherverträgen) geschlossen wurde, hat der Bundesgerichtshof eine Inhaltskontrolle nach den §§ 9–11 AGBG verneint, die Vertragsgestaltung vielmehr allein an **§ 11 Abs. 2 BauGB (Gebot angemessener Vertragsgestaltung)** gemessen, der auch für privatrechtlich ausgestaltete städtebauliche Verträge gilt. Diesen Anforderungen genügt eine Klausel, wonach der Käufer bei einer Weiterveräußerung innerhalb der Frist die Differenz zwischen dem Ankaufspreis und dem höheren und bis zum Weiterverkauf noch gestiegenen Bodenwert abführen muss, wenn die Frist einen Zeitraum von 15 Jahren nicht übersteigt und die Gemeinde bei der Geltendmachung der **Mehrerlösabführungsklausel** die besonderen Umstände des jeweiligen Falles berücksichtigt.

BGH, Urt. v. 29.11.2002 – V ZR 105/02,
BGHZ 153, 93 = ZIP 2003, 535 = ZfIR 2003, 205;
dazu EWiR 2003, 843 *(Gronemeyer)*;
zur Problematik insgesamt *Krüger*, ZNotP 2010, 450.

129 Ob dasselbe für Verträge gilt, die nach diesem Zeitpunkt geschlossen wurden, hat der Bundesgerichtshof offengelassen. Dagegen könnte sprechen, dass die EG-Richtlinie den Schutzzweck des AGB-Gesetzes geändert hat. Ging es ursprünglich um einen Schutz vor einer einseitigen Ausnutzung der Vertragsgestaltungsfreiheit durch eine (die stärkere) Vertragspartei (was bei städtebaulichen Verträgen zur Verwirklichung von Einheimischenmodellen schon wegen des verfassungsrechtlich verankerten Gleichbehandlungsgebots nicht zu gewärtigen ist), so hat die EG-Richtlinie das Gesetz um Verbraucherschutzgedanken erweitert (§ 24a AGBG, jetzt § 310 Abs. 3 BGB). Dieser Gedanke wird von § 11 Abs. 2 BauGB nicht erfasst, sodass eine ausschließliche Anwendung dieser Norm Zweifeln begegnet.

BGH, Urt. v. 29.11.2002 – V ZR 105/02, a. a. O.

130 Der Bundesgerichtshof hat die Frage für nach dem 31.12.1994 geschlossene Verträge weiter offengelassen (auch in der Folgezeit) und eine Klausel, die den Käufer im Falle des Weiterverkaufs binnen zehn Jahren zur Erstattung der Differenz zwischen dem seinerzeit gezahlten Kaufpreis und dem Verkehrswert verpflichtet, sowohl im Hinblick auf § 11 Abs. 2 Satz 1 BauGB als auch im Hinblick auf § 307 Abs. 1 BGB für unbedenklich gehalten.

BGH, Urt. v. 13.10.2006 – V ZR 33/06, NJW-RR 2007, 962.

Weiterhin offengelassen von BGH, Urt. v. 23.5.2025 – V ZR 259/23, juris.

Anders zu betrachten ist ein städtebaulicher Vertrag, mit dem die Gemeinde ein Grundstück zum **Verkehrswert** verkauft. Hier ist es der Gemeinde verwehrt, von einer Verkehrswertsteigerung unabhängige Zuzahlungen im Falle des Weiterverkaufs innerhalb bestimmter Fristen (im konkreten Fall: 8 Jahre) zu vereinbaren. Eine solche Regelung hat strafähnlichen Charakter (vgl. *Krüger*, ZNotP 2010, 450, 454) und geht über das Ziel, Bodenspekulationen zu verhindern, hinaus (gemessen am Maßstab des § 11 Abs. 2 Satz 1 BauGB). 131

BGH, Urt. v. 20.4.2018 – V ZR 169/17, NJW 2018, 3012 = ZfIR 2018, 745 (m. Anm. *Krautzberger*).

Hinsichtlich der **Bindungsfrist** hat der Bundesgerichtshof entschieden, dass ein Wiederkaufsrecht mehr als 30 Jahre nach seiner Begründung nicht mehr ausgeübt werden darf (Verstoß gegen den von der Verwaltung zu beachtenden Grundsatz der Verhältnismäßigkeit). 132

BGH, Urt. v. 21.7.2006 – V ZR 252/05, ZfIR 2007, 32 = WM 2006, 2046 = NJW-RR 2006, 1452.

Bei einer Kaufpreisverbilligung von 50 % kann auch eine zwanzigjährige Verpflichtung des Käufers, das Grundstück selbst zu nutzen, noch angemessen sein. Eine bei früherer Aufgabe der Selbstnutzung zu leistende Kaufpreiszuzahlung ist hingegen unangemessen, wenn sie über die Rückforderung der gewährten Subvention und die Abschöpfung sonstiger mit dieser zusammenhängender Vorteile hinausgeht. 133

BGH, Urt. v. 16.4.2010 – V ZR 175/09, ZfIR 2010, 462 (m. Anm. *Grziwotz*, S. 465) = NJW 2010, 1861 = NJW 2010, 3505.

Generell kommt es für die Frage der Angemessenheit darauf an, ob Bindungsfrist und Preisnachlass in einem entsprechenden Verhältnis stehen. So hat der Bundesgerichtshof die Angemessenheit einer Bindungsfrist von 30 Jahren für die Ausübung eines Wiederkaufsrechts verneint, wenn der Preisnachlass gegenüber dem Verkehrswert 29 % betrug. 134

BGH, Urt. v. 15.2.2019 – V ZR 77/18, WM 2019, 2210 = DNotZ 2019, 857 = NZM 2019, 597 (m. Anm. *Kappus*)

Beträgt der Preisnachlass weniger als 20 % gegenüber dem Verkehrswert, verstößt eine 20 Jahre überschreitende Frist für die Ausübung des Wiederkaufsrechts der Gemeinde i. d. R. gegen das Gebot angemessener Vertragsgestaltung, 135

BGH, Urt. v. 26.6.2015 – V ZR 271/14, NJW 2015, 3169,

während ein 20 %iger Preisnachlass eine 20jährige Bindung rechtfertigt.

BGH, Urt. v. 15.2.2019 – V ZR 77/18, WM 2019, 2210 = DNotZ 2019, 857 = NZM 2019, 597 (m. Anm. *Kappus*).

Allgemein zur Auslegung von Verträgen im Einheimischenmodell unter Berücksichtigung der Zweckbestimmung der verbilligten Abgabe von Bauland 136 und zur Prüfung der Angemessenheit bei der Ausübung eines vereinbarten Wiederkaufsrechts siehe

BGH, Urt. v. 23.5.2025 – V ZR 259/23, juris.

137 Ähnliche Probleme stellen sich beim Verkauf einer **Reichsheimstätte**. Auch hier werden zumeist städtebauliche (oder auch andere) Zwecke durch verbilligte Abgabe von Grundbesitz, etwa an Einheimische, verfolgt und durch Vereinbarung eines Wiederkaufsrechts oder einer Mehrerlösabführklausel im Falle des Weiterverkaufs an einen nicht begünstigten Personenkreis gesichert. Nach Aufhebung des Reichsheimstättengesetzes im Jahre 1993 beurteilt sich die Zulässigkeit solcher Klauseln, insbesondere ihrer Bindungsdauer, nach § 11 Abs. 2 BauGB oder nach dem verfassungsmäßig verankerten Grundsatz der **Verhältnismäßigkeit**. Danach ist eine vereinbarte Ausübungsfrist für ein Wiederkaufsrecht von 30 Jahren bei älteren Verträgen schon deswegen unbedenklich, weil sie mit den damals geltenden Bestimmungen des Reichsheimstättengesetzes in Einklang stehen. Die Ausübung eines wirksam vereinbarten Wiederkaufsrechts steht allerdings ebenfalls unter dem Verhältnismäßigkeitsgebot. Bei einem mehr als 70 % unter dem Verkehrswert liegenden Kaufpreis ist die Ausübung 19 Jahre nach Vertragsschluss als unbedenklich angesehen worden.

BGH, Urt. v. 30.9.2005 – V ZR 37/05,
WM 2006, 300 = NJW-RR 2006, 298.

138 Anders ist es bei Wiederkaufsrechten zugunsten der öffentlichen Hand, die keine subventionierte Abgabe von Grundstücken sichern sollen. Hier sind längere Ausübungsfristen möglich. Auch bei einer Frist von 90 Jahren muss keine unangemessene Benachteiligung des Käufers vorliegen. Die Höchstfrist von 30 Jahren nach § 462 Satz 2 BGB steht dem nicht entgegen, da die Norm nur gilt, wenn nichts anderes vereinbart ist. Die öffentliche Hand ist auch nicht durch den Grundsatz der Verhältnismäßigkeit gehindert, das Recht nach 90 Jahren auszuüben.

BGH, Urt. v. 29.10.2010 – V ZR 48/10,
NJW 2011 = WM 2011, 83.

139 Ist eine Ausübungsfrist für das Wiederkaufsrecht nicht bestimmt, so gilt die in § 462 Satz 2 BGB geregelte Frist von 30 Jahren. Die Vereinbarung eines Wiederkaufrechts verstößt in diesem Fall nicht gegen § 11 Abs. 2 Satz 1 BauGB, wenn Bauland zu marktgerechtem Preis mit einer Bebauungsverpflichtung verkauft wird und der Käufer die Verpflichtung innerhalb der eingeräumten Frist (hier acht Jahre) nicht erfüllt.

BGH, Urt. v. 16.12.2022 – V ZR 144/21, ZfIR 2023, 139 (m. Anm. *Busse/Grziwotz*) = NVwZ 2023, 344 (m. Anm. *Schröer/Kümmel*).

3. Kein städtebaulicher Vertrag

Auch außerhalb der zuvor geschilderten Fälle können sich vergleichbare Fragen stellen. Handelt es sich nicht um einen städtebaulichen Vertrag, findet eine Inhaltskontrolle nur nach AGB-Recht statt. Eine Mehrerlösklausel (abzüglich getätigter Investitionen) im Falle des Weiterverkaufs binnen fünf Jahren in unbebautem Zustand hat der Bundesgerichtshof als Preisnebenabrede an § 307 Abs. 1 Satz 1 BGB gemessen und für wirksam erachtet, weil die Gemeinde (Verkäuferin) mit dieser Klausel das anerkennenswerte Ziel der Verhinderung kurzfristiger Bodenspekulationen verfolge, das über die reine Abschöpfung eines Veräußerungsgewinns hinausgehe. 140

BGH, Urt. v. 16.3.2018 – V ZR 306/16, WM 2018, 1763
= ZfIR 2018, 655 (m. Anm. *Simon/Zintl*).

Ob auf eine AGB-Kontrolle zurückgegriffen werden musste, ist allerdings fragwürdig. Denn das in § 11 BauGB zum Ausdruck kommende **Gebot zur angemessenen Vertragsgestaltung** beruht auf dem allgemeinen verfassungsrechtlichen Grundsatz der Verhältnismäßigkeit und ist daher auch ohne gesetzliche Regelung (also außerhalb des Anwendungsbereichs des § 11 BauGB) für das gesamte Handeln der öffentlichen Körperschaften im Rechtsverkehr mit Privaten bestimmend (vgl. BGHZ 153, 93, 98 m. w. N.). Der Bundesgerichtshof hat darauf in zwei Fällen zum **Erbbaurecht** abgestellt: 141

In dem einen Fall ging es um eine Vereinbarung gemäß § 2 Nr. 1 ErbbauRG, nach der der Erbbauberechtigte das gekaufte oder von ihm errichtete Bauwerk für die gesamte Zeit, in der das Erbbaurecht besteht, selbst zu Wohnzwecken zu nutzen hatte. Dies, so der Bundesgerichtshof, steht **nicht in einem unangemessenen Verhältnis** zu dem Wert der von dem Grundstückseigentümer mit der Bestellung des Erbbaurechts erbrachten Leistung. Das ergibt sich schon daraus, dass § 2 Nr. 1 ErbbauRG die Sicherung einer solchen Verwendungsbeschränkung erlaubt. Ein solcher Erbbaurechtsvertrag verstößt nicht gegen das Gebot angemessener Vertragsgestaltung. Allerdings kann die **Ausübung der Rechte** (hier: des Heimfallanspruchs) **gegen den Grundsatz der Verhältnismäßigkeit** verstoßen (vgl. auch BGHZ 153, 93, 106). So ist eine mit der Durchsetzung des Heimfallanspruchs für den Erbbauberechtigten verbundene Härte zu vermeiden, wenn das unter Wahrung des mit der Ausgabe des Erbbaurechts verfolgten Zwecks möglich ist (etwa durch Genehmigung einer Vermietung). 142

BGH, Urt. v. 26.6.2015 – V ZR 144/14,
BGHZ 206, 120 = NJW 2015, 3436 = ZfIR 2015, 712
(m. Anm. *Krautzberger*, S. 717).

Im zweiten Fall war Bestandteil eines Erbbaurechtsvertrags einer Gemeinde mit einem Privaten eine Bauverpflichtung des Erbbauberechtigten. Kam dieser der Verpflichtung nicht nach, stand der Gemeinde ein Heimfallanspruch zu. Eine Vergütung für das Erbbaurecht wurde für diesen Fall ausgeschlossen. Dies verstieß nach Auffassung des Bundesgerichtshofs nicht gegen das Ge- 143 bot zur angemessenen Vertragsgestaltung, da der Heimfall an eine Pflichtverletzung geknüpft war und der Erbbauberechtigte es in der Hand hatte, den Heimfall zu vermeiden. Allerdings unterliegt die Gemeinde einer strengen Ausübungskontrolle im Hinblick auf die Verhältnismäßigkeit. Sie kann zum Tragen kommen, wenn der Erbbauberechtigte erhebliche Investitionen getätigt hat und das Bauwerk ganz oder weitgehend fertiggestellt hat.

> BGH, Urt. v. 19.1.2024 – V ZR 191/22, NJW-RR 2024, 506 = ZfIR 2024, 152 = DNotZ 2024, 263.

4. Verstoß gegen Art. 20 Abs. 3 GG

144 Aus Art. 20 Abs. 3 GG folgt das Verbot, öffentliche Abgaben anders als nach Maßgabe der gesetzlichen Regelungen (etwa nach den Kommunalabgabengesetzen der Länder) zu erheben. Eine Vereinbarung in einem Grundstückskaufvertrag, wonach einer von kommunalen Körperschaften beherrschten juristischen Person des Privatrechts als Verkäuferin neben dem Kaufpreis die Zahlung eines jährlichen „Infrastrukturbeitrags“ für kommunale Einrichtungen versprochen wird, ist daher wegen Verstoßes gegen dieses Verbot nach § 134 BGB nichtig.

> BGH, Urt. v. 18.9.2009 – V ZR 2/09, ZNotP 2009, 485 = WM 2010, 525.

VI. Verstoß gegen gesetzliche Formvorschriften (§ 311b Abs. 1 BGB)

145 Bei der Problematik eines Formverstoßes ist zu unterscheiden zwischen den Fragen, **was** zu beurkunden ist (vgl. § 311b Abs. 1 Satz 1 BGB, § 4 Abs. 3 WEG, § 11 Abs. 2 ErbbauRG) und **wie** zu beurkunden ist (vgl. §§ 9, 13, 13a BeurkG).

1. Das materielle Erfordernis notarieller Beurkundung

a) Grundsätzliches

146 Unmittelbar in den Anwendungsbereich des § 311b Abs. 1 Satz 1 BGB (neben Verweisungsnormen – siehe oben) fällt die vertragliche Verpflichtung zur Veräußerung oder zum Erwerb von Grundeigentum. Dies gilt auch für Verpflichtungen zugunsten eines Dritten, z. B. für die Verpflichtung zur Veräußerung oder zum Erwerb in einem Maklervertrag bei entsprechendem Nachweis durch den Makler.

> BGH, Urt. v. 1.7.1970 – IV ZR 1178/68, NJW 1970, 1915 = LM BGB § 313 Nr. 43.

147 Vom Schutzzweck des § 311b Abs. 1 Satz 1 BGB ebenfalls gedeckt und daher in seinen Anwendungsbereich einzubeziehen sind Optionsrechte und Ankaufsrechte,

> BGH, Urt. v. 28.9.1962 – V ZR 8/61, LM BGB § 433 Nr. 16,

Vorkaufsrechte,

> BGH, Urt. v. 17.5.1967 – V ZR 96/64, DNotZ 1968, 93,

freilich – selbstverständlich – **nur die Verpflichtung zur Bestellung eines Vorkaufsrechts**, nicht die dingliche Einigung (bei dinglichen Vorkaufsrechten) und auch nicht die Ausübungserklärung,

> BGH, Urt. v. 8.4.2016 – V ZR 73/15, NJW 2016, 2035 = ZfIR 2016, 404 = DNotZ 2016, 915 (m. Anm. *Kanzleiter*, DNotZ 2017, 503); dazu *Herrler*, in: Festschrift Krüger, S. 165, 166; *Krüger*, in: Festschrift 25 Jahre Deutsches Notarinstitut, S. 183, 185,

Wiederkaufsrechte sowie der Abschluss eines Vorvertrags.

> BGH, Urt. v. 1.7.1970 – IV ZR 1178/68, a. a. O.;
>
> BGH, Urt. v. 12.7.1979 – III ZR 18/78, DNotZ 1980, 345 (m. Anm. *Wolfsteiner*) = NJW 1980, 41.

148 Nach ständiger und unangefochtener Rechtsprechung unterliegen bei Grundstücksgeschäften dem Beurkundungserfordernis alle Vereinbarungen, aus denen sich **nach dem Willen der Vertragspartner** das schuldrechtliche Veräußerungsgeschäft zusammensetzt; inwieweit die einzelnen vertraglichen Ansprüche nach Kaufrecht oder nach dem Recht eines anderen Vertragstyps (z. B. Werkvertrag) zu beurteilen sind, spielt dabei keine Rolle.

> BGH, Urt. v. 20.12.1974 – V ZR 132/73, BGHZ 63, 359 = WM 1975, 158;
>
> BGH, Urt. v. 12.2.1981 – VII ZR 230/80, DNotZ 1981, 735 = WM 1981, 491.

149 Eine für sich allein nicht formbedürftige Vereinbarung bedarf hiernach gemäß § 311b Abs. 1 Satz 1 BGB notarieller Beurkundung, wenn sie mit einem Grundstücksgeschäft **rechtlich zusammenhängt**, d. h., wenn nach dem Willen der Vertragsbeteiligten die Einzelerklärungen derart voneinander abhängig sind – so die lange Zeit gängige Formulierung –,

> vgl. BGHZ 76, 43 = NJW 1980, 829 = WM 1980, 405; BGHZ 89, 41 = DNotZ 1984, 319 = NJW 1984, 973 = WM 1984, 337,

dass sie **„miteinander stehen und fallen"** sollen (sog. Einheitlichkeits- oder Verknüpfungswille).

150 Bei genauerer Sicht ist das unscharf. Es bedarf keiner gegenseitigen Abhängigkeit. Entscheidend ist vielmehr, **ob das Grundstücksgeschäft von dem weiteren, an sich nicht beurkundungsbedürftigen Geschäft abhängt**. Nur dann erstreckt sich der Formzwang kraft rechtlicher Einheit auf das weitere Geschäft. Denn nur wenn das Grundstücksgeschäft ohne das weitere Geschäft nicht abgeschlossen worden wäre, besteht eine rechtliche Einheit, die es gebietet, beide Geschäfte der (strengeren) Form des Grundstücksgeschäfts zu unterstellen. Anders ist es, wenn das weitere Geschäft (einseitig) vom Grund-

stücksgeschäft abhängt. Dann besteht zwar auch ein rechtlicher Zusammenhang, aber keine Notwendigkeit, die Formvorschrift des Grundstücksgeschäfts auf das weitere Geschäft zu erstrecken. Denn das Grundstücksgeschäft wäre auch ohne das weitere Geschäft geschlossen worden. Warum sollte es dann unwirksam sein, weil ein weiteres, gar nicht formbedürftiges Geschäft der Form entbehrt?

> BGH, Urt. v. 26.11.1999 – V ZR 251/98,
> ZIP 2000, 232 = ZfIR 2000, 315 = NJW 2000, 951
> = WM 2000, 579 = LM BGB § 313 Nr. 151 (m. Anm. *Battes*);
> dazu EWiR 2000, 323 *(Pohlmann)*;
>
> BGH, Urt. v. 11.10.2000 – VIII ZR 321/99,
> ZIP 2000, 2222 = NJW 2001, 226;
>
> BGH, Urt. v. 13.6.2002 – VII ZR 321/00,
> ZfIR 2002, 629 = NJW 2002, 2559;
>
> BGH, Urt. v. 5.3.2010 – V ZR 60/09,
> ZfIR 2010, 587 (m. Anm. *Grziwotz*, S. 589) = ZNotP 2010, 303.

151 Für die vertraglich gewollte rechtliche Einheit reicht es aus, wenn nur einer der Vertragspartner den Einheitlichkeitswillen erkennen lässt und der andere dies anerkennt oder zumindest hinnimmt (Folge allg. Regeln der Rechtsgeschäftslehre).

> Vgl. BGH, Urt. v. 10.10.1986 – V ZR 247/85,
> DNotZ 1987, 350 = NJW 1987, 1069 = WM 1987, 215 – std. Rspr.

152 Da es auf den **Vertragswillen ankommt**, reicht allein der Umstand, dass ein beurkundungsbedürftiges Rechtsgeschäft **unter der Bedingung** des Zustandekommens eines anderen Rechtsgeschäfts vorgenommen wird, nicht aus für die Annahme einer rechtlichen Einheit. Entscheidend ist, ob die Parteien den Willen hatten, Teile des anderen Geschäfts zum Inhalt des Vertrages zu machen (dann beurkundungsbedürftig), oder ob es ihnen nur auf die Verknüpfung beider Geschäfte ankam. Im letzteren Fall ist formbedürftig nur die Aussage, dass diese Verknüpfung besteht (im konkreten Fall die Bedingung).

> BGH, Urt. v. 29.1.2021 – V TR 139/19, BGHZ 228, 338 = ZfIR 2021, 321 (m. Anm. *Grziwotz*) = NJW 2021, 2510 = DNotZ 2021, 764 (m. Anm. *Schreindorfer*).

153 Nicht erforderlich ist, dass an jedem der Rechtsgeschäfte jeweils dieselben Parteien beteiligt sind.

> BGH, Urt. v. 6.12.1979 – VII ZR 313/78,
> BGHZ 76, 43 = NJW 1980, 829 = WM 1980, 405 m. w. N.

154 Die Einheitlichkeit muss dann jedoch zur Zeit des Vertragsschlusses von mindestens einer Vertragspartei erkennbar gewollt und von allen übrigen Parteien hingenommen worden sein.

> BGH, Urt. v. 20.5.1966 – V ZR 214/64, WM 1966, 899;
>
> BGH, Urt. v. 30.4.1976 – V ZR 143/75, NJW 1976, 1931.

Das gilt auch, wenn noch kein Grundstückskaufvertrag vorliegt, sondern erst ein einseitiges Angebot. 155

> BGH, Urt. v. 27.10.1982 – V ZR 136/81, ZIP 1982, 1415 = WM 1982, 1362.

Dem Beurkundungszwang unterliegt daher auch ein Darlehensversprechen, sofern es die vertragliche **Gegenleistung für** die Einräumung eines **Grundstücksankaufsrechts** ist. 156

> BGH, Urt. v. 27.10.1982 – V ZR 136/81, a. a. O.;
>
> BGH, Beschl. v. 12.4.1984 – III ZR 221/83, DNotZ 1985, 279 = WM 1984, 837.

Sind alle Abreden in ein und derselben Urkunde zusammengefasst, so spricht eine tatsächliche Vermutung für die von den Vertragsschließenden gewollte Einheitlichkeit des gesamten Geschäfts. 157

> BGH, Urt. v. 11.11.1983 – V ZR 211/82, BGHZ 89, 41 = DNotZ 1984, 319 = NJW 1984, 973 = WM 1984, 337 m. w. N.

Beim Umkehrschluss (getrennte Urkunden = fehlender Einheitlichkeitswille) dürfte allerdings zu berücksichtigen sein, dass es rechtstechnisch ein Leichtes ist, ein einheitliches Rechtsgeschäft in zwei Teilregelungen aufzuspalten und diese in verschiedenen Urkunden niederzulegen. Eine solche Manipulation kann insbesondere durch einen engen zeitlichen Zusammenhang der Urkundenerrichtungen und durch eine enge wirtschaftliche Verknüpfung der Vereinbarungen indiziert sein. 158

Insbesondere bei Vertragswerken mit steuerlicher Zielrichtung kann der wirtschaftliche Zusammenhang ein entscheidendes Indiz auch für die rechtliche Einheit der Verträge sein. 159

> BGH, Urt. v. 10.10.1986 – V ZR 247/85, NJW 1987, 1069 = WM 1987, 215 (Mietkaufmodell);
>
> ähnlich BGH, Urt. v. 24.9.1987 – VII ZR 306/86, BGHZ 101, 393 = NJW 1988, 132 = WM 1987, 1369 (Bauherrenmodell);
>
> BGH, Urt. v. 30.10.1987 – V ZR 144/86, ZIP 1988, 316 = WM 1988, 48 = LM BGB § 463 Nr. 50 (Ersterwerbermodell).

Entscheidend für die Feststellung des Einheitlichkeits- oder Verknüpfungswillens bleibt aber die tatrichterliche Würdigung. 160

> BGH, Urt. v. 30.4.1976 – V ZR 140/74, DNotZ 1976, 683 = JZ 1976, 685 = MDR 1977, 127;
>
> BGH, Urt. v. 6.11.1980 – VII ZR 12/80, WM 1981, 97.

b) Abgrenzung

161 Zum beurkundungsbedürftigen Inhalt eines Rechtsgeschäfts gehört nur der eine **Regelung** enthaltende, d. h. Rechtswirkungen erzeugende Teil der Erklärung; nur er unterliegt dem Beurkundungszwang.

BGH, Urt. v. 23.2.1979 – V ZR 99/77,
NJW 1979, 1495 = WM 1979, 495;

BGH, Urt. v. 27.4.1979 – V ZR 175/77,
NJW 1979, 1498;
dazu *Hagen*, NJW 1979, 2135;
Lichtenberger, NJW 1979, 1857;
DNotZ 1979, 479 *(Brambring)*;

BGH, Urt. v. 22.6.1979 – V ZR 21/78,
NJW 1979, 1984 = WM 1979, 1039 = LM BGB § 313 Nr. 86.

162 Das bedeutet, dass die Parteien es in der Hand haben, den Umfang dessen, was zu beurkunden ist, festzulegen. Nur das, was sie rechtsgeschäftlich vereinbart haben, unterliegt dem Beurkundungszwang, nicht das, was sie vielleicht sinnvollerweise alles hätten vereinbaren sollen.

BGH, Urt. v. 30.6.2006 – V ZR 148/05,
ZfIR 2007, 55 = WM 2006, 1827;
ausführlich zum Problem und zu dieser Entscheidung
Krüger, ZfIR 2007, 175.

163 Problematisch ist das insbesondere bei **Bezugnahmen** auf andere Schriftstücke, mündliche Abreden oder sonstige außerhalb der Urkunde liegende Umstände. Nur wenn die in Bezug genommenen Schriftstücke pp. Bestandteil der von den Parteien getroffenen Vereinbarung sind, sind sie mitzubeurkunden, nicht wenn sie nur den Charakter eines **„Identifizierungsbehelfs“** haben oder einen Punkt betreffen, den die Parteien zwar als regelungsbedürftig angesehen, zu dem sie aber noch keine endgültigen Festlegungen getroffen haben, und zwar auch dann, wenn das zur Unbestimmtheit des Vertrags oder zum Dissens führen sollte. Das Beurkundungserfordernis soll nämlich nur die Dokumentation des tatsächlich Vereinbarten sicherstellen, nicht dagegen auch eine inhaltlich vollständige und ausreichend bestimmte Einigung der Parteien gewährleisten.

BGH, Urt. v. 30.6.2006 – V ZR 148/05, a. a. O.

164 Dazu nachfolgend einige Beispiele:

165 Soweit beim Kauf einer Eigentumswohnung auf die **Teilungserklärung** Bezug genommen wird, ohne dass hierdurch weitere Vertragspflichten begründet werden, gehört der Inhalt der Teilungserklärung nicht mehr zum Regelungsinhalt des Kaufvertrags, sondern dient nur zur – entbehrlichen – Erläuterung des in der Haupturkunde bereits hinreichend genau bezeichneten Kaufgegenstands (**Auslegungshilfe**).

BGH, Urt. v. 23.2.1979 – V ZR 99/77,
NJW 1979, 1495 = WM 1979, 495 = LM BGB § 313 Nr. 81
(unter Hinweis auf *Weber*, DNotZ 1975, 133, 142;
Identifizierungsbehelf).

Ein solcher Fall ist gegeben, wenn die Teilungserklärung bei Abschluss des Kaufvertrags bereits im Grundbuch eingetragen und ihr Inhalt – einschließlich der Regelung des Gemeinschaftsverhältnisses – daher bereits Inhalt des zu veräußernden Sondereigentums war (vgl. § 10 Abs. 2 WEG). Sofern die Teilungserklärung dagegen nicht gemäß § 7 WEG im Grundbuch vollzogen ist, über die **gesetzlich vorgeschriebene Ausgestaltung** der Rechtsbeziehungen der Wohnungseigentümer hinausgeht und damit die im Vertrag selbst geregelten Rechtsbeziehungen **erweitert**, unterliegt sie dem für das Veräußerungsgeschäft geltenden Beurkundungszwang. **166**

BGH, Urt. v. 27.4.1979 – V ZR 175/77,
NJW 1979, 1498 = WM 1979, 813 m. w. N.

Wird in einem Grundstückskaufvertrag die Verpflichtung zur Errichtung von Häusern (oder Eigentumswohnungen) aufgenommen und hierfür eine **Baubeschreibung** als maßgeblich erklärt, so muss auch die Baubeschreibung mit beurkundet werden. Denn sie ist nicht nur eine Auslegungshilfe, sondern legt nähere relevante Einzelheiten über die Art und Weise der Bauherstellung fest und erweitert damit die Vertragspflichten. **167**

BGH, Urt. v. 23.9.1977 – V ZR 90/75,
BGHZ 69, 266, 268 = NJW 1978, 102
= LM BGB § 313 Nr. 74 *(Hagen)*;

BGH, Urt. v. 22.6.1979 – V ZR 21/78,
NJW 1979, 1984 = WM 1979, 1039 = LM BGB § 313 Nr. 86.

Werden in einem Grundstückskaufvertrag auch die Rechte an der bereits vorhandenen **Baugenehmigungsplanung** übertragen, so muss – als Teil des einheitlichen Rechtsgeschäfts – nur die Verpflichtung als solche hinreichend bestimmt in die Kaufurkunde aufgenommen werden. Dagegen brauchen die entsprechenden Urkunden selbst nicht mit beurkundet zu werden, d. h., sie müssen nicht nach Maßgabe des Beurkundungsgesetzes zum Gegenstand der zu beurkundenden Erklärung gemacht werden. **168**

BGH, Urt. v. 17.7.1998 – V ZR 191/97,
ZIP 1998, 1593 = ZfIR 1998, 541 = WM 1998, 1886.

c) Tatsächliche Bindung

Nach dem Sinn und Zweck des § 311b Abs. 1 Satz 1 BGB können Rechtsgeschäfte auch dann beurkundungsbedürftig sein, wenn durch sie zwar noch keine unmittelbare rechtliche Verpflichtung, wohl aber eine „tatsächliche Bindung" erzielt wird. Der Formzwang soll u. a. die Entschließungsfreiheit zur Veräußerung und zum Erwerb von Grundstücken gewährleisten und erfordert daher sinngemäß die Einbeziehung auch solcher Verträge. **169**

aa) Indirekter (wirtschaftlicher) Zwang

170 Ein mittelbarer Zwang zum Grundstückserwerb – mit der Folge der Beurkundungsbedürftigkeit – wird z. B. auf den Vertragspartner eines Maklers ausgeübt, der eine **Vertragsstrafe** für den Fall verspricht, dass er die ihm nachgewiesene Gelegenheit zum Kauf oder Verkauf eines Grundstücks nicht wahrnimmt.

> BGH, Urt. v. 6.2.1980 – IV ZR 141/78, NJW 1980, 1622;
>
> BGH, Urt. v. 24.6.1981 – IVa ZR 159/80, NJW 1981, 2293 = WM 1981, 993 = LM BGB § 652 Nr. 74.

171 Aus demselben Grunde formbedürftig ist die Klausel eines privatschriftlichen Vorvertrags über den Kauf eines Grundstücks, nach welcher die auf den Kaufpreis zu leistende **Anzahlung** als Schadensersatz verfallen soll, wenn der Grundstückskauf nicht zustande kommt. Selbst wenn – entgegen der Vermutung des § 139 BGB – feststeht, dass die Vertragsparteien die **Verfallklausel** auch ohne die – formnichtige – Verkaufsverpflichtung getroffen hätten, ist diese Klausel schon für sich allein betrachtet gemäß §§ 311b Abs. 1 Satz 1, 125 Satz 1 BGB nichtig.

> BGH, Urt. v. 3.11.1978 – V ZR 30/77, WM 1979, 162 m. w. N. = LM BGB § 652 Nr. 74.

172 Vereinbarungen, die lediglich der **Vorbereitung** eines angestrebten Vertrags über den Erwerb oder die Veräußerung eines Grundstücks dienen, bedürfen grundsätzlich auch dann nicht entsprechend § 311b Abs. 1 Satz 1 BGB der notariellen Beurkundung, wenn sich aus ihnen ein wirtschaftlicher Druck ergeben kann, das Grundstücksgeschäft auch tatsächlich einzugehen. Ausnahmsweise kann jedoch im Hinblick auf den Schutzzweck der Norm ein Vertrag eines Anlagevermittlers mit einem Anleger formbedürftig sein, wenn dieser Vertrag nach seinem wirtschaftlichen Sinn darauf gerichtet ist, den Beitritt eines Anlegers zu einem Bauherrenmodell vorzubereiten, und der Anleger darin verpflichtet wird, unabhängig von dem Zustandekommen des angestrebten Geschäfts dem Anlagevermittler ein Entgelt zu zahlen, das wegen seiner Höhe ganz oder zumindest weit überwiegend nur als **vorweggenommene Vermittlungsprovision** verstanden werden kann.

> BGH, Urt. v. 19.9.1989 – XI ZR 10/89, NJW 1990, 390 = WM 1989, 1692; dazu EWiR 1989, 1179 *(Hensen)*.

173 Zurückhaltender in der praktischen Anwendung des Grundsatzes der Beurkundungspflicht bei mittelbarem Erwerbszwang war der VII. Zivilsenat des Bundesgerichtshofs. Er sieht in einem „Bauwerkvertrag“ über ein **Fertighaus** auch dann nicht ohne Weiteres einen – die Beurkundungspflicht auslösenden – mittelbaren Zwang zum Erwerb des erforderlichen Grundstücks, wenn in dem Bauwerkvertrag für den Fall des Rücktritts eine **Vertragsstrafe** oder eine „**Stornogebühr**“ vereinbart wird.

Für eine Ausdehnung der Beurkundungspflicht in derartigen Fällen sind allerdings in späteren Entscheidungen Tendenzen erkennbar. 174

> Vgl. BGH, Urt. v. 6.11.1980 – VII ZR 12/80, BGHZ 78, 346 = NJW 1981, 274 = WM 1981, 97.

bb) Bindende Vollmacht

Ein Spannungsverhältnis besteht auch zwischen dem gesetzlichen Beurkundungserfordernis (u. a. für Grundstücksgeschäfte) und der Ausnahme vom Formzwang für die **Erteilung von Vollmachten** zu formbedürftigen Rechtsgeschäften (§ 167 Abs. 2 BGB). Dem Schutzzweck des § 311b Abs. 1 BGB hat die Rechtsprechung hier insoweit Geltung verschafft, als sie die Erteilung **unwiderruflicher** Vollmachten zur Veräußerung oder zum Erwerb von Grundstücken dem Erfordernis notarieller Beurkundung unterwirft. 175

> BGH, Urt. 22.4.1966 – V ZR 164/63, DB 1966, 1184 = WM 1966, 656;
>
> BGH, Urt. v. 11.7.1952 – V ZR 80/52, DNotZ 1952, 477 = NJW 1952, 1210 (m. Anm. *Grusendorf*).

Eine weitere **Unterausnahme** (mit der Folge der Beurkundungsbedürftigkeit) ist in der Rechtsprechung für den Fall anerkannt, dass zwar die Vollmacht rechtlich widerrufen werden kann, tatsächlich aber mit der Bevollmächtigung schon die gleiche Bindungswirkung eintreten sollte und nach der Vorstellung des Vollmachtgebers auch eingetreten ist wie durch Abschluss des formbedürftigen Hauptvertrags, die Vollmacht also den damit in Wahrheit bereits gewollten Grundstücksübertragungsvertrag nur verdeckt. 176

> BGH, Urt. v. 19.11.1964 – V ZR 179/62, DNotZ 1965, 549 = WM 1965, 107;
>
> BGH, Urt. v. 21.5.1965 – V ZR 156/64, DNotZ 1966, 92 = WM 1965, 1006;
>
> BGH, Urt. v. 11.10.1974 – V ZR 25/73, NJW 1975, 39 = WM 1974, 1229.

Eine solche tatsächliche bindende Vorwegnahme des Grundstücksübertragungsvertrags liegt indessen nicht schon dann vor, wenn der Vollmachtgeber entschlossen ist, die Vollmacht nicht zu widerrufen, auch wenn er dem Vertreter Befreiung nach § 181 BGB erteilt. 177

> BGH, Urt. v. 23.2.1979 – V ZR 171/77, NJW 1979, 2306 = WM 1979, 579 = LM BGB § 313 Nr. 82.

d) Weitere Einzelfälle

aa) Ankaufsrecht

Ein Ankaufsrecht kann auf verschiedene Weise begründet werden, durch einseitige Abgabe eines bindenden Vertragsangebots, durch Vereinbarung eines Vorvertrags oder durch Abschluss eines bedingten Kaufvertrags. Einen Ver- 178 tragsschluss unter der aufschiebenden Bedingung, dass der Berechtigte das Ankaufsrecht ausübt, hält der Bundesgerichtshof für zulässig, weil die Vertragsschließenden auch bei einer solchen Potestativbedingung bereits eine Bindung eingehen: der Verkäufer binde sich endgültig und der Käufer lege sich bereits auf den Inhalt des möglichen Vertrags fest.

BGH, Urt. v. 28.6.1996 – V ZR 136/95,
NJW-RR 1996, 1167 = WM 1996, 1734 m. w. N.

179 Dass dieser aufschiebend bedingte Vertrag der notariellen Beurkundung bedarf, ist nicht zweifelhaft. Nachdenken konnte man darüber, ob auch die **Ausübung des Ankaufsrechts** in der Form des § 311b Abs. 1 BGB erklärt werden muss. Die herrschende Meinung verneinte dies und hielt eine **formlose** Erklärung für zulässig. Dem hat sich der Bundesgerichtshof angeschlossen. § 311b Abs. 1 BGB soll den Beteiligten **Schutz vor unüberlegten Grundstücksgeschäften** und **sachkundige Beratung** durch die Urkundsperson gewährleisten sowie für **Klarheit und Sicherheit** im Rechtsverkehr sorgen. Diesem Anliegen ist hier Rechnung getragen, weil ja schon der an eine Potestativbedingung geknüpfte Vertrag der Form des § 311b Abs. 1 Satz 1 BGB unterliegt. Damit ist der Notar verpflichtet, die Beteiligten auch über die rechtliche Bedeutung einer späteren Ausübungserklärung und deren grundsätzliche Formfreiheit zu belehren. Dass das fehlende Formerfordernis zu **Beweisschwierigkeiten** hinsichtlich des Eintritts der Potestativbedingung führen kann, unterscheidet diese Bedingung nicht von anderen.

BGH, Urt. v. 28.6.1996 – V ZR 136/95, a. a. O.

bb) Gesellschaftsrechtliche Verpflichtung

180 Ein Gesellschaftsvertrag, der den Zweck einer Grundstücksgesellschaft mit „Verwaltung und Verwertung" beschreibt, einen Verkauf der Gesellschaftsgrundstücke aber nicht bindend festlegt, bedarf nach Ansicht des XI. Zivilsenats des Bundesgerichtshofs nicht der notariellen Beurkundung.

BGH, Urt. v. 13.2.1996 – XI ZR 239/94,
ZIP 1996, 547 = NJW 1996, 1279 = WM 1996, 537;
dazu EWiR 1996, 688 *(Günther)*.

181 Das Gleiche gilt für die **Verpflichtung, der Gesellschaft beizutreten**. Denn die Mitberechtigung der Gesellschafter an den Gesellschaftsgrundstücken ist nur eine **gesetzliche Folge** des Gesellschaftsvertrags. Auch ergab sich im entschiedenen Falle aus dem Gesellschaftsvertrag weder unmittelbar noch mittelbar eine Verpflichtung zum Erwerb oder zur Veräußerung eines bestimmten Grundstücks.

BGH, Urt. v. 13.2.1996 – XI ZR 239/94, a. a. O.,
unter Hinweis auf BGH, Urt. v. 9.7.1992 – IX ZR 209/91,
NJW 1992, 3237, 3238;
dazu EWiR 1992, 983 *(Haug)*.

Umfassend zum Beurkundungserfordernis bei Gründung
und Beitritt zu einer Personengesellschaft:
Grunewald, in: Festschrift Hagen, S. 277 ff.;
Limmer, in: Festschrift Hagen, S. 321, 331 ff.

cc) Anrechnung einer Vorauszahlung auf den Kaufpreis

Beurkundungsbedürftig ist bei einem Grundstückskaufvertrag auch die Einigung über die Anrechnung einer Vorauszahlung auf den Kaufpreis. Der Bundesgerichtshof hat dies zunächst (allein) mit der konstitutiven, rechtserzeugenden Bedeutung einer solchen Abrede (Teilerfüllung der Kaufpreisschuld in der logischen Sekunde des Vertragsschlusses) begründet. **182**

BGH, Urt. v. 11.11.1983 – V ZR 150/82,
DNotZ 1984, 236 = NJW 1984, 974 = WM 1984, 170.

Die praktische Bedeutung dieser Rechtsprechung zeigt sich in Fällen unbewiesener „Schwarzkaufabreden", wenn der Käufer behauptet, die Vorauszahlung habe auf den (zutreffend) beurkundeten Kaufpreis angerechnet werden sollen. Gegenüber Bedenken des Schrifttums hat der Bundesgerichtshof später die Begründung ergänzt. Wie er nunmehr betont, betrifft die Vereinbarung nicht nur die Erfüllung, sondern auch die vorgeordnete Frage, **wie** der Kaufpreis erbracht werden soll (Rechtsgrundabrede als Verpflichtungstatbestand, welcher der Vertragserfüllung gedanklich vorausgeht). **183**

BGH, Urt. v. 20.9.1985 – V ZR 148/84,
ZIP 1985, 1502 = DNotZ 1986, 265
(m. Anm. *Kanzleiter*) = NJW 1986, 248 = WM 1985, 1452.

Meines Erachtens lässt sich noch einfacher sagen, dass die **Gegenleistung** – natürlich – **beurkundet** werden muss; und es ist ein Unterschied, ob die Gegenleistung in einer Zahlung oder einer (teilweisen) Verrechnung besteht. Daher genügt es auch nicht, wenn lediglich beurkundet wird, dass ein Restkaufpreis in bestimmter Höhe geschuldet wird und im Übrigen Teilleistungen erbracht worden sind; erforderlich ist, dass die Höhe der Teilleistungen genannt wird, da sonst der Gesamtkaufpreis nicht bestimmt und nicht beurkundet ist. Ebenso wenig reicht die Beurkundung: „Der Kaufpreis ist gezahlt." Auch hier ist die vereinbarte Gegenleistung nicht beurkundet. Anders kann es sein, wenn die Parteien einen **notariellen Vergleich** schließen und zur Beilegung eines Streits über die Höhe einer Zahlungspflicht vereinbaren, dass mit Zahlung von noch 1 Mio. € der gesamte (nicht genannte) Kaufpreis getilgt sein soll. Denn dann besteht die Vereinbarung nur in der Festlegung dieser Restzahlung und der damit verbundenen Tilgung; diese Vereinbarung ist beurkundet. **184**

Die Nichtigkeit der Anrechnungsvereinbarung hat nach § 139 BGB im Zweifel die Nichtigkeit des gesamten Grundstücksgeschäfts zur Folge. Ob diese Vermutung im Einzelfall aufgrund besonderer Umstände widerlegt werden kann, was gerade bei im Voraus erbrachten Teilleistungen nicht fern liegt, muss der Tatrichter entscheiden. **185**

BGH, Urt. v. 19.11.1982 – V ZR 161/81,
WM 1982, 1434;

BGH, Urt. v. 20.9.1985, V ZR 148/84,
ZIP 1985, 1502 = DNotZ 1986, 265
(m. Anm. *Kanzleiter*) = NJW 1986, 248 = WM 1985, 1452.

186 Eine Widerlegung der Vermutung kommt insbesondere in Betracht, wenn der Käufer die Vorauszahlung ohne Weiteres belegen kann.

BGH, Urt. v. 10.12.1993 – V ZR 108/92,
NJW 1994, 720 = WM 1994, 598.

dd) Eintritt in den Grundstückskaufvertrag

187 Der Eintritt in einen Grundstückskaufvertrag zielt auf die Übernahme der vertraglichen Pflicht zur Übereignung bzw. zum Erwerb des Kaufgrundstücks. Deshalb unterliegt er dem Formzwang des § 311b Abs. 1 BGB.

BGH, Urt. v. 14.6.1996 – V ZR 85/95, NJW 1996, 2503 m. w. N.

188 Das Gleiche gilt für eine Schuld- oder Vertragsübernahme bezüglich eines Grundstückskaufs oder -verkaufs.

BGH, Urt. v. 4.3.1994 – V ZR 241/92,
BGHZ 125, 235, 238 = ZIP 1994, 888 = NJW 1994, 1347;

vgl. auch BGH, Urt. v. 23.1.1998 – V ZR 272/96,
ZIP 1998, 741 = ZfIR 1998, 207
= NJW 1998, 1482 = WM 1998, 942;
dazu EWiR 1998, 451 *(Muth)*.

189 Beurkundet werden muss allerdings nur der Vertragseintritt bzw. die Schuld- oder Vertragsübernahme als solche, nicht dagegen der ursprüngliche Vertrag, der übernommen oder in den eingetreten werden soll, oder die zu übernehmende Schuld. Denn diese Verpflichtungen sind bereits formwirksam rechtsgeschäftlich begründet und festgelegt worden. Sie brauchen im Rahmen des Vertragseintritts oder der Vertrags- bzw. Schuldübernahme nur noch hinreichend klar bezeichnet zu werden. Diese Bezeichnung ist eine **unechte Bezugnahme** und hat nur die Bedeutung eines **Identifizierungsmittels** für den Gegenstand des Vertragseintritts bzw. der Vertrags- oder Schuldübernahme.

BGH, Urt. v. 17.7.1998 – V ZR 191/97,
ZIP 1998, 1593 = ZfIR 1998, 541, unter Hinweis auf
BGH, Urt. v. 4.3.1994 – V ZR 241/92,
BGHZ 125, 235, 238 = ZIP 1994, 888 (siehe oben).

ee) Auftrag zur Ersteigerung (oder zum sonstigen Erwerb) eines Grundstücks

190 Der Auftrag zur Ersteigerung (oder zum sonstigen Erwerb) eines Grundstücks (einer Eigentumswohnung) kann unter dem Gesichtspunkt einer **Erwerbspflicht des Auftragnehmers** und dem einer **Erwerbspflicht des Auftraggebers** nach § 311b Abs. 1 Satz 1 BGB formbedürftig sein.

Dagegen unterliegt die **Verpflichtung des Auftragnehmers zur Weiterübertragung** des Grundstücks an den Auftraggeber, für sich allein betrachtet, nicht dem Beurkundungszwang nach § 311b Abs. 1 Satz 1 BGB. Denn diese Verpflichtung ergibt sich nicht erst – wie in § 311b Abs. 1 Satz 1 BGB ausdrücklich vorausgesetzt – aus einer hierauf gerichteten vertraglichen Abrede, sondern folgt schon aus dem Gesetz, nämlich aus § 667 BGB, wonach der Auftragnehmer das aus der Geschäftsbesorgung Erlangte an den Auftraggeber herauszugeben hat. 191

BGH, Urt. v. 7.10.1994 – V ZR 102/93,
BGHZ 127, 168 = ZIP 1994, 1778;
dazu EWiR 1994, 1171 *(Limmer)*.

BGH, Urt. v. 15.1.2021 – V ZR 210/19, ZfIR 2021, 329 (m. Anm. *Marski*) = DNotZ 2022, 42 (m. Anm. *Grziwotz*) = WM 2021, 1956; dazu *Stresemann*, in: Festschrift Frenz, S. 399.

Etwas anderes gilt nur, wenn die Parteien die Herausgabepflicht gegenüber der gesetzlichen Regelung erweitern oder verschärfen. 192

BGH, Urt. v. 25.6.2021 – V ZR 218/19, WM 2022, 1895 (Rn. 18) = DNotZ 2022, 49 (m. Anm. *Grziwotz*).

Anders ist es auch, wenn die Treuhandabrede zu einem Zeitpunkt vorgenommen wird, in dem der zur Weitergabe des Grundstücks Verpflichtete bereits Eigentümer (oder Anwartschaftsberechtigter) des Grundstücks ist. Denn dann begründet die Vereinbarung, das Grundstück an den Auftraggeber zu übertragen, eine originäre Übereignungspflicht. Von § 667 BGB wird der Fall nicht erfasst. Ein Auftrag zum Erwerb des Grundstücks (mit der Folge des § 667 BGB) kommt nicht mehr in Betracht, da der „Beauftragte“ das Grundstück bereits hat. 193

BGH, Urt. v. 25.6.2021 – V ZR 218/10, a. a. O. Rn. 22 ff.

Eine analoge Anwendung der Formvorschrift auf die Begründung der gesetzlichen Herausgabepflicht rechtfertigt sich nicht allein deswegen, weil mit einer Beurkundung die Normzwecke der Vorschrift erreicht würden. Ein Rechtsgeschäft muss nicht schon deswegen für formbedürftig erklärt werden, weil mit seiner Beurkundung auch die Zwecke einer in Betracht kommenden Formvorschrift erreicht würden. Entscheidend ist vielmehr der Wille des Gesetzgebers. Nach ihm begründet nur die **vertragliche Verpflichtung** zum Erwerb oder zur Veräußerung von Grundeigentum den Beurkundungszwang. Dass hierin etwa eine planwidrige Gesetzeslücke zutage träte, lässt sich nicht feststellen. Deshalb begründet allein die Nützlichkeit rechtskundiger Belehrung und Beratung sowie einwandfreier Beweisbarkeit der Abreden für gesetzliche Ansprüche im Rahmen eines Grundstücksgeschäfts noch keinen gesetzlichen Formzwang. 194

vgl. BGH, a. a. O.;
BGH, Beschl. v. 12.7.2018 – V ZR 285/17, DNotZ 2018, 828.

195 Beurkundungsbedürftig nach § 311b Abs. 1 Satz 1 BGB ist der Auftrag zum Grundstückserwerb allerdings im Blick auf die **Erwerbspflicht des Auftragnehmers**. Deshalb ist die formwidrige Übernahme des Auftrags zunächst gemäß § 125 Satz 1 BGB nichtig. Durch **Auflassung und Eintragung** des Auftragnehmers als Eigentümer in das Grundbuch wird der Formmangel aber insoweit nach § 311b Abs. 1 Satz 2 BGB **geheilt**.

196 Ob auch eine **Erwerbspflicht des Auftraggebers** besteht, ist jeweils durch **Auslegung** zu ermitteln.

BGH, a. a. O.

197 Falls sie besteht, bedarf der Auftrag auch mit Rücksicht darauf der **Beurkundung**. Insoweit wird der Formmangel durch Auflassung und Eintragung des Beauftragten als Eigentümers nicht nach § 311b Abs. 1 Satz 2 BGB geheilt. Zwar wird nach dieser Vorschrift der formwidrig geschlossene Vertrag ausdrücklich mit seinem ganzen Inhalt gültig; aber das betrifft eben nur diesen Vertrag, nicht auch jenen zwischen dem Auftragnehmer und dem Auftraggeber. Denn dieser Vertrag ist ein selbständiges Rechtsgeschäft, an welchem zudem andere Personen beteiligt sind.

198 Aber es kann – und wird in der Regel – gegen **Treu und Glauben** verstoßen, wenn sich der Auftragnehmer gegenüber dem Auftraggeber auf die Formnichtigkeit beruft; denn die Formvorschrift dient insoweit nicht dem Schutz des Auftragnehmers, sondern allein dem Schutz des Auftraggebers.

BGH, Urt. v. 7.10.1994 – V ZR 102/93,
BGHZ 127, 168 = ZIP 1994, 1778;
dazu EWiR 1994, 1171 *(Limmer)*.

199 Ein solcher Verstoß gegen Treu und Glauben kann allerdings nicht ausnahmslos angenommen werden. Vielmehr bedarf es jeweils einer wertenden Betrachtung sämtlicher Umstände des Einzelfalls, und dabei sind nicht nur die berechtigten Interessen des Auftraggebers, sondern auch jene des Auftragnehmers zu berücksichtigen.

BGH, Urt. v. 2.5.1996 – III ZR 50/95, WM 1996, 1143.

200 In dem entschiedenen Fall lag die Besonderheit in Folgendem: Mit seinem ursprünglichen Inhalt, das Grundstück unmittelbar im Namen des Klägers zu ersteigern, war der Auftrag undurchführbar gewesen. Denn das Vollstreckungsgericht hatte auf Betreiben der Gläubigerbank die Sicherheitsleistung nach § 68 Abs. 3 ZVG auf einen Betrag festgesetzt, den der Auftraggeber (Kläger) allein nicht aufbringen und daher dem Auftragnehmer (Beklagter) auch nicht gemäß § 679 BGB vorschießen konnte. Deshalb ersteigerte der Beauftragte das Grundstück und übernahm dabei das Risiko, bis zum Versteigerungstermin den Ersteigerungspreis aufbringen zu müssen. Angesichts dieser Risikoverteilung widersprach es nach Ansicht des III. Zivilsenats nicht Treu und Glauben, wenn er das ersteigerte Grundstück unter Berufung auf die Formnichtigkeit des Auftrags endgültig behielt. Insofern unterschied sich die-

ser Fall von den vom V. Zivilsenat entschiedenen. Denn dort hatte der Beauftragte die Grundstücke jeweils mit Mitteln des Auftraggebers und mithin ohne eigenes wirtschaftliches Risiko erworben.

e) Abänderung der Verpflichtung

aa) Grundsatz

Das Formerfordernis des § 311b Abs. 1 Satz 1 BGB (nebst Verweisungsnormen) gilt gemäß den Schutzzwecken dieser Vorschrift prinzipiell auch für Abreden, durch die ein schon beurkundeter Grundstückskaufvertrag nachträglich abgeändert wird. 201

> BGH, Urt. v. 2.10.1957 – V ZR 212/55, LM BGB § 313 Nr. 14;
> BGH, Urt. v. 9.11.1979 – V ZR 38/78, WM 1980, 166.

bb) Ausnahmen

(1) Behebung von Abwicklungsschwierigkeiten

Eine Ausnahme vom Formzwang kommt nach der Rechtsprechung des Bundesgerichtshofs in Betracht, wenn durch eine nachträgliche Vereinbarung nur unvorhergesehen aufgetretene Schwierigkeiten bei der Vertragsabwicklung behoben werden sollen und wenn die zu diesem Zweck getroffene Vereinbarung die beiderseitigen Verpflichtungen nicht wesentlich verändert. 202

> BGH, Urt. v. 2.10.1957 – V ZR 212/55, LM BGB § 313 Nr. 14;
> BGH, Urt. v. 25.2.1975 – V ZR 74/69, WM 1972, 556;
> BGH, Urt. v. 27.10.1972 – V ZR 37/71, NJW 1973, 37;
> vgl. auch BGH, Urt. v. 5.5.1976 – IV ZR 63/75, BGHZ 66, 270 m. zust. Anm. von *Wolf*, JZ 1976, 714 (Verlängerung der Rücktrittsfrist als Weniger gegenüber der – formlos möglichen – Vertragsaufhebung).

Dies gilt auch für die geänderte Fassung des früheren § 313 Satz. 1 BGB, infolgedessen auch für den jetzigen § 311b Abs. 1 BGB. 203

> Vgl. BGH, Urt. v. 6.6.1986 – V ZR 264/84, NJW 1986, 1191.

(2) Änderung nach Auflassung

Nach ständiger Rechtsprechung bedürfen Änderungen eines Grundstückskaufvertrags, die der Auflassung zeitlich nachfolgen, nicht der Form des § 311b Abs. 1 Satz 1 BGB. Zur Begründung wird angeführt, dass die Verpflichtung zur Übertragung oder zum Erwerb des Grundstücks erfüllt und damit der gesetzgeberische Grund des § 311b Abs. 1 Satz 1 BGB (Warnfunktion) gewahrt sei; die Eigentumsänderung trete zwar erst mit der Eintragung in das Grundbuch ein, doch binde bereits die Auflassung die Beteiligten (§ 873 Abs. 2 BGB) und sei daher der maßgebende Vorgang. 204

BGH, Urt. v. 14.5.1971 – V ZR 25/69,
DNotZ 1971, 541 = LM BGB § 313 Nr. 49;

BGH, Urt. v. 25.2.1972 – V ZR 74/69, WM 1972, 556;

BGH, Urt. v. 27.10.1972 – V ZR 37/71, NJW 1973, 37;

BGH, Urt. v. 23.3.1973 – V ZR 166/70, WM 1973, 576;

kritisch *Kanzleiter*, DNotZ 1985, 285;
Brambring, in: Festschrift Hagen, S. 251 ff.

205 Trotz zuletzt zunehmend aufgekommener Kritik an dieser Rechtsprechung hat sie der Bundesgerichtshof jüngst noch einmal bekräftigt.

BGH, Urt. v. 14.9.2018 – V ZR 213/17, NJW 2018, 3523 = ZfIR 2018, 789 = DNotZ 2019, 183 (m. Anm. *Raff*).

206 Der Grundsatz der Formfreiheit von Vertragsänderungen nach Auflassung gilt aber **nicht** für solche Vereinbarungen, die eine durch die Auflassung noch nicht erfüllte **Übereignungspflicht** betreffen. Dies trifft z. B. zu für solche nachträglichen Vereinbarungen, durch welche die **Voraussetzungen**,

BGH, Urt. v. 27.10.1972 – V ZR 37/71, NJW 1973, 37,

oder die Rechtsfolgen,

BGH, Urt. v. 26.10.1973 – V ZR 194/72,
NJW 1974, 271 = LM BGB § 313 Nr. 63,

oder die Ausübung eines **Wiederkaufsrechts** geändert werden.

BGH, Urt. v. 6.5.1988 – V ZR 50/87,
ZIP 1988, 919 = WM 1988, 1064;
dazu EWiR 1988, 761 *(Reithmann)*.

207 Eine Vereinbarung, die die Beschränkung der Nutzungsmöglichkeit des Grundstücks zum Gegenstand hat, führt nicht zu einer Änderung der Erwerbs- oder Veräußerungspflicht und ist daher nach bindend erklärter Auflassung formlos möglich.

BGH, Urt. v. 11.10.2019 – V ZR 7/19, DWW 2020, 108.

f) Aufhebung der Verpflichtung

208 Ob die Aufhebung des Grundstückskaufvertrags und damit der Verpflichtung zur Eigentumsübertragung der notariellen Beurkundung bedarf, hängt – anders als man es zumeist in Literatur und Rechtsprechung liest – nicht von dem **Vollzugsstadium** des aufzuhebenden Vertrags ab, sondern davon, ob durch den Aufhebungsvertrag eine **Pflicht zur Rückübertragung (oder zum Rückerwerb) begründet werden soll.** Denn nur dann besteht nach § 311b Abs. 1 Satz 1 BGB ein Formzwang.

Siehe zum Folgenden ausführlich *Krüger*,
in: Festschrift Brambring, S. 235 ff.

aa) Nicht vollzogener Grundstückskaufvertrag

Es entspricht allgemeiner und zutreffender Auffassung, dass ein nicht vollzogener und auch noch nicht bis zur Entstehung eines Anwartschaftsrechts gediehener Kaufvertrag **formlos** aufgehoben werden kann. Es bedarf keiner Rückübertragung und damit auch nicht der Begründung einer Rückübertragungsverpflichtung. 209

BGH, Urt. v. 26.2.1964 – V ZR 154/62, WM 1964, 509;
BGH, Urt. v. 30.4.1982 – V ZR 104/81, BGHZ 83, 395, 397.

bb) Aufhebung nach Auflassung und Eintragung

Ist der Kaufvertrag durch Auflassung und Eintragung des Eigentumsübergangs im Grundbuch vollzogen, enthält der Aufhebungsvertrag nach der Rechtsprechung des V. Zivilsenats typischerweise zugleich eine **Pflicht zur Rückübereignung** und bedarf deshalb nach § 311b Abs. 1 Satz 1 BGB der notariellen Beurkundung. Nur wenn die Parteien ausnahmsweise im Einzelfall die Regelung der Rückgewähr den gesetzlichen Vorschriften des **Bereicherungsrechts** überlassen hätten, fehle es schon an dem Tatbestand einer rechtsgeschäftlichen Begründung von Veräußerungs- und Erwerbspflichten und § 311b Abs. 1 Satz 1 BGB ist deshalb **nicht anwendbar**. 210

BGH, Urt. v. 7.10.1994 – V ZR 102/93,
BGHZ 127, 168, 173 f. = ZIP 1994, 1778;
dazu EWiR 1994, 1171 *(Limmer)*.

Richtig daran ist, dass es keiner Beurkundung des Aufhebungsvertrags bedarf, wenn sich die Parteien auf die bloße Aufhebung des Kaufvertrags beschränken und die Rückabwicklung dem Bereicherungsrecht überlassen. **Unzutreffend ist**, dass davon nur im Ausnahmefall auszugehen sein soll. Das Gegenteil ist der Fall. Wenn die Parteien einen Kaufvertrag formlos aufheben, dann regelmäßig in der Vorstellung, dass diese Aufhebung wirksam ist. Und sie ist es ja auch, wenn sie sich darin erschöpft. Man verfälschte ihren Willen, wenn man ihnen unterstellte, eine Rückübertragungsverpflichtung begründen zu wollen. Denn dann scheiterte die Aufhebung am Formgebot, eine Lösung, die den Interessen der Parteien nicht gerecht würde. 211

Siehe im Einzelnen *Krüger*, in: Festschrift Brambring, S. 236 ff., 240 ff.

Wenn *Hertel* (Rn. 1500) unter Hinweis auf den Schutzzweck des § 311b Abs. 1 BGB (wohl generell) für eine Beurkundungspflicht des Aufhebungsvertrags nach Vollzug plädiert, so übersieht er m. E., dass der Gesetzgeber nun einmal die Formpflicht auf eine **vertragliche Begründung der Übereignungsverpflichtung** beschränkt hat. Der Fall ist vergleichbar mit der gesetzlichen Verpflichtung eines Auftragnehmers, ein in Erfüllung des Auftrags erworbenes Grundstück an den Auftraggeber zu übertragen, § 667 BGB. Auch hier würden 212

Schutzzweckgedanken eine analoge Anwendung des § 311b Abs. 1 BGB nahelegen. Das aber hat der Bundesgerichtshof zu Recht verneint.

> BGH, Urt. v. 7.10.1994 – V ZR 102/93, BGHZ 127, 168
> = ZIP 1994, 1778;
> dazu EWiR 1994, 1171 *(Limmer)*.

cc) Aufhebung nach Begründung eines Anwartschaftsrechts auf Grundstückserwerb

213 Ist die Auflassung erklärt und hat der Käufer schon ein Anwartschaftsrecht erlangt, so sollte nach einer früheren Entscheidung des V. Zivilsenats der Schutzzweck des § 311b Abs. 1 Satz 1 BGB eine **entsprechende Anwendung** der Vorschrift auf den Aufhebungsvertrag gebieten.

> BGH, Urt. v. 30.4.1982 – V ZR 104/81, BGHZ 83, 395, 397.

214 Das ist **unzutreffend** (und wohl auch überholt). Schon der IX. Zivilsenat des Bundesgerichtshofs hat darauf hingewiesen, dass der Anwartschaftsberechtigte zunächst sein Anwartschaftsrecht aufgeben kann, indem er mit dem Verkäufer vor Abschluss eines Aufhebungsvertrags oder gleichzeitig mit ihm die Aufhebung der Auflassung vereinbart, sodass für eine entsprechende Anwendung des § 311b Abs. 1 Satz 1 BGB auf den Aufhebungsvertrag kein Raum bleibt.

> BGH, Urt. v. 30.9.1993 – IX ZR 211/92,
> ZIP 1994, 634 = NJW 1993, 3323;
> dazu EWiR 1994, 241 *(Tiedtke)*.

215 So kompliziert ist es nicht einmal. Die Parteien können ebenso wie bei einem vollständig vollzogenen Grundstückskaufvertrag den Vertrag formlos aufheben und die Rückabwicklung dem Bereicherungsrecht überlassen. Etwas anderes kommt hier auch gar nicht in Betracht. Die Begründung einer Rückübertragungsverpflichtung scheidet von vornherein aus. Das Anwartschaftsrecht ist nicht „zurückzuübertragen“. Der Verkäufer ist noch Eigentümer, was sollte er mit dem Anwartschaftsrecht? Die Parteien können das Anwartschaftsrecht ebenso formlos wie den Kaufvertrag aufheben. Als Verfügungsvertrag unterliegt er nicht dem Formgebot des § 311b Abs. 1 Satz 1 BGB.

> Siehe näher *Krüger*,
> in: Festschrift Brambring, S. 236 ff., 242 ff.

g) Enteignungsverfahren

216 Vom Beurkundungsgesetz unberührt geblieben sind Beurkundungsvorgänge, die in ein Enteignungsverfahren eingebettet sind, bei dem Notare nicht mitwirken. Dazu gehören Einigungen der Beteiligten vor dem Enteignungskommissar nach § 26 PrEnteigG und nach § 110 BauGB. Dagegen bedarf auch im Bereich des Preußischen Enteignungsgesetzes eine außerhalb des förmlichen

Enteignungsverfahrens übernommene Verpflichtung zur Übertragung von Grundeigentum der Form des § 311b Abs. 1 Satz 1 BGB.

> BGH, Urt. v. 14.7.1983 – III ZR 153/81,
> BGHZ 88, 165 = DNotZ 1984, 166
> = NJW 1984, 1551 = WM 1983, 1109.

2. Die Form der notariellen Beurkundung

Für die Form der notariellen Beurkundung gelten die Vorschriften des Beurkundungsgesetzes. Danach ist u. a. Folgendes zu beachten: **217**

a) Beifügung von Erklärungen

Nach § 9 Abs. 1 Nr. 2 BeurkG muss die Niederschrift die **Erklärungen der Beteiligten** enthalten. Dies kann auch in der Weise geschehen, dass die Erklärungen in einem **Schriftstück** (als Anlage) **beigefügt** werden, auf das in der Niederschrift **verwiesen** wird. Solche Erklärungen gelten, auch wenn sie zunächst nur in loser Form beigefügt sind, als in der Niederschrift selbst enthalten. **218**

Dabei ist nach der Rechtsprechung folgenden Erfordernissen Rechnung zu tragen: **219**

aa) Das Schriftstück muss bereits **im Zeitpunkt der Beurkundung** beigefügt sein und den Beteiligten – wenn auch zunächst nur in loser Form – vorliegen; Es darf nicht erst nachgereicht worden sein. Dieses Erfordernis kann auch nicht durch **spätere** Verbindung mit Schnur und Siegel (§ 44 BeurkG) ersetzt werden. **220**

> BGH, Urt. v. 28.1.1994 – V ZR 131/92,
> NJW 1994, 1288 = WM 1994, 984.

bb) Die **Verweisungserklärung** ist – neben der Beifügung – ein zusätzliches Erfordernis. Deshalb kann es wiederum durch die bloße Beifügung der Anlagen und ihre Verbindung mit der Urkunde durch Schnur und Siegel nicht ersetzt werden. **221**

Im entschiedenen Fall konnte der Niederschrift eine ausreichende Verweisung auch im Wege der Auslegung nicht entnommen werden.

> BGH, Urt. v. 22.10.1996 – XI ZR 249/95,
> ZIP 1996, 2169 = WM 1996, 2230,
>
> unter Hinweis auf
> BGH, Urt. v. 17.5.1994 – XI ZR 117/93, NJW 1994, 2095.

cc) Die Verweisung muss klar ergeben, **welche Schrift** unter den Anlagen gemeint ist, sodass über den Gegenstand der Beurkundung kein Zweifel bestehen kann. **222**

> BGH, Urt. v. 22.10.1996 – XI ZR 249/95, a. a. O.

In einem Fall spielten vor Vertragsschluss drei verschiedene Baubeschreibungen eine Rolle, ohne dass durch die Beurkundung klargestellt wurde, welche verbindlich werden sollte.

223 dd) Die Verweisung auf Anlagen zur Niederschrift muss als **Erklärung der Beteiligten** protokolliert werden und den Willen erkennen lassen, dass die Erklärungen in der beigefügten Anlage **Gegenstand der Beurkundung** sein sollen.

BGH, Urt. v. 17.5.1994 – XI ZR 117/93, NJW 1994, 2095 = LM BeurkG Nr. 49.

b) Verlesung der Erklärungen

224 § 13 Abs. 1 Satz 1 BeurkG schreibt grundsätzlich die **Verlesung** der notariellen Niederschrift vor.

225 § 13a BeurkG enthält hierzu in praktikabler Weise Erleichterungen. So ist die Pflicht zur Beifügung und Verlesung von Erklärungen in einem anderen Schriftstück für den Fall eingeschränkt, dass auf eine andere **notarielle Urkunde verwiesen** wird. Für diesen Fall kann von Beifügung und Verlesung abgesehen werden, wenn die Beteiligten hierauf verzichten und erklären, dass ihnen jene Niederschrift bekannt ist. Diese Erklärungen sind Wirksamkeitsvoraussetzungen. Fehlen sie oder auch nur ein Teil oder die Erklärung eines der Beteiligten, so ist die Beurkundung unwirksam, und das Rechtsgeschäft mangelt der vorgeschriebenen Form mit der Nichtigkeitsfolge des § 125 BGB.

226 Um dies zu dokumentieren, gibt § 13a Abs. 1 Satz 2 BeurkG dem Notar die Amtspflicht auf,

BGH, Urt. v. 25.5.1984 – V ZR 13/83, NJW 1985, 2077,

in der Niederschrift festzustellen, dass die Beteiligten diese Erklärungen abgegeben haben. Dies ist indes nur eine **Sollvorschrift**. Wird sie nicht beachtet, ist das für die Wirksamkeit der Beurkundung ohne Belang. Aus dem **Fehlen der Dokumentation** kann in einem Rechtsstreit auch nicht darauf geschlossen werden, dass die Erklärungen nicht abgegeben worden sind. Hierfür streitet nicht etwa die Vermutung der Vollständigkeit und Richtigkeit einer über ein Rechtsgeschäft aufgenommenen Urkunde. Denn diese Vermutung gilt nur für die dem Beurkundungserfordernis unterliegenden Vereinbarungen der Vertragsparteien. Darum handelt es sich hier nicht. Eine Vermutung ergibt sich auch nicht aus einem Regel-Ausnahme-Verhältnis. Ein Notar wird zwar im Allgemeinen die Sollvorschrift des § 13a Abs. 1 Satz 2 BeurkG beachten, er wird aber ebenso im Allgemeinen die Wirksamkeitsvoraussetzungen des § 13a Abs. 1 Satz 1 BeurkG beachten. Man unterstellte dem Notar aber den – viel schwerwiegenderen – Verstoß gegen § 13a Abs. 1 Satz 1 BeurkG, wenn man aus der fehlenden Dokumentation nach Satz 2 der Norm darauf schließen wollte, die Erklärungen seien auch nicht abgegeben worden.

BGH, Urt. v. 18.7.2003 – V ZR 431/02, NJW-RR 2003, 1432.

Im entschiedenen Fall hatte der Käufer einer Teileigentumseinheit geltend gemacht, auf eine anderweit beurkundete Teilungserklärung und auf eine ebenfalls anderweit beurkundete Baubeschreibung sei nicht wirksam verwiesen worden, da die Parteien die Erklärungen nach § 13a Abs. 1 Satz 1 BeurkG nicht abgegeben hätten. Gestützt auf § 812 Abs. 1 Satz 1 BGB verlangte er Rückzahlung des Kaufpreises. Eine Beweisaufnahme über die Frage, ob ordnungsgemäß beurkundet wurde, führte nach der Würdigung des Berufungsgerichts zu keinem Ergebnis. Der Käufer meinte, für seine Behauptung streite der Umstand, dass die notarielle Urkunde keinen Vermerk nach § 13a Abs. 1 Satz 2 BeurkG enthalte. Dem ist der Bundesgerichtshof – anders als das Berufungsgericht – nicht gefolgt. Das non liquet ging entsprechend allgemeinen Beweislastregeln (der Bereicherungsgläubiger ist auch für das Fehlen des Rechtsgrundes darlegungs- und beweispflichtig) zu seinen Lasten. 227

aa) Vermutung des Verlesens

Haben die Beteiligten die Niederschrift eigenhändig unterschrieben, so wird nach § 13 Abs. 1 Satz 3 BeurkG vermutet, dass sie in Gegenwart des Notars **vorgelesen** worden ist. 228

bb) Vermutung des Beifügens

Über die gesetzliche Vermutung hinausgehend hat der V. Zivilsenat zugunsten der notariellen Praxis eine **Vermutung der Beifügung im Falle der Verlesung** angenommen. Im entschiedenen Fall war offen geblieben, ob das beigefügte Schriftstück bereits im Zeitpunkt der Beurkundung vorgelegen hatte oder erst später nachgereicht worden war. Die Vermutung des § 13 Abs. 1 Satz 3 BeurkG half unmittelbar nicht weiter; denn sie bezieht sich nur auf das zusätzliche Erfordernis des Verlesens, nicht des Beifügens. Der V. Senat hat es jedoch mit dem Wortlaut und dem systematischen Zusammenhang als vereinbar angesehen, die Vermutung des § 13 Abs. 1 Satz 3 BeurkG dahin zu erweitern, dass die Verweisung in einer unterschriebenen Urkunde auf eine Anlage auch die **Vermutung** begründet, dass die **Anlage schon bei der Beurkundung vorgelegen** hat. 229

> BGH, Urt. v. 28.1.1994 – V ZR 131/92,
> NJW 1994, 1288 = WM 1994, 984

cc) Sammelbeurkundung

Bei mehreren, ganz oder teilweise übereinstimmenden Niederschriften genügt nach § 13 Abs. 2 BeurkG das einmalige Verlesen des allen Niederschriften gemeinsamen Inhalts. Einzeln vorgelesen werden muss nur der jeweils abweichende individuelle Teil. Diese Erleichterung einer Sammelbeurkundung greift aber nur ein, wenn den Beteiligten bei der ersten Verlesung klar ist, dass der übereinstimmende Inhalt nur einmal verlesen wird. Das folgt daraus, weil 230 anderenfalls eine ausreichende Belehrung nach § 17 BeurkG nicht gewährleistet ist.

> BGH, Beschl. v. 16.3.2000 – V ZR 168/99, ZfIR 2000, 580 = WM 2000, 875 = DNotZ 2000, 512.

c) Eigenhändige Unterschrift

231 Die Niederschrift muss in Gegenwart des Notars von den Beteiligten genehmigt und eigenhändig unterschrieben werden (§ 13 Abs. 1 Satz 1 BeurkG). Damit dokumentieren die Beteiligten, dass sie sich ihre Erklärungen zurechnen lassen und die Verantwortung für Geltung und Gültigkeit des beurkundeten Rechtsgeschäfts übernehmen. Welche Namensbestandteile die Unterschrift enthalten muss, regelt das Gesetz nicht ausdrücklich. Erforderlich ist jedenfalls die Unterzeichnung mit dem Familiennamen; nur mit dem Vornamen genügt nicht, es sei denn, es handelt sich um bestimmte Personengruppen (kirchliche Würdenträger, Angehörige des Hochadels), die in der Öffentlichkeit ausschließlich unter ihrem Vornamen auftreten.

> BGH, Urt. v. 25.10.2002 – V ZR 279/01, ZIP 2003, 328 = NJW 2003, 1120.

d) Rechtsfolgen von Beurkundungsmängeln

232 Der Verstoß gegen zwingende Beurkundungsvorschriften hat nach § 311b Abs. 1 Satz 1 i. V. m. § 125 Satz 1 BGB die **Nichtigkeit** des Rechtsgeschäfts zur Folge, und zwar nicht nur des unmittelbar betroffenen Teils, sondern im Zweifel des gesamten Geschäfts (§ 139 BGB), das nach dem Parteiwillen zu einer rechtlichen Einheit verbunden ist.

aa) Formnichtigkeit und Auflassungsvollmacht

233 Die Formnichtigkeit eines Grundstückskaufvertrags hat im Zweifel auch die Unwirksamkeit der in diesem Vertrag dem Käufer vom Verkäufer erteilten Auflassungsvollmacht zur Folge.

> BGH, Urt. v. 10.1.1983 – III ZR 146/83, WM 1985, 596; dazu EWiR 1985, 361 *(Locher)*;
>
> BGH, Urt. v. 15.10.1987 – III ZR 235/86, BGHZ 102, 60 = ZIP 1987, 1454 = NJW 1988, 697; dazu EWiR 1987, 1163 *(Köndgen)*.

234 Die Vermutung des § 139 BGB ist aber widerlegt, wenn die Vollmacht unwiderruflich gerade zur Sicherung der Vollziehung des Vertrags erteilt ist; dann ist die Auflassungsvollmacht als selbständig gewollt anzusehen.

> BGH, Urt. v. 30.10.1987 – V ZR 144/86, ZIP 1988, 316 = WM 1988, 48 = LM BGB § 463 Nr. 50;
>
> BGH, Urt. v. 17.3.1989 – V ZR 233/87, WM 1989, 997; dazu EWiR 1989, 857 *(Vollkommer)*.

Die Frage einer Teilnichtigkeit entgegen der Vermutung des § 139 BGB lässt sich aber sinnvoll nur dann stellen, wenn das Rechtsgeschäft in wirksame und unwirksame Abreden aufgeteilt werden kann. Das ist z. B. nicht der Fall, wenn die Parteien anstelle eines aufschiebend bedingt gewollten Vertrags einen unbedingten beurkunden lassen. Die Rechtsfolgen lassen sich dann nicht sinnvoll aufteilen. 235

So liegt es z. B., wenn das Angebot des Käufers nur für den Fall gelten soll, dass er seinerseits einen zahlungskräftigen Zweitkäufer findet. Dann ist auszuschließen, dass der Käufer bei Kenntnis der Formnichtigkeit das Angebot auch ohne jene Bedingung gewollt hätte. 236

BGH, Urt. v. 13.11.1998 – V ZR 379/97,
ZIP 1999, 32 = WM 1999, 553;
dazu EWiR 2000, 217 *(Eckert)*.

bb) Beurkundung durch deutschen Notar im Ausland

Nach § 2 BeurkG ist eine Beurkundung nicht deshalb unwirksam, weil der Notar sie außerhalb seines Amtsbezirks oder außerhalb des Landes vorgenommen hat, in dem er zum Notar bestellt ist. Dies bedeutet aber nicht, dass ein deutscher Notar auch im Ausland wirksame Beurkundungsakte vornehmen könnte. Die Amtsgewalt des Notars endet vielmehr an den räumlichen **Grenzen der Staatsgewalt**. Eine im Ausland errichtete Urkunde hat deshalb allenfalls die Wirkung einer Privaturkunde. Lässt der Notar eine **Vollstreckungsunterwerfung** vom Schuldner im Ausland unterschreiben, so ist die Urkunde als notarielle unwirksam. 237

BGH, Urt. v. 30.4.1998 – IX ZR 150/97,
ZIP 1998, 1316 = WM 1998, 1275;
dazu EWiR 1998, 599 *(Haug)*.

Das Gleiche gilt, wenn ein Notarvertreter eine Urkunde erst unterschreibt, nachdem der letzte Tag seiner Bestellung verstrichen ist. 238

BGH, Urt. v. 30.4.1998 – IX ZR 150/97, a. a. O.

e) Heilung von Beurkundungsmängeln

aa) § 311b Abs. 1 Satz 2 BGB

Zur Heilung einer formunwirksamen Vereinbarung nach dieser Bestimmung genügt es, dass die entsprechende Willensübereinstimmung zwischen den Parteien bei der Auflassung bestand; sie braucht nicht bis zur Eintragung fortzudauern. 239

BGH, Urt. v. 9.11.1979 – V ZR 38/78,
DNotZ 1980, 222 = WM 1980, 166.

Der Wegfall der Willensübereinstimmung ist nur dann in Betracht zu ziehen, wenn eine der beteiligten Parteien ihren gegenteiligen Willen erkennbar äußert. 240

BGH, Urt. v. 18.11.1993 – IX ZR 256/92,
NJW-RR 1994, 317 = WM 1994, 752.

241 Obwohl die Heilung nach § 311b Abs. 1 Satz 2 BGB von Rechts wegen nur ex nunc wirkt, spricht eine tatsächliche Vermutung dafür, dass die Vertragspartner einander das Gleiche wie bei Abschluss des Vertrags gewähren wollen und dass sie deshalb – kraft Privatautonomie – so zu stellen sind, als wäre der Vertrag von Anfang an wirksam gewesen.

BGH, Urt. v. 13.1.1960 – V ZR 135/58,
BGHZ 32, 11 = WM 1960, 261.

242 Dies besagt freilich nicht, dass sie auch hinsichtlich eines Schuldnerverzugs den Vertrag so behandeln wollen, als wäre er schon seit seinem Abschluss wirksam gewesen; auf einen Verzugseintritt vor wirksamer Entstehung der Hauptforderung kann der Vertragswille vernünftigerweise nicht gerichtet sein, und ein derartiger Wille ist daher nicht zu vermuten.

BGH, Urt. v. 10.11.1978 – V ZR 181/76,
WM 1979, 253 = LM BGB § 313 Nr. 79.

243 Aber auch soweit der zu vermutende Parteiwille auf eine „Rückwirkung" gerichtet ist, hat dies nicht etwa zur Folge, dass nunmehr hinsichtlich einer Auflassungsvormerkung mit Wirkung gegen Dritte (und damit zu deren Lasten) das Bestehen eines Auflassungsanspruchs rückwirkend fingiert würde. Zwar kann eine Vormerkung auch einen künftigen Anspruch sichern (§ 883 Abs. 1 Satz 2 BGB), doch reicht hierfür die nur tatsächliche Aussicht, dass es trotz der Formnichtigkeit zur Vertragserfüllung kommen werde, nicht aus.

BGH, Urt. v. 15.5.1970 – V ZR 20/68,
BGHZ 54, 56 = WM 1970, 990.

(1) Einschränkung des Anwendungsbereichs?

244 Unter den Voraussetzungen des § 311b Abs. 1 Satz 2 BGB wird der (formnichtige) Vertrag „seinem ganzen Inhalte nach gültig". Dies gilt auch dann, wenn im Rahmen eines unvollständig beurkundeten Grundstückskaufvertrags ein mündliches Leibrentenversprechen erteilt worden ist, sodass ein zusätzlicher Verstoß gegen das Gebot der Schriftform des § 761 BGB vorliegt. Da die Formvorschrift des § 761 BGB keine über den Schutzzweck des § 311b Abs. 1 Satz 1 BGB hinausgehenden Ziele verfolgt, besteht kein Grund, eine gegen sie verstoßende Abrede von der Heilungswirkung des § 311b Abs. 1 Satz 2 BGB auszunehmen.

BGH, Urt. v. 17.3.1978 – V ZR 217/75,
NJW 1978, 1577 = WM 1978, 793.

(2) Entsprechende Anwendung

245 Schwierige Fragen wirft § 311b Abs. 1 Satz 2 BGB auf, soweit es um die Heilung solcher Verträge geht, die nur deswegen formnichtig sind, weil sie dem

Formzwang der notariellen Beurkundung in entsprechender Anwendung des § 311b Abs. 1 Satz 1 BGB unterworfen werden. Es fehlt dann oft an einem Heilungstatbestand, der genau den in § 311b Abs. 1 Satz 2 BGB festgelegten Voraussetzungen entspricht. Wollte man allein deswegen in solchen Fällen jegliche Heilungsmöglichkeit verneinen, so würde der Formzwang in den Fällen nur entsprechender Anwendung des Gesetzes (§ 311b Abs. 1 Satz 1 BGB) rigoroser durchgeführt als im unmittelbaren Anwendungsbereich des Gesetzes. Die Probleme verschärfen sich dadurch, dass es schwerfällt, für die Heilungsvorschrift des § 311b Abs. 1 Satz 2 BGB einen eindeutigen Gesetzeszweck zu erkennen, welcher der heutigen Rechtswirklichkeit gerecht wird. Die Unschärfe der ratio legis erschwert die Entscheidung über Voraussetzungen und Grenzen einer analogen Anwendung der Bestimmung.

(a) Zur ratio legis

Der Gesetzgeber sah den durch § 311b Abs. 1 Satz 1 BGB angestrebten Schutz **246**
vor übereilten Grundstückskäufen in einem für die Heilung ausreichenden Maße auch dann noch als erreicht an, wenn sich zwischen den formlosen Abschluss und das Wirksamwerden des schuldrechtlichen Geschäfts die (vor dem Notar zu erklärende) Auflassung schiebt und später die Eintragung in das Grundbuch hinzutritt. Im Zuge der Rechtsentwicklung hat dieser Gedanke an Tragfähigkeit verloren. Denn häufig beruhen die Formfehler nicht darauf, dass der schuldrechtliche Vertrag über das Grundstück überhaupt nicht, sondern unrichtig oder unvollständig notariell protokolliert wird (z. B. durch Unterverbriefung des Kaufpreises). Zusatzvereinbarungen, welche die Parteien heimlich getroffen haben, bleiben dem Notar unbekannt und sind seiner Beratung und Belehrung daher entzogen. Der Schutz vor Übereilung (und mangelnder Beratung) wird in diesen Fällen weiter dadurch eingeschränkt, dass die Heilung auch dann eintritt, wenn die Auflassung schon zugleich mit den schuldrechtlichen Abreden erklärt und protokolliert wird. Hinzu kommt, dass die Willensübereinstimmung nur bis zur Auflassung, aber nicht bis zur Eintragung in das Grundbuch fortdauern muss. Daraus ergibt sich ein stark erweiterter Anwendungsbereich des § 311b Abs. 1 Satz 2 BGB. Er findet nach **früherer Ansicht** eine Rechtfertigung in erster Linie in dem Ziel der **Rechtssicherheit im Interesse der Aufrechterhaltung sachenrechtlich abgeschlossener Verhältnisse**. Die Beteiligten sollen nicht gegenseitigen Bereicherungsansprüchen bis zum Ablauf der Verjährungspflicht ausgesetzt sein.

> BGH, Urt. v. 17.3.1978 – V ZR 217/75,
> NJW 1978, 1577 = WM 1978, 793;
>
> BGH, Urt. v. 9.3.1979 – V ZR 85/77,
> BGHZ 73, 391 = NJW 1979, 1773 = WM 1979, 615;
>
> BGH, Urt. v. 18.12.1981 – V ZR 233/80,
> BGHZ 82, 398 = DNotZ 1982, 433
> (m. Anm. *Wolfsteiner*) = NJW 1982, 1039.

247 Es ist aber nicht zu verkennen, dass der so verstandene Gesetzeszweck nicht für alle Entscheidungen zur analogen Anwendung des § 311b Abs. 1 Satz 2 BGB eine tragfähige Grundlage bietet. Einleuchtender erscheint insoweit die Erklärung durch eine partielle Anerkennung des Gedankens einer **Heilung durch Erfüllung** im Bereich **beurkundungsbedürftiger Verpflichtungsgeschäfte** (vgl. Rn. 251 ff.).

(b) Heilung durch Erwerbsvorgänge nach ausländischem Recht

248 Werden im Ausland belegene Grundstücke nach deutschem Recht verkauft, so stellt sich im Falle der Formnichtigkeit des Kaufvertrags die Frage einer Heilung analog § 311b Abs. 1 Satz 2 BGB, wenn das für den Eigentumsübergang maßgebliche ausländische Recht für die Übereignung von Grundstücken andere Wege als das deutsche Recht vorsieht. Hat ein dem deutschen Recht unterworfener, privatschriftlich abgeschlossener – und daher nichtiger – Kaufvertrag über ein Grundstück in Spanien **nach spanischem Recht** (im entschiedenen Fall: durch „Eskritura") zur Übereignung (dort: inter partes) geführt, so wird hierdurch der Kaufvertrag geheilt; die Eintragung des Eigentumsübergangs in das „Registro de la Propriedad" ist hierzu nicht erforderlich, obwohl dadurch die Rechtsstellung des Eigentümers gegenüber Dritten verstärkt würde.

BGH, Urt. v. 9.3.1979 – V ZR 85/77,
BGHZ 73, 391 = WM 1979, 615.

(c) Heilung durch Eigentumserwerb in der Zwangsversteigerung

249 Ein Auftrag zur Ersteigerung eines Grundstücks, der mangels notarieller Beurkundung formnichtig ist, wird analog § 311b Abs. 1 Satz 2 BGB jedenfalls dadurch geheilt, dass der Auftragnehmer das Grundstück in der Zwangsversteigerung (durch den Zuschlag: § 90 Abs. 1 ZVG) erwirbt und der Eigentumsübergang in das Grundbuch eingetragen wird.

BGH, Urt. v. 5.11.1982 – V ZR 228/80, WM 1983, 15.

250 Möglicherweise träte die Heilungswirkung auch ohne die (nur deklaratorische) Eintragung in das Grundbuch ein.

(d) Heilung durch Erfüllung

251 Dem Tatbestand des § 311b Abs. 1 Satz 2 BGB noch am nächsten kommt die Heilung der formnichtigen Verpflichtung zur Bestellung eines Rechts an einem Grundstück durch Eintragung des Rechts. Für den Fall der Bestellung eines **dinglichen Vorkaufsrechts** hat der Bundesgerichtshof die analoge Anwendung der Heilungsvorschrift anerkannt.

BGH, Urt. v. 17.5.1967 – V ZR 96/64, DNotZ 1968, 93.

Schon das Reichsgericht hat einem formnichtigen **Vorvertrag** auf Abgabe eines **Verkaufsangebots** über ein Grundstück nicht erst durch Auflassung und Eintragung, sondern bereits durch nachfolgende Abgabe eines notariell beurkundeten schuldrechtlichen Vertragsangebots, das alle vereinbarten Bedingungen enthält, entsprechend § 313 Satz 2 BGB a. F. als geheilt angesehen. 252

RG, Urt. v. 15.6.1942 – V 132/41, RGZ 169, 185.

Der Bundesgerichtshof hat diese Frage lange Zeit offengelassen (LM BGB § 313 Nr. 19; NJW 1981, 2293). Der V. Zivilsenat hat sie sodann aber sogar für einen Fall bejaht, in dem sich der Eigentümer formnichtig verpflichtet hatte, sein Grundstück an einen von dem Vertragspartner nachgewiesenen Dritten zu verkaufen: Auch ein solcher Vorvertrag werde bereits durch den formgültigen Abschluss des Kaufvertrags mit dem Dritten geheilt. Obwohl der Schutzzweck des § 311b Abs. 1 Satz 1 BGB nur unvollkommen erreicht werde, weil die Absprachen aus dem Vorvertrag, in concreto ein Vertragsstrafenversprechen, nicht in die notariellen Verträge mit den Erwerbsinteressenten aufgenommen würden, müsse die Heilung angenommen werden, weil sich der Eigentümer schon nach Abschluss des Kaufvertrags mit dem Dritten **„den sachenrechtlichen Konsequenzen" aus dem Vorvertrag nicht mehr entziehen könne**. 253

BGH, Urt. v. 18.12.1981 – V ZR 233/80,
BGHZ 82, 398 = DNotZ 1982, 433 (m. Anm. *Wolfsteiner*);

sachlich übereinstimmend:
BGH, Urt. v. 10.12.1993 – V ZR 108/92,
NJW 1994, 720 = WM 1994, 598.

Diese Entscheidung vermag **in der Begründung nicht zu überzeugen**. Den „sachenrechtlichen Konsequenzen" kann sich der Verkäufer unabhängig davon nicht entziehen, ob der Vorvertrag wirksam wird oder nicht. Rechtsgrund für die sachenrechtlichen Zuordnungen ist in jedem Fall der nachfolgende formgerechte Kaufvertrag. Er unterliegt nur ausnahmsweise der bereicherungsrechtlichen Rückabwicklung, wenn der Vorvertrag unwirksam ist, dann nämlich, wenn ihn die Parteien ausschließlich deswegen geschlossen haben, weil sie sich aufgrund des Vorvertrags dazu verpflichtet glaubten, nicht indes, wenn die Parteien den Formmangel des Vorvertrags kannten oder zumindest mit ihm rechneten und gleichwohl den Hauptvertrag schlossen oder wenn sie auf jeden Fall eine Bindung wollten. 254

Brüggemann, JR 1968, 201, 206;
Staudinger-*Bork*, BGB (2020), Vor §§ 145 ff. Rn. 68.

So auch BGHZ 160, 368, 375 = NJW 2004, 3626.

Im Übrigen ist nicht ersichtlich, warum das – bislang – unwirksame Vertragsstrafenversprechen, das allein Bestandteil des formunwirksamen Vorvertrags war, wirksam werden sollte, weil der Verkäufer nunmehr einen der Form genügenden Hauptvertrag schließt, der eine solche Verpflichtung nicht enthält. 255

Vgl. BGH, Urt. v. 8.10.2004 – V ZR 178/03,
BGHZ 160, 368 = NJW 2004, 3626 = WM 2004, 2357;
dazu EWiR 2005, 65 *(Grüneberg)*.

256 Richtigerweise ist zur Begründung der Heilungswirkung auf den **Erfüllungscharakter** des Hauptvertrags abzustellen. Die formnichtige Verpflichtung des Eigentümers, das Grundstück an den von seinem Vertragspartner nachgewiesenen Dritten zu verkaufen, wurde mit dem formwirksam abgeschlossenen Kaufvertrag mit dem Dritten erfüllt. Darin liegt die Vergleichbarkeit mit dem unmittelbar durch § 311b Abs. 1 Satz 2 BGB geregelten Fall. Dass der Käufer mit dem Vertragspartner des Vorvertrags nicht identisch war, ist unerheblich. Auch im unmittelbaren Anwendungsbereich der Norm ist dies für die Heilungswirkung ohne Belang. Das Gesetz stellt nur darauf ab, dass die Verfügung (Auflassung und Eintragung) die Erfüllung der Verpflichtung darstellt. Verpflichtet sich der Verkäufer, an einen Dritten zu übereignen, kann allein die Auflassung an den Dritten und dessen Eintragung die Wirkungen des § 311b Abs. 1 Satz 2 BGB auslösen. Nichts anderes gilt dann, wenn in entsprechender Anwendung der Norm der formwirksam abgeschlossene Kaufvertrag den formunwirksamen Vorvertrag erfüllt.

BGH, Urt. v. 8.10.2004 – V ZR 178/03, a. a. O.;
vgl. auch BGH, Beschl. v. 12.7.2018 – V ZR 285/17, DNotZ 2018, 828.

257 Die **Grenzen der analogen Anwendung** der Norm liegen folglich dort, wo das Rechtsgeschäft, das die Heilung auslösen soll, nicht mehr als Erfüllung des formunwirksamen Geschäfts angesehen werden kann. So war es in folgendem Fall:

258 Der Kläger hatte dem Beklagten zwei notariell beurkundete Angebote zum Kauf zweier Grundstücke gemacht. Um die Annahmefristen dieser Angebote verlängert zu bekommen, ging der Beklagte in zwei privatschriftlichen Verträgen Verpflichtungen über ratenweise zu erbringende Zahlungen ein, die erst im Falle der Annahme enden und dann teilweise auf den Kaufpreis angerechnet werden sollten. Dem Beklagten war es, auch zur Herbeiführung dieser Rechtsfolgen, gestattet, einen Dritten als Vertragspartner zu vermitteln. Die Verlängerung der Annahmefristen erfolgte sodann durch notariell beurkundete Erklärungen. In der Folgezeit nahm der Beklagte die Angebote nicht an, vermittelte als Vertragspartner aber einen Dritten, mit dem der Kläger einen Kaufvertrag über die Grundstücke schloss und sie ihm übereignete.

259 Der Kläger machte Zahlungsansprüche aus den privatschriftlichen Erklärungen geltend. Da diese wegen ihres Zusammenhangs mit der Verlängerung der Annahmefristen der Beurkundung bedurft hätten, konnte die Klage nur Erfolg haben, wenn durch den Abschluss der Verträge mit dem Dritten eine Heilung in entsprechender Anwendung des § 311b Abs. 1 Satz 2 BGB eingetreten wäre. Dies hatte das Oberlandesgericht angenommen. Der Bundesgerichtshof hat eine Analogie demgegenüber abgelehnt. Der Kaufvertrag mit dem Dritten und die nachfolgende Übereignung stellen keine Erfüllungsge-

schäfte hinsichtlich der unwirksamen Abreden des Klägers mit dem Beklagten dar. Dies schon deswegen nicht, weil die Vereinbarungen über die Zahlungspflichten nicht Teil eines formunwirksamen Kaufvertrags oder Vorvertrags waren, sondern nur zweier Angebote, die mangels Annahme nicht zu einem Vertrag gediehen. Es gab also keinen unwirksamen Vorvertrag, der durch formgerechten Abschluss des Kaufvertrags mit dem Dritten hätte geheilt werden können. Dieser Kaufvertrag wäre zudem kein Erfüllungsgeschäft eines – gedachten – Vorvertrags mit dem Beklagten gewesen. Der Kläger hatte sich ihm gegenüber nicht verpflichtet, an den Dritten zu verkaufen (wie bei der Entscheidung BGHZ 82, 398). Der Beklagte hatte lediglich das Recht, einen Dritten zu vermitteln. Verkaufte der Kläger an ihn, erfüllte er also keine dahin gehende Verpflichtung.

> BGH, Urt. v. 8.10.2004 – V ZR 178/03, a. a. O.

Ebenso wenig kann eine formunwirksam eingegangene Verpflichtung des Verkäufers zum Rückkauf dadurch geheilt werden, dass ein Dritter auf Veranlassung oder Vermittlung des Verkäufers die Immobilie formgerecht kauft. **260**

> BGH, Urt. v. 13.7.2012 – V ZR 176/11, NJW 2012, 3171 = WM 2013, 854.

Ohnehin erscheint mir fraglich, ob die (allg.) Auffassung richtig ist, dass ein mangels notarieller Beurkundung unwirksamer Vorvertrag, der auf den Abschluss eines Hauptvertrags zielt, durch eben diesen, nunmehr ordnungsgemäß beurkundeten Hauptvertrag geheilt wird. Es fehlt nämlich an sämtlichen Voraussetzungen für eine Analogie (Regelungslücke, Regelungsbedürfnis, vergleichbare Interessenslage). **261**

> Siehe im Einzelnen *Krüger*, in: Festschrift 25 Jahre Deutsches Notarinstitut, S. 183, 189 f.; i. Erg. ebenso MünchKomm-*Ruhwinkel*, BGB, § 311b Rn. 90.

Selbstverständlich ist, dass ein **bereits erloschenes formnichtiges Angebot** einer Heilung durch (verspätete) Annahme, Auflassung und Eintragung nicht zugänglich ist. **262**

> BGH, Urt. v. 13.5.2016 – V ZR 265/14, ZIP 2016, 2069 = NZM 2016, 646 = NJW-RR 2017, 114; dazu Bespr. *Krauß*, NotBZ 2016, 302.

bb) § 242 BGB

(1) Grundsätzliches

Wenn ein Grundstückskaufvertrag, seine Abänderung oder seine Aufhebung formnichtig ist und der Formmangel nicht gemäß § 311b Abs. 1 Satz 2 BGB oder auf sonstige Weise geheilt ist, stellt sich die Frage, ob sich die Beteiligten nicht ausnahmsweise nach **Treu und Glauben** so behandeln lassen müssen, als bestünde der Formmangel nicht. Einerseits gibt es Fälle, in denen die Folgen der Formnichtigkeit für einen Vertragspartner **schlechthin untragbar** **263** sind, andererseits darf der Schutzzweck des § 311b Abs. 1 Satz 1 BGB nicht allzu großzügig zu Lasten des anderen Vertragsteils ausgehöhlt werden. Eine allseits befriedigende Lösung dieses **Dilemmas zwischen Rechtssicherheit und materieller Gerechtigkeit** ist wohl unmöglich. In zwei **Fallgruppen** kann jedoch inzwischen als gesichert angesehen werden, dass nach der Rechtsprechung des Bundesgerichtshofs gegenüber dem Berufen auf die Formnichtigkeit der Gegeneinwand der Arglist durchgreift, nämlich

- bei besonders **schwerer Treupflichtverletzung** des einen Teils oder
- bei **Existenzgefährdung** des anderen Teils (in der höchstrichterlichen Rechtsprechung spielt dieser Anwendungsfall keine Rolle; seine Berechtigung ist auch zweifelhaft, vgl. *Hagen*, DNotZ 2010, 644, 654).

264 Ein Fall besonders schwerer Treupflichtverletzung kann z. B. gegeben sein, wenn sich der eine Teil die Vorteile aus einem (formnichtigen) Vertrag dauerhaft verschafft und dann dem anderen Teil dessen Vorteile durch Berufung auf die Formnichtigkeit des Vertrags entziehen oder versagen will.

265 Ein grober Verstoß gegen Treu und Glauben durch widersprüchliches Verhalten kann z. B. vorliegen, wenn der Verkäufer eines Grundstücks zunächst den Erhalt einer Vorauszahlung auf den Kaufpreis bestreitet und später, nachdem er das Bestreiten nicht mehr aufrechterhalten kann, Unterverbriefung des Kaufpreises behauptet und unter Berufung auf die Formnichtigkeit des Vertrags die Herausgabe des Grundstücks verlangt.

BGH, Urt. v. 19.11.1982 – V ZR 161/81,
BGHZ 85, 315 = DNotZ 1983, 232
= NJW 1983, 63 = WM 1982, 1434
= LM BGB § 313 Nr. 96 *(Hagen)*.

266 Die besonderen Erfordernisse für einen ausnahmsweise nach § 242 BGB unschädlichen Formmangel liegen **nicht immer schon dann vor, wenn die Voraussetzungen der Verwirkung** erfüllt sind. Denn zur Verwirkung reicht es aus, dass von einem Recht über einen längeren Zeitraum hinweg kein Gebrauch gemacht wurde und weitere Umstände hinzutreten, die das Vertrauen rechtfertigen, das Recht werde nicht mehr geltend gemacht. Die Begründung dieses Vertrauenstatbestandes setzt nicht den Eintritt eines schlechthin untragbaren Ergebnisses und insbesondere keine besonders schwere Treuepflichtverletzung voraus. Wird somit ein Vertrag trotz Verletzung gesetzlicher Formvorschriften über einen längeren Zeitraum hinweg als wirksam behandelt, so verstößt die Berufung auf den Formmangel nicht gegen § 242 BGB, wenn die Voraussetzungen der Verwirkung gegeben wären.

BGH, Urt. v. 16.7.2004 – V ZR 222/03,
NJW 2004, 3330 = WM 2004, 2369.

267 Der **Schutzzweck des § 311b Abs. 1 Satz 1 BGB** kann für die Frage der unzulässigen Rechtsausübung auch eine Rolle spielen. So kann sich beim Auftrag zur Ersteigerung eines Grundstücks im Wege der Auslegung auch eine

Erwerbspflicht des Auftraggebers ergeben, die dann nach § 311b Abs. 1 Satz 1 BGB beurkundungsbedürftig ist. Ist der Form insoweit nicht genügt, so kann die Berufung des Beauftragten auf diesen Formmangel gegen Treu und Glauben verstoßen; denn der Formzwang für die Erwerbspflicht des Auftraggebers soll diesen, nicht aber den Beauftragten schützen.

BGH, Urt. v. 7.10.1994 – V ZR 102/93,
BGHZ 127, 168, 175 = ZIP 1994, 1778;
dazu EWiR 1994, 1171 *(Limmer)*.

Noch allgemeiner hat der Bundesgerichtshof vereinzelt ausgesprochen, die Nichtigkeit gemäß § 139 BGB dürfe nicht aus einer Bestimmung hergeleitet werden, die bei der Vertragsdurchführung bedeutungslos geblieben ist; denn der Zweck der Abrede ist dann erreicht. **268**

Vgl. BGH, Urt. v. 8.10.1990 – VIII ZR 176/89,
BGHZ 112, 288, 296 m. w. N. = ZIP 1990, 1410;
dazu EWiR 1990, 1145 *(Martinek)*;

BGH, Nichtannahmebeschl. v. 13.4.2000 – V ZR 248/99
(unveröffentlicht), unter Bezugnahme auf
BGH, Urt. v. 21.1.1977 – V ZR 31/75, NJW 1977, 580.

(2) Einzelfälle

Wird bei einem Grundstückskaufvertrag ein Vertragseintritt auf der Verkäuferseite nur in privatschriftlicher Form erklärt, um den Rangrücktritt der Auflassungsvormerkung des Käufers zu erreichen, so kann es treuwidrig (und der Formmangel deshalb unbeachtlich) sein, wenn sich der Verkäufer, nachdem der Rangrücktritt vollzogen ist, ohne Grund von dieser Vereinbarung lösen will. **269**

BGH, Urt. v. 14.6.1996 – V ZR 85/95,
MDR 1996, 1002 = NJW 1996, 2503 = WM 1996, 1732.

Hat nach notarieller Beurkundung eines Grundstückskaufvertrags der Käufer seine Kaufpreisschuld in gesonderter Urkunde **notariell anerkannt**, so verstößt seine Berufung auf die etwaige Formnichtigkeit des Anerkennungsvertrags wegen der fehlenden Beurkundung der Annahme (vgl. § 781 Satz 3 BGB) grundsätzlich gegen Treu und Glauben. **270**

BGH, Urt. v. 10.7.1987 – V ZR 284/85,
ZIP 1987, 1464 = NJW 1988, 130 = WM 1987, 1224;
dazu EWiR 1987, 1191 *(Häuser)*.

Wer eine Eigentumswohnung erwerben möchte und zu diesem Zweck die **Rechte aus einem Bewerbervertrag** käuflich erwirbt, der nicht notariell beurkundet und daher nichtig ist (§ 4 Abs. 3 WEG, §§ 311b Abs. 1 Satz 1, 125 BGB), kann gegenüber dem Zedenten jedenfalls dann aus der – von den Beteiligten zunächst nicht erkannten – Formnichtigkeit keine Schadensersatzansprüche (§§ 453, 433 Abs. 1 Satz 1, 311a Abs. 2 BGB) herleiten, wenn der Zedent ihn vertragsgemäß dem Wohnungsunternehmen empfiehlt und dieses **271** daraufhin den im Bewerbervertrag vorgesehenen Kaufvertrag mit ihm abschließt. Während diese Lösung früher auf § 242 BGB gestützt wurde,

BGH, Urt. v. 21.1.1977 – V ZR 31/75, NJW 1977, 580,

kann jetzt, da keine Garantiehaftung nach § 437 BGB a. F. mehr besteht, auch erwogen werden, das nach § 311a Abs. 2 Satz 2 erforderliche Verschulden zu verneinen.

272 Ist Inhalt des beurkundeten Vertrags der Verkauf eines Grundstücks und der Bau eines Hauses nebst Garage, sollte aber von vornherein statt der Garage zum gleichen Preis ein Duschbad errichtet werden, so kann der Berufung auf den Formmangel dieser Abrede der Arglisteinwand entgegenstehen, wenn der Verkäufer in der Weise vorgeht, dass er über den Preis der nicht erstellten Garage hinaus eine Vergütung für das Duschbad einklagt, dadurch den Käufer zum Nachweis der Nebenabrede zwingt, sodann aber den geführten Beweis dazu benutzt, hilfsweise Feststellung der Nichtigkeit des Vertrags zu beantragen.

BGH, Urt. v. 21.2.1992 – V ZR 273/90,
NJW 1992, 1897 = WM 1992, 923.

273 Angesichts der Vielgestaltigkeit der Einzelfälle wird auch in Zukunft eine gewisse **Rechtsunsicherheit** bei der Anwendung von Treu und Glauben im Rahmen des Beurkundungszwangs nach § 311b Abs. 1 Satz 1 BGB **unvermeidlich** bleiben.

VII. Verschulden bei Vertragsschluss

274 Der Gesetzgeber hat in § 311 Abs. 2 (Nr. 1 und Nr. 2) BGB normiert, was seit jeher anerkannt war, dass nämlich die tatsächliche Aufnahme von Vertragsverhandlungen geeignet ist, Sorgfalts- und Rücksichtspflichten zu begründen, deren Verletzung in vergleichbarer Weise schadensersatzpflichtig machen kann wie die Verletzung einer Vertragspflicht (so jetzt §§ 311 Abs. 2, 241 Abs. 2, 280 Abs. 1 BGB). Der Grund dafür liegt in dem besonderen Vertrauen, das derjenige, der sich zu Vertragszwecken in den Einflussbereich eines anderen begibt, dem anderen regelmäßig entgegenbringt (und nach Treu und Glauben entgegenbringen darf).

BGH, Urt. v. 7.7.1980 – II ZR 199/79,
NJW 1980, 2464 = WM 1980, 1194.

275 Kommen mehrere Personen zusammen, um einen Vermögensgegenstand gemeinschaftlich einem Dritten zu verkaufen, so handelt es sich im Verhältnis der Verkäufer untereinander zwar nicht um Vertragsverhandlungen im obigen Sinne; die Rechtslage ist aber ganz ähnlich. Die potentiellen Verkäufer müssen auch hier darauf vertrauen können, dass jeder die erforderlichen Auskünfte, von deren Richtigkeit und Vollständigkeit die Verkaufsentscheidung abhängt, so korrekt erteilt, dass keine zusätzlichen Vermögensrisiken auf der Verkäuferseite entstehen. Werden Sorgfaltspflichten verletzt, die aus einem solchen Ver-

trauenstatbestand erwachsen, so kann auch hier Schadensersatz zu leisten sein, wie es sonst wegen Verschuldens bei Vertragsverhandlungen in Betracht kommt.

BGH, a. a. O.

Nach geltendem Recht lässt sich der Fall unter § 311 Abs. 2 Nr. 3 BGB sub- 276
sumieren.

1. Aufklärungspflichten

Auch bei Vertragsverhandlungen, in denen die Beteiligten entgegengesetzte 277
Interessen verfolgen, besteht eine Pflicht, den anderen Teil über solche Umstände aufzuklären, die den **Vertragszweck** (des anderen) vereiteln können und daher **für seinen Entschluss von wesentlicher Bedeutung** sind, sofern er die Mitteilung nach der Verkehrsauffassung erwarten durfte (std. Rspr.).

BGH, Urt. v. 2.3.1979 – V ZR 157/77, DNotZ 1980, 38 = NJW 1979, 2243 = WM 1979, 69;

BGH, Urt. v. 6.2.1976 – V ZR 44/74, WM 1976, 401 = LM BGB § 123 Nr. 45;

BGH, Urt. v. 25.6.1982 – V ZR 143/81, WM 1982, 960 (Eigennutzung eines Eigentumsappartements als Dauerwohnung).

Auch hiernach besteht aber nicht ohne Weiteres eine Pflicht zur Aufklärung 278
darüber, dass der Verkäufer eines Grundstücks **Baumaßnahmen in Selbsthilfe** durchgeführt und dabei „Schwarzarbeiter“ eingesetzt hat; denn es gibt keinen allgemeinen Erfahrungssatz, dass solche Arbeiten von minderer Qualität sind. Wohl aber ist für den Entschluss des Käufers in der Regel von Bedeutung, ob für ein zu Wohnzwecken erworbenes Gebäude die zur Wohnnutzung nach dem Landesbaurecht notwendige **bauaufsichtliche Genehmigung** vorliegt; denn das Fehlen der Genehmigung kann dazu führen, dass die Nutzung zu Wohnzwecken untersagt und die Rückgängigmachung der Baumaßnahmen angeordnet wird.

BGH, Urt. v. 2.3.1979 – V ZR 157/77, a. a. O.;

vgl. auch BGH, Urt. v. 17.11.1978 – V ZR 210/74, WM 1979, 235.

Eine Pflicht zur Offenbarung verborgener Mängel oder von Umständen, die 279
erfahrungsgemäß auf die Entstehung und Entwicklung bestimmter Mängel schließen lassen, kann beim Verkauf eines Gebäudegrundstücks insbesondere dann bestehen, wenn die Eignung zu der beabsichtigten Nutzung erheblich vermindert sein kann.

So stellt die **Kontaminierung** eines Grundstücks mit **Altlasten**, z. B. mit Erd- 280
ölrückständen, regelmäßig einen offenbarungspflichtigen Umstand dar. Dabei ist zu unterscheiden zwischen einem bloßen Altlastenverdacht und dem positiven Wissen von einer Kontaminierung: Sind dem Verkäufer eines Grundstücks Altlasten bekannt, so genügt er seiner **Aufklärungspflicht** nicht dadurch, dass er dem Käufer von einem **Altlastenverdacht** Mitteilung macht.

Der Käufer kann vielmehr erwarten, dass er über eine konkret vorhandene Kontaminierung aufgeklärt wird. Infolgedessen besteht die Offenbarungspflicht fort, wenn dem Käufer Umstände bekannt sind (oder durch eine Besichtigung ohne Weiteres hätten bekannt werden können), aus denen sich (lediglich) ein Altlastenverdacht ergibt. Hält der Verkäufer in einer solchen Situation mit konkretem Wissen über vorhandene Altlasten zurück, so verletzt er seine Aufklärungspflicht.

> BGH, Urt. v. 20.10.2000 – V ZR 285/99,
> ZIP 2000, 2257 = ZfIR 2001, 190 (*Kothe*, S. 169) = NJW 2001, 64;
> dazu EWiR 2001, 355 (*Tiedtke*).

281 Aber auch, wenn nur ein **Altlastenverdacht** besteht, muss der Verkäufer hierüber aufklären.

> BGH, Urt. v. 21.7.2017 – V ZR 250/15, ZIP 2018, 839
> = NJW 2018, 389 = ZfIR 2018, 55 (m. Anm. *Hahn*).

282 Von Bedeutung kann auch sein, dass aufgrund der vorausgegangenen Verhandlungen oder der beruflichen Ausbildung und Tätigkeit des Verkäufers oder seines Vertreters ein Vertrauen des Käufers in deren **Fachkunde** und besondere Kenntnisse bei der Herstellung des Kaufgegenstands oder im Umgang mit diesem erweckt worden ist.

> BGH, Urt. v. 7.6.1978 – V ZR 46/75,
> WM 1978, 1073 (Fäulnisbefall von Bauhölzern).

283 Da die **Ertragsfähigkeit** für die Wertschätzung eines mit gewerblich genutzten Gebäuden (auch Miethäusern) bebauten Grundstücks von erheblicher Bedeutung ist, kann eine Offenbarungspflicht bestehen, wenn die von dem Verkäufer angegebenen Mieteinnahmen zum Zeitpunkt des Vertragsschlusses aufgrund besonderer Umstände ein falsches Bild über die Ertragsfähigkeit vermitteln.

> BGH, Urt. v. 1.2.2013 – V ZR 72/11,
> NJW 2013, 1807 = ZfIR 2013, 501 (m. Anm. *Hertel*, S. 503).

284 Der Verkäufer kann auch verpflichtet sein, den Käufer darüber aufzuklären, dass die Forderung, mit der dieser den Kaufpreis verrechnen wollte, bereits vorrangig abgetreten war; eine solche Aufklärungspflicht besteht, wenn die Verrechnungsmöglichkeit für den Kaufentschluss des Käufers ersichtlich von erheblicher Bedeutung ist.

> BGH, Urt. v. 25.4.1980 – V ZR 2/79, WM 1980, 799.

285 Ebenso kann ein Wohnungsbauunternehmen verpflichtet sein, den Käufer (Besteller) einer Eigentumswohnung über die **künftige finanzielle Belastung** aufzuklären, wenn dem Erwerber erkennbare Überforderung droht.

> BGH, Urt. v. 27.2.1974 – V ZR 85/72,
> NJW 1974, 849 = WM 1974, 512;

BGH, Urt. v. 6.4.2001 – V ZR 402/99,
ZIP 2001, 1152 = ZfIR 2001, 819 = NJW 2001, 2021;
dazu EWiR 2001, 609 *(Frisch)*.

Eine Gemeinde, die Kenntnis davon hat, dass auf die Investoren zusätzliche Beitragslasten infolge der Errichtung einer zentralen Kläranlage durch einen in Gründung befindlichen Abwasserzweckverband zukommen, muss einen Kaufinteressenten hierüber aufklären. 286

BGH, Urt. v. 27.6.2008 – V ZR 135/07 (unveröffentlicht).

Stören die Nachbarn eines Hausgrundstücks seit Jahren die Nachtruhe durch absichtliches Lärmen (böswilliges Auf- und Ablassen der Rollläden, sinnloses Treppensteigen, Klavierspiel, lauter Radio- und Fernsehempfang), so muss der Verkäufer diesen Umstand bei den Verkaufsverhandlungen ungefragt offenbaren. 287

BGH, Urt. v. 22.2.1991 – V ZR 299/89,
NJW 1991, 1673 = WM 1991, 1341;
dazu EWiR 1991, 963 *(Sonnenschein)*.

Diese Beispiele ließen sich beliebig vermehren. 288

Eine **Offenbarungspflicht besteht nicht** hinsichtlich solcher Umstände, die einer Besichtigung zugänglich und damit **ohne Weiteres erkennbar** sind; denn solche Mängel kann der Käufer bei Anwendung der im eigenen Interesse gebotenen Sorgfalt selbst wahrnehmen. 289

BGH, Urt. v. 2.2.1996 – V ZR 239/94,
BGHZ 132, 30, 34 m. w. N. = ZIP 1996, 548;
dazu EWiR 1996, 585 *(Taupitz)*.

Der Verkäufer kann seiner Aufklärungspflicht auch dadurch nachkommen, dass er dem Käufer Unterlagen zur Verfügung stellt, aus denen sich der Käufer selbst die erforderlichen Informationen verschaffen kann. Das gilt allerdings nur dann, wenn der Verkäufer aufgrund der Umstände die berechtigte Erwartung haben kann, dass der Käufer die Unterlagen nicht nur zu dem Zweck allgemeiner Information, sondern unter einem bestimmten Gesichtspunkt gezielt durchsehen wird. 290

Std. Rspr. des BGH, siehe nur Urt. v. 23.9.2022 – V ZR 133/21,
NZM 2023, 137 Rn. 20 m. w. N.

Diese Grundsätze gelten auch in dem Fall, dass der Verkäufer einen Datenraum mit Unterlagen zu dem Kaufobjekt einrichtet und dem Käufer hierauf Zugriff gewährt. Allerdings ist angesichts der Vielgestaltigkeit der Abläufe in der Praxis nicht stets der Schluss zulässig, dass der Käufer den offenbarungspflichtigen Umstand – etwa im Rahmen einer Due Diligence – zur Kenntnis nehmen wird. Erforderlich ist vielmehr, dass aufgrund der Umstände des Einzelfalls die Erwartung gerechtfertigt erscheint, dass der Käufer hiervon Kenntnis nehmen wird. 291

BGH, Urt. v. 15.9.2023 – V ZR 77/22, BGHZ 238, 179 = ZIP 2023, 2152 = NJW 2023, 3423; dazu *Wentz*, WuB 2024, 234.

292 Bei den Verhandlungen über den **Kauf einer Eigentumswohnung** darf der Verkäufer grundsätzlich davon ausgehen, dass sich sein künftiger Vertragspartner selbst über Art und Umfang seiner Vertragspflichten im eigenen Interesse Klarheit verschafft hat. Ohne Nachfrage besteht eine **Aufklärungspflicht nur dann**, wenn wegen besonderer Umstände davon ausgegangen werden muss, dass der künftige Vertragspartner nicht hinreichend unterrichtet ist und die Verhältnisse nicht durchschaut.

BGH, Urt. v. 6.4.2001 – V ZR 402/99,
ZIP 2001, 1152 = ZfIR 2001, 819
= NJW 2001, 2021 = WM 2001, 1158;
dazu EWiR 2001, 609 *(Frisch)*.

293 Natürlich können Parteien auch vertraglich Informationspflichten vereinbaren. Solche Pflichten können über das hinausgehen, was der Verkäufer aus dem vorvertraglichen Schuldverhältnis mitzuteilen verpflichtet wäre.

BGH, Urt. v. 1.2.2013 – V ZR 72/11,
NJW 2013, 1807 = ZfIR 2013, 501 (m. Anm. *Hertel*, S. 503).

294 Die **Darlegungs- und Beweislast** dafür, dass der Verkäufer den Käufer über offenbarungspflichtige Umstände nicht aufgeklärt hat, trifft den Käufer. Dieser muss allerdings nicht alle theoretisch denkbaren Möglichkeiten einer Aufklärung ausräumen. Vielmehr genügt er seiner Darlegungs- und Beweislast, wenn er die von dem Verkäufer vorzutragende konkrete, d. h. räumlich, zeitlich und inhaltlich spezifizierte Aufklärung widerlegt.

BGH, Urt. v. 30.6.2000 – V ZR 149/99,
ZIP 2000, 1674 = ZfIR 2001, 193
= NJW 2000, 2904 = WM 2000, 2103;
dazu EWiR 2000, 999 *(Mankowski)*.

295 Letzteres ist Folge der dem Verkäufer obliegende **sekundären Darlegungslast**, die dem Käufer bei der Darlegung negativer Tatsachen zugutekommt.

BGH, Urt. v. 23.9.2022 – V ZR 133/21, NZM 2023, 137.

296 Wohl gemerkt: es geht um eine sekundäre Darlegungslast, die Beweislast bleibt uneingeschränkt bei dem grundsätzlich Beweispflichtigen, hier also dem Käufer.

Prütting, in: Festschrift Krüger, S. 433.

297 Dem Käufer obliegt auch dann die Darlegungs- und Beweislast für die Nichtaufklärung, wenn der Verkäufer behauptet, einen durch vorheriges aktives Tun bei dem Käufer hervorgerufenen Irrtum durch spätere Aufklärung beseitigt zu haben.

BGH, Urt. v. 27.6.2014 – V ZR 55/13, NJW 2014, 3296.

298 Die **Rechtsfolge** der culpa in contrahendo ist Schadensersatz, nicht etwa ein Anspruch auf Anpassung des Vertrags.

BGH, Urt. v. 11.6.2010 – V ZR 144/09, WuM 2011, 524.

Es gilt § 249 BGB. Dabei hat der Geschädigte verschiedene Möglichkeiten. Er kann begehren, so gestellt zu werden, als habe er den Vertrag nicht geschlossen. Da in aller Regel anzunehmen ist, dass der Vertrag bei der gebotenen Aufklärung nicht oder mit einem anderen Inhalt zustande gekommen wäre, ist der Geschädigte in erster Linie berechtigt, sich von diesem Vertrag zu lösen und Ersatz seiner im Vertrauen auf den Vertragsschluss getätigten Aufwendungen zu verlangen. 299

BGH, Urt. v. 19.1.2018 – V ZR 256/16, Rn. 12 (m. w. N. std. Rspr.), NJW-RR 2018, 752 = ZIP 2018, 1030 = ZfIR 2018, 395 (m. Anm. *Oldenburg*).

Das führt also zur **Rückabwicklung des Vertrags** (siehe näher Rn. 301 ff.). 300

Er kann aber auch an dem ungünstigen Vertrag festhalten und den verbliebenen Vertrauensschaden liquidieren. Zur Berechnung dieses **Restvertrauensschadens** ist er so zu behandeln, als wäre es ihm bei Kenntnis der wahren Sachlage gelungen, den Vertrag zu einem niedrigeren Preis abzuschließen. Ihm ist dann der Betrag zu ersetzen, um den er den Kaufgegenstand zu teuer erworben hat. Auf den Nachweis, dass die andere Vertragspartei sich darauf eingelassen hätte, kommt es nicht an. 301

BGH, Urt. v. 6.4.2001 – V ZR 394/99,
ZIP 2001, 1465 = ZfIR 2001, 815 = NJW 2001, 2875 = WM 2001, 1302;
dazu EWiR 2001, 803 *(Gsell)*.

BGH, Urt. v. 19.5.2006 – V ZR 264/05,
BGHZ 168, 35 = NJW 2006, 3139 = WM 2006, 1536;
dazu EWiR 2007, 7 *(Lindacher)*.

Auch in diesem Fall kann er daneben Ersatz seiner im Vertrauen auf den Vertragsschluss getätigten Aufwendungen verlangen. Dazu zählt neben der Grunderwerbssteuer beispielsweise eine gezahlte **Maklerprovision**, und zwar auch dann, wenn er diese, etwa nach Anfechtung des Kaufvertrags wegen arglistiger Täuschung, vom Makler nach Bereicherungsrecht zurückfordern kann. Der Schädiger muss allerdings in entsprechender Anwendung des § 255 BGB Schadensersatz nur Zug um Zug gegen Abtretung des Anspruchs gegen den Dritten (im Beispielsfall: den Makler) leisten. 302

BGH, Urt. v. 24.9.2021 – V ZR 272/19, ZIP 2022, 641 = WM 2022, 1947 = ZNotP 2022, 57.

Ausnahmsweise kann der Geschädigte auch so zu stellen sein, als habe er mit dem anderen Teil einen für ihn besseren Vertrag geschlossen (**Erfüllungsinteresse**). Das setzt aber voraus, dass ein solcher Vertrag bei erfolgter Aufklärung zustande gekommen wäre, was der Geschädigte darzulegen und zu beweisen hat. 303

BGH, Urt. v. 19.5.2006 – V ZR 264/05, a. a. O.

2. Abbruch von Vertragsverhandlungen über einen Grundstückskauf

304 Im Rahmen der Vertragsfreiheit hat jeder Verhandlungspartner prinzipiell das Recht, von dem in Aussicht genommenen Vertragsschluss Abstand zu nehmen. Wer in Erwartung des Vertragsschlusses schon vorher Aufwendungen macht, tut dies daher **grundsätzlich auf eigene Gefahr**. Anders kann es liegen, wenn der Vertragsschluss bereits als sicher anzunehmen ist und ein Verhandlungspartner im Vertrauen hierauf schon Aufwendungen zur späteren Durchführung des Vertrags macht. Bricht der andere dann die Verhandlungen **ohne triftigen Grund** ab, so kann er wegen **Verschuldens bei den Vertragsverhandlungen** verpflichtet sein, diese Aufwendungen zu ersetzen.

Vgl. etwa BGH, Urt. v. 7.2.1980 – III ZR 23/78, BGHZ 76, 343, 349.

305 Dabei handelt es sich nicht um einen Aufwendungsersatzanspruch i. S. d. § 284 BGB, sondern um einen Schadensersatzanspruch nach §§ 280 Abs. 1, 241 Abs. 2 BGB. § 284 gewährt Aufwendungsersatz anstelle von Schadensersatz statt der Leistung, setzt also die Verletzung einer Leistungspflicht voraus.

MünchKomm-*Ernst*, BGB, § 284 Rn. 10.

306 Bei culpa in contrahendo geht es demgegenüber um Sorgfalts- und Rücksichtspflichten.

307 Auf Verhandlungen über den Abschluss eines **beurkundungsbedürftigen** Vertrags, insbesondere eines Grundstückskaufs, lassen sich diese Grundsätze nicht ohne Weiteres übertragen. Denn eine so begründete Schadensersatzpflicht könnte einen indirekten Zwang zum Vertragsschluss bedeuten. Dieser Zwang verstieße gegen den **Zweck der Formvorschrift**, wegen der Eigenart des Vertragsgegenstands eine Bindung ohne Einhaltung der Form zu verhindern. Deshalb löst nach der Rechtsprechung des V. Zivilsenats im Bereich von Rechtsgeschäften, die nach § 311b Abs. 1 BGB beurkundet werden müssen, der Abbruch von Vertragsverhandlungen selbst dann **keine Schadensersatzpflicht** aus, wenn es an einem triftigen Grund für den Abbruch fehlt.

BGH, Urt. v. 8.10.1982 – V ZR 216/81, WM 1982, 1436, 1437.

308 Dieser Grundsatz bedarf jedoch einer **Einschränkung** in dem Umfange, in dem auch die Formnichtigkeit eines zustande gekommenen Grundstückskaufs nach Treu und Glauben unbeachtet bleibt.

BGHZ 92, 164, 175 f.

309 Dies ist der Fall, wenn die Nichtigkeitsfolge nach den gesamten Umständen mit Treu und Glauben schlechthin unvereinbar wäre, etwa weil ihre Geltendmachung **eine besonders schwerwiegende Treupflichtverletzung** bedeuten würde. Soweit es um eine solche Pflichtverletzung geht, kommt deshalb als Grund für eine Schadenspflicht aus culpa in contrahendo in der Regel nur ein **vorsätzlicher Treueverstoß** in Betracht, wie er im Vorspiegeln einer tatsächlich nicht vorhandenen Abschlussbereitschaft liegt.

BGH, Urt. v. 29.3.1996 – V ZR 332/94,
ZIP 1996, 1174 = NJW 1996, 1884 = WM 1996, 1728;
dazu EWiR 1996, 679 *(Medicus)*.

Dem Vorspiegeln einer tatsächlich nicht vorhandenen Bereitschaft, den Vertrag zu bestimmten Bedingungen, insbesondere zu einem bestimmten Preis, abzuschließen, ist der Fall gleichzustellen, dass ein Verhandlungspartner zwar eine solche geäußerte Verkaufsbereitschaft zunächst tatsächlich gehabt hat, **im Laufe der Verhandlungen** aber **innerlich von ihr abgerückt** ist, ohne dies zu offenbaren. Dies gilt vor allem dann, wenn er sich mit Aus- und Umbaumaßnahmen des Kaufinteressenten einverstanden erklärt hatte. In solchen Fällen wird durch die Äußerung einer endgültigen Abschlussbereitschaft zu bestimmten Bedingungen dem Verhandlungspartner der Eindruck einer besonderen Verhandlungslage vermittelt, der ihn der erhöhten Gefahr nachteiliger Vermögensdispositionen aussetzt. Diese besondere Gefährdungslage begründet eine gesteigerte Vertrauensbeziehung, die den Verhandelnden zu **erhöhter Rücksichtnahme** auf die Interessen des Partners verpflichtet und von ihm verlangt, den Partner vor einem Irrtum über den Bestand oder den Fortbestand einer geäußerten, tatsächlich aber nicht mehr vorhandenen Abschlussbereitschaft zu bestimmten Bedingungen zu bewahren. 310

BGH, Urt. v. 29.3.1996 – V ZR 332/94, a. a. O.

Im entschiedenen Fall hatte der Beklagte den Abschluss eines Kaufvertrags zum Preis von 750.000 DM als sicher hingestellt. Der Vertragsschluss scheiterte schließlich daran, dass der Beklagte zuletzt 1 Mio. DM verlangte. Er machte geltend, erst im Laufe der Verhandlungen habe sich herausgestellt, dass er seine anfängliche Kalkulation nicht werde einhalten können. Das konnte ihn nach dem vom Bundesgerichtshof präzisierten Beurteilungsmaßstab nicht ohne Weiteres entschuldigen, bedurfte aber weiterer Aufklärung. 311

Ein anspruchsminderndes **Mitverschulden** des Kaufinteressenten mit Blick auf seine Aufwendungen vor Vertragsschluss kommt in solchen Fällen regelmäßig nicht in Betracht, weil gegenüber arglistigem Vorspiegeln einer (fortdauernden) Abschlussbereitschaft zu bestimmten Bedingungen ein allenfalls fahrlässiger Mitverursachungsbeitrag bei der Abwägung zurücktritt. 312

BGH, a. a. O.

Keinen Fall einer besonders schweren Treuepflichtverletzung stellt es dar, wenn der (potentielle) Verkäufer – bei wahrheitsgemäßer Erklärung seiner Abschlussbereitschaft – dem Kaufinteressenten nicht offenbart, dass er sich vorbehält, den Kaufpreis zu erhöhen. Es verpflichtet ihn auch nicht zum Schadensersatz, wenn er in Kenntnis dessen vom Vertragsschluss Abstand nimmt, dass der Kaufinteressent im Vertrauen auf das Zustandekommen des Vertrags bereits die Finanzierung geregelt hat. 313

BGH, Urt. v. 13.10.2017 – V ZR 11/17, ZfIR 2018, 98
(m. Anm. *Oldenburg*) = ZNotP 2018, 18.

3. Zurechenbarer Personenkreis

314 Maßgeblich sind die gleichen Wertungen wie im Erfüllungsstadium einer Verbindlichkeit. Die Garantiehaftung für den **Erfüllungsgehilfen** (§ 278 BGB) stellt eine Ausnahme von dem Grundsatz dar, dass der Schuldner nur für eigenes Verschulden einzustehen hat. Sie beruht auf der Erwägung, dass der Schuldner mit der Einschaltung eines Gehilfen seinen Geschäftskreis im eigenen Interesse erweitert und folglich das mit der Arbeitsteilung verbundene Personalrisiko tragen soll. Als Erfüllungsgehilfe ist deshalb auch im Rahmen des Verschuldens bei Vertragsverhandlungen anzusehen, wer nach den tatsächlichen Umständen mit dem Willen des Schuldners bei der Erfüllung einer diesem obliegenden Verbindlichkeit als seine Hilfsperson tätig wird.

> BGH, Urt. v. 24.11.1995 – V ZR 40/94,
> NJW 1996, 451 = WM 1996, 315;
> dazu EWiR 1996, 103 *(Hanau/Reitze)*.

315 Der Personenkreis, für den ein Verhandlungspartner wegen culpa in contrahendo einzustehen hat, ist der gleiche wie bei § 123 Abs. 2 BGB; denn diese Vorschrift ist für den Fall arglistiger Täuschung im Rahmen von Vertragsverhandlungen als eine gesetzliche Sonderregelung der Haftung für culpa in contrahendo anzusehen.

> BGH, Urt. v. 17.4.1986 – III ZR 264/84,
> NJW-RR 1987, 59 = WM 1986, 1032;
>
> BGH, Urt. v. 8.12.1989, V ZR 259/87,
> NJW 1990, 1661 = WM 1990, 479;
> dazu EWiR 1990, 747 *(Bork)*.

316 Schwierigkeiten bereitet das Problem, ob ein **Makler** der einen oder anderen Vertragspartei als Erfüllungsgehilfe zugeordnet werden kann. Diese Frage hat besondere praktische Bedeutung, weil sich die Parteien oft hinter dem Makler „verstecken“ und sich auf die Erklärung zurückziehen, sie hätten von dessen falschen Angaben gegenüber Interessenten (Maklerexposé u. Ä.) nichts gewusst.

317 Die Rechtsprechung behandelt den Makler **nicht ohne Weiteres** als Erfüllungsgehilfen. Dem steht allerdings nicht seine selbständige Stellung entgegen; denn sie hindert auch sonst die Anwendbarkeit des § 278 BGB nicht. Ausschlaggebend ist vielmehr der Umstand, dass der Makler durch seine Vermittlungstätigkeit gegenüber seinem Auftraggeber eine eigene Leistung erbringt, die nicht unbedingt zugleich die Verpflichtung des Auftraggebers gegenüber dem Verhandlungspartner erfüllt. Auch aus dessen Sicht erscheint der Makler **nicht generell als Hilfsperson** des Kontrahenten, sondern – je nach Sachlage – als Dritter, der durch seine Tätigkeit die Parteien zusammenbringt.

> BGH, Urt. v. 24.11.1995 – V ZR 40/94,
> DNotZ 1996, 438 = NJW 1996, 451 = WM 1996, 315;
> dazu EWiR 1996, 103 *(Hanau/Reitze)*.

Dies gilt jedoch nur, wenn sich der Makler vereinbarungsgemäß darauf beschränkt, seine **spezifischen Maklerdienste** zu erbringen. 318

Übernimmt er dagegen mit Wissen und Wollen einer der späteren Vertragsparteien **Aufgaben, die typischerweise nicht einem Makler, sondern der Vertragspartei** obliegen, dann ist er nicht mehr allein Makler, sondern (insoweit) zugleich deren Hilfsperson in deren Pflichtenkreis. Dies rechtfertigt die Anwendung des § 278 BGB. 319

BGH, Urt. v. 24.11.1995 – V ZR 40/94, a. a. O.

Darüber, wann dies anzunehmen ist, hat die Rechtsprechung allgemeine Rechtssätze nicht aufgestellt, sondern die **Umstände des Einzelfalls** wertend in den Vordergrund gerückt. Dabei ist der Makler in folgenden **Fallgruppen** als Erfüllungsgehilfe angesehen worden: 320

- wenn der Makler als beauftragter Verhandlungsführer oder Verhandlungsgehilfe des Schuldners aufgetreten ist,
- wenn der am Zustandekommen des Geschäfts Beteiligte (also auch ein Makler) wegen seiner engen Beziehungen zum Geschäftsherrn als dessen Vertrauensperson erscheint (für den Bereich des § 123 Abs. 2 BGB entschieden und damit auf § 278 BGB übertragbar).

Dabei ist nicht entscheidend, ob ihm für die Verhandlung Vertretungsmacht eingeräumt worden ist. Vielmehr kommt es darauf an, ob bei wertender Beurteilung der Umstände sein Verhalten dem Geschäftsherrn zuzurechnen ist. 321

BGH, Urt. v. 24.11.1995 – V ZR 40/94, a. a. O. m. w. N.

Das kann z. B. der Fall sein, wenn der Makler als **Repräsentant** seines Auftraggebers wie dessen bevollmächtigter Vertreter aufgetreten ist, nämlich als derjenige, mit dem wie mit dem Eigentümer persönlich verhandelt werden könne. 322

BGH, Urt. v. 2.6.1995 – V ZR 52/94,
DNotI-Report 1995, 202 = NJW 1995, 2550.

Auch wer die gesamten Verhandlungen einem Makler (oder einer sonstigen Person) als Repräsentanten überlassen hat, kann sich **vor Beendigung der notariellen Beurkundung** von dessen vorvertraglichen Erklärungen gegenüber dem späteren Vertragspartner **distanzieren**. Dies hat dann zur Folge, dass er ein Verschulden des Maklers nicht gemäß § 278 BGB wie eigenes zu vertreten hat. Denn insoweit ist der Verhandlungspartner gewarnt und nicht schutzlos gestellt; er kann nun den Kontrahenten persönlich um Aufklärung, d. h., um Bestätigung oder Richtigstellung bitten. 323

BGH, Urt. v. 2.6.1995 – V ZR 52/94, a. a. O.

Freilich **genügt dazu nicht eine formularmäßige Klausel** im Vertrag, sondern es muss sich um eine auf die konkreten Verhältnisse bezogene Distanzierung handeln. Im entschiedenen Fall hatte nach der Behauptung des Ver- 324 käufers der Makler verschiedene mit dem Verkäufer nicht abgestimmte und auch nicht zutreffende Angaben gemacht. Als er dies während der notariellen Beurkundung bemerkt habe, habe er unmissverständlich erklärt, dass Gegenstand des Kaufvertrags nur die von ihm persönlich abgegebenen Erklärungen über Tatsachen und Zusagen seien; was der Makler zuvor im Einzelnen erklärt habe, sei ihm unbekannt und keine Vertragsgrundlage. Wenn sich – so der Bundesgerichtshof – der Verkäufer in dieser Weise von allen früheren Erklärungen des Maklers distanziert hat, können ihm sorgfaltswidrig erteilte Fehlinformationen nicht mehr zugerechnet werden.

325 Ebenso wenig muss sich eine Vertragspartei ohne Weiteres die arglistige Täuschung zurechnen lassen, die eine andere Person bei der eigenmächtigen Anbahnung des Vertragsschlusses begangen hat.

> BGH, Urt. v. 20.11.1995 – II ZR 209/94,
> ZIP 1996, 176 = WM 1996, 201;
> dazu EWiR 1996, 391 *(Kramer)*.

326 Wegen der Verwandtschaft der Probleme und der deswegen gebotenen Harmonisierung der Lösungen müsste das Gleiche für die Abwendung der Zurechnung des Maklerverhaltens im Rahmen des **§ 123 Abs. 2 BGB** gelten (vgl. Rn. 315, 320).

327 Beauftragt der Verkäufer einen Makler mit den Vertragsverhandlungen, ist es ihm **als eigenes Verschulden** gegenüber dem Käufer anzurechnen, wenn er den Makler nicht über Umstände informiert, die dem Käufer zu offenbaren sind.

> BGH, Urt. v. 14.5.2004 – V ZR 120/03,
> ZfIR 2004, 861 = NJW-RR 2004, 1196.

328 Ein **Notar** ist im Rahmen seiner **Beurkundungstätigkeit nicht Erfüllungsgehilfe** eines Beteiligten. In dieser Funktion steht er vielmehr als unparteiischer Betreuer (§ 14 Abs. 1 Satz 2 BNotO) zwischen den Beteiligten und hat im Rahmen der Rechtsvorschriften die berechtigten Belange aller Beteiligten zu wahren. Insoweit wird er ausschließlich zur Ausübung seiner eigenen Amtspflichten tätig.

> BGH, Urt. v. 15.10.1992 – IX ZR 43/92,
> NJW 1993, 648 = WM 1993, 251.

329 Anders kann es sein, wenn der Notar in die **Abwicklung des Vertrags** eingeschaltet und in diesem Zusammenhang für eine Partei tätig wird,

> BGHZ 62, 119,

etwa auch durch die Ermächtigung, Zahlungen entgegenzunehmen und weiterzuleiten.

> OLG Koblenz WM 1984, 927.

Ein Verhandlungsgehilfe kann durch persönliche Vertrauenswerbung mit besonderer Fachkunde auch die **Sorgfaltspflichten** des Schuldners entsprechend **verstärken**; dann muss sich dieser eine Pflichtverletzung durch den Verhandlungsgehilfen nach § 278 BGB zurechnen lassen. 330

> BGH, Urt. v. 26.4.1991 – V ZR 165/89,
> BGHZ 114, 263 = ZIP 1991, 874
> = NJW 1991, 2556 = WM 1991, 1171;
> dazu EWiR 1991, 655 *(Reithmann)*.

4. Rechtswidrige Drohung und arglistige Täuschung als Verschulden bei den Vertragsverhandlungen

a) Verhältnis zum Anfechtungsrecht

Wurde jemand durch schuldhaft rechtswidrige Drohung, 331

> BGH, Urt. v. 11.5.1979 – V ZR 75/78,
> NJW 1979, 1983 = WM 1979, 915,

oder durch arglistige Täuschung zum Abschluss eines Vertrags veranlasst, so kann er – auch noch nach Ablauf der Anfechtungsfrist (§ 124 BGB) – unter dem Gesichtspunkt der culpa in contrahendo Schadensersatz verlangen. Da die Rechtsfolgen durch die §§ 249 ff. BGB bestimmt werden, ist § 249 Abs. 1 BGB anzuwenden. Das bedeutet, der Vertragspartner des pflichtwidrig und schuldhaft Handelnden ist so zu stellen, als habe er den Vertrag nicht geschlossen. Das führt zur Vertragsaufhebung und Rückabwicklung. Ist Naturalherstellung nicht möglich oder zur Entschädigung nicht genügend, kann Ersatz des Vermögensschadens in Geld verlangt werden (§ 251 Abs. 1 BGB).

Da sowohl die Anfechtung als auch die Geltendmachung des Schadensersatzanspruchs zur Vertragsrückabwicklung führen können, entsteht ein **Konkurrenzproblem**. Die Anfechtung nach § 123 Abs. 1 BGB setzt Vorsatz voraus und kann nur innerhalb der einjährigen Frist des § 124 BGB vorgenommen werden. Nur unter diesen engen Bedingungen ist eine Rückabwicklung nach §§ 812 Abs. 1 Satz 1, 142, 123 Abs. 1 BGB möglich. Anders nach den §§ 280 Abs. 1, 241 Abs. 2, 249 Abs. 1 BGB: hier genügt eine fahrlässige Pflichtverletzung, und die zeitliche Grenze ist durch die dreijährige Verjährungsfrist (§ 195 BGB) auch weiter gesteckt. 332

Gleichwohl hat die Rechtsprechung des Bundesgerichtshofs seit dem Urteil vom 31.1.1962, 333

> VIII ZR 120/60, NJW 1962, 1196,

stets ein Nebeneinander von Anfechtungsrecht und Schadensersatz wegen Verschuldens bei Vertragsschluss für zulässig erachtet und gegen die auf Wertungswidersprüche verweisende Kritik in der Literatur,

> z. B. *Medicus*, JuS 1965, 209, 212 ff.,

u. a. auf die **unterschiedlichen Schutzzwecke** und **tatbestandsmäßigen Voraussetzungen** hingewiesen: Die Anfechtung schützt die freie Selbstbestimmung auf rechtsgeschäftlichem Gebiet gegen unerlaubte Mittel der Willensbeeinflussung, und zwar unabhängig vom Eintritt eines Schadens; die Rückgängigmachung nach den Grundsätzen des Verschuldens bei den Vertragsverhandlungen oder aufgrund deliktsrechtlicher Normen verlangt auf der Tatbestandsseite einen Schaden.

> Vgl. BGH, Urt. v. 11.5.1979 – V ZR 75/78,
> NJW 1979, 1983, 1984;
> ebenso *Schubert*, AcP 168 (1968), 470, 504 ff.

334 Will man diese Unterschiede nicht verwischen und zudem die für Schadensersatzansprüche anerkannten Grundsätze aufgeben, so ist an der Voraussetzung festzuhalten, dass die Rückgängigmachung des Vertrags wegen Verschuldens bei den Vertragsverhandlungen davon abhängt, ob durch die im Verhandlungsstadium begangene schuldhafte Verletzung der Sorgfaltspflicht ein **Vermögensschaden** entstanden ist.

> BGH, Urt. v. 26.9.1997 – V ZR 29/96,
> ZIP 1998, 154 = ZfIR 1998, 81
> = NJW 1998, 302 = WM 1997, 2309 (m. eingehenden N.);
> dazu EWiR 1998, 727 *(Grunsky)*;
>
> BGH, Urt. v. 19.12.1997 – V ZR 112/96,
> ZfIR 1998, 71 = NJW 1998, 898 = WM 1998, 939;
>
> BGH, Urt. v. 22.12.1999 – VIII ZR 111/99, NJW 2000, 1254;
> dazu EWiR 2000, 371 *(Gehrlein)*.

335 Gegen diese Auffassung wird von anderer Seite geltend gemacht, sie verkenne, dass das Kriterium des Vermögensschadens zwar nach § 253 BGB Voraussetzung für einen Ersatz „in Geld“ ist (§ 251 Abs. 1 BGB), nicht aber für die (vorrangige) Naturalrestitution.

> Vgl. z. B. *Grigoleit*, NJW 1999, 900, 901 m. w. N.;
> *St. Lorenz*, ZIP 1998, 1053.

336 Dieser Einwand ist an sich richtig, verkennt aber, dass auch die Naturalrestitution irgendeinen Schaden – sei es ein Vermögensschaden, sei es ein Nichtvermögensschaden – voraussetzt. Ein solcher Schaden im weitesten Sinn ist nur bei einer nachteiligen Veränderung innerhalb der rechtlich geschützten Güter- und Interessensphäre gegeben. Ein immaterieller Schaden setzt danach eine Einbuße an einem der Persönlichkeitssphäre zuzurechnenden ideellen Rechtsgut voraus, also eine Einbuße, die an eng mit der Person verbundenen Gütern wie Wohlbefinden, allgemeine Lebensfreude, ideeller Genuss entstanden ist. Darum geht es aber in den Fällen der Verleitung zum Vertragsschluss nicht. Den Betroffenen geht es um die Befreiung von dem als belastend, als unvorteilhaft empfundenen Vertrag. Das ist ein materielles Interesse, kein ideelles Schutzgut.

> Siehe näher
> *Krüger*, in: Festschrift Kollhosser, S. 329, 334 f. m. w. N.

Selbst wenn man aber die Verletzung des Selbstbestimmungsrechts als immaterielle Einbuße, als Nichtvermögensschaden, begreifen wollte, dann ist dieses Interesse allein durch § 123 Abs. 1 BGB geschützt. Jede andere Lösung setzt sich – zu Recht – dem Vorwurf des Wertungswiderspruchs aus. Eine schadensersatzrechtliche Vertragsrückabwicklung kommt daher nur in Betracht, wenn der zum Vertragsschluss Verleitete einen Vermögensschaden erlitten hat. 337

BGH, Urt. v. 19.12.1997 – V ZR 112/96, a. a. O.;

bestätigt auch von BGH, Urt. v. 30.3.2007 – V ZR 89/06, ZfIR 2007, 797 = ZNotP 2007, 265 = MDR 2007, 823; dazu EWiR 2007, 457 *(Bruns)*.

b) Eigenhaftung des Vertreters

Grundsätzlich haftet aus Verschulden bei Vertragsverhandlungen nur, wer Vertragspartner ist oder werden soll. Ausnahmsweise kann aber der für einen Beteiligten auftretende Vermittler oder Abschlussvertreter oder ein sonstiger Verhandlungsführer selbst aus culpa in contrahendo haften. Dies setzt voraus, dass er in besonderem Maße persönliches Vertrauen für sich in Anspruch genommen hat oder selbst am Vertragsschluss wirtschaftlich unmittelbar interessiert ist und aus dem Geschäft eigenen Nutzen erstrebt. Auch ein Ehegatte haftet nur unter diesen Voraussetzungen. Diese von der Rechtsprechung und der Literatur entwickelte Schadensersatzhaftung des Vertreters oder Sachwalters hat der Gesetzgeber – ohne eine eigene darüber hinausgehende oder dahinter zurückbleibende Regelung zu schaffen – **in § 311 Abs. 3 BGB normiert.** Zu den Grundsätzen der Rechtsprechung siehe 338

BGH, Urt. v. 20.3.1987 – V ZR 27/86, ZIP 1987, 995 = NJW 1987, 2511 = WM 1987, 1222 m. w. N.;

BGH, Urt. v. 16.10.1987 – V ZR 153/86, WM 1987, 1466;

zur dogmengeschichtlichen Entwicklung und kritisch in der Sache: *Krüger*, in: Festschrift Hagen, S. 409 ff., bes. 412 ff.

Dem Ausnahmecharakter der Eigenhaftung Rechnung tragend, ist die höchstrichterliche Rechtsprechung – nach zwischenzeitlichen Auswüchsen – 339

vgl. *Krüger*, a. a. O.,

im Allgemeinen zurückhaltend mit der Annahme einer solchen Haftung des Vertreters oder Vermittlers wegen der Inanspruchnahme **besonderen persönlichen Vertrauens.**

BGH, Urt. v. 17.6.1991 – II ZR 171/90, NJW 1991, 1241 = WM 1991, 1730 m. w. N.;

maßstabgebend vor allem: BGH, Urt. v. 6.6.1994 – II ZR 292/91, BGHZ 126, 181 = ZIP 1994, 1103; dazu EWiR 1994, 791 *(Wilhelm)*.

340 Daran hat sich durch die Normierung in § 311 Abs. 3 BGB nichts geändert. Inanspruchnahme besonderen persönlichen Vertrauens und „in besonderem Maße Vertrauen für sich in Anspruch" nehmen bedeutet dasselbe. Voraussetzung danach ist, dass der Vertreter dem anderen Teil eine **zusätzliche**, gerade von ihm persönlich ausgehende **Gewähr** für die Seriosität und die Erfüllung des Geschäfts oder für die Richtigkeit und Vollständigkeit der Erklärungen geboten hat, die für den Willensentschluss des anderen Teils bedeutsam gewesen sind, oder dass der Vertreter dem anderen Teil in zurechenbarer Weise den Eindruck vermittelt hat, er werde persönlich mit seiner Sachkunde die ordnungsgemäße Abwicklung des Geschäfts selbst dann gewährleisten, wenn der andere Teil dem Geschäftsherrn nicht oder nur wenig vertraut oder sein Verhandlungsvertrauen sich als nicht gerechtfertigt erweist.

> BGH, Urt. v. 29.1.1992 – VIII ZR 80/91,
> WM 1992, 699 m. N.
>
> BGH, Urt. v. 24.5.2005 – IX ZR 114/01, NJW-RR 2005, 1137.

341 Es wird sich dabei im Allgemeinen um Erklärungen **im Vorfeld einer Garantiezusage** handeln.

> BGH, Urt. v. 6.6.1994 – II ZR 292/91,
> BGHZ 126, 181, 189 = ZIP 1994, 1103, 1106;
> dazu EWiR 1994, 791 *(Wilhelm)*.

342 Ein Vertreter nimmt i. d. S. nicht schon dann besonderes persönliches Vertrauen in Anspruch, wenn er bei Vertragsverhandlungen als **Wortführer** auftritt.

> BGH, Urt. v. 7.12.1992 – II ZR 179/91,
> ZIP 1993, 363 = NJW-RR 1993, 342
> = LM BGB § 276 (Fa) Nr. 131;
> dazu EWiR 1993, 233 *(Medicus)*.

343 Ein Vertreter haftet persönlich nicht schon wegen seines Interesses an der ihm zufließenden Provision oder wegen des Hinweises auf eine Sachkunde, die der Verhandlungspartner bei einem von dem Vertretenen mit der Beratung Beauftragten ohnehin erwarten darf.

> BGH, Urt. v. 17.10.1989 – XI ZR 173/88,
> ZIP 1990, 43 = NJW 1990, 506 = WM 1989, 1923;
> dazu EWiR 1989, 1171 *(Ott)*.

344 Die Eigenhaftung des Vertreters besteht nach der Rechtsprechung auch dann, wenn gegen die vertretene Vertragspartei Ansprüche ausgeschlossen sind; denn die Haftung des Vertreters ist eigenständig und tritt neben die Haftung der vertretenen Vertragspartei.

> BGH, Urt. v. 17.10.1989 – XI ZR 173/88, a. a. O.;
>
> BGH, Urt. v. 28.1.1981 – VIII ZR 88/80,
> BGHZ 79, 281 = ZIP 1981, 278.

Praktisch wurde das früher vor allem wegen der Sonderregelung des Gewährleistungsrechts, das grundsätzlich einschlägig, im konkreten Fall aber sanktionslos sein konnte (z. B. keine Haftung bei zusicherungsfähigen, aber nicht zugesicherten Eigenschaften). Auch nach geltendem Recht stellen die §§ 434 ff. BGB eine Sonderregelung dar, soweit es sich um Merkmale handelt, die einer Beschaffenheitsvereinbarung gemäß § 434 Abs. 1 Satz 1 BGB zugänglich sind, 345

> BGH, Urt. v. 27.3.2009 – V ZR 30/08,
> BGHZ 180, 205 = NJW 2009, 2120 = ZfIR 2009, 560;
> dazu *St. Lorenz*, LMK 2009, 282362 (Anm.),

sodass nach wie vor eine Haftung der Vertragspartei selbst ausgeschlossen sein kann (keine Beschaffenheit vereinbart; kein Rückgriff auf c. i. c. oder pVV), während der Vertreter nach §§ 311 Abs. 3, 241 Abs. 2, 280 Abs. 1 BGB haftet.

Allerdings soll die Eigenhaftung des Vertreters **nicht weiter** gehen als die Haftung der vertretenen Partei. Deshalb haftete der Vertreter nach früherem Recht nicht, soweit zugunsten des Vertretenen ein vereinbarter **Gewährleistungsausschluss** reichte. 346

> BGH, Urt. v. 28.1.1981 – VIII ZR 88/80, a. a. O.

Nach **geltendem Recht** ist für einen vereinbarten Haftungsausschluss **nichts anderes** anzunehmen. Das Interesse, für das der Vertreter einzustehen hat, kann nicht weiter gehen als das Interesse, das sich der Geschädigte gegenüber seinem Vertragspartner abgesichert hat. 347

Haftet der Vertreter nicht aufgrund von §§ 311 Abs. 3, 241 Abs. 2, 280 Abs. 1 BGB, sondern nur aus unerlaubter Handlung (wegen arglistiger Täuschung, § 826 BGB, § 823 Abs. 2 BGB i. V. m. § 263 StGB), so macht dies für den Haftungsumfang dennoch keinen Unterschied. Die – am Vertrag festhaltende – Käuferin kann dann z. B. von ihm den Betrag ersetzt verlangen, um den sie im Vertrauen auf die Richtigkeit der Angaben über die Mieterträge ein Wohn- und Geschäftshaus zu teuer erworben hat. 348

> BGH, Urt. v. 11.10.1991 – V ZR 341/89,
> NJW-RR 1992, 253 = WM 1992, 242;
> dazu EWiR 1992, 149 *(Vollkommer)*.

VIII. Beratungsvertrag

Die Fälle, die über §§ 311 Abs. 2, 241 Abs. 2, 280 Abs. 1 BGB (Verschulden bei Vertragsschluss) gelöst werden, betreffen häufig die Verletzung von Nebenpflichten mit beratendem Inhalt (Eigenaufwand, Finanzierung, Steuerersparnis etc.). Da ist der Weg nicht weit zu der Annahme eines neben den Grundstückskaufvertrag tretenden **selbständigen Beratungsvertrags**. Werden hieraus Pflichten (schuldhaft) verletzt, so kann die Sanktion – wie bei culpa in contrahendo – darin bestehen, den Käufer so zu stellen, als habe er vom Vertragsschluss Abstand genommen. Der Bundesgerichtshof nimmt einen solchen konkludent geschlossenen Beratungsvertrag an, wenn der Verkäufer 349 im Rahmen eingehender Vertragsverhandlungen und auf Befragen des Käufers einen ausdrücklichen **Rat** erteilt oder wenn der Verkäufer als Ergebnis **intensiver Beratungen** ein **Berechnungsbeispiel** über Kosten und finanzielle Vorteile des Erwerbs vorlegt, das die Vermittlung des Geschäfts fördern soll. Typischerweise sind diese Voraussetzungen zumeist gegeben, wenn sich der Verkäufer eines Vertriebskonzepts bedient, das als beworbene Vorteile des Immobilienkaufs Anlagegesichtspunkte in den Vordergrund rückt.

> BGH, Urt. v. 31.10.2003 – V ZR 423/02, BGHZ 156, 371 = ZIP 2003, 2367 = ZfIR 2004, 242 = NJW 2004, 64; dazu EWiR 2004, 545 *(Himmelmann)*;
>
> BGH, Urt. v. 27.11.1998 – V ZR 344/97, BGHZ 140, 111 = ZIP 1999, 193 = ZfIR 1999, 180 = NJW 1999, 638; dazu EWiR 1999, 107 *(Himmelmann)*;
>
> BGH, Urt. v. 6.4.2001 – V ZR 402/99, ZIP 2001, 1152 = ZfIR 2001, 819 = NJW 2001, 2021 = WM 2001, 1158; dazu EWiR 2001, 609 *(Frisch)*.

350 Den Vertrag schließt im Regelfall die Vertriebsgesellschaft im Namen des Verkäufers. Die Umstände erlauben, wenn keine Besonderheiten vorliegen, den Schluss auf eine stillschweigend erteilte **Außenvollmacht**, die den Verkäufer auch dann bindet, wenn er im Innenverhältnis zu der Vertriebsgesellschaft ein rechtsgeschäftliches Handeln für ihn ausgeschlossen hat.

> BGH, Urt. v. 14.3.2003 – V ZR 308/02, ZIP 2003, 1355 = ZfIR 2003, 593 = NJW 2003, 1811, 1812; dazu EWiR 2003, 681 *(Himmelmann)*.

351 Ein Vermittler kann **zugleich im eigenen und im fremden Namen** handeln. Er kann daher von dem Verkäufer auch dann zum Abschluss eines Beratungsvertrags stillschweigend bevollmächtigt sein, wenn er seinerseits einen Vermittlungs- oder Beratungsvertrag mit dem Kaufinteressenten geschlossen hat.

> BGH, Urt. v. 1.3.2013 – V ZR 279/11, NJW 2013, 585 = ZfIR 2013, 419;
>
> BGH, Urt. v. 12.7.2013 – V ZR 4/12, Grundeigentum 2013, 1452;
>
> BGH, Urt. v. 25.10.2013 – V ZR 9/13, Grundeigentum 2014, 118.

352 Verzichtet der Verkäufer auf jeglichen Kontakt mit dem Käufer und überlässt er dem Vermittler die Vertragsverhandlungen bis zur Abschlussreife, darf der Käufer im Allgemeinen davon ausgehen, dass der Vermittler (auch) namens und in Vollmacht des Verkäufers handelt.

> BGH, Urt. v. 19.12.2014 – V ZR 194/13, NJW 2015, 1510 = ZfIR 2015, 375 (m. Anm. *Meier*, S. 378).

353 Besteht eine solche stillschweigende Bevollmächtigung, so kann der Verkäufer in einem Prozess den von dem Käufer behaupteten Inhalt des Beratungsgesprächs grundsätzlich nicht mit Nichtwissen bestreiten.

BGH, Urt. v. 22.4.2016 – V ZR 256/14, WM 2016, 1384
= NJW-RR 2016, 1251.

Dass in einer Rentierlichkeitsrechnung, die Entscheidungsgrundlage für den Kaufabschluss war, die steuerliche Ersparnis nicht den Mittelpunkt bildet, steht der Annahme eines selbständigen Beratungsvertrags nicht entgegen. Das Zustandekommen eines solchen Vertrags ist nicht an einen bestimmten Beratungsgegenstand gebunden, maßgeblich ist der sachliche Zusammenhang mit dem angestrebten Geschäft. 354

BGH, Urt. v. 31.10.2003 – V ZR 423/02,
BGHZ 156, 371 = ZIP 2003, 2367
= ZfIR 2004, 242 = WM 2003, 2386;
dazu EWiR 2004, 545 *(Himmelmann)*.

Der Beratungsvertrag verpflichtet den Verkäufer zu einer **umfassenden Beratung.** Kernstück bildet die Ermittlung des monatlichen Eigenaufwands, dessen der Erwerber bedarf, um das Objekt zu erwerben und zu halten. 355

BGH, Urt. v. 31.10.2003 – V ZR 423/02, a. a. O.;

BGH, Urt. v. 13.10.2006 – V ZR 66/06,
ZfIR 2007, 347 = NJW 2007, 1874.

Im Übrigen richtet sich der Umfang der Beratung nach Art und Zweck des beworbenen Objekts. Häufig vorkommende Beratungsfehler betreffen die Art und Dauer der Finanzierung, die Risiken eines Mietpools, eine zu optimistische Verheißung von Wertzuwachs oder Mieteinnahmen oder eine Ertrags- und Ausgabenermittlung als Momentaufnahme ohne Berücksichtigung schon jetzt absehbarer Änderungen. Beispiele aus der vielfältigen Rechtsprechung: 356

BGH, Urt. v. 14.3.2003, V ZR 308/02,
ZIP 2003, 1355 = ZfIR 2003, 593 = NJW 2003, 1811 (Laufzeit);
dazu EWiR 2003, 681 *(Himmelmann)*;

BGH, Urt. v. 9.3.1989 – III ZR 269/87,
ZIP 1989, 558 = NJW 1989, 1667;
dazu EWiR 1989, 449 *(Reifner)*;

BGH, Urt. v. 15.10.2004 – V ZR 223/03,
ZIP 2005, 306 = ZfIR 2005, 245
= NJW 2005, 983 (Finanzierung);

BGH, Urt. v. 17.6.2016 – V ZR 134/15, ZIP 2017, 181 = NJW 2017, 248 = ZfIR 2017, 146 (m. Anm. *Wolters*); dazu EWiR 2017, 205 *(Wahlers)*;

BGH, Urt. v. 13.10.2006 – V ZR 66/06,
ZfIR 2007, 347 = NJW 2007, 1874 *(Mietpool)*;

ebenso
BGH, Urt. v. 10.11.2006 – V ZR 73/06 (unveröffentlicht),

und BGH, Urt. v. 31.10.2003 – V ZR 423/02,
BGHZ 156, 371, 376 f. = ZIP 2003, 2367
= ZfIR 2004, 242 = WM 2003, 2386;
dazu EWiR 2004, 545 *(Himmelmann)*.

BGH, Urt. v. 9.11.2007 – V ZR 25/07,
NJW 2008, 506 = WM 2008, 89 (Aufklärung über Zinssubvention).

357 Wird beim Kauf einer Immobilie zu Anlage-/Versorgungszwecken eine langfristige Finanzierung durch ein Annuitätendarlehen vorgeschlagen und mit Steuervorteilen geworben, so ist über die eintretende negative Auswirkung des sich Jahr für Jahr verringernden Zinsanteils der Darlehensraten auf den Steuervorteil aufzuklären.

BGH, Urt. v. 17.6.2016 – V ZR 134/15, ZIP 2017, 181 = NJW 2017, 248 = ZfIR 2017, 146 (m. Anm. *Wolters*); dazu EWiR 2017, 205 (*Wahlers*).

358 Der Beitritt zum **Mietpool** beeinflusst die Ertragserwartung in hohem Maße. Daher muss bei der Berechnung des Ertrags und, davon unmittelbar abhängend, auch des Eigenaufwands das Risiko des Leerstands und der damit verbundenen Ertragsschmälerung (= Erhöhung des Eigenaufwands) nicht nur angesprochen, sondern auch in Form von **Abschlägen** bei den Einnahmen oder **Zuschlägen** bei den monatlichen Belastungen angemessen berücksichtigt werden. Eine nur abstrakte Aufklärung dahin, dass Leerstände die Einnahmesituation negativ beeinflussten, genügt nicht.

BGH, Urt. v. 13.10.2006 – V ZR 66/06, ZfIR 2007, 347 = NJW 2007, 1874, 1876;

BGH, Urt. v. 30.11.2007 – V ZR 284/06, NJW 2008, 649 = ZfIR 2008, 459 (m. Anm. *Podewils*, S. 461).

359 Keine Aufklärungspflicht trifft den beratenden Verkäufer über eine an den Vermittler gezahlte „**Innenprovision**", auch nicht wenn diese 15 % übersteigt. Es ist Sache des Verkäufers, wie er den Kaufpreis kalkuliert. Die Kalkulation muss er nicht offen legen.

BGH, Urt. v. 8.10.2004 – V ZR 18/04, ZIP 2005, 259 = ZfIR 2005, 51 (m. Anm. *Grziwotz*) = NJW 2005, 820, 822; dazu EWiR 2005, 517 *(Allmendinger)*;

BGH, Urt. v. 13.10.2006 – V ZR 66/06, ZfIR 2007, 347 = NJW 2007, 1874;

BGH, Urt. v. 10.11.2006 – V ZR 73/06 (unveröffentlicht).

360 Etwas anderes galt nach der Rechtsprechung des III. Zivilsenats nur für die Haftung des Vermittlers einer Kapitalanlage und desjenigen, der beauftragt und bevollmächtigt ist, den Investitionsentschluss eines Anlegers durch den Abschluss der erforderlichen Verträge zu vollziehen, wenn dem Erwerber das Kaufobjekt im Rahmen eines Steuerspar- oder Geldanlagemodells mittels eines **Prospekts** vorgestellt wird. Die besondere Schutzwürdigkeit des Anlegers ergibt sich hier daraus, dass der Prospekt in solchen Fällen regelmäßig die einzige oder jedenfalls die wichtigste Informationsquelle und damit die maßgebliche Grundlage für seine Anlageentscheidung ist.

BGH, Urt. v. 12.2.2004 – III ZR 359/02, BGHZ 158, 110, 120 ff. = ZIP 2004, 1055 = NJW 2004, 1732, 1733 f.; dazu EWiR 2004, 541 *(Frisch)*;

BGH, Urt. v. 28.7.2005 – III ZR 290/04,
ZIP 2005, 1599 = ZfIR 2005, 722
= NJW 2005, 3208, 3210;

zur Abgrenzung zur Rspr. des V. Zivilsenats siehe
BGH, Urt. v. 13.10.2006 – V ZR 66/06,
ZfIR 2007, 347 = NJW 2007, 1974, 1975 f., und
BGH, Urt. v. 10.11.2006 – V ZR 73/06 (unveröffentlicht);

vgl. zum Gedanken der Prospekthaftung auch
BGH, Urt. v. 7.12.2000 – VII ZR 443/99, BGHZ 145, 121, 125;

zusammenfassend zum Beratungsvertrag siehe auch
Krüger, ZNotP 2007, 442.

Der III. Zivilsenat hat seine **Rechtsprechung** mit Urteil vom 23.6.2016 **ausgeweitet** und die Aufklärungspflicht unabhängig davon statuiert, ob die Kapitalanlage mittels eines Prospekts vertrieben wird oder nicht. Den Unterschied zu der – von ihm nicht in Frage gestellten – Rechtsprechung des V. Zivilsenats sieht er darin, dass die Pflichten eines Anlageberaters oder Anlagenvermittlers weitergehend seien als die eines Verkäufers, der zugleich einen Beratervertrag schließe. Eine nähere Begründung dieser Differenzierung lässt die Entscheidung nicht erkennen. 361

BGH, Urt. v. 23.6.2016 – III ZR 308/15, ZIP 2016, 1681
= NJW 2016, 3024; dazu EWiR 2016, 697 (*Bendermacher*).

Schadensersatzansprüche aus der Schlechterfüllung eines solchen selbständigen Auskunfts- oder Beratungsvertrags **verjähren** – mangels einer gesetzlichen Sonderregelung – in der Regelverjährungszeit des § 195 BGB. 362

BGH, Teilurt. v. 11.3.1999 – III ZR 292/97,
NJW 1999, 1540 = WM 1999, 1170;
dazu EWiR 1999, 869 *(H. P. Westermann)*.

Da der Verjährungsbeginn an die Kenntnis bzw. grob fahrlässige Unkenntnis anknüpft (§ 199 Abs. 1 Nr. 2 BGB) und jeder Beratungsfehler einen Schadensersatzanspruch auslösen kann, kann die Verjährung für jeden Beratungsfehler unterschiedlich zu laufen beginnen. 363

BGH, Urt. v. 9.11.2007 – V ZR 25/07,
NJW 2008, 506 = WM 2008, 89.

Bei einer fehlerhaften Beratung über die Höhe monatlicher Zuzahlungen setzt die Kenntnis der anspruchsbegründenden Umstände voraus, dass der Käufer nachvollziehen kann, worauf die Zuzahlungen zurückzuführen sind; das ist regelmäßig erst nach Erhalt der Jahresabrechnung der Wohnungseigentümergemeinschaft/des Mietpools möglich. 364

BGH, Urt. v. 17.6.2016 – V ZR 134/15, ZIP 2017, 181
= NJW 2017, 248 = ZfIR 2017, 146 (m. Anm. *Wolters*);
dazu EWiR 2017, 205 *(Wahlers)*.

Als Schadensersatzansprüche setzen sie – selbstverständlich – einen Schaden beim Erwerber voraus, der nur ein **Vermögensschaden** sein kann. Die Sach- 365 lage ist nicht anders als bei der Haftung unter dem Gesichtspunkt des Verschuldens bei Vertragsschluss (siehe Rn. 334 ff.).

> BGH, Urt. v. 30.3.2007 – V ZR 89/06, ZfIR 2007, 797 m. w. N. (m. Anm. *Hutner*, der die Problematik aber nur unzureichend erfasst); dazu EWiR 2007, 457 *(Bruns)*.

366 Als Rechtsfolge (§ 249 Abs. 1 BGB) kann der Käufer verlangen, so gestellt zu werden, als habe er von dem Vertragsschluss abgesehen. Voraussetzung ist indes, dass der Beratungsfehler für das Zustandekommen des Vertrags ursächlich war. Nach der ständigen Rechtsprechung des Bundesgerichtshofs wird die **Ursächlichkeit** der Pflichtverletzung für den Vertragsschluss zugunsten des Käufers **vermutet**.

> BGH, Urt. v. 6.4.2001 – V ZR 402/99, ZIP 2001, 1152 = NJW 2001, 2021 (m. w. N.); dazu EWiR 2001, 609 *(Frisch)*;
>
> BGH, Urt. v. 14.1.2005 – V ZR 260/03, WuM 2005, 205;
>
> BGH, Urt. v. 20.7.2007 – V ZR 227/06, NJW-RR 2007, 1660 = NZM 2007/821.

367 Nach bisheriger Rechtsprechung setzte die Kausalitätsvermutung allerdings voraus, dass es für den anderen Teil bei aufklärungsrichtigem Verhalten des Verkäufers vernünftigerweise nur eine bestimmte Reaktion auf die Aufklärung gibt und die Möglichkeit eines **Entscheidungskonflikts** ausscheidet. Hiervon ist der V. Zivilsenat nunmehr – im Einklang mit der Rechtsprechung des XI. Zivilsenats (BGHZ 193, 159), des II. und des III. Zivilsenats – abgerückt und wendet die Kausalitätsvermutung auch dann an, wenn sich der Käufer bei richtiger Information in einem Entscheidungskonflikt befunden hätte; auch dann sei es Sache des Verkäufers darzutun, dass die dem Käufer erteilte unrichtige Information für dessen Kaufentschluss ohne Bedeutung gewesen sei. Offengelassen hat er, ob es sich bei der Kausalitätsvermutung um eine Beweiserleichterung im Sinne eines Anscheinsbeweises oder um eine zur Beweislastumkehr führende widerlegliche Vermutung handelt.

> BGH, Urt. v. 15.7.2016 – V ZR 168/15 (mit Hinweisen zur früheren Rspr. und zur Rspr. des II., III. und XI. ZS), BGHZ 211, 216 = ZIP 2016, 2371 = ZfIR 2017, 187 (m. Anm. *Vortmann*); dazu EWiR 2017, 239 *(Podewils)*.

B. Beurkundungsverfahren

I. Amtspflichten bei der Vorbereitung der Beurkundung

1. Grundbucheinsicht (§ 21 BeurkG)

a) Anforderungen an die Grundbucheinsicht

Nach § 21 BeurkG muss der Notar vor der Kaufvertragsbeurkundung das 368
Grundbuch einsehen.

Früher fuhr tatsächlich ein Mitarbeiter des Notars zum örtlichen Grundbuch- 369
amt und nahm dort Grundbucheinsicht. Nur vor diesem Hintergrund versteht man eine Entscheidung des Bundesgerichtshofs (zu einem Sachverhalt aus dem Jahr 1987): Der Notar muss die Einsicht nicht selbst vornehmen, sondern kann die Einsicht etwa durch seine Mitarbeiter durchführen lassen. Er haftet jedoch entsprechend § 278 BGB für Fehler der Einsicht nehmenden Personen wie für eigenes Verschulden – ohne die Möglichkeit einer Exkulpation.

> BGH, Urt. v. 23.11.2005 – IX ZR 213/94,
> BGHZ 131, 200 = NJW 1996, 464
> = DNotZ 1996, 581 (m. Anm. *Preuß*, S. 508);
> dazu EWiR 1996, 213 *(Haug)*.

Später machte man Kopien des Grundbuchs. Die Grundbucheinsicht braucht 370
der Notar zuerst für die Entwurfserstellung und dann nochmals für die Beurkundung. Wie alt die Grundbucheinsicht sein darf, beurteilt der Notar nach seinem pflichtgemäßen Ermessen. Nach dem Bundesgerichtshof genügt eine Grundbucheinsicht bis zu **vier Wochen** vor ihrer Verwendung (für den Entwurfsversand bzw. die Beurkundung).

> BGH, Urt. v. 23.8.2018 – III ZR 506/16,
> DNotZ 2019, 37 = NJW-RR 2018, 1531 = ZfIR 2018, 775
> (m. Anm. *Zimmer*).

Dies gilt jedenfalls, soweit der Notar keine elektronische Grundbucheinsicht 371
nehmen kann, also i. d. R. für Grundbücher **außerhalb seines eigenen Bundeslandes**. Hier fordere ich vom jeweiligen Grundbuchamt einen Auszug an. Liest man nur den Teil der BGH-Entscheidung zur 4-Wochen-Frist, so müsste der Notar häufig zweimal einen Grundbuchauszug anfordern, wenn der für den Entwurfsversand versandte Grundbuchauszug bei Beurkundung schon älter als vier Wochen ist. Liest man auch den Entscheidungsteil zum notariellen Ermessen, so kann bei einem erkennbar bisher „statischen“ Grundbuch auch ein älterer Auszug genügen. Und wenn die Beteiligten kurzentschlossen einen Termin für in zwei oder drei Tagen vereinbaren, erhält der Notar den neuen Grundbuchauszug wahrscheinlich erst nach der Beurkundung.

Der Bundesgerichtshof ließ ausdrücklich offen, ob kürzere Fristen gelten, 372
wenn der Notar **elektronisch Grundbucheinsicht** nehmen kann. Die praktische Lösung kann nur sein, das Büro immer am Tag vor der Beurkundung einen

elektronischen (kostenfreien) Aktualitätsnachweis einholen zu lassen. Ergibt sich dabei eine zwischenzeitliche Eintragung, so muss der Notar natürlich das Grundbuch neu einsehen. Und wenn ich als Notar in der Beurkundung sehe, dass der Aktualitätsnachweis fehlt, kann ich ihn noch schnell durch meine Mitarbeiter erstellen lassen. Ist der Aktualitätsnachweis ein oder zwei Wochen alt (weil der ursprüngliche Termin verschoben wurde), so kann ich als Notar das auch genügen lassen.

373 Grundsätzlich muss der Notar nur in das Grundbuch, nicht auch in die **Grundakten** Einsicht nehmen. Dies gilt auch beim Verkauf einer Eigentumswohnung (sofern nicht ausnahmsweise Zweifel am Umfang des Sondereigentums bestehen).

> BGH, Urt. v. 4.12.2008 – III ZR 51/08,
> BGHZ 179, 94 = ZfIR 2009, 209 = DNotZ 2009, 444
> = MittBayNot 2009, 317 (m. Anm. *Regler*).

374 Nur **ausnahmsweise** ist eine Einsicht in die Grundakten erforderlich:

- Etwa wenn der Inhalt einer Grundbucheintragung, die für das zu beurkundende Rechtsgeschäft von Bedeutung ist, nur aus der in Bezug genommenen Eintragungsbewilligung bei den Grundakten genauer festzustellen ist (z. B. der genaue Ausübungsbereich eines Wegerechts oder der Umfang einer Baubeschränkung).

  > BGH, Urt. v. 26.3.1953 – III ZR 14/52, DNotZ 1953, 492, 495;
  >
  > BGH, Urt. v. 5.2.1985 – IX ZR 83/84,
  > DNotZ 1985, 635 = JR 1985, 374 (m. Anm. *Winkler*)
  > = NJW 1985, 1225 = WM 1985, 523;
  > dazu EWiR 1985, 165 *(Reithmann)*.

- Wenn sich Hinweise auf noch unerledigte Grundbuchanträge ergeben,

  > OLG Karlsruhe, Beschl. 3.3.2015 – 14 Wx 16/15,
  > notar 2015, 198 (m. Anm. *Ott*),

- oder wenn die Beteiligten den Notar um Einsicht in die Grundakten bitten.

  > BGH, Urt. v. 21.1.1969 – VI ZR 150/67,
  > DNotZ 1969, 496.

- Hingegen muss der Notar die Grundakten nicht einsehen, um festzustellen, ob der Verkauf noch innerhalb der eine Einkommensteuerpflicht auslösenden zehnjährigen „Spekulationsfrist" nach § 23 Nr. 1 EStG erfolgt.

  > BGH, Urt. v. 2.6.1981 – VI ZR 148/79,
  > DNotZ 1981, 775 = WM 1981, 942;
  >
  > BGH, Urt. v. 5.2.1985 – IX ZR 83/84, a. a. O.;
  >
  > BGH, Urt. v. 13.6.1995 – IX ZR 203/94,
  > DNotZ 1996, 116 = NJW 1995, 2794 = WM 1995, 1502.

375 Dieser Rechtsprechung des Bundesgerichtshofs widerspricht eine Entscheidung des OLG Hamm, wonach der Notar bei Verkauf eines Erbbaurechts auch den **Erbbaurechtsvertrag** zuziehen und über dessen Inhalt belehren muss (also insoweit auch die Grundakten einsehen muss).

OLG Hamm, Urt. v. 4.2.2022 – 11 U 124/18, BWNotZ 2022, 412 (m. Anm. *Dieckmann*) = ErbbauZ 2022, 114.

Der Bundesgerichtshof hielt die Entscheidung in der Revision aufrecht. Er ging auf die Frage der Amtspflichtverletzung aber nur in zwei kurzen Sätzen ein und befasste sich inhaltlich nur mit der Kausalität und Zurechnung einer allfälligen Amtspflichtverletzung. **376**

BGH, Urt. v. 15.6.2023 – III ZR 44/22, BGHZ 237, 165 = DNotZ 2024, 148 = NJW 2023, 3498.

Ich halte die Entscheidung des OLG Hamm für falsch, weil sie die Due Diligence des Käufers dem Notar aufbürdet. Der Käufer eines GmbH-Anteils kann auch nicht vom Notar erwarten, dass der Notar für ihn die GmbH-Satzung prüft – oder der Käufer eines Wohnungseigentums, dass der Notar einen kritischen Blick auf die Gemeinschaftsordnung wirft. Allenfalls könnte der Notar im Einzelfall eine Warnpflicht haben, falls er eine besondere Gefährdung des Käufers erkennt. **377**

Hertel, in: Herrler/Hertel/Kesseler, Aktuelles Immobilienrecht 2023, S. 214 und Aktuelles Immobilienrecht 2024, S. 193.

b) Unterrichtung der Kaufvertragsparteien

Der Notar muss über vorhandene Grundstücksbelastungen belehren. **378**

BGH, Urt. v. 6.5.2004 – III ZR 247/03, DNotZ 2004, 849 (m. Anm. *Kesseler*) = ZNotP 2004, 450 (Die hohen Anforderungen an die Belehrung im konkreten Fall beruhen vor allem darauf, dass die Fälligkeitsvoraussetzungen nach Ansicht des Gerichts missverständlich formuliert waren.).

Über eine bereits gelöschte Belastung muss – und darf – der Notar hingegen nicht informieren, auch nicht über einen **gelöschten Zwangsversteigerungsvermerk**. **379**

BGH, Urt. v. 23.8.2018 – III ZR 506/16, DNotZ 2019, 37 = NJW-RR 2018, 1531 = ZfIR 2018, 775 (m. Anm. *Zimmer*).

In der Praxis wird daher zu Beginn der Kaufvertragsurkunde der **Grundbuchstand wiedergegeben**. Die Wiedergabe in der Urkunde ist aber keine Amtspflicht. **380**

BGH, Urt. v. 21.1.1969 – VI ZR 155/67, DNotZ 1969, 317.

Jedoch darf der Notar nicht wegen des bloßen Wunsches des Verkäufers, die Vorbelastungen nicht aufzuzählen, die Unterrichtung unterlassen. **381**

BGH, Urt. v. 19.12.1991 – IX ZR 8/91,
DNotZ 1992, 457 = NJW-RR 1992, 393;
dazu EWiR 1992, 643 *(Brambring)*.

382 Persönlich gebe ich im Grundstückskaufvertrag nur die Tatsache der Belastung mit Grundschulden wieder, nicht deren Höhe. Denn häufig verwechseln Käufer die Höhe der Grundschuld mit der Höhe der aktuell noch bestehenden Belastung. Erreicht oder übersteigt allerdings der Nominalbetrag der Grundschulden den Kaufpreis, nehme ich deren Höhe doch in den Entwurf auf. Denn dann könnte die Ablösung scheitern, weil den Grundschuldgläubigern der Kaufpreis nicht zur Ablösung genügt.

383 Sind die Grundbucheintragungen nicht aus sich heraus verständlich, muss der Notar gegebenenfalls über die Bedeutung belehren. Im Ausnahmefall kann sich daraus sogar eine erweiterte **Belehrungspflicht** (Warnpflicht) ergeben, wenn der Notar den Beteiligten nicht bereits durch seine Vertragsgestaltung gegen diese Risiken abgesichert hat.

384 Für den Sonderfall eines **Zwangsversteigerungsvermerks** bei einem **Bauträgervertrag** hielt der Bundesgerichtshof den Notar für verpflichtet, über die bloße Mitteilung des Vermerks hinaus den Käufer zu warnen, dass dies ein Indiz für wirtschaftliche Schwierigkeiten des Bauträgers sein könne. Denn gegen das Risiko der Zahlungsunfähigkeit und damit das Steckenbleiben des Baus kann der Erwerber im Bauträgervertrag nicht abgesichert werden.

BGH, Urt. v. 22.7.2010 – III ZR 293/09,
BGHZ 186, 335 = ZfIR 2010, 717 (m. Anm. *Grziwotz*)
= DNotZ 2011, 192 = MittBayNot 2011, 78 (m. Anm. *Regler*)
= NJW 2010, 3243.

385 Ob der Bundesgerichtshof bei einem normalen Grundstückskaufvertrag ebenso entscheiden würde, erscheint mir offen. Beim Grundstückskauf ist der Käufer zwar für seine Zahlung und damit für den eigentlichen Leistungsaustausch abgesichert. Doch trifft der Käufer zuvor Vermögensdispositionen, insbesondere bei Aufnahme eines Kredits, die zu einem Schaden führen können, wenn der Verkäufer nicht leistungsfähig ist.

c) Beurkundung ohne Grundbucheinsicht

386 Eine Beurkundung ohne aktuelle Grundbucheinsicht darf der Notar nach § 21 Abs. 1 Satz 2 BeurkG nur vornehmen, „wenn die Beteiligten trotz Belehrung über die damit verbundenen Gefahren auf einer sofortigen Beurkundung bestehen". Dies soll der Notar in der Niederschrift vermerken. Zu belehren ist insbesondere über die Gefahr, dass noch weitere als die den Beteiligten bekannten Belastungen eingetragen sein können (und dadurch der Vertrag schlimmstenfalls nicht vollzogen werden kann).

BayObLGZ 1989, 256, 260 = DNotZ 1990, 667;
OLG Hamm MittBayNot 1979, 25.

2. Willenserforschung und Sachverhaltsklärung (§ 17 Abs. 1 BeurkG)

§ 17 Abs. 1 BeurkG normiert für die Beurkundungsverhandlung neben der eigentlichen Belehrungspflicht (siehe Rn. 526 ff.) verschiedene Amtspflichten des Notars, die aber auch bereits auf die Vorbereitung der Beurkundung und die Entwurfserstellung abstrahlen: 387

> § 17 Abs. 1 BeurkG: „[1]Der Notar soll den Willen der Beteiligten erforschen, den Sachverhalt klären, die Beteiligten über die rechtliche Tragweite des Geschäfts belehren und ihre Erklärungen klar und unzweideutig in der Niederschrift wiedergeben. [2]Dabei soll er darauf achten, dass Irrtümer und Zweifel vermieden sowie unerfahrene und ungewandte Beteiligte nicht benachteiligt werden.“

a) Willenserforschung

Zunächst muss der Notar den **wahren Willen der Beteiligten erforschen** (§ 17 Abs. 1 Satz 1 Var. 1 BeurkG). 388

> BGH, Urt. v. 23.5.1960 – III ZR 110/59, DNotZ 1961, 162, 163;
>
> BGH, Urt. v. 21.10.1980 – VI ZR 230/79, DNotZ 1981, 515 = NJW 1981, 451, 452 = WM 1981, 11;
>
> BGH, Urt. v. 16.6.1988 – IX ZR 34/87, NJW-RR 1989, 153 = WM 1988, 1639;
>
> BGH, Urt. v. 5.11.1992 – IX ZR 260/91, NJW 1993, 729, 730 = WM 1993, 230;
>
> BGH, Urt. v. 16.11.1995 – IX ZR 14/95, NJW 1996, 524, 525 = WM 1996, 78; dazu EWiR 1996, 439 *(Limmer)*;
>
> *Ganter*, in: Ganter/Hertel/Wöstmann, Kap. 3 Rn. 393 ff.

- Auch wenn die Beteiligten dem Notar bereits einen **Entwurf** vorlegen, muss der Notar prüfen, ob der Entwurf ihrem wahren Willen entspricht.

> BGH, Urt. v. 23.5.1960 – III ZR 110/59, DNotZ 1961, 162, 163;
>
> *Reithmann*, in: Festschrift Merz, S. 469; *ders.*, DNotZ 1997, 576;
>
> **a. A.** OLG Frankfurt/M. DNotI-Report 2000, 129, wonach der zeitlich letzte Entwurf im Zweifel eher dem Parteiwillen entspricht.

Es ist sogar besonders gefährlich, wenn die **Beteiligten eigene Klauseln formulieren**. Möglicherweise verstehen Verkäufer und Käufer darunter etwas Unterschiedliches. Oder die Klausel ist unvollständig – oder laienhaft und daher für einen Dritten missverständlich formuliert. Bevor der Notar eine solche Klausel Marke Eigenbau in seinen Vertrag übernimmt, sollte er die Klausel kritisch prüfen und lieber nachfragen, was die Beteiligten damit meinen. Praktisch besteht die Gefahr v. a., wenn die Beteiligten nachträgliche Änderungen zu dem an sie versandten Urkundsentwurf hereingeben und die Mitarbeiter des Notars sie unkritisch übernehmen.

> Vgl. den Sachverhalt von BGH, Urt. v. 21.6.2024 – V ZR 79/23, NJW 2024, 2823, dazu *Hertel*, in: Herrler/Hertel/Kesseler, Aktuelles Immobilienrecht 2025, S. 70: Bagatellisierende Erklärungen

des Verkäufers zur Feuchtigkeit einer Souterrainwohnung, die offensichtlich vom Verkäufer selbst oder dessen Makler kamen und vom Notar unkritisch verlesen wurden.

- Erkennt der Notar Anhaltspunkte für einen **möglichen Irrtum der Beteiligten**, so muss er den Irrtum aufklären.

  BGH, Urt. v. 19.10.1995 – IX ZR 104/94, DNotZ 1996, 563 = NJW 1996, 520 = WM 1996, 30: Die Beteiligten hatten nicht gemerkt, dass das verkaufte Grundstück auch eine Straße enthielt.

b) Sachverhaltsklärung

389 Weiter soll der Notar (unbedingte Amtspflicht) „den **Sachverhalt klären**" (§ 17 Abs. 1 Satz 1 Var. 2 BeurkG). Dies ist keine Pflicht zur Amtsermittlung i. S. d. § 26 FamFG (bzw. § 12 FGG a. F.), sondern nur zur „Nachfrage und Nachforschung" durch entsprechende Fragen an die Beteiligten.

BGH, Urt. v. 5.2.1985 – IX ZR 83/84, DNotZ 1985, 635 = NJW 1985, 1255 = WM 1985, 523; dazu EWiR 1985, 165 *(Reithmann)*;

BGH, Urt. v. 27.10.1994 – IX ZR 12/94, NJW 1995, 330 = WM 1995, 118, 120;

BGH, Urt. v. 13.6.1995 – IX ZR 203/94, DNotZ 1996, 116 = NJW 1995, 2794 = WM 1995, 1502;

Staudinger-*Hertel*, BeurkG, Rn. 477 ff.; *Winkler*, BeurkG, § 17 Rn. 267.

390 Die Fragepflicht besteht nur, soweit dies zur Errichtung einer rechtswirksamen und dem Willen der Beteiligten entsprechenden Urkunde erforderlich ist. Der Notar muss grundsätzlich nicht den mit dem Rechtsgeschäft verfolgten wirtschaftlichen Zweck aufklären.

BGH, Urt. v. 6.11.1986 – IX ZR 125/85, DNotZ 1987, 540 = JR 1987, 285 (m. Anm. *Winkler*) = NJW 1987, 1266 = WM 1987, 74; dazu EWiR 1987, 215 *(Brambring)*;

BGH, Urt. v. 21.1.1988 – IX ZR 252/86, DNotZ 1989, 43 = NJW-RR 1989, 1206 = WM 1988, 545, 547;

BGH, Urt. v. 7.2.1991 – IX ZR 24/90, DNotZ 1991, 759 = NJW 1991, 1346, 1347 f.= WM 1991, 1046.

391 Der Notar darf sich grundsätzlich auf die tatsächlichen Angaben der Beteiligten verlassen.

BGH, Urt. v. 7.11.1957 – III ZR 131/56, DNotZ 1958, 99;

BGH, Urt. v. 22.2.1958 – III ZR 136/57, VersR 1959, 28;

BGH, Urt. v. 23.5.1960 – III ZR 110/59, DNotZ 1961, 162;

BGH, Urt. v. 11.3.1999 – IX ZR 126/97, NJW-RR 1999, 1214 = NZM 1999, 669 = WM 1999, 1324, 1326 (keine Amtspflicht zur Ermittlung der Größe der verkauften Wohnung).

Lediglich bei **Rechtstatsachen** muss sich der Notar gegebenenfalls bei rechtlich unerfahrenen Beteiligten durch Rückfragen zu Tatsachen vergewissern, dass die Beteiligten die rechtlichen Begriffe im korrekten Sinn gebraucht haben. 392

BGH, Urt. v. 6.11.1986 – IX ZR 125/85, NJW 1987, 1266;
dazu EWiR 1987, 215 *(Brambring)*;

BGH, Urt. v. 7.2.1991 – IX ZR 24/90, NJW 1991, 1346;

BGH, Urt. v. 16.11.1995 – IX ZR 14/95,
ZIP 1996, 19 = DNotZ 1996, 572 = NJW 1996, 524, 525
= WM 1996, 78;
dazu EWiR 1996, 439 *(Limmer)*.

Bereits bei Vorbereitung der Beurkundung muss der Notar eine (vorläufige) konkrete Risikobewertung des Geldwäscherisikos vornehmen (§ 10 Abs. 2 GwG) und gegebenenfalls den wirtschaftlich Berechtigten feststellen, insbesondere bei Beteiligung von juristischen Personen oder Gesellschaften bis zur Beurkundung einen Transparenzregisterauszug abrufen (§ 12 Abs. 3 Satz 2 GwG) und sich eine Eigentums- und Kontrollstruktur der Gesellschaft geben lassen (§ 12 Abs. 4 Satz 1 GWG) (vgl. Rn. 439). 393

II. Beurkundungsverfahren bei Verbraucherverträgen (§ 17 Abs. 2a BeurkG)

1. Allgemeines

§ 17 Abs. 2a BeurkG legt dem Notar besondere Amtspflichten bei der Beurkundung von Verbraucherverträgen auf. 394

Bei Einführung der Regelung im Jahr 2002 gab die **Bundesnotarkammer** ein **Rundschreiben** mit Anwendungsempfehlungen zur praktischen Umsetzung von § 17 Abs. 2a BeurkG heraus. Dort sind auch die zahlreichen damals erschienenen Aufsätze aufgelistet. 395

BNotK-Rundschreiben Nr. 20/2003 v. 28.4.2003,
ZNotP 2003, 257.

Zur Änderung im Jahr 2013 vgl. BNotK-Rundschreiben
Nr. 25/2013 v. 2.10.2013.

Ferner *Grziwotz*, notar 2013, 343;
Heinze, ZNotP 2013, 122;
Junglas, VuR 2013, 114;
Lerch, NotBZ 2014, 37.

a) Anwendungsbereich

Im Rahmen des § 17 Abs. 2a BeurkG sind nach Art **konzentrischer Kreise drei Fallgruppen** zu unterscheiden: 396

- Die Pflicht, das Beurkundungsverfahren so zu gestalten, dass die materiell Belehrungsbedürftigen auch tatsächlich belehrt werden, gilt für **alle Beurkundungen** (§ 17 Abs. 2a **Satz 1** BeurkG).
- **Satz 2** begründet zusätzliche Amtspflichten für **Verbraucherverträge** (i. S. d. § 310 Abs. 3 BGB). Zum einen ist dies die Pflicht, auf die persönliche Abgabe

der Willenserklärungen durch den Verbraucher hinzuwirken (Nr. 1), zum anderen die Pflicht, dem Verbraucher ausreichend Gelegenheit zu geben, sich vorab mit dem Gegenstand der Beurkundung auseinander zu setzen (Nr. 2).

- Satz 2, **Nr. 2 Halbs. 2** gilt schließlich nur für Verbraucherverträge, die nach § 311b Abs. 1 Satz 1 oder Abs. 3 BGB beurkundungspflichtig sind, d. h. insbesondere **Immobilienveräußerungen** (sowie Rechtsgeschäfte über das ganze Vermögen). Hier ist dem Verbraucher der beabsichtigte Text des Rechtsgeschäfts vom Notar im Regelfall **zwei Wochen** vor der Beurkundung zur Verfügung zu stellen.

397 Teilweise kodifizierte Satz 2 nur bereits zuvor geltendes Standesrecht, wie es in den Richtlinien der Notarkammern niedergelegt war. Seit 2002 handelt es sich aber um (ausdrückliche) gesetzliche Amtspflichten. Neu ist seit 2002 außerdem die Zweiwochenfrist und – seit 2013 – die ausdrückliche Versendungspflicht durch den Notar selbst.

398 Bereits zuvor wurde die Verpflichtung aus § 17 Abs. 2a Satz 1 BeurkG durch Ziffer II der **Richtlinienempfehlung der Bundesnotarkammer,**

> DNotZ 1999, 259, zuletzt geändert DNotZ 2025, 321 – bzw. im Internet unter: www.bnotk.de/aufgaben-und-taetigkeiten/richtlinien/richtlinienempfehlungen,

und die entsprechenden Richtlinien der Notarkammern näher konkretisiert:

> „1. Der Notar hat das Beurkundungsverfahren so zu gestalten, dass die vom Gesetz mit dem Beurkundungserfordernis verfolgten Zwecke erreicht werden, insbesondere die Schutz- und Belehrungsfunktion der Beurkundung gewahrt und der Anschein der Abhängigkeit oder Parteilichkeit vermieden wird. Dies gilt insbesondere, wenn eine große Zahl gleichartiger Rechtsgeschäfte beurkundet wird, an denen jeweils dieselbe Person beteiligt ist oder durch die sie wirtschaftliche Vorteile erwirbt. **Dazu gehört auch, dass den Beteiligten ausreichend Gelegenheit eingeräumt wird, sich mit dem Gegenstand der Beurkundung auseinanderzusetzen.**
>
> Demgemäß sind die nachgenannten Verfahrensweisen in der Regel unzulässig:
>
> a) systematische Beurkundung mit vollmachtlosen Vertretern;
>
> b) systematische Beurkundung mit bevollmächtigten Vertretern, soweit nicht durch vorausgehende Beurkundung mit dem Vollmachtgeber sichergestellt ist, dass dieser über den Inhalt des abzuschließenden Rechtsgeschäfts ausreichend belehrt werden konnte;
>
> c) systematische Beurkundung mit Mitarbeitern des Notars als Vertreter, ausgenommen Vollzugsgeschäfte; gleiches gilt für Personen, mit denen sich der Notar zur gemeinsamen Berufsausübung verbunden hat oder mit denen er gemeinsame Geschäftsräume unterhält;
>
> d) systematische Aufspaltung von Verträgen in Angebot und Annahme; soweit die Aufspaltung aus sachlichen Gründen gerechtfertigt ist, soll das Angebot vom belehrungsbedürftigeren Vertragsteil ausgehen;
>
> e) gleichzeitige Beurkundung von mehr als fünf Niederschriften bei verschiedenen Beteiligten.

2. Unzulässig ist auch die missbräuchliche Auslagerung geschäftswesentlicher Vereinbarungen in Bezugsurkunden (§ 13a BeurkG)."

Allerdings sind die Richtlinien immer vor dem Hintergrund der umgesetzten gesetzlichen Vorschriften zu lesen. Denn sie können gesetzliche Amtspflichten nur klarstellen und ggf. in Grauzonen näher regeln, nicht über das Gesetz hinaus neue Amtspflichten schaffen. 399

BGH, Beschl. v. 8.7.2024 – NotSt(Brfg) 3/23, DNotZ 2025, 151 (m. Anm. Sander) = MittBayNot 2024, 595 (m. Anm. Sommer) = NJW 2024, 3161 (zur systematischen Beurkundung mit Notarangestellten als vollmachtlosen Vertretern der Gemeinde).

b) Hinwirkungspflicht

Die Amtspflichten für das Beurkundungsverfahren bei Verbraucherverträgen sind als „Hinwirkungspflichten" ausgestaltet. Die Amtspflichten des § 17 Abs. 2a BeurkG sind aber nicht etwa dispositiv. Die Beteiligten können auf ihre Einhaltung **nicht verzichten**. 400

BGH, Urt. v. 7.2.2013 – III ZR 121/12,
DNotZ 2013, 552 = NJW 2013, 1451 = ZfIR 2013, 427;
ebenso bereits BNotK-Rundschreiben Nr. 20/2003 v. 28.4.2003.

Jedoch ist § 17 Abs. 2a BeurkG eine Soll-Vorschrift, deren Verletzung die **Beurkundung nicht unwirksam** macht. Denn trotz Verletzung der Verfahrensvorschrift kann der Verbraucher an dem Vertrag festhalten wollen. Jedoch kann ihre Verletzung dienst- und haftungsrechtliche Folgen für den Notar haben (vgl. Rn. 425). 401

2. Zweiwochenfrist für Versendung der Entwürfe

Je nach Art des Vertrags sind für die Amtspflicht des § 17 Abs. 2a BeurkG drei Fallgruppen zu unterscheiden – diesmal vom innersten Kreis nach außen gehend: 402

- Bei nach § 311b Abs. 1 Satz 1 und Abs. 3 BGB beurkundungspflichtigen Verbraucherverträgen (insbesondere **Immobilienveräußerungen**) ist dem Verbraucher der beabsichtigte Text des Rechtsgeschäfts vom Notar im Regelfall **zwei Wochen** vor der Beurkundung zur Verfügung zu stellen (§ 17 Abs. 2a Satz 2 Nr. 2 Halbs. 2 BeurkG).
- Bei **sonstigen Verbraucherverträgen** muss der Verbraucher nach § 17 Abs. 2a Satz 2 Nr. 2 Halbs. 1 BeurkG ebenfalls ausreichend Gelegenheit erhalten, sich vorab mit dem Gegenstand der Beurkundung auseinander zu setzen; insoweit ist jedoch gesetzlich keine Verpflichtung zur Versendung des beabsichtigten Textes (und damit auch keine Frist) geregelt.
- Bei **sonstigen Beurkundungen**, die keine Verbraucherverträge sind, ergibt sich eine identische Amtspflicht aus der Konkretisierung von § 17 Abs. 2a Satz 1 BeurkG in Abschnitt II Nr. 1 der Richtlinien der Notarkammern. Inhaltlich bestehen hier keine Unterschiede zu der Amtspflicht nach § 17

Abs. 2a Satz 2 Nr. 2 Halbs. 1 BeurkG; nur ist die Amtspflicht für andere Niederschriften nicht ausdrücklich im BeurkG geregelt.

403 Die Zweiwochenfrist betrifft neben Grundstückskaufverträgen (zwischen Unternehmer und Verbraucher) und Bauträgerverträgen insbesondere auch die Erbbaurechtsbestellung, einen Gesellschaftsvertrag mit einer Verpflichtung zur Einbringung oder zum Erwerb eines Grundstücks, die Begründung eines Ankaufs- oder Vorkaufsrechts sowie die isolierte Beurkundung eines Angebots oder der Annahme oder eines Vorvertrags für die genannten Geschäfte (jeweils vorausgesetzt, dass auf der einen Seite ein Unternehmer, auf der anderen Seite ein Verbraucher auftritt) – unabhängig davon, ob der Verbraucher veräußert oder erwirbt.

a) Schutzzweck

404 Schutzzweck dieser Amtspflicht ist nicht die rechtliche Belehrung als solche; denn die rechtliche Belehrung erfolgt bei der Beurkundung. Schutzzweck ist vielmehr, dem Verbraucher bzw. den Beteiligten eine **ausreichende Überlegungsfrist** zu geben, ob sie das zu beurkundende Rechtsgeschäft wirklich wollen (also insbesondere ob dieses Objekt in dieser Lage, Größe und Zustand für den Verbraucher geeignet und der Preis angemessen und finanzierbar ist) sowie eine ausreichende Frist, um **Beratung über steuerliche, wirtschaftliche und gegebenenfalls technische Fragen** (z. B. hinsichtlich der Baubeschreibung) einzuholen. Als Nebeneffekt ermöglicht die Auseinandersetzungsfrist dem Verbraucher auch, sich zu überlegen, welche Fragen er dem Notar bei der Beurkundung stellen will.

BT-Drucks. 14/9266, S. 50.

405 Die Gelegenheit zu ausreichender Befassung mit dem Gegenstand der Beurkundung beschränkt sich keineswegs auf die Übersendung eines Vertragsentwurfs bzw. des beabsichtigten Textes. Dazu gehört insbesondere auch die Gelegenheit, erforderlichenfalls bereits vorab Fragen mit dem Notar abklären zu können – sei es bei einem **Besprechungstermin** oder auch telefonisch. Es empfiehlt sich daher, dass der Notar bei der Versendung des beabsichtigten Textes darauf hinweist, dass er auch vor der Beurkundung für allfällige Rückfragen zur Verfügung steht. Kleinere Fragen lassen sich allerdings meist besser in der Beurkundungsverhandlung im Gesamtzusammenhang der Urkunde klären.

Vgl. Formulierung für Anschreiben von *Grziwotz*, notar 2013, 343, 346.

b) Übersendung durch den Notar und Dokumentationspflicht

406 Seit 2013 (BGBl. 2013 I, S. 2378) muss der **Notar** oder sein Sozius (oder deren Mitarbeiter) den Entwurf selbst übersenden. Anders als nach zuvor h. M. genügt nicht, wenn der Unternehmer dem Verbraucher das vom Notar erarbeitete Muster zur Verfügung stellt. Damit soll klargestellt werden, dass der

Notar für den Inhalt des Entwurfs verantwortlich ist – und nicht etwa der Unternehmer.

Aus diesem Zweck der Versendung entnimmt man auch, dass die bloße Übersendung des Mustervertrags für das betreffende Bauträgerobjekt o. Ä. noch nicht genügt, sondern der Entwurf auch sämtliche Angaben für den **konkreten Vertrag** enthalten muss (also insbesondere auch den Kaufpreis). 407

BNotK-Rundschreiben Nr. 25/2013 v. 2.10.2013, Ziff. A. II. 1.

Seit 2013 muss der Notar in der Niederschrift **dokumentieren**, falls – und wenn ja, warum – die 2-Wochen-Frist **unterschritten** ist (§ 17 Abs. 2a Satz 3 BeurkG). Damit will der Gesetzgeber eine effiziente Kontrolle sichern. Ist die Frist eingehalten, muss dies der Notar nicht in der Niederschrift festhalten. Gleichwohl halte ich es für sinnvoll, auch dort die 2-Wochen-Frist zu vermerken – zum einen, damit die Mitarbeiter sie bei der Terminvergabe nicht übersehen, und zum anderen, damit der Verbraucher versteht, warum der Notar erst in zwei Wochen einen Termin für ihn hat. Dabei sollte man konkret angeben, wann der Verbraucher den Entwurf erhalten hat, um Missverständnisse oder Fehler bei der Berechnung der 2-Wochen-Frist auszuschließen. Bei Fristberechnung ist zu beachten, dass erst am Folgetag des Zugangs plus zwei Wochen beurkundet werden kann – also bei Zugang an einem Mittwoch erst am Donnerstag der übernächsten Woche. 408

c) Verlängerung oder Abkürzung der Zweiwochenfrist

Die Zweiwochenfrist des § 17 Abs. 2a Satz 2 Nr. 2 Halbs. 2 BeurkG ist lediglich eine **Regelfrist**. Der Schutzzweck kann es bei schwierigen Geschäften auch gebieten, im Einzelfall dem Verbraucher länger Gelegenheit zu geben, sich mit dem Gegenstand der Beurkundung auseinanderzusetzen – insbesondere bei Verträgen im Strukturvertrieb oder in komplizierten Immobilienfondskonstruktionen. Ebenso könnte im Einzelfall auch erforderlich sein, vor der Beurkundung einen eigenen Besprechungstermin anzuberaumen oder jedenfalls anzubieten. 409

Der Notar darf aber nur dann eine kürzere Frist genügen lassen, wenn im Einzelfall nachvollziehbare Gründe – auch unter Berücksichtigung der Schutzinteressen des Verbrauchers – es rechtfertigen, die dem Verbraucher zugedachte Schutzfrist zu verkürzen. Voraussetzung für die Nichteinhaltung der Frist ist deshalb ein **sachlicher Grund**. 410

BGH, Urt. v. 7.2.2013 – III ZR 121/12, BGHZ 196, 166
= ZfIR 2013, 427 – DNotZ 2013, 552 = NJW 2013, 1451.

Früher listete die **Literatur** meist **Fallgruppen** auf, in denen ein sachlicher Grund vorliegt (insbesondere Eilbedürftigkeit oder mangelnde Schutzbedürftigkeit des Verbrauchers, weil er geschäftserfahren ist oder weil es nur um eine Bagatelle geht). In einem zweiten Schritt prüfte sie dann, ob trotz Verkürzung der Frist deren Schutzzweck noch eingehalten war. 411

412 Der **Bundesgerichtshof** verfolgt nun einen anderen Ansatz. Er prüft bei einer Fristverkürzung nur, ob der gesetzlich geforderte Übereilungsschutz in ausreichendem Maße anderweitig gewährleistet ist. Hingegen sei nicht erforderlich, dass zusätzlich (kumulativ) auch ein sachlicher Grund für die Abweichung vorliegt. Überspitzt gesagt: Die **anderweitige Einhaltung des Übereilungsschutzes** ist der sachliche Grund.

> BGH, Urt. v. 25.6.2015 – III ZR 292/14,
> BGHZ 206, 112 = ZfIR 2015, 762; (m. Anm. *Grziwotz*)
> = DNotZ 2015, 792 = NJW 2015, 2646;
> dazu *Cramer*, DNotZ 2015, 725;
>
> *Meininghaus*, MittBayNot 2016, 81;
>
> *Weber*, NJW 2015, 2619;
>
> BGH, Urt. v. 23.8.2018 – III ZR 506/16,
> DNotZ 2019, 37 = NJW-RR 2018, 1531 = ZfIR 2018, 775
> (m. Anm. *Zimmer*).

413 Dies gibt aber der Einhaltung des Übereilungsschutzes ein deutlich höheres Gewicht. Es kommt nicht darauf an, ob – wenn es den Beteiligten pressiert – noch ein gewisser Mindestschutz des Verbrauchers trotz der Fristabkürzung eingehalten ist, sondern der Übereilungsschutz muss trotzdem in vollem Umfang eingehalten sein.

- Der Schutz fehlt jedenfalls, wenn der Verbraucher bei einer Fristverkürzung die Immobilie noch gar nicht **besichtigt** hat oder seine **Finanzierung** noch nicht gesichert ist.

- Für die Einhaltung des Schutzzwecks kann die **Geschäftserfahrung** des Verbrauchers mit Immobiliengeschäften sprechen (z. B. ein Makler oder der Geschäftsführer einer Bauträger-GmbH kauft) oder dass der Verbraucher erst vor Kurzem ein ähnliches Immobiliengeschäft abgeschlossen hat (z. B. Erwerb eines weiteren Tiefgaragenstellplatzes im selben Objekt). Dabei kommt es auf die wirtschaftliche Geschäftserfahrung des Verbrauchers mit derartigen Immobiliengeschäften an. Denn der Verbraucher soll prüfen, ob der Vertrag wirtschaftlich etc. für ihn passt. Dafür, dass der Vertrag rechtlich in Ordnung ist, ist schon der Notar verantwortlich. Das heißt, der Rechtsanwalt oder Richter als Käufer ist genauso schutzbedürftig wie andere Verbraucher.

414 **Je kürzer** die dem Verbraucher verbleibende Frist ist, **desto genauer** ist zu prüfen, ob der Schutzzweck des § 17 Abs. 2a Satz 2 Nr. 2 BeurkG gleichwohl erfüllt ist.

415 Umgekehrt kann eine kurze Fristunterschreitung unschädlich sein, wenn sich der Verbraucher umfassend mit dem Entwurf auseinandergesetzt hat: Im konkreten, vom Bundesgerichtshof entschiedenen Fall hatte der Verbraucher dem Notar einige Änderungswünsche übermittelt, die der Notar auch eingearbeitet hatte. Die Beurkundung war dann schon nach 13, nicht erst nach 14 Tagen erfolgt.

BGH, Urt. v. 23.8.2018 – III ZR 506/16,
DNotZ 2019, 37 = NJW-RR 2018, 1531 = ZfIR 2018, 775
(m. Anm. Zimmer).

d) Änderungen gegenüber dem versandten Entwurf

Beispiel: 416

Der Notar hat dem Verbraucher den Vertragsentwurf zwei Wochen vor der Beurkundung übersandt. In der Beurkundungsverhandlung stellen sich aber folgende Änderungen heraus:

- *Der Verbraucher will nicht allein, sondern gemeinsam mit seiner Ehefrau erwerben.*
- *Außerdem erklären die Beteiligten auf Befragen des Notars, es seien verschiedene kleinere Sonderwünsche vereinbart.*
- *Schließlich wird ein Rücktrittsrecht des Erwerbers aufgenommen, weil er teilweise mit Hilfe der staatlichen Wohnbauförderung finanzieren will.*

Diese Änderungen sind m. E. möglich, ohne erneut einen Entwurf zu versenden: Am deutlichsten ist dies für Änderungen, die die Beteiligten aufgrund von Belehrungen in der **Beurkundungsverhandlung** wünschen – sei es, dass regelungsbedürftige Punkte im Vertragsentwurf bisher nicht enthalten sind (z. B. Sonderwünsche des Erwerbers beim Bauträgervertrag) oder dass die Beteiligten merken, dass für ihren speziellen Fall eine andere Regelung möglicherweise passender wäre. Sonst würde man den Zweck des Beurkundungsverfahrens und der notariellen Belehrung auf den Kopf stellen. Zweck der Frist ist nicht, dass der Notar genau das vorliest, was die Beteiligten ohnehin schon vorher schriftlich erhalten haben; sondern Zweck der Frist ist, dass sich die Beteiligten mit dem Gegenstand der Beurkundung auseinander setzen können. 417

Erwirbt mit oder anstelle des Entwurfsempfängers ein anderer Verbraucher, für den der Entwurfsempfänger **Vertrauensperson** wäre, so ist keine neue Versendung erforderlich, weil der Empfänger auch als Vertreter handeln könnte und damit der Verbraucher auch die Zusendung an die Vertrauensperson gegen sich gelten lassen kann. Denn auch wenn sich die Ehegatten vielleicht erst gestern entschieden haben, beide zu kaufen, konnte ja einer von ihnen bereits seit 14 Tagen den Vertragsschluss überlegen. 418

BNotK-Rundschreiben Nr. 20/2003 v. 28.4.2003, Abschn. E.

Sind Anderungen hingegen als so **wesentlich** anzusehen, dass sie zu einem anderen Gegenstand der Beurkundung führen, so muss erneut ein Entwurf mit einer 2-Wochen-Frist versandt werden. 419

BNotK-Rundschreiben Nr. 25/2013 v. 2.10.2013, Ziff. A. II. 1.

e) Sonstige Verbraucherverträge

420 Außerhalb der Beurkundungsbedürftigkeit nach § 311b BeurkG greift zwar nicht die Zweiwochenfrist des § 17 Abs. 2a Satz 2 Nr. 2 Halbs. 2 BeurkG ein. Es verbleibt aber bei der allgemeinen Amtspflicht des Notars, darauf hinzuwirken, dass der Verbraucher **ausreichend Gelegenheit** erhält, sich vorab **mit dem Gegenstand der Beurkundung auseinander zu setzen** (§ 17 Abs. 2a Satz 2 Nr. 2 **Halbs.** 1 BeurkG).

421 Hier ist insbesondere je nach Art des abzuschließenden Rechtsgeschäfts zu differenzieren. Bei **Grundschulden** für Kreditinstitute genügt es etwa im Regelfall, wenn der Verbraucher das Grundschuldformular selbst zur Beurkundung mitbringt; dann kann der Notar davon ausgehen, dass der Verbraucher ausreichend Gelegenheit hatte, sich vorab damit auseinander zu setzen. Ebenso genügt es im Regelfall, wenn der Verbraucher bereits bei der Terminvereinbarung bestimmt, dass die Grundschuld mitbeurkundet werden soll – auch wenn die Bank dann das Grundschuldformular unmittelbar dem Notar übermittelt. Denn für die Auseinandersetzung mit dem Gegenstand der Grundschuldbestellung genügt dem Verbraucher vorab die Kenntnis, für welche Bank in welcher Höhe und gegebenenfalls mit welcher Rangstelle die Grundschuld bestellt werden soll. Die einzelnen Klauseln der Grundschuld hingegen verwirren erfahrungsgemäß die Beteiligten eher, wenn nicht zugleich eine notarielle Belehrung erfolgt. Wirtschaftlich für den Verbraucher wesentlicher ist hier, dass sich der Verbraucher mit dem (nicht beurkundeten) Kreditvertrag befasst.

f) Sonstige Beurkundungen (kein Verbrauchervertrag)

422 Auch soweit kein Verbrauchervertrag vorliegt, muss der Notar durch die Gestaltung des Beurkundungsverfahrens dafür Sorge tragen, dass den Beteiligten ausreichend Gelegenheit eingeräumt wird, sich mit dem Gegenstand der Beurkundung auseinander zu setzen (Art. 17 Abs. 2 a Satz 1 BeurkG i. V. m. Ziffer II der Kammerrichtlinien). Auch dies wird im Regelfall die Übersendung eines Entwurfs erfordern.

423 Welche Fristen hier zwischen Entwurfsübersendung und Terminbestimmung einzuhalten sind, hängt zum einen von der **Art des zu beurkundenden Rechtsgeschäfts** ab: So ist etwa bei Übergabeverträgen oder Ehe- und Erbverträgen im Regelfall eine längere Überlegungsfrist und stärkerer außerrechtlicher Beratungsbedarf erforderlich – während hingegen bei nicht bindenden Rechtsgeschäften wie z. B. einem einseitigen Testament oder bei Eilbedürftigkeit geringere Fristen ausreichen dürften.

424 Hier spielt auch eine Rolle, inwieweit die Beteiligten bereits vor Erhalt des Entwurfs sich mit den wirtschaftlichen und steuerlichen Folgen auseinander gesetzt haben – und ebenso, ob im Rahmen eines Besprechungstermins möglicherweise bereits vor der Entwurfsversendung eine notarielle Beratung erfolgte.

g) Amtshaftung und Dienstvergehen bei Verletzung der Überlegungspflicht

Hat der Notar einen Verbrauchervertrag unter Verletzung der zweiwöchigen Überlegungsfrist beurkundet, **haftet** er dem Verbraucher, sofern der Verbraucher den Vertrag bei Einhaltung der Frist gar nicht oder jedenfalls nicht so abgeschlossen hätte. Dabei muss der Notar darlegen und beweisen, dass der Verbraucher den Vertrag auch nach Fristablauf genauso beurkundet hätte. Bei der Beweiswürdigung ist insbesondere zu berücksichtigen, wann und wie der Verbraucher erstmals gezeigt hat, dass er nicht an dem Vertrag festhalten will. Gegebenenfalls kann der Verbraucher verlangen, dass ihm der Notar den Kaufpreis für die übereilt gekaufte Immobilie erstattet (Zug um Zug gegen Übereignung der Immobilie an den Notar). 425

BGH, Urt. v. 25.6.2015 – III ZR 292/14, BGHZ 206, 112 = ZfIR 2015, 762; (m. Anm. *Grziwotz*) = DNotZ 2015, 792 = NJW 2015, 2646; dazu *Cramer*, DNotZ 2015, 725;

Meininghaus, MittBayNot 2016, 81;

Weber, NJW 2015, 2619;

BGH, Urt. v. 7.2.2013 – III ZR 121/12, BGHZ 196, 166 = ZfIR 2013, 427 = DNotZ 2013, 552 = NJW 2013, 1451.

Außerdem ist die Amtspflichtverletzung ein Dienstvergehen. Bei wiederholten groben Verstößen gegen die Amtspflicht nach § 17 Abs. 2a BeurkG Satz 2 Nr. 2 BeurkG kann der Notar sogar seines **Amtes enthoben** werden (§ 50 Abs. 1 Nr. 9 lit. b) BNotO). 426

3. Persönliche Abgabe der Willenserklärungen durch den Verbraucher

a) Grundsatz

§ 17 Abs. 2a Satz 2 Nr. 1 BeurkG legt dem Notar auch die Amtspflicht auf, bei Verbraucherverträgen darauf hinzuwirken, dass die rechtsgeschäftlichen **Erklärungen des Verbrauchers von diesem persönlich oder durch eine Vertrauensperson** vor dem Notar abgegeben werden. Dies greift die bereits bisher bestehenden, in Abschnitt II Nr. 1 Abs. 2 der Richtlinien der Notarkammern konkretisierten Amtspflichten auf und verschärft sie in einzelnen Punkten. Der Notar muss daher zunächst versuchen, einen Termin für die Beurkundung zu finden, bei dem der Verbraucher selbst anwesend sein kann. 427

b) Vertrauensperson

Ist dies nicht möglich, so hat der Notar darauf hinzuwirken, dass die Erklärungen des Verbrauchers durch eine Vertrauensperson abgegeben werden. Dieser Begriff ist im Gesetz nicht näher definiert. Er lässt sich meines Erachtens – negativ – dahingehend abgrenzen, dass jedenfalls nicht Vertrauensperson ist, wer im **„Lager“ des Unternehmers** steht, also insbesondere nicht der 428

Unternehmer und dessen Angestellte, und andererseits – positiv –, dass nur Vertrauensperson ist, wer im „Lager“ des Verbrauchers steht.

429 **Angestellte des Notars** sind nicht als solche „Vertrauensperson“(en) i. S. d. § 17 Abs. 2a BeurkG. Sie stehen in keinem „Lager“ – weder im Lager des Unternehmers, aber auch nicht im Lager des Verbrauchers. Von ihnen kann keine einseitige Interessenwahrnehmung für den Verbraucher gegenüber dem Vertragspartner erwartet werden; vielmehr sind sie zur Neutralität verpflichtet – ebenso wie der Notar selbst.

430 Daher sind **Finanzierungsgrundschulden** grundsätzlich durch die Erwerber selbst zu beurkunden, nicht – wie früher in einigen Regionen häufiger – aufgrund Vollmacht durch Notarangestellte. Es ist sogar ein Dienstvergehen, wenn der Notar ohne sachlichen Grund durch seine Mitarbeiter beurkunden lässt – anstelle durch die Erwerber selbst.

> BGH, Beschl. v. 20.7.2015 – NotSt (Brfg) 3/15,
> DNotZ 2015, 72 = NJW-RR 2016, 442
> = NotBZ 2016, 81 (m. abl. Anm. *Püls)*
> = ZfIR 2016, 73 (m. Anm. *Zimmer*).
>
> Ebenso bereits OLG Schleswig, Beschl. v. 6.7.2007 – Not 1/07,
> DNotZ 2008, 151 = MittBayNot 2008, 149
> = RNotZ 2007, 622 (m. Anm. *Litzenburger*);
> vgl. Anm. *Zimmer*, ZNotP 2007, 407.

„Hat der Notar mit der nötigen Ernsthaftigkeit beim Verbraucher darauf hingewirkt, dass dieser zu der Beurkundung selbst erscheint oder eine entsprechende Vertrauensperson schickt, ist der Verbraucher aber aus wichtigen und nachvollziehbaren Gründen an einer persönlichen Teilnahme verhindert und kann er nach eigenem Bekunden auch keine Vertrauensperson schicken, so kann **auf Vorschlag des Verbrauchers im Einzelfall** auch eine Beurkundung mit einem Notarangestellten erfolgen. Aus der ‚Hinwirkungspflicht‘ des Notars folgt aber, dass der Anstoß zu diesem Verfahren nicht vom Notar kommen darf.“

> BNotK-Rundschreiben Nr. 20/2003 v. 28.4.2003,
> Abschn. C. II.

c) Ausnahme Vollzugsgeschäfte

431 Der Schutzzweck des § 17 Abs. 2a Satz 2 Nr. 1 BeurkG gebietet keine Anwendung bei bloßen Vollzugsgeschäften, wie insbesondere der Erklärung der **Auflassung.**

> BNotK-Rundschreiben Nr. 20/2003 v. 28.4.2003,
> Abschn. C. III.

432 Dies gilt auch die Messungsanerkennung beim Teilflächenverkauf, da die „Anerkennung“ der Vermessung grundsätzlich nur die Bezeichnung des Grundstücks in der Form des § 28 GBO enthält, hingegen nicht eine Anerkennung von Abweichungen gegenüber dem geschuldeten Grundstück.

BGH, Beschl. v. 1.10.2015 – V ZB 181/14, DNotZ 2016, 115 = MittBayNot 2016, 131 (m. Anm. *Volmer*) = ZfIR 2016, 101 (m. Anm. *Grziwotz*);

BGH, Beschl. v. 16.2.2012, V ZB 204/11, n. v. – zitiert nach juris.

Rieger stellt dabei auf den Rechtsgedanken des § 181 BGB ab, der selbst ein In-sich-Geschäft (trotz Interessenkollision) zulässt, soweit dadurch lediglich eine bestehende Verpflichtung erfüllt wird. Das halte ich für richtig, da ja bei einer bloßen Vollzugsvollmacht, die nicht zu Vertragsänderungen bevollmächtigt, auch der Notar überprüfen muss, ob das vermessene dem verkauften Grundstück entspricht. 433

Rieger, MittBayNot 2002, 325, 332 f.

Die Finanzierungsgrundschuld ist hingegen kein bloßes Vollzugsgeschäft. 434

BGH, Beschl. v. 20.7.2015 – NotSt (Brfg) 3/15, ZfIR 2016, 73 = DNotZ 2016, 72 = NJW-RR 2016, 442.

d) Amtspflichten bei anderen als Verbraucherverträgen

Außerhalb von Verbraucherverträgen (und damit außerhalb des Anwendungsbereichs von § 17 Abs. 2a Satz 2 Nr. 1 BeurkG) verbleibt die Amtspflicht zur **sachgemäßen Gestaltung des Beurkundungsverfahrens** nach § 17 Abs. 2a Satz 1 BeurkG sowie die Amtspflicht zur Unparteilichkeit nach § 14 Abs. 3 BeurkG in der Konkretisierung durch Abschnitt II der Kammerrichtlinien. Danach ist insbesondere die systematische Beurkundung mit vollmachtlosen Vertretern und mit bevollmächtigten Vertretern unzulässig (Letzteres, soweit nicht durch vorausgehende Beurkundung mit dem Vollmachtgeber die Belehrung sichergestellt ist); unzulässig ist danach auch die systematische Beurkundung mit Mitarbeitern des Notars als Vertreter, ausgenommen Vollzugsgeschäfte. 435

III. Feststellungen zu den Beteiligten

1. Natürliche Personen

In der Urkunde müssen die **formell Beteiligten** angegeben werden (§ 9 Abs. 1 Satz 1 Nr. 1 BeurkG). Dies ist Voraussetzung für die Wirksamkeit der Beurkundung. Formell beteiligt sind die Erschienenen, deren (im eigenen oder fremden Namen abgegebenen) rechtsgeschäftliche Erklärungen beurkundet werden (§ 6 Abs. 2 BeurkG). Nach § 10 Abs. 2 BeurkG und § 5 DONot sind zur Bezeichnung natürlicher Personen deren Name, Geburtsdatum und Anschrift anzugeben. Die Angabe des Personenstandes dient nicht zur Bezeichnung, sondern zur Abfrage, ob güterrechtliche Besonderheiten zu beachten sind. 436

Der Notar hat sich Gewissheit über die Person der Beteiligten zu verschaffen (§ 10 Abs. 1 BeurkG). Bei Grundstückskäufen muss sich der Notar dazu einen gültigen Personalausweis oder Reisepass vorlegen lassen (§ 12 Abs. 1 Satz 1 437

Nr. 1 GwG). Nach **Geldwäschegesetz** muss der Notar außerdem abklären, ob die Beteiligten auf eigene oder fremde Rechnung handeln, sofern das nicht ohnehin eindeutig ist – und wenn, wer wirtschaftlich Berechtigter ist (§ 10 Abs. 1 Nr. 2 GwG). Dies muss der Notar auch dokumentieren (§ 8 Abs. 1 GwG), etwa indem er eine Ausweiskopie zu den Nebenakten nimmt.

438 Ist ein Beteiligter nicht geschäftsfähig, darf der Notar nicht beurkunden. Hegt er Zweifel an der Geschäftsfähigkeit, so hat er diese in der Niederschrift zu vermerken (§ 11 Abs. 1 BeurkG). Allerdings begründet § 11 Abs. 1 BeurkG für den Notar eine tatsächliche Vermutung dahingehend, dass ein volljähriger Beteiligter auch geschäftsfähig ist. Nachforschungen zur Geschäftsfähigkeit sind erst dann angezeigt, wenn sich für den Notar Anhaltspunkte für die eingeschränkte oder fehlende Geschäftsfähigkeit eines Beteiligten ergeben. In welchem Umfang der Notar sodann Ermittlungen zur Überprüfung der Geschäftsfähigkeit vornimmt, steht in seinem pflichtgemäßen Ermessen.

OLG Hamm, 8.7.2015 – 11 U 180/14, RNotZ 2016, 60.

2. Juristische Personen und Gesellschaften

439 Erwirbt oder veräußert eine **Gesellschaft** oder juristische Person (AG, GmbH, OHG, KG, GbR, Verein, Stiftung etc. – nicht bei der Gemeinde o. a. inländischen juristischen Personen des öffentlichen Rechts) ein Grundstück, so muss der Notar vorab den wirtschaftlich Berechtigten feststellen (§ 10 Abs. 1 Nr. 2 GwG) und sich dafür von der Gesellschaft eine **Eigentums- und Kontrollstruktur** anfordern, also die Angabe, wer mehr als 25 % der Kapitalanteile oder der Stimmrechte hält oder die Gesellschaft in vergleichbarer Weise kontrolliert – und dies auf ihre Schlüssigkeit überprüfen (§ 12 Abs. 4 Satz 1 GWG), insbesondere indem er das Transparenzregister abruft (§ 12 Abs. 3 Satz 2 GwG). Solange die Gesellschaft ihrer Vorlagepflicht nicht nachkommt, darf der Notar nicht beurkunden (§ 10 Abs. 9 Satz 4 GwG).

440 **Erwirbt** eine **ausländische Gesellschaft** oder Vereinigung eine Immobilie in Deutschland, so darf der Notar den Erwerbsvertrag erst beurkunden, wenn die Erwerberin im **deutschen Transparenzregister** registriert ist – oder im Transparenzregister eines anderen EU-Staates (§ 10 Abs. 9 Satz 4 i. V. m. § 20 Abs. 1 GwG).

IV. Verlesung und Unterschrift

1. Wirksamkeitsvoraussetzungen der Niederschrift

441 Das Beurkundungsgesetz unterscheidet zwischen Muss- und Soll-Vorschriften. Der Unterschied liegt in der Rechtsfolge: Lediglich ein Verstoß gegen **Muss-Vorschriften** des Beurkundungsgesetzes führt zur **Unwirksamkeit der Beurkundung**, nicht hingegen ein Verstoß gegen Soll-Vorschriften.

BT-Drucks. V/3282, S. 24;

BayObLG, Beschl. v. 22.4.1983 – BReg 1 Z 22/83, BReg 1 Z 23/83, BayObLGZ 1983, 101, 106 = MittBayNot 1983, 136;

BayObLG, Beschl. v. 2.7.1992 – 3Z BR 58/92, BayObLGZ 1992, 220 = DNotZ 1993, 471, 473 = MDR 1992, 906;

Staudinger-*Hertel*, BeurkG, Rn. 230 ff.; *Winkler*, BeurkG, Einl. Rn. 13 f.

Die Wirksamkeit der Beurkundung hängt daher grundsätzlich nur von **fünf** 442 **Wirksamkeitserfordernissen** ab:

- Die Niederschrift muss durch einen **Notar** aufgenommen worden sein, der nicht nach §§ 6 und 7 BeurkG von der Beurkundung **ausgeschlossen** war.
- Die Niederschrift muss die **Bezeichnung** des beurkundenden Notars und der (formell) Beteiligten (§ 9 Abs. 1 Satz 1 Nr. 1 BeurkG) enthalten (siehe Rn. 436).
- Die Niederschrift muss die **Willenserklärungen** der Beteiligten enthalten (§ 9 Abs. 1 Satz 1 Nr. 2 BeurkG), gegebenenfalls auch als Anlage oder in Form einer Verweisung (§ 9 Abs. 1 Satz 2, § 13a BeurkG).
- Die Niederschrift muss den Beteiligten in Gegenwart des Notars vollständig **vorgelesen** worden sein (§ 13 Abs. 1 Satz 1 BeurkG).
- Die Niederschrift muss von den Beteiligten **genehmigt** und von ihnen sowie vom Notar eigenhändig **unterschrieben** worden sein (§ 13 Abs. 1 Satz 1 und Abs. 4 BeurkG).

Verstöße gegen die übrigen, durch bloße **Soll-Vorschriften** normierten Amts- 443 pflichten des Notars mögen zu einer **Amtshaftung** führen oder auch die Beweiskraft der Urkunde einschränken; zur Unwirksamkeit der Beurkundung führen sie aber nicht. Denn insbesondere die zahlreichen Prüfungs- und Belehrungspflichten des Notars dienen dem Schutz der Beteiligten. Dieser Schutz wäre in sein Gegenteil verkehrt, wenn bei einem Verstoß (etwa bei einer fehlenden Belehrung) die Beurkundung unwirksam wäre. Die Unwirksamkeitsgründe sind daher auf besonders elementare Verstöße beschränkt, die sich in der Regel auch der Urkunde selbst entnehmen lassen.

2. Niederschrift in Papierform oder als elektronisches Dokument

Mit Inkrafttreten des Gesetzes zur Einführung einer elektronischen Präsenz- 444 beurkundung zum Jahresende 2025 können grundsätzlich alle notariellen Niederschriften, also auch Grundstückskaufverträge, wahlweise entweder in Papierform oder als **elektronische Präsenzbeurkundung** durchgeführt werden (§ 8 Abs. 2 BeurkG n. F.).

Regierungsentwurf BT-Drucks. 21/1505 = BR-Drucks. 372/25;

BT-Rechtsausschuss, Bericht und Beschlussvorschlag
BT-Drucks. 21/2778 (= Gesetz gewordene Fassung),
BGBl. 2025 I Nr. 320.

445 Es ändert sich lediglich das **Medium** der Niederschrift: Elektronisches Dokument statt Papier und Unterschriften auf einem Tablet anstatt auf Papier. Das übrige Verfahren bleibt dasselbe: Alle Beteiligten erscheinen beim Notar; eine Fernbeurkundung lässt das BeurkG für Grundstücksveräußerungen nicht zu (sondern nur für bestimmte gesellschaftsrechtliche Beurkundungen und Beglaubigungen). Der Notar verliest die Niederschrift, erläutert deren Inhalt und beantwortet Fragen – und ändert erforderlichenfalls. Dann genehmigen und unterschreiben die Beteiligten.

446 Zweck der elektronischen Beurkundung ist, den Medienbruch zu vermeiden: Bisher wird in Papierform beurkundet. Dann wird die Urkunde eingescannt und in elektronischer Form dem Grundbuchamt eingereicht. Künftig sollen auch weitere Vollzugsschritte in elektronischer Form erfolgen (etwa die Meldung an die Grunderwerbsteuerstelle, die Vorkaufsrechtsanfragen bei Gemeinde oder Landratsamt etc.). Man spart einen Arbeitsgang beim späteren Einscannen. Dafür verlagert man technische Vorgänge (Einfügen der Unterschriften) und ggf. die Signatur des Notars in die Beurkundungsverhandlung selbst. Ob das vereinfacht oder nicht nur Arbeit von Mitarbeitern auf den Notar verlagert – und wie die Beteiligten darauf reagieren, wenn sie statt der Urkunde nur auf einem Signaturpad unterschreiben, bleibt abzuwarten.

447 Ob in Papierform oder elektronisch beurkundet wird, entscheidet allein der Notar. Die Beteiligten haben keinen Anspruch auf die Beurkundung in der einen oder anderen Form.

3. Verlesen der Niederschrift

a) Allgemein

448 Die Verlesung des Inhalts der Niederschrift ist Wirksamkeitsvoraussetzung (§ 13 Abs. 1 Satz 1 BeurkG). Nicht verlesene Teile der Urkunde sind nicht wirksam beurkundet. Nach § 139 BGB ist dann im Zweifel die gesamte Beurkundung unwirksam.

449 Wenn die Beteiligten nicht ohnehin den ihnen übersandten Entwurf mitgebracht haben, bietet ihnen der Notar sinnvollerweise eine Abschrift zum Mitlesen an – oder gibt ihnen bei der elektronischen Präsenzbeurkundung die Möglichkeit, auf einem Bildschirm mitzulesen. Dies ist aber weder als Amtspflicht normiert und erst recht nicht Wirksamkeitsvoraussetzungen. Vor allem bei Grundschulden verzichten die Beteiligten regelmäßig auf Leseabschriften.

b) Verlesung vom Bildschirm

450 Bisher ging die h. M. davon aus, dass das Verlesen eines bloßen Entwurfs nicht genügt, sondern dass die dann von den Beteiligten auch unterzeichnete endgül-

tige Urkunde verlesen werden musste. Das Verlesen der Urkunde vom **Bildschirm** des Computers genügte daher nach bisheriger Ansicht nicht.

> OLG Frankfurt/M., Beschl. v. 30.8.1999 – 1 Not 1/98, DNotZ 2000, 513;
>
> OLG Brandenburg, Urt. v. 9.5.2012 – 4 U 92/10, RNotZ 2012, 525;
>
> **a. A.** LG Stralsund, Urt. v. 5.6.1996 – 7 O 185/96, NJW 1997, 3178.
>
> a. A. auch neuere Literaturstimmen unter Verweis auf die Möglichkeit einer gemischten elektronischen und Papierniederschrift nach § 16e BeurkG: *Kienzle/Thelen*, DNotZ 2023, 85, 97; *Spernath*, ZNotP 2021, 448, 452; BeckOK BeurkG/*Bremkamp*, § 13 Rn. 33.

Nach § 13 Abs. 1 Satz 1 BeurkG i. d. F. durch das Gesetz zur Einführung einer elektronischen Präsenzbeurkundung (BGBl. 2025 I Nr. 320) ist nicht mehr die „Niederschrift", sondern der „Inhalt der Niederschrift" zu verlesen. Damit ist zulässig, auch bei Beurkundung in Papierform vom Bildschirm zu verlesen – oder umgekehrt bei der elektronischen Präsenzbeurkundung von einem Papierausdruck zu verlesen. Die Gesetzesbegründung versteht dies nur als Klarstellung der bisherigen Rechtslage. 451

> BT-Drucks. 21/1505, S. 40.

Natürlich muss der Notar sicherstellen, dass der verlesene Text mit dem Inhalt der Niederschrift übereinstimmt – was am einfachsten geht, wenn der Notar vom Medium verliest, in dem danach auch unterschrieben wird. 452

c) Neuausdruck nach Änderungen

1. Fall: 453

> Notar A. trägt während der Verhandlung die Änderungen und Ergänzungen handschriftlich in die verlesene Niederschrift ein, anschließend wird von seinen Mitarbeitern ein Neuausdruck erstellt, der sodann ohne erneutes Verlesen von den Beteiligten und dem Notar unterschrieben wird.

Werden (bei Beurkundung in Papierform) Teile der Niederschrift wegen Änderungen **neu ausgedruckt** (vor der Unterschrift durch die Beteiligten!), so genügte auch nach bisher h. M. eine Verlesung der geänderten Teile; diese hätte der Notar im vorstehenden Beispielsfall neu verlesen müssen. Befinden sich auf einer bereits verlesenen, wegen Änderungen neu ausgedruckten Seite auch unveränderte Textpassagen, so genügte es in analoger Anwendung von § 13 Abs. 2 BeurkG, nur den geänderten Inhalt zu verlesen (gegebenenfalls auch nur das geänderte oder eingefügte Wort), nicht hingegen die unverändert neu ausgedruckten Teile. 454

> Bundesnotarkammer, Rundschreiben Nr. 19/1997 v. 3.7.1997;
>
> ebenso etwa
> *Kanzleiter*, DNotZ 1997, 261;
> *Mihm*, NJW 1997, 3121;

Winkler, BeurkG, § 13 Rn. 13 ff.;
a. A. *Ehlers*, NotBZ 1997, 109.

455 Dies wird durch die Änderungen durch das Gesetz zur Einführung einer elektronischen Präsenzbeurkundung bestätigt. Denn die Neuregelung erfordert in § 13 Abs. 1 Satz 1 BeurkG nur, dass der „Inhalt" der Niederschrift den Beteiligten vorgelesen wird. Eine körperliche Identität zwischen der verlesenen mit der genehmigten und unterschriebenen Niederschrift wird nicht verlangt. Damit genügt, wenn nur die Änderungen verlesen werden – und ebenso, wenn der Notar die Änderungen beim Einfügen vom Bildschirm verlesen hat.

BT-Drucks. 21/1505, S. 40.

456 Verbindet der Notar hingegen eine erst **nach Abschluss der Beurkundung erstellte Reinschrift** mit den originalen Unterschriften, so verstößt er damit zwar gegen § 44 BeurkG und § 14 DONot. Dies kann disziplinarisch verfolgt werden. Wirksam errichtet sind die Urkunden jedoch bereits mit der Unterschrift durch den Notar, mögen sie auch falsch geheftet bzw. Teile der Originalurkunde später vernichtet worden sein.

BGH, Urt. v. 10.3.2003 – NotSt (Brfg) 3/02, NJW 2003, 2764;

anders möglicherweise in einem obiter dictum
BGH, Beschl. v. 20.7.1998 – NotZ 2/98,
DNotZ 1999, 350 = NJW-RR 1999, 569.

457 **2. Fall (nach BGH DNotZ 1999, 350):**

Notar B., der unordentliche Urschriften hasst, hatte die Beteiligten bei der Beurkundung regelmäßig handgeschrieben verbesserte Urkunden auf einem separaten „Unterschriftenblatt" unterzeichnen lassen. Nach Abschluss der Beurkundung wurde eine Reinschrift erstellt, gegen die handgeschriebene verbesserte Urschrift ausgetauscht und mit dem Unterschriftenblatt verbunden. Die Urschrift hatte der Notar vernichtet bzw. in die Nebenakten genommen.

458 Die korrekte Vorgehensweise wäre hier gewesen, das Original mit den handschriftlichen Änderungen zu heften (und in der Urkundensammlung zu verwahren) und lediglich für die Erstellung der Ausfertigungen und beglaubigten Abschriften eine Reinschrift als Kopiervorlage zu erstellen. Die Urkunde ist aber wirksam – trotz der späteren unzulässigen Vernichtung von Teilen der Urschrift. Denn die Beurkundung war bereits mit der Unterschrift des Notars abgeschlossen. Auch die Vernichtung der Urschrift bei einem Brand würde ja nichts an der Wirksamkeit der Beurkundung ändern.

4. Genehmigung durch die Beteiligten und Unterschrift der Beteiligten

a) Unterschrift auf Papier oder elektronisch

459 Nachdem die Urkunde verlesen und vom Notar erläutert sowie der Notar Fragen der Beteiligten vom Notar beantwortet und ggf. noch erforderliche Änderungen vorgenommen hat, unterzeichnen die Beteiligten und genehmigen damit den Urkundeninhalt. Zum Schluss unterzeichnet dann der Notar.

Je nachdem, ob die Niederschrift in Papierform oder elektronisch erfolgt, unterschreiben die Beteiligten (als Ausdruck, dass sie den Urkundeninhalt genehmigen) entweder auf dem Papier oder elektronisch. Elektronisch können die Beteiligten entweder mit ihrer qualifizierten elektronischen Signatur unterzeichnen oder auf dem vom Notar bereit gestellten Signaturpad (§ 13a Abs. 1 BeurkG n. F.). Die Unterzeichnung auf dem Signaturpad dürfte der Regelfall bei der elektronischen Beurkundung werden, da nur die wenigsten Beteiligten eine qualifizierte elektronische Signatur besitzen. Die elektronischen Unterschriften werden am Ende der Niederschrift dann bildlich wiedergegeben (§ 13a Abs. 3 BeurkG n. F.). 460

b) Bloßer Vorname genügt nicht

Die Anforderungen an eine Unterschrift für die gesetzliche Schriftform nach § 126 BGB lassen sich nicht auf die Anforderungen an eine Unterschrift nach § 13 BeurkG übertragen. § 13 BeurkG ist autonom auszulegen. Erforderlich ist dafür die Unterschrift mit dem vollen Nachnamen (Familiennamen). Die Hinzufügung des Vornamens ist möglich, aber nicht erforderlich. 461

Die Unterschrift mit dem **bloßen Vornamen** hält der Bundesgerichtshof jedoch auch bei einer notariellen Niederschrift nicht für ausreichend; die Urkunde sei formunwirksam. 462

> BGH, Urt. v. 25.10.2002 – V ZR 279/01,
> BGHZ 152, 255 = DNotZ 2003, 269
> = MittBayNot 2003, 197 = NJW 2003, 1120;
>
> ablehnend
> *Heinemann*, DNotZ 2003, 243;
> *Kanzleiter*, MittBayNot 2003, 197;
>
> dagegen Replik von *Renner*, NotBZ 2003, 178;
> dazu Duplik von *Kanzleiter*, NotBZ 2003, 210.

Unwirksam ist nach einer Entscheidung des OLG Stuttgart auch die Unterschrift mit dem Vornamen und dem **Anfangsbuchstaben des Nachnamens**. 463

> OLG Stuttgart, Urt. v. 14.11.2001 – 3 U 123/01,
> DNotZ 2002, 543 = ZNotP 2002, 229;
>
> ablehnend
> *Heinemann*, ZNotP 2002, 223;
> *Kanzleiter*, DNotZ 2002, 520.

Auch wenn man die Entscheidungen nicht für richtig hält, mahnen sie für die Praxis doch zur Sorgfalt. Bei alten Grundstückskaufverträgen wird eine mögliche Unwirksamkeit aber häufig nach § 311b Abs. 1 Satz 2 BGB durch den Grundbuchvollzug der Auflassung geheilt sein. 464

c) Familienname

465 Da die Unterzeichnung mit einem **Teil eines Doppelnamens** für die gesetzliche Schriftform nach § 126 BGB genügt,

> BGH, Urt. v. 23.1.1996 – VI ZR 387/94,
> NJW 1996, 997 = MDR 1996, 520,

muss dies auch für § 13 BeurkG gelten.

466 Ebenso genügt meines Erachtens die Unterzeichnung mit einem **früheren Familiennamen**, insbesondere mit dem vor Eheschließung geführten Namen (was manchmal vorkommt, aber den Beteiligten doch selbst sofort auffällt).

> Ebenso
> *Kanzleiter*, DNotZ 2002, 520, 527;
> *Köhler*, in: Festschrift Schippel, S. 209, 210.

467 In der Literatur allgemein anerkannt ist auch die Unterzeichnung mit einem Künstlernamen oder anderen **Pseudonym**, sofern dieses den Unterzeichnenden eindeutig kennzeichnet („Loriot"). Ungenügend ist hingegen die Unterschrift mit einem bloßen **Fantasienamen** („Cvaralblichlalja") oder auch mit einer sonst von dem Beteiligten nicht verwendeten Kombination aus Buchstaben des Geburtsnamens und des jetzigen Familiennamens.

> KG, Beschl. v. 30.1.1996 – 1 W 7243/94,
> FamRZ 1996, 1242 = NJW-RR 1996, 1414
> = DNotI-Report 1996, 125 = Rpfleger 1996, 349
> (wobei man nach dem mitgeteilten Sachverhalt auch
> an der Testierfähigkeit oder doch an der Ernstlichkeit
> des Testierwillens zweifeln kann);
>
> OLG Düsseldorf, Beschl. v. 10.5.2017 – I-3 Wx 315/15,
> FamRZ 2018, 392 = FGPrax 2017, 267.

468 Das Bayerische Oberste Landesgericht ließ sogar die **versehentliche** Verwendung eines falschen Namens genügen, sofern sich der Aussteller der Urkunde dennoch zweifelsfrei ergibt.

> BayObLG, Beschl. v. 2.9.1955 – BReg 1 Z 82 – 84/55,
> BayObLGZ 1955, 206 = DNotZ 1956, 95 (m. Anm. *Keidel*)
> = NJW 1956, 24 (m. abl. Anm. *Firsching*),
> (zur Unterschrift des Notars) (siehe auch Rn. 479).

469 Dies dürfte wohl nach der heutigen Rechtsprechung des BGB für die Unterschrift eines Beteiligten nicht genügen: Wenn schon der richtige Vorname nicht genügt, kann der falsche Nachname erst recht nicht genügen.

d) Lesbarkeit der Unterschrift

470 Hinsichtlich der Lesbarkeit der Unterschrift zeigt die höchstrichterliche Rechtsprechung zur gesetzlichen Schriftform bzw. zur Unterschrift unter prozessualen Schriftsätzen gerade in den letzten Jahren einen **großzügigen Maßstab**. So sei „in Anbetracht der Variationsbreite, die selbst Unterschriften ein

und derselben Person aufweisen, […] insoweit ein großzügiger Maßstab anzulegen, wenn die Autorenschaft gesichert ist".

BGH, Urt. v. 10.7.1997 – IX ZR 24/97,
NJW 1997, 3380, 3381 = MDR 1997, 1052
unter Verweis auf
BGH, Beschl. v. 29.10.1986 – IVa ZB 13/86,
NJW 1987, 1333, 1334,
und
BVerfG, Beschl. v. 26.4.1988 – 1 BvR 669/87,
BVerfGE 78, 123, 126 = NJW 1988, 2787
(zu §§ 129, 130, 519 ZPO);
dazu EWiR 1988, 1247 *(Schneider)*.

Danach genüge etwa ein aus „drei steil und gerade verlaufenden Auf- und Abstrichen", als großes K zu deutender Anfangsbuchstabe, der in einem „kürzere(n), flacher ansteigende(n) und leicht gekrümmte(n) weitere(n) Aufstrich" ausläuft, der wohl für den Rest des Namens stehen solle. 471

Ebenso großzügig wie der Bundesgerichtshof entscheidet der Bundesfinanzhof: Weist ein handschriftliches Gebilde „mehrere unverwechselbare Striche und Schleifen auf, die zwar nur zwei leserliche Buchstaben, aber bei der gebotenen großzügigen Betrachtungsweise die Tendenz zu einem vollen Namenszug erkennen lassen", so soll auch ein „punktähnliches Schlusszeichen" nicht gegen eine vollständige Unterschriftsleistung sprechen. 472

BFH, Urt. v. 23.6.1999 – X R 113/96,
BFHE 189, 37 = BB 1999, 1907
= DB 1999, 1883 = NJW 2000, 607 (zu § 64 FGO).

Dieser großzügige Maßstab ist sinnvoll. Unterschreibt ein Beteiligter immer unleserlich, so wäre es merkwürdig, ihm für die rechtsverbindliche Unterschrift eine andere Unterschrift in Schönschrift anzusinnen. 473

Auch eine Unterschrift in Spiegelschrift genügt (sofern sich aus der ungewöhnlichen Art der Unterzeichnung nicht ausnahmsweise ein Mangel an Ernstlichkeit ergibt), etwa wenn der betreffende Beteiligte immer so unterschreibt. 474

DNotI-Gutachten, Fax-Abruf-Nr. 11483 v. 3.8.2007.

Die Abgrenzung zwischen (ungenügender) Paraphe und ausreichender voller (wenngleich unleserlicher) Unterschrift könnte man mit folgender Faustregel flapsig formulieren: **Ein** (lesbarer) **Buchstabe, zwei Wellenlinien, drei Zentimeter Länge – und möglichst kein Punkt am Ende** genügen jedenfalls für eine Unterschrift. 475

Staudinger-*Hertel*, BeurkG, Rn. 393.

Vgl. zu den Anforderungen an die Unterschrift unter einer notariellen Niederschrift, *Kanzleiter*, DNotZ 2002, 520.

Auch wenn an die Unterschrift ein großzügiger Maßstab anzulegen ist, wird der Notar die Beteiligten sinnvollerweise auffordern, doch bitte leserlich zu schreiben (damit man die Unterschriften auch lesen kann und damit keine 476

Verwechslung mit einer bloßen Paraphe oder der bloßen Unterzeichnung mit dem Vornamen möglich ist). Daher bitte ich die Beteiligten standardmäßig, einmal normal zu unterschreiben und dann ihren Namen nochmals in Druckbuchstaben daneben oder darunter zu setzen. Dann muss man nicht diskutieren, ob die schwungvolle Linie als Unterschrift genügt; denn die Druckbuchstaben sind jedenfalls eine wirksame Unterschrift. (Anders als Beteiligte häufig meinen, muss die Unterschrift nicht ihrer üblichen Unterschrift entsprechen.)

5. Unterschrift des Notars

a) Allgemein

477 Bei der herkömmlichen Unterschrift in **Papierform** unterzeichnet der Notar auf der Urschrift; damit ist die Urkunde bereits wirksam. Die Beifügung des Siegels und die Verbindung mit Schnur und Siegel ordnet § 44 BeurkG lediglich für die büromäßige Behandlung von Niederschriften an, die aus mehreren Blättern bestehen; sie ist aber nicht Wirksamkeitsvoraussetzung. (Eine Unterschrifts- oder Abschriftsbeglaubigung ist hingegen nur wirksam, wenn sie gesiegelt ist, § 39 BeurkG).

478 Bei einer **elektronischen Präsenzbeurkundung** signiert der Notar die elektronische Niederschrift mit seiner qualifizierten elektronischen Signatur (§ 13a Abs. 2 BeurkG). Die qualifizierte elektronische Signatur ersetzt zugleich die Unterschrift wie das Siegel des Notars.

b) Name

479 *Beispiel (nach BayObLGZ 1955, 206):*

Bei einem Übergabevertrag ist die Amtsstube des Notars voll von Maiers senior (Übergeber), diversen Maiers junior (Übernehmer bzw. weichende Erben) oder geborenen Maiers (ebenfalls weichende Erben). Da er gerade noch einem der Beteiligten Maier etwas erklärt, ist Notar Huber bei seiner eigenen Unterschrift abgelenkt und unterschreibt mit „Maier, Notar“.

480 Hat der Notar mit einem **falschen Namen** unterschrieben, so ist die Beurkundung nach einer Entscheidung des Bayerischen Obersten Landesgerichts jedenfalls dann wirksam, wenn sich der richtige Name des Notars aus dem Urkundseingang entnehmen lässt.

> BayObLG, Beschl. v. 2.9.1955 – BReg 1 Z 82 – 84/55,
> BayObLGZ 1955, 206 = DNotZ 1956, 95 (m. Anm. *Keidel*)
> = NJW 1956, 24 (m. abl. Anm. *Firsching*);
>
> zustimmend
> *Winkler*, BeurkG, § 13 Rn. 59;
> *Kanzleiter*, DNotZ 2002, 520, 527.

481 Möglicherweise kann man das beim Notar anders sehen als bei den Beteiligten (siehe Rn. 468), weil es hier nur auf die Funktion ankommt und der Funktionsträger ja im Urkundseingang bezeichnet ist.

c) Amtsbezeichnung

Der Notar hat seiner Unterschrift die **Amtsbezeichnung** beizufügen („Notar“) (§ 13 Abs. 2 Satz 2 BeurkG), der Notarvertreter die Bezeichnung „Notarvertreter“ (§ 41 Abs. 1 Satz 2 BNotO). Deren Fehlen beeinträchtigt die Wirksamkeit der Urkunde jedoch nicht; dies gilt auch bei der Vertreterbezeichnung, obwohl § 41 Abs. 1 Satz 2 BNotO nicht als „Soll“-, sondern als „Hat“-Vorschrift ausgestaltet ist. Denn die Unterscheidung des BeurkG zwischen Muss- und Sollvorschriften kann nicht auf die ältere BNotO übertragen werden. 482

Frenz/Miermeister-*Wilke*, § 41 BNotO Rn. 12.

6. Nachholung einer vergessenen Unterschrift

Hat der Notar oder ein Beteiligter vergessen, die Niederschrift zu unterschreiben, so kann nach allgemeiner Ansicht die vergessene Unterschrift noch nachgeholt werden. 483

Gutachten, DNotI-Report 1998, 33.

Nach einer Ansicht kann die **vergessene Unterschrift des Notars** nur nachgeholt werden, solange noch keine Ausfertigungen erteilt sind. Nach herrschender Ansicht kann hingegen die vergessene Unterschrift auch dann noch nachgeholt werden, wenn bereits Ausfertigungen erteilt wurden. 484

Winkler, BeurkG, § 13 Rn. 88;
Frenz-Miermeister-*Limmer*, § 13 BeurkG Rn. 23.

Nach einer Entscheidung des OLG Düsseldorf kann die **vergessene Unterschrift eines Beteiligten** nur im Wege einer Nachtragsbeurkundung durch eine neue Niederschrift nachgeholt werden. An der Nachtragsbeurkundung müsse nur derjenige mitwirken, der seine Unterschrift vergessen hat. Dagegen müssten die anderen an der ursprünglichen Urkunde Beteiligten bei der Nachtragsverhandlung nicht mitwirken; ein etwaiger entgegenstehender Wille ihrerseits sei unbeachtlich. 485

OLG Düsseldorf, Urt. v. 7.10.1998 – 15 U 192/97,
DNotZ 2000, 299 (m. Anm. *Wochner*).

Nach einer früheren Entscheidung eines anderen Senates des OLG Düsseldorf ist hingegen erforderlich, dass auch die anderen Beteiligten zum Zeitpunkt der Nachholung mit dem beurkundeten Rechtsgeschäft noch einverstanden sind. 486

OLG Düsseldorf, Beschl. v. 23.5.1997 – 3 Wx 203/97,
FGPrax 1997, 194 = ZNotP 1007, 71.

V. Anlagen, Verweisung und eingeschränkte Verlesungspflicht

1. Abgrenzung von untechnischer Bezugnahme

a) Grundfrage: Mitbeurkundung erforderlich?

487 *Beispiele:*

Der Notar fragt sich, ob er das in Bezug genommene Dokument mitbeurkunden muss – und wenn, wie er dies am einfachsten machen kann:

1. *Das Kaufobjekt ist vermietet. Der Käufer tritt bereits mit Besitzübergang in die Rechte und Pflichten aus dem Mietvertrag ein. Muss der Mietvertrag mitbeurkundet werden?*
2. *Der Käufer erklärt, ihm seien bestimmte, in einem Bodengutachten näher beschriebene Bodenverunreinigungen bekannt. Muss das Bodengutachten (oder jedenfalls die Liste der Verunreinigungen) mitbeurkundet werden?*
3. *Der Verkäufer soll noch Renovierungsarbeiten am Kaufobjekt ausführen. Er verpflichtet sich, diese entsprechend bestimmter DIN-Vorschriften auszuführen. Muss die betreffende DIN-Vorschrift mitbeurkundet werden?*

488 Sollen ergänzende Schriftstücke zur Urkunde genommen oder darauf Bezug genommen werden, ist zunächst zu fragen, ob deren Inhalt vom Beurkundungserfordernis mit umfasst wird.

489 Erst wenn festgestellt ist, dass eine Mitbeurkundung materiell-rechtlich erforderlich ist, stellt sich die Folgefrage, wie die Mitbeurkundung erfolgen soll:

- durch Mitbeurkundung im **Urkundstext** selbst,
- durch Beurkundung in einer mitverlesenen **Anlage** (§ 9 Abs. 1 Satz 2 BeurkG),
- durch **Verweisung** auf eine andere notarielle Urkunde (§ 13c BeurkG n. F. = zuvor § 13a BeurkG a. F.),
- durch Unterzeichnung eines **Bestandsverzeichnisses** (aber ohne Verlesung) (§ 14 BeurkG).

490 Denn eine Verweisung i. S. d. § 13c BeurkG n. F. (= zuvor § 13a BeurkG a. F.) ist nicht erforderlich, soweit sich das Beurkundungserfordernis nicht auf die anderen Erklärungen erstreckt. Insoweit handelt es sich lediglich um einen Hinweis oder eine **untechnische Bezugnahme**.

> BGH, Urt. v. 14.3.2003 – V ZR 278/01,
> DNotI-Report 2003, 85 = DNotZ 2003, 698:
> Ein Bodengutachten, das nach der Baubeschreibung zu beachten ist, nicht aber die vertragliche Beschaffenheit des Gebäudes bestimmt, bedarf keiner Beurkundung.

b) Checkliste der Fälle, in denen eine untechnische Bezugnahme ausreicht

In folgenden Fällen besteht kein gesetzliches Beurkundungserfordernis für das in Bezug genommene Dokument: 491

1. Wenn notariell beurkundete Vereinbarungen von den gleichen Beteiligten **geändert, ergänzt oder aufgehoben** werden.

   Hingegen ist für die Verlängerung einer Angebotsfrist eine Bezugnahme nach § 13a BeurkG dann erforderlich, wenn die ursprüngliche Frist bereits abgelaufen ist, da dann das Angebot bereits erloschen ist.

   Lichtenberger, NJW 1980, 864;
   Staudinger-*Schumacher*, BGB (2017), § 311b Abs. 1 Rn. 231;

   a. A. *Kamlah*, MDR 1980, 532, 539;
   Tiedtke, DNotZ 1991, 348.

2. Wenn es sich um rechtsgeschäftliche Erklärungen handelt, die im Zeitpunkt der Beurkundung durch **Eintragung im Grundbuch** bereits einen sachenrechtlich verbindlichen Inhalt haben (Teilungserklärung als Inhalt des im Grundbuch eingetragenen Wohnungseigentums).

3. Wenn es sich um **gesetzliche Vorschriften** handelt.

   Beispiel:

   „Für Sachmängel des Gebäudes gelten die gesetzlichen Vorschriften für den Werkvertrag" oder „Der Bevollmächtigte ist von den Beschränkungen des § 181 BGB befreit".

   Dies gilt auch, wenn – wie im einleitenden Beispiel – auf **DIN-Vorschriften** verwiesen wird. Diese haben zwar keine Rechtsnormqualität, werden aber ähnlich wie Rechtsvorschriften veröffentlicht.

   OLG Düsseldorf, Urt. v. 18.5.1984 – 22 U 66/84,
   DNotZ 1985, 626 = MDR 1985, 1035.

4. Wenn die **Annahme eines Angebots** beurkundet wird (es reicht aus, wenn die Angebotsurkunde in der Annahmeurkunde genau bezeichnet wird),

   BGH, Urt. v. 25.2.1994 – V ZR 63/93,
   BGHZ 125, 218, 223 f. = ZIP 1994, 538
   = DNotZ 1994, 967 = NJW 1994, 1344,

   oder bei der **Genehmigung** der Erklärung eines vollmachtlosen Vertreters,

   BGH, Urt. v. 23.6.1988 – III ZR 84/87,
   DNotZ 1990, 356 = NJW 1989, 164 = WM 1988, 1418;
   dazu EWiR 1988, 1153 *(Brambring)*,

   nach der Rechtsprechung des Bundesgerichtshofs auch für die **Bestätigung** eines (formwirksamen, aber aufgrund Genehmigungsverweigerung materiell unwirksamen) Vertrags.

BGH, Urt. v. 1.10.1999 – V ZR 168/98,
ZfIR 2000, 264 = DNotZ 2000, 288, 292
= NJW 1999, 3704, 3705;
dazu EWiR 1999, 1157 *(Armbrüster)*;

a. A. Staudinger-*Wufka*, BGB (2005), § 311b Abs. 1
Rn. 97 und 231.

5. Wenn eine **Vertragsübernahme** (Schuldübernahme, Abtretung von Forderungen) vereinbart wird, auf die zugrunde liegende Vertragsurkunde.

BGH, Urt. v. 4.3.1994 – V ZR 241/92,
BGHZ 125, 235 = ZIP 1994, 888
= DNotZ 1994, 476 = NJW 1994, 1347 (Schuldübernahme);

BGH, Urt. v. 8.6.1979 – V ZR 191/76,
BGHZ 75, 15 = DNotZ 1979, 733 (m. Anm. *Schippel*)
= NJW 1979, 2387 (Vertragsübernahme);

BGH, Urt. v. 17.7.1998 – V ZR 191/97,
ZIP 1998, 1593 = ZfIR 1998, 541
= DNotZ 1999, 50 (m. Anm. *Kanzleiter*)
= NJW 1998, 3197 (mitverkaufte Baugenehmigungsplanung);

vgl. Gutachten, DNotI-Report 1995, 59.

492 Im einleitenden Beispiel muss daher nur die Schuld- bzw. Vertragsübernahme des Mietvertrags beurkundet werden, nicht der Inhalt des Mietvertrags. *Anmerkung:* Eine vertragliche Regelung der Vertragsübernahme ist sinnvoll, da § 566 BGB = § 571 BGB a. F. das Mietverhältnis erst mit Eigentumsübergang überleitet. Dies wird vertraglich auf den Zeitpunkt des Besitzübergangs vorgezogen.

c) Checkliste der Fälle, in denen eine Mitbeurkundung erforderlich ist

493 In folgenden Fällen ist hingegen eine Mitbeurkundung erforderlich:

1. Bei einer Bezugnahme auf die **Teilungserklärung** beim Verkauf von Wohnungseigentum, **bevor dieses im Grundbuch eingetragen ist.**

Beispiel (nach Bundesgerichtshof DNotZ 1995, 26 = NJW 1994, 1288):

Eine Teileigentumseinheit (Gaststätte) wurde verkauft. Am selben Tag war zuvor eine Änderung der Teilungserklärung beurkundet worden. Dies war dem Käufer bekannt; er hatte jedoch nicht an der Änderung mitgewirkt. Im Kaufvertrag wurde vereinbart, dass der Käufer an die Änderung der Teilungserklärung gebunden ist.

Hier konnte (und musste) nach § 13a BeurkG auf die Änderungsurkunde zur Teilungserklärung verwiesen werden, weil die Änderung noch nicht im Grundbuch eingetragen war, sodass es einer rechtsgeschäftlichen Vereinbarung bedurfte. Der Bundesgerichtshof behandelte dies nicht als Eintritt in ein bestehendes Vertragsverhältnis.

2. Die **Baubeschreibung** vor Fertigstellung des Objekts (und auch nach Fertigstellung, sofern sich daraus die geschuldete Beschaffenheit ergibt).

   BGH, Urt. v. 16.12.2004 – VII ZR 257/03,
   ZfIR 2005, 134 = DNotI-Report 2005, 61 = NJW 2005, 1115;

   BGH, Urt. v. 10.2.2005 – VII ZR 184/04,
   BGHZ 162, 157 = ZfIR 2005, 313
   = DNotZ 2005, 467 (m. Anm. *Basty*) = NJW 2005, 1356.

3. In allen übrigen Fällen, in denen **konstitutive Vereinbarungen** (die deshalb nach materiellem Recht beurkundungsbedürftig sind) nicht in die Niederschrift selbst aufgenommen werden, weil sie bereits in einem anderen Schriftstück niedergelegt sind.

Wünschen die Beteiligten eine Mitbeurkundung, obwohl eine Regelung nicht **494**
vom gesetzlichen Beurkundungserfordernis erfasst ist, so kann es sich entweder um eine rechtsgeschäftliche Formvereinbarung als Wirksamkeitsvoraussetzung handeln oder die Form kann nur aus **Beweisgründen** vereinbart sein. Im letzteren Fall genügt den Beteiligten möglicherweise statt einer Mitbeurkundung, wenn das Dokument zu Beweiszwecken zur Urkunde geheftet wird.

Im einleitenden Beispiel ist die Erklärung, dass bestimmte **Bodenverunreinigungen bekannt** sind, kraft Gesetzes nicht beurkundungsbedürftig. Denn es handelt sich nicht um eine rechtsgeschäftliche, sondern nur um eine tatsächliche Erklärung. Sinnvoll ist jedoch eine Mitbeurkundung zu Beweiszwecken. Doch genügt den Beteiligten hierfür wahrscheinlich, wenn entweder das Bodengutachten in der Urkunde bestimmt bezeichnet ist oder die entsprechende Tabelle als Anlage zu Beweiszwecken zur Urkunde geheftet wird.

2. Verweisung nach § 13c BeurkG n. F. (zuvor § 13a BeurkG a. F.)

a) Wirksamkeitsvoraussetzungen

Nach § 13c BeurkG n. F. (= zuvor § 13a BeurkG a. F.) genügt die bloße Ver- **495**
weisung auf eine andere notarielle Urkunde, um die diesbezüglichen Erklärungen auch zum Gegenstand der neuen Niederschrift zu machen.

Checkliste für die Wirksamkeitsvoraussetzungen einer Verweisung nach § 13c **496**
BeurkG:

- Verwiesen werden kann nur auf eine **notarielle Niederschrift** (§ 13c Abs. 1 BeurkG) oder auf eine von einer öffentlichen Behörde innerhalb der Grenzen ihrer Amtsbefugnis gesiegelte **Karte oder Zeichnung** (Abs. 4). Es kann auch auf eine in elektronischer Form errichtete öffentliche Urkunde verwiesen werden, die vom ausstellenden Notar oder der ausstellenden Behörde mit einer qualifizierten elektronischen Signatur versehen wurde (vgl. insbesondere den neu eingefügten § 13c Abs. 2 Satz 2 BeurkG n. F.).
- Die Urkunde, auf die verwiesen wird, muss nur formell wirksam sein; ob sie auch materiell wirksam ist, spielt keine Rolle.

OLG Braunschweig, Beschl. v. 15.7.2019 – 1 W 12/19, DNotZ 2020, 130 = FGPrax 2019, 231 = NotBZ 2019, 462.

- Die Beteiligten müssen erklären, dass bestimmte Erklärungen einer anderen Niederschrift auch Teil der jetzigen Niederschrift sein sollen. Der Notar muss diese **Verweisung** beurkunden und dabei die andere Niederschrift hinreichend bestimmt bezeichnen.

- Eine Verlesung der verwiesenen Urkunde ist entbehrlich, wenn die Beteiligten erklären, dass ihnen der Inhalt der anderen Niederschrift **bekannt** ist und sie auf das **Verlesen verzichten** (§ 13c Abs. 1 Satz 1 BeurkG).

- Eine Beifügung der verwiesenen Urkunde ist entbehrlich, wenn die Beteiligten auf die **Beifügung verzichten** (§ 13c Abs. 2 Satz 1 BeurkG).

- In der Niederschrift selbst muss als Wirksamkeitsvoraussetzung nur der **Vermerk über die Verweisung** enthalten sein. Die anderen Erklärungen bzw. Verzichte sind zwar auch in der Niederschrift zu vermerken; dies ist aber nicht Wirksamkeitsvoraussetzung.

497 Oder in einer **Kurzformel**: Wirksamkeitsvoraussetzung sind zwei Erklärungen (Verweisung und Erklärung, dass die andere Urkunde bekannt ist), zwei Verzichte (auf das Vorlesen und auf das Beifügen) sowie ein Vermerk (über die Verweisung selbst).

Staudinger-*Hertel*, BGB, Vor §§ 127a/128 Rn. 423.

498 Im Einzelnen: Bei der Verweisung auf eine **Karte** nach Abs. 4 ist genau zu prüfen, wie weit die Befugnisse der Behörde reichen:

- Ist der **Aufteilungsplan** noch nicht vollzogen, aber bereits von der Baubehörde nach § 7 Abs. 4 Nr. 1 WEG unterzeichnet und gesiegelt, so kann hierauf hinsichtlich des Sondereigentums verwiesen werden (wobei er heute i. d. R. gleichwohl als Anlage mitbeurkundet wird). Findet man daher eine ältere Urkunde, deren Urschrift den Aufteilungsplan nicht enthält, so ist sie wirksam und richtig erstellt (wenn sie eine korrekte Verweisung enthält). Von einer Beurkundung als Anlage wird man auch absehen, wenn der Plan für erforderliche Korrekturen (z. B. unrichtige Ausweisungen als Sondereigentum) nochmals zum Landratsamt muss. Denn wenn der Plan nicht Teil der Urkunde ist, kann das Landratsamt unproblematisch noch Änderungen vornehmen.

  OLG Zweibrücken, Beschl. v. 9.9.1983 – 3 W 84/83, MittBayNot 1983, 242, 243.

- Hinsichtlich von **Sondernutzungsrechten** besteht aber keine Amtsbefugnis nach § 7 Abs. 4 Nr. 1 WEG. Insoweit ist daher nur eine Mitbeurkundung als Anlage nach § 9 Abs. 1 Satz 2 BeurkG bzw. ein Verweis auf den bereits in einer anderen Niederschrift mitbeurkundeten Plan (§ 13a Abs. 1 BeurkG) möglich.

Gutachten, DNotI-Report 1999, 17, 19;
a. A. *Schöner/Stöber*, Rn. 2854.

In der Niederschrift sollte möglichst genau angegeben werden, hinsichtlich welcher Erklärungen auf die andere Niederschrift verwiesen wird. Der **Inhalt der Verweisung** kann sich jedoch auch durch Auslegung ergeben. In einem vom OLG Düsseldorf entschiedenen Fall hatte die Verkäuferin in der Vorurkunde eine Dienstbarkeit an der nun verkauften Teilfläche bestellt. Bei Beurkundungen des Teilflächenverkaufs wurde diese Dienstbarkeitsbestellung erwähnt und danach auf die Vorurkunde verwiesen. Das OLG Düsseldorf legte die Verweisung als Eintragungsbewilligung des Käufers für die Dienstbarkeit aus. Denn sonst hätte die Verweisung keinen Sinn gemacht. 499

OLG Düsseldorf, 22.11.2002 – 3 Wx 321/01, DNotI-Report 2003, 14;
a. A. *Demharter*, FGPrax 2003, 139.

b) Weitere Anforderungen

Folgende weitere Anforderungen muss der Notar einhalten, ohne dass ein Verstoß zur Unwirksamkeit der Beurkundung führen würde: 500

- Der Notar soll den Beteiligten vor der Beurkundungsverhandlung mitteilen, wo sie die andere Niederschrift einsehen können und ihnen – wenn sie sich bei ihm befindet – auf Verlangen zumindest eine **Abschrift übermitteln** (§ 13c Abs. 3 BeurkG).
- Der Notar soll nur beurkunden, wenn den Beteiligten die andere Niederschrift zumindest in **beglaubigter Abschrift** bei der Beurkundung einsehbar ist (also entweder als beglaubigte Papierabschrift vorliegt oder als beglaubigtes elektronisches Dokument einsehbar ist) (§ 13c Abs. 1 Satz 3 BeurkG).
- Der Notar soll **Vermerke über den Verzicht** auf die Verlesung (§ 13c Abs. 1 Satz 2 BeurkG) und das Beifügen zur Urkunde (§ 13c Abs. 2 Satz 2 BeurkG) sowie die Erklärung, dass den Beteiligten der Inhalt der Bezugsurkunde bekannt ist, in die Niederschrift aufnehmen.

c) Rechtsfolgen

Die Verweisung nach § 13c BeurkG ersetzt die Verlesung. Unberührt bleibt die Prüfungs- und Belehrungspflicht des Notars über den Inhalt der anderen Urkunde, soweit darauf verwiesen wird. 501

3. Mitbeurkundung von Anlagen (§ 9 Abs. 1 Satz 2 BeurkG)

a) Abgrenzung von Anlagen zu Beweiszwecken

Soweit Anlagen nicht beurkundungsbedürftig sind, können sie etwa zu **bloßen Beweiszwecken** gemeinsam mit der Urkunde geheftet werden. In dem 502

Schlussvermerk der Urkunde ist dann zum Ausdruck zu bringen, ob bzw. welche Anlagen mitverlesen wurden – und welche Anlagen nur zu Beweiszwecken angeheftet wurden,

(„vom Notar mit Anlagen 1–3 verlesen, von den Beteiligten genehmigt und unterschrieben – Anlagen 4–7 wurden nicht verlesen und sind nur zu Beweiszwecken beigefügt").

503 Sinnvollerweise bringt man die Tatsache, dass eine Anlage nur zu Beweiszwecken verbunden wurde, auch auf der Anlage selbst zum Ausdruck.

504 Typischer Fall einer nur zu Beweiszwecken beigefügten Anlage ist die **beglaubigte Abschrift einer Vollmacht**. Legt ein Beteiligter bei der Beurkundung eine Vollmachtsurkunde im Original oder in Ausfertigung vor, so ist für den Vollmachtsnachweis gegenüber dem Grundbuchamt (§ 29 GBO; §§ 172 ff. BGB) entweder die Vorlage von Original oder Ausfertigung erforderlich oder – was für die Beteiligten einfacher ist – der Notar reicht eine beglaubigte Abschrift ein, verbunden mit der amtlichen Feststellung, dass ihm die Vollmacht bei der Beurkundung in Urschrift oder beglaubigter Abschrift vorlag.

b) Anlage nach § 9 Abs. 1 Satz 2 BeurkG

505 Enthält die Anlage beurkundungsbedürftige Erklärungen der Beteiligten, so sind jedenfalls diese als Anlage nach § 9 Abs. 1 Satz 2 BeurkG zu behandeln. Voraussetzungen hierfür sind:

- Anlage kann entweder ein **Schriftstück** (Satz 2) oder eine **Karte**, Zeichnung oder Abbildung sein (Satz 3). Typische Fälle sind etwa die Baubeschreibung als Anlage zur Teilungserklärung oder der Inhalt des angebotenen Vertrags als Anlage zur Angebotsurkunde. Pläne in Anlagen können z. B. die verkaufte Teilfläche oder den Ausübungsbereich einer Dienstbarkeit darstellen.
- Die Anlage muss der Urkunde **körperlich beigefügt** sein.
- Im Hauptteil der Urkunde muss auf die Anlage **verwiesen** werden.

506 „Die Verweisung auf die Anlage muss als Erklärung der Beteiligten protokolliert werden und den Willen erkennen lassen, dass die Erklärungen in der beigefügten Anlage ebenfalls Gegenstand der Beurkundung sein sollen. Der Mangel einer ausreichenden Verweisungserklärung auf die Anlage in der Niederschrift selbst führt dazu, dass diese nicht wirksam beurkundet wurde. Die formelle Nichtigkeit hat auch die Nichtigkeit des Kaufvertrags zur Folge".

BGH, Urt. v. 17.5.1994 – XI ZR 117/93,
DNotZ 1995, 35 = NJW 1994, 2095 = WM 1994, 1637.

507 An der erforderlichen Beifügung des Schriftstücks, auf das in der Urkunde verwiesen wird, fehlt es, wenn das Schriftstück im Zeitpunkt der Beurkundung dem Notar und den Urkundsbeteiligten nicht vorlag, sondern erst spä-

ter nachgereicht wurde. Auch die anschließende Verbindung mit Schnur und Siegel kann dieses Erfordernis nicht ersetzen. Allerdings erweitert der Bundesgerichtshof die Vermutung des § 13 Abs. 1 Satz 3 BeurkG dahin, dass „die Verweisung einer unterschriebenen Urkunde auf eine Anlage auch die Vermutung erbringt, dass die Anlage bereits bei der Beurkundung vorhanden war und vorlag".

BGH, Urt. v. 17.5.1994 – XI ZR 117/93, a. a. O.

4. Bestandsverzeichnis

§ 14 Abs. 1 BeurkG lässt einen Verzicht auf die Verlesung in zwei Fällen zu: **508**

- bei Bilanzen, Inventaren, Nachlassverzeichnissen oder sonstigen **Bestandsverzeichnissen** (Satz 1),
- bei **Grundpfandrechten** u. Ä. für die nicht in das Grundbuch einzutragenden (und auch sonst nicht beurkundungsbedürftigen) Erklärungen – mit ausdrücklicher Ausnahme der Zwangsvollstreckungsunterwerfung (Sätze 2 und 3).

In der Praxis problematisch ist allein der Begriff des **Bestandsverzeichnisses.** **509**

- Nach der Gesetzesbegründung und anfänglichen Literaturstimmen ist der Begriff i. S. d. **§ 260 BGB** zu verstehen.

  BT-Drucks. 13/11034; Gutachten, DNotI-Report 2003, 17.

  RGZ 90, 137, 139 definiert dies näher als eine „Mehrheit von Vermögensgegenständen, Sachen wie Rechte oder Forderungen, […] bei der der Berechtigte nach dem obwaltenden Verpflichtungsgrunde nicht in der Lage ist, die einzelnen Vermögensgegenstände zu bezeichnen, und bei der die Einheitlichkeit dieses Rechtsgrundes […] das Band bildet, welches jene Mehrheit zum Inbegriff vereinigt".

  Ebenso MünchKomm-*Krüger*, BGB, § 260 Rn. 5;
  Staudinger-*Kolbe*, BGB (2025), § 260 Rn. 5.

- Sicher nicht unter § 14 BeurkG fällt daher die **Baubeschreibung** oder die Teilungserklärung bzw. alles, was **zu schaffen oder herzustellen** erst noch Inhalt des Vertrags ist.

  BT-Drucks. 13/11034, S. 60.

- Verlangt man, dass der Bestand durch ein bereits vorhandenes rechtliches Band zusammengefasst ist, so wäre beim Verkauf einer **Mehrzahl von Grundstücken** deren Auflistung nach § 14 BeurkG nur dann möglich, wenn es sich um alle Grundstücke des Veräußerers bzw. alle bereits zuvor einem Betrieb zugeordneten oder sonst durch ein **einheitliches Band** verbundenen Grundstücke handelt.

  Gutachten, DNotI-Report 2003, 17.

Die Literatur macht diese Einschränkung hingegen mehrheitlich nicht.

Kanzleiter, DNotZ 1999, 292, 298;
Stauf, RNotZ 2001, 129, 146.

- Von der mittlerweile wohl herrschenden Meinung wird unter § 14 BeurkG alles gefasst, was aus **Auflistungen oder Zahlen** besteht und sich daher schlecht vorliest, aber gegebenenfalls einfacher in Schriftform auf Vollständigkeit und Richtigkeit überprüfen lässt. Einzige Abgrenzung wäre dann, ob dieser Bestand schon „besteht" (er also nicht erst geschaffen werden muss); ein bereits bestehendes einheitliches Band wäre demgegenüber nach dieser Ansicht verzichtbar.

  Ising/v. Loewenich, ZNotP 2003, 176.

510 § 14 BeurkG stellt folgende Wirksamkeitsvoraussetzungen auf:

- Das Bestandsverzeichnis ist in ein Schriftstück aufgenommen, das der Urkunde **beigefügt** wird.
- Es wird auf das Schriftstück **verwiesen.**
- Die Beteiligten **verzichten auf das Vorlesen** (§ 14 Abs. 1 Satz 1 BeurkG) und hierüber erfolgt ein **Vermerk** in der Urkunde (Abs. 3 Halbs. 1). Dieser Vermerk ist Wirksamkeitsvoraussetzung (anders als bei der Verweisung nach § 13a BeurkG).

511 Für das Beurkundungsverfahren hat der Notar weiter Folgendes einzuhalten, ohne dass dies jedoch Wirksamkeitsvoraussetzung wäre:

- In die Niederschrift soll ein **Vermerk** aufgenommen werden, dass den Beteiligten das Schriftstück zur Kenntnisnahme vorgelegt wurde (Abs. 3 Halbs. 2).
- Seit der Änderung durch das Gesetz zur Einführung einer elektronischen Präsenzbeurkundung „soll der Notar die Beteiligten auch über die Bedeutung des Verweisens auf das beigefügte Schriftstück **belehren** (§ 14 Abs. 2 Satz 2 BeurkG n. F.), also darüber, dass der Inhalt des Bestandsverzeichnisses damit Inhalt der Niederschrift wird. Persönlich erscheint mir das eher überflüssig, weil es den Beteiligten ohnehin klar ist.

512 Das Bestandsverzeichnis muss nicht unterzeichnet werden – ebenso wenig wie eine mitverlesene Anlage. Früher hatte hingegen § 14 Abs. 2 Satz 1 BeurkG a. F. eine Unterzeichnung des Bestandsverzeichnisses gefordert – überflüssigerweise auch noch auf jeder Seite. Dies war ein aus dem angloamerikanischen Recht übernommener Fremdkörper im deutschen Recht. Das Gesetz zur Einführung einer elektronischen Präsenzbeurkundung hat dies zu Recht abgeschafft.

§ 14 Abs. 2 Satz 2 BeurkG stellt klar, dass § 17 BeurkG unberührt bleibt. Die Prüfungs- und Belehrungspflichten gelten daher uneingeschränkt auch für den Inhalt des beigefügten Schriftstücks. 513

VI. Änderungen der Niederschrift

1. Änderungen während der Beurkundungsverhandlung (§ 44a Abs. 1 BeurkG)

Beispiel: 514

Beteiligter A ist empört. Er erinnert sich genau, wie der Notar während der Beurkundungsverhandlung diverse handschriftliche Änderungen vornahm. Damals fand er es gut, dass der Notar den Urkundstext nochmals genau an die von ihm erfragten Vorstellungen der Beteiligten anpasste. Nun erhält er aber eine Ausfertigung, die zwar inhaltlich korrekt den endgültigen Vertragstext wiedergibt, aber die Änderungen nicht mehr erkennen lässt.

Von A „zur Rede gestellt", erklärt der Notar nur, die ihm erteilte Ausfertigung sei eine „Reinschrift".

Änderungen während der Beurkundungsverhandlung können entweder durch Neuausdruck und Neuverlesung (siehe Rn. 453) oder durch **Zusätze oder Streichungen im Entwurfstext** erfolgen. Nach § 44a Abs. 1 BeurkG sind nicht nur geringfügige Änderungen durch den Notar zu vermerken und gesondert zu unterzeichnen. 515

Bei einer **geringfügigen Änderung**, wie etwa der Verbesserung von Schreibfehlern oder der Streichung eines doppelt geschriebenen Wortes, ist kein weiterer Zusatz erforderlich. 516

OLG Hamburg, Beschl. v. 3.12.1949 – 2 W 312/49, DNotZ 1951, 422.

Ist die Änderung hingegen nicht geringfügig (etwa Änderungen, die sich auf den Inhalt der beurkundeten Erklärungen auswirken können), so soll der Notar entweder einen **Randvermerk mit gesonderter Unterschrift des Notars** (etwa „geändert", Unterschrift des Notars – oder auch nur die Unterschrift des Notars bei der Änderung bzw. am Rand) oder einen **Vermerk am Schluss** der Niederschrift vor der Unterschrift des Notars aufnehmen. Früher erfolgen Streichungen häufig dadurch, dass der zu streichende Text eingeklammert mit dem Vermerk „lies" versehen wird; am Ende der Urkunde findet sich dann der stattdessen einzusetzende Text. 517

Fehlt der Änderungsvermerk, so ist die Beurkundung gleichwohl wirksam. Doch werden die fehlerhaften Änderungen nicht von der **Beweiskraft** der Urkunde nach § 415 Abs. 1 ZPO erfasst. Daher kann das Grundbuchamt gegebenenfalls die Urkunde als nicht formgerecht beanstanden, wenn begründete Zweifel bestehen, ob die nicht mit dem entsprechenden Vermerk des Notars versehene Änderung möglicherweise erst nachträglich erfolgte. 518

BGH, Urt. v. 15.4.1994 – V ZR 175/92,
DNotZ 1995, 28 (m. Anm. *Wochner*) = NJW 1994, 2768.

519 Ausfertigungen und **Abschriften** müssen hingegen nur inhaltlich wörtlich mit der Urschrift übereinstimmen. Die Änderung kann daher hier gleich in den Text übernommen werden **(Reinschrift)** – wie im einleitenden Beispiel.

2. Änderungen nach Abschluss der Beurkundung (§ 44a Abs. 2 BeurkG)

520 Nach der Unterschrift des Notars kann die Niederschrift über Willenserklärungen nicht mehr geändert werden. Es ist nur mehr eine Nachtragsbeurkundung möglich. Offensichtliche Unrichtigkeiten kann der Notar jedoch auch ohne Mitwirkung der Beteiligten durch einen Nachtragsvermerk berichtigen (§ 44a Abs. 2 BeurkG).

521 § 44a BeurkG wurde erst 1998 in das Beurkundungsgesetz eingefügt. Zuvor gab es nur eine Regelung in § 30 Abs. 4 DONot 1985; danach war eine Berichtigung **„offensichtlicher Schreibfehler"** zugelassen, die aus dem Gesamtzusammenhang der Urkunde ohne Weiteres erkannt werden konnten, insbesondere etwa Verwechslungen zwischen Käufer und Verkäufer oder Zahlenverdreher.

BayObLG, Beschl. v. 16.5.2002 – 2Z BR 181/01,
FGPrax 2002, 151 = Rpfleger 2002, 563
= ZfIR 2002, 1025 = ZNotP 2002, 439;

OLG Frankfurt/M., Beschl. v. 14.3.1996 – 20 W 74/96,
DNotZ 1997, 79 = FGPrax 1996, 160
= MittRhNotK 1996, 358 = NJW-RR 1997, 565;

OLG Hamburg DNotZ 1951, 422
(Geburtsname einer Beteiligten unrichtig geschrieben);

OLG Hamm, Beschl. v. 4.11.1987 – 15 W 428/87,
OLGZ 1988, 227 = DNotZ 1988, 565, 567 (m. Anm. *Reithmann*)
= MDR 1988, 328;

OLG Jena, Beschl. v. 24.3.1998 – 5 W 82/98,
OLG-NL 1998, 282, 283;

OLG Köln, Beschl. v. 17.7.1992 – 2 Wx 32/92,
MittBayNot 1993, 170, 171 = NJW-RR 1993, 223.

522 Nach § 44a Abs. 2 BeurkG können (ebenso wie bei Urteilen nach § 319 Abs. 1 ZPO) auch andere **offensichtliche Unrichtigkeiten** berichtigt werden, die sich aus dem Gesamtzusammenhang der Beurkundung ergeben, wozu auch außerhalb der Urkunde liegende Umstände herangezogen werden können. Nach herrschender Meinung genügt, dass die Unrichtigkeit für den Notar offensichtlich ist.

Brambring, FGPrax 1998, 201, 203;
Kanzleiter, DNotZ 1999, 292, 305;
Frenz/Miermeister-*Limmer*, § 44a BeurkG Rn. 14;
Winkler, BeurkG, § 44a Rn. 18.

In der Urschrift selbst darf nichts verändert werden. Vielmehr erfolgt die Berichtigung durch einen vom Notar zu unterschreibenden **Nachtragsvermerk**, entweder am Schluss der Niederschrift oder auf einem gesonderten Blatt. 523

Bei Abschriften oder Ausfertigungen muss die Änderung hingegen nicht mehr sichtbar sein. Sie können die Korrektur bereits unmittelbar im Text enthalten (als sog. **Reinschrift**). 524

Ist hingegen lediglich die **Unterschrift beglaubigt**, so können nach der Beglaubigung noch Änderungen am Text vorgenommen werden – natürlich nur von den Unterzeichnenden selbst oder mit deren Einverständnis (z. B. Nachtragen einer fehlenden Grundbuchstelle bei einer Löschungsbewilligung oder der Funktion des unterzeichnenden Verwaltungsbeiratsvorsitzenden beim Protokoll über die Verwalterbestellung). Allerdings können solche nachträglichen Änderungen die Beweiskraft der Urkunde beeinträchtigen. 525

OLG Düsseldorf, Beschl. v. 18.12.2018 – I-3 Wx 89/18, DNotZ 2019, 661 = FGPrax 2019, 55 = RNotZ 2019, 210.

VII. Notarielle Belehrungspflichten und Vertragsgestaltung

Literatur: *Brambring*, Rechtsprechungsübersicht zur Notarhaftung, FGPrax 1996, 1617; *Frenz*, Amtspflichten bei ungesicherten Vorleistungen, ZNotP 2012, 122; *Ganter*, Die Rechtsprechung des Bundesgerichtshofs zu den Belehrungs-, Hinweis- und Warnpflichten des Notars seit 1992, WM 1996, 701; *ders.*, Die Rechtsprechung des Bundesgerichtshofs zur Notarhaftung seit 1996, WM 2000, 641; *Tropf*, Urkunds- und Formmängel beim Grundstücksgeschäft. Ein Überblick anhand der Rechtsprechung des Bundesgerichtshofs, ZNotP 1998, 258; *Wolfsteiner*, Der wahre Wille, DNotZ 200, 455.

Während die vorstehend dargestellten formellen Anforderungen an die Verlesung, Genehmigung und Unterschrift vornehmlich der Rechtssicherheit dienen, wird die Schutzwirkung der notariellen Beurkundung vor allem durch die notarielle Vertragsgestaltung und die notariellen Belehrungspflichten erreicht. Die notariellen Prüfungs- und Belehrungspflichten sind in §§ 17–21 BeurkG kodifiziert: 526

- Nach § 17 Abs. 1 Satz 1 BeurkG soll der Notar „den Willen der Beteiligten erforschen" und „den Sachverhalt klären" (Willenserforschung und **Sachverhaltsklärung**),
- die Beteiligten „über die rechtliche Tragweite des Geschäfts belehren" (**Rechtsbelehrungspflicht**)
- und „ihre Erklärungen klar und unzweideutig in der Urkunde wiedergeben" (**Formulierungspflicht**).
- § 17 Abs. 2a Satz 2 BeurkG regelt besondere Schutzpflichten bei **Verbraucherverträgen**, insbesondere die persönliche Abgabe der Willenserklärung und – bei Verbraucherimmobiliargeschäften – die zweiwöchige Frist zur Entwurfsversendung.

- §§ 18–21 BeurkG regeln besondere Hinweis bzw. Sachverhaltsaufklärungspflichten (§ 18 über Genehmigungserfordernisse, § 19 zur grunderwerbsteuerlichen Unbedenklichkeitsbescheinigung, § 20 zu gesetzlichen Vorkaufsrechten und § 21 zur Grundbucheinsicht).

527 Die Amtspflicht zur Willenserforschung und **Sachverhaltsklärung** verpflichtet den Notar nicht etwa zur Amtsermittlung, sondern nur zur Ermittlung des wahren Willens der Beteiligten durch Fragen an die Beteiligten. Auf deren Angaben zum tatsächlichen Sachverhalt kann sich der Notar verlassen. Bei Aussagen der Beteiligten zu Rechtstatsachen muss sich der Notar hingegen vergewissern, dass die Beteiligten Rechtsbegriffe auch richtig verstanden haben. Die allgemeine Sachverhaltsaufklärungspflicht spielt beim Grundstückskaufvertrag nur selten eine Rolle. Worum es geht, ist meist klar.

> Beispiel, in dem der Notar das von den Beteiligten Gewollte bei einer Erbteilsübertragung nicht hinreichend nachfragte: BGH, Beschl. v. 24.7.2017 – NotSt(Brfg) 2/16, DNotZ 2018, 74 = NotBZ 2017, 460 (m. Anm. *P. Becker*), *Litzenburger*, ZEV 2018, 30.

528 Relevant ist die Amtspflicht zur Einsichtnahme in das Grundbuch (§ 21 BeurkG) als speziell geregelter Unterfall der Sachverhaltsaufklärung (und insoweit ausnahmsweise Amtsermittlungspflicht – siehe Rn. 374).

529 Die Belehrungspflichten sind alle unbedingten und unverzichtbaren Amtspflichten des Notars. Ihre Verletzung kann gegebenenfalls zu Amtshaftungsansprüchen gegen den Notar führen und disziplinarisch verfolgt werden.

530 Die Verletzung von Belehrungspflichten macht jedoch die Beurkundung niemals unwirksam; dies widerspräche der Rechtssicherheit. I. d. R. widerspräche es auch den Interessen des durch die betreffende Belehrungspflicht geschützten Beteiligten, wenn ein Belehrungsfehler bereits zur Unwirksamkeit der Beurkundung führte; ein Schutz durch Amtshaftungsansprüche ist sachgerechter.

531 Ein **Belehrungsvermerk** ist **grundsätzlich nicht erforderlich**. Nur für die besonderen gesetzlichen Belehrungs- und Hinweispflichten der §§ 17 Abs. 3, 18–20 BeurkG ist ein ausdrücklicher Vermerk in der Urkunde vorgeschrieben.

532 Ein Belehrungsvermerk macht jedoch Sinn, damit die Beteiligten später den wesentlichen Belehrungsinhalt nochmals nachlesen können und damit der Notar in der Beurkundung an die Belehrung erinnert wird und danach gegebenenfalls die Belehrung bewiesen werden kann.

533 Fehlt ein gesetzlich vorgeschriebener Belehrungsvermerk, so muss der Notar im Amtshaftungsprozess beweisen, dass er doch belehrt hat.

> BGH, Urt. v. 13.11.1973 – VI ZR 145/71, DNotZ 1974, 296, 301;
>
> BGH, Urt. v. 15.5.1985 – V ZR 13/83, DNotZ 1985, 231 = NJW 1985, 2027 = WM 1984, 1167;
>
> BGH, Urt. v. 4.11.1989 – IX ZR 261/88, DNotZ 1990, 441 = NJW 1990, 1242 = WM 1990, 115.

Hingegen bleibt die Beweislast im Verhältnis der Vertragsparteien unberührt davon, ob der Notar möglicherweise einen gesetzlich vorgeschriebenen Belehrungsvermerk vergessen hat. 534

BGH, Urt. v. 18.7.2003 – V ZR 431/02,
DNotZ 2004, 188 = MittBayNot 2004, 137 (m. Anm. *Winkler*)
= NJW-RR 2003, 1432 = WM 2004, 195 = ZNotP 2003, 394.

1. Ablehnung unwirksamer Beurkundungen (§ 4 BeurkG)

a) Gesetzeswidrige Rechtsgeschäfte

Erkennt der Notar, dass das zu beurkundende Rechtsgeschäft unwirksam ist, einem unerlaubten oder unredlichen Zweck dient oder sonst mit seinen Amtspflichten nicht vereinbar ist, so hat er die Beurkundung abzulehnen (§ 4 BeurkG). 535

Beispiel: BGH, Urt. v. 5.12.2019 – III ZR 112/18,
DNotZ 2020, 330 = NJW-RR 2020, 305
(Ablehnung der Beurkundung bei Weiterverkauf nach kurzer Zeit zu erheblich höherem Kaufpreis ohne unerklärbaren Grund für die hohe Preissteigerung).

Ebenso hat der Notar die Beurkundung einer **unwirksamen Klausel** abzulehnen, wenn nur eine Klausel unwirksam ist (etwa im Formularvertrag oder Verbrauchervertrag nach §§ 305 ff. BGB), der Vertrag im Übrigen aber wirksam ist. Beharren die Beteiligten allerdings auf der Klausel, so muss der Notar die gesamte Beurkundung ablehnen. 536

Staudinger-*Hertel*, BeurkG, Rn. 449;
Winkler, BeurkG, § 4 Rn. 17.

Keine Ablehnungspflicht besteht hingegen: 537

- bei bloß **schwebender Unwirksamkeit**, soweit das Rechtsgeschäft noch wirksam werden kann (insbesondere durch eine nachträgliche Genehmigung),
- bei **bloßer Anfechtbarkeit** der Willenserklärung (§§ 119 ff. BGB) oder des Rechtsgeschäfts (§§ 129 ff. InsO; §§ 3 ff. AnfG) – außer das Rechtsgeschäft dient erkennbar unredlichen Zwecken.

LG Essen DNotZ 1932, 770.

Strittig ist, ob der Notar eine Unterschriftsbeglaubigung eines beurkundungsbedürftigen Rechtsgeschäfts ablehnen muss, wenn eine spätere **Heilung der Formnichtigkeit** (insbesondere durch Grundbuchvollzug) möglich ist. 538

Beispiel:

Die Beteiligten wünschen eine Unterschriftsbeglaubigung unter einem Vertrag über die Bestellung eines Erbbaurechts. Der Notar lehnt die Beglaubigung ab, weil eine Beurkundung durch Niederschrift erforderlich sei: Für die schuldrechtliche

Verpflichtung zur Erbbaurechtsbestellung verweist § 11 Abs. 2 ErbbauVO auf § 311b Abs. 1 BGB, für die dingliche Bestellung verweist § 11 Abs. 1 ErbbauVO auf § 925 BGB.

539 Jedenfalls kann der Notar die Beurkundung verweigern.

LG Lüneburg NdsRpfl 1999, 169.

540 Manches spricht dafür, dass er die Beurkundung verweigern muss.

Niedersächsisches Justizministerium,
nach Rundschreiben Notarkammer Celle Nr. 2/1999, S 9 f.
(zum vorstehend zitierten Fall des LG Lüneburg).

541 Jedenfalls darf der Notar nicht ohne Belehrung über die (derzeitige) Unwirksamkeit beurkunden.

BGH, Urt. v. 12.7.1984 – IX ZR 127/83, VersR 1984, 946, 947;

BGH, Urt. v. 9.7.1992 – IX ZR 209/91,
NJW 1992, 3237 = WM 1992, 1662, 1666
(Ersuchen um Beurkundung einer Vollmacht ohne Mitbeurkundung des zugrunde liegenden Treuhandvertrags, der eine Pflicht zum Grundstückserwerb enthielt);
dazu EWiR 1992, 983 *(Haug)*.

542 Außerdem sollte er einen Vermerk über die derzeitige Formunwirksamkeit in die Urkunde aufnehmen, um auch Dritten gegenüber keinen falschen Anschein eines bereits wirksamen Geschäfts zu erwecken.

543 Bestehen nur **Zweifel an der Wirksamkeit** des Rechtsgeschäfts oder einer Klausel, so hat der Notar gemäß § 17 Abs. 2 Satz 1 BeurkG die Zweifel mit den Beteiligten zu erörtern und – wenn die Beteiligten auf der zweifelhaften Klausel bestehen – einen Zweifelsvermerk in die Urkunde aufzunehmen; die Beurkundung kann er deshalb jedoch grundsätzlich nicht ablehnen.

BGH, Urt. v. 9.7.1992 – IX ZR 209/91,
NJW 1992, 3237 = WM 1992, 1662;
dazu EWiR 1992, 983 *(Haug)*.

544 Der Bundesgerichtshof verlangte einen solchen Zweifelsvermerk bereits dann, wenn sich die rechtliche Wirksamkeit einer Vertragsklausel **nicht zweifelsfrei klären** lässt – obwohl im konkreten Fall (für die Fortgeltung eines Angebots nach Ablauf der Bindungsfrist) die ganz überwiegende Literatur derartige Gestaltungen für zulässig hielt (es aber noch keine obergerichtlichen Entscheidungen dazu gab). In dieser Allgemeinheit erscheint mir dies zu weitgehend. Möglicherweise wollte es der Bundesgerichtshof nur auf den entschiedenen Fall einer neuartigen, nicht üblichen Gestaltung beziehen.

BGH, Urt. v. 21.1.2016 – III ZR 159/15, ZIP 2016, 577
= NJW 2016, 1324.

Der Zweifelsvermerk soll nur die Beteiligten selbst schützen, nicht aber Dritte. Daher haftet der Notar nach herrschender Meinung Dritten gegenüber nicht, wenn ein an sich erforderlicher Zweifelsvermerk fehlt. 545

BGH, Urt. v. 13.11.1973 – VI ZR 145/71,
DNotZ 1974, 296, 301 (m. Anm. *Haug*);
Soergel-*J. Mayer*, BGB, § 17 BeurkG Rn. 56;
Winkler, BeurkG, § 17 Rn. 386;
a. A. *Haug*, Rn. 591 f.;
Jansen, BeurkG, § 17 Rn. 18;

wohl auch
OLG Frankfurt/M., Urt. v. 19.12.1984 – 17 U 245/83,
DNotZ 1986, 244 = NJW 1985, 1229;
Frenz/Miermeister-*Frenz*, § 17 BeurkG Rn. 26.

b) Unerlaubter oder unredlicher Zweck

Erkennt der Notar, dass die Beteiligten einen **unerlaubten oder unredlichen Zweck** verfolgen, muss er ebenfalls die Beurkundung verweigern (§ 4 BeurkG) und gegebenenfalls den gefährdeten Beteiligten warnen (§ 14 Abs. 2 BNotO). Seine Verschwiegenheitspflicht (§ 18 BNotO) tritt insoweit hinter seiner Warnpflicht zurück. 546

Beispiel:

Aufgrund mehrerer vergleichbarer Fälle mit denselben Beteiligten konnte der Notar erkennen, dass die finanzierende Bank durch die Angabe eines überhöhten Kaufpreises geschädigt werden sollte. Der Notar hätte daher die Bank warnen müssen. Der Notar beurkundete jedoch, ohne die Bank zu warnen. Damit beging er Beihilfe zum Betrug an der Bank.

BGH DNotZ 1978, 373;
BGH, Nichtannahmebeschl. v. 15.11.1990 – IX ZR 65/90
und v. 4.7.1991 – IX ZR 205/90 (unveröffentlicht)
zitiert nach: *Ganter*, in: Ganter/Hertel/Wöstmann, Kap. 3 Rn. 142;
BGH wistra 1990, 20;
BGH wistra 2000, 459;
BGH DNotZ 2001, 566;

vgl. aber OLG Jena FGPrax 1999, 115:
noch kein unredlicher Zweck erkennbar, wenn Eigentümergrundschuld den Grundstückswert übersteigt;

vgl. allg. *Fembacher*, MittBayNot 2002, 496;
Ganter, in: Ganter/Hertel/Wöstmann, Kap. 3 Rn. 142 ff.

Der Notar ist aber kein Staatsanwalt. Ohne besondere Anhaltspunkte muss der Notar nicht etwa nachprüfen, welchen wirtschaftlichen oder sonstigen Zweck die Beteiligten verfolgen, sondern kann sich auf die Angaben der Beteiligten verlassen. 547

BGH DNotZ 1958, 99;
BGH DNotZ 1961, 162.

548 Bestehen hingegen **Anhaltspunkte für einen unredlichen Zweck**, so muss der Notar zunächst nachzufragen. Zerstreuen die Beteiligten die Anhaltspunkte, so kann (und muss) er beurkunden; andernfalls hat er die Beurkundung abzulehnen.

> *Winkler*, MittBayNot 1998, 141;
> *ders.*, BeurkG, § 4 Rn. 33.

2. Amtspflicht zur Rechtsbelehrung (§ 17 Abs. 1 Satz 1 Var. 3 BeurkG)

549 Nach § 17 Abs. 1 Satz 1 Var. 3 BeurkG hat der Notar bei der Beurkundung von Willenserklärungen die Beteiligten „über die rechtliche Tragweite des Geschäfts" zu belehren. Der Notar muss zum einen über die Wirksamkeitsvoraussetzungen, zum anderen über die unmittelbaren Rechtsfolgen belehren. Grundsätzlich nicht belehren muss er hingegen über nur mittelbare Rechtsfolgen sowie über wirtschaftliche und steuerliche Folgen des Rechtsgeschäfts.

550 Im Rahmen seiner Belehrungspflicht über die formellen und materiellen **Wirksamkeitsvoraussetzungen** muss der Notar insbesondere über Folgendes belehren:

- **Gesetzliche Formerfordernisse**: Nicht beurkundete Nebenabreden sind formunwirksam und können zur Formunwirksamkeit der gesamten Beurkundung führen (§ 139 BGB).

  > BGH, Urt. v. 19.9.1985 – IX ZR 138/84,
  > ZIP 1985, 1503 = NJW 1986, 246 = WM 1985, 1425;
  > dazu EWiR 1985, 949 *(Reithmann)*;
  >
  > BGH, Urt. v. 16.6.1988 – IX ZR 69/87,
  > NJW-RR 1988, 1367 = WM 1988, 1454, 1455;
  >
  > BGH, Urt. v. 9.7.1992 – IX ZR 209/91,
  > NJW 1992, 3237, 3238;
  > dazu EWiR 1992, 983 *(Haug)*.

- **Materielle Wirksamkeitsvoraussetzungen** wie etwa das Erfordernis einer konstitutiven **Grundbucheintragung** (oder das Erfordernis der Briefübergabe zur Abtretung von Briefrechten),

  > BGH, Urt. v. 18.1.1996 – IX ZR 81/95, ZIP 1996, 588 = DNotZ 1997, 51 = NJW 1996, 1675, 1676 = WM 1996, 518;
  > dazu EWiR 1996, 389 *(Brambring)*,

- über das Wirksamkeitserfordernis einer nachträglichen Genehmigung eines vollmachtlos Vertretenen,

  > BGH, Urt. v. 18.5.1982 – VI ZR 196/80,
  > DNotZ 1982, 53 = WM 1982, 819,

- über das Wirksamkeitserfordernis einer **Genehmigung** des Gläubigers für eine Schuldübernahme oder der **Abtretungsanzeige** bei Steuerrückzahlungsforderungen,

Vgl. BGH, Urt. v. 14.7.1993 – IV ZR 242/92,
DNotZ 1994, 377, 379;
dazu EWiR 1993, 961 *(Gernhuber)*;

OLG Düsseldorf VersR 1996, 590,

- aber auch erkennbare Mängel in der Rechtsposition des Veräußerers.

BGH, Urt. v. 15.7.2004 – IX ZR 262/00,
MittBayNot 2005, 72 = NJW-RR 2004, 1704.
(Vorkaufsberechtigter übertrug seine – vermeintliche – Rechtsposition nach erkennbar unwirksamer Vorkaufsrechtsausübung).

Die Belehrungspflicht über die unmittelbaren Rechtsfolgen erfasst insbesondere die **Rechtsfolgen, die sich unabhängig vom oder sogar gegen den Willen der Beteiligten** ergeben sowie die **Haftungsfolgen.** **551**

Ganter, in: Ganter/Hertel/Wöstmann, Kap. 3 Rn. 669 ff.

- Insbesondere muss der Notar über **eingetragene Belastungen** und deren rechtliche Bedeutung belehren (vgl. Rn. 368 ff.).

BGH, Urt. v. 19.1.1982 – VI ZR 182/80,
DNotZ 1982, 504 = WM 1982, 372;

BGH, Urt. v. 3.2.1984 – V ZR 190/82, WM 1984, 700;

BGH, Urt. v. 19.12.1991 – IX ZR 8/91,
DNotZ 1992, 457 = NJW-RR 1992, 393 = WM 1992, 527;
dazu EWiR 1992, 643 *(Brambring)*;

BGH, Urt. v. 24.6.1993 – IX ZR 84/92,
DNotZ 1993, 752 = NJW 1993, 2741 = WM 1993, 1896.

- Allerdings muss der Notar nicht überprüfen, ob eingetragene Belastungen wirksam bestellt sind. Nur wenn die Unwirksamkeit ohne Weiteres erkennbar ist, kann eine Warnpflicht bestehen.

BGH, Urt. v. 2.11.1995 – IX ZR 15/95,
DNotZ 1996, 568 = NJW 1996, 5220 = WM 1996, 84.

- Zu belehren ist auch über Belastungen, die nach der vorgesehenen Vertragsabwicklung erst noch im Rang vor dem Recht des Beteiligten eingetragen werden sollen, und sich daraus ergebende Risiken.

Beispiel nach Bundesgerichtshof DNotZ 1996, 568 = NJW 1996, 5220 = WM 1996, 84:

Bei einem Übergabevertrag wurde das Altenteil der Übergeber im Rang nach einer Grundschuld eingetragen, durch die der Übernehmer einen Hausbau finanzierte. Als der Kredit nicht bedient wurde, betrieb die Grundschuldgläubigerin die Zwangsversteigerung. Die Übergeber machten gegen den Notar Amtshaftungsansprüche geltend. Der Bundesgerichtshof gab ihnen Recht, da der Notar über das Risiko aus dem Nachrang des Altenteils hätte belehren müssen.

552 Über nur **mittelbare Rechtsfolgen** muss der Notar hingegen nicht belehren.

- Daher muss der Notar die Beteiligten nicht über die Rechtsfolgen einer **Nichtleistung** (oder von **Sach- oder Rechtsmängeln**) belehren.

  BGH, Urt. v. 7.2.1991 – IX ZR 24/90,
  DNotZ 1991, 759 = NJW 1991, 1346 = WM 1991, 1046;
  OLG München RNotZ 2002, 344;

  Ganter, in: Ganter/Hertel/Wöstmann, Kap. 3 Rn. 706 ff.

- Ebenso wenig muss der Notar über die **Kosten** der Beurkundung oder des Vertragsvollzugs belehren.

- Auch muss der Notar nicht etwa die rechtliche Tragweite aller in einer Niederschrift enthaltenen Klauseln erörtern und so eine Art **allgemeinen Rechtskundeunterricht** erteilen.

  OLG München, Urt. v. 14.11.1996 – 1 U 2116/96,
  MittBayNot 1998, 273;

  OLG München Beschl. v. 14.10.2005 – 1 W 2316/05,
  zitiert nach juris.

553 Macht ein Beteiligter im Amtshaftungsprozess geltend, dass der Notar eine erforderliche Belehrung unterlassen habe, so obliegt dem Geschädigten die **Beweislast** (sofern das Gesetz nicht ausnahmsweise einen Belehrungsvermerk vorschreibt). Der Notar muss allerdings konkret angeben, welche Hinweise und Belehrungen er im Einzelnen erteilt haben will.

BGH, Urt. v. 2.11.1995 – IX ZR 15/95,
DNotZ 1996, 568 = NJW 1996, 522;

BGH, Urt. v. 22.6.2006 – III ZR 259/05,
DNotZ 2006, 912 (m. Anm. *Krebs*) = NJW 2006, 3065, 3067.

3. Spezielle gesetzliche Hinweispflichten (§§ 17 Abs. 3, 18–20 BeurkG)

554 In §§ 17 Abs. 3, 18–20 BeurkG finden sich spezielle gesetzliche Belehrungs- oder Hinweispflichten. Eine Hinweispflicht ist weniger als eine Belehrungspflicht: Bei einer **Hinweispflicht** muss der Notar nur darauf hinweisen, dass – möglicherweise – ein Genehmigungserfordernis oder gesetzliches Vorkaufsrecht etc. besteht, ohne zu belehren, ob dies im konkreten Fall tatsächlich eingreift (weil dem Notar dafür häufig die betreffenden Umstände des Sachverhalts nicht hinreichend bekannt sind und er häufig auch durch Rückfrage an die Beteiligten noch keine hinreichende Beurteilungsgrundlage erhält).

555 Für die speziellen Hinweispflichten schreibt das Gesetz auch jeweils einen **Vermerk** in der Urkunde vor.

- **§ 17 Abs. 3 BeurkG** verpflichtet den Notar zu einem Hinweis, falls (möglicherweise) **ausländisches Recht** anwendbar ist – wie bei einem Grundstückskaufvertrag etwa auf den Güterstand des Veräußerers oder Erwerbers (woraus sich Verfügungsbeschränkungen ergeben können bzw. aufgrund dessen das erworbene Grundstück möglicherweise kraft Gesetzes in eine Gesamthand unter Beteiligung auch des anderen Ehegatten fällt). Über den Inhalt des ausländischen Rechts muss der Notar jedoch ausdrücklich nicht belehren (ebenso wenig muss er prüfen, ob das ausländische IPR möglicherweise wieder auf das deutsche Recht zurückverweist).

> Vgl. allg. *Bardy*, MittRhNotK 1993, 305;
> Staudinger-*Hertel*, BeurkG, Rn. 507 ff.

- Nach § **18 BeurkG** hat der Notar auf **gerichtliche oder behördliche Genehmigungen** oder Bestätigungen hinzuweisen, die für die Wirksamkeit oder den Vollzug des beurkundeten Rechtsgeschäfts erforderlich sind.

> BGH, Urt. v. 3.11.1955 – III ZR 119/54,
> BGHZ 19, 5, 9 = NJW 1956, 259;
> BGH, Urt. v. 4.10.1966 – VI ZR 13/65,
> DNotZ 1967, 320, 321;
> (beide zur vormundschafts- oder familiengerichtlichen Genehmigung bei Beteiligung Minderjähriger);
>
> BGH, Urt. v. 15.10.1992 – IX ZR 43/92,
> NJW 1993, 648 = WM 1993, 251
> (Genehmigungserfordernis nach § 2 GrdStVG bei land- oder forstwirtschaftlichen Grundstücken).

- Nach § **19 BeurkG** muss der Notar hinweisen, dass das Grundstück erst nach Vorliegen der **Unbedenklichkeitsbescheinigung** über die Zahlung der Grunderwerbsteuer (bzw. der Steuerfreiheit) auf den Erwerber umgeschrieben werden darf. (Beim Grundstückskauf kaum relevant ist hingegen die Hinweispflicht auf eine mögliche Schenkungssteuerpflicht nach § 8 Abs. 4 i. V. m. Abs. 1 Satz 6 ErbStDV.)

- Nach § **20 BeurkG** muss der Notar auf **gesetzliche Vorkaufsrechte** hinweisen. (Über eingetragene dingliche und auch über ihm bekannte schuldrechtliche Vorkaufsrechte muss der Notar bereits nach § 17 i. V. m. § 21 BeurkG belehren.)

4. Warn- und Schutzpflichten (§ 14 Abs. 2 Satz 2 BNotO i. V. m. § 17 Abs. 1 Satz 2 BeurkG)

Über die Rechtsbelehrungspflicht des § 17 Abs. 1 BeurkG hinaus besteht eine **556** Warn- und Schutzpflicht des Notars – in der Rechtsprechung meist als **erweiterte oder betreuende Belehrungspflicht** bezeichnet (§ 14 Abs. 2 Satz 2 BNotO i. V. m. § 17 Abs. 1 Satz 2 BeurkG) –, wenn der Notar aufgrund besonderer Umstände des Falles – sei es wegen der rechtlichen Anlage oder wegen der Art der Durchführung des konkreten Geschäfts – Anlass zu der Besorgnis haben muss, einem Beteiligten entstehe ein Schaden, weil sich der Beteiligte mangels Kenntnis der Rechtslage oder von Sachumständen, welche die Bedeutung des beurkundeten Rechtsgeschäfts für seine Vermögensinteressen beeinflussen, einer Gefährdung seiner Interessen nicht bewusst ist.

BGH DNotZ 1954, 330, 331;
BGH DNotZ 1967, 323, 324 = NJW 1967, 931, 932;
BGHZ 58, 343, 348 = NJW 1972, 1422;
BGH, Urt. v. 24.6.1975 – VI ZR 204/73,
DNotZ 1976, 54, 55 = NJW 1975, 2016, 2017 = WM 1975, 926;

BGH, Urt. v. 2.6.1981 – VI ZR 148/79,
DNotZ 1981, 775 = WM 1981, 942, 943;

BGH, Urt. v. 3.7.1986 – IX ZR 51/85,
ZIP 1986, 1328 = DNotZ 1987, 157
= NJW-RR 1987, 84, 86 = WM 1986, 1283;
dazu EWiR 1986, 1063 *(Rinsche)*;

BGH, Urt. v. 11.2.1988 – IX ZR 77/87,
ZIP 1988, 696 = DNotZ 1989, 45
= NJW-RR 1988, 972 = WM 1988, 722;
dazu EWiR 1988, 539 *(Geimer)*;

BGH, Urt. v. 10.11.1988 – IX ZR 31/88,
DNotZ 1989, 452 = NJW 1989, 586
= WM 1989, 1853, 1854;
dazu EWiR 1989, 355 *(Brambring)*;

BGH, Urt. v. 7.2.1991 – IX ZR 24/90,
DNotZ 1991, 759 = NJW 1991, 1346 = WM 1991, 1046;

BGH, Urt. v. 14.5.1992 – IX ZR 262/91,
DNotZ 1992, 813 = NJW-RR 1992, 1178, 1180
= WM 1992, 1533;
dazu EWiR 1992, 1051 *(Hegmanns)*;

BGH, Urt. v. 27.5.1993 – IX ZR 66/92,
DNotZ 1994, 485 = NJW 1993, 2744 = WM 1993, 1513;

BGH, Urt. v. 22.6.1995 – IX ZR 122/94,
DNotZ 1996, 118 = NJW 1995, 2713 (m. Anm. *Reithmann*,
S. 3370) = WM 1995, 1883;

Ganter, in: Ganter/Hertel/Wöstmann, Kap. 3 Rn. 842 ff.

557 Nachfolgend zur Verdeutlichung zwei Beispiele aus der Rechtsprechung:

Beispiel 1
(nach BGH DNotZ 1994, 485 = NJW 1993, 2744, 2745 = WM 1993, 1513):

Käufer ist eine ausländische Gesellschaft, deren Existenz und Vertretungsbefugnis bei Beurkundung noch nicht hinreichend feststellbar ist. Als der Vertrag mangels Kaufpreiszahlung rückabgewickelt werden soll, hat der Verkäufer Schwierigkeiten, von der ausländischen Gesellschaft eine grundbuchfähige Löschungsbewilligung zu erhalten. Der Bundesgerichtshof bejahte eine Amtshaftung des Notars: Der Notar hätte über die besonderen Schwierigkeiten der Löschung der ***Auflassungsvormerkung bei einer ausländischen Gesellschaft*** *belehren und anderweitige Sicherungsmöglichkeiten vorschlagen müssen.*

Beispiel 2
(nach BGH DNotZ 1996, 118 = NJW 1995, 2713 = WM 1995, 1883 – „Wochenendhausfall“):

Eine bebaute Teilfläche eines im Außenbereich belegenen Grundstücks wurde verkauft. Der Käufer wollte das Haus zur dauernden Wohnnutzung erwerben. Der Notar wurde beauftragt, die erforderliche Teilungsgenehmigung zu beantragen. Die Teilungsgenehmigung wurde auch erteilt, aber mit dem Zusatz, dass nur eine Nutzung als Wochenendhaus zulässig sei, nicht hingegen eine dauernde Wohnnutzung. Der Notar musste zwar nicht von sich aus überprüfen, ob eine Wohnnutzung zulässig war; auch bestand insoweit keine Pflicht zur Rechtsbelehrung nach § 17 Abs. 1 BeurkG. Jedoch hätte der Notar hier den Käufer jedenfalls bei der nachfolgenden Beurkundung der Auflassung über die ihm, aber nicht dem Käufer bekannte Gefahr warnen müssen.

Vor einer bloßen **persönlichen oder finanziellen Unzuverlässigkeit** des an- 558
deren Vertragspartners darf der Notar aber aufgrund seiner Neutralitätspflicht **nicht warnen** (§ 14 Abs. 1 Satz 2 BNotO). Eine Warnpflicht besteht nur, wenn die erhöhte Gefahr auf der rechtlichen Anlage des Geschäfts beruht, nicht wenn sie nur auf tatsächlichen Besonderheiten des Geschäfts beruht.

BGH, Urt. v. 22.11.1966 – VI ZR 39/65,
DNotZ 1967, 322, 324 = NJW 1967, 931, 932.

Hingegen muss der Notar warnen, wenn ihm konkrete Anhaltspunkte vor- 559
liegen, dass ein Beteiligter den anderen – oder beide einen Dritten – **betrügen** wollen. Die Rechtsprechung betrachtet dies als besondere Fallgruppe einer „außerordentlichen Belehrungspflicht“ (die teilweise von der erweiterten oder betreuenden Belehrungspflicht abgegrenzt wird).

BGH DNotZ 1967, 323, 324
= NJW 1967, 931, 932 = WM 1967, 90;
BGH DNotZ 1976, 54, 55
= NJW 1975, 2016, 2017 = WM 1975, 926;
BGH DNotZ 1978, 373, 375;

BGH, Beschl. v. 3.10.1989 – 5 Str. 208/89,
BB 1989, 2434 = wistra 1990, 20;

BGH, Urt. v. 26.6.1997 – IX ZR 163/96,
NJW-RR 1998, 133, 134 = WM 1997, 1901, 1902;

BGH, Urt. v. 14.7.2000 – 3 Str. 454/99,
DNotZ 2001, 566 = wistra 2000, 459, 460;

BGH, Urt. v. 14.7.2000 – 3 Str. 454/99,
DNotZ 2001, 566;

Haug/Zimmermann, Rn. 595 ff.;
Ganter, in: Ganter/Hertel/Wöstmann Kap. 3 Rn. 842 ff.

5. Wirtschaftliche und steuerliche Folgen

Die Rechtsbelehrungspflicht nach § 17 Abs. 1 BeurkG verpflichtet den Notar 560
nicht, über die wirtschaftlichen oder steuerlichen Folgen des beurkunde-

ten Rechtsgeschäfts zu belehren. Denn der Notar ist Rechtsberater, nicht Steuer- oder Wirtschaftsberater der Beteiligten.

BGH, Urt. v. 21.11.1978 – VI ZR 227/77,
DNotZ 1979, 228 = WM 1979, 202, 203;

BGH, Urt. v. 5.11.1982 – V ZR 217/81,
WM 1983, 123;

BGH, Urt. v. 5.2.1985 – IX ZR 83/84,
DNotZ 1985, 635 = NJW 1985, 1225;
dazu EWiR 1985, 165 *(Reithmann)*;

BGH, Urt. v. 7.2.1991 – IX ZR 24/90,
DNotZ 1991, 759 = NJW 1991, 1346, 1347
= WM 1991, 1046;

BGH, Urt. v. 5.11.1992 – IX ZR 260/91,
DNotZ 1993, 459 = NJW 1993, 729, 730
= WM 1993, 260;

BGH, Urt. v. 13.6.1995 – IX ZR 203/94,
DNotZ 1996, 116 = NJW 1995, 2794
= WM 1995, 1502.

- Äußerungen zur **Bonität** des Vertragspartners oder zum **Wert** des Kaufgegenstands (oder des Sicherungsobjekts) verbietet dem Notar bereits seine Neutralitätspflicht (§ 14 Abs. 1 Satz 2 BNotO).

BGH VersR 1959, 743;
BGH WM 1964, 1213, 1214;
BGH DNotZ 1967, 323, 324 = NJW 1967, 931, 932;
BGH DNotZ 1976, 54, 55 = NJW 1975, 2016, 2017;

BGH, Urt. v. 29.9.1991 – VI ZR 2/80,
DNotZ 1982, 384, 385 = WM 1981, 1309;

BGH, Beschl. v. 26.2.2009 – III ZR 135/08,
MittBayNot 2009, 394 = notar 2010, 236 (m. Anm. *Struppi*);

BGH, Urt. v. 23.8.2018 – III ZR 506/16,
DNotZ 2019, 37 = NJW-RR 2018, 1531 = RNotZ 2018, 717
= ZfIR 2018, 775 (m. Anm. *Zimmer*).

- Auch soweit der Notar aufgrund spezieller gesetzlicher Vorschriften auf eine mögliche Steuerpflicht hinweisen muss (Grunderwerbsteuer nach § 19 BeurkG, Erbschafts- bzw. Schenkungsteuer nach § 8 Abs. 1 Satz 6 ErbStDV), muss er nicht prüfen, ob und in welcher Höhe tatsächlich Steuer anfällt oder inwieweit **steuersparende Gestaltungen** möglich sind.

BGH, Urt. v. 21.11.1978 – VI ZR 227/77,
DNotZ 1979, 228 = WM 1979, 202, 203;

BGH, Urt. v. 22.4.1980 – VI ZR 96/79,
DNotZ 1980, 563 = NJW 1980, 2472 = WM 1980, 935;

BGH, Urt. v. 5.11.1982 – V ZR 217/81, WM 1983, 123;

BGH, Urt. v. 5.2.1985 – IX ZR 83/84,
WM 1985, 523, 524;
dazu EWiR 1985, 165 *(Reithmann)*;

OLG Oldenburg, Urt. v. 12.6.2009 – 6 U 58/09, DNotZ 2010, 312 (m. Anm. *Wachter*) = ZEV 2009, 473 (m. Anm. *Berninger*);

OLG Schleswig, Urt. v. 6.5.2004 – 11 U 103/02, MittBayNot 2005, 516 (m. Anm. *Stelzer*) = ZEV 2006, 221.

Nur in Ausnahmefällen besteht eine (eingeschränkte) Belehrungspflicht über wirtschaftliche oder steuerliche Folgen, insbesondere eine Warnpflicht des Notars: **561**

- Ersuchen die Beteiligten ausdrücklich um eine Gestaltung, durch die bestimmte steuerliche Rechtsfolgen eintreten oder vermieden werden, oder fragt ein Beteiligter ausdrücklich nach möglichen steuerlichen Risiken oder sollen steuerliche Anträge in der Urkunde mitbeurkundet werden, so muss der Notar auch insoweit belehren – oder wenn er die steuerrechtliche Lage nicht hinreichend beurteilen kann oder nicht selbst prüfen will, gegebenenfalls den Beteiligten eine vorherige Beratung durch einen Steuerfachmann empfehlen.

BGH, Urt. v. 22.4.1980 – VI ZR 96/77, NJW 1980, 2472;

BGH, Urt. v. 2.6.1981 – VI ZR 148/79, WM 1981, 942, 943;

BGH, Urt. v. 5.11.1982 – V ZR 217/81, WM 1983, 123;

BGH, Urt. v. 14.3.1985 – IX ZR 26/84, ZIP 1985, 1143 = NJW 1986, 1329, 1330 = WM 1985, 666, 667; dazu EWiR 1985, 293 *(Reithmann)*;

BGH, Urt. v. 13.6.1995 – IX ZR 203/94, NJW 1995, 2794.

Beispiel (nach BGH DNotZ 1992, 813 = NJW-RR 1992, 1178, 1180):

Bei einem Kettenverkauf A-B-C ohne Zwischeneintragung des B kann eine Umschreibung auf C bereits erfolgen, wenn die Grunderwerbsteuer für den Erwerb B-C gezahlt ist. Daher kann aber die Erstverkäuferin A vom Finanzamt noch als Gesamtschuldnerin für die Grunderwerbsteuer aus dem Erwerb A-B in Anspruch genommen werden. Dies wollte A verhindern, wie sie vor der Beurkundung zum Ausdruck brachte. Der Notar hätte daher nach der Entscheidung des Bundesgerichtshofs entweder eine Vertragsgestaltung vorschlagen müssen, die A auch insoweit absichert oder A zur Beratung an einen Steuerfachmann verweisen müssen.

- Haben die Beteiligten zum Ausdruck gebracht, dass bestimmte **Vorgaben ihres Steuerberaters** eingehalten werden sollen, haftet der Notar dafür, dass er diese Vorgaben nicht ohne Hinweis und Rücksprache mit den Beteiligten verändert.

BGH, Urt. v. 8.2.1990 – IX ZR 273/88, DNotZ 1991, 313 = NJW 1990, 1484, 1485 = WM 1990, 944;

BGH, Urt. v. 22.5.2003 – IX ZR 201/01, DNotZ 2003, 845 = NJW-RR 2003, 1498 = WM 2003, 1634.

- Dabei muss der Notar die steuerrechtlichen Fragen grundsätzlich nicht selbst beantworten. Grundsätzlich genügt, wenn er auf das Problem hinweist und empfiehlt, die steuerliche Seite **von einem Steuerfachmann überprüfen zu lassen.**

BGH, Urt. v. 22.5.2003 – IX ZR 201/01,
DNotZ 2003, 845 = NJW-RR 2003, 1498 = WM 2003, 1634.

562 Macht der Notar doch steuerrechtliche Aussagen, so haftet er auch für deren Richtigkeit. Er kann seine steuerrechtlichen Aussagen auf einen Teilaspekt beschränken. Korrigiert ein Notar einen Teilaspekt einer ihm von den Urkundsbeteiligten vorgegebenen steuerlichen Gestaltung des Geschäfts, so beschränkt sich seine Prüfungs- und Belehrungspflicht regelmäßig auf diesen **Teilaspekt**.

Im zugrunde liegenden Sachverhalt hatte der Notar die Bemessungsgrundlage der Umsatzsteuer korrigiert; darin sah der Bundesgerichtshof noch keine Aussage – und damit auch keine Haftung des Notars – dass für den betreffenden Vertrag überhaupt eine Umsatzsteueroption möglich war.

BGH, Urt. v. 20.9.2007 – III ZR 33/07,
ZIP 2007, 2127 = DNotZ 2008, 370 (m. Anm. *Moes*)
= NJW 2008, 1085 = ZNotP 2007, 468;
dazu EWiR 2008, 79 *(Bellut)*.

6. Vertragsgestaltung

563 Mit den diversen Belehrungspflichten ist der Kern der notariellen Beurkundungstätigkeit noch unzureichend umschrieben: Zu Recht erwarten die Beteiligten vom Notar kein juristisches Kolloquium über Risiken und Nebenwirkungen des Rechtsgeschäfts, sondern eine sichere Vertragsgestaltung, bei der sie die Urkunde getrost unterschreiben können und sich dabei gegen rechtliche Risiken abgesichert wissen (wenn auch nicht gegen wirtschaftliche Risiken). Auch wenn das Gesetz nirgends ausdrücklich von einer Amtspflicht zur Vertragsgestaltung spricht, ergibt sich aus dem Zusammenspiel der verschiedenen Prüfungs- und Belehrungspflichten eine **Amtspflicht zu einer umfassenden, ausgewogenen und interessengerechten Vertragsgestaltung**.

BGH, Urt. v. 24.10.1985 – IX ZR 91/84,
BGHZ 96, 157, 168 = DNotZ 1986, 406
= NJW 1986, 576 = WM 1986, 46;
dazu EWiR 1986, 61 *(Reithmann)*;

BGH, Urt. v. 21.3.1989 – IX ZR 155/88,
NJW-RR 1989, 1492 = WM 1989, 822;
dazu EWiR 1989, 533 *(Reithmann)*;

BGH, Urt. v. 8.7.1993 – IX ZR 222/92,
BGHZ 123, 178 = DNotZ 1995, 494 = NJW 1993, 2617;
dazu EWiR 1993, 935 *(Muth)*;

BGH, Urt. v. 28.4.1994 – IX ZR 161/93,
DNotZ 1995, 403 = NJW 1994, 2283 = WM 1994, 1673;

BGH, Urt. v. 27.10.1994 – IX ZR 12/94,
DNotZ 1995, 407 = NJW 1995, 330 = WM 1995, 118;

BGH. Urt. v. 2.11.1995 – IX ZR 15/95,
DNotZ 1996, 568 = NJW 1996, 522 = WM 1996, 84;

Basty, in: Festschrift Schippel, S. 571, 585;
Brambring/Schippel, NJW 1979, 1802, 1806;
Ganter, in: Ganter/Hertel/Wöstmann, Kap. 3 Rn. 517 ff.;
Jeschke, DNotZ 1989, Sonderheft, S. 21, 28;
Keim, Rn. 81;
Reithmann, in: Festschrift Schippel, S. 769;
Reithmann, in: Reithmann/Albrecht, Rn. 17 f.;
Staudinger-*Hertel*, BeurkG, Rn. 458 ff.;
Winkler, BeurkG, § 17 Rn. 341 ff.

- Zum einen lässt sich dies aus den gesetzlich geregelten Amtspflichten der §§ 17 ff. BeurkG ableiten (Willenserforschung, Sachverhaltsklärung, Belehrungs- und Formulierungspflichten).
- Zum anderen hat die Rechtsprechung etwa eine Amtspflicht zur Wahl des sichersten Weges oder zur Vermeidung ungesicherter Vorleistungen entwickelt.

a) Formulierungspflicht

§ 17 Abs. 1 BeurkG bettet die Belehrungspflicht in einen Rahmen weiterer **564** Amtspflichten ein. Die Pflicht zur Willenserforschung und zur Sachverhaltsklärung haben wir bereits behandelt. Dazu gehört auch die Formulierungspflicht (§ 17 Abs. 1 Satz 1 Var. 4 BeurkG), wonach der Notar die Erklärungen der Beteiligten „**klar und unzweideutig** in der Niederschrift wiedergeben" soll, sodass „Irrtümer und Zweifel vermieden werden".

Vgl. BGH, Urt. v. 19.3.1992 – IX ZR 120/91, DNotZ 1992, 811 = NJW-RR 1992, 772;

BGH, Urt. v. 17.2.2000 – IX ZR 436/98, ZfIR 2000, 441 = DNotZ 2001, 194 = NJW 2000, 1498;

BGH, Urt. v. 8.11.2001 – IX ZR 398/99, BGH-Report 2002, 195, 196;

BGH, Urt. v. 22.1.2004 – III ZR 99/03, ZIP 2004, 763 = DNotZ 2004, 839 = NJW-RR 2004, 1069.

Bei der Beurkundung ist der Notar an den Willen der Beteiligten gebunden, **565** aber nicht an deren Formulierungen; im Gegenteil soll er deren Willen in eine (juristisch) eindeutige Form fassen.

Ganter, in: Ganter/Hertel/Wöstmann Kap. 3 Rn. 899 f.,
Reithmann, in: Reithmann/Albrecht Rn. 4;
Staudinger-*Hertel*, BeurkG, Rn. 464.

Auch wenn eine Formulierung **materiell-rechtlich noch bestimmt genug** ist **566** (etwa bei einer Teilflächenveräußerung), kann doch schon ein Verstoß gegen die Formulierungspflicht des § 17 Abs. 1 BeurkG vorliegen, sofern die unklare Formulierung zu Missverständnissen der Beteiligten führt. Amtspflichtwidrig ist aber erst die missverständliche, noch nicht die nur auslegungsbedürftige Formulierung.

Ritter, NJW 2004, 2137.

b) Wahl des sichersten Weges

567 Bestehen **mehrere Gestaltungsmöglichkeiten**, so hat der Notar den **sichersten Weg** vorzuschlagen, d. h. den Weg, auf dem das von den Beteiligten gewünschte Ergebnis am sichersten erreicht werden kann und der die geringste Gefahr aufweist, dass ein Beteiligter geschädigt wird.

> BGHZ 56, 26, 28 = NJW 1971, 1363, 1364;
>
> BGH, Urt. v. 26.10.1982 – VI ZR 229/80, DNotZ 1983, 450 = NJW 1983, 1801 = WM 1982, 1437, 1438;
>
> BGH, Urt. v. 9.7.1992 – IX ZR 209/91, NJW 1992, 3237, 3239 = WM 1992, 1662, 1665 (vorsorgliche Mitbeurkundung des Grundgeschäfts, wenn Umfang des Beurkundungserfordernisses bei Vollmacht unklar ist); dazu EWiR 1992, 983 *(Haug)*.

c) Ungesicherte Vorleistungen

568 Weiter muss der Notar den Beteiligten eine Vertragsgestaltung vorschlagen, die **ungesicherte Vorleistungen vermeidet**. Eine ungesicherte Vorleistung liegt vor, wenn ein Vertragsteil nach dem Vertrag zur Hauptleistung verpflichtet wäre, ohne dass gesichert ist, dass er die Gegenleistung des anderen Vertragsteils erhält.

> *Frenz*, ZNotP 2012, 122; *Ganter*, NotBZ 2000, 277.

569 **Beispiele** einer ungesicherten Vorleistung sind beim Kaufvertrag:

- Eigentumsumschreibung oder Besitzübergabe vor Sicherstellung der Kaufpreiszahlung.

> BGH, Urt. v. 24.1.2008 – III ZR 156/07, ZfIR 2008, 370 (m. Anm. *Volmer*) = DNotZ 2008, 925 = NJW 2008, 1319 = RNotZ 2008, 363 (m. Anm. *Heinze*);
>
> OLG Düsseldorf DNotZ 1983, 55; OLG Hamm VersR 1982, 807.

- Belastung des Kaufgrundstücks mit einer Grundschuld vor Kaufpreiszahlung, sofern – anders als üblich – der Sicherungszweck nicht auf die Kaufpreiszahlung eingeschränkt ist.

> BGH, Urt. v. 15.4.1999 – IX ZR 93/98, ZfIR 1999, 430 = DNotZ 2001, 473 (m. Anm. *Brieske*) = NJW 1999, 2188, 2189 = WM 1999, 1336.

- Kaufpreiszahlung vor Eintragung der Auflassung Vormerkung.

> BGH DNotZ 1954, 319 (m. Anm. *Daimer*); BGH VersR 1959, 743; BGH DNotZ 1967, 446; BGH WM 1967, 215 und 433;

BGH, Urt. v. 20.9.1977 – VI ZR 180/76,
DNotZ 1978, 174 = NJW 1978, 219.

- Kaufpreiszahlung vor Sicherstellung der Lastenfreistellung oder vor Vorliegen der erforderlichen Genehmigungen und der Vorkaufsrechtsverzichtserklärungen.

BGH WM 1968, 1149;
BGH, Urt. v. 27.10.1994 – IX ZR 12/94,
DNotZ 1995, 407 = NJW 1995, 330.

- Jedenfalls beim Bauträgervertrag Zahlung des auf die Freistellung von den **Erschließungsbeiträgen** entfallenden Kaufpreisteils, bevor der Bauträger selbst diese gezahlt hat, wenn die Freistellung nicht anderweitig gesichert wird.

BGH, Urt. v. 17.1.2008 – III ZR 136/07,
BGHZ 175, 111 = ZfIR 2008, 247 (m. Anm. *Volmer*)
= DNotZ 2008, 280 (m. Anm. *Grziwotz*)
= MittBayNot 2008, 313 (m. Anm. *Basty*) = NJW 2008, 1321.

Keine ungesicherte Vorleistung liegt vor, wenn die Leistungen wie üblich in Teilleistungen aufgeteilt werden, die **Schritt um Schritt geleistet** werden, weil eine echte gleichzeitige Zug-um-Zug-Leistung bei einer Grundstücksveräußerung nicht möglich ist. Daher ist weder die Eintragung der Auflassungsvormerkung ungesicherte Vorleistung, 570

LG Lüneburg DNotZ 1986, 247;
Winkler, BeurkG, § 17 Rn. 236,

noch die Zahlung des Käufers unter den üblichen Fälligkeitsvoraussetzungen.

Bei einer ungesicherten Vorleistung trifft den Notar eine **„doppelte Belehrungspflicht"** – oder genauer eine Belehrungspflicht und eine Vertragsgestaltungspflicht: 571

- Zum einen muss der Notar belehren, dass eine ungesicherte Vorleistung vorliegen würde und welche Risiken der Beteiligte damit eingehen würde.
- Außerdem muss der Notar den gefährdeten Beteiligten über naheliegende **Möglichkeiten zur Vermeidung oder Verminderung des Risikos** beraten. Der Notar muss allerdings nur auf solche Sicherungsmöglichkeiten hinweisen, die sich aus dem Inhalt des Geschäfts ergeben (also nicht etwa Sicherheiten aus anderen Vertragsbeziehungen einbeziehen) und dem anderen Vertragsteil zumutbar sind.

BGH, Urt. v. 15.4.1999 – IX ZR 93/98,
ZfIR 1999, 430 = DNotZ 2001, 473
= NJW 1999, 2188 = WM 1999, 1336.

Dies beschränkt sich auf die „sich nach dem Inhalt des Geschäfts sowie dem erkennbaren Willen der Vertragsparteien unter Berücksichtigung auch ihres Leistungsvermögens anbietenden realistisch in Betracht kommenden Sicherheiten".

BGH, Urt. v. 12.2.2004 – III ZR 77/03,
DNotI-Report 2004, 83 = MittBayNot 2004, 294
= NJW-RR 2004, 1071 = RNotZ 2004, 270.

so jetzt auch der IX. Zivilsenat:
BGH, Urt. v. 10.3.2005 – IX ZR 73/01,
ZfIR 2005, 406 = DNotZ 2005, 685 (m. Anm. *Blank*).

weitergehend noch BGH, Urt. v. 15.1.1998 – IX ZR 4/97,
ZfIR 1998, 145 = DNotZ 1998, 637
(zur ablehnenden Literatur vgl. Vorauflage Rn. 355).

d) Umfassende und ausgewogene Vertragsgestaltung

572 Der Notar muss alle typischerweise **in vergleichbaren Verträgen geregelten Punkte ansprechen** und einer (zumindest) durchschnittlichen Anforderungen des Standes der notariellen Praxis entsprechenden Lösung zuführen.

Staudinger-*Hertel*, BeurkG, Rn. 474.

- Selbst wenn die spezielle Frage ausdrücklich in einer (dispositiven) Gesetzesvorschrift geregelt ist, kann der Notar verpflichtet sein, den Beteiligten eine abweichende vertragliche Regelung vorzuschlagen.

  BGH, Urt. v. 28.4.1994 – IX ZR 161/93,
  DNotZ 1995, 403 = NJW 1994, 2283:
  Amtspflicht des Notars, trotz der gesetzlichen Regelung über die Lastenverteilung die Frage der Verteilung der Erschließungskosten anzusprechen und gegebenenfalls eine abweichende Regelung vorzuschlagen.

  Dies ist auch nach der gesetzlichen Neuregelung des § 436 BGB durch die Schuldrechtsreform erforderlich:

  Brambring, DNotZ 2001, 590, 615;
  Grziwotz, NotBZ 2001, 383;
  Hertel, in: Amann/Brambring/Hertel, S. 139 ff.

  Man kann daher pointiert formulieren, dass der Notar gegebenenfalls klüger als der Gesetzgeber sein muss (da er – anders als der Gesetzgeber – nur einen Einzelfall zu regeln hat und keine allgemein gerechte Lösung finden muss).

- Die vom Notar vorgeschlagene Vertragsgestaltung muss **ausgewogen** sein (§ 14 Abs. 1 Satz 2 BNotO). So ist nach einer (m. E. zu weit gehenden) Literaturansicht im Grundstückskaufvertrag nicht nur einseitig eine Zwangsvollstreckungsunterwerfung des Käufers wegen seiner Pflicht zur Kaufpreiszahlung vorzuschlagen, sondern auch eine Vollstreckungsunterwerfung des Verkäufers wegen seiner Pflicht zur Räumung und Besitzübergabe.

  Wolfsteiner, DNotZ 1999, 306, 326.

VIII. Vertragsvollzug durch den Notar

1. Mitteilungspflichten des Notars

Bei einem Grundstückskaufvertrag treffen den Notar folgende gesetzliche Mitteilungspflichten: 573

- Anzeigen an das Finanzamt **(Grunderwerbsteuerstelle)** (§§ 18, 20 GrEStG),
- Mitteilung an den **Gutachterausschuss** beim Landratsamt (§ 195 Abs. 1 Satz 1 BauGB), der daraus die Bodenrichtwerte ermittelt.

2. Vollzug

Gesetzlich ist der Notar nur verpflichtet, die Urkunde zum Vollzug beim **Grundbuchamt einzureichen**, wenn sie vollzugsfähig ist (§ **53 BeurkG**). 574

Hingegen besteht keine Amtspflicht des Notars zur Herbeiführung der Vollzugsreife, d. h. etwa zur Einholung der erforderlichen Genehmigungen oder der Erklärungen über den Vorkaufsrechtsverzicht. In der Regel übernimmt der Notar dies – wie den sonstigen Vollzug – jedoch als **Betreuungstätigkeit i. S. d. § 24 BNotO**. Der Notar muss die Beteiligten sogar spätestens bei der Beurkundung darauf hinweisen, falls er ausnahmsweise den Vollzug nicht übernehmen will (damit die Beteiligten gegebenenfalls um Beurkundung durch einen anderen Notar ansuchen können, der auch den Vollzug zu übernehmen bereit ist). 575

> Vgl. BGH, Urt. v. 3.11.1955 – III ZR 119/51, DNotZ 1956, 319, 322;
>
> BGH, Urt. v. 12.7.1968 – VI ZR 91/66, DNotZ 1969, 173, 176.

Meist erteilen die Beteiligten dem Notar oder (je nach Region unterschiedlich) dessen Angestellten eine Vollzugsvollmacht. Persönlich halte ich eine Vollzugsvollmacht für den Notar für vorzugswürdig. Denn letztlich muss er als Amtsträger für den ordnungsgemäßen Vollzug einstehen. Eine derartige Vollzugsvollmacht ist an die Amtsstelle geknüpft. Sie geht daher bei Ausscheiden oder Amtswechsel des Notars auch ohne ausdrückliche Regelung automatisch auf den Aktenverwahrer nach § 51 BNotO (im hauptamtlichen Notariat i. d. R. „Amtsnachfolger" genannt) über. 576

> KG, Beschl. v. 8.5.2014 – 1 W 208/13, FGPrax 2014, 148 = RNotZ 2014, 570.

Haben die Beteiligten dem Notar besondere Vollzugsanweisungen erteilt (z. B. zur Löschung einer Auflassungsvormerkung), so ist der Notar streng an den Wortlaut der Vollzugsanweisung gebunden – und kann nicht etwa davon nach Sinn und Zweck der Vollzugsanweisung abweichen. (Es gilt also dasselbe wie bei der Bindung an die dem Notar bei einem Notaranderkonto erteilte Verwahrungsanweisung – siehe Rn. 993.) 577

BGH Beschl. v. 18.2.2021 – V ZB 28/20, ZfIR 2021, 240.

578 Eine mehrseitig erteilte Vollzugsanweisung kann nicht von einer Vertragspartei **einseitig widerrufen** werden – auch nicht analog § 60 Abs. 3 BeurkG –, ausgenommen nach § 14 Abs. 2 BNotO, wenn der Widerrufende einen ausreichend substantiierten und glaubhaft erscheinenden Anfechtungs- oder Unwirksamkeitsgrund des zu vollziehenden Vertrags oder einen wirksam erklärten Rücktritt davon vorträgt, dem der andere Beteiligte nicht oder nur mit fadenscheinigen Behauptungen zu begegnen versucht.

BayObLG, Beschl. v. 16.1.1998 – 3Z BR 514/97, BayObLGZ 1998, 6 = DNotZ 1998, 646 = ZfIR 1998, 173, dazu Anm. *Reithmann*, DNotZ 2000, 373.

579 Widerspricht aber ein Beteiligter dem beabsichtigten Vollzug der Urkunde, so muss der Notar regelmäßig einen Vorbescheid erlassen und zwei Wochen abwarten, ob der dem Vollzug widersprechende Urkundsbeteiligte um vorläufigen Rechtsschutz gegen die Vollziehung nachsucht. Wird vorläufiger Rechtsschutz eingelegt, muss der Notar die Entscheidung darüber abwarten. Wird der vorläufige Rechtsschutz aber abgelehnt, muss Notar nicht die Entscheidung über Rechtsmittel abwarten, sondern kann vollziehen.

BGH, Beschl. v. 5.6.2025 – V ZB 37/24, NJW 2025, 2916.

580 Auch eine **Notarangestellten** erteilte Vollzugsvollmacht ist im Zweifel im Interesse aller Vertragsbeteiligten und damit unwiderruflich erteilt; auch sie kann nur aus wichtigem Grund widerrufen werden.

KG, Beschl. v. 17.9.2019 – 1 W 163 – 164/19, FGPrax 2019, 245 = RNotZ 2019, 619 = Rpfleger 2020, 130.

581 Haben Vertragsbeteiligte einem anderen Vertragsbeteiligten eine (unwiderrufliche) Vollmacht für nachfolgende Rechtsgeschäfte erteilt und widerrufen sie diese Vollmacht später bzw. machen deren Unwirksamkeit geltend, so kann und muss der Notar nicht etwa nach Art eines Richters in der Sache entscheiden. Vielmehr hat er den Vollzug des Vertretergeschäfts nur dann zu unterlassen, wenn für ihn ohne jeden vernünftigen Zweifel erkennbar und damit offensichtlich ist, dass eine wirksame Vollmacht nicht (mehr) vorliegt, oder wenn ein evidenter Missbrauch einer im Außenverhältnis unbeschränkten Vollmacht aufgrund von Verstößen gegen im Innenverhältnis bestehende Beschränkungen gegeben ist.

BGH, Beschl. v. 19.9.2019 – V ZB 119/18, NJW 2020, 610 (m. Anm. *Cramer*) = NotBZ 2020, 182 (m. Anm. *Hügel*) = ZfIR 2020, 196 (m. Anm. *Heinemann*).

3. Überwachung des Vollzugs

582 Zur Überwachung des Vollzugs ist der Notar in zwei Fällen verpflichtet: Die Richtigkeit der Grundbucheintragung (§ 53 BeurkG) muss der Notar nur dann überwachen, wenn der **Notar den Grundbuchvollzug selbst beantragt** hat

(entweder aufgrund einer Vollmacht der Beteiligten oder nach § 15 GBO). Denn nur dann erhält der Notar auch die Eintragungsmitteilung des Grundbuchamtes. Hingegen muss der Notar den Grundbuchvollzug nicht kontrollieren, wenn er nur die Anträge der Beteiligten als Bote beim Grundbuchamt eingereicht hat.

BGHZ 28, 104 = DNotZ 1958, 557 = NJW 1958, 1532;
BGH, Urt. v. 3.6.1993 – III ZR 104/92,
BGHZ 123, 1, 9 = NJW 1993, 3061;

offen
BGH, Urt. v. 9.11.1989 – IX ZR 261/88,
DNotZ 1990, 441 = NJW 1990, 1242.

Hat der Notar eine **Vollzugstätigkeit nach § 24 BNotO** hingegen freiwillig übernommen (insbesondere die Einholung von Genehmigungen u. Ä.), so muss er den Vollzug auch überwachen. Denn wenn die Beteiligten den Notar mit dem Vollzug beauftragen, erwarten sie, dass sie sich um nichts weiter kümmern müssen, außer der Notar weist sie ausdrücklich darauf hin, dass sie etwas noch selbst machen müssen. **583**

BGH, Urt. v. 3.6.1993 – III ZR 104/92,
BGHZ 123, 1, 9 = NJW 1993, 3061 = WM 1993, 105
(Grundstücksverkehrsgenehmigung);

BGH, Urt. v. 11.6.1987 – IX ZR 87/86,
DNotZ 1988, 372 = MittRhNotK 1987, 286
= NJW 1987, 63 = WM 1987, 1205 (Erteilung eines Erbscheins);

ähnlich
BGH, Urt. v. 3.2.1976 – VI ZR 86/74, DNotZ 1976, 506, 509;

KG DNotZ 1990, 446 (m. Anm. *Reithmann*)
(Einholung aller erforderlichen Genehmigungen);

Ganter, in: Ganter/Hertel/Wöstmann, Kap. 4 Rn. 587;
Frenz/Miermeister-*Hertel*, § 24 BNotO Rn. 36;
Reithmann, DNotZ 1975, 324, 332;
Sandkühler, in: Arndt/Lerch/Sandkühler, BNotO, § 24 Rn. 42.

C. Vertragliche Hauptpflichten

I. Bestimmung der Leistungspflichten

1. Leistungspflicht des Verkäufers

Schwierigkeiten macht die Bestimmung der Leistungspflicht des Verkäufers. 584
Einerseits ist er nach § 433 Abs. 1 Satz 1 BGB zur Eigentumsverschaffung verpflichtet, andererseits kann er die zur Erfüllung erforderliche Umschreibung im Grundbuch nicht selbst herbeiführen. Er schuldet daher nur die Handlungen, die für die Umschreibung notwendig sind. Bleibt diese aus, liegt zwar eine Nichterfüllung des Vertrags, hingegen keine Pflichtverletzung des Verkäufers vor.

> BGH, Urt. v. 19.10.2007 – V ZR 211/06, Rn. 32 m. w. N., BGHZ 174, 61 = NJW 2007, 3777 = WM 2007, 2393.

Allerdings muss er über das Stellen der erforderlichen Anträge hinaus an der 585
Erreichung des Vertragszwecks und des Leistungserfolgs insoweit mitwirken, als dies notwendig und ihm zumutbar ist. Dazu gehört das **Beseitigen von Hindernissen**, die der Umschreibung entgegenstehen wie bspw. die Buchposition eines Dritten. Ihn muss er mit ihm zumutbaren Mitteln zur Aufgabe der Position bewegen.

> BGH, Urt. v. 19.10.2007 – V ZR 211/06, a. a. O.

Hat der Schuldner das zur Herbeiführung des Leistungserfolgs Erforderliche 586
getan, besteht gleichwohl der Anspruch auf Eigentumsverschaffung bis zur Erfüllung, also im Regelfall bis zur Eigentumsumschreibung, fort. Das berechtigt den Schuldner aber nicht (nach entsprechendem Zeitablauf) zur Erhebung der Einrede der Verjährung mit der Folge, dass der Leistungserfolgt verhindert würde. Denn die Wirkung der **Verjährung**, die nach § 214 Abs. 1 BGB in einem Leistungsverweigerungsrecht besteht, kann nicht mehr herbeigeführt werden: Der Schuldner hat seine Leistungshandlung erbracht, er kann sie also nicht mehr verweigern.

> BGH, Urt. v. 13.10.2023 – V ZR 161/22, NJW-RR 2024, 288 = WM 2024, 1230.

Die Verjährung eines Anspruchs, der nicht der regelmäßigen Verjährungsfrist 587
unterliegt, beginnt mit dessen Entstehung, § 200 Satz 1 BGB. Das trifft indes nur für den Regelfall zu, dass der Anspruch mit der Entstehung auch fällig wird, § 271 Abs. 1 BGB. Fallen **Entstehung und Fälligwerden** auseinander, beginnt der Lauf der **Verjährungsfrist** erst mit der Fälligkeit. Diese Konstellation ist regelmäßig anzutreffen bei einem Grundstückskauf. Der Anspruch auf Verschaffung des Eigentums entsteht zwar mit Vertragsschluss; fällig wird er indes wegen der zur Vermeidung einer Vorleistungspflicht vereinbarten Zahlungs- und Abwicklungsbedingungen i. d. R. erst zu einem späteren Zeitpunkt. Erst ab dann läuft die zehnjährige (§ 196 BGB) Verjährungsfrist.

BGH, Urt. v. 15.3.2024 – V ZR 224/22, NJW 2024, 1960 = ZIP 2024, 2093.

588 Eine in der Praxis häufig verwendete Vertragskonstruktion (sog. **Direktzahlungsmodell**) erlaubt es dem Verkäufer, eingetragene Belastungen, die der Käufer nicht übernimmt, ohne den Einsatz sonstiger Finanzmittel aus dem Kaufpreis abzulösen. In diesen Fällen wird häufig vereinbart, dass die nicht übernommenen Lasten bei Fälligkeit des Kaufpreises abzulösen sind und dass die Fälligkeit davon abhängig ist, dass der Notar die Sicherheit der Löschung dieser Belastungen bescheinigt. Die Löschung der nicht übernommenen Lasten sicherzustellen, schuldet der Verkäufer. Konkret schuldet er die Vorlage der Löschungsunterlagen, wozu insbesondere die Löschungsbewilligung des Gläubigers des eingetragenen Rechts und, im Falle, dass es sich um eine Briefgrundschuld handelt, der Grundschuldbrief.

Siehe zu allem BGH, Urt. v. 20.12.2024 – V ZR 41/23, NJW-RR 2025, 336 = WM 2025, 391.

589 Bei dieser Pflicht handelt es sich um eine **erfolgsbezogene Pflicht**. Sie ist Teil der Pflicht, lastenfreies Eigentum zu verschaffen, §§ 433 Abs. 1 Satz 2, 435 BGB. Daher genügt es nicht, wenn der Verkäufer zwar alles tut, um die Unterlagen vorlegen zu können, die Vorlage aber gleichwohl unterbleibt. Eine Schadensersatzpflicht, etwa wegen Verzuges, hat dies allerdings nur im Fall des Vertretenmüssens zur Folge, § 286 Abs. 4 BGB (ansonsten § 280 Abs. 1 Satz 2 BGB). Die bloße nicht (rechtzeitige) Erfüllung genügt dazu nur, wenn der Verkäufer ein Beschaffungsrisiko oder eine Garantie übernommen hat, § 276 Abs. 1 Satz 1 BGB. Ein etwaiges Verschulden des Gläubigers der zu löschenden Belastung muss sich der Verkäufer **nicht nach § 278 BGB** zurechnen lassen.

BGH, a. a. O.

2. Haupt- oder Nebenpflicht

590 Ob eine Leistungspflicht als Haupt- oder als Nebenpflicht einzuordnen ist, hängt – wenn es sich nicht um die vertragstypischen Pflichten des Kaufvertrags handelt – grundsätzlich vom Parteiwillen ab und ist, falls ein übereinstimmender Wille nicht festgestellt werden kann, durch Auslegung zu ermitteln.

BGH, Urt. v. 7.2.1992 – V ZR 20/91 (unveröffentlicht);
BGH, Urt. v. 11.2.2000 – V ZR 61/99 (unveröffentlicht).

591 Die Regelung in einem Grundstückskaufvertrag darüber, wer die noch nicht bezahlten Erschließungskosten zu tragen hat, begründet im Regelfall keine im Gegenseitigkeitsverhältnis stehende Pflicht.

BGH, Urt. v. 11.2.2002 – V ZR 61/99 (unveröffentlicht).

592 Es entspricht im Allgemeinen nicht der Interessenlage, dass die Parteien eine Leistungspflicht zur Hauptpflicht erheben, deren Umfang und Entwicklung

im Zeitpunkt des Vertragsschlusses noch völlig ungeklärt ist und von weiteren, nicht allein in der Macht der Vertragspartner stehenden Umständen abhängt.

BGH, Urt. v. 11.2.2002 – V ZR 61/99, a. a. O.

3. Leistungstreuepflicht

Neben die Hauptleistungspflicht – nämlich zur Sicherung von deren Erfüllung – kann eine Leistungstreuepflicht treten. Die Vertragspartner sind verpflichtet, an der Erreichung und Verwirklichung von Ziel und Zweck des Vertrags mitzuwirken und sich, soweit sich dies mit der Wahrung eigener Interessen vereinbaren lässt, gegenseitig zu unterstützen und alles zu unterlassen, was die Erreichung des Vertragszwecks und den Eintritt des Leistungserfolgs gefährden oder beeinträchtigen könnte. Daher hat der Bundesgerichtshof einen Verkäufer, der dem Käufer ein beschränktes dingliches Recht (Wegerecht) an seinem Grundstück einzuräumen versprochen hatte, für verpflichtet gehalten, bei späteren Verfügungen über das Grundstück zu prüfen, ob die bewilligte Belastung eingetragen worden ist und, falls nicht, dafür Sorge zu tragen, dass deren Einräumung nicht im Belieben eines Dritten steht. 593

BGH, Urt. v. 19.1.2018 – V ZR 273/16, DNotZ 2018, 686 = MDR 2018, 589.

Der Verkäufer eines bebauten Grundstücks muss indes nicht ungefragt darüber unterrichten, dass im Zeitpunkt des Vertragsschlusses keine Gebäudeversicherung besteht oder nicht mehr besteht, und zwar auch dann nicht, wenn eine solche Versicherung üblich ist. Anders ist es, wenn er bei Vertragsschluss die zutreffende Mitteilung gemacht hat, dass eine Versicherung besteht; endet der Versicherungsvertrag vor Eigentumsumschreibung, muss er darüber aufklären. 594

BGH, Urt. v. 20.3.2020 – V ZR 61/19 (zur Veröffentl. bestimmt).

II. Schadenspauschalierung, Vertragsstrafe und Fälligkeitszinsen

Eine Vertragsstrafenvereinbarung soll in erster Linie die Erfüllung der vertraglich geschuldeten Leistung sichern und auf den Vertragspartner einen möglichst wirkungsvollen Druck zur Zahlung ausüben. Die Schadenspauschalierung ermöglicht eine vereinfachte Durchsetzung des als bestehend vorausgesetzten Schadensersatzanspruchs. Die Vereinbarung von Fälligkeitszinsen begründet eine zusätzliche vertragliche Leistungspflicht. Zur abgrenzenden Auslegung im Einzelfall vgl. 595

BGH, Urt. v. 24.4.1992 – V ZR 13/91,
ZIP 1992, 939 = DNotZ 1992, 659 = NJW 1992, 2625;
dazu EWiR 1992, 1057 *(Medicus)*.

Die Vereinbarung von Fälligkeitszinsen trägt dem Umstand Rechnung, dass die Abwicklung eines Grundstückskaufvertrags mitunter Verzögerungen un- 596 terliegt, sodass der Verkäufer ein Interesse daran hat, dass er das ihm zustehende Kapital unabhängig von den Voraussetzungen des Verzugs verzinst erhält. Das gilt auch dann, wenn der Käufer den Kaufpreis vereinbarungsgemäß auf ein **Notaranderkonto** gezahlt hat. Diese Hinterlegung beim Notar hat in der Regel keine Erfüllungswirkung; denn § 362 Abs. 1 BGB setzt dafür die Bewirkung der geschuldeten Leistung an den Gläubiger voraus.

BGHZ 87, 156, 162 ff.;

BGH, Urt. v. 20.11.1997 – IX ZR 152/96,
ZIP 1998, 294 = ZfIR 1998, 15 = NJW 1998, 746;
dazu EWiR 1998, 143 *(Hintzen)*.

597 Die Parteien können freilich anderes vereinbaren; eine Auslegung wird dazu im Regelfall nicht führen; denn es entspricht nicht der Interessenlage, dass die vereinbarte Hinterlegung des Kaufpreises beim Notar zum Erlöschen des Kaufpreisanspruchs führen soll. Anders kann es sein, wenn zu der Hinterlegung die Auszahlungsreife tritt.

BGH, Urt. v. 17.2.1994 – IX ZR 158/93, NJW 1994, 1404.

598 Sind unter der Geltung einer Hinterlegungsabrede Fälligkeitszinsen vereinbart, so entspricht es der Interessenlage, dass der Verkäufer Zinsen verlangen kann, wenn der Kaufpreis zwar rechtzeitig auf dem Anderkonto des Notars eingeht, seiner Auszahlung an den Verkäufer aber Auflagen des Kreditinstituts des Käufers entgegenstehen.

BGH, Urt. v. 12.10.2001 – V ZR 338/00, ZIP 2001, 2181
= ZfIR 2002, 29 = NJW 2002, 59 = WM 2001, 2240;
dazu EWiR 2002, 147 *(Mues)*.

599 Anders ist es, wenn der Verkäufer seinerseits die vertraglich vereinbarten und vom Käufer zur Auszahlungsvoraussetzung gemachten Bedingungen (z. B. Herstellung der Lastenfreiheit) nicht erfüllt hat.

BGH, Urt. v. 12.10.2001 – V ZR 338/00, a. a. O.

600 Von den Fälligkeitszinsen zu unterscheiden sind **Nutzungszinsen**, die nach früherer Rechtslage nach § 452 BGB a. F. geschuldet waren und ein Äquivalent für vor Kaufpreiszahlung eingeräumte Nutzung der Kaufsache darstellten. Die Vorschrift war aber von geringer Bedeutung, da sie im Regelfall abbedungen wurde und bei Stundung des Kaufpreises ohnehin nicht galt.

Vgl. BGH, Urt. v. 20.12.1996 – V ZR 277/95,
ZIP 1997, 135 = NJW 1997, 938.

III. Bestimmung der Leistung durch eine Vertragspartei oder durch einen Dritten

1. Allgemeines zum Bestimmungsrecht

601 Gemäß §§ 315, 316 BGB kann die Bestimmung der Leistung oder der Gegenleistung einem der Vertragsschließenden – oder gemäß § 317 BGB einem

Dritten – überlassen werden. Dies gilt – z. B. für die genaue Umgrenzung des den Vertragsgegenstand bildenden Geländes – auch bei Rechtsgeschäften, die nach § 311b Abs. 1 BGB beurkundungsbedürftig sind.

> BGH, Urt. v. 30.6.1967 – V ZR 104/64, BB 1967, 1304;
>
> BGH, Urt. v. 8.11.1968 – V ZR 58/65, NJW 1969, 131;
>
> BGH, Urt. v. 22.6.1973 – V ZR 160/71, WM 1973, 999 = LM BGB ErbbauVO § 1 Nr. 7/8;
>
> BGH, Urt. v. 27.4.1979 – V ZR 218/77, WM 1979, 861.

Bei einem langfristigen Ankaufsrecht kann auch die Neubemessung des Kauf- 602
preises (im entschiedenen Falle: für den Fall einer Änderung der Währungsverhältnisse und einer darauf zurückzuführenden wesentlichen Änderung des allgemeinen Preisgefüges) einem Vertragsteil überlassen werden; dabei kann der Umfang der Anpassung billigem Ermessen überlassen bleiben. Nach § 316 Abs. 1 BGB steht, wenn der Umfang der Gegenleistung nicht bestimmt ist, **im Zweifel** das Bestimmungsrecht dem Forderungsberechtigten zu. Soll die Festsetzung an sich durch Vereinbarung der Parteien erfolgen, scheitert dies aber, gilt auch § 316 Abs. 1 BGB. Es ist dann im Wege der Auslegung zu ermitteln, ob die Beteiligten für den Konfliktfall das Eingreifen dieser **„Zweifelsregelung"** gewollt haben oder ob ihr Wille nicht dahin ging, dass diejenige Partei, die einen Anspruch zu haben glaubt, den ihr die Gegenseite nicht zugesteht, diesen gerichtlich geltend machen möge, damit die Leistung durch Urteil festgesetzt werde.

2. Maßstab der Billigkeit

Auch soweit einer Partei nach §§ 315, 316 BGB das Bestimmungsrecht zu- 603
steht, ist sie dabei nicht völlig ungebunden, sondern hat die Bestimmung **„nach billigem Ermessen"** zu treffen. Mit dem Begriff der Billigkeit soll **Austauschgerechtigkeit im Einzelfall** erreicht werden; das erfordert eine Prüfung und Abwägung der Interessen beider Parteien unter Berücksichtigung aller Umstände.

> BGH, Urt. v. 12.3.1982 – V ZR 48/81 (unveröffentlicht).

Bei der Bestimmung der Leistung durch einen Dritten gilt das nur „im Zweifel" 604
(§ 317 Abs. 1 BGB). Dem Dritten kann die Bestimmung auch in das freie Belieben oder Ermessen gestellt werden.

3. Bestimmung durch Urteil

Sowohl bei der Bestimmung durch eine Vertragspartei als auch bei der Be- 605
stimmung durch einen Dritten stellt sich das Problem, wie zu verfahren ist, wenn die Bestimmung nicht erfolgt.

Ist die Bestimmung einer Vertragspartei überlassen, so ist sie der anderen ge- 606
genüber zur Bestimmung verpflichtet (beim Gläubiger als Bestimmungsperson str.). Kommt sie der Verpflichtung nicht nach, kann sie aber nicht auf

Vornahme der Bestimmung in Anspruch genommen werden. § 315 Abs. 3 Satz 2 Halbs. 2 BGB sieht vielmehr eine Bestimmung durch Urteil vor. Dasselbe gilt, wenn die Bestimmung zwar vorgenommen wird, aber nicht der Billigkeit entspricht (§ 315 Abs. 3 Satz 2 Halbs. 1 BGB). Eine unbillige Bestimmung ist also zunächst wirksam, jedoch nicht verbindlich und daher gerichtlich überprüfbar.

607 Haben die Parteien die Bestimmung einem Dritten überlassen, so ist er ihnen gegenüber nicht zur Bestimmung verpflichtet. Unterlässt er sie, weist das Gesetz daher ebenfalls den Weg zur Bestimmung durch Urteil (§ 319 Abs. 1 Satz 2 Halbs. 2 BGB). Gleiches gilt auch hier, wenn die Bestimmung nicht der Billigkeit entspricht (§ 319 Abs. 1 Satz 2 Halbs. 1 BGB).

608 Soll der Dritte die Bestimmung hingegen nach freiem Belieben treffen, ist eine gerichtliche Bestimmung ausgeschlossen (nach welchen Maßstäben auch sollte sie erfolgen); ein Untätigbleiben des Dritten führt hier zur Unwirksamkeit des Vertrags (§ 319 Abs. 2 BGB)

609 Sowohl § 319 Abs. 1 BGB als auch § 315 Abs. 3 BGB liegt der Gedanke zugrunde, dass die Leistung immer dann durch Urteil bestimmt werden soll, wenn sich die von den Vertragsparteien in erster Linie gewollte Bestimmung durch einen Dritten oder durch eine Vertragspartei als nicht durchführbar erweist.

> Für § 319 Abs. 1 BGB:
> BGH, Urt. v. 6.6.1994 – II ZR 100/92, NJW-RR 1994, 1314;
>
> BGH, Urt. v. 7.4.2000 – V ZR 36/99,
> ZfIR 2001, 132 = WM 2000, 2104;

610 Dem entspricht es, dass bei einer Regelung in einem Erbbaurechtsvertrag, wonach jede Partei unter bestimmten Voraussetzungen die Anpassung des Erbbauzinses an die veränderten wirtschaftlichen Verhältnisse verlangen kann, die Auslegung möglich und naheliegend ist, dass entsprechend § 315 Abs. 3 Satz 2 BGB die Bestimmung durch Urteil zu erfolgen hat, wenn eine Einigung über die Anpassung ausbleibt.

> BGH, Urt. v. 24.11.1995 – V ZR 174/94, WM 1996, 445.

611 Hat eine Leistungsbestimmung durch Urteil zu erfolgen, kann die anspruchsberechtigte Partei dies beantragen und sowohl im Falle des § 315 Abs. 3 Satz 2 BGB,

> BGH, Urt. v. 24.11.1995 – V ZR 174/94, NJW 1996, 1054,

als auch nach § 319 Abs. 1 Satz 2 BGB **unmittelbar auf** die nach ihrer Meinung geschuldete **Leistung klagen**.

> BGH, Urt. v. 7.4.2000 – V ZR 36/99,
> ZfIR 2001, 132 = NJW 2000, 2986 = WM 2000, 2104;

BGH, Urt. v. 26.1.2001 – V ZR 452/99,
BGHZ 146, 331= ZIP 2001, 463
= ZfIR 2001, 365 = WM 2001, 642;
dazu EWiR 2001, 505 *(Lindacher)*.

Selbst die Partei, die die Nichtdurchführbarkeit der in erster Linie gewollten Bestimmung durch einen Dritten verursacht hat, kann die Leistungsbestimmung durch Urteil beantragen oder unmittelbar auf Zahlung des nach Meinung des Gläubigers vom Schuldner zu leistenden Betrags klagen. 612

BGH, Urt. v. 7.4.2000 – V ZR 36/99,
ZfIR 2001, 132 = NJW 2000, 2986 = WM 2000, 2104.

Besondere Bedeutung erlangen die §§ 317 – 319 BGB nicht in ihrem unmittelbaren Anwendungsbereich, sondern in den Fällen der **Schiedsgutachtenabrede**. Das sind Fälle, in denen der Dritte nicht die Leistung selbst, sondern lediglich bestimmte für den Umfang der Leistungspflicht maßgebliche Umstände klarstellen oder tatsächliche Anspruchsvoraussetzungen feststellen soll (Schiedsgutachtenabrede im eigentlichen Sinn). Darauf sind die §§ 317–319 BGB **entsprechend** anzuwenden. Die Frage der Verbindlichkeit des Schiedsgutachtens ist dann analog § 319 Abs. 1 Satz 1 BGB zu beurteilen. Anders als im unmittelbaren Anwendungsbereich der Vorschrift ist die Leistungsbestimmung nicht bei offenbarer Unbilligkeit (dafür ist bei der Ermittlung von Fakten kein Raum), sondern nur bei **offenbarer Unrichtigkeit** des Schiedsgutachtens unverbindlich. 613

BGH, Beschl. v. 7.10.1983 – V ZR 202/82, WM 1984, 64.

BGH, Urt. v. 11.3.2021 – VII ZR 196/18, NJW 2021, 1593
(m. Anm. *Lotz*) = NZBau 2021, 316; dazu EWiR 2021, 605
(*Baumann*).

Offenbar unrichtig ist das Gutachten, wenn sich einem sachkundigen und unbefangenen Beobachter Fehler aufdrängen, die das Gesamtergebnis verfälschen, aber auch dann, wenn die Ausführungen des Sachverständigen so lückenhaft sind, dass selbst ein Fachmann das Ergebnis aus dem Zusammenhang des Gutachtens **nicht überprüfen** kann. 614

BGH, Urt. v. 23.11.1984 – V ZR 120/83, WM 1985, 174.

Erst recht ist ein Schiedsgutachten lückenhaft und daher grundsätzlich offenbar unrichtig, wenn der Schiedsgutachter bei der Verkehrswertermittlung eines unbebauten Grundstücks die tatsächlich gezahlten Kaufpreise für vergleichbare Grundstücke in der unmittelbaren Umgebung des zu bewertenden Grundstücks außer Betracht lässt. 615

BGH, Urt. v. 17.5.1991 – V ZR 104/90,
NJW 1991, 2698 = WM 1991, 1525.

Für die **Ermittlung des Verkehrswerts** eines Grundstücks reicht es hiernach nicht aus, dass der Sachverständige mitteilt, er habe **„umfangreiche Recher-** 616

chen" angestellt und **„folgende Vergleichspreise"** ermittelt, ohne die Ergebnisse der Recherchen darzulegen und insbesondere die Vergleichsobjekte mitzuteilen.

BGH, Urt. v. 17.5.1991 – V ZR 104/90, a. a. O.

IV. Zurückbehaltungsrecht

1. Einrede des nichterfüllten Vertrags

a) Funktion

617 Erfüllt der Verkäufer eines Grundstücks die ihn nach § 433 Abs. 1 BGB treffende Übereignungs- und Übergabepflicht nicht, so richten sich die Rechte des Käufers nach den Vorschriften der §§ 320 ff. BGB, d. h., er kann die ihm obliegende Leistung bis zur Bewirkung der Gegenleistung verweigern, es sei denn, dass er (ausnahmsweise) vorzuleisten verpflichtet ist (§ 320 BGB). Dieses **Leistungsverweigerungsrecht** trägt dem Umstand Rechnung, dass sich beim gegenseitigen Vertrag jede Partei nur um der Gegenleistung willen zur Leistung verpflichtet (sog. funktionelles Synallagma). Es bietet sowohl ein **Druck-** als auch ein **Sicherungsmittel.** Schon das Bestehen, nicht erst die Erhebung der Einrede des nichterfüllten Vertrags nach § 320 BGB, schließt die Durchsetzbarkeit der im Gegenseitigkeitsverhältnis stehenden Forderung aus.

BGH, Urt. v. 14.2.2020 – V ZR 11/18, ZIP 2020, 769 Rn. 38.

b) Anfängliches Unvermögen

618 Nach einhelliger Meinung zum früheren Schuldrecht besteht die Einrede auch in Fällen anfänglichen Unvermögens; denn dem Käufer verbleibt zunächst, solange nämlich die objektive Unmöglichkeit der Erfüllung nicht feststeht, sein Erfüllungsanspruch, den er im Wege der Einrede nach § 320 BGB (wie auch klageweise) geltend machen kann.

BGH, Urt. v. 20.12.1996 – V ZR 277/95, ZIP 1997, 135
= ZIR 1997, 135 = NJW 1997, 938 = WM 1997, 825.

619 Das neue Schuldrecht hat daran nichts geändert. Der Anspruch auf Leistung ist zwar nach § 275 Abs. 1 Alt. 1 BGB ausgeschlossen, wenn dem Schuldner die Erfüllung (subjektiv) unmöglich ist. Dann besteht natürlich auch keine Grundlage mehr für eine einredeweise Geltendmachung des Anspruchs. Doch genügt nach wie vor für die Annahme der subjektiven Unmöglichkeit nicht, dass der Schuldner allein, ohne die Mithilfe Dritter, die Leistung nicht erbringen kann. Der Schuldner, der nicht Eigentümer der von ihm zu übereignenden Sache ist, wird z. B. erst dann nach § 275 Abs. 1 Alt. 1 BGB frei, wenn feststeht, dass er sich das Eigentum weder verschaffen noch die Leistungspflicht mit Hilfe des Eigentümers erfüllen kann.

Vgl. BGH, Urt. v. 30.10.2009 – V ZR 42/09, Rn. 11,
ZfIR 2010, 97 f. = NJW 2010, 1074 f.

c) „Tu-quoque-Einwand"

Der Schuldner hat die Einrede des nichterfüllten Vertrags nur, wenn er **selbst erfüllungsbereit** ist, nicht dagegen, wenn er die eigene Leistung endgültig – nicht nur bis zum Erhalt der Gegenleistung – ablehnt. 620

BGH, Urt. v. 20.1.1978 – V ZR 171/75, WM 1978, 731.

Diese Einschränkung ergibt sich nach Treu und Glauben aus der Funktion der Einrede als eines Druckmittels zur Durchführung des Vertrags. 621

d) Vorleistungspflicht und Annahmeverzug

Eine Einschränkung der Wirkungen des funktionellen Synallagmas ergibt sich für den Fall, dass der eine Teil **vorzuleisten** hat. Mit der Übernahme einer Vorleistungspflicht begibt sich die Vertragspartei zunächst des Druckmittels eines Leistungsverweigerungsrechts und erhöht damit das Risiko der Durchsetzbarkeit ihres Anspruchs. Fällig wird der eigene Anspruch dann erst nach Erfüllung der Vorleistungspflicht. Der vorleistungspflichtige Gläubiger kann auf Leistung **Zug um Zug** erst – aber immerhin – klagen, wenn der Schuldner im **Annahmeverzug** ist (§ 322 Abs. 2 BGB). Auf diese Weise wird verhindert, dass sich der Schuldner durch Ablehnung der Vorleistung des anderen Teils der eigenen Leistungspflicht entziehen kann. Zugleich wird dem Vorleistungspflichtigen ein einfacher Weg eröffnet, den Schwebezustand zu beenden, der sonst bei Untätigkeit des Vorleistungsberechtigten entstehen könnte. In der Praxis wird die Leistungsklage häufig mit der **Klage auf Feststellung** verbunden, dass der Schuldner (in seiner Eigenschaft als Gläubiger der Gegenleistung) im Annahmeverzug ist. 622

Um den Annahmeverzug herbeizuführen, muss dem Gläubiger die Leistung grundsätzlich so, wie sie zu bewirken ist, tatsächlich angeboten werden (§ 294 BGB). Ein wörtliches Angebot genügt nur dann, wenn der Gläubiger dem Schuldner erklärt hat, dass er die Leistung nicht annehmen werde (§ 295 BGB). Eine solche Erklärung muss bestimmt und eindeutig sein. 623

BGH, Urt. v. 15.11.1996 – V ZR 292/95,
ZIP 1997, 147 = NJW 1997, 581 = WM 1997, 424.

Im konkreten Fall ging es im Ausgangspunkt um Schadensersatz wegen Nichterfüllung wegen Fehlens einer zugesicherten Eigenschaft (§ 463 Satz 1 BGB a. F.). Die Kauferin machte den sog. **großen Schadensersatz** geltend, d. h., sie stellte das bereits übereignete Grundstück zur Verfügung und verlangte Ersatz ihres gesamten durch die Nichterfüllung entstandenen Vermögensschadens. Nach geltendem Recht kann sich dieselbe Konstellation ergeben. Über §§ 437 Nr. 3, 281 Abs. 1 Satz 3 BGB kann es auch hier zum großen Schadensersatz kommen. 624

Vgl. MünchKomm-*Ernst*, BGB, § 325 Rn. 26 ff., § 281 Rn. 154.

625 Der beklagte Verkäufer erklärte sich nur zur Rückabwicklung des Vertrags bereit, nicht aber zur Zahlung von Schadensersatz. Erst nach einem durch zwei Instanzen geführten Rechtsstreit zahlte er. Nun verlangte die Käuferin Ersatz des Verzugsschadens in Form von Zinsaufwendungen und entgangenen Habenzinsen. Im Gegensatz zu den Vorinstanzen bejahte der Bundesgerichtshof den **Schuldnerverzug**:

626 Beim großen Schadensersatz ist der auf Zahlung des Schadensersatzbetrags gerichtete Anspruch **inhaltlich** von vornherein dahin **beschränkt**, dass er nur **Zug um Zug gegen Rückübereignung** des erworbenen Grundstücks (bzw. Rückgabe des Kaufgegenstands, falls noch nicht übereignet) geltend gemacht werden kann.

BGH, a. a. O.

627 **Schuldnerverzug** des Verkäufers (Beklagte) konnte die Käuferin (Kläger) daher hier nur bewirken, wenn sie die ihr obliegende Gegenleistung in einer den **Annahmeverzug** begründenden Weise anbot. Dazu hätte – was oft übersehen wird – an sich die **Mitteilung eines Termins zur Beurkundung bei einem bereiten Notar** gehört (tatsächliches Angebot der eigenen Leistung Mitwirkung an der Rückübertragung). Im konkreten Fall genügte indes ein wörtliches Angebot, weil den Erklärungen des Beklagten eine bestimmte und eindeutige Ablehnung der Leistungsannahme entnommen werden konnte. Das **wörtliche Angebot** lag dann in der Klageerhebung.

e) Fortfall und Einschränkung der Vorleistungspflicht

628 Die Vorleistungspflicht des Käufers kann nach Treu und Glauben zumindest vorübergehend entfallen, wenn und solange der Verkäufer sich ernsthaft **weigert**, seinerseits den Vertrag **zu erfüllen**. Denn es wäre treuwidrig („widersinnig"), einer Vertragspartei Rechte zuzubilligen, deren Ausübung sie von vornherein ablehnt.

BGH, Urt. v. 22.9.1983 – VII ZR 43/83,
BGHZ 88, 240, 248 = ZIP 1983, 1460.

629 Folgerichtig **lebt** die Vorleistungspflicht **wieder auf**, wenn der Gläubiger des Vorleistungsverpflichteten seine eigenen vertraglichen Verpflichtungen vorbehaltlos wieder anerkennt.

BGH, Urt. v. 8.7.1983 – V ZR 53/82, WM 1983, 1059.

630 Die gleiche Wertung nach Treu und Glauben greift durch, wenn eine Vorleistungspflicht nicht besteht und der andere Vertragsteil sich ernsthaft und endgültig – nicht nur bis zur Erbringung der Gegenleistung – weigert, seine Leistungspflicht zu erfüllen.

BGH, Urt. v. 20.1.1978 – V ZR 171/75, WM 1978, 731.

631 Stellt sich der Verkäufer z. B. auf den unzutreffenden Rechtsstandpunkt, er brauche den Vertrag nicht zu erfüllen, weil er wirksam zurückgetreten sei, so

steht ihm gegenüber der Auflassungsklage nicht die Einrede zu, er habe den Restkaufpreis noch nicht erhalten. Anders ist es, wenn er mit beachtlichen Gründen seine Erfüllungspflicht leugnet und die Einrede nur hilfsweise erhebt.

BGH, Urt. v. 10.4.1995 – VIII ZR 346/93,
DtZ 1995, 400 = LM BGB § 320 Nr. 37.

632 Entfällt im Rahmen eines gegenseitigen Vertrags eine so genannte nicht beständige Vorleistungspflicht dadurch, dass auch die Gegenleistung fällig wird, so muss grundsätzlich nur Zug um Zug gegen Bewirkung der Gegenleistung geleistet werden. Die Geltendmachung der Einrede verstößt dann nicht deshalb gegen Treu und Glauben, weil die beiderseitige Fälligkeit darauf beruht, dass der Vorleistungspflichtige seine Leistung nicht rechtzeitig erbracht hat.

BGH, Urt. v. 20.12.1985 – V ZR 200/84,
NJW 1986, 1164 = WM 1986, 561.

f) Teilleistung

633 Ist von der einen Seite teilweise geleistet worden, so kann die Gegenleistung nach § 320 Abs. 2 BGB insoweit nicht verweigert werden, als die Verweigerung nach den Umständen, insbesondere wegen verhältnismäßiger **Geringfügigkeit des rückständigen Teils**, gegen Treu und Glauben verstoßen würde. Diese **enge Ausnahme** markiert zugleich die Grenze einer Beschränkung des Leistungsverweigerungsrechts. Eine allgemeine Beschränkung im Verhältnis zum noch rückständigen Teil der Leistung sieht das Gesetz nicht vor.

BGH, Urt. v. 20.12.1996 – V ZR 277/95,
ZIR 1997, 135 = WM 1997, 825, 827.

634 Eine vollständige Nichtleistung, nicht lediglich eine Teilleistung liegt vor, wenn der Verkäufer den Kaufgegenstand zwar überträgt, aber **nicht frei von Rechten Dritter**.

BGH, Urt. v. 21.1.2000 – V ZR 387/98,
ZIP 2000, 626 = ZfIR 2000, 261
NJW 2000, 1256 = JZ 2000, 623 (m. Anm. *Ernst*);
dazu EWiR 2000, 419 *(St. Lorenz)*.

635 Der Käufer kann in einem solchen Fall also ohne Weiteres die eigene Leistung nach § 320 BGB zurückhalten. Dasselbe gilt, wenn das **Recht des Dritten** an dem verkauften Grundstück **vormerkungswidrig** und damit dem Käufer und Vormerkungsberechtigten gegenüber (relativ) unwirksam ist (§ 883 Abs. 2 BGB). Die Möglichkeit des Käufers, seinen Anspruch auf lastenfreie Übertragung (§ 434 BGB a. F., §§ 433 Abs. 2, 435 BGB n. F.) mit Hilfe der Zustimmungsverpflichtung des begünstigten Dritten nach § 888 Abs. 1 BGB durchzusetzen, nimmt ihm nicht das Recht, dem Zahlungsanspruch die Einrede des nichterfüllten Vertrags (§ 320 BGB) entgegenzuhalten.

BGH, Urt. v. 5.12.2003 – V ZR 341/02,
ZfIR 2004, 394 = NJW-RR 2004, 1135
= DNotZ 2004, 464 (m. Anm. *Oppermann*).

BGH, Urt. v. 19.11.2021 – V ZR 104/20, NJW-RR 2022, 808 = ZIP 2022, 1449; dazu EWiR 2022, 302 *(Hentschel)*.

636 Ist **ein Dritter Eigentümer** des verkauften Grundstücks, verbleibt dem Käufer der Erfüllungsanspruch, solange die Unmöglichkeit der Vertragserfüllung nicht feststeht. § 275 Abs. 1 BGB greift erst ein, wenn feststeht, dass der Verkäufer nicht in der Lage ist, sich das Eigentum zu verschaffen. Bis dahin steht daher dem Käufer auch die Einrede des nichterfüllten Vertrags zu.

BGH, Urt. v. 20.12.1996 – V ZR 277/95, ZIP 1997, 135 = ZIR 1997, 135 = NJW 1997, 938 = WM 1997, 825.

BGH, Urt. v. 30.10.2009 – V ZR 42/09, Rn. 11, ZfIR 2010, 97 f. = NJW 2010, 1074 f.

g) Einrede gegenüber abgetretener Forderung

637 Nach § 404 BGB kann der Schuldner dem Zessionar die Einwendungen entgegensetzen, die zur Zeit der Abtretung der Forderung gegen den Zedenten begründet waren. Die Norm gilt auch für die Einrede des nichterfüllten Vertrags nach § 320 BGB. Diese **Einrede entsteht** als Ausdruck des Synallagmas **mit Vertragsschluss**, mögen auch die Umstände, die die Einrede bedeutsam werden lassen (im entschiedenen Fall die Eintragung einer Sicherungshypothek), erst später eintreten. Der Schuldner kann die Einrede daher dem neuen Gläubiger entgegenhalten, auch wenn der die Nichterfüllung begründende Umstand erst nach der Abtretung entstanden ist.

BGH, Urt. v. 5.12.2003 – V ZR 341/02, ZfIR 2004, 394 = NJW-RR 2004, 1135 = DNotZ 2004, 464 (m. Anm. *Oppermann*).

h) Einrede nach Verjährung

638 Der Schuldner kann die Einrede des nicht erfüllten Vertrags auch nach der Verjährung seines Anspruchs erheben, wenn dieser vor dem Eintritt der Verjährung entstanden und mit dem Anspruch des Gläubigers synallagmatisch verknüpft war. Dass sich beide Ansprüche in unverjährter Zeit fällig gegenübergestanden haben, ist nicht erforderlich.

BGH, Urt. v. 19.5.2006 – V ZR 40/05, ZfIR 2006, 670 (m. Anm. *Blank*) = NJW 2006, 2773 = WM 2006, 1913.

i) Bedeutung im Prozess

639 Im Prozess hat die Erhebung der Einrede des nichterfüllten Vertrags zur Folge, dass der Schuldner der eingeklagten Leistung zur Erfüllung nur Zug um Zug gegen Erhalt der Gegenleistung verurteilt werden darf (§ 322 Abs. 1 BGB). Dies setzt allerdings voraus, dass das Leistungsverweigerungsrecht nicht nur besteht, sondern vom Schuldner auch **geltend gemacht** wird.

BGH, Urt. v. 7.10.1998 – VIII ZR 100/97,
ZIP 1998, 1965 = WM 1998, 2538;
dazu EWiR 1998, 1069 *(St. Lorenz)*.

Damit nicht zu verwechseln ist die Bedeutung des Leistungsverweigerungsrechts als Hindernis für den Eintritt des Schuldnerverzugs. Diese Wirkung tritt mit Bestehen der Einrede ein und setzt ihre Geltendmachung nicht voraus. 640

BGH, Urt. v. 6.12.1991 – V ZR 229/90,
ZIP 1992, 336 = NJW 1992, 556 = WM 1992, 496;
dazu EWiR 1992, 437 *(Heinrichs)*.

j) Bedeutung im Vollstreckungsrecht

Im Vollstreckungsrecht muss sichergestellt werden, dass der titulierte Anspruch nur unter mindestens gleichzeitiger Erbringung der Gegenleistung durchgesetzt werden kann. Dabei trifft das Gesetz aus sachbedingten Gründen je nach Art des zu vollstreckenden Anspruchs unterschiedliche Regelungen. 641

aa) Abgabe einer Willenserklärung

Geht es um die Vollstreckung des Anspruchs auf Abgabe einer **Willenserklärung**, z. B. einer Auflassung, so muss die vollstreckungsrechtliche Kontrolle hinsichtlich der Gegenleistung im frühestmöglichen Stadium einsetzen. Denn für den Regelfall gilt nach § 894 Abs. 1 Satz 1 ZPO eine Willenserklärung, zu deren Angabe der Schuldner verurteilt worden ist, bereits dann als abgegeben, wenn das Urteil **Rechtskraft** erlangt hat. Das wäre für Willenserklärungen, die von einer Gegenleistung abhängig sind, nicht sachgerecht, weil dann nicht mehr kontrolliert werden könnte, ob die Gegenleistung schon erbracht ist. Deshalb bestimmt das Gesetz für diesen Fall, dass die Abgabe der Willenserklärung erst dann fingiert wird, wenn eine **vollstreckbare Ausfertigung** des rechtskräftigen Urteils erteilt ist (§ 894 Abs. 1 Satz 2 ZPO). Eine vollstreckbare Ausfertigung wird in diesem Ausnahmefall erst erteilt, wenn der Beweis, dass die Gegenleistung erbracht ist, durch öffentliche oder öffentlich beglaubigte Urkunden geführt wird (§ 726 ZPO). 642

bb) Sonstige Ansprüche

Bei der Vollstreckung anderer Ansprüche ist die Kontrolle, ob die Gegenleistung erbracht ist, an späterer Stelle in das Vollstreckungsverfahren eingefügt. Der **Gerichtsvollzieher** darf die **Vollstreckung nicht beginnen**, bevor der Beweis, dass der Schuldner **befriedigt** oder im **Annahmeverzug** ist, durch öffentliche oder öffentlich beglaubigte Urkunden geführt ist und eine Abschrift dieser Urkunden spätestens gleichzeitig zugestellt wird. Ist das nicht der Fall, so muss der Gerichtsvollzieher selbst dem Schuldner die diesem zustehende Leistung vor dem Beginn der Zwangsvollstreckung in einer Weise anbieten, die den Annahmeverzug begründet (§ 756 ZPO). Entsprechendes gilt für die Anordnung von Vollstreckungsmaßregeln durch das **Vollstreckungsgericht** 643

(§ 765 ZPO). Um diese praktischen Schwierigkeiten im Vollstreckungsverfahren zu vermeiden, wird eine Klage auf Leistung Zug um Zug häufig mit dem Antrag auf Feststellung verbunden, dass sich der Beklagte (Schuldner) im Annahmeverzug befinde.

2. Zurückbehaltungsrecht nach § 321 BGB

644 Wer vorzuleisten hat, hat nicht die Einrede nach § 320 BGB. Davon macht § 321 Abs. 1 Satz 1 BGB eine Ausnahme. Stellt sich nach Abschluss des Vertrags heraus, dass die Erfüllung des Anspruchs auf die Gegenleistung durch mangelnde Leistungsfähigkeit gefährdet ist, so gibt die Norm dem vorleistungspflichtigen Gläubiger die Unsicherheitseinrede. Dazu kann auch ein vorübergehendes Leistungshindernis genügen; denn der Vorleistungsverpflichtete muss keinen den vertraglichen Vereinbarungen widersprechenden Schwebezustand hinnehmen. Sein Anspruch ist auch dann i. S. d. Vorschrift gefährdet, wenn infolge des Leistungshindernisses zu befürchten ist, dass die Gegenleistung nicht rechtzeitig erbracht wird. Schon das Bestehen der Unsicherheitseinrede schließt den Verzug des Vorleistungsverpflichteten aus.

BGH, Urt. v. 11.12.2009 – V ZR 217/08,
NJW 2010, 1272 = ZNotP 2010, 98;
dazu *Kaiser*, NJW 2010, 1254.

3. Zurückbehaltungsrecht nach § 273 BGB

645 Ein Zurückbehaltungsrecht nach § 273 Abs. 1 BGB setzt einen **fälligen Gegenanspruch** voraus. Ein nur zeitweiliges Zurückbehaltungsrecht bis zu dem Zeitpunkt, in dem sich herausstellt, ob und in welchem Umfang ein Gegenanspruch (im entschiedenen Fall: auf Schadensersatz) entsteht, findet im Gesetz keine Grundlage.

BGH, Urt. v. 18.10.1985 – V ZR 82/84, WM 1986, 51.

646 Für ein Zurückbehaltungsrecht nach § 273 BGB genügt es, dass der eigene Anspruch des Schuldners mit Erfüllung der Gegenforderung entsteht und fällig wird. Es kann auch dann geltend gemacht werden, wenn durch die Erfüllung das dem Gläubiger seinerseits zustehende Zurückbehaltungsrecht entfällt.

BGH, Urt. v. 6.12.1991 – V ZR 229/90,
ZIP 1992, 336 = NJW 1992, 556 = WM 1992, 496;
dazu EWiR 1992, 437 *(Heinrichs)*.

647 Die **Sicherungsabtretung** eines Gegenanspruchs steht der Ausübung eines Zurückbehaltungsrechts durch den Schuldner grundsätzlich entgegen; denn dann fehlt es an der Gegenseitigkeit der beiderseitigen Ansprüche. Trotzdem besteht dann ein Zurückbehaltungsrecht, wenn der Schuldner vom Zessionar ermächtigt ist, den abgetretenen Anspruch klageweise geltend zu machen. Denn dem Interesse des Zessionars ist ebenso gedient, wenn der Zedent durch Geltendmachung eines Zurückbehaltungsrechts den Schuldner zur Zahlung an den Zessionar veranlasst.

BGH, Urt. v. 1.10.1999 – V ZR 162/98, ZIP 1999, 2156 = ZfIR 2000, 358 = NJW 2000, 278 = WM 2000, 140; dazu EWiR 2000, 377 *(Brambring)*.

Bestehen die beiderseitigen Ansprüche in **Geldforderungen**, so kommt grundsätzlich kein Zurückbehaltungsrecht in Betracht, sondern die **Aufrechnung** gemäß § 387 BGB. 648

BGH, Urt. v. 1.10.1999 – V ZR 162/98, a. a. O., im Anschluss an BGH, Urt. v. 20.9.1978 – VIII ZR 2/78, WM 1978, 1326.

Scheidet eine Aufrechnung aber wegen **fehlender Gegenseitigkeit** aus und ist der Schuldner berechtigt, Leistung an den Zessionar zu verlangen, besteht ein Leistungsverweigerungsrecht auch bei beiderseits gleichartigen Leistungen. Denn es wäre nicht gerechtfertigt, den Schuldner einer gleichartigen Leistung schlechter zu stellen als den einer ungleichartigen. 649

BGH, Urt. v. 1.10.1999 – V ZR 162/98, ZIP 1999, 2156 = ZfIR 2000, 358 = NJW 2000, 278 = WM 2000, 140; dazu EWiR 2000, 377 *(Brambring)*.

Verlangt der Gläubiger bei einem nicht erfüllten Grundstückskaufvertrag Schadensersatz statt der Leistung und ergibt die Abrechnung ausnahmsweise ein Guthaben zugunsten des Schuldners (in casu durch wertsteigernde Baumaßnahmen), so kann wegen des überschießenden Anspruchs aus ungerechtfertigter Bereicherung ein Zurückbehaltungsrecht geltend gemacht werden, und zwar auch gegenüber dem Grundbuchberichtigungsanspruch. 650

BGH, Urt. v. 1.10.1999 – V ZR 162/98, a. a. O.

V. Ergänzende Vertragsauslegung

1. Anwendungsbereich

Die ergänzende Vertragsauslegung beginnt dort, wo das dispositive Gesetzesrecht keine passenden Ergänzungen vertraglicher Regelungen bereitstellt, weil entweder der von den Parteien geregelte Sachverhalt oder die von ihnen getroffene Regelung Besonderheiten aufweist. 651

BGH, Urt. v. 13.10.1978 – V ZR 44/77, WM 1979, 147.

Für eine ergänzende Vertragsauslegung kann Raum sein, wenn die Vertragsparteien eine regelungsbedürftige Frage nicht geregelt haben und der Vertrag deshalb eine **Lücke** enthält. Ob diese Lücke von Anfang an bestanden hat oder erst nachträglich entstanden ist, spielt ebenso wenig eine Rolle wie die Frage, ob die Parteien bewusst oder versehentlich auf eine ins Einzelne gehende Regelung verzichtet haben. 652

BGH, Urt. v. 16.1.1987 – V ZR 242/85, NJW-RR 1987, 458.

Eine ergänzende Vertragsauslegung ist nicht schon dann ausgeschlossen, wenn das Gesetz Bestimmungen enthält, die auf den jeweiligen Fall anwendbar sein könnten. Die dem Vertrag fehlenden Regelungen sind nämlich durch disposi- 653 tives Gesetzesrecht dann nicht zu schließen, wenn feststeht, dass die Parteien nach ihrem mutmaßlichen Willen die gesetzliche Regelung nicht gewollt haben.

BGH, Urt. v. 19.3.1975 – VIII ZR 262/73, NJW 1975, 1116;

BGH, Urt. v. 14.3.1990 – VIII ZR 18/89, NJW-RR 1990, 817 = WM 1990, 1202.

2. Auslegungsverfahren

654 Im Wege ergänzender Vertragsauslegung ist der Vertrag durch die Regelung zu ergänzen, welche die Parteien bei einer angemessenen **Abwägung ihrer Interessen nach Treu und Glauben als redliche Vertragspartner** vereinbart hätten, wenn sie den von ihnen nicht geregelten Fall bedacht hätten.

Vgl. nur BGH, Urt. v. 29.4.1982 – III ZR 154/80, BGHZ 84, 1, 7 m. w. N.

655 Die ergänzende Vertragsauslegung darf aber nicht zu einem Ergebnis führen, das dem erkennbaren Willen der Vertragsparteien widerspricht.

BGH, Urt. v. 31.1.1995 – XI ZR 56/94, ZIP 1995, 658 = NJW 1995, 1212.

656 Nach der für Austauschverträge geltenden **Rentabilitätsvermutung,**

vgl. BGHZ 114, 113,

ist davon auszugehen, dass Leistung und Gegenleistung nach dem Willen der Parteien in einem **ausgewogenen Verhältnis** stehen sollen. Haben die Parteien bestimmte Mehrkosten (in casu: unvorhergesehene Erschließungskosten) nicht bedacht, so wird die ergänzende Vertragsauslegung im Zweifel zur **Halbteilung** führen.

BGH, Urt. v. 18.2.2000 – V ZR 334/98, ZfIR 2000, 349 = WM 2000, 1109 = NJW-RR 2000, 894.

657 Aufgrund besonderer Umstände kann die ergänzende Vertragsauslegung aber auch dahin führen, dass ein ungeregeltes Risiko in vollem Umfang nur einer Partei zugewiesen ist (im entschiedenen Fall: beiderseitiger Irrtum über Umsatzsteuerpflicht).

BGH, Urt. v. 14.1.2000 – V ZR 416/97, NJW-RR 2000, 1652 = WM 2000, 915.

3. Einzelfälle

a) Grenzbebauung und Baulastübernahme

658 Hat der Verkäufer eines Grundstücks dem Käufer die Grenzbebauung zu seinem Nachbargrundstück gestattet, so ist die im Vertrag nicht geregelte Frage, ob der Verkäufer zur Übernahme der nach Landesrecht erforderlichen Baulast verpflichtet ist, im Wege der ergänzenden Vertragsauslegung zu entscheiden.

BGH, Urt. v. 14.10.1977 – V ZR 253/74,
NJW 1978, 695 = WM 1978, 167;

BGH, Urt. v. 3.7.1992 – V ZR 203/91, DNotZ 1993, 57
= NJW-RR 1992, 1484 = WM 1992, 1784 m. w. N.

b) Veräußerungskette mit Haftungsausschluss

Der Erstverkäufer eines Grundstücks verschwieg arglistig, dass das Grundstück mit Altöl belastet war, und vereinbarte einen Haftungsausschluss. Ohne den Mangel entdeckt zu haben, verkaufte der Erstkäufer das Grundstück weiter und vereinbarte wiederum einen Haftungsausschluss. Aus diesem Grunde konnte der Zweitkäufer gegen seinen Verkäufer keine Mängelrechte geltend machen. Deshalb erhob er Klage darauf, dass dieser ihm wenigstens seine etwaigen Ansprüche gegen den arglistigen Erstverkäufer, vor allem etwaige Schadensersatzansprüche, abtrete. Dieser Klage hat der Bundesgerichtshof stattgegeben. Er hat in dieser ersten Entscheidung zu der Problematik offengelassen, ob in solchen Fällen eine Einheitslösung (früher) nach dem Rechtsgedanken des § 281 BGB a. F., jetzt möglicherweise unmittelbar nach § 285 BGB, oder gar über die Grundsätze der Drittschadensliquidation gefunden werden kann. Stattdessen hat er den Fall durch eine ergänzende Vertragsauslegung gelöst. Die hierfür erforderliche Regelungslücke hat er darin gesehen, dass die Parteien bei der Vereinbarung des Haftungsausschlusses nicht die (regelungsbedürftige) Möglichkeit bedacht hätten, dass der Erstverkäufer dem (beklagten) Erstkäufer Altlasten arglistig verschwiegen und sich dadurch (abtretbaren) Schadensersatzansprüchen ausgesetzt haben könnte. Hätten sie diesen Fall in ihre Überlegungen einbezogen, so hätten sie nach Ansicht des Bundesgerichtshofes das Risiko einer Ölbelastung des Grundstücks redlicherweise durch **Abtretung etwaiger Ansprüche** geregelt. 659

BGH, Urt. v. 20.12.1996 – V ZR 259/95,
ZIP 1997, 242 = ZIR 1997, 73 = NJW 1997, 652;
dazu EWiR 1997, 691 *(Honsell)*.

Diesen **Lösungsweg** hat er später in einer strukturell ähnlichen, in den Einzelheiten dazu aber unterschiedlichen Fallkonstellation **verworfen**. Auch in diesem Fall hatten die Kläger von den Beklagten ein Hausgrundstück unter Ausschluss der Ansprüche wegen Sachmängeln gekauft, das diese wiederum, ebenfalls unter Haftungsausschluss, von einem Architektenehepaar erworben hatten. Die Kläger stellten Feuchtigkeitsschäden im Kellergeschoss fest, die sie auf eine fehlerhafte und von den Plänen abweichende Bauausführung zurückführten. Diese Mängel – so die Kläger – seien zwar nicht den Beklagten, wohl aber den Erstverkäufern bekannt gewesen. Anders als in der Entscheidung vom 20.12.1996 lehnte der Bundesgerichtshof hier einen Anspruch auf Abtretung von etwaigen Sachmängelansprüchen der Beklagten gegen die Erstverkäufer ab. 660

Den Unterschied sah er darin begründet, dass es in dem damaligen Fall um ein das **„allgemeine Mängelrisiko" übersteigendes „zusätzliches Risiko"** einer Bodenbelastung durch Schadstoffe gegangen sei, das zu regeln die Parteien 661 nicht bedacht gehabt hätten. **Hier hingegen** sei es allein um das **allgemeine Mängelrisiko** gegangen, das die Parteien durch die Vereinbarung des Haftungsausschlusses **abschließend geregelt** hätten. Die Zweitverkäufer hätten durch den Haftungsausschluss insgesamt entlastet und vor unvorhersehbaren Rückwirkungen einer Inanspruchnahme der Erstverkäufer geschützt werden sollen. Damit fehle es an einer durch ergänzende Vertragsauslegung zu schließenden Lücke.

> BGH, Urt. v. 13.2.2004 – V ZR 225/03,
> ZIP 2004, 955 = NJW 2004, 1873;
> dazu EWiR 2004, 1163 *(Honsell)*.

662 Eine Verpflichtung zur Abtretung von Ansprüchen nach **§ 285 BGB** (seinerzeit: § 281 BGB a. F.) hat der Bundesgerichtshof ebenfalls abgelehnt (in der ersten Entscheidung noch offengelassen). Erfasst werde von dieser Norm nur eine Nichtleistung wegen nachträglicher Unmöglichkeit. Wenn man die Schlechtleistung als Fall der Teilunmöglichkeit auch darunter fassen wolle, so dann jedenfalls nicht die der anfänglichen Teilunmöglichkeit entsprechende Konstellation, also die Leistung einer schon im Zeitpunkt des Vertragsschlusses mit Mängeln behafteten Kaufsache.

> BGH, Urt. v. 13.2.2004 – V ZR 225/03, a. a. O.

c) Hausübergabe gegen Versorgung

663 Häufig anzutreffen sind Hausübergabeverträge, bei denen die Gegenleistung (oder ein wesentlicher Teil derselben) in der Übernahme von Versorgungsleistungen besteht. Dazu gehört zumeist neben der Bestellung eines Wohnrechts die Gewährung von Kost und Pflege.

664 Regelmäßig begründen die Parteien hiermit schuldrechtliche Versorgungsansprüche, die durch eine **Reallast** gesichert werden können.

> BGH, Urt. v. 8.11.2013 – V ZR 95/12,
> NJW 2014, 1000 = ZfIR 2014 182 (m. Anm. *Heinemann,* S. 184).

665 Was nicht selten vertraglich nicht geregelt worden ist, ist, was zu gelten hat, wenn der Versorgungsberechtigte in einem die stationäre Aufnahme erfordernden Umfang **pflegebedürftig** geworden ist.

> Zur Problematik insgesamt *Krüger*, ZNotP 2010, 2;
> ausführlich: *Mayer/Geck*, Der Übergabevertrag.

666 Die Vertragslücke kann im Wege ergänzender Vertragsauslegung geschlossen werden. Diese führt im Regelfall dazu, dass sich der Versorgungsverpflichtete in Höhe der durch die Heimunterbringung **ersparten Aufwendungen** an den Kosten der Unterbringung zu beteiligen hat. Das belastet ihn nicht über Gebühr; denn die Zahlungspflicht übersteigt wertmäßig nicht das, was er nach dem Vertrag an Versorgungsleistungen schuldet.

BGH, Urt. v. 21.9.2001 – V ZR 14/01,
NJW 2002, 440 = DNotZ 2002, 702 (m. Anm. *Krauß*);
BGH, Beschl. v. 23.1.2003 – V ZB 48/02, NJW-RR 2003, 577.

Sind die Parteien bei Abschluss des Übergabevertrags übereinstimmend davon ausgegangen, dass der Übernehmer für die Pflegeleistungen eine Hilfskraft engagiert und bezahlt, so zählt das Entgelt für die Hilfskraft zu den infolge des Heimaufenthalts ersparten Aufwendungen. Dagegen tritt an die Stelle von Pflege- und **Dienstleistungen**, die nach der Vorstellung der Vertragsparteien von dem Übernehmer oder dessen Familienangehörigen **persönlich** erbracht werden sollten, **kein Zahlungsanspruch** des Übergebers. **667**

BGH, Urt. v. 29.1.2010 – V ZR 132/09,
NJW 2010, 2649 = FamRZ 2010, 554;
dazu *Krauß*, NotBZ 2010, 182.

Enthält der Vertrag indes die Regelung, dass die Verpflichtung zur Gewährung von Kost und Pflege nur bestehen soll, „solange der Berechtigte in dem Vertragsanwesen wohnt und die Pflege ohne Inanspruchnahme einer bezahlten Person möglich" ist, so ist mit dem **Wegfall der Pflegeverpflichtung** kein Raum für eine Zahlungspflicht. Eine solche Regelung verstößt auch nicht gegen § 138 Abs. 1 BGB. **668**

BGH, Urt. v. 6.2.2009 – V ZR 130/08,
NJW 2009, 1346 = ZNotP 2009, 269 = DNotZ 2009, 441;
dazu *Herrler*, DNotZ 2009, 408;
Grziwotz, ZfIR 2010, 846.

Dem hypothetischen Parteiwillen **wird es in der Regel nicht entsprechen**, dass der Übernehmer verpflichtet ist, die **Wohnung zu vermieten** oder deren Vermietung durch den Wohnungsberechtigten zu gestatten, die durch die Übersiedlung des Wohnungsberechtigten in ein Pflegeheim frei geworden ist. **669**

BGH, Urt. v. 9.1.2009 – V ZR 168/07,
NJW 2009, 1348 = WuM 2009, 184 = NZM 2009, 251;
dazu *Herrler*, DNotZ 2009, 408;
Krauß NotBZ 2010, 182;
Zimmer, ZEV 2009, 382;
Volmer, MittBayNot 2009, 276.

Vermietet der Übernehmer die Wohnung ohne Zustimmung des Wohnungsberechtigten, so kann dieser Unterlassung verlangen. Ob er auch die Herausgabe der vereinnahmten Mieten verlangen kann, ist zweifelhaft. Ein solches Ergebnis könnte nur im Wege einer ergänzenden Vertragsauslegung des Übergabe- und Wohnrechtsbestellungsvertrags gewonnen werden. **670**

Vgl. *Krüger*, ZNotP 2010, 2, 5.

Diese Möglichkeit versagt aber, wenn der Vermieter/Grundstückseigentümer an diesem Vertrag nicht beteiligt war, etwa weil ihm das Grundstück erst später von dem Übernehmer übereignet worden war. Auch ein Anspruch aus § 812 Abs. 1 Satz 1 BGB scheidet aus. **Dem Wohnungsberechtigten sind die Nutzungen durch Vermietung nicht zugewiesen.** Sein Recht ist auf die persön- **671** liche Nutzung der Wohnung beschränkt. In ein ihm zugewiesenes Recht greift der Vermieter daher nicht ein.

BGH, Urt. v. 13.7.2012 – V ZR 206/11, NJW 2012, 3572 (m. Anm. *Herrler*, S. 3573) = ZfIR 2012, 828.

VI. Übergang öffentlich-rechtlicher Grundstückslasten

1. Gesetzliche Regelung

672 Nach § 436 BGB a. F. haftete der Verkäufer nicht für die Freiheit des Grundstücks von öffentlichen Lasten und Abgaben. Diese Regelung hat durch das neue Recht eine Einschränkung erfahren. Nach § 436 BGB n. F. muss der Verkäufer, soweit nichts anderes vereinbart ist, einen Teil der öffentlichen Lasten tragen, nämlich **Erschließungsbeiträge und sonstige Anliegerbeiträge** für solche Maßnahmen, die bis zum Tage des Vertragsschlusses bautechnisch begonnen worden sind, und zwar unabhängig vom Zeitpunkt des Entstehens der Beitragsschuld.

673 Im Übrigen gehen öffentliche Lasten und Abgaben – zusammen mit den Nutzungen – nach § 446 BGB erst mit Besitzübergang auf den Käufer über. Diese Regelung gilt immer dann, wenn nichts Abweichendes vereinbart ist.

BGH, Urt. v. 29.1.1982 – V ZR 73/81, DNotZ 1982, 555 = NJW 1982, 1278 = WM 1982, 517.

674 Und nicht nur dann, wenn der Vertrag eine solche Regelung enthält.

BGH, Urt. v. 27.4.1984 – V ZR 277/82 (unveröffentlicht).

2. Abweichende Vereinbarungen

675 Vereinbaren die Parteien, dass der Erwerber (Käufer) von einem bestimmten Zeitpunkt ab alle auf das Grundstück entfallenden öffentlichen und privatrechtlichen Lasten und Abgaben, einschließlich des eventuell fällig werdenden **Erschließungskostenbeitrags**, zu tragen hat, so ist bei der tatrichterlichen Auslegung der Wortlaut zuerst darauf zu prüfen, ob der verwendete Ausdruck nicht entsprechend seinem allgemeinen und üblichen Sinngehalt, nämlich als öffentlich-rechtliche Forderung der Gemeinde i. S. d. **Baugesetzbuchs** (§ 123 ff. BauGB), gebraucht worden ist.

BGH, Urt. v. 8.12.1978 – V ZR 9/75, WM 1979, 370 (zum früheren BBauG).

676 Vereinbaren die Parteien, dass die **Beitragslast für die Erschließungskosten** den Käufer nur dann treffen soll, wenn der Beitrag nicht bereits vor einem bestimmten Stichtag als öffentliche Last auf dem Grundstück geruht hat, so hat im Innenverhältnis der Verkäufer den Beitrag zu tragen, wenn vorher die Erschließungsanlagen fertig gestellt sind; auf den Zeitpunkt der Zustellung des Beitragsbescheides kommt es nicht an. Nach dem eindeutigen Wortlaut des § 133 Abs. 2 BauGB (ebenso früher § 133 Abs. 2 BBauG) entsteht „die Bei-

tragspflicht" bereits „mit der endgültigen Herstellung der Erschließungsanlagen". Damit ist der Entstehungstatbestand umfassend und abschließend normiert. Dass die öffentliche Last vor Zustellung des Beitragsbescheides der Höhe nach noch nicht abschließend konkretisiert ist, hindert ihre frühzeitige Entstehung ebenso wenig, wie die unvollkommene Konkretisierung für die gleichzeitige Entstehung der persönlichen Beitragsschuld ein Hindernis bildet.

BGH, Urt. v. 7.11.1975 – V ZR 23/74,
NJW 1976, 1314.

Sichert der Verkäufer zu, alle bis zum Zeitpunkt des Vertragsschlusses entstandenen **Anliegerkosten und -beiträge seien bezahlt**, danach entstehende derartige Kosten trage der Käufer, so hat der Tatrichter zu prüfen, ob die Parteien damit eine von der gesetzlichen Regelung der §§ 446, 103 BGB, eventuell auch von § 436 Abs. 1 BGB n. F., abweichende Vereinbarung treffen wollten oder ob sie unter „entstandenen" Anliegerkosten und -beiträgen nur solche Erschließungskosten verstanden haben, über die bereits ein Beitragsbescheid ergangen war. Für Letzteres spricht die Zusicherung, die Anliegerkosten und -beiträge seien „bezahlt"; denn eine Bezahlung von Anliegerkosten setzt im Allgemeinen voraus, dass die Erschließungsanlage nicht nur hergestellt, sondern dass darüber auch bereits eine Rechnung erteilt worden ist. 677

BGH, Urt. v. 9.12.1983 – V ZR 188/82 (unveröffentlicht).

Gleiches gilt für eine Klausel, wonach mit dem Kaufpreis die Erschließungskosten abgegolten werden, „die bis zur Endabrechnung entstanden sind". 678

BGH, Urt. v. 8.2.1991 – V ZR 14/90 (unveröffentlicht).

In einem solchen Fall hat die Abgrenzung schon entstandener von erst noch entstehenden Erschließungskosten den Sinn, dass die Endabrechnung zwar die bis dahin dem Verkäufer in Rechnung gestellten und mithin nachweisbaren Erschließungskosten enthält und diese daher in den Kaufpreis eingehen sollen, später anfallende Kosten aber vom Käufer gesondert zu tragen sind. Damit ist für das Innenverhältnis der Kaufvertragsparteien sichergestellt, dass auf den Kaufpreis nicht solche Erschließungskosten umgelegt werden, für die keine Beitragspflicht des Verkäufers besteht; denn nach § 134 BauGB ist derjenige beitragspflichtig, der im Zeitpunkt der Bekanntgabe des Beitragsbescheids Eigentümer ist. 679

Vgl. BGH, a. a. O.

Nach geltendem Recht (§ **436 BGB**) wird man aber eine deutlichere Vereinbarung erwarten dürfen, wollen die Parteien von der gesetzlichen Regelung abweichen, die ja gerade nicht auf das Entstehen der Beitragsschuld Rücksicht nimmt. 680

Erklärt der Grundstücksverkäufer im notariellen Kaufvertrag, sämtliche Kosten der Erschließung seien im Preis enthalten, so liegt darin eine vom Gesetz abweichende – auch über die jetzige Regelung des § 436 Abs. 1 BGB noch hi- 681 nausgehende – Bestimmung, dass alle Erschließungskosten, unabhängig vom Zeitpunkt ihrer Entstehung und auch vom bautechnischen Beginn, mit dem Kaufpreis abgegolten und deshalb im Innenverhältnis der Vertragsparteien von ihm zu tragen sind.

Vgl. BGH, Urt. v. 2.7.1993 – V ZR 157/92, NJW 1993, 2796.

682 Probleme können sich bei der **Weiterveräußerung** des Grundstücks (bzw. der gekauften Eigentumswohnung) ergeben. Entnimmt man der obigen Klausel einen **Freistellungsanspruch**, so geht dieser für den Zweitkäufer ins Leere. Denn ein Befreiungsanspruch kann grundsätzlich nur an den Gläubiger der Verbindlichkeit abgetreten werden, von der freizustellen ist, nicht an einen Dritten. Sonst würde er, was § 399 BGB nicht zulässt, inhaltlich verändert, weil die Pflicht zur Freistellung allein gegenüber dem Schuldner der Verbindlichkeit (hier der Erschließungsbeiträge) besteht.

BGH, Urt. v. 12.3.1993 – V ZR 69/92,
NJW 1993, 2232 = WM 1993, 1557.

683 Dieses Ergebnis lässt sich vermeiden, wenn der Erstverkäufer gegenüber dem Erstkäufer ein **Garantieversprechen** abgibt

vgl. *Reithmann*, Anm. in LM BGB § 249 (Cb) Nr. 45,

und der Erstkäufer seine Ansprüche hieraus an den Zweitkäufer abtritt. Die Auslegungsregel des § 311c BGB (früher § 314 BGB) kommt dem Zweitkäufer nicht zugute, weil der Anspruch aus dem Garantieversprechen kein Zubehör des Grundstücks ist.

Vgl. BGH, Urt. v. 12.3.1993 – V ZR 69/92, a. a. O.

684 Verpflichtet sich ein Grundstückskäufer gegenüber einem Erschließungsträger (Verkäufer), die anfallenden Erschließungskosten zu ersetzen oder ihn von der Zahlungspflicht freizustellen, so darf der Tatrichter dies dahin verstehen, dass hiernach auch der **eigene Erschließungsaufwand** des Verkäufers ersetzt werden muss.

BGH, Urt. v. 16.1.1987 – V ZR 242/85, NJW-RR 1987, 458.

685 Hat der Verkäufer den Käufer von bestimmten Erschließungsbeiträgen freizustellen, so kann der Käufer nach Zahlung der Beiträge deren **Erstattung** vom Verkäufer verlangen, auch wenn noch nicht feststeht, ob und in welcher Höhe der Beitragsbescheid der Gemeinde zu Recht ergangen ist. Es genügt, wenn die Verurteilung von der Einschränkung abhängig gemacht wird, dass der Beklagte nur **Zug um Zug gegen Abtretung eventueller Rückzahlungsansprüche** des Klägers gegen die Gemeinde leisten muss.

BGH, Urt. v. 12.6.1992 – V ZR 106/91, NJW 1992, 2817.

686 Eine Vereinbarung, nach der die Nutzungen und Lasten aus einem Grundstück schon vor dem Eigentumserwerb auf den Grundstückskäufer übergehen,

erfasst typischerweise nicht die an das Grundstückseigentum geknüpfte **Streupflicht** des Anliegereigentümers aus öffentlich-rechtlicher Delegation.

BGH, Urt. v. 3.10.1989 – V ZR 310/88, NJW 1990, 111.

VII. Unmöglichkeit

1. Anwendbarkeit

687 Wird dem Schuldner die Leistung vor Gefahrübergang unmöglich, so leiteten sich die Rechtsfolgen dieser Leistungsstörung schon nach altem Recht nicht aus den Gewährleistungsvorschriften, sondern aus den allgemeinen Bestimmungen über die Unmöglichkeit der Leistung her. Ein Gewährleistungsanspruch nach § 459 Abs. 1 Satz 1 BGB a. F. entstand erst mit Gefahrübergang.

BGH, Urt. v. 10.3.1995 – V ZR 7/94,
ZIP 1995, 1019 = NJW 1995, 1737 = WM 1995, 1147.

688 Nach geltendem Recht ist es nicht anders. **Bis zum Gefahrübergang** finden die allgemeinen Normen (beim Rechtskauf: bis zur Übertragung des Rechts), also insbesondere die Vorschriften zur Unmöglichkeit (§§ 275, 283, 285, 311a BGB) und zum Verzug (§§ 286–288 BGB) Anwendung. Die Sonderregelungen der Haftung für Sach- und Rechtsmängel (§§ 434–442 BGB) gelten erst **ab Gefahrübergang**.

689 Nach früherem Recht wurden dem Käufer ausnahmsweise auch schon vor Gefahrübergang die Gewährleistungsrechte zugebilligt, wenn ein Sachmangel vorliegt, den der Verkäufer nicht beheben kann. Dadurch sollte der Käufer allerdings nur begünstigt, nicht benachteiligt werden. Daher wurde ihm der Weg, nach den allgemeinen Normen vorzugehen, nicht genommen.

BGH, Urt. v. 14.12.1960 – V ZR 40/60, BGHZ 34, 32;

BGH, Urt. v. 10.3.1995 – V ZR 7/94,
ZIP 1995, 1019 = NJW 1995, 1737 = WM 1995, 1147.

690 In dem 1995 entschiedenen Fall war das mit dem Grundstück verkaufte Gebäude vor Gefahrübergang durch einen Brand zerstört worden, sodass dem Verkäufer die Vertragserfüllung teilweise unmöglich wurde. Deshalb konnte er die Rechte aus § 323 BGB a. F. geltend machen und nach Absatz 2 i. V. m. § 281 BGB a. F. als stellvertretendes commodum die Brandentschädigung verlangen. In dem Fall BGHZ 34, 32 ging es um die Frage, ob die Anfechtung nach § 119 Abs. 2 BGB ausgeschlossen ist, wenn der Käufer ausnahmsweise schon vor Gefahrübergang nach §§ 459 ff. BGB vorgehen kann; der Senat hat das verneint.

691 Nach geltendem Recht haben die Fragen infolge der Angleichung der Sach- und Rechtsmängelhaftung an das allgemeine Leistungsstörungsrecht keine praktische Bedeutung mehr. Das allgemeine Leistungsstörungsrecht, das vor Gefahrübergang anwendbar ist, leistet nicht weniger als die Haftung nach § 437 BGB, soweit diese Rechte bei Unbehebbarkeit des Mangels in Betracht kom-

men. Es bedarf daher keiner Ausweitung des Anwendungsbereichs der Sachmängelhaftung auf den Zeitraum vor Gefahrübergang.

2. Voraussetzungen der Unmöglichkeit bei Versagung behördlicher Genehmigungen

692 Hängt die Wirksamkeit des Erfüllungsgeschäfts bei einem Grundstückskaufvertrag von einer behördlichen Genehmigung ab, so richten sich die Folgen einer endgültigen Versagung der Genehmigung nach den Vorschriften über die Unmöglichkeit der Leistung.

> BGH, Urt. v. 26.10.1979 – V ZR 58/76,
> NJW 1980, 700 = WM 1979, 1431;
>
> BGH, Urt. v. 4.6.1982 – V ZR 81/81,
> NJW 1983, 275 = WM 1982, 909.

693 Eine vertraglich geschuldete Leistung bleibt aber auch dann möglich, wenn die Verpflichtung des Schuldners in anderer Weise als ursprünglich vorgesehen erfüllt werden kann, sofern diese andere Art der Erfüllung dem Schuldner – nach sorgfältiger Abwägung der Interessen beider Vertragsteile – zugemutet werden kann.

> BGH, Urt. v. 24.9.1999 – V ZR 105/98 (unveröffentlicht);
> geringfügige Verschiebung eines Geh- und Fahrtrechts wegen geänderter Bauleitplanung;
> im Anschluss an BGHZ 67, 34, 36 m. w. N.

694 Das Fehlen einer behördlichen Genehmigung, die zur Wirksamkeit eines Vertrags erforderlich ist, kann ausnahmsweise nach dem Sinn und Zweck eines Vertrags schon vor der endgültigen Versagung als Erfüllungshindernis einer nachträglichen Unmöglichkeit der Leistung gleichgestellt werden. Dies setzt voraus, dass die **Erteilung der Genehmigung** bereits **völlig unwahrscheinlich** ist; dass die Frage der Genehmigungserteilung noch offen ist, reicht nicht aus.

> BGH, Urt. v. 7.10.1977 – V ZR 131/75,
> NJW 1978, 1262 = WM 1978, 18;
>
> BGH, Urt. v. 10.7.1981 – V ZR 79/80,
> NJW 1981, 2687 = WM 1981, 1081.

695 Der Unmöglichkeit ist ferner der Fall gleichzustellen, dass einer Partei das weitere Zuwarten **nicht mehr zumutbar** ist.

> BGH, Urt. v. 10.7.1998 – V ZR 76/97, VIZ 1998, 577.

696 Auch eine (nach § 19 Abs. 2 BBauG a. F.) genehmigungsbedürftige, schwebend unwirksame Auflassung kann vor der Versagung der Genehmigung endgültig unwirksam werden, wenn den Parteien nach **Treu und Glauben** nicht mehr zugemutet werden kann, um die Genehmigung nachzusuchen.

> BGH, Urt. v. 14.3.1980 – V ZR 115/78, NJW 1980, 1691.

Das Gleiche gilt für den Fall, dass der Antrag auf Teilungsgenehmigung bereits vor vielen Jahren zurückgewiesen und nur über einen Antrag auf Erteilung eines Negativattests (§ 23 Abs. 2 BauGB) noch nicht bestandskräftig entschieden worden ist. 697

BGH, Urt. v. 11.3.1994 – V ZR 48/93, WM 1994, 1221.

Die Vertragspartner können aber unter Berücksichtigung der Interessenlage nach Treu und Glauben verpflichtet sein, in eine Vertragsänderung einzuwilligen, wenn hiernach die behördliche Genehmigung zu erwarten ist. 698

BGH, Urt. v. 25.6.1976 – V ZR 121/73,
BGHZ 67, 34 = NJW 1976, 1939.

3. Opfergrenze

Nach dem Rechtsgedanken der §§ 633 Abs. 2 Satz 3 BGB a. F., 251 Abs. 2 BGB hat die Rechtsprechung das Verlangen nach Herstellung eines an sich gebotenen – auch eines vertraglich geschuldeten – Zustands als rechtsmissbräuchlich angesehen, wenn ihm der Schuldner nur unter unverhältnismäßigen, billigerweise nicht zumutbaren Aufwendungen entsprechen könnte. Bei der Frage nach der Unverhältnismäßigkeit sind nach dieser Rechtsprechung allerdings auch andere Umstände als das reine Wertverhältnis, vor allem der Grad des Verschuldens, zu berücksichtigen. 699

BGH, Urt. v. 2.10.1987 – V ZR 140/86,
NJW 1988, 699 = WM 1987, 1561,
unter Hinweis auf
BGH, Urt. v. 21.6.1974 – V ZR 164/72, BGHZ 62, 388
und BGH, Urt. v. 26.11.1975 – VIII ZR 31/74,
NJW 1976, 235 = WM 1976, 33.

Nach geltendem Recht findet sich der Gedanke der **Verhältnismäßigkeit** beim Anspruch auf Mängelbeseitigung (Nacherfüllung) in § 635 Abs. 3 BGB. Hinzu getreten ist der **allgemeinere Gedanke der Opfergrenze** in § 275 Abs. 2 und 3, der generell (auch neben § 635 Abs. 3 BGB) gilt und als **Einredetatbestand** konzipiert ist. Nach Absatz 2 kann der Schuldner die Leistung verweigern, soweit diese einen Aufwand erfordert, der unter Beachtung des Inhalts des Schuldverhältnisses und der Gebote von Treu und Glauben in einem groben Missverhältnis zu dem Leistungsinteresse des Gläubigers steht (sog. **faktische Unmöglichkeit**). Dabei ist auch zu berücksichtigen, ob der Schuldner das Leistungshindernis zu vertreten hat. Wenn der Schuldner die Leistung persönlich zu erbringen hat, kann er die Leistung nach Absatz 3 ferner verweigern, wenn sie ihm unter Abwägung des Leistungshindernisses mit dem Leistungsinteresse des Gläubigers **nicht zugemutet** werden kann. 700

Siehe BGH, Urt. v. 30.5.2008 – V ZR 184/07, NJW 2008, 3122;
dazu *Gsell*, LMK 2008, 266937;
Kolbe, NJW 2008, 3616.

701 Zu den Besonderheiten beim Nacherfüllungsanspruch gemäß §§ 437 Nr. 1, 439 Abs. 4 BGB siehe Rn. 1181 ff.

VIII. Leistungsstörungen im gegenseitigen Vertrag

1. Allgemeines

702 Das wichtigste Instrument zur Klärung der Verhältnisse bei Leistungsstörungen in einem gegenseitigen Vertrag bot nach **altem Recht § 326 BGB (a. F.)**. Die Vorschrift erlaubte dem Gläubiger, den Vertrag in ein Abwicklungsschuldverhältnis umzuwandeln. Voraussetzung dafür war Verzug des Schuldners mit der im Gegenseitigkeitsverhältnis stehenden Leistungspflicht sowie der fruchtlose Ablauf einer mit einer Ablehnungsandrohung versehenen Nachfrist. Die Folge war ein Wahlrecht des Gläubigers zwischen Rücktritt und Schadensersatz, wobei die Rechtsprechung zwar einen Wechsel von der Forderung nach Schadensersatz zum Rücktritt, nicht aber einen solchen vom Rücktritt zum Schadensersatz zuließ. Ausgeschlossen war in jedem Fall die Geltendmachung der ursprünglichen Leistung, § 326 Abs. 1 Satz 2 Halbs. 2 BGB a. F.

703 Der Gesetzgeber war angetreten, die Regelung zu **vereinfachen**. Rücktritt schließt jetzt Schadensersatz nicht mehr aus, § 325 BGB; und es muss zwar weiter eine Frist zur Erfüllung oder Nacherfüllung gesetzt werden, diese Frist ist aber keine Nachfrist mehr (weil der Schuldner zuvor nicht in Verzug gesetzt werden muss), und sie muss nicht mit einer Ablehnungsandrohung verbunden werden, § 323 Abs. 1 BGB. Die Vereinfachungen gehen indes mit Neustrukturierungen einher, die bislang nicht gekannte Schwierigkeiten im Gepäck haben. So gelten etwa für Rücktritt und Schadensersatz nicht mehr die gleichen Grundvoraussetzungen.

704 Der **Rücktritt vom gegenseitigen Vertrag** ist in § 323 BGB geregelt. Er setzt nur noch das Ausbleiben der geschuldeten Leistung bei Fälligkeit voraus, wobei es grundsätzlich unerheblich ist, ob die Leistung überhaupt nicht oder jedenfalls nicht vertragsgemäß erbracht wird (Besonderheiten in Abs. 5 Satz 2 geregelt). Die Norm gilt also für die Nichtleistung wie für die Schlechtleistung. Sie ist auch nicht beschränkt auf im Gegenseitigkeitsverhältnis stehende Leistungen.

> BeckOGK/*Looschelders*, 1.8.2025, § 323 Rn. 33 ff.;
> BeckOK BGB/*H. Schmidt*, § 323 Rn. 4;
> Grüneberg-*Grüneberg*, BGB, § 323 Rn. 10;
> a. A. MünchKomm-*Ernst*, BGB, § 323 Rn. 13 f.

705 Verzug ist für den Rücktritt ebenso wenig Voraussetzung wie Vertretenmüssen. Erforderlich ist lediglich der fruchtlose Ablauf einer vom Gläubiger gesetzten angemessenen Frist zur Nachholung der geschuldeten Leistung (Erfüllung bzw. Nacherfüllung).

706 **Schadensersatz** folgt anderen Regeln. **Grundnorm** für jeden Schadensersatzanspruch aus einem Schuldverhältnis ist **§ 280 BGB**. Sie gewährt Schadenser-

satz, wenn der Schuldner eine Pflicht aus dem Schuldverhältnis verletzt. Verschulden (bzw. sonstiges Vertretenmüssen) ist Voraussetzung, wird aber vermutet, § 280 Abs. 1 Satz 2 BGB. Erfasst wird jede Pflichtverletzung, gerade auch die Verletzung nichtleistungsbezogener (§ 241 Abs. 2 BGB) oder vorvertraglicher (§§ 311 Abs. 2, 241 Abs. 2 BGB) Pflichten. Die Haftung geht auf Ersatz des durch die Pflichtverletzung verursachten Schadens – im Gegensatz zum Schadensersatz statt der Leistung (= Nichterfüllung des ganzen Vertrags). Die Leistung muss allerdings fällig und durchsetzbar sein. An letzterer Voraussetzung fehlt es, wenn dagegen die **Einrede des nichterfüllten Vertrags besteht.** Das Bestehen der Einrede genügt, sie muss noch nicht erhoben worden sein.

BGH, Urt. v. 14.2.2020 – V ZR 11/18, ZIP 2020, 769.

Schadensersatz statt der Leistung kann der Gläubiger nur unter den Beson- 707
derheiten der §§ 281 – 283 BGB (unterschiedliche Fallgestaltungen) verlangen. Im Vordergrund steht hierbei § 281 BGB, welche Vorschrift den Fall der Nichtleistung und der nicht vertragsgemäßen Leistung regelt (und insoweit mit § 323 BGB korrespondiert). Zusätzliche Voraussetzung ist – wie bei § 323 BGB – der fruchtlose Ablauf einer angemessenen Frist zur Leistung bzw. Nacherfüllung.

2. Zum Vertretenmüssen

§§ 281, 283 BGB verweisen auf § 280 BGB und damit auf Absatz 1 Satz 2 die- 708
ser Norm, wonach eine Schadensersatzpflicht nicht besteht, wenn der Schuldner die **Pflichtverletzung** nicht zu vertreten hat. Im Falle der Unmöglichkeit ist zweifelhaft, worin die zu vertretende Pflichtverletzung besteht. Richtigerweise ist sie bereits darin zu sehen, dass der Gläubiger infolge des § 275 BGB die **Primärleistung nicht erhält** (nicht dass der Schuldner mit der Herbeiführung der für den Eintritt der Unmöglichkeit maßgeblichen Umstände einen Sorgfaltsverstoß begangen hat).

Str., vgl. näher MünchKomm-*Ernst*, BGB, § 280 Rn. 13 ff., 21; § 283 Rn. 5.

Beim Vertretenmüssen ist zu unterscheiden. Beruht es auf einem echten **Ver-** 709
schulden, so sind Bezugspunkt für die Verschuldensprüfung die auf dem Verhalten des Schuldners beruhenden Umstände, die die Leistung als nicht erbringbar erscheinen lässt. Geht es um eine Zurechnung aufgrund einer **Garantie** oder einer **Risikoübernahme** (§ 276 Abs. 1 Satz 1 BGB), so wird die Unmöglichkeit unmittelbar zugerechnet; die Umstände für deren Eintritt spielen nur insoweit eine Rolle, als der Kausalverlauf von der Garantie umfasst sein bzw. dem übernommenen Risiko zugehören muss.

Vor diesem Hintergrund ist es sehr zweifelhaft, ob einer älteren Entscheidung 710
gefolgt werden kann, wonach der Schuldner eine nachträgliche Unmöglichkeit

der Leistung schon dann zu vertreten haben soll, wenn er das Erfüllungshindernis bei Anwendung der im Verkehr erforderlichen Sorgfalt hätte voraussehen können.

So BGH, Urt. v. 12.1.1960 – VIII ZR 34/59, DB 1960, 261, 262;

zweifelnd demgegenüber
BGH, Urt. v. 12.3.1982 – V ZR 48/81 (unveröffentlicht);

BGH, Urt. v. 4.6.1982 – V ZR 81/81,
DNotZ 1983, 630 = NJW 1983, 275.

711 Richtig besehen handelt es sich hier nicht um einen Fall des Verschuldens, für den die Frage der Voraussehbarkeit von Bedeutung ist, sondern um eine Frage der Risikoübernahme oder des garantierten Erfolgseintritts. Jedenfalls dürfen die Grenzen zu dieser Haftungskategorie nicht mit dem Hinweis verwischt werden, der Schuldner habe das Leistungshindernis voraussehen können.

712 Nach früherem Recht traf den Schuldner, jedenfalls nach herrschender Meinung, im Falle **anfänglichen Unvermögens** (subjektive Unmöglichkeit) eine **Garantiehaftung** für die Erfüllung seines Leistungsversprechens. Nach geltendem Recht ist es zwar weiterhin möglich, dass der Schuldner für sein Leistungsvermögen im Sinne einer Garantie einzustehen verspricht (§ 276 Abs. 1 Satz 1 BGB). Ein solches Versprechen kann sich auch aus dem Inhalt des Schuldverhältnisses ergeben. Nachdem der Gesetzgeber die Haftung für anfängliches Unvermögen geregelt und generell an Verschuldenselemente geknüpft hat (§ 311a Abs. 2 Satz 2 BGB), kann aber nicht mehr automatisch von einer Garantiehaftung ausgegangen werden. Es genügt zwar eine konkludente Vereinbarung. Voraussetzung ist aber, dass **konkrete Anhaltspunkte** für eine Garantieübernahme vorliegen.

BGH, Urt. v. 19.10.2007 – V ZR 211/06, Rn. 35 ff.,
BGHZ 174, 61 = NJW 2007, 3777 = WM 2007, 2393.

713 **Schadensersatz wegen Verzugs** kann, wenn es nur um den **Verzögerungsschaden** geht, nach §§ 280 Abs. 1, 2, 286 Abs. 1 BGB verlangt werden. Sachlich bestehen hier gegenüber der früheren Rechtslage (§ 286 Abs. 1 BGB a. F.) keine gravierenden Unterschiede. Statt der Leistung kann auch im Verzugsfall Schadensersatz verlangt werden. Das richtet sich dann allein nach § 281 BGB, wobei die speziellen Verzugsvoraussetzungen im Regelfall auch gegeben sein werden, da die Fristsetzung i. S. d. § 281 Abs. 1 Satz 1 BGB einer Mahnung entspricht. Verzug setzt Vertretenmüssen voraus, das vermutet wird, § 286 Abs. 4 BGB.

3. Einzelne Rechtsfolgen

714 Von der früheren Rechtsprechung zum Leistungsstörungsrecht, vor allem zu § 326 BGB a. F., ist nur ein Teil – und auch dieser nur mit Vorbehalten und u. U. in anderem Zusammenhang als bisher zum neuen Recht – verwendbar.

a) Nacherfüllung

Vorrangig ist bei Leistungsstörungen, die in einer nicht oder vertragsgemäß erbrachten Leistung bestehen, der Anspruch auf Nacherfüllung, §§ 281 Abs. 1 Satz 1, 323 Abs, 1 BGB. Beruht die nicht vertragsgemäße Leistung auf einem Sach- oder Rechtsmangel gilt (infolge der Angleichung des Sach- und Rechtsmängelrechts an das allgemeine Leistungsstörungsrecht) nichts anderes, § 437 Nr. 1 BGB (der Vorrang ergibt sich aus den Voraussetzungen für die anderen Rechte in den Nrn. 2 und 3 der Norm). 715

b) Rücktritt

Neben der objektiven Pflichtverletzung setzt der Rücktritt nach § 323 Abs. 1 BGB voraus, dass der Gläubiger dem Schuldner erfolglos eine angemessene Frist zur Leistung oder Nacherfüllung bestimmt hat. Dazu kann zum Teil auf Rechtsprechung zur früheren Nachfristsetzung i. S. d. § 326 BGB a. F. zurückgegriffen werden. 716

aa) Funktion

Die Fristsetzung hat nicht (wie aber bei § 326 BGB a. F.) die Funktion, dem Schuldner die letzte Chance zur ordnungsgemäßen Durchführung des Vertrags zu eröffnen vor dem Hintergrund der unausweichlichen Folge, dass nach Ablauf der Frist die beiderseitigen Erfüllungsansprüche erlöschen. Nach geltendem Recht tritt vielmehr nach ungenutztem Fristablauf ein **Schwebezustand** ein: Der Gläubiger kann **weiter Erfüllung** verlangen, er kann aber auch zurücktreten. Ob der Schuldner weiter gebunden bleibt, hängt somit vom Gläubiger ab, nicht vom Fristablauf. Auch geht ein einmal begründetes Rücktrittsrecht nicht dadurch unter, dass der Gläubiger zunächst weiterhin Erfüllung verlangt. 717

BGH, Urt. v. 20.1.2006 – V ZR 124/05,
WM 2006, 1534 = JZ 2006, 1028 (m. Anm. *Schwab*)
= NJW 2006, 1198 (m. Bespr. *Althammer*, NJW 2006, 1179).

Mit der Fristsetzung muss der Gläubiger deutlich machen, dass er eine Nacherfüllung/Behebung eines Mangels innerhalb eines begrenzten (bestimmbaren) Zeitraums erwartet, der nicht notwendigerweise datiert werden muss. Natürlich kann das Nacherfüllungsverlangen in die Form einer höflichen Bitte gekleidet werden. 718

BGH, Urt. v. 13.7.2016 – VIII ZR 49/15, ZIP 2016, 1538
= NJW 2016, 3654; dazu EWiR 2016, 529 (*Sambat*).

Wird eine Frist zur Behebung eines Sachmangels gesetzt, **§§ 437 Nr. 1, 439 BGB** und der Mangel innerhalb der Frist behoben, so erlischt das Recht des Käufers zum Rücktritt vom Vertrag auch dann, wenn es wegen eines arglistigen Verhaltens des Verkäufers im Hinblick auf den Mangel einer Fristsetzung zur Nacherfüllung gar nicht bedurft hätte. 719

BGH, Urt. v. 8.12.2006 – V ZR 249/05, NJW 2007, 835;

BGH, Urt. v. 9.1.2008 – VIII ZR 210/06, NJW 2008, 1371;

BGH, Urt. v. 12.3.2010 – V ZR 147/09,
ZIP 2010, 886 = NJW 2010, 1805.

bb) Angemessenheit der Frist

720 Welche Zeitspanne angemessen ist, können die Parteien vereinbaren.

BGH, Urt. v. 13.7.2016 – VIII ZR 49/15, ZIP 2016, 1538
= NJW 2016, 3654; dazu EWiR 2016, 529 *(Samhat)*.

721 Fehlt es daran, beurteilt sie sich nach den Umständen des Falles. Bei Zahlungsfristen ist zu berücksichtigen, dass der Schuldner für seine finanzielle Leistungsfähigkeit einzustehen hat. Schwierigkeiten bei der Kreditbeschaffung beeinflussen die Länge der zu setzenden Frist daher ebenso wenig wie sie den Eintritt des Schuldnerverzugs verhindern.

BGH, Urt. v. 21.6.1985 – V ZR 134/84,
DNotZ 1986, 219 = NJW 1985, 2640 = WM 1985, 1106;
dazu EWiR 1985, 647 *(Medicus)*, in Fortführung von
BGH, Urt. v. 15.1.1982 – V ZR 164/80, WM 1982, 399.

722 Eine **zu knapp bemessene Frist** setzt in der Regel eine angemessene Frist in Lauf. Etwas anderes gilt ausnahmsweise dann, wenn der Gläubiger sich nicht redlich verhält, etwa die Frist nur zum Schein gesetzt oder zu erkennen gegeben hat, dass er die Leistung ohnehin nicht annehmen werde, auch wenn die Leistung innerhalb einer angemessenen Frist erfolgen sollte. Ein bloßer Verdacht in dieser Hinsicht reicht aber nicht aus.

BGH, Urt. v. 21.6.1985 – V ZR 134/84, a. a. O. m. w. N.;

BGH, Urt. v. 2.2.1990 – V ZR 245/88,
BGHR BGB § 326 Abs. 1 (Fristsetzung 2).

723 Dieser Grundsatz kann aber nicht auf eine Frist ausgedehnt werden, die **bereits abgelaufen** war, als der Schuldner von ihr Kenntnis erhielt; denn dann kann von einer „zu kurzen Frist" nicht mehr die Rede sein.

724 War früher das Setzen einer Nachfrist i. S. d. § 326 BGB a. F. vor Verzugseintritt unwirksam,

BGH, Urt. v. 15.3.1996 – V ZR 316/94,
ZIP 1996, 925 = NJW 1996, 1814;
dazu EWiR 1996, 539 *(Heinrichs)*,

so kann auch heute der Gläubiger nicht gemäß § 323 Abs. 1 BGB vom Vertrag zurücktreten, wenn er die **Frist zur Leistung vor deren Fälligkeit** gesetzt hat. Das gilt auch dann, wenn bereits vor Fälligkeit ernsthafte Zweifel an der Leistungsfähigkeit oder Leistungswilligkeit des Schuldners bestehen.

BGH, Urt. v. 14.6.2012 – VII ZR 148/10,
BGHZ 193, 315 = NJW 2012, 3714.

Folglich kann auch eine angemessene Frist nicht in Gang gesetzt werden, wenn die gesetzte Frist **bereits vor Eintritt der Fälligkeit** endet. 725

Ebenso wenig kann in die Erhebung der auf den Rücktritt gestützten Klage die Fristsetzung hineingedeutet werden; denn mit der Klage macht der Gläubiger bereits die Rechte geltend, die ihm erst nach ordnungsgemäßer Fristsetzung zustehen. 726

BGH, Urt. v. 15.3.1996 – V ZR 316/94,
ZIP 1996, 925 = NJW 1996, 1814 = WM 1996, 1145;
dazu EWiR 1996, 539 *(Heinrichs)*.

cc) Fristsetzung unter Zuvielforderung

Ob eine Zuvielforderung völlig unwirksam oder – bei geringer Überschreitung – im Umfang der ausgebliebenen Leistung wirksam ist, ist unter Berücksichtigung der Umstände des einzelnen Falles zu entscheiden. 727

BGH, Urt. v. 18.12.1981 – V ZR 121/80 (unveröffentlicht).

Der Gläubiger, der eine zu hohe Leistung fordert oder selbst geringfügig zu wenig an Gegenleistung erbringt, muss sich nicht deshalb den im Falle eines unberechtigten Rücktritts seines Vertragspartners aus § 281 BGB ergebenden Schadensersatzanspruch nach § 254 BGB schmälern lassen. 728

BGH, Urt. v. 1.10.1986 – VIII ZR 132/85,
ZIP 1987, 111 = NJW 1987, 251 = WM 1986, 1496;
dazu EWiR 1986, 1175 *(Medicus)*.

dd) Zuständigkeit nach Forderungsabtretung

Wird eine Hauptforderung aus einem gegenseitigen Vertrag abgetreten, so steht das Recht zur Fristsetzung dem Abtretungsempfänger zu. Die Rechtsstellung des Zessionars umfasst nämlich das Recht, den Schuldner mit den gesetzlichen Mitteln zur ordnungsgemäßen Leistung anzuhalten; hierzu gehört als Druckmittel (Vorbereitung der Rücktrittsmöglichkeit) das Recht zur Fristsetzung. 729

BGH, Urt. v. 21.6.1985 – V ZR 134/84,
DNotZ 1986, 219 = NJW 1985, 2640 = WM 1985, 1106;
dazu EWiR 1985, 647 *(Medicus)*.

Anders liegt es, wenn die Kaufpreisforderung nur sicherheitshalber abgetreten wird. Bei einer **Sicherungsabtretung** verbleiben die vertraglichen **Gestaltungsrechte** wie auch die Befugnis, die Forderung im eigenen Namen geltend zu machen, 730

BGH, Urt. v. 23.3.1999 – VI ZR 101/98,
ZIP 1999, 927 = NJW 1999, 2110;
dazu EWiR 1999, 679 *(Muth)*,

beim **Zedenten**, sofern nicht der Inhalt der Sicherungsabrede ausnahmsweise etwas anderes ergibt. Der Bundesgerichtshof hat daher Befugnis zur Nachfristsetzung mit Ablehnungsandrohung i. S. d. § 326 BGB a. F. beim Zedenten belassen.

BGH, Urt. v. 17.1.2002, VII ZR 490/00,
ZIP 2002, 716 = NJW 2002, 1568 = WM 2002, 649.

731 Dasselbe gilt jetzt für die **Fristsetzung nach § 323 BGB**. Diese Frist gestaltet den Vertrag zwar – anders als die frühere Nachfristsetzung mit Ablehnungsandrohung – noch nicht, schafft aber die Voraussetzungen für das Gestaltungsrecht des Rücktritts.

ee) Entbehrlichkeit der Fristsetzung

(1) Erfüllungsverweigerung

732 Der Gesetzgeber hat in **§ 323 Abs. 2 Nr. 1 BGB** den von der Rechtsprechung zum früheren Recht (Mahnung; Fristsetzung mit Ablehnungsandrohung) entwickelten Grundsatz kodifiziert, dass eine Fristsetzung, weil sinnlose Förmelei, entbehrlich ist, wenn der Schuldner die Leistung **ernsthaft und endgültig verweigert.**

BGH, Urt. v. 19.6.1951 – I ZR 118/50,
BGHZ 2, 310, 312 unter Hinweis auf Rspr. des RG.

733 An diese Voraussetzung sind **strenge Anforderungen** zu stellen. Das Verhalten des Schuldners muss zweifelsfrei ergeben, dass er sich über die Lage klar ist und ohne Rücksicht auf die möglichen Folgen zum Ausdruck bringt, er werde die von ihm geschuldete Leistung überhaupt nicht mehr oder jedenfalls nicht innerhalb einer angemessenen Frist erbringen. Solange die Möglichkeit besteht, dass der Schuldner noch umgestimmt werden kann, muss ein solcher Versuch unternommen werden.

BGH, Urt. v. 15.3.1996 – V ZR 316/94,
ZIP 1996, 925 = NJW 1996, 1814 = WM 1996, 1145 m. w. N.;
dazu EWiR 1996, 539 *(Heinrichs)*;

ebenso
BGH, Urt. v. 20.9.1996 – V ZR 191/95,
ZIP 1997, 1987 = NJW 1997, 51 = WM 1997, 34;
dazu EWiR 1997, 65 *(Gernhuber)*.

734 Allein die Erklärung des Schuldners, er werde zum Fälligkeitszeitpunkt nicht leisten können, begründet daher noch keine ernsthafte und endgültige Leistungsverweigerung.

BGH, Urt. v. 14.6.2012 – VII ZR 148/10,
BGHZ 193, 315 = NJW 2012, 3714.

735 Eine ernsthafte und endgültige Leistungsverweigerung kann aber zum Ausdruck kommen, wenn der Schuldner unberechtigt vom Vertrag zurücktritt und – ebenso unberechtigt – Schadensersatz statt der Leistung verlangt.

BGH, Urt. v. 14.10.2020 – VIII ZR 318/19, ZIP 2021, 906
= NJW 2021, 464.

Eine Fristsetzung ist dann **wieder erforderlich**, wenn die Voraussetzungen, unter denen sie ausnahmsweise entbehrlich ist, zwar anfänglich gegeben waren, aber entfallen sind, bevor der Gläubiger den Rücktritt erklärt hat. 736

> Vgl. (zum Schadensersatzbegehren nach § 326 BGB a. F.)
> BGH, Urt. v. 5.7.1990 – VII ZR 352/89,
> ZIP 1990, 1265 = NJW 1990, 1300 = WM 1990, 2007;
> dazu EWiR 1990, 1075 *(Medicus)*.

Die Erfüllungsverweigerung stellt zugleich einen Fall der **positiven Vertragsverletzung** dar, die zum Schadensersatz verpflichtet. 737

> BGH, Urt. v. 19.10.1988 – VIII ZR 22/88, NJW 1989, 451.

Rechtsgrundlage dafür sind jetzt §§ 280, 281 BGB. Soweit in § 281 BGB ebenfalls eine Fristsetzung vorausgesetzt wird, ist sie aus denselben Gründen entbehrlich, vgl. § 281 Abs. 2 BGB. 738

(2) Weitere Gründe für Entbehrlichkeit

Der Gesetzgeber hat in § 323 Abs. 2 **Nr. 2** BGB den Rücktritt ohne Fristsetzung im Falle des sog. **relativen Fixgeschäfts** geregelt und damit § 361 BGB a. F. ersetzt und modifiziert (keine Auslegungsregel mehr, sondern gesetzliches Rücktrittsrecht). Für Verträge ab dem 13.6.2014 hat die Norm zwar eine weitere Modifizierung, doch ohne grundlegende Änderung erfahren. 739

Absatz 2 **Nr. 3** der Norm knüpfte ursprünglich – für bis zum 13.6.2014 geschlossene Verträge – an den Gedanken des **Interessenfortfalls** an, der nach § 326 Abs. 2 BGB a. F. die Rechte eröffnete, ohne dass eine Fristsetzung mit Ablehnungsandrohung erfolgen musste. Gemessen an den anderen normierten Ausnahmetatbeständen kam der Regelung Auffangcharakter zu. Sie sollte den Gerichten Bewertungsspielräume eröffnen und Einzelfälle erfassen. Nunmehr, also für die danach geschlossenen Verträge, ist die Norm auf den Fall **der erbrachten Schlechtleistung („nicht vertragsgemäß erbrachte Leistung“) beschränkt**. Das hat Auswirkungen. 740

Für die Altfassung ist ein Rücktrittsrecht ohne vorherige Fristsetzung u. a. angenommen worden, wenn der Verkäufer einen ihm bekannten Mangel bei Abschluss des Vertrags **arglistig verschwiegen** hat. Arglist beschädigt im Regelfall die für eine Nacherfüllung erforderliche Vertrauensgrundlage und lässt bei dem Käufer ein berechtigtes Interesse an einer sofortigen Lösung von dem Vertrag entstehen. 741

> BGH, Beschl. v. 8.12.2006 – V ZR 249/05,
> NJW 2007, 835;
> BGH, Urt. v. 9.1.2008 – VIII ZR 210/06,
> ZIP 2008, 195 = NJW 2008, 1371;
> dazu EwiR 2008, 455 *(Theis)*; *Gutzeit*, NJW 2008, 1359.

Dieser Fall dürfte auch weiterhin vom Gesetz erfasst sein. Anders verhält es sich mit dem Fall, in dem feststeht, dass der Schuldner die ihm nach Abs. 1 742 der Norm zu setzende Frist nicht einhalten wird. Hier hatte der Bundesgerichtshof dem Gläubiger das Recht zugebilligt, gemäß § 323 Abs. 2 Nr. 3 BGB a. F. nach Fälligkeit ohne Fristsetzung zurückzutreten.

> BGH, Urt. v. 14.6.2012 – VII ZR 148/10,
> BGHZ 193, 315 = NJW 2012, 3714.

743 Unter die Neufassung lässt sich der Fall nicht mehr subsumieren. Das Ergebnis bleibt gleichwohl sachgerecht, müsste jetzt aber auf **§ 242 BGB** gestützt werden.

> Vgl. MünchKomm-*Ernst*, BGB, § 323 Rn. 131.

744 Für entbehrlich erklärt das Gesetz die Fristsetzung ferner, wenn besondere Umstände vorliegen, die unter Abwägung der beiderseitigen Interessen die sofortige Geltendmachung des Schadensersatzanspruchs/Rücktritts rechtfertigen (§§ 281 Abs. 2, 323 Abs. 2 Nr. 3 BGB). Daneben tritt speziell für das Kaufrecht eine den Besonderheiten der Haftung für Mängel Rechnung tragende Regelung, die die Fristsetzung für entbehrlich erklärt, wenn die Nacherfüllung fehlgeschlagen oder für den Käufer **unzumutbar ist, § 440 BGB**. Entscheidend sind insoweit die Umstände des Einzelfalls, insbesondere: Unzuverlässigkeit des Verkäufers, nachhaltige Störung des Vertrauensverhältnisses.

> BGH, Urt. v. 13.7.2016 – V ZR 49/15, ZIP 2016, 1538
> = NJW 2016, 3654; dazu EWiR 2016, 529 *(Samhat)*.

745 § 323 Abs. 4 BGB eröffnet dem Gläubiger unter den dort genannten Voraussetzungen die Möglichkeit, **vor Fälligkeit** zurückzutreten. Ist die Leistung fällig geworden, besteht diese Rücktrittsmöglichkeit nicht mehr; ab dann bestimmt sich die Möglichkeit eines Rücktritts nach § 323 Abs. 1 und 2 BGB.

> BGH, Urt. v. 14.6.2012 – VII ZR 148/10,
> BGHZ 193, 315 = NJW 2012, 3714.

(3) Unvermögen des Schuldners

746 Eine Fristsetzung ist auch dann zwecklos und überflüssig und deshalb entbehrlich, wenn der Verkäufer zur Leistung außerstande ist, z. B. weil er einen Rechtsmangel nicht beheben kann.

> BGH, Urt. v. 19.11.1999 – V ZR 321/98,
> ZfIR 2000, 526 = NJW 2000, 803.

(4) Freistellungsanspruch

747 Wird eine geschuldete Freistellung (z. B. von Erschließungskosten) nicht bewirkt, so kann der Gläubiger des Befreiungsanspruchs unter den Voraussetzungen des § 323 BGB zurücktreten bzw. unter den Voraussetzungen des § 281 BGB Zahlung in Höhe der Verbindlichkeit, von der freizustellen war, verlangen. Das bedeutet, dass, soweit nicht entbehrlich, zuvor eine angemes-

sene Frist gesetzt werden muss (§ 323 Abs. 1, § 281 Abs. 1 Satz 1 BGB). Ist der Gläubiger hingegen aus der Verbindlichkeit in Anspruch genommen worden, so wandelt sich der Freistellungsanspruch ohne Weiteres in einen entsprechenden Zahlungsanspruch um. War Grundlage für den Freistellungsanspruch ein Aufwendungsersatzanspruch nach § 670 BGB, folgt auch die Zahlungsverpflichtung unmittelbar aus dieser Norm. Die Aufwendungen bestehen dann nicht mehr in der Eingehung der Verbindlichkeit, sondern in der Zahlung auf diese Verbindlichkeit.

MünchKomm-*Krüger*, BGB, § 257 Rn. 5.

Ist Freistellung von Erschließungskosten geschuldet, hat aber der Schuldner des Freistellungsanspruchs Widerspruch gegen den Beitragsbescheid eingelegt, so kann Schadensersatz statt der Erfüllung des Freistellungsanspruchs (§ 281 BGB) nur in der Weise geltend gemacht werden, dass Zahlung lediglich an den Gläubiger des Befreiungsanspruchs und nur Zug um Zug gegen Abtretung der bei erfolgreichem Widerspruch entstehenden Erstattungsforderung zu leisten ist. Anderenfalls würde der Gläubiger des Befreiungsanspruchs im Ergebnis bereichert. 748

BGH, Urt. v. 12.3.1993 – V ZR 69/92,
NJW 1993, 2232 = WM 1993, 1557.

ff) Eigene Vertragsuntreue

(1) Grundsätzliches

Das Recht zum Rücktritt setzte nach altem Recht die Prüfung voraus, ob das Verhalten des Gegners angesichts des eigenen Verhaltens überhaupt eine Vertragsverletzung darstellt. Sodann musste geprüft werden, ob eigene Vertragsverletzungen den Rücktritt vom Vertrag nach Treu und Glauben ausschließen. Das war letztlich eine Abwägung, die nicht nach starren Regeln verlief. 749

BGH, Urt. v. 30.4.1980 – V ZR 7/79, WM 1980, 826;
vgl. auch BGH, Urt. v. 14.11.1980 – V ZR 180/79, WM 1981, 312.

Daran hat sich nach der **Schuldrechtsreform** nichts geändert. Der Gedanke der Notwendigkeit der eigenen Vertragstreue ist jetzt in § 323 Abs. 6 BGB mit geregelt. 750

Vgl. MünchKomm-*Ernst*, BGB, § 323 Rn. 277.

Das eigene vertragswidrige Verhalten des Gläubigers kann das Rücktrittsrecht nur dann ausschließen, wenn es mit der Pflichtverletzung des Schuldners in einem **inneren Zusammenhang** steht. 751

BGH, Urt. v. 15.1.1982 – V ZR 164/80, WM 1982, 399.

Auch muss die eigene Pflichtverletzung des Gläubigers nach Art und Tragweite geeignet sein, den **Vertragszweck zu gefährden** oder zu vereiteln. 752

BGH, Urt. v. 1.10.1986 – VIII ZR 132/85,
ZIP 1987, 111 = NJW 1987, 251 = WM 1986, 1496;
dazu EWiR 1986, 1175 *(Medicus)*;

BGH, Urt. v. 15.10.1993 – V ZR 141/92,
ZIP 1993, 1853 = NJW-RR 1994, 372;
dazu EWiR 1994, 27 *(Heinrichs)*.

753 Legt der Schuldner auf die Einhaltung bestimmter Vertragspflichten des Gläubigers kein Gewicht oder duldet er dessen Vertragsuntreue, so kann er hieraus keine Rechte herleiten.

BGH, Urt. v. 1.10.1986 – VIII ZR 132/85,
ZIP 1987, 111 = NJW 1987, 251 = WM 1986, 1496;
dazu EWiR 1986, 1175 *(Medicus)*.

754 Eigene Vertragsuntreue schließt Rechte aus § 323 BGB im Übrigen **nur so lange aus, wie sie währt**. Dagegen können die Rechte wieder geltend gemacht werden, wenn der Vertragsgegner auf seiner Erfüllungsverweigerung selbst für den Fall beharrt, dass der andere Teil die ihm mögliche Leistung erbringen kann und will.

BGH, Urt. v. 27.1.1978 – V ZR 238/75, WM 1978, 754.

755 Für die **Darlegungs- und Beweislast** gilt: Wer den „Tu-quoque-Einwand" erhebt, braucht nur darzulegen und zu beweisen, dass der Gegner sich vom Vertrag losgesagt hat. Dem anderen Teil obliegt es dann, die Berechtigung seiner Lossagung darzulegen und zu beweisen.

BGH, Urt. v. 13.11.1998 – V ZR 386/97,
ZIP 1999, 367 = ZfIR 1999, 22 = WM 1999, 97.

(2) Einzelfälle

756 Ist bei einem Grundstückskaufvertrag vereinbart, dass der aus Fremdmitteln zu finanzierende Restkaufpreis erst mit der Freigabe der durch Grundpfandrechte zu sichernden Fremdmittel zur Auszahlung fällig ist, so kann der Verkäufer nach Veräußerung des Grundstücks an einen Dritten aus der Nichtzahlung des Restkaufpreises kein Rücktrittsrecht herleiten, weil er die geschuldete Mitwirkung an der Freigabe der Fremdmittel infolge der Veräußerung des Grundstücks nicht mehr erbringen konnte.

BGH, Urt. v. 20.1.1978 – V ZR 171/75, WM 1978, 731.

757 Hat sich der Käufer eines Grundstücks verpflichtet, den Kaufpreisrest vom Zeitpunkt des Besitzübergangs an in bestimmter Höhe zu verzinsen, erschwert der Verkäufer jedoch die vorgesehene Finanzierung, indem er vertragswidrig die Enthaftung des Grundstücks von bestehenden Grundpfandrechten verzögert, so hindert diese Vertragsuntreue nach Treu und Glauben das Entstehen des Zinsanspruchs.

BGH, Urt. v. 10.3.1978 – V ZR 67/76,
NJW 1979, 41 = WM 1978, 902.

gg) Rücktrittsfolgen

Die Rücktrittsfolgen ergeben sich aus §§ 346, 347 BGB, welche Vorschriften 758
eine eigenständige Regelung darstellen, die nicht mehr – wie früher – auf das Eigentümer-Besitzer-Verhältnis verweist.

(1) Rückauflassung oder Grundbuchberichtigung

Der Rücktritt vom Grundstückskaufvertrag führt, wenn das Eigentum schon 759
übertragen worden ist, nach § 346 Abs. 1 BGB zum Anspruch auf Rückübertragung. Ist hingegen das Eigentum noch nicht übertragen, der Käufer gleichwohl schon eingetragen worden, so geht der Anspruch auf Herausgabe der Buchposition. Der Verkäufer kann aber, wenn unklar ist, ob der Käufer zu Recht oder zu Unrecht im Grundbuch steht, auf Rückauflassung klagen. Wenn der Käufer zu Unrecht eingetragen sein sollte, dann geht die Rückauflassung zwar ins Leere, bewirkt aber jedenfalls, dass eine bereits erklärte Auflassung wirkungslos wird.

> BGH, Urt. v. 5.6.2009 – V ZR 168/08,
> NJW 2009, 3155 = ZNotP 2009, 315.

(2) Herausgabe von Nutzungen bei Grundstück mit Gewerbebetrieb

Wird ein Grundstück mit Gewerbebetrieb verkauft, so sind die Nutzungen 760
im Falle des Rücktritts (§ 346 Abs. 1 BGB) nur herauszugeben, soweit sie nicht auf den **persönlichen Leistungen oder Fähigkeiten des Betriebsinhabers** beruhen. Sind die Einnahmen sowohl auf den gegenständlichen Bereich des Betriebs als auch auf die persönlichen Leistungen und Fähigkeiten des Betriebsinhabers zurückzuführen, so hat der Tatrichter – gegebenenfalls nach § 287 ZPO – den Anteil der beiden Faktoren am Betriebsgewinn zu ermitteln. Beruht der Gewinn ausschließlich auf den persönlichen Leistungen oder Fähigkeiten des Betriebsinhabers, so kommt eine Nutzungsentschädigung nicht in Betracht.

> BGH, Urt. v. 12.5.1978 – V ZR 67/77,
> NJW 1978, 1578 = WM 1978, 928
> (in Abgrenzung zu BGHZ 7, 208, 218).

Zu den herauszugebenden Früchten (Ertrag) gehören auch nicht die Nutzun- 761
gen aus einem Betrieb, den der Besitzer des herauszugebenden Grundstücks **erst eingerichtet** hat.

> BGH, Urt. v. 9.6.1969 – VII ZR 52/67, WM 1969, 1083;
>
> BGH, Urt. v. 12.5.1978 – V ZR 67/77,
> NJW 1978, 1578 = WM 1978, 928.

Ebenso wenig sind bei der Bemessung der Gebrauchsvorteile eines Grund- 762
stücks (anhand seines objektiven Mietwerts) **werterhöhende Investitionen** des Schuldners zu berücksichtigen.

BGH, Urt. v. 22.11.1991 – V ZR 160/90, NJW 1992, 892; dazu EWiR 1992, 131 *(Holch)*.

763 Bei der Rückabwicklung eines Kaufvertrags über **landwirtschaftliche Flächen** ist der Käufer grundsätzlich nicht verpflichtet, Zahlungsansprüche nach dem Betriebsprämiendurchführungsgesetz, die ihm im Hinblick auf die Bewirtschaftung dieser Flächen zugeteilt worden sind, an den Verkäufer zu übertragen.

BGH, Urt. v. 22.1.2010 – V ZR 170/08, NJW-RR 2010, 885 = AUR 2010, 181 = RdL 2010, 119.

(3) Wertersatz für geleistete Dienste

764 Für **geleistete Dienste** sowie für die **Überlassung der Nutzung** einer Sache ist eine Rückgewähr in Natur nicht möglich. Deshalb ist nach § 346 Abs. 2 Satz 1 Nr. 1 BGB der **Wert zu vergüten** oder, falls in dem Vertrag eine Gegenleistung in Geld bestimmt ist, diese bei der Wertberechnung zugrunde zu legen (§ 346 Abs. 2 Satz 2 BGB).

765 Unter Leistung von Diensten sind solche im Sinne eines Dienst- oder Werkvertrags zu verstehen. Die Dienstleistung kann auch in einem zusammengesetzten Grundstückskaufvertrag vereinbart werden, in dem ein bestimmter Kaufpreis für die Übereignung des Grundstücks und eine darüber hinausgehende Vergütung für eine Werk- oder Dienstleistung vereinbart wird.

BGH, Urt. v. 28.11.1997 – V ZR 178/96, ZIP 1998, 109 = ZfIR 1998, 78 = NJW 1998, 1079 = WM 1998, 245.

766 So lag es in dem der vorstehend zitierten Entscheidung zugrunde liegenden Fall aber nicht. Dort stand den Verpflichtungen des Beklagten, das Kaufgrundstück zu übereignen und darauf befindliche Ställe abzureißen, ein einheitlicher „Gesamtkaufpreis“ als Gegenleistung gegenüber. Den Klägern (Käufer) war allein an der Übereignung eines von den Altbauten befreiten Grundstücks gelegen, nicht an einer gesondert zu vergütenden Werkleistung. Den Interessen des Beklagten, der durch den Abriss Kosten haben würde, trug die Regelung über die Fälligkeit des Kaufpreises Rechnung. Bei der Rückabwicklung infolge Rücktritts hatten daher die Käufer (nur) das Grundstück, befreit von den Stallgebäuden, und der Verkäufer den bezahlten Teil des Kaufpreises zurückzugewähren. Das wurde durch folgende Kontrollüberlegung bestätigt. Könnte der Verkäufer zusätzlich eine Vergütung für den Abriss der Gebäude beanspruchen, so erhielte er bei der Rückabwicklung mehr, als ihm – wertmäßig – bei Durchführung des Vertrags zugeflossen wäre. Das entspricht nicht dem Zweck der Rückabwicklungsvorschriften.

BGH, a. a. O.

(4) Rücktritt bei Teilleistung

Hat der Schuldner eine Teilleistung bewirkt, so kann der Gläubiger vom ganzen Vertrag nur zurücktreten, wenn er an der Teilleistung kein Interesse hat, § 323 Abs. 5 Satz 1 BGB. Die auf dem Synallagma beruhende Norm setzt aber neben der Teilbarkeit der Leistung des Schuldners voraus, dass auch die Leistung des Gläubigers teilbar ist. Mangelt es an Letzterem, kann der Gläubiger auch dann vom ganzen Vertrag zurücktreten, wenn sein Interesse an der Teilleistung des Schuldners nicht entfallen ist. **767**

BGH, Urt. v. 16.10.2009 – V ZR 203/08,
NJW 2010, 146 = WM 2010, 275;
dazu *Cziupka*, LMK 2010, 295516.

c) Schadensersatz

aa) Allgemeines

Unter den Voraussetzungen der §§ 281 Abs. 1, 280 Abs. 1 BGB kann **Schadensersatz statt der Leistung** verlangt werden. Der Anspruch kann nach § 325 BGB **neben dem Rücktritt** geltend gemacht werden. Er setzt – wie der Rücktritt – eine erfolglos bestimmte Frist zur Leistung oder Nacherfüllung voraus. Die Fristsetzung ist unter den Voraussetzungen des § 281 Abs. 2 BGB entbehrlich. Der frühere Gleichlaut der Regelungen der §§ 281 Abs. 2 und 323 Abs. 2 besteht seit der am 13.6.2014 in Kraft getretenen Änderung des § 323 BGB nicht mehr. **768**

Näheres dazu siehe MünchKomm-*Ernst*, BGB, § 323 Rn. 128.

Die Schadensberechnung richtet sich nach der sog. **Differenzhypothese**, **769**

siehe schon BGH, Urt. v. 19.6.1951 – I ZR 118/50, BGHZ 2, 310,

d. h., auszugleichen ist die im Wege eines Gesamtvermögensvergleichs sich ergebende Wertdifferenz zwischen der Vermögenslage des Geschädigten, die sich bei ordnungsgemäßer Vertragserfüllung ergeben hätte, und der Lage, die sich infolge des haftungsbegründenden Ereignisses tatsächlich ergeben hat. Das ist in aller Regel ein **Zahlungsanspruch**. Der Verkäufer eines – zwar schon übergebenen, aber noch nicht übereigneten – Grundstücks kann aber einerseits Schadensersatz statt der Erfüllung (Zahlung) verlangen und andererseits aufgrund seines Eigentums die **Herausgabe des Grundstücks** beanspruchen. Sein Schadensersatzanspruch mindert sich dann um den Wert, den das Grundstück im Zeitpunkt der letzten mündlichen Verhandlung in der Tatsacheninstanz hat.

BGH, Urt. v. 13.3.1981 – V ZR 46/80,
ZIP 1981, 742 = NJW 1981, 1834 = WM 1981, 791;

BGH, Urt. v. 11.2.1983 – V ZR 191/81,
WM 1983, 418 (unter Hinweis auch auf RGZ 141, 259, 262).

770 Ist das Grundstück schon übereignet worden, steht dem Verkäufer unter den Voraussetzungen der §§ 280, 281 Abs. 1 bis 3 und 5, 346 BGB ein Anspruch auf Rückübereignung (als Teil des Schadensersatzverlangens) zu (siehe Rn. 774).

771 Dagegen kann der Verkäufer, wie der Bundesgerichtshof in Abkehr von seiner früheren Rechtsprechung ausgesprochen hat, **nicht Schadensersatz in der Weise** geltend machen, dass er Zug um Zug gegen Erfüllung seiner Leistungspflicht die Gegenleistung verlangt. Er kann den Schaden deshalb nicht in der Weise berechnen, dass er dem Käufer die **Grundstücksübereignung anbietet, um als Mindestschaden den Kaufpreis** zu liquidieren. Dies gilt auch, wenn im Kaufvertrag schon die Auflassung erklärt, der Käufer aber noch nicht im Grundbuch als Eigentümer eingetragen ist.

> BGH, Urt. v. 25.6.1999 – V ZR 190/98, ZIP 1999, 1528 m. w. N. = ZfIR 1999, 813 = NJW 1999, 3115 = WM 1999, 1726 = LM BGB § 326 (Eb) Nr. 12 *(Battes)*; dazu EWiR 1999, 873 *(Heinrichs)*.

772 Die früheren Fälle der **pVV** werden jetzt von § 280 BGB erfasst (dessen Anwendungsbereich aber darüber hinausgeht). Voraussetzung ist eine schuldhafte (allerdings Beweislastumkehr, § 280 Abs. 1 Satz 2 BGB) Pflichtverletzung und ein darauf beruhender Schaden.

bb) Einzelheiten

(1) Schadensersatz statt der Leistung

773 Schadensersatz statt der Leistung setzt nach § 281 Abs. 1 Satz 1 BGB u. a. eine erfolglos gesetzte Frist zur Nacherfüllung voraus. Davon macht das Gesetz eine Ausnahme bei ernsthafter und endgültiger Erfüllungsverweigerung und bei Vorliegen besonderer Umstände, die die sofortige Geltendmachung des Schadensersatzanspruchs rechtfertigen, § 281 Abs. 2 BGB. Solche besonderen Umstände sieht der Bundesgerichtshof im Regelfall als gegeben an, wenn der Verkäufer einen Mangel der Kaufsache **arglistig verschwiegen** hat.

> BGH, Beschl. v. 8.12.2006 – V ZR 249/05, NJW 2007, 835;
>
> BGH, Urt. v. 9.1.2008 – VIII ZR 210/06, ZIP 2008, 460 = NJW 2008, 1371 (m. Bespr. *Gutzeit*, S. 1359); dazu EWiR 2008, 455 *(Theis)*.

774 Der erfolglose Ablauf der Frist lässt den Erfüllungsanspruch zunächst unberührt. Der Schwebezustand findet erst dann sein Ende, wenn der Gläubiger von der Möglichkeit Gebrauch gemacht hat, Schadensersatz zu verlangen, § 281 Abs. 4 BGB. Der Anspruch auf die Leistung ist dann ausgeschlossen. Der (verbliebene) Schadensersatzanspruch statt der Leistung gibt dem Gläubiger die Möglichkeit, eine bereits vorgenommene Leistung zurückzuverlangen, §§ 281 Abs. 5, 346 BGB. Dieser Anspruch ist freilich nur unter den Voraussetzungen des § 281 Abs. 1 bis 3 BGB gegeben, setzt also unter anderem den fruchtlosen Ablauf einer angemessenen Frist zur Leistung oder Nacherfüllung voraus (bzw. deren Entbehrlichkeit).

BGH, Urt. v. 14.10.2020 – VIII ZR 318/19 Rn. 17 ff., ZIP 2021, 906 = NJW 2021, 464 = JZ 2021, 103 (m. Anm. *Faust*).

Nimmt der Käufer während des Verzuges des Verkäufers einen **Deckungskauf** vor, so stellen die dadurch entstandenen Kosten keinen Verzögerungsschaden dar, sondern sind nur unter den Voraussetzungen der §§ 280 Abs. 1, 3, 281 BGB als Schaden statt der Leistung und damit nicht neben der Vertragserfüllung erstattungsfähig. 775

BGH, Urt. v. 3.7.2013 – VIII ZR 169/12, BGHZ 197, 357 = NJW 2013, 2959 = ZIP 2013, 1626; dazu EWiR 2013, 639 *(Jaensch)*.

Wird Schadensersatz statt der Leistung nach **§§ 283, 280 BGB** wegen (subjektiver) Unmöglichkeit verlangt, so muss der Gläubiger zwar an sich die Voraussetzungen des § 275 BGB **darlegen und beweisen.** Hat der Schuldner indes den geschuldeten Gegenstand weiterveräußert, so hilft die Rechtsprechung des Bundesgerichtshofs dem Gläubiger mit einer – widerlegbaren – Vermutung, dass dann dem Schuldner die Leistung nicht mehr möglich ist. 776

BGH, Urt. v. 26.3.1999 – V ZR 368/97, BGHZ 141, 179 = NJW 1999, 2034.

(2) pVV (§ 280 BGB)

Verändert der Verkäufer zwischen **Gefahrübergang und Übereignung** eigenmächtig und schuldhaft die Kaufsache, haftet er grundsätzlich nicht nach Sach- oder Rechtsmängelrecht, sondern nach den Grundsätzen der positiven Vertragsverletzung. So liegt der Fall auch dann, wenn der Verkäufer einer Eigentumswohnung nach Vertragsschluss die Teilungserklärung in einer Weise abändert, dass der Käufer nicht mehr das erhält, was ihm nach dem Vertrag gebührte (im entschiedenen Fall: Umwandlung von Wohnungs- in Teileigentum). 777

BGH, Urt. v. 17.6.2005 – V ZR 328/03, NZM 2005, 753.

Ein Fall der Haftung wegen **Pflichtverletzung** nach § 280 Abs. 1 BGB kann auch **auf Seiten des Gläubigers** entstehen, wenn dieser nämlich von dem Schuldner etwas verlangt, das nach dem Vertrag nicht geschuldet ist, oder ein Gestaltungsrecht ausübt, das nicht besteht. Zu vertreten hat er dies aber nicht schon dann, wenn er nicht erkennt, dass die eigene Rechtsposition in der Sache nicht berechtigt ist, sondern erst dann, wenn er die Rechtsposition auch nicht als plausibel ansehen durfte. 778

BGH, Urt. v. 16.1.2009 – V ZR 133/08, BGHZ 179, 238 = NJW 2009, 1262 = WM 2009, 753; dazu *Gsell*, ZJS 2009, 187; *Hau*, LMK 2009, 278712; *Probst*, JR 2010, 75.

(3) Deckungsverkauf vor Fristablauf

779 Ist nach den Erklärungen des Käufers (z. B. unter Hinweis auf das Scheitern der Finanzierung) ein Vollzug des Kaufvertrags nicht mehr zu erwarten, so kann den Gläubiger ein **Mitverschulden** treffen, wenn er untätig bleibt, obwohl er den eingetretenen Schaden dadurch hätte abwenden oder mindern können, dass er ein Deckungsgeschäft vorgenommen und den bestehenden Vertrag beendet hätte. Maßgebend ist, ob der Käufer ein berechtigtes Interesse daran hat, sich vom Vertrag zu lösen, und welches Interesse des Verkäufers, den Käufer am Vertrag festzuhalten, gegebenenfalls dagegen steht.

> BGH, Urt. v. 17.1.1997 – V ZR 285/95,
> ZIP 1997, 646 = NJW 1997, 1231 = WM 1997, 977;
> dazu EWiR 1997, 347 *(Pfeiffer)*.

780 Aus der Entscheidung wird auch deutlich, dass der Verkäufer Ersatz des Nichterfüllungsschadens (Schadensersatz statt der Leistung) aus einem Deckungsverkauf im Allgemeinen auch dann verlangen kann, wenn er zur Schadensbegrenzung das Grundstück vor Ablauf der Erfüllungs-/Nacherfüllungsfrist weiterverkauft. Er läuft dann allerdings Gefahr, dass der Käufer doch noch vor Fristablauf den Kaufpreis bezahlt und er, der Verkäufer, sich dann den Forderungen zweier Käufer ausgesetzt sieht.

> BGH, Urt. v. 20.5.1994 – V ZR 64/93,
> BGHZ 126, 131 = ZIP 1994, 1277
> = DNotZ 1995, 382 = NJW 1994, 24800 = WM 1994, 1675;
> dazu EWiR 1994, 1067 *(Wiedemann)*.

781 Bleibt aber die geschuldete Leistung bis zum Fristablauf aus, so besteht kein Anlass, dem Gläubiger den Ersatz des Nichterfüllungsschadens nur deshalb zu verwehren, weil er mit der Vornahme des – rückblickend betrachtet gerechtfertigten – Deckungsgeschäfts nicht bis zum Ablauf der Frist gewartet hat.

> BGH, Urt. v. 27.5.1998 – VIII ZR 362/96, WM 1998, 1784.

782 Dies gilt auch für die im Zusammenhang mit dem Deckungsverkauf entstehenden Mehraufwendungen.

> BGH, a. a. O.

783 Daran hat das Schuldrechtsmodernisierungsgesetz nichts geändert. Dabei kommt es auf die mit § 284 BGB zusammenhängende Konkurrenzproblematik,

> vgl. nur MünchKomm-*Ernst*, BGB, § 284 Rn. 38 ff. m. w. N.,

schon deshalb nicht an, weil es sich bei den Mehraufwendungen nicht um solche gehandelt hat, die im Vertrauen auf den Erhalt der Leistung gemacht wurden, sondern um solche des das Ausbleiben der Leistung gerade voraussetzenden Deckungskaufs.

(4) Schadensersatz und vorvertragliches Mitverschulden

Mitverschulden, § 254 BGB, ist im Rahmen von §§ 280 Abs. 1, 281 Abs. 1 BGB anwendbar. Soweit der Schadensersatzanspruch auf eine **vertragliche Pflichtverletzung** des Schuldners gestützt wird, kommt allerdings die Berücksichtigung einer **vorvertraglichen Pflichtverletzung** des Gläubigers im Rahmen von § 254 BGB nicht in Betracht. Erst durch den Vertragsschluss werden die Verpflichtungen festgelegt, durch deren Nichterfüllung ein Schadensersatzanspruch entstehen kann. Erst ab diesem Zeitpunkt kann dann auch ein Verstoß des Gläubigers gegen im eigenen Interesse bestehende Gebote Bedeutung erlangen. 784

> BGH, Urt. v. 1.10.1986 – VIII ZR 132/85,
> ZIP 1987, 111 = NJW 1987, 251 = WM 1986, 1496;
> dazu EWiR 1986, 1175 *(Medicus)*.

d) Verzug

aa) Allgemeines

Verzug des Schuldners war früher Voraussetzung für die Geltendmachung der Rechte aus § 326 BGB a. F. Das ist jetzt weder für den Rücktritt nach § 323 BGB noch für den Schadensersatzanspruch nach §§ 280 Abs. 1, 281 Abs. 1 BGB der Fall, wenngleich Verzug im Regelfall vorliegen wird, da die Vorschriften den fruchtlosen Ablauf einer Frist zur Erbringung der Leistung bzw. der Nacherfüllung voraussetzen. Für die Geltendmachung des **Verzögerungsschadens** behält der **Verzug als Leistungsstörung** eine eigenständige Bedeutung, §§ 280, 286 Abs. 1 BGB. Ansonsten geht er in der allgemein geregelten Pflichtverletzung auf. 785

bb) Voraussetzungen des Schuldnerverzuges

Im Regelfall tritt Verzug nur nach **Mahnung** ein. Dazu genügt jede eindeutige, bestimmte Aufforderung, mit der der Gläubiger zum Ausdruck bringt, dass er die geschuldete Leistung verlangt; das Androhen von Rechtsfolgen ist nicht erforderlich. 786

> BGH, Urt. v. 10.3.1998 – X ZR 70/96,
> ZIP 1998, 1401 = WM 1998, 1294.

Nach § 286 Abs. 3 BGB kommt der Schuldner einer „**Entgeltforderung**" spätestens in Verzug, wenn er nicht innerhalb von 30 Tagen nach Fälligkeit und Zugang einer Rechnung oder gleichwertigen Zahlungsaufstellung leistet. Mit dem eigentümlichen Begriff Entgeltforderung meint das Gesetz eine Forderung, die auf Zahlung eines Entgelts für die Lieferung von Gütern oder die Erbringung von Dienstleistungen gerichtet sind. 787

> MünchKomm-*Ernst*, BGB, § 286 Rn. 98;
> vgl. BGH, Urt. v. 16.6.2010 – VIII ZR 259/09, NJW 2010, 3226.

788 Gegenüber einem Schuldner, der Verbraucher ist, tritt die Wirkung nur ein, wenn er auf diese Folgen besonders hingewiesen worden ist (§ 286 Abs. 3 Satz 1 Halbs. 2 BGB).

(1) Schuldnerverzug durch Leistungsverweigerung

789 **Ohne Mahnung** gerät der Schuldner in Verzug, wenn er ernstlich und endgültig die von ihm geschuldete Leistung verweigert. Diese auf Richterrecht beruhende Regelung,

> BGH, Urt. v. 14.11.1980 – V ZR 180/79, WM 1981, 312;
> ebenso schon
> BGH, Urt. v. 19.1.1951 – I ZR 118/50, BGHZ 2, 310;
> BGH, Urt. v. 11.2.1975 – VII ZR 37/74, BGHZ 65, 372,

ist jetzt in § 286 Abs. 2 Nr. 3 gesetzlich fixiert.

790 Wird die Leistung **vor Fälligkeit** ernsthaft und endgültig verweigert, so kann dies den Gläubiger dazu berechtigen, vom Vertrag zurückzutreten oder Schadensersatz statt der Leistung zu verlangen.

> Zum alten Recht:
> BGH, Urt. v. 10.12.1975 – VIII ZR 147/74,
> NJW 1976, 326 = WM 1976, 75.

791 Das ist dann zwar kein Fall von § 286 Abs. 2 Nr. 3 BGB, kann aber auf § 323 Abs. 4 BGB gestützt werden.

> Näher MünchKomm-Ernst, BGB, § 323 Rn. 102 f.

792 Das gilt auch dann, wenn die Leistung deswegen noch nicht fällig geworden ist, weil es an einer dafür erforderlichen **Genehmigung** (im entschiedenen Fall: zum Verfüllen einer ausgebeuteten Kiesgrube mit grundwasserunschädlichem Material) fehlt und auch nicht feststeht, ob diese Genehmigung bei vertragstreuem Verhalten des Schuldners erteilt worden wäre. Der verbleibenden Ungewissheit ist dadurch Rechnung zu tragen, dass im Urteilstenor eine Schadensersatzpflicht nur unter dem Vorbehalt der – nunmehr von dem Gläubiger (Kläger) zu betreibenden – Erteilung der Genehmigung festgestellt wird. Dem Gläubiger wäre es nicht zuzumuten, zunächst mit erheblichem Aufwand an Kosten und Mühen auf die Erteilung der Genehmigung hinzuwirken, um dann im Erfolgsfall den Schuldner überhaupt erst in Verzug zu setzen.

> BGH, Urt. v. 21.12.1984 – V ZR 233/82, WM 1985, 392;
> dazu EWiR 1985, 59 *(Diederichsen)*.

793 Ebenso wenig, wie eine Mahnung vor Fälligkeit den Schuldner in Verzug setzt,

> siehe schon RGZ 113, 250, 254,

führt aber auch eine **ernsthafte Leistungsverweigerung** des Schuldners nicht dazu, dass seine Leistung unabhängig von der hierfür vereinbarten Zeit oder von den für die Zeit der Leistung maßgeblichen Umständen fällig wird und der Gläubiger neben der Leistung **Ersatz eines Verzugsschadens** oder eine verzugsabhängige Vertragsstrafe verlangen kann.

BGH, Urt. v. 28.9.2007 – V ZR 139/06, Rn. 11,
WM 2007, 2305 = NJW-RR 2008, 210.

An die Voraussetzungen einer endgültigen Erfüllungsverweigerung sind **strenge Anforderungen** zu stellen (wie bei § 323 Abs. 2 Nr. 1 BGB). Der Schuldner muss eindeutig zum Ausdruck bringen, dass er seinen Vertragspflichten nicht nachkommen wird; es muss ausgeschlossen erscheinen, dass er sich von einer Fristsetzung noch umstimmen ließe („letztes Wort"). **794**

Für die Nachfristsetzung mit Ablehnungsandrohung gemäß § 326 BGB a. F.: **795**

BGH, Urt. v. 16.3.1988 – VIII ZR 184/87,
BGHZ 104, 6 = NJW 1988, 1778 = WM 1988, 909;
dazu EWiR 1988, 561 *(Emmerich)*.

Dafür genügen nicht bloße Meinungsverschiedenheiten über den Vertragsinhalt oder vom Schuldner geäußerte rechtliche Zweifel an der Wirksamkeit des Vertrags. **796**

BGH, Urt. v. 18.1.1991 – V ZR 315/89,
ZIP 1991, 506 = WM 1991, 1131;
dazu EWiR 1991, 549 *(Gaberdiel)*.

(2) Mahnung unter Zuvielforderung

Ob eine Zuvielforderung im Umfang des tatsächlichen Rückstands wirksam ist, beurteilt sich unter Berücksichtigung der Umstände des Einzelfalls nach Treu und Glauben. Dabei kommt es nicht so sehr darauf an, wie sich der Schuldner bei einer der Höhe nach zutreffenden Mahnung verhalten hätte, sondern es geht um eine Würdigung, ob der Schuldner die Erklärung als Aufforderung der tatsächlich geschuldeten Leistung verstehen muss und der Gläubiger auch zur Annahme der gegenüber seinen Vorstellungen geringeren Leistung bereit ist. **797**

BGH, Urt. v. 25.6.1999 – V ZR 190/98,
ZIP 1999, 1528 = ZfIR 1999, 813 = NJW 1999, 3115
= LM BGB § 326 (Eb) Nr. 12 (m. Anm. *Battes*);
dazu EWiR 1999, 873 *(Heinrichs)*.

Ein wesentliches Indiz ist die **Höhe** der Zuvielforderung. **798**

BGH, Urt. v. 29.10.1976 – V ZR 123/75, WM 1977, 145;

BGH, Urt. v. 19.5.1967 – V ZR 24/66,
WM 1967, 660 – LM BGB § 346 Nr. 6;

BGH, Urt. v. 18.12.1981 – V ZR 121/80 (unveröffentlicht).

(3) Hinderung des Verzugseintritts

(a) Leistungsverweigerungsrecht

799 Solange dem Schuldner ein **Leistungsverweigerungsrecht nach § 320 BGB** zusteht, gerät er, auch ohne dass er sich darauf beruft, nicht in Verzug.

> BGH, Urt. v. 6.12.1991 – V ZR 229/90,
> ZIP 1992, 336 = NJW 1992, 556 = WM 19992, 496;
> dazu EWiR 1992, 437 *(Heinrichs)*.

800 Das gilt auch für die Unsicherheitseinrede nach § 321 BGB.

> BGH, Urt. v. 11.12.2009 – V ZR 217/08,
> NJW 2010, 1272 = ZNotP 2010, 98.

801 Ein Leistungsverweigerungsrecht kann sich auch aus einer **Vertragsverletzung des Gläubigers** ergeben.

> BGH, Urt. v. 14.11.1980 – V ZR 180/79, WM 1981, 312.

802 Erhebt der Schuldner im Prozess die Einrede des nichterfüllten Vertrags, so kann der Gläubiger – abgesehen von dem Fall des § 295 BGB – nur durch ein **tatsächliches Angebot** seiner Leistung Verzug des Schuldners herbeiführen. Schuldet der Verkäufer **Auflassung gegen Kaufpreiszahlung**, so muss er, um den Käufer in Verzug zu setzen, diesem die Auflassungserklärung tatsächlich anbieten; dass er zu dieser Gegenleistung „bereit und imstande" ist, genügt nicht. Denn nach § 320 Abs. 1 BGB kann der Schuldner seine Leistung bis zur „Bewirkung" der Gegenleistung verweigern und damit Druck auf deren Schuldner ausüben. Das ist nur erreichbar, wenn die Gegenleistung in einer Weise angeboten wird, dass ihre Erfüllung sichergestellt ist.

> BGH, Urt. v. 6.12.1991 – V ZR 229/90,
> ZIP 1992, 336 = NJW 1992, 556 = WM 1992, 496;
> dazu EWiR 1992, 437 *(Heinrichs)*.

803 Da die Auflassung erfordert, dass Angebot und Annahme bei gleichzeitiger Anwesenheit beider Teile vor dem Notar erklärt werden (§ 925 BGB), muss der Schuldner einen **Termin zur Auflassung mit dem Notar vereinbaren**, diesen Termin dem Gläubiger mitteilen und selbst zu diesem Termin beim Notar erscheinen, um die Auflassung zu erklären. Annahmeverzug tritt sodann ein, wenn der Gläubiger entweder dem Termin fernbleibt (§ 299 BGB entsprechend) oder wenn er zwar anwesend ist, aber nicht die Angebotserklärung annimmt oder nicht vor Annahme die ihm abverlangte Gegenleistung anbietet (§ 298 BGB).

> BGH, Urt. v. 6.12.1991 – V ZR 229/90, a. a. O.

804 Verlangt aber der Grundstückskäufer Schadensersatz Zug um Zug gegen Rückauflassung und lehnt der Verkäufer dies ab, so kommt er durch das **wörtliche Angebot** im Zahlungsantrag (§ 295 BGB) mit Zustellung der Klage in Verzug.

BGH, Urt. v. 25.10.1991 – V ZR 225/90,
NJW-RR 1992, 201 = WM 1991, 2166.

Nach früherem Recht genügte auch die allgemeine Mängeleinrede vor Spezifizierung des Gewährleistungsanspruchs, um den Eintritt des Verzugs zu hindern. 805

BGH, Urt. v. 18.1.1991 – V ZR 11/90,
BGHZ 113, 232 = ZIP 1991, 319;
dazu EWiR 1991, 441 *(H. Wiedemann)*.

Hierfür ist nach geltendem Recht kein Raum mehr, weil die Leistung einer mangelhaften Sache noch keine (vollständige) Erfüllung darstellt und deswegen die Einrede des nichterfüllten Vertrags diesen Fall unmittelbar erfasst. 806

(b) Rechtsirrtum

Als Umstand, der i. S. d. § 286 Abs. 4 BGB ausschließt, dass der Schuldner das Unterbleiben der Leistung zu vertreten hat, kommt auch ein Rechtsirrtum in Betracht. An das Vorliegen eines solchen entschuldigenden Irrtums sind aber **besonders strenge Anforderungen** zu stellen. 807

BGH, Urt. v. 27.9.1989 – IVa ZR 156/88,
NJW-RR 1990, 160;

BGH, Urt. v. 6.11.1992 – V ZR 171/91 (unveröffentlicht).

(c) Finanzielles Unvermögen

Der Rechtsgedanke des – im Rahmen der Schuldrechtsreform gestrichenen – früheren § 279 BGB gilt auch für den Verzugsfall und hat zur Folge, dass ein auf **Mittellosigkeit** des Schuldners zurückzuführendes Unterbleiben rechtzeitiger Zahlung nicht etwa nach § 286 Abs. 4 BGB den Verzugseintritt hindert. 808

BGH, Urt. v. 15.1.1982 – V ZR 164/80, WM 1982, 399.

Daran hat sich durch die Schuldrechtsreform nichts geändert. Auch ohne § 279 BGB a. F. gilt das Prinzip der unbeschränkten Vermögenshaftung, das einer Berufung auf Mittellosigkeit entgegensteht. 809

Vgl. MünchKomm-*Grundmann*, BGB, § 276 Rn. 180.

cc) Rechtsfolge

Zu ersetzen ist der Verzögerungsschaden. Dieser kann auch in einer **Nutzungsausfallentschädigung** bestehen, dann nämlich, wenn der Verkäufer (hier: Bauträger) mit der Übergabe der geschuldeten Eigentumswohnung in Verzug ist und dem Erwerber kein dem erworbenen Wohnraum in etwa gleichwertiger Wohnraum zur Verfügung steht. Der VII. Zivilsenat knüpft hier an die grundlegende Entscheidung des Großen Senats an zur Frage einer Nutzungsentschädigung bei Vorenthaltung von Gütern, die für die eigenwirtschaftliche Lebenshaltung wesentlich sind (BGHZ 98, 212). 810

BGH, Urt. v. 20.2.2014 – VII ZR 172/13,
BGHZ 200, 203 = NJW 2014, 1374 = ZfIR 2014, 428;
dazu *Oetker* JZ 2015, 102.

e) Sonstige Rücktrittsrechte

aa) Rücktritt wegen positiver Vertragsverletzung

811 Nach altem Recht war unabhängig von den Voraussetzungen des § 326 BGB a. F. ein Rücktrittsrecht wegen einer positiven Vertragsverletzung des Vertragsgegners anerkannt. Hierfür bestand ein Bedürfnis, weil § 326 BGB a. F. nur Verletzungen von im Gegenseitigkeitsverhältnis stehenden Pflichten erfasste. Der schuldhafte Verstoß einer vertraglichen Nebenpflicht (positive Vertragsverletzung) konnte aber so schwer wiegen, dass der Vertragszweck gefährdet war mit der Folge, dass dem vertragstreuen Partner nach Treu und Glauben die Fortsetzung des Vertrags nicht mehr zuzumuten war (strenge Maßstäbe).

BGH, Urt. v. 8.2.1985 – V ZR 32/84, WM 1985, 646.

812 Diese Rechtsprechung hat der Gesetzgeber des Schuldrechtsmodernisierungsgesetzes **in § 324 BGB** aufgegriffen und ein Rücktrittsrecht wegen Verletzung einer Nebenpflicht (§ 241 Abs. 2 BGB) normiert.

bb) Vorbehaltener Rücktritt

(1) Rücktrittsvoraussetzungen

813 Ein vereinbartes Rücktrittsrecht richtet sich nach der – im Wege der Auslegung zu ermittelnden – vertraglichen Regelung. Es setzt weder notwendigerweise – vor dem Hintergrund des neuen Rechts noch weniger – Verzug des Rücktrittsgegners voraus, noch entfällt es ohne Weiteres, wenn die verspätete Leistung noch vor Erklärung des Rücktritts erbracht wird.

BGH, Urt. v. 20.1.1978 – V ZR 27/77, WM 1979, 422;
BGH, Urt. v. 4.12.1981 – V ZR 241/80, WM 1982, 239.

(2) Rückgewährschuldverhältnis und § 285 BGB

814 Wird von einem vertraglich vereinbarten Rücktrittsvorbehalt, der an die Weiterveräußerung des Grundstücks anknüpft, Gebrauch gemacht, so ist auf das **Rückgewährschuldverhältnis § 285 Abs. 1 BGB** anwendbar. An dieser für das alte Recht geltenden Lage hat sich durch die Schuldrechtsmodernisierung nichts geändert. Unerheblich ist, ob die Rückübertragung des Grundstücks schon vor der Veräußerung durch die wirksame Weiterveräußerung unmöglich geworden ist.

BGH, Urt. v. 27.10.1982 – V ZR 24/82,
NJW 1983, 929 = WM 1982, 1408.

cc) Rücktritt unter einer Bedingung

815 Grundsätzlich vertragen Gestaltungsrechte keine Bedingung, weil sie die Rechtslage eindeutig klären sollen und den Erklärungsempfänger über den Rechtszustand nicht im Ungewissen lassen dürfen.

BGH, Urt. v. 15.6.1960 – V ZR 191/58,
BGHZ 32, 375 = NJW 1960, 1805 = WM 1960, 977;

BGH, Urt. v. 27.5.1981 – V ZR 184/78, WM 1981, 792.

816 Dieser Gedanke greift aber nicht, wenn die Beifügung einer Bedingung für den Erklärungsgegner keine untragbare Ungewissheit schafft. Dies ist z. B. bei **Rechtsbedingungen** der Fall, gilt aber auch für Bedingungen, deren **Eintritt allein vom Willen des Erklärungsempfängers** abhängt, und ist für die Kündigung allgemein anerkannt. Ein bedingter Rücktritt ist in diesen Fällen ebenfalls zulässig.

BGH, Urt. v. 21.3.1986 – V ZR 23/85,
BGHZ 97, 263 = ZIP 1986, 923
= NJW 1986, 2245 = WM 1986, 975;
dazu EWiR 1986, 759 *(Medicus)*.

dd) Rücktritt bei Störung der Geschäftsgrundlage

817 Der Anspruch der durch eine Störung der Geschäftsgrundlage benachteiligten Partei auf **Vertragsanpassung** nach § 313 Abs. 1 BGB verpflichtet die andere Partei, an der Vertragsanpassung mitzuwirken. Wird die Mitwirkung verweigert, kann die benachteiligte Partei auf Zustimmung zu der als angemessen erachteten Anpassung oder unmittelbar auf Leistung klagen, die sich aus dieser Anpassung ergibt. Die Verletzung der Verpflichtung, an der Anpassung des Vertrags mitzuwirken, kann **Schadensersatzansprüche** nach § 280 Abs. 1 BGB auslösen. Zu einem **Rücktritt** vom Vertrag berechtigt sie die benachteiligte Partei nur unter den Voraussetzungen des § 313 Abs. 3 BGB.

BGH, Urt. v. 30.9.2011 – V ZR 17/11,
BGHZ 191, 139 = NJW 2012, 373 = ZNotP 2012, 28.

IX. Ungerechtfertigte Bereicherung

1. Rückabwicklung von „Schwarzkäufen"

a) § 815 BGB

818 In den Fällen bewusst unrichtiger Beurkundung eines Grundstückskaufs (z. B. Unterverbriefung, „Schwarzkauf") ist der Vertrag gemäß §§ 311b Abs. 1 Satz 1, 125 Satz 1 BGB formnichtig und seine Rückabwicklung daher nach Bereicherungsrecht zu beurteilen. Nach der zweiten Alternative des § 815 BGB ist die Rückforderung wegen Nichteintritts des mit einer Leistung bezweckten Erfolgs (hier: Heilung des formnichtigen Kaufvertrags gemäß § 311b Abs. 1 Satz 2 BGB) ausgeschlossen, wenn der Leistende den Eintritt des Erfolgs wider Treu und Glauben verhindert hat. Einem solchen Vorwurf setzt sich aber nicht

schon der aus, der auf Rückabwicklung des Schwarzkaufs nach Bereicherungsrecht besteht.

BGH, Urt. v. 23.9.1983 – V ZR 91/82, WM 1983, 1340.

819 Nur ausnahmsweise kann das Verlangen nach Rückabwicklung treuwidrig sein. Das ist z. B. der Fall, wenn der Käufer auf Rückabwicklung besteht, obwohl er das Kaufgrundstück durch mangelhafte Ausführung eines von ihm veranlassten Umbaus entwertet hat.

BGH, Urt. v. 26.10.1979 – V ZR 88/77,
DNotZ 1980, 108 = NJW 1980, 451
= WM 1980, 104 = LM BGB § 815 Nr. 5.

820 Dagegen ist die Rückforderung nicht schon deswegen ausgeschlossen, weil die fehlgeschlagene Erwartung hinsichtlich einer bestimmten Bebaubarkeit des Grundstücks und der davon abhängigen Finanzierungsmöglichkeit vom Käufer zum Anlass genommen wird, sich von dem formnichtigen Vertrag loszusagen. Dass diese Gründe der Sphäre des Käufers zuzurechnen sind, rechtfertigt für sich allein nicht die Annahme einer Treuwidrigkeit.

BGH, Urt. v. 2.7.1999 – V ZR 167/98, ZfIR 1999, 739 = NJW 1999, 917 = WM 1999, 1886 = DNotZ 1999, 917;
dazu EWiR 1999, 945 *(Armbrüster)*.

b) § 817 Satz 2 BGB

821 Auch der Kondiktionsausschlussgrund des § 817 Satz 2 BGB greift in den „Schwarzkauffällen" nicht ein. Die Zahlung des Kaufpreises auf der Grundlage der Falschbeurkundung verstößt für sich genommen weder gegen ein gesetzliches Verbot noch gegen die guten Sitten. Gesetzlich verboten ist nur die Falschbeurkundung, nicht aber die Leistung des zusätzlichen Kaufpreises; denn dieser hätte durch Aufnahme in die Vertragsurkunde auch wirksam vereinbart werden können.

BGH, Urt. v. 23.9.1983 – V ZR 91/82, WM 1983, 1340.

c) Heilung nach § 311b Abs. 1 Satz 2 BGB

822 Das Vorstehende gilt nicht, wenn die Parteien die Auflassung erklärt haben und die Eigentumsumschreibung erfolgt ist. Dann wird der formunwirksame Vertrag mit dem Inhalt des tatsächlich Gewollten (§ 117 Abs. 2 BGB) gültig (§ 311b Abs. 1 Satz 2 BGB). Das wäre nur dann anders, wenn der Vertrag wegen Verstoßes gegen die guten Sitten (§ 138 BGB) oder gegen ein gesetzliches Verbot (§ 134 BGB) nichtig wäre. Denn § 311b Abs. 1 Satz 2 BGB heilt nur den Formmangel, hilft aber nicht über andere Nichtigkeitsgründe hinweg. Eine Schwarzgeldabrede führt nach der ständigen Rechtsprechung des V. Zivilsenats aber in der Regel nicht zur Nichtigkeit, weder nach § 138 BGB noch wegen eines Verstoßes gegen § 1 Abs. 2 Satz 1 Nr. 2 SchwarzArbG. Das ist nur dann anders, wenn die Steuerhinterziehung alleiniger oder hauptsächlicher

Zweck des Rechtsgeschäfts ist. An dieser Rechtsprechung hat der Senat auch im Hinblick auf die zum Teil abweichende Rechtsprechung des VII. Zivilsenats zum Dienst- und Werkvertragsrecht festgehalten.

BGH, Urt. v. 15.3.2024 – V ZR 115/22, NJW 2024, 2310 = ZIP 2024, 1729 = WuB 2024, 389 (m. Anm. *Volmer*).

2. Mehrerlös bei Verkauf durch Nichtberechtigten

Veräußert ein Vertreter ohne Vertretungsmacht ein fremdes Grundstück zu 823
einem günstigen Preis und genehmigt der Vertretene (Grundstückseigentümer) das Geschäft, so kann dieser nach § 816 Abs. 1 BGB von jenem auch die Abführung des „Kaufpreismehrerlöses" verlangen.

BGH, Urt. v. 3.3.1978 – V ZR 245/76, WM 1978, 755.

3. Rechtsverlust infolge gutgläubig lastenfreien Erwerbs Dritter

Übereignet der Eigentümer sein Grundstück unentgeltlich und erlischt infolge 824
guten Glaubens des Erwerbers ein – im Grundbuch versehentlich gelöschtes – Rohrleitungsrecht (§ 892 Abs. 1 Satz 2 BGB), so ist § 816 Abs. 1 Satz 2 BGB seinem Wortlaut nach nicht anwendbar, weil der Eigentümer nicht als Nichtberechtigter und nicht über das Rohrleitungsrecht (sondern als Berechtigter über das Grundstück) verfügt hat. Dennoch findet die Vorschrift auf einen solchen Rechtsverlust **entsprechende Anwendung**. § 816 Abs. 1 BGB dient insbesondere dem Ausgleich von Rechtsverschiebungen, die aufgrund der Vorschriften über den gutgläubigen Erwerb eintreten. Dieser Zweck der Vorschrift gebietet es, die Fälle einzubeziehen, in denen durch eine Verfügung des Berechtigten über ein Grundstück Rechte eines Dritten daran erlöschen. Bei § 816 Abs. 1 Satz 2 BGB wird dies besonders deutlich; denn dieser Norm liegt die Erwägung zugrunde, dass die Interessen eines Beschenkten weniger schutzwürdig sind als die des früheren Berechtigten.

BGH, Urt. v. 2.10.1981 – V ZR 126/80, DNotZ 1983, 38 = WM 1982, 99.

Der Anspruch aus § 816 Abs. 1 Satz 2 BGB geht dann auf (Wieder-)Bestel- 825
lung des erloschenen Rechts.

BGH, a. a. O.

4. Zinszahlung bei ungenehmigter Schuldübernahme

Zahlt der Käufer eines Grundstücks, der in Anrechnung auf den Kaufpreis eine 826
Grundschuld übernommen hat, vor Genehmigung der Schuldübernahme durch den Grundschuldgläubiger an diesen Zinsen für die Grundschuld, so kann er, wenn die Genehmigung später verweigert wird und er deshalb vom Kaufvertrag zurücktritt, in der Regel die Zinsen vom Grundschuldgläubiger nicht aus ungerechtfertigter Bereicherung zurückverlangen. Das gilt auch dann, wenn er im Wege des berechtigenden Vertrags zugunsten Dritter der Schuld des Ver-

käufers beigetreten war. Der Grund hierfür liegt in der Besonderheit, dass die Stellung der Gläubigerbank verstärkt werden sollte. Deshalb darf sie nicht schlechter gestellt werden als bei der normalen Erfüllungsübernahme.

BGH, Urt. v. 26.10.1978 – VII ZR 71/76,
BGHZ 72, 246 = NJW 1979, 157 = WM 1979, 74.

5. Grundstücksbebauung durch Bereicherungsschuldner

827 Hat der Bereicherungsschuldner das Miteigentum an einem unbebauten Grundstück rechtsgrundlos erlangt und hat die Rückauflassung zur Folge, dass dem Kläger auch das mit Hilfe des Schuldners inzwischen errichtete Wohnhaus als wesentlicher Bestandteil des Grundstücks insgesamt zufällt, so ist der Bereicherungsausgleich in der Weise geboten, dass der Gläubiger die Rückübertragung des Miteigentums an dem Grundstück von vornherein nur **Zug um Zug gegen Erstattung der im Vertrauen auf die Rechtsbeständigkeit des Erwerbs geleisteten Aufwendungen** verlangen kann. Der Erhebung einer dahingehenden Einrede bedarf es nicht.

BGH, Urt. v. 11.1.1980 – V ZR 155/78, NJW 1980, 1789;
im Anschluss an
BGH, Urt. v. 18.2.1972 – V ZR 23/70, WM 1972, 564
und
BGH, Urt. v. 24.6.1963 – VII ZR 229/62, NJW 1963, 1870.

828 Ausnahmsweise kann die Herausgabe des Grundstücks infolge der Bebauung als wirtschaftlich unzumutbar und daher i. S. v. § 818 Abs. 2 BGB als unmöglich anzusehen sein. Entscheidend hierfür ist das Wertverhältnis zwischen dem Grundstück und den errichteten Gebäuden. Dann ist nach § 818 Abs. 2 BGB **Wertersatz** für das (unbebaute) Grundstück zu leisten.

BGH, Urt. v. 10.7.1981 – V ZR 79/80, WM 1981, 1081.

6. Zuschreibung des herauszugebenden Grundstücks zu einem anderen Grundstück

829 Ist das herauszugebende Grundstück durch Zuschreibung Bestandteil eines anderen geworden (§ 890 Abs. 2 BGB) und bedarf die Teilung dieses anderen Grundstücks zur neuerlichen rechtlichen Verselbständigung des ersteren der Genehmigung, so bedeutet dies bis zur rechtskräftigen Versagung der Genehmigung für sich allein keine Unmöglichkeit der Herausgabe i. S. v. § 818 Abs. 2 BGB.

BGH, Urt. v. 10.7.1981 – V ZR 79/80, WM 1981, 1081.

830 Nicht ganz unzweifelhaft ist allerdings, ob der Bereicherungsschuldner grundsätzlich verpflichtet ist, durch Einholung der **Teilungsgenehmigung** die Herausgabe des früheren (später zugeschriebenen) Grundstücks zu ermöglichen. Denn er ist im Allgemeinen **nicht verpflichtet,** eine weiterveräußerte Sache zum Zwecke der Herausgabe **zurückzuerwerben,** wenn er hierdurch mehr als

den Wert des Erlangten verlieren und sein Vermögen daher über den Betrag der wirklichen (und noch vorhandenen) Bereicherung hinaus vermindern würde.

BGH, Urt. v. 15.3.1978 – IV ZR 77/77,
BGHZ 70, 193 = NJW 1978, 634 = WM 1978, 163.

Dieses Bedenken entfällt aber jedenfalls dann, wenn der Bereicherungsschuld- 831
ner i. S. d. § 818 Abs. 4 BGB verschärft haftet.

BGH, Urt. v. 10.7.1981 – V ZR 79/80, WM 1981, 1081.

7. Belastung des rechtsgrundlos erlangten Grundstücks

Hat der Käufer rechtsgrundlos ein Grundstück zu Eigentum erworben und 832
– wirksam – mit Grundpfandrechten belastet, so schuldet er die Rückübereignung gemäß § 812 Abs. 1 Satz 1 BGB nach einer Entscheidung des V. Zivilsenats des Bundesgerichtshofs nicht frei von dieser Belastung. Vielmehr soll er neben der Herausgabe des belasteten Bereicherungsgegenstandes in Natur Wertersatz in Höhe des Nominalbetrags des Grundpfandrechts Zug um Zug gegen Befreiung von der gesicherten Verbindlichkeit leisten. Dabei werden die Wertersatzpflicht auf § 818 Abs. 2 BGB und der Zug-um-Zug-Vorbehalt auf § 818 Abs. 3 BGB gestützt.

BGH, Urt. v. 26.10.1990 – V ZR 22/89,
BGHZ 112, 376 = NJW 1991, 917 = WM 1991, 516.

Diese Entscheidung ist im Ergebnis und in der – ohnehin sehr knappen – Be- 833
gründung problematisch. Sie hat in der Literatur aus den unterschiedlichsten, zum Teil sich auch widersprechenden Gründen Kritik erfahren.

Vgl. etwa
Canaris, NJW 1991, 2513 ff.;
Kohler, NJW 1991, 1999 ff.; *Reuter*, JZ 1991, 872 ff.

Der V. Zivilsenat ist später von seiner damaligen Lösung, beschränkt freilich 834
zunächst auf einen besonderen Fall, jedoch mit Tendenz zur Verallgemeinerung, abgerückt. Es ging um einen Grundstückskaufvertrag mit Belastungsvollmacht zugunsten der Käufer. Diese belasteten den Kaufgegenstand in Ausnutzung der Vollmacht mit einer Grundschuld, traten aber vor Eigentumsumschreibung aus von ihnen nicht zu vertretenden Gründen vom Kaufvertrag zurück. Zu prüfen war im anschließenden Rechtsstreit u. a. ein von der Verkäuferin geltend gemachter Anspruch auf Wertersatz für die Grundstücksbelastung.

Der Senat verneint einen solchen Anspruch. Die Käufer hafteten nach dem 835
Grundgedanken des § 327 Satz 2 BGB a. F. für die Rückgewähr der empfangenen Leistungen nach den Vorschriften über die ungerechtfertigte Bereicherung. Das bedeute, sie müssten als erlangtes „etwas" den Besitz an dem Grundstück und die Belastung herausgeben, Letzteres durch Aufhebung oder Übertragung des Rechts auf die Verkäuferin. Dass ihnen für eine Ablösung der Grundschuld die Mittel fehlten, löse **keinen Wertersatzanspruch nach § 818**

Abs. 2 BGB aus. Auch für einen Bereicherungsanspruch gelte nämlich, dass jeder **für seine finanzielle Leistungsfähigkeit** einzustehen habe. Von der Leistungspflicht frei sei der Schuldner nur unter den Voraussetzungen des § 818 Abs. 3 BGB. Diese lägen im Regelfall aber nicht vor; denn in dem durch die rechtsgrundlos hingegebene Sicherheit erlangten Darlehenskapital und den damit verfolgten Zwecken setze sich der Vermögensvorteil fort, sodass die Bereicherung nicht weggefallen sei. Anders mag es bei baulichen Investitionen auf dem überlassenen Grundstück sein, die im inneren Zusammenhang mit der dinglichen Absicherung erfolgten und die Bereicherung gemindert haben können.

> BGH, Urt. v. 15.3.2002 – V ZR 396/00,
> BGHZ 150, 187= ZIP 2002, 1536 = ZfIR 2002, 637
> = NJW 2002, 1872 = WM 2002, 915;
> dazu EWiR 2002, 869 *(Armbrüster)*.

836 **Nach geltendem Recht** ist das **nicht anders**. An die Stelle der Haftung nach §§ 327 Satz 2 BGB a. F., 812 ff. BGB ist ein eigenständiges Rückabwicklungskonzept getreten: Nach § 346 Abs. 1 BGB ist die empfangene Leistung zurückzugewähren, also ebenfalls die Belastung durch Löschung oder Übertragung des Rechts herauszugeben; Wertersatz ist nach § 346 Abs. 2 Satz 1 BGB bei richtigem Verständnis der Norm nur geschuldet, wenn die Rückgewähr in Natur aus den im Einzelnen aufgeführten Gründen **nicht möglich** ist (nicht schon, wenn der Rückgewährschuldner illiquide ist).

> BGH, Urt. v. 10.10.2008 – V ZR 131/07,
> BGHZ 178, 182 = NJW 2009, 63 = ZIP 2009, 224 = ZfIR 2009, 293 (m. Anm. *Volmer*, S. 297);
> dazu auch *Derleder*, NJW 2009, 1034;
> *Kaiser*, in: Festschrift Picker, S. 413;
> EWiR 2008, 739 *(Grunewald)*.

837 Ein Wegfall der Bereicherung kommt allerdings nur gegenüber dem subsidiären Bereicherungsanspruch aus § 346 Abs. 3 Satz 2 BGB in Betracht. Für etwaige Verwendungen ist der Rückgewährschuldner durch § 347 Abs. 2 BGB geschützt.

838 Es spricht nichts dagegen, die **Strukturen** dieser Entscheidung auch **auf den Fall zu übertragen**, der der Entscheidung **BGHZ 112, 376** zugrunde lag (rechtsgrundlose Eigentumsübertragung und dann wirksame Belastung durch den Käufer/Eigentümer). Auch hier ist der Weg zu einem Wertersatzanspruch nach § 818 Abs. 2 BGB versperrt. Der Käufer schuldet Herausgabe des Erlangten und wird nicht durch finanzielles Unvermögen befreit.

D. Vertragsgestaltung zur Sicherung von Verkäufer und Käufer

I. Ausgewählte Fälle aus der Rechtsprechung zur Vormerkung

1. Die Vormerkung in der Insolvenz

Nach allen die Insolvenz regelnden Gesetzeswerken (§ 106 InsO, § 24 KO, § 9 Abs. 1 Satz 3 GesO) hindert die Eröffnung des Insolvenz- (Konkurs-, Gesamtvollstreckungs-)Verfahrens nicht die Durchsetzung des durch eine Vormerkung gesicherten Anspruchs des Käufers eines Grundstücks auf Verschaffung des Eigentums. Die **Vormerkung** ist – wie schlagwortartig gesagt wird – **konkursfest**. Ungeklärt war lange Zeit die Frage, ob dies auch gilt, wenn ein künftiger Anspruch durch Vormerkung gesichert ist und der gesicherte Anspruch erst nach Eröffnung des Insolvenzverfahrens zur Entstehung gelangt ist. 839

Der Bundesgerichtshof hat die Frage bejaht. Es ging um folgenden, hier vereinfacht dargestellten Fall: Die spätere Gemeinschuldnerin machte den Beklagten in notariell beurkundeter Form ein unwiderrufliches Angebot zum Abschluss eines Kaufvertrags über ein Grundstück, das diese bis zu einem bestimmten Zeitpunkt annehmen konnten. Gleichzeitig bewilligte sie zugunsten der Beklagten eine Auflassungsvormerkung, die in das Grundbuch eingetragen wurde. Nach Eröffnung des Gesamtvollstreckungsverfahrens nahmen die Beklagten das Angebot, fristgerecht und in der gehörigen Form, an. Der Kläger als Gesamtvollstreckungsverwalter hat die Beklagten nach § 894 BGB auf Löschung der Auflassungsvormerkung bzw., nachdem diese als Eigentümer eingetragen worden waren, auf Zustimmung zur Wiedereintragung der Gemeinschuldnerin in Anspruch genommen. Die Klage blieb erfolglos. 840

Das notarielle Angebot der späteren Gemeinschuldnerin begründete einen künftigen Auflassungsanspruch der Beklagten, der durch Vormerkung gesichert werden konnte (§ 883 Abs. 1 Satz 2 BGB) und auch wurde. Das Angebot wurde rechtzeitig angenommen, sodass aus dem künftigen Anspruch ein gegenwärtiger wurde. Die Eröffnung des Gesamtvollstreckungsverfahrens über das Vermögen der Gemeinschuldnerin stand der Wirksamkeit der Vertragsannahme nicht entgegen, da der Gemeinschuldner durch die Verfahrenseröffnung nicht seine Verpflichtungsfähigkeit verliert. Während des Verfahrens eingegangene Verpflichtungen dürfen zwar nicht zu einer Verkürzung der Masse führen. Das ist bei einem vorgemerkten Anspruch aber auch nicht der Fall, da die betroffene Vermögensposition von Anfang an nicht zu den Massebestandteilen gehört. Die vor Eröffnung des Verfahrens eingetragene Vormerkung macht den gesicherten Anspruch insolvenzfest. Dass es hier erst ein künftiger Anspruch war, führt zu keiner anderen Beurteilung. Es geht nicht um eine künftige Sicherung, sondern um eine **sofortige Sicherung eines künftigen Anspruchs**. 841

BGH, Urt. v. 14.9.2001 – V ZR 231/00,
BGHZ 149, 1 = ZIP 2001, 2008
= ZfIR 2001, 998 = WM 2001, 2173 = NJW 2002, 213;
dazu *Hagen*, BGHReport 2001, 990.

2. Bedingter Rückübertragungsanspruch auf den Todesfall

842 Ein durch letztwillige Verfügung zugewendeter Anspruch ist nicht vormerkungsfähig. Es fehlt zu Lebzeiten an einem Anspruch des Erben und auch ein künftiger Anspruch ist zu verneinen, weil der Erblasser durch Verfügung von Todes wegen (außer Erbvertrag) oder durch Geschäft unter Lebenden dem Begünstigten die Erwerbsaussicht wieder entziehen kann.

843 Anders ist es, wenn ein durch den **Todesfall bedingter Anspruch** durch Rechtsgeschäft unter Lebenden begründet wird. Im entschiedenen Fall hatte die Beklagte einen Miteigentumsanteil an ihrem Wohnungseigentum auf eine Dritte übertragen, die ihn an den Kläger weiter übertrug. Die Beklagte hatte mit ihrer Vertragspartnerin vereinbart, dass der Miteigentumsanteil auf sie oder ihre Erben für den Fall des Ablebens der Erwerberin zurückzuübertragen sei. Zur Sicherung dieses Rückübertragungsanspruchs wurde eine Vormerkung eingetragen, deren Löschung der Kläger nach § 894 BGB verlangte. Seine Klage blieb erfolglos.

844 Das Berufungsgericht wertete den Vertrag zwischen der Beklagten und der Ersterwerberin als Rechtsgeschäft unter Lebenden, das der Beklagten einen bedingten Anspruch auf Rückübertragung verschaffte. Diese Auslegung erwies sich als rechtsfehlerfrei. Der Anspruch war als künftiger Anspruch vormerkungsfähig (§ 883 Abs. 1 Satz 2 BGB). Dass die Dritte der Beklagten zusätzlich durch Erbvertrag den Miteigentumsanteil als Vermächtnis zugewendet hatte, änderte nichts an dieser Bewertung. Der durch Geschäft unter Lebenden begründete Anspruch stand nicht etwa unter der Bedingung, dass sich der Miteigentumsanteil beim Tode der Dritten noch in deren Vermögen befand, sondern ging vielmehr über die erbvertragliche Regelung hinaus.

BGH, Urt. v. 19.7.2002 – V ZR 232/01,
ZfIR 2002, 725 = NJW 2002, 2874 = WM 2003, 153.

3. Rückübertragung wegen groben Undanks

845 Mit der Frage, ob eine Vormerkung zur Sicherung eines bedingten oder künftigen Anspruchs eintragungsfähig ist, hatte sich der Bundesgerichtshof im Rahmen einer Vorlagebeschwerde nach § 79 Abs. 2 GBO a. F. zu befassen. Die ein Grundstück Übertragenden hatten sich das Recht vorbehalten, die Rückübereignung u. a. dann verlangen zu können, wenn sich der Erwerber oder dessen Gesamtrechtsnachfolger als grob undankbar i. S. v. § 530 BGB erweisen sollte. Zur Sicherung dieses Anspruchs bewilligten die Beteiligten eine Vormerkung, deren Eintragung das Grundbuchamt **wegen fehlender Bestimmtheit** des Begriffs des groben Undanks ablehnte.

Der Bundesgerichtshof hat den Rückübertragungsanspruch für **vormerkungsfähig** und die Vormerkung für **eintragungsfähig** gehalten und damit divergierende Auffassungen des OLG Hamm, 846

Rpfleger 2000, 449,

und des vorlegenden Bayerischen Obersten Landesgerichts aufgelöst. Es handelt sich um einen bedingten Anspruch, dessen rechtlicher Bindung sich die Beteiligten nicht mehr entziehen können. Der Erwerber kann allein durch sein Verhalten den Eintritt der Bedingung hindern. Eine solche Potestativbedingung nimmt dem Anspruch aber nicht die erforderliche feste Grundlage und damit die Vormerkungsfähigkeit.

Der grundbuchrechtliche Bestimmtheitsgrundsatz steht der Eintragung nicht entgegen. Denn für die zu verlangende Bestimmbarkeit genügt es, wenn das Ereignis, mit dessen Eintritt der bedingte Rückübertragungsanspruch wirksam werden soll, aufgrund objektiver Umstände feststellbar ist. Das ist bei einem von der Rechtsprechung geklärten Begriff wie hier der Fall. 847

BGH, Beschl. v. 13.6.2002 – V ZB 30/01,
BGHZ 151, 116 = ZIP 2002, 2133
= ZfIR 2002, 727 = WM 2003, 136 = NJW 2002, 2461;
dazu EWiR 2002, 1089 *(Dinstühler)*.

4. „Wiederverwendung" einer Vormerkung

Unter der eher irreführenden Bezeichnung „Wiederverwendung" (oder gar „Wiederaufladung") der Vormerkung sind zwei Fälle aus der Rechtsprechung des V. Zivilsenats des Bundesgerichtshofs kontrovers diskutiert worden, in denen es um die Frage ging, ob eine nicht mehr existente, im Grundbuch aber noch stehende Vormerkung durch nachfolgende Bewilligung zu neuem Leben erweckt werden kann. 848

Eingehend zum Problem *Krüger*, in: Festschrift Krämer,
S. 475 ff., m. zahlr. Nachw. insbesondere der abl. Stimmen.

In dem ersten Fall war eine Auflassungsvormerkung wirksam bestellt worden, der zugrundeliegende Kaufvertrag dann aber aufgehoben und durch einen geringfügig geänderten ersetzt worden. Die Parteien vereinbarten, dass die eingetragene Vormerkung fortbestehen und nun den neuen Anspruch auf Eigentumsübertragung sichern sollte. Der Bundesgerichtshof hielt das für rechtens. Nach seiner Auffassung ist zwar die ursprüngliche Vormerkung erloschen. Die fortbestehende Eintragung zusammen mit einer neuerlichen Bewilligung (§ 885 BGB) lasse aber eine neue, nun den Anspruch aus dem zweiten Kaufvertrag sichernde Vormerkung entstehen. Maßgeblicher Zeitpunkt für das Entstehen der Vormerkung ist der der nachfolgenden Bewilligung. 849

BGH, Urt. v. 26.11.1999 – V ZR 432/98, BGHZ 143, 175
= NJW 200, 805 = ZIP 2000, 225 = ZfIR 2000, 121.

850 Im zweiten Fall war eine Grundstücksübertragung mit einem Recht des Veräußerers zum Rücktritt vom zugrundeliegenden Vertrag für den Fall verbunden worden, dass der Erwerber das Grundstück zu Lebzeiten des Veräußerers weiterveräußern, belasten oder das aufstehende Gebäude baulich verändern sollte. Den (so bedingten) Rückübertragungsanspruch sicherten die Vertragsparteien durch eine Vormerkung. Später erweiterten sie das Rücktrittsrecht um drei Gründe (Insolvenz des Erwerbers, Zwangsvollstreckung in das Grundstück und Scheidung der Ehe des Erwerbers) und vereinbarten, dass die eingetragene Vormerkung auch Rückübertragungsansprüche infolge Rücktritts aus den hinzu gefügten Gründen sichern solle. Auch dies hat der Bundesgerichtshof für wirksam erachtet. Die Bewilligung könne auf weitere Rücktrittsgründe erstreckt werden. Einer erneuten Eintragung der Vormerkung bedürfe es nicht.

> BGH, Urt. v. 7.12.2007 – V ZR 21/07,
> NJW 2008, 578 = ZfIR 2008, 113 = ZIP 2008, 893;
> dazu *Amann*, DNotZ 2008, 520;
> *ders.* MittBayNot 2010, 451;
> *Krüger*, in: Festschrift Krämer, S. 475 ff.; *ders.* ZNotP 2013, 11;
> EWiR 2008, 583 *(Kesseler)*.
> Zur Problematik siehe auch im Folgenden Rn. 868 ff. *(Hertel)*.

851 Zum Verständnis der BGH-Rechtsprechung ist es wichtig, sich die Voraussetzungen für die Entstehung einer Vormerkung noch einmal klar zu machen. Es bedarf einer (materiell-rechtlichen) Bewilligung, einer Eintragung und eines zu sichernden Anspruchs. Ganz unangefochten in Literatur und Rechtsprechung ist, dass die Bewilligung der Eintragung nicht vorausgehen muss, sondern ihr auch nachfolgen kann. Im letzteren Fall entsteht die Vormerkung – einen gesicherten Anspruch unterstellt – im Zeitpunkt der Bewilligung. Das wird aus §§ 879 Abs. 2, 892 Abs. 2 BGB hergeleitet. Voraussetzung ist lediglich, dass die nachfolgende Bewilligung sich auf die Eintragung bezieht, mit ihr **kongruent** ist. Denn Eintragung und Bewilligung müssen, egal in welcher Reihenfolge sie auftreten, aufeinander bezogen sein. Sieht man das, wird man erkennen, dass Vormerkungen nicht beliebig wiederverwendet oder wieder „aufgeladen“ werden können. Die Eintragung einer nicht mehr existierenden Vormerkung ist nur dann geeignet, mit Hilfe einer neuen Bewilligung eine neue Vormerkung entstehen zu lassen, wenn dieser unabdingbare wechselseitige Bezug von Eintragung und Bewilligung gegeben ist. In den geschilderten Fällen hat das der Bundesgerichtshof mit vielleicht nachvollziehbaren Erwägungen bejaht. Mehr folgt aus diesen Entscheidungen nicht.

852 Daher hat der **Bundesgerichtshof auch einer weit verbreiteten Übung von Grundbuchämtern eine Absage erteilt**, die die beantragte Löschung von Vormerkungen mit der Argumentation abgelehnt haben, man könne nicht ausschließen, dass anstelle des erloschenen Anspruchs der Vormerkung ein neuer Anspruch unterlegt worden sei. Eine solche Erwägung kann nur angestellt werden, wenn ein inhaltsgleicher Anspruch in Betracht kommt, bei dem hinsichtlich einer nachfolgenden Bewilligung von einer Kongruenz mit der Ein-

tragung ausgegangen werden kann. Daran fehlt es, wenn ein nicht vererblicher und nicht übertragbarer Anspruch durch Vormerkung gesichert war und der Berechtigte gestorben ist. Vom Grundbuchamt und von den Vorinstanzen war die beantragte Löschung mit dem Argument verweigert worden, man könne nicht ausschließen, dass der Berechtigte vor seinem Tode mit dem Verpflichteten vereinbart habe, dass die Vormerkung „nunmehr einen anderweitigen vererblichen Rückübertragungsanspruch" habe sichern sollen. In einem solchen Fall fehlt es an der notwendigen Kongruenz von (stehen gebliebener) Eintragung, (nachfolgender) Bewilligung und gesichertem Anspruch.

BGH, Beschl. v. 3.5.2012 – V ZB 258/11,
NJW 2012, 2032 = ZfIR 2012, 598
und V ZB 112/11, FamRZ 2012, 1213;
dazu *Krüger*, ZNotP 2013, 11, 13.

Mit der Problematik einer „Wiederverwendung" einer Vormerkung gar nichts zu tun hat der Fall, dass eine Vormerkung einen **künftigen Anspruch** sichert, der dann entsteht, wenn ein befristetes Vertragsangebot angenommen wird. Wenn in einem solchen Fall die **Annahmefrist** vor deren Ablauf **verlängert** wird, so sichert die Vormerkung den Anspruch bis zum Ablauf der verlängerten Frist. 853

BGH, Urt. v. 8.3.2024 – V ZR 176/22, ZfIR 2024, 334
= WM 2024, 1618;
zuvor schon *Krüger*, in: Festschrift Krämer, S. 475, 491.

Der gesicherte Anspruch wird durch die Verlängerung der Annahmefrist weder inhaltlich verändert noch gar neu begründet. Es ist der alte zukünftige Anspruch. Geändert hat sich lediglich der Zeitraum, in dem dieser Anspruch (durch Annahme des Vertragsangebots) zur Entstehung gelangen kann. 854

BGH, a. a. O. Rn. 36.

5. Abtretung der Vormerkung u. ä.

Die Erklärung der Abtretung der Vormerkung ist im Zweifel als Abtretung des vorgemerkten Anspruchs auszulegen, bei der die Vormerkung nach § 401 BGB kraft Gesetzes auf den Zessionar übergeht. 855

BGH, Urt. v. 17.6.1994 – V ZR 204/92,
ZIP 1994, 1863 = NJW 1994, 2947

Eine von einem Verkäufer abgetretene Vormerkung zur Sicherung von dessen noch nicht erfülltem Erwerbsanspruch beschert dem Käufer nicht den gleichen Grad von Sicherheit wie eine von dem Verkäufer selbst bewilligte Vormerkung. Denn der Bestand des abgetretenen Anspruchs ist dem Einfluss des Käufers entzogen; besteht er nicht oder fällt er, etwa infolge Rücktritts, weg, so ist auch die Vormerkung wirkungslos und der Zedent ist ungesichert. 856

BGH, Urt. v. 27.10.2006 – V ZR 234/05 (unveröffentlicht).

857 Tritt jemand im Wege **befreiender Schuldübernahme** an die Stelle des Schuldners eines durch Vormerkung gesicherten Anspruchs und erwirbt er zugleich das Eigentum an der Immobilie, auf das sich der Anspruch bezieht, so besteht die Vormerkung fort. Der Schuldnerwechsel kann nicht in das Grundbuch eingetragen werden.

BGH, Beschl. v. 13.2.2014 – V ZB 88/13,
BGHZ 200, 179 = NJW 2014, 2431
= DNotZ 2014, 606 (m. Anm. *Amann*, S. 611);
EWiR 2014, 519 *(Heinze)*.

858 Eine Vormerkung kann bei ihrer Begründung aufgrund einer Bewilligung nach § 885 Abs. 1 Satz 1 Alt. 2 BGB entsprechend § 892 Abs. 1 Satz 1 BGB **gutgläubig** (erst-)erworben werden. Aufgrund der strengen Akzessorietät der Vormerkung zum gesicherten Anspruch gilt das aber nur, **wenn die gesicherte Vormerkung tatsächlich besteht.**

BGH, Urt. v. 8.3.2024 – V ZR 176/22 Rn. 24, ZfIR 2024, 334
= WM 2024, 1618.

859 Der auf eine dingliche Rechtsänderung gerichtete Anspruch eines Dritten, der aus einem **Vertrag zugunsten Dritter** begünstigt ist, kann durch eine Vormerkung gesichert werden. Hingegen fehlt bei einem ermächtigenden („unechten") Vertrag zugunsten Dritter ein Anspruch des Dritten, der durch Vormerkung gesichert werden könnte. Sicherungsfähig ist nur der Anspruch des Versprechensempfängers. Der Dritte kann daraus nur dann etwas herleiten, wenn ihm der Anspruch mit der Folge des Übergangs auch der Vormerkung abgetreten wird, § 401 BGB.

BGH, Urt. v. 10.10.2008 – V ZR 137/07,
ZfIR 2009, 244 (mit Anm. *Assmann*, S. 245)
= NJW 2009, 356 (mit Anm. *Kesseler*, S. 357).

6. Zu den Voraussetzungen des § 888 Abs. 1 BGB

860 Der Anspruch des Vormerkungsberechtigten aus § 888 Abs. 1 BGB gegen denjenigen, der ihm gegenüber relativ unwirksam erworben hat, setzt nicht voraus, dass der Vormerkungsberechtigte zuvor den materiell-rechtlichen Anspruch gegen seinen Vertragspartner durchgesetzt hat. Wenn es um das Eigentum selbst geht, ist das selbstverständlich; der Anspruch auf Eigentumsübertragung ist ohne den Hilfsanspruch aus § 888 Abs. 1 BGB gegen den Dritten, der das Eigentum vormerkungswidrig erworben hat, gar nicht durchsetzbar. Nichts anderes gilt aber, wenn das vormerkungswidrige Recht in einer Belastung besteht. Der Berechtigte muss nicht erst Eigentümer werden, um gegen den Dritten nach § 888 Abs. 1 BGB auf Zustimmung zur Löschung der Belastung vorgehen zu können. Dem Vormerkungsberechtigten steht es **frei, in welcher Reihenfolge** er die Ansprüche gegen seinen Vertragspartner und gegen den Dritterwerber geltend macht. Der Schutz des Dritterwerbers vor einer vorzeitigen Aufgabe seiner Rechtsposition wird bei der Verwirklichung der beiden Ansprüche gewährleistet: Es kann nicht Zustimmung zur sofortigen Lö-

schung nach § 888 Abs. 1 BGB verlangt werden, sondern nur Zustimmung dazu, dass die Belastung zusammen mit der Eintragung des Vormerkungsberechtigten als Eigentümer gelöscht wird.

> BGH, Urt. v. 2.7.2010 – V ZR 240/09,
> BGHZ 186, 130 = NJW 2010, 3367 = ZfIR 2011, 60;
> dazu *Krüger*, ZNotP 2011, 82;
> *Wilhelm* ZfIR 2011, 45;
> *Zimmer*, JZ 2010, 1015;
> *Kesseler*, NJW 2010, 3341.

II. Fälligkeitsvoraussetzungen bei Direktzahlung des Kaufpreises

Will der Käufer keine ungesicherte Vorleistung erbringen, so darf der Kaufpreis erst zur Zahlung fällig sein, wenn der lastenfreie Eigentumserwerb des Käufers gesichert ist. Als Fälligkeitsvoraussetzungen für den Kaufpreis sind daher zu vereinbaren: 861

- **Auflassungsvormerkung** (Eigentumsvormerkung) für den Käufer,
- Vorliegen aller zur **Lastenfreistellung** von vor- oder gleichrangig zur Auflassungsvormerkung eingetragenen, nicht übernommenen dinglichen Belastungen erforderlichen Unterlagen in grundbuchfähiger Form (oder anderweitige Sicherstellung der Lastenfreistellung unter aus dem Kaufpreis erfüllbaren Auflagen),
- Vorliegen aller für die Wirksamkeit oder den Vollzug des Kaufvertrags (und gegebenenfalls der Eintragung der Finanzierungsgrundschuld!) erforderlichen **Genehmigungen**,
- gegebenenfalls **Vorkaufsrechtsverzicht** bzw. Negativattest für gesetzliche Vorkaufsrechte (beim Grundstückskauf grundsätzlich immer für das gemeindliche Vorkaufsrecht nach §§ 24 ff. BauGB),
- gegebenenfalls weitere Voraussetzungen wie insbesondere die **Räumung** durch den Verkäufer.

1. Vormerkung

a) Unverzichtbare Absicherung des Käufers

Die Eintragung der Auflassungsvormerkung (Eigentumsübertragungsvormerkung) für den Käufer im Grundbuch ist **zur Absicherung des Käufers grundsätzlich unverzichtbar.** 862

> „Bei der Beurkundung eines Grundstückskaufvertrags ist eine Belehrung des Notars über die Sicherung des Eigentumserwerbs durch Auflassungs-(Eigentumserwerbs-)Vormerkung notwendig, es sei denn, die Auflassung ist erklärt und der Antrag auf Eigentumsumschreibung wird sofort beim Grundbuchamt gestellt.“

BGH, Urt. v. 6.10.1988 – IX ZR 142/87,
DNotZ 1989, 449 = NJW 1989, 102;
dazu EWiR 1989, 13 *(Ganter)*.

863 Auf die Eintragung einer Vormerkung kann bei Verträgen unter Familienangehörigen (aber auch hier Vorsicht) und beim Kauf von einer Gemeinde, Bank, Versicherung etc. verzichtet werden, wenn der Käufer keine Absicherung wünscht. Dann würde ich als Notar aber im Kaufvertrag ausdrücklich erwähnen, dass der Käufer keine Auflassungsvormerkung wünscht.

864 Für die Fälligkeit des Kaufpreises ist sinnvollerweise auf die **Eintragung** der Vormerkung abzustellen, (trotz des Schutzes des § 878 BGB) nicht auf den Zeitpunkt der Antragstellung – auch wenn § 878 BGB den Vormerkungsschutz bereits auf den Zeitpunkt der Antragstellung vorverlagert.

865 § 3 Abs. 1 Satz 1 Nr. 1 MABV verlangt für den Bauträgervertrag zwingend die Eintragung der Vormerkung; Antragstellung genügt hier in keinem Fall.

866 Die Vormerkung muss im Grundbuch die richtige **Rangstelle** haben.

- Beim Verkauf eines unbelasteten Grundstücks bzw. unter Übernahme von Belastungen ist daher Fälligkeitsvoraussetzung die Eintragung der Vormerkung an erster Rangstelle bzw. mit Rang nur nach den übernommenen Belastungen.
- Beim Verkauf eines Grundstücks, dessen Belastungen nicht übernommen werden, ist Fälligkeitsvoraussetzung die Eintragung der Vormerkung mit Rang nur nach diesen bekannten Belastungen und zusätzlich die Sicherstellung der Lastenfreistellung.

867 Daher ist die Fälligkeitsvoraussetzung so zu formulieren, dass Eintragung und Rang der Eigentumsvormerkung maßgeblich sind.

b) Wiederverwendung einer erloschenen Auflassungvormerkung?

868 Nach früher herrschender Meinung waren alle Änderungen des vormerkungsgesicherten Anspruchs auch bei der Vormerkung zu vermerken, um auch insoweit eine dingliche Absicherung zu erhalten.

Fall:

V hat K ein notariell beurkundetes Angebot zum Abschluss eines Kaufvertrags über eine Teilfläche von 1.200 qm bis zum 31.5.2026 gemacht und die Eintragung einer Vormerkung zugunsten des K bewilligt, die auch im Grundbuch eingetragen wird.

1. Variante:

V verlängert die Angebotsfrist am 21.5.2026 bis zum 31.8.2026.

2. Variante:

K nimmt das Angebot innerhalb der Frist nicht an. Am 6.6.2026 verlängert V die Angebotsfrist bis zum 31.8.2026.

3. Variante:

Auf Veranlassung des K ändert V am 15.3.2026 das Angebot dahingehend, dass eine in den Grenzen andere, um 200 qm größere Teilfläche zum Kauf angeboten wird.

In der zweiten Variante hätte man früher eine neue Vormerkung verlangt, da das Angebot und damit die Vormerkung erloschen war. In der ersten und dritten Variante hätte man eine Eintragung der Änderung bei Vormerkung verlangt. **869**

Im Jahr 1999 und nochmals 2007 entschied jedoch der Bundesgerichtshof, dass eine bestehende Vormerkung „wiederverwendet" oder „aufgeladen" werden kann (wie dies die Literatur anschaulich, aber etwas überspitzt bezeichnet hat). Werde ein Anspruch neu geschaffen (anstelle eines erloschenen oder unwirksamen Anspruchs) oder inhaltlich geändert und dafür eine neue (materielle) Bewilligung erklärt, so sei keine Neueintragung der Vormerkung erforderlich, sondern genüge eine bereits bestehende Vormerkung, sofern der zu sichernde Anspruch, die Eintragung und Bewilligung im Zeitpunkt ihres Zusammentreffens kongruent sind. **870**

aa) Eine erloschene Auflassungsvormerkung kann durch erneute Bewilligung ohne Grundbuchberichtigung und inhaltsgleiche Neueintragung wieder zur Sicherung eines neuen deckungsgleichen Anspruchs verwendet werden.

bb) Der Rang der neu bewilligten Vormerkung bestimmt sich nicht nach der alten Eintragung, sondern nach dem Zeitpunkt der neuen Bewilligung.

BGH, Urt. v. 26.11.1999 – V ZR 432/98,
BGHZ 143, 175 = ZIP 2000, 225 = ZfIR 2000, 121
= DNotZ 2000, 639 (m. zust. Anm. *Wacke*) = NJW 2000, 805;

bestätigt durch BGH, Urt. v. 7.12.2007 – V ZR 21/07,
ZfIR 2008, 113 = NJW 2008, 578;

dazu auch Rn. 817 ff. *(Krüger)*;
Krüger, in: Festschrift Krämer, S. 475 ff.

Diese beiden BGH-Entscheidungen verstand man jedenfalls zunächst so, als genüge die alte Eintragung, wenn der Inhalt des eingetragenen Anspruchs und des neuen Anspruchs hinsichtlich Gläubiger und Schuldner sowie dinglichem Anspruchsziel identisch sind. Alle anderen schuldrechtlichen Vereinbarungen (Kaufpreis, Angebotsfrist etc.) schienen für die Identität des vorgemerkten Anspruchs irrelevant zu sein. **871**

Die BGH-Entscheidungen wurden in der Literatur teilweise heftig kritisiert. Denn es ist der Rechtssicherheit abträglich, wenn man den gesicherten Anspruch nicht bei einer Einsicht in die (alte) Eintragungsbewilligung bei den Grundakten feststellen kann. Durch die Akzessorietät enthält die Vormerkung eben doch mehr Elemente des schuldrechtlichen Anspruchs als es in den beiden BGH-Entscheidungen zum Ausdruck kam. **872**

Demharter, MittBayNot 2000, 106;
Volmer, ZfIR 2000, 206, 207;
Staudinger-*Gursky*, BGB, § 883 Rn. 47, 353 ff.;
ablehnend auch:
Brambring, in: Hagen/Brambring, Rn. 482.

873 In neueren Entscheidungen betonte der Bundesgerichtshof demgegenüber, dass neuer Anspruch und (materielle) Bewilligung mit der alten eingetragenen Vormerkung auch **„kongruent"** sein müssen. An der Kongruenz fehle es, wenn ein nicht vererblicher und nicht übertragbarer Anspruch durch einen vererblichen oder übertragbaren Anspruch ersetzt werde. Dafür sei dann eine neue Vormerkung erforderlich.

BGH, Beschl. v. 3.5.2012 – V ZB 258/11, NJW 2012, 2032
= ZfIR 2012, 598 und V ZB 112/11, FamRZ 2012, 1213.

874 Auch wenn sich das Erfordernis der Kongruenz bereits in der BGH-Entscheidung vom 26.11.1999 fand, gewinnt es durch die Entscheidungen vom 3.5.2012 doch eine stärkere Bedeutung. Die Entscheidung ist zu begrüßen: Indem sie die Wiederaufladbarkeit begrenzt, dient sie der Rechtssicherheit. Allerdings ist noch nicht klar abgegrenzt, wie weit nunmehr die Kongruenz gehen muss.

875 Für die eingangs dargestellten Fallvarianten heißt dies nach der neuen BGH-Rechtsprechung:

- Wird der dingliche Inhalt des vorgemerkten Anspruchs ausgetauscht oder verändert (**andere oder größere Fläche** – Variante 3), so besteht Vormerkungsschutz erst ab Eintragung einer **neuen bzw. geänderten Vormerkung.** Bei einer bloßen Erweiterung des Anspruchs ist aufgrund der ursprünglichen Vormerkung Schutz im Umfang des ursprünglichen (und fortbestehenden) Anspruchs zu bejahen.

Beispiel:

Zunächst ist eine Teilfläche von 1.200 qm verkauft. Später kommen noch 200 qm hinzu. Ist zunächst eine Vormerkung eingetragen, dann eine Sicherungshypothek, dann die Erweiterung der Vormerkung, so kann der Vormerkungsgläubiger seinen Anspruch gegenüber der Sicherungshypothek nur für die ursprünglich vorgemerkten 1.200 qm durchsetzen, nicht für die restlichen 200 qm.

- Umgekehrt bedarf die bloße **Fristverlängerung des Angebotes keiner Grundbucheintragung** bei der Vormerkung (Variante 1). Hier ist der Rechtsverkehr nicht schutzbedürftig, da er aus den Grundakten ohnehin nicht entnehmen kann, ob das Angebot angenommen wurde.

  BGH, Urt. v. 8.3.2024 – V ZR 176/22, ZfIR 2024, 334
  = WM 2024, 1618.

- Auch in dem dazwischen liegenden Fall eines **neuen, aber inhaltsgleichen** Angebotes (nach Fristablauf und damit Erlöschen des ursprünglichen Angebotes, Variante 2) (oder falls ein Kaufvertrag nach zwischenzeitlichem wirksamen Rücktritt doch noch durchgeführt werden soll) ist nach der zitierten Entscheidungen des Bundesgerichtshofs zur Bestätigung eines unwirksamen bzw. zur Ersetzung eines wirksamen Vertrags durch einen neuen Vertrag keine neue Vormerkung erforderlich.

Zu beachten ist: Nach den Entscheidungen des Bundesgerichtshofs besteht **Vormerkungsschutz erst ab dem Zeitpunkt der neuen Bewilligung** (vorausgesetzt, dann ist der neue bzw. um weitere Gründe erweiterte Anspruch auch wirksam entstanden). Insbesondere darf man auch nicht vergessen, die Zustimmung anderer vorrangiger Gläubiger einzuholen. 876

> Vgl. *Amann*, MittBayNot 2000, 197;
> *Schöner/Stöber*, Rn. 1519.

- Im Zweifelsfall, wenn man nicht sicher ist, ob eine neue Vormerkung erforderlich ist, ist daher Löschung und Neueintragung der sicherere (wenngleich teurere) Weg. Denn auch die wiederbelebte alte Vormerkung wirkt nur ex nunc. Natürlich darf die Löschung der alten Vormerkung nur gleichzeitig (§ 16 Abs. 2 GBO) mit ranggerechter Eintragung der alten Vormerkung bewilligt werden (wenn man die alte Vormerkung nicht vorsorglich überhaupt stehen und beide Vormerkungen erst nach Umschreibung löschen lässt).
- Anders ist dies, wenn lediglich ein wirksamer Anspruch erweitert bzw. geändert wird. Bei einer Erweiterung bot die alte Vormerkung im bisherigen Anspruchsumfang bereits dinglichen Schutz ex tunc; bei einer Neueintragung würde man den Vormerkungsschutz gegenüber Zwischeneintragungen verlieren. Hier kann man gegebenenfalls für den bisherigen Anspruchsumfang die alte Vormerkung bestehen und für den zusätzlichen Anspruchsumfang eine neue Vormerkung eintragen lassen (oder die Inhaltsänderung bei der vorhandenen Vormerkung eintragen lassen).
- Auch bei einem Austausch des gesicherten Anspruchs will *Wacke* entgegen des nach seiner Ansicht zu weit formulierten zweiten Leitsatzes der BGH-Entscheidung Vormerkungsschutz bereits ab Eintragung der Vormerkung gewähren.

> *Wacke*, DNotZ 2000, 643, 644 ff.

Folgt man dieser Meinung, verlöre man auch hier bei einer Löschung und Neueintragung diesen Schutz gegenüber Zwischeneintragungen.

c) Wirksamkeitsvermerk oder Rangrücktritt der Vormerkung

Die **Finanzierungsgrundschuld** des Käufers soll natürlich keinem Löschungsanspruch aus der Vormerkung des Käufers unterliegen. Deshalb wird die Finanzierungsgrundschuld nach Möglichkeit im unmittelbaren Anschluss an die Kaufvertragsbeurkundung bestellt und im Grundbuch mit Rang vor der 877

Vormerkung eingetragen. Kann sie ausnahmsweise erst nach der Vormerkung eingetragen werden, so gibt es drei Lösungsmöglichkeiten:

- **Rangrücktritt:** Die Vormerkung tritt im Rang hinter die Finanzierungsgrundschuld zurück. Dies ist die herkömmliche Lösung. Nach dem bis 2013 geltenden Kostenrecht kostete der Rangrücktritt im Grundbuch jedoch eine Viertelgebühr (§ 67 KostO); daher suchte man nach Alternativen. Nach dem jetzt geltenden GNotKG ist die Eintragung des Rangrücktritts hingegen gebührenfrei. Daher ist jetzt der Rangrücktritt wieder das Mittel der Wahl (und dasjenige, das die Beteiligten am einfachsten verstehen). Die anderen Alternativen dürften in der Praxis nur selten verwendet werden.

- **Rangvorbehalt**: Ist bei der Bewilligung der Auflassungsvormerkung schon bekannt, bis zu welcher Höhe voraussichtlich eine Grundschuld erforderlich ist, kann ein Rangvorbehalt bei der Vormerkung eingetragen werden. Zum Schutz des Käufers ist der Rangvorbehalt einzuschränken, dass er nur für Grundpfandrechte verwendet werden kann, die unter Mitwirkung des Käufers bestellt werden (insbesondere dessen Finanzierungsgrundschuld).

- Als dritte Variante ist auch ein **Wirksamkeitsvermerk** anerkannt: Dazu wird bei der Grundschuld eingetragen, dass die Grundschuld auch dem Vormerkungsberechtigten gegenüber wirksam bestellt ist.

  Vgl. BGH, Beschl. v. 25.3.1999 – V ZB 34/98,
  BGHZ 141, 169 = ZfIR 1999, 358 = DNotZ 1999, 1000
  = NJW 1999, 2275 = Rpfleger 1999, 383.

878 Vorteil des Rangvorbehalts und der Wirksamkeitsvormerkung waren vor allem, dass sie nach altem Kostenrecht keine Grundbuchgebühren auslösten. Da nach dem GNotKG jetzt aber auch der Rangrücktritt der Vormerkung gebührenfrei ist, haben die Alternativen an praktischer Bedeutung verloren.

879 Mit der Anerkennung des Wirksamkeitsvermerks hat der Bundesgerichtshof seine Rechtsprechung zur Rangfähigkeit der Vormerkung auch keineswegs aufgegeben. Vielmehr spricht er auch in neueren Entscheidungen noch von einem Rang der Vormerkung.

BGH, Urt. v. 26.11.1999 – V ZR 432/98,
BGHZ 143, 175 = ZfIR 2000, 121
= DNotZ 2000, 639 = NJW 2000, 805;
dazu EWiR 2000, 285 *(Grunsky)*.

880 Daher stehen Rangrücktritt und Wirksamkeitsvermerk als alternative Gestaltungsmittel zur Wahl.

OLG Celle, Beschluss v. 22.5.2013 – 4 W 75/13,
FGPrax 2013, 242 = Rpfleger 2013, 603 (m. Anm. *Demharter*)
Rpfleger 2013, 605; dazu *Kesseler*, RNotZ 2014, 155;

Gursky, DNotZ 1998, 273;
Gutachten, DNotI-Report 2000, 89;

a. A. *Schubert*, DNotZ 1999, 967, 971 ff.

2. Lastenfreistellung

Zur Absicherung des Käufers muss vor Kaufpreiszahlung auch die Freistellung des Grundstücks von allen im Grundbuch im Rang vor oder mit Gleichrang zur Auflassungsvormerkung eingetragenen und vom Käufer nicht übernommenen Belastungen in folgender Weise gesichert sein: 881

- Eingang der **Löschungsunterlagen** (bzw. Lastenfreistellungsunterlagen) beim Notar (also bei Briefrechten neben der Löschungsbewilligung auch des Briefs) in grundbuchfähiger Form (d. h. in öffentlicher Urkunde, § 29 GBO);
- entweder auflagenfrei oder aber mit **Treuhandauflagen**, die erfüllbar sind, insbesondere dürfen die Ablösebeträge nicht höher als der Kaufpreis sein;
- bei Gesamtgrundpfandrechten statt Löschungsbewilligung **Pfandfreigabeerklärung**;
- bei Verkauf einer noch zu vermessenden **Teilfläche** unwiderrufliches Freigabeversprechen des Gläubigers bzw. Löschungsbewilligung mit Ermächtigung des Notars, „die betroffene Teilfläche nach Vermessung genau zu bezeichnen".

BGH, Urt. v. 6.7.1995 – I ZR 123/93, DNotZ 1995, 406 (m. Anm. *Haug*) = NJW 1995, 330 = WM 1995, 1818.

Damit die Lastenfreistellung auch pfändungssicher ist, vereinbaren die Kaufvertragsparteien in der Regel im Wege eines **unechten Vertrags zugunsten Dritter**, dass der Käufer berechtigt und gegenüber dem Verkäufer bei Kaufpreisfälligkeit auch verpflichtet ist, die von den abzulösenden Gläubigern verlangten Ablösebeträge in Anrechnung an den Kaufpreis an diese zu zahlen (aber ohne damit eine Verpflichtung gegenüber den abzulösenden Gläubigern einzugehen). Diese Ablösungsvereinbarung muss sich auch ein Zessionar oder Pfändungsgläubiger der Kaufpreisforderung entgegenhalten lassen. 882

BGH, Urt. v. 31.1.1985 – IX ZR 48/84, DNotZ 1985, 633; dazu EWiR 1985, 585 *(Geimer)*;

BGH, Urt. v. 20.11.1997 – IX ZR 152/96, ZIP 1998, 294 = ZfIR 1998, 15, = DNotZ 1998, 626 (m. Anm. *Albrecht*) = ZNotP 1998, 74; dazu EWiR 1998, 143 *(Hintzen)*.

Als **Gestaltungsvarianten** finden sich z. T. auch noch: 883

- eine Sicherungsabtretung des Kaufpreisanspruchs an die abzulösenden Gläubiger
- bzw. ein echter Vertrag zugunsten Dritter (§ 328 BGB).

884 Problem dieser Varianten ist insbesondere, dass der abgetretene Teilbetrag nicht hinreichend bestimmt ist und der Verkäufer jedenfalls bei der Abtretung nicht selbst zur Zahlung an die abzulösenden Gläubiger vollstrecken kann.

Gutachten, DNotI-Report 1997, 189, 191.

885 Weder der Notar noch der Käufer sollen überprüfen müssen, ob der abzulösenden Bank tatsächlich der verlangte Ablösebetrag in dieser Höhe zusteht. Um eine Störung der Vertragsabwicklung durch einen Streit zwischen Verkäufer und abzulösendem Gläubiger über die Höhe des verlangten Ablösebetrags zu verhindern, ist zu formulieren, dass der Käufer den **vom abzulösenden Gläubiger „verlangten" Ablösebetrag** in Anrechnung auf den Kaufpreis leisten darf. Dann ist die Lastenfreistellung jedenfalls möglich.

886 Hat der abzulösende Gläubiger zu viel verlangt, muss der Verkäufer gegebenenfalls nachträglich das Geld wieder vom abgelösten Gläubiger herausverlangen. Eine Gefahr für den Verkäufer liegt hier allenfalls bei einer Ablösung von (nicht hinreichend solventen oder unzuverlässigen) Privatgläubigern.

887 In der Literatur besteht Einigkeit darin, dass die Gläubiger ihre Treuhandauflagen **nach Erteilung der notariellen Fälligkeitsmitteilung nicht mehr widerrufen** können.

LG Köln DNotI-Report 1998, 97;

zustimmend
Albrecht, in: Reithmann/Albrecht, Rn. 548;
Everts, in: Beck'sches Notar-Handbuch, § 1 Rn. 207;
Ganter, in: Ganter/Hertel/Wöstmann, Rn. 2117
– je unter Bezugnahme auf Gutachten, DNotI-Report 1997, 1.

- Unterschiedlich ist jedoch die Begründung. Einige – vor allem ältere – Literaturstimmen gehen hier von einem **mehrseitigen Treuhandauftrag** aus (den die Gläubigerin daher nicht einseitig widerrufen könnte), wobei neben dem abzulösenden Gläubiger selbst auch der Verkäufer beteiligt sein soll (hingegen nicht der Käufer).

  Bräu, S. 175;
  Kemp, RNotZ 2004, 460;
  König, S. 67;
  Preuß, S. 112;
  Reithmann, S. 212 f.;
  Reithmann, ZNotP 2004, 319, 320.

- Eine andere Literaturauffassung – die ich für richtig halte – hält hingegen den Treuhandauftrag eines abzulösenden Gläubigers über die Verwendung einer Löschungsbewilligung oder andere Lastenfreistellungsunterlagen bis zu einer Erledigung für grundsätzlich frei abänderbar und widerruflich. **Analog § 60 Abs. 1 BeurkG** (bzw. vor dem 9.6.2017: § 54c Abs. 1 BeurkG a. F.) sei ein Widerruf des Treuhandauftrags aber unbeachtlich, wenn der Käufer vor der Mitteilung des Widerrufs bereits Zahlungen entsprechend einer Fälligkeitsmitteilung des Notars veranlasst hatte.

Gutachten, DNotI-Report 1997, 1;
Eylmann/Vaasen-*Hertel*, § 24 BNotO Rn. 29;
Renner, in: Armbrüster/Preuß/Renner, BeurkG, § 54c Rn. 74;
Schilling, ZNotP 2004, 138;
ähnlich *Kawohl*, Notaranderkonto, Rn. 153, der einen konkludenten Verzicht auf den Widerruf annimmt.

Von der verfahrensrechtlichen Frage, ob der Treuhandauftrag widerrufen werden kann, streng zu trennen ist die Frage, ob der Gläubiger eine **schuldrechtliche Freistellungsverpflichtung** eingegangen ist. Dies hatte der Bundesgerichtshof auch in einem Fall bejaht, in dem die Bank dem beurkundenden Notar eine Löschungsbewilligung unter einer Treuhandauflage übersandt hatte. (Dass es sich wohl um einen Bauträgervertrag handelte, spielte in der Argumentation des Bundesgerichtshofs keine Rolle.) 888

BGH, Urt. v. 30.1.1992 – IX ZR 64/91,
ZIP 1992, 317 = DNotZ 1992, 560
= NJW 1992, 1390 = WM 1992, 605;
dazu EWiR 1992, 351 *(Gaberdiel)*;

zustimmend: *Basty*, Rn. 342;
Clemente, Rn. 711;
vgl. Gutachten, DNotI-Report 2000, 37, 38 f.

Ganz sicher geht der Käufer, wenn der Notar – einem Lösungsansatz von *Amann* folgend – sich von den Kaufvertragsparteien anweisen und ermächtigen lässt, die Löschungsunterlagen auch für die Kaufvertragsparteien (und für das Finanzierungsinstitut des Käufers) entgegenzunehmen und zu verwenden. Teilt er dies dem abzulösenden Gläubiger ausdrücklich mit und widerspricht dieser nicht, so entsteht eine **mehrseitige Anweisung**, die der abzulösende Gläubiger nicht einseitig widerrufen kann. 889

Amann, in: Beck'sches Notar-Handbuch (5. Aufl., 2009), A I Rn. 102;
ebenso jetzt etwa *Everts*, in: Beck'sches Notar-Handbuch, § 1 Rn. 207, 209.

Zu einer unbefristeten Bindung wird die abzulösende Bank aber i. d. R. nicht bereit sein, sondern allenfalls zu einer Bindung für eine bestimmte **Bindungsfrist**. Die Frage der Widerruflichkeit stellt sich dann während der Bindungsfrist nicht. 890

So der Gestaltungsvorschlag von
Schilling, ZNotP 2004, 138;
für überflüssig halten dies die Vertreter einer mehrseitigen (und damit bindenden) Natur der Treuhandauflage der abzulösenden Gläubiger:
Kemp, RNotZ 2004, 460;
Reithmann, ZNotP 2004, 319.

Die befristete Bindung dürfte heute allgemein üblich sein und ist für die Praxis zu empfehlen. In Absprache mit der Bundesnotarkammer am 12.2.2014 hat der Verband Deutsche Kreditwirtschaft dieses Modell im Einklang mit der gängigen Praxis befürwortet. 891

Notarkammer Frankfurt a. M., Newsletter 2/2015, S. 3.

892 Mit einer ausdrücklichen Bindungsfrist öffnet man aber die Frage, ob die Gläubigerin dann nicht nach Fristablauf widerrufen kann, auch wenn die Fälligkeitsmitteilung bereits ergangen ist. Deshalb ist in der notariellen Fälligkeitsmitteilung zu formulieren, dass die Lastenfreistellung „bei Zahlung bis zum […]" gesichert ist (ohne dass sich dadurch die vertraglich vereinbarten Zahlungstermine verlängern).

3. Rechtswirksamkeit des Vertrags: Genehmigungen

893 Weitere Fälligkeitsvoraussetzung ist die Rechtswirksamkeit des Vertrags, d. h. Eingang aller erforderlichen Genehmigungen beim Notar, insbesondere

- Genehmigungen nach öffentlichem Recht,
- Genehmigung eines vollmachtlos vertretenen Vertragsteils,
- Genehmigung des Familien- oder Betreuungsgerichts bei Verkauf durch Eltern, Vormund, Pfleger oder Betreuer (§§ 1850 ff. BGB),
- Genehmigung des Verwalters bei Verkauf von Wohnungseigentum (§ 12 WEG) oder des Grundstückseigentümers bei Verkauf eines Erbbaurechts (§ 5 Abs. 1 ErbbauRG); diese sind mit Eingang beim Notar als Vertreter der Beteiligten wirksam und schuldrechtlich wie dinglich unwiderruflich.

So zu § 5 ErbbauRG:
BGH, Beschl. v. 29.6.2017 – V ZB 144/16,
DNotZ 2018, 440 (m. Anm. *Rapp*, DNotZ 2018, 413)
= MittBayNot 2018, 244 (m. Anm. *W. Kössinger*) = NJW 2017, 3514 = NotBZ 2018, 46 (m. Anm. *Maaß*) = ZfIR 2017, 782 (m. Anm. *Heinemann*);

Ebenso zur Verwalterzustimmung nach § 12 WEG:
BGH, Beschl. v. 6.12.2018 – V ZB 134/17,
DNotZ 2019, 844 (m. Anm. *W. Kössinger*) = ZfIR 2019, 410 (m. Anm. *W. Lang*).

4. Vollziehbarkeit des Vertrags, insbesondere Vorkaufsrechtsverzicht

894 Die Unbedenklichkeitsbescheinigung des Finanzamtes ist keine zur Rechtswirksamkeit des Vertrags erforderliche Genehmigung. Von ihrem Eingang darf die Kaufpreisfälligkeit nicht abhängig gemacht werden, da es der Käufer sonst in der Hand hätte, durch Nichtzahlung der Grunderwerbsteuer die Fälligkeit hinauszuschieben.

OLG Hamm, Urt. v. 21.2.1992 – 11 U 168/91,
NJW 1993, 1601 = DNotZ 1992, 821:

Der Notar verletzt seine Amtspflichten, wenn er ohne Aufklärung eine Regelung beurkundet, nach der die Fälligkeit der Kaufpreisforderung und die Auszahlung des Kaufpreisbetrags (vom Anderkonto) vom Vorliegen der Unbedenklichkeitsbescheinigung des Finanzamtes abhängig sein soll.

Als Fälligkeitsvoraussetzung vorzusehen – da Voraussetzung für die Vollziehbarkeit des Vertrags bzw. zur Verhinderung einer doppelten Inanspruchnahme des Verkäufers – ist hingegen der Nachweis des Nichtbestehens oder der Nichtausübung des Vorkaufsrechts nach Baugesetzbuch durch Zeugnis der Gemeinde, sowie bei dinglichem Vorkaufsrecht nach § 1094 BGB Verzicht des Berechtigten oder Ablauf der Frist; Verzicht/Nichtausübung des Vorkaufsrechts nach § 570b BGB = § 577 BGB a. F. (Verkauf von Wohnungseigentum). 895

5. Sonstige Voraussetzungen

Neben diesen Fälligkeitsvoraussetzungen, die für jeden Grundstückskauf gelten, können im Einzelfall weitere Voraussetzungen für den Käufer unverzichtbar sein. Beispielsweise sind zu nennen: 896

- **Räumung** des verkauften Hauses durch den Verkäufer oder den bisherigen Mieter;
- Durchführung und Abnahme der vom Verkäufer auszuführenden **Renovierungsarbeiten**;
- bei Verkauf von Bauland **Klärung der Bebaubarkeit** (Bauvoranfrage, Baugenehmigung etc.);
- beim **Teilflächenverkauf** Eintragung von Vormerkungen für Dienstbarkeiten (sei es für die verkaufte Teilfläche oder für die dem Verkäufer verbleibende Restfläche).

6. Notarielle Fälligkeitsmitteilung

In aller Regel bestimmt der Vertrag, dass die Fälligkeit des Kaufpreises davon abhängig ist, dass der Notar den Eintritt der hierfür vereinbarten Voraussetzungen dem Käufer mitteilt (konstitutive Fälligkeitsmitteilung). 897

Die dem beurkundenden Notar von den Kaufvertragsparteien aufgetragene – eine tatsächliche und rechtliche Prüfung verlangende – Bestätigung, dass die die Fälligkeit des Kaufpreises auslösenden Voraussetzungen vorliegen, ist nicht mehr Teil der Beurkundungstätigkeit, sondern Gegenstand eines selbständigen Betreuungsgeschäfts.

BGH, Urt. v. 17.6.1999 – IX ZR 100/98,
ZfIR 1999, 576 = DNotZ 2000, 287.

Übersendung der Fälligkeitsmitteilung **durch einfachen Brief** genügt, soweit die Beteiligten den Notar nicht ausdrücklich zu einer anderen Übersendung anweisen. 898

LG Traunstein, Urt. v. 9.2.1994 – 3 O 4935/93,
MittBayNot 1995, 244;

LG Saarbrücken, Urt. v. 9.8.1996 – 9 O 6/96,
DNotI-Report 1997, 40;

Everts, in: Beck'sches Notar-Handbuch, A I Rn. 224;
Heinemann, in: Grziwotz/Everts/Heinemann/Koller, Rn. 617;
Hertel, DNotZ 2001, 910, 921;
Gutachten, DNotI-Report 2007, 84;

ähnlich für Mitteilung eines Anwalts an seinen Mandanten über Vergleichsangebot:
LG Berlin, Urt. v. 23.11.2001 – 8 O 41/01, DNotI-Report 2003, 135;

möglicherweise **a. A.**:
AG Kempten, Urt. v. 22.8.2006 – 11 C 432/05, NJW 2007, 1215;
dazu *Putz*, NJW 2007, 2450.

899 Um Zweifel zu vermeiden, kann man die Versendungsart ausdrücklich in der Urkunde regeln. Die Versendungsart wird der Notar aber von sich aus vorschlagen. Größere Diskussionen mit den Beteiligten hierüber halte ich aber angesichts der eher untergeordneten Bedeutung der Frage gegenüber anderen Punkten des Kaufvertrags nicht für angebracht.

Lichtenwimmer, MittBayNot 2005, 396, 397.

7. Barzahlungsverbot

900 Seit 1.4.2023 gilt beim Grundstückskauf ein **Barzahlungsverbot**: Die Zahlung in Bargeld hat keine Erfüllungswirkung (§ 16a Abs. 1 Satz 1 GwG). Sinnvollerweise belehrt der Notar die Beteiligten darüber.

8. Regelungen zu verspäteter Kaufpreiszahlung

a) Verzugszins

Literatur: *Amann/Brambring/Hertel*, Vertragspraxis nach neuem Schuldrecht, 2. Aufl., 2003, S. 470 ff; *Heinrichs*, EG-Richtlinie zur Bekämpfung von Zahlungsverzug im Geschäftsverkehr und Reform des Verzugsrechts nach dem Entwurf eines Schuldrechtsmodernisierungsgesetzes, BB 2001, 157; *Hertel*, Neues Verzugsrecht – Folgen für die notarielle Vertragsgestaltung, DNotZ 2001, 910; *Oepen*, Probleme des modernisierten Verzugstatbestands, ZGS 2002, 349; *Peters*, Fälligkeit und Verzug bei den Zahlungsansprüchen des Bauunternehmers nach der VOB/B, NZBau 2002, 305; *Schimmel/Buhlmann*, Schuldnerverzug nach der Schuldrechtsmodernisierung – Tatbestandsvoraussetzungen und Rechtfolgen, MDR 2002, 609.

901 Die Schuldrechtsreform von 2001 schuf durch die Neuregelung des § 286 BGB wieder eine interessengerechte gesetzliche Regelung für den Zahlungsverzug des Käufers. Es ist angemessen, den säumigen Käufer auch **ohne Mahnung und ohne Nachfrist** vom ersten Tag an auf den Verzögerungsschaden haften zu lassen und ihn insbesondere Verzugszinsen zahlen zu lassen.

- Bei einer üblichen Fälligkeitsklausel („Der Kaufpreis ist fällig zwei Wochen nach Zugang der Mitteilung des Notars an den Käufer, dass […]") tritt Verzug nach jetzigem Schuldrecht auch ohne Mahnung ein (§ 286 Abs. 2 Nr. 2 BGB).

- Soll die Fälligkeit nicht vor einem bestimmten Termin eintreten, so genügt ein kurzer Zusatz: „[...] nicht jedoch vor dem [...] (= vereinbarten Fälligkeitstermin)".

b) Schutz des geringfügig säumigen Käufers vor Rücktritt des Verkäufers

Fall: 902

Der Käufer erhält die Fälligkeitsmitteilung des Notars drei Wochen nach Kaufvertragsschluss – Grundbuchamt und Gemeinde haben schnell gearbeitet. Der Käufer rechnete zu diesem Zeitpunkt noch nicht mit der Kaufpreisfälligkeit. Es hat sich erst kurz vorher für eine finanzierende Bank entschlossen. Die Bank prüft die Kreditunterlagen noch. Der Käufer kann daher bei Kaufpreisfälligkeit noch nicht zahlen.

Überlegen kann man hingegen, ob man den Käufer bei geringer Zahlungsverzögerung vor einem Rücktritt des Verkäufers schützt. Denn der Verkäufer könnte schon bei einer geringen Zahlungsverzögerung und nach erfolgloser Nachfristsetzung den Rücktritt erklären (§ 323 Abs. 1 BGB). Dabei dürfte nach dem Gesetz eine Nachfrist von etwa einer Woche genügen, wenn (wie regelmäßig) im Kaufvertrag Zahlungsfristen zwischen ein und zwei Wochen vereinbart sind. 903

Der Rücktritt träfe aber den säumigen Käufer sehr hart. Ein derart kurzfristiger Rücktritt ist im Regelfall auch nicht zur Interessenwahrung des Verkäufers erforderlich. Für die Vertragsgestaltung kann man daher erwägen, den Käufer vor den möglicherweise schwerwiegenden Folgen eines Rücktritts bei nur leicht verspäteter Zahlung zu bewahren, indem man vertraglich eine **Mindestdauer für die Nachfrist** vereinbart. 904

Vgl. Formulierungsvorschlag bei
Brambring, in: Amann/Brambring/Hertel, S. 451.

III. Absicherung des Verkäufers

1. Vorlagesperre für bereits erklärte Auflassung

a) Absicherung des Verkäufers

Zur Absicherung der Zug-um-Zug-Leistung hinsichtlich der Auflassung gibt es vier verschiedene Methoden: 905

- **Materiell-rechtliche Absicherung** durch getrennte Beurkundung der Auflassung. Diese dürfte insbesondere beim Bauträgervertrag noch verbreitet sein. Beim eigentlichen Grundstückskauf ist sie jetzt selten.

  Hierfür plädiert
  Kanzleiter, DNotZ 1996, 242.

- **Beurkundungsrechtliche Absicherung** durch Mitbeurkundung der Auflassung, aber Anweisung an den Notar, die Eigentumsumschreibung erst nach Nachweis vollständiger Kaufpreiszahlung zu beantragen und einstweilen Ausfertigungen und beglaubigte Abschriften nur auszugsweise ohne Auflassung zu erteilen. Dies dürfte die heute am häufigsten gewählte Lösung sein.

> Vgl. OLG Hamm OLGZ 1975, 294
> = DNotZ 1975, 686 = Rpfleger 1975, 250;
> OLG Köln MittBayNot 2001, 228 = OLG-Report 2001, 57;
>
> *Amann*, MittBayNot 2001, 150;
> *Brambring*, in: Festschrift Hagen, S. 251.

- **Verfahrensrechtliche Absicherung** durch Erklärung der Auflassung unter ausdrücklichem Vorbehalt der Eintragungsbewilligung für die Eigentumsumschreibung.

  > *Ertl*, DNotZ 1975, 644, 645;
  > *ders.*, MittBayNot 1992, 102;
  > *Welser*, MittBayNot 1993, 253, 262.

- Eine Abwandlung der verfahrensrechtlichen Absicherung ist, dass der Verkäufer die Bewilligung der Eigentumsumschreibung zwar bereits erklärt, aber nur unter der **aufschiebenden Bedingung** einer zusätzlichen Eigenurkunde des Notars. Dies ist möglich, da die Bewilligung (anders als die Auflassung) auch bedingt erklärt werden kann und die Bedingung einer notariellen Eigenurkunde dem Grundbuchamt auch in der Form des § 29 GBO nachgewiesen werden kann. Der Vorteil gegenüber einer bloßen Bewilligungsvollmacht für den Notar ist marginal: Fällt der Verkäufer in Insolvenz, so wird die Bewilligungsvollmacht an den Notar unwirksam (§ 117 InsO). Erklärt der Insolvenzverwalter nicht selbst die Bewilligung, sondern gibt das Grundstück frei, so lebt die Vollmacht nicht wieder auf – während die bedingte Bewilligung auch diesen Fall erfassen würde.

  > *Weber/Wesiack*, DNotZ 2019, 164.

- Man kann auch die beurkundungsrechtliche und die verfahrensrechtliche Absicherung miteinander **kombinieren**. So beurkunde ich die Auflassung in einer Anlage, aber ausdrücklich ohne Bewilligung der Umschreibung. Dazu lasse ich mich anweisen, die Bewilligung erst zu erklären (und die Auflassung erst dann dem Grundbuchamt zum Vollzug vorzulegen), wenn mir der Verkäufer (oder eine beteiligte Bank) die Zahlung des Kaufpreises (ohne allfällige Verzugszinsen) schriftlich oder durch Fax bestätigt.

  > *Hertel*, in: Würzburger Notarhandbuch, Teil 2, Kap. 2 Rn. 6.

906 Zur materiell-rechtlichen Absicherung:

- **Vorteil** der Lösung ist, dass sie **einfach** handzuhaben und sicher ist.
- **Nachteil** der getrennten Beurkundung sind die **höheren Kosten**. Nach der Rechtsprechung einiger Oberlandesgerichte soll diese Lösung daher sogar eine unrichtige Sachbehandlung i. S. d. § 21 Abs. 1 GNotKG (bzw. früher

§ 16 KostO) darstellen; es kann aber nicht sein, dass die Auswahl zwischen mehreren Gestaltungsmöglichkeiten vom Kostenrecht vorgeschrieben wird.

Unrichtige Sachbehandlung nach Ansicht von:
OLG Düsseldorf DNotZ 1996, 342 = FGPrax 1995, 125;
OLG Düsseldorf DNotZ 1990, 674;
OLG Düsseldorf DNotZ 1981, 74;
OLG Frankfurt/M. DNotZ 1990, 674;
OLG Köln OLG-Report 1997, 168;
OLG Köln DNotI-Report 1997, 12
= MittRhNotK 1997, 328 = NJW-RR 1997, 1222;
OLG Oldenburg JurBüro 1997, 376;
LG Osnabrück Nds. Rpfleger 1997, 137;

a. A. – keine unrichtige Sachbehandlung –
OLG Hamm FGPrax 1998, 154 = MittBayNot 1998, 275;
Kanzleiter, DNotZ 1996, 242;
Schmitz-Valckenberg, DNotZ 1990, 674;
Wolfsteiner, Rpfleger 1990, 505.

- Wichtiger als Nachteil erscheinen die deutlich **höheren Prozesskosten**, falls die Auflassung aus irgendeinem Grund doch noch streitig werden sollte, wenn der Käufer wegen Mängeln einen Kaufpreisteil zurückbehält. Denn Streitwert nach § 3 ZPO ist bei vorbehaltener Auflassung jedenfalls nach Rechtsprechung einiger Oberlandesgerichte der volle Grundstückswert. Bei einem kleineren Mängeleinbehalt können die Prozesskosten daher schnell den eigentlich strittigen Betrag übersteigen.

  Vgl. *Amann*, MittBayNot 2001, 150 und
  ders., MittBayNot 2002, 112.

- Empfehlenswert ist, dass bei diesem Modell die Beteiligten selbst (oder einer von ihnen aufgrund Vollmacht) später die Auflassung erklärt. Denn wird die Auflassung aufgrund Vollmacht durch die Notarangestellten erklärt, **haften die Angestellten für Fehler selbständig** neben dem Notar. Es liegt auch kein stillschweigender Haftungsausschluss durch die Beteiligten vor.

  BGH, Urt. v. 14.11.2002 – III ZR 87/02,
  DNotI-Report 2003, 14 = WM 2003, 85;

  a. A. OLG Oldenburg, Urt. v. 26.11.2001 – 13 U 91/01,
  DNotI-Report 2002, 70, als Vorinstanz.

- Da der Auftrag zur Erklärung der Auflassung an die Notarangestellten erteilt wird und nicht an den Notar selbst, ist der Notar nach Ansicht des OLG Frankfurt auch nicht verpflichtet; so besteht beim Streit der Parteien über die Höhe des Kaufpreises **keine Amtspflicht des Notars**, die Angestellten zur Abgabe der Erklärungen anzuhalten.

  OLG Frankfurt/M., Beschl. v. 7.12.1999 – 20 W 471/99,
  DNotI-Report 2000, 170 = FGPrax 2000, 124
  = MittBayNot 2000, 466 (m. Anm. *Reithmann*);

offengelassen von BGH, Urt. v. 9.2.2017 – III ZR 428/16, DNotZ 2017, 549.

907 Zur **beurkundungsrechtlichen** Absicherung (**„Vorlagesperre“**):

- Die Lösung erfordert eine sorgfältige Behandlung durch die Notariatsangestellten und birgt **Haftungsgefahren**. Häufig wird auf dem Titelblatt der Urkunde mit Bleistift als Warnhinweis vermerkt: „Haftung“, „Auflassung“ o. Ä. Sicherer ist, die Auflassung als **Anlage mitzubeurkunden**. Dann sieht der Notar bei Erteilung der Ausfertigungen und beglaubigten Abschriften sofort, ob diese ohne Anlage erteilt sind. Das noch verbleibende Risiko vermeidet man weitgehend, wenn man diese Lösung mit der verfahrensrechtlichen Absicherung kombiniert und erst der Notar die Bewilligung erklärt. (Denn dann genügt ein bloßes Versehen der Mitarbeiter noch nicht.)

- Nach Erklärung der Auflassung sind **Änderungen des Kaufvertrags ohne Beurkundung** wirksam. Das kann im Einzelfall ein Vorteil oder ein Nachteil sein.

908 Zur **verfahrensrechtlichen** Absicherung:

- Die insbesondere von *Ertl* vorgeschlagene Lösung wäre genial einfach. Zwar ist noch nicht ausdrücklich höchstrichterlich entschieden, ob für die Eigentumsumschreibung neben der Auflassung **überhaupt noch eine Bewilligung erforderlich** ist. Mittlerweile gibt es allerdings eine oberlandesgerichtliche Entscheidung, die dies ausdrücklich bejaht.

  Nach einer Entscheidung des OLG Stuttgart enthält die sachlich-rechtliche Einigung über einen Grundstückserwerb in der Regel auch die verfahrensrechtliche Eintragungsbewilligung. In Ausnahmefällen sei dies aber anders – wie etwa in dem entschiedenen Fall der Auflassungserklärung über eine noch wegzumessende Teilfläche, die nicht übereinstimmend mit dem Grundbuch oder durch Hinweis auf das Grundbuchblatt bezeichnet wurde.

  OLG Stuttgart, Beschl. v. 11.10.2007 – 8 W 353/07, DNotZ 2008, 456 = MittBayNot 2008, 122 (m. Anm. *Demharter*) = NJW-RR 2008, 828;
  dazu *Böttcher*, ZNotP 2008, 258;

  ebenso OLG Düsseldorf, Beschl. v. 23.11.2009 – 3 Wx 231/09, MittBayNot 2010, 307 = RNotZ 2010, 201.

  Nach den Maßstäben dieser Entscheidungen muss auch möglich sein, bewusst nur die Auflassung, aber noch nicht die Bewilligung zu erklären.

- Ausdrücklich – aber nicht als letztlich entscheidungserheblich – hatte dies auch das OLG Köln schon im Jahr 1997 in einer Kostensache entschieden (und dabei die getrennte Beurkundung der Auflassung als unrichtige Sachbehandlung angesehen gegenüber den kostengünstigeren Möglichkeiten der beurkundungsrechtlichen Absicherung durch Vorlagesperre oder eben der verfahrensrechtlichen Absicherung durch Zurückhaltung der Bewilligung.

> OLG Köln, Beschl. v. 28.2.1997 – 2 Wx 16/97,
> DNotI-Report 1997, 129 = MittRhNotK 1997, 328
> (m. Anm. *Recker*) = NJW-RR 1997, 1222.

- Im Übrigen hatte die Rechtsprechung das Erfordernis einer gesonderten zwar manchmal en passant erwähnt, ohne dass dies allerdings jeweils für die Entscheidung tragend gewesen wäre.

> BayObLG, Beschl. v. 17.2.1994 – 2Z BR 138/93,
> DNotZ 1995, 56 = MittBayNot 1994, 319 = Rpfleger 1994, 344;
>
> OLG Frankfurt/M., Beschl. v. 11.1.2001 – 20 W 255/2000,
> MittBayNot 2001, 225 (m. Anm. *Reithmann*);
>
> ebenso wohl auch:
> BGH, Urt. v. 2.4.1993 – V ZR 14/92,
> MDR 1993, 866 = NJW-RR 1993, 840
> = Rpfleger 1993, 398 = WM 1993, 1597;
>
> BGH, Urt. v. 24.4.1987 – V ZR 228/85,
> DNotZ 1988, 109 = NJW 1988, 415
> = WM 1987, 1304 = Rpfleger 1987, 452;
>
> BGH, Beschl. v. 25.10.1967 – V ZR 29/66,
> BGHZ 48, 356 = NJW 1968, 156;
>
> OLG Köln, Beschl. v. 10.2.1992 – 2 Wx 50/91,
> DNotZ 1993, 136 = MittRhNotK 1992, 88
> = NJW-RR 1992, 1357 = Rpfleger 1992, 299;
>
> **a. A.** RGZ 141, 376; RG JFG 15, 158.

- Auch die Literatur hält ganz überwiegend eine Bewilligung auch bei der Auflassung für erforderlich (wobei auch sie die Bewilligung als im Regelfall in der Auflassung mit enthalten ansieht).

> *Demharter*, GBO, § 20 Rn. 2;
> Bauer/Schaub-*Kilian*, GBO, § 20 Rn. 41 ff.;
> KEHE-*Munzig*, GBO, § 20 Rn. 6;
> Meikel-*Böttcher*, GBO, § 20 Rn. 4;
>
> **a. A.** *Kesseler*, ZNotP 2005, 176,
> mit ausführlicher Begründung.

Sicher ungenügend wäre ein bloßer **Verzicht auf das Antragsrecht** des Erwerbers (sodass nur der Notar oder der Veräußerer den Umschreibungsantrag stellen könnten). Denn ein solcher Verzicht ist nach heutiger Rechtsprechung nicht möglich. 909

> OLG Frankfurt/M. Beschl. v. 26.6.1991 – 20 W 146/91,
> DNotZ 1992, 389;
>
> *Schöner/Stöber*, Rn. 88;

ähnlich
OLG Karlsruhe, Beschl. v. 12.5.1993 – 11 W 186/92,
BWNotZ 1994, 69;
nunmehr wohl auch
OLG Hamm, Beschl. v. 27.4.1998 – 15 W 98/98,
FGPrax 1998, 154, 155 = MittBayNot 1998, 275;
anders hingegen noch
OLG Hamm, Beschl. v. 26.3.1975 – 15 Wx 197/74,
DNotZ 1975, 686 = MDR 1975, 941.

910 Indirekt wird der Verkäufer auch durch das **Barzahlungsverbot** im Geldwäschegesetz abgesichert. Denn nach § 16a Abs. 2 Satz 1 GwG darf der Notar die Auflassung dem Grundbuchamt erst zum Vollzug vorlegen, wenn ihm die Überweisung des Kaufpreises durch Kontoauszug, Bankbestätigung o. Ä. nachgewiesen ist. Würde der Notar aber dagegen verstoßen, beginge er zwar eine Ordnungswidrigkeit. Der Verkäufer hätte aber keinen Amtshaftungsanspruch für seinen Schaden. Denn das Barzahlungsverbot und die Überprüfung der Überweisung dient nur öffentlichen Interessen (der Verhinderung von Schwarzgeldzahlungen), nicht dem Schutz des Verkäufers. Daher bleiben die üblichen Schutzmechanismen zur Absicherung des Verkäufers weiter erforderlich.

b) AGB-Verstoß bei Vorlagesperre?

911 Nach einer Entscheidung des VII. Zivilsenates ist in Allgemeinen Geschäftsbedingungen eines Bauträgers folgende Klausel unwirksam: „Der amtierende Notar wird angewiesen, den Antrag auf Umschreibung des Eigentums erst dann zu stellen, wenn der in bar zu entrichtende Kaufpreis [...] voll bezahlt ist." Entsprechend der vom Oberlandesgericht vorgegebenen Auslegung war der Bundesgerichtshof dabei davon ausgegangen, dass die Klausel materiell-rechtlich dem Käufer eine Vorleistungspflicht auferlegte, auch bei Sachmängeln (wie sie hier gerügt waren) zunächst den vollen Kaufpreis zu bezahlen, um dann erst Eigentumsumschreibung verlangen zu können. Dies verstieße gegen § 9 Abs. 2 AGBG (= § 307 Abs. 2 BGB n. F.) i. V. m. § 320 BGB.

BGH, Urt. v. 7.6.2001 – VII ZR 420/00,
BGHZ 148, 85 = ZIP 2001, 2140
= ZfIR 2001, 981 = DNotZ 2002, 41
= NJW 2002, 140 = WM 2001, 2343;
dazu EWiR 2001, 1075 *(Vogel)*.

912 Die BGH-Entscheidung betrifft nur materiell-rechtliche Regelungen zwischen den Beteiligten, nicht eine bloß verfahrensrechtliche Anweisung an den Notar nach § 53 BeurkG.

LG Bonn, Beschl. v. 14.2.2002 – 4 T 801/01,
MittBayNot 2002, 411 = RNotZ 2002, 190;

Basty, DNotZ 2002, 44;
Fabis, RNotZ 2002, 191;
Hertel, NotBZ 2001, 463;
Keim, MittBayNot 2003, 21;
Kreuzer, NZM 2002, 17;
Litzenburger, RNotZ 2002, 51;
Vogel, EWiR 2001, 1075.

Eine andere Auffassung vertrat lediglich das LG Erfurt. **913**

LG Erfurt, Beschl. v. 16.4.2003 – 4 O 2370/01, NotBZ 2003, 281 (m. abl. Anm. *Basty*).

Auch wenn ein Vertragsteil unter Hinweis auf die angebliche materiell-rechtliche Unwirksamkeit der Klausel die dem Notar übereinstimmend erteilte Vollzugsweisung einseitig widerruft, so ist dies nur beachtlich, wenn die Unwirksamkeit offensichtlich ist. Der mögliche Verstoß einer Kaufpreissicherungsklausel gegen AGB-Recht nach Maßgabe von BGHZ 148, 85 reicht im Regelfall nicht für eine offensichtliche Unwirksamkeit. **914**

BayObLG, Beschl. v. 16.9.2002 – 1Z BR 108/02, ZfIR 2002, 982 = DNotI-Report 2002, 174 = FGPrax 2002, 267 = NotBZ 2002, 418 = ZNotP 2002, 485.

c) Verzugszins bei Vorlagesperre

Sinnvollerweise regelt man im Vertrag ausdrücklich, dass die Vorlagesperre nur die Zahlung des Kaufpreises als solchen voraussetzt, hingegen nicht allfälliger Verzugszinsen. **915**

So etwa die Formulierungsmuster von:
Brambring, in: Beck'sches Notar-Handbuch, A I 181;
Nieder, in: Münchener Vertragshandbuch, Bd. 5, Muster I. 1;

a. A. *Eckhardt*, DNotZ 1983, 96;
Wolfsteiner, DNotI-Report 1997, 109.

Denn die Höhe möglicher Verzugszinsen kann der Notar nicht sicher nachprüfen. Hier wirkt sich die Formalisierung der Vorlagesperre zum Nachteil des Verkäufers aus – während sie umgekehrt bei einer Kaufpreisminderung infolge von Mängeln sich zum Nachteil des Erwerbers auswirkt. In beiden Fällen ist aber eine Absicherung durch die formalisierte Vorlagesperre kaum möglich. Hier müssen die Beteiligten ihre jeweiligen Ansprüche notfalls gerichtlich erstreiten. **916**

Ist nichts geregelt, so ist die Weisung an den Notar auszulegen. Dabei hielt das OLG Hamm für rechtlich unbedenklich, wenn der Notar eine Vollzugssperre bis zum Nachweis der „Zahlung des gesamten Kaufpreises einschließlich Mehrwertsteuer" dahingehend auslegte, dass die Zahlung allfälliger Verzugszinsen nicht Umschreibungsvoraussetzung sei. **917**

OLG Hamm, Beschl. v. 27.2.2003 – 15 W 398/02, DNotZ 2003, 848 = FGPrax 2003, 186;

OLG Hamm, Beschl., v, 16.2.2006 – 15 W 268/05,
DNotZ 2006, 682 = FGPrax 2006, 176.

d) Zweifelsfälle und einseitiger Widerruf

918 Streiten sich die Beteiligten, ob durch Zahlungen der Kaufpreis getilgt wurde oder ob die – unstrittigen – Zahlungen teilweise auf zusätzliche Sonderwünsche erfolgten (deren Vereinbarung nach Erklärung der Auflassung ja nicht mehr beurkundungsbedürftig ist) – und ist damit unklar, ob die vereinbarten Vollzugsvoraussetzungen vorliegen, so muss der der Notar diesen Streit nicht entscheiden. Das kann er gar nicht. Vielmehr ist er befugt, die Auflassung weiterhin auszusetzen.

OLG Köln, Beschl. v. 5.2.1986 – 2 Wx 52/85,
MittRhNotK 1986, 269.

919 Liegen hingegen die vereinbarten Vollzugsvoraussetzungen vor, so darf der Notar den **einseitigen Widerruf der Vollzugsanweisung** nur durch eine Vertragspartei grundsätzlich nicht beachten. Nur wenn es für den Notar in hohem Maße wahrscheinlich ist, dass der beurkundete Vertrag unwirksam ist und durch seinen Vollzug das Grundbuch unrichtig würde, darf er daran nicht mitwirken.

OLG Hamm, Beschl. v. 1.2.1994 – 15 W 38/94,
OLGZ 1994, 495 = DNotI-Report 22/1994, 12
= MittBayNot 1994, 370 = MittRhNotK 1994, 183;

BayObLG, Beschl. v. 16.1.1998 – 3Z BR 514/97,
BayObLGZ 1998, 6 = ZfIR 1998, 173
= DNotZ 1998, 646 = MittBayNot 1998, 200;

BayObLG, Beschl. v. 17.12.2004 – 1Z BR 096/04,
BayObLG-Report 2005, 317 = DNotI-Report 2005, 43
= NotBZ 2005, 111;

OLG Düsseldorf, Beschl. v. 7.11.2001 – 3 Wx 288/01,
ZfIR 2002, 202 = DNotI-Report 2002, 39
= MittBayNot 2002, 206 = RNotZ 2002, 112.

920 Das OLG Hamm hielt es allerdings für zulässig, wenn der Notar auch bei einem unbeachtlichen einseitigen Widerruf den **Vollzug befristet aussetzt** (bei der Eigentumsumschreibung für bis zu einem Monat), um der widerrufenden Partei die Möglichkeit zu geben, um einstweiligen Rechtsschutz gegen den anderen Vertragsteil anzusuchen (etwa durch Beantragung eines Erwerbsverbotes).

OLG Hamm, Beschl., v, 16.2.2006 – 15 W 268/05,
DNotZ 2006, 682 = FGPrax 2006, 176.

2. Maßnahmen zur Löschung der Vormerkung bei Rückabwicklung des Vertrags

Literatur: *Hagenbucher*, Die Eintragung der Eigentumsvormerkung für den Grundstückskäufer: ein unvermeidbares Risiko für den Verkäufer?, MittBayNot 2003, 249; *Weber*,

Vorkehrungen zur Löschung der im Kaufvertrag bewilligten Vormerkung: Gestaltungsvarianten im Vergleich, RNotZ 2015, 195.

a) Nur ausnahmsweise Absicherung erforderlich

Tritt der Verkäufer wegen nicht rechtzeitiger Zahlung des Kaufpreises vom Vertrag zurück (oder aufgrund eines vereinbarten Rücktrittsrechts) oder lehnt er die Erfüllung des Vertrags ab (§ 326 BGB), ist zur Löschung der Eigentumsvormerkung die Bewilligung des Käufers in der Form des § 29 GBO erforderlich. Die kurzfristige Abgabe der Löschungsbewilligung stößt auf Schwierigkeiten, wenn der Käufer nicht zu erreichen oder verstorben ist, oder – nicht selten – die Abgabe der Erklärung schlicht verweigert bzw. sie als Druckmittel einsetzt, um den Verkäufer zu einem Verzicht auf Schadensersatzansprüche zu bewegen. Hieraus können sich erhebliche Nachteile für den Verkäufer ergeben, der auf einen kurzfristigen Verkauf des Objekts angewiesen ist, vor Löschung der Vormerkung aber ein neuer Verkauf nicht durchgeführt werden kann. 921

Der „klassische" Beispielsfall ist der der Entscheidung des Bundesgerichtshofs vom 27.5.1993 – IX ZR 66/92: 922

V verkaufte ein Hausgrundstück an die C-Limited in London, vertreten durch ihren (angeblichen) Geschäftsführer X. Der Notar prüfte nicht, ob die Gesellschaft ordnungsgemäß vertreten wurde. Für den Käufer wurde eine Vormerkung eingetragen. Der Kaufpreis wurde nicht gezahlt. Es stellte sich heraus, dass die englische Gesellschaft bereits im Gesellschaftsregister gelöscht war. Erst mit Versäumnisurteil konnte die Vormerkung im Grundbuch gelöscht werden. Der Verkäufer verlangt vom Notar Schadensersatz wegen Amtspflichtverletzung mit der Begründung, er hätte die Löschung der Vormerkung für den Fall der Nichtzahlung des Kaufpreises sicherstellen müssen.

BGH, Urt. v. 27.5.1993 – IX ZR 66/92,
DNotZ 1994, 485 = NJW 1993, 2744, 2745 = WM 1993, 1513.

Der Bundesgerichtshof verurteilte den Notar zum Schadensersatz. Grundsätzlich ist der Notar zwar nicht verpflichtet, darauf hinzuweisen, dass die zur Sicherung des Käufers bewilligte Vormerkung im Fall des Scheiterns des Vertrags eine anderweitige Veräußerung behindern kann. 923

LG Lüneburg, Beschl. v. 15.2.1985 – 4 T 143/85,
DNotZ 1986, 247.

Anders ist es, „wenn besondere Umstände das Scheitern des zu beurkundenden Grundstückskaufvertrags nahelegen" – sei es, dass der Käufer den Vertrag nicht erfüllen kann oder will oder dass keine Zustellung im Inland an den Käufer möglich wäre. 924

BGH, Urt. v. 27.5.1993 – IX ZR 66/92,
DNotZ 1994, 485 = NJW 1993, 2744, 2745 = WM 1993, 1513.

b) Gestaltungsmöglichkeiten

925 Allerdings ist auch der Bundesgerichtshof nicht unfehlbar. Als Lösung des Problems schlägt er vor, dass der Käufer eine Vollmacht zur Löschung der Vormerkung erteilt (Löschungsvollmacht) oder die Löschung sichergestellt wird durch eine vorsorgliche, dem Notar als Treuhänder übergebene Löschungsbewilligung des Käufers („Schubladenlöschung"). Der Vorschlag hilft nicht weiter, weil das Grundbuchamt zur Löschung der Vormerkung den Nachweis der Vertretungsmacht verlangt.

926 Mögliche **Lösungswege** sind:

- Hinterlegung des gesamten Kaufpreises auf **Notaranderkonto** ausschließlich unter Auflagen, die vom Notar ohne Mitwirkung des Käufers erfüllt werden können, mit der Weisung an den Notar, den Antrag auf Eintragung der Vormerkung erst dann zu stellen,

  Brambring, DNotZ 1999, 381, 389 f.;
  Eylmann/Vaasen-*Hertel*, § 54a BeurkG Rn. 14,

- eine **Löschungsvollmacht** an den Notar (gegebenenfalls auch an dessen Mitarbeiter) mit genau definierten Voraussetzungen, wann sie davon Gebrauch machen dürfen, oder

- eine **auflösend bedingte Vormerkung** (wobei die Bedingung so gestaltet sein muss, dass deren Eintritt und damit die Grundbuchunrichtigkeit dem Grundbuchamt ohne Mitwirkung der Käufergesellschaft in der Form des § 29 GBO nachgewiesen werden kann, z. B. eine Eigenurkunde des Notars als Bedingung).

  Hagenbucher, MittBayNot 2003, 249, 255 f.;
  Krauß, Rn. 1370 (mit Formulierungsvorschlag);
  Weber, RNotZ 2015, 195.

927 Andere teils vorgeschlagene Lösungswege sind hingegen unbrauchbar. Zum Teil wurde eine **bedingte Löschung** vorgeschlagen:

> „Für den Fall, dass der Verkäufer wegen nicht rechtzeitiger Zahlung des Kaufpreises vom Vertrag zurücktritt, bewilligt und beantragt der Käufer bereits heute die Löschung der zu seinen Gunsten einzutragenden Vormerkung."

928 Dieser Vorschlag ist unbrauchbar, weil zur Löschung der Vormerkung in der Form des § 29 GBO nicht nur nachzuweisen ist, dass der Verkäufer den Rücktritt erklärt hat und diese Erklärung dem Käufer zugegangen ist, sondern auch, dass der Verkäufer zum Rücktritt berechtigt war.

929 Andere Gestaltungen arbeiten mit einer **Schubladenlöschung**:

> „Der Käufer bewilligt die Löschung der Vormerkung im Grundbuch, weist den Notar jedoch an, von der Löschungsbewilligung erst Gebrauch zu machen, wenn ihm der Verkäufer den Rücktritt vom Vertrag mitgeteilt hat."

Auch dieser Vorschlag ist unbrauchbar, weil der Verkäufer unter Vorlage einer beglaubigten Abschrift des Kaufvertrags die Löschung jederzeit selbst beantragen kann. Er ist vor allem unbrauchbar, weil der Verkäufer mit der wahrheitswidrigen Behauptung, der Kaufpreis sei nicht gezahlt, die Löschung der Vormerkung erreichen kann, daher der Vormerkungsschutz des vertragstreuen Käufers ausgehöhlt wird, sofern die Erteilung von beglaubigten Abschriften der Schubladenlöschung nicht von Treuhandauflagen ähnlich wie nachfolgend bei der Löschungsvollmacht abhängig gemacht wird. 930

Ein dritter, grundsätzlich gangbarer Vorschlag ist eine **Löschungsvollmacht**: 931

- Die Löschungsvollmacht sollte an den **Notar selbst** (und nicht an dessen Mitarbeiter) erteilt sein. Denn andernfalls würden die Mitarbeiter bei Verschulden gegebenenfalls persönlich aus Pflichtverletzung des Auftrags dem Käufer auf Schadensersatz haften. (Theoretisch wäre auch möglich, dass der Käufer dem Verkäufer eine entsprechende Vollmacht erteilt; dann muss aber der Notar die Ausübung kontrollieren.)
- Bei einer Löschungsvollmacht muss die **Abtretbarkeit** des Übereignungsanspruchs **ausgeschlossen** werden. Denn bei einer Abtretung des Übereignungsanspruchs ginge die Vormerkung nach § 401 BGB auf den Zessionar über. Die vom Zedenten erteilte Löschungsvollmacht hülfe dann nicht mehr, um die Vormerkung des Zessionars zu löschen.
- Auch hilft die Vollmacht bei **Insolvenz des Käufers** nicht, da sie mit Insolvenzeröffnung erlischt (§ 116 InsO). Dies schadet nicht allzu viel, da man davon ausgehen kann, im Insolvenzverwalter einen professionellen Ansprechpartner zu haben, der einem berechtigten Löschungsverlangen nachkommen wird.

Der Königsweg dürfte daher die **auflösend bedingte Vormerkung** sein, wobei die Vormerkung erlischt, wenn der Notar eine Eigenurkunde mit einem bestimmten Inhalt abgibt (z. B. dass – soweit dem Notar erkennbar – der gesicherte Anspruch erloschen ist). Funktional entspricht dies einer Löschungsbewilligung durch den Notar. Rechtlich ist es aber als Bedingung gestaltet und damit auch abtretungs- und insolvenzfest; denn § 116 InsO gilt nicht für Bedingungen, auch nicht für Potestativbedingungen. 932

Weber, RNotZ 2015, 195.

Mittlerweile haben mehrere Oberlandesgerichte eine derartige, durch eine Eigenurkunde des Notars auflösende bedingte Vormerkung als zulässig anerkannt. 933

KG, Beschl. v. 11.10.2016 – 1 W 337/16,
FGPrax 2016, 250 (m. Anm. *Milzer*) = MittBayNot 2017, 245
(m. Anm. Weber) = ZfIR 2016, 764;

OLG Oldenburg, Beschl. v. 4.5.2017 – 12 W 57/17,
RNotZ 2017, 486 = RdL 2017, 282;

OLG Schleswig, Beschl. v. 27.7.2016 – 2 Wx 55/16,
DNotI-Report 2016, 121 = NotBZ 2017, 76 = RNotZ 2016, 623.

c) AGB-Prüfung

934 Weicht eine solche Anweisung in einem Formular- oder Verbrauchervertrag von den Grundgedanken der gesetzlichen Regelung über die Sicherung des Erfüllungsanspruchs durch eine Vormerkung ab und nimmt sie daher dem Käufer die wesentlichen Rechte aus der Vormerkung, so ist sie nach § 307 Abs. 1 und 2 BGB unangemessen und daher im Verhältnis zwischen den Beteiligten nichtig. Daher darf die Löschung **nicht von einer bloßen Behauptung des Verkäufers** abhängen (und zwar nach Ansicht des Bundesgerichtshofs selbst dann nicht, wenn die Rückzahlung des Kaufpreises abgesichert ist).

BGH, 1.10.2015 – V ZB 171/14,
ZfIR 2016, 104 (m. Anm. *Heinemann*) = DNotZ 2016, 151;
dazu *J. Weber*, DNotZ 2016, 85.

Zwar überzeugt die Argumentation des BGH nicht, warum die Unwirksamkeit auf die verfahrensrechtliche Beachtung der Anweisung durch den Notar durchschlagen sollte. Aber unabhängig davon sollte der Notar sich keine zivilrechtlich unwirksame Anweisung erteilen lassen.

d) Absicherung durch Verwahrung auf Notaranderkonto

935 Erfolgt die Kaufpreiszahlung über **Notaranderkonto** mit einem bestimmten Hinterlegungszeitpunkt (ohne vorherige Fälligkeitsmitteilung des Notars), ist das Formulierungsbeispiel wie folgt zu fassen:

Der Käufer bevollmächtigt den Notar, die Löschung der zu seinen Gunsten einzutragenden Vormerkung zu bewilligen und zu beantragen.

Die Beteiligten weisen den Notar übereinstimmend an, von dieser Löschungsvollmacht nur Gebrauch zu machen und die Löschungsbewilligung für die Vormerkung dem Grundbuchamt erst zum Vollzug vorzulegen, wenn der Verkäufer dem Notar schriftlich mitgeteilt hat, dass er wegen nicht rechtzeitiger Hinterlegung des Kaufpreises vom Kaufvertrag zurückgetreten ist bzw. die Erfüllung des Vertrags abgelehnt hat, es sei denn, der Kaufpreis war bei Rücktritt des Verkäufers vollständig und vertragsgemäß auf Notaranderkonto hinterlegt. Die Abtretung des Anspruchs auf Übereignung wird ausgeschlossen.

936 Soll zur Absicherung des Verkäufers bereits die Eintragung der Vormerkung von der **vorherigen Einzahlung auf Notaranderkonto** abhängen (etwa im Fall einer ausländischen Gesellschaft als Käuferin, deren Vertretungsbefugnis bei Beurkundung noch nicht durch öffentliche Urkunden nachgewiesen ist), so kann wie folgt formuliert werden:

Die Beteiligten bewilligen und der Käufer beantragt zur Sicherung des Anspruchs des Käufers auf Eigentumsübertragung die Eintragung einer Vormerkung im Grundbuch im angegebenen Beteiligungsverhältnis.

Die Beteiligten weisen den Notar an, den Antrag auf Eintragung der Vormerkung dem Grundbuchamt erst zum Vollzug einzureichen, wenn der gesamte

Kaufpreis auf Anderkonto des Notars hinterlegt ist unter Auflagen, die ohne Mitwirkung des Käufers erfüllt werden können.

Statt der Hinterlegung des gesamten Kaufpreises kann die Hinterlegung eines Teilbetrags („Anzahlung") dem Verkäufer Sicherheit bieten: die Rückzahlung an den Käufer erfolgt Zug um Zug gegen Löschung der Vormerkung (unter Aufrechnung mit Verzugszinsen, Schadensersatz, Vertragsstrafe u. Ä.). 937

IV. Zwangsvollstreckungsunterwerfung

1. Zwangsvollstreckungsunterwerfung des Käufers

Im Grundstückskaufvertrag ist in der Regel eine Zwangsvollstreckungsunterwerfung des Käufers wegen seiner Pflicht zur Kaufpreiszahlung **üblich** – mit Ausnahme einiger Regionen wie etwa in Hamburg. Allerdings ist der Notar grundsätzlich nicht verpflichtet, den Verkäufer auf die Möglichkeit einer Unterwerfungsklausel hinzuweisen, es sei denn, ein Teil des Kaufpreises soll erst nach Eigentumsumschreibung gezahlt werden. 938

OLG Düsseldorf MittBayNot 1977, 250.

Die Unterwerfungserklärung muss genau **bestimmt** angeben, auf welche Ansprüche sie sich bezieht. Nachdem seit der Zweiten Zwangsvollstreckungsnovelle (BGBl I 1997, 3039) auch andere als Geldzahlungsansprüche unterwerfungsfähig sind und nachdem der Gesetzeswortlaut nun die Unterwerfung wegen des „zu bezeichnenden Anspruchs" verlangt, ist eine pauschale Unterwerfung „wegen aller Ansprüche des Verkäufers aus dieser Urkunde" oder „wegen etwaiger Verpflichtungen zur Zahlung bestimmter Geldsummen" unwirksam. Vielmehr muss die die Unterwerfung ausdrücklich **„wegen des Kaufpreisanspruchs** (gegebenenfalls: samt Verzugszinsen in Höhe von […] % hieraus ab dem […])" erklärt werden. 939

BGH, Beschl. v. 5.9.2012 – VII ZB 55/11,
DNotZ 2013, 120 = NJW-RR 2012, 1342;

BGH, Urt. v. 19.12.2014 – V ZR 82/13,
DNotZ 2015, 417 = NJW 2015, 1181 = ZfIR 2015, 271.

Alte, vor dem Jahr 1999 erklärte pauschale Vollstreckungsunterwerfungen bleiben aber wirksam. 940

Gutachten, DNotI-Report 2012, 53.

Insbesondere ist eindeutig zu bestimmen, ob neben dem Anspruch auf Zahlung des Kaufpreises auch der Anspruch auf eventuelle **Verzugszinsen**, eine Vertragsstrafe etc. aus der Urkunde soll vollstreckt werden können. Hinsichtlich der Verzugszinsen liegt ein wirksamer Vollstreckungstitel nur vor, wenn der Beginn der Verzinsung in der Urkunde mit dem Datum festgehalten ist. Eine Vollstreckungsunterwerfung „zwei Wochen ab Zugang der Fälligkeitsmitteilung des Notars" u. Ä. wäre unwirksam. Erforderlich ist ein fester Termin – was dem Käufer häufig schwer begreiflich zu machen ist. Damit der 941

Käufer daran keinen Anstoß nimmt, sollte der Termin möglichst realistisch kalkuliert sein (z. B. „sechs Wochen ab heute").

OLG Düsseldorf MittRhNotK 1988, 71.

942 Nach LG Frankfurt/M. kann aus einer notariellen Urkunde wegen der Zinsforderung grundsätzlich nur vollstreckt werden, wenn sich die **Berechnungsunterlagen unmittelbar aus der Urkunde** ergeben.

LG Frankfurt/M. DNotI-Report 1995, 5;
vgl. hierzu Gutachten, DNotl-Report 23/1994, S. 1
(Konkretisierung des Anspruchs im Verfahren der
Erteilung der Vollstreckungsklausel).

943 Es genügt allerdings, wenn die Berechnung mit Hilfe offenkundiger, insbesondere **aus dem Grundbuch ersichtlicher Angaben** möglich ist.

BGH, Urt. v. 15.12.1994 – IX ZR 255/93,
DNotZ 1995, 770 = NJW 1995, 1162 (Zwangsvollstreckungsunterwerfung für einen mehreren Verkäufern im Verhältnis ihrer „Miteigentumsanteile" am Grundstück zustehenden Kaufpreisanspruch).

944 Grundsätzlich ist es rechtlich unbedenklich und entspricht häufig einem praktischen Bedürfnis, den in der Unterwerfungserklärung **vollstreckbar gestellten Anspruch weiter zu fassen als die zugrunde liegende Forderung**.

BGH, Urt. v. 5.6.1996 – VIII ZR 151/95,
BGHZ 133, 71 = ZIP 1996, 1209
= NJW 1996, 2156 = WM 1996, 1258;
dazu EWiR 1996, 813 *(Bülow)*;

BGH, Urt. v. 16.4.1997 – VIII ZR 239/96,
DNotZ 1999, 37 = NJW 1997, 2887
= Rpfleger 1997, 486 = WM 1997, 1591.

945 Insbesondere kann daher die Vollstreckungsunterwerfung für allfällige Verzugszinsen auf einen Zeitpunkt abstellen, der weder für die Fälligkeit des Kaufpreises noch für den Eintritt des Schuldnerverzugs maßgeblich ist.

BGH, Urt. v. 26.11.1999 – V ZR 251/98, ZIP 2000, 232
= ZfIR 2000, 315 = DNotZ 2000, 635 = NJW 2000, 951;

dazu EWiR 2000, 323 *(Pohlmann)*;

vgl. auch *Kirstgen*, MittRhNotK 1988, 172.

946 Gleichwohl kann ein ungefährer Gleichlauf zwischen materiellem und vollstreckbarem Anspruch erreicht werden, wenn der Notar zugleich angewiesen wird, eine **Vollstreckungsklausel** hinsichtlich der Verzugszinsen nur für einen Zeitpunkt ab zwei Wochen nach der Absendung seiner Fälligkeitsmitteilung zu erteilen.

2. Nachweisverzicht für Klauselerteilung

Zugleich empfiehlt sich ein Nachweisverzicht für die Klauselerteilung – etwa mit folgender **Formulierung**: 947

> „Der Käufer unterwirft sich wegen der Zahlung des Kaufpreises dem Verkäufer gegenüber der sofortigen Zwangsvollstreckung aus dieser Urkunde. Dem Verkäufer kann jederzeit **ohne Nachweis** der die Fälligkeit der Forderung begründenden Tatsachen eine vollstreckbare Ausfertigung dieser Urkunde nach Maßgabe der Fälligkeitsmitteilung des Notars erteilt werden, **jedoch frühestens 14 Tage nach Absendung der Fälligkeitsmitteilung.“**

Denn ohne den **Nachweisverzicht** müsste der Eintritt der Kaufpreisfälligkeit durch öffentliche Urkunde nachgewiesen werden (§ 726 ZPO). Dies wäre nur selten möglich. 948

- Um eine vorzeitige Vollstreckung zu verhindern, wird die Klauselerteilung daher sinnvollerweise an die notarielle Fälligkeitsmitteilung bzw. an den Eintritt der vom Notar zu überwachenden Fälligkeitsvoraussetzungen geknüpft (ohne dass diese aber in öffentlicher Urkunde nachzuweisen wären).
- Andererseits wird auf einen Nachweis der übrigen Fälligkeitsvoraussetzungen (z. B. der Räumung durch den Verkäufer) ganz verzichtet. Denn dies kann der Notar nicht zuverlässig feststellen.
- Falls ein Teil des Kaufpreises zur Ablösung an Grundpfandrechtsgläubiger zu zahlen ist, müsste dies auch bei der Zwangsvollstreckung berücksichtigt werden. Daher formuliere ich, dass die Vollstreckungsklausel „nach Maßgabe der Fälligkeitsmitteilung des Notars“ zu erteilen ist.

Bei Kaufpreisabwicklung über **Notaranderkonto** kann auch ein bestimmter Einzahlungstermin vereinbart werden. 949

> Der Notar wird angewiesen, eine vollstreckbare Ausfertigung erst zu erteilen, wenn der Kaufpreis nicht innerhalb einer Woche nach Fälligkeit auf das Anderkonto des Notars hinterlegt ist. Ist der Kaufpreis nicht vertragsgerecht hinterlegt, darf eine vollstreckbare Ausfertigung nur mit der Maßgabe erteilt werden, dass die gepfändeten Beträge auf das Anderkonto des Notars hinterlegt werden.

Bei der Klauselerteilung hat der Notar grundsätzlich nur ein **formelles Prüfungsrecht**; er hat dagegen nicht zu prüfen, ob der nach dem Inhalt des Titels entstandene Anspruch besteht. 950

> OLG Oldenburg, Beschl. v. 10.12.1993 – 5 W 182/93, OLGZ 1994, 499 = DNotZ 1995, 145;
>
> BGH, Beschl. v. 16.7.2004 – IXa ZB 326/03, ZfIR 2004, 964 = DNotI-Report 2004, 161.

Ausnahmsweise hat er jedoch die Erteilung einer vollstreckbaren Ausfertigung zu verweigern, wenn durch öffentliche bzw. öffentlich beglaubigte Urkunde nachgewiesen oder sonst für ihn **offenkundig** ist, dass der materielle Anspruch nicht (mehr) besteht. 951

- Abzulehnen ist die Vollstreckungsklausel hingegen, wenn der vom Schuldner zu zahlende Betrag auf ein Anderkonto zu zahlen war (und auch gezahlt wurde) oder wenn der Gläubiger im Klauselerteilungsverfahren selbst zugesteht, dass er wegen des titulierten Anspruchs befriedigt ist.

  BayObLG, Beschl. v. 6.7.1995 – 3Z BR 64/95, DNotZ 1997, 77 = MittBayNot 1995, 484;

  OLG Frankfurt/M., Beschl. v. 13.3.1997 – 20 W 66/96, DNotI-Report 1997, 119 = FGPrax 1997, 119 = MittRhNotK 1997, 269.

- Hingegen ist die Klausel zu erteilen, wenn der Gläubiger zwar zunächst die Erfüllung bestätigt, dies aber im Klauselerteilungsverfahren bestreitet (weil er sich zuvor geirrt habe).

  BayObLG, Beschl. v. 29.9.1999 – 3Z BR 269/99, DNotZ 2000, 368 = NJW 1999, 1663.

952 Man kann auch vertraglich vorsehen, dass der Notar den Schuldner vor Klauselerteilung zu hören hat. Damit hat der Schuldner die Möglichkeit, gegebenenfalls einstweiligen Rechtsschutz zu ergreifen. Das schlage ich insbesondere dann vor, wenn ein Käufer Bedenken wegen des Nachweisverzichts hat.

3. Zwangsvollstreckungsunterwerfung des Verkäufers

953 Die Zweite Zwangsvollstreckungsnovelle (vom 16.12.1997, BGBl I, 3039) erweiterte mit Wirkung ab 1.1.1999 den Kreis der durch notarielle Urkunde nach § 794 Abs. 1 Nr. 5 ZPO unterwerfungsfähigen Ansprüche erheblich. Während zuvor grundsätzlich nur Zahlungsansprüche der Zwangsvollstreckungsunterwerfung zugänglich waren, ist die vollstreckbare Urkunde jetzt gleichgestellt mit dem vollstreckbaren Anwaltsvergleich, dem Schiedsvergleich und auch weitgehend dem Prozessvergleich.

Vgl. *Hertel*, DNotZ 1999, 1;
Wolfsteiner, DNotZ 1999, 306.

954 Unterwerfungsfähig sind insbesondere

- Ansprüche auf **Herausgabe einer unbeweglichen Sache** (§ 885 Abs. 1 ZPO), wobei der Räumungsanspruch selbst ab einem bestimmten Datum vollstreckbar gestellt werden kann, der Übergabeanspruch hingegen erst nach Kaufpreiszahlung.

  Wegen seiner Verpflichtung zur Räumung des verkauften Wohnungseigentums unterwirft sich der Verkäufer der sofortigen Zwangsvollstreckung aus dieser Urkunde. Dem Käufer kann jederzeit nach dem […] (vereinbartes Datum für die Räumung) vollstreckbare Ausfertigung erteilt werden. Der Verkäufer unterwirft sich auch wegen der Verpflichtung zur Übergabe gegenüber dem Käufer der sofortigen Zwangsvollstreckung aus dieser Urkunde. Dem Käufer kann gegen Nachweis der Kaufpreiszahlung vollstreckbare Ausfertigung erteilt werden.

  Vgl. Gutachten, DNotI-Report 2008, 33.

- **Räumungsansprüche** bei Pachtverträgen oder gewerblichen Mietverträgen.

  Der Pächter unterwirft sich wegen der Verpflichtung, die Lagerhalle zum 31.12.2018 zu räumen, der sofortigen Zwangsvollstreckung aus dieser Urkunde.

- Ansprüche auf Herausgabe beweglicher Sachen.

  Wegen seiner Verpflichtung, die mitverkauften und mit Zahlung des Kaufpreises aufschiebend bedingt übereigneten, vorstehend im Einzelnen bezeichneten Einrichtungsgegenstände an den Käufer herauszugeben, unterwirft sich der Verkäufer der sofortigen Zwangsvollstreckung aus dieser Urkunde. Dem Käufer kann gegen Nachweis der Kaufpreiszahlung vollstreckbare Ausfertigung erteilt werden.

- Ansprüche auf eine **Werkleistung**:

  Wegen seiner Verpflichtung, das Bauwerk zu erstellen, unterwirft sich der Verkäufer (Bauträger) der sofortigen Zwangsvollstreckung aus dieser Urkunde.

  Oder

  Wegen seiner Verpflichtung, die vorstehend im Einzelnen bezeichneten Renovierungsarbeiten im Haus vorzunehmen, unterwirft sich der Verkäufer gegenüber dem Käufer der sofortigen Zwangsvollstreckung aus dieser Urkunde.

Nicht unterwerfungsfähig sind 955

- Räumungsansprüche bei **Wohnraummiete**, wenn die Unterwerfung vor Beendigung des Mietverhältnisses erklärt wird; (unterwerfungsfähig sind hingegen die Zahlungsansprüche aus dem Mietverhältnis).

  Vgl. BGH, Versäumnisurt. v. 14.6.2017 – VIII ZR 76/16, ZfIR 2017, 613.

  Zur Abgrenzung bei gemischten Mietverhältnissen (teils gewerblich, teils Wohnraummiete) vgl. Gutachten, DNotI-Report 1999, 157.

- Ansprüche auf **Abgabe einer Willenserklärung** (z. B. der Auflassung): Hier kann die Willenserklärung sofort beurkundet werden, deren Verwendung aber von einer Treuhandauflage abhängig gemacht werden oder eine Vollmacht unter Auflage erteilt werden etc.

4. Verspätete Räumung des Grundstücks

Nicht nur der Käufer kann mit seiner Zahlungspflicht in Verzug kommen. 956
Ebenso denkbar ist der umgekehrte Fall, dass der Verkäufer eine seiner Hauptleistungspflichten nicht rechtzeitig erfüllt. Erfüllt der Verkäufer seine Pflicht zur Räumung, Übergabe oder Übereignung nicht zum vereinbarten Zeitpunkt, so kann der Käufer nach Setzung einer erfolglosen Nachfrist vom Kaufvertrag zurücktreten (§ 323 Abs. 1 BGB). Verzug und damit Verschulden ist nach neuem Recht nicht mehr erforderlich (anders § 326 BGB a. F.).

957 Auch hier gilt: Das verschuldensunabhängige Rücktrittsrecht des Käufers kann den Verkäufer, der die Pflichtverletzung nicht zu vertreten hat, hart treffen. Man denke nur an den Fall, dass der Verkäufer seiner Räumungspflicht deshalb nicht fristgerecht nachkommen kann, weil das Neubauobjekt, das er vom Bauträger erworben hat, nicht fristgerecht fertiggestellt wird.

958 Interessengerecht ist es hingegen häufig, dass der Verkäufer gleichwohl den Verzögerungsschaden des Käufers trägt. Eine interessengerechte Lösung kann im Einzelfall die **Vereinbarung einer Schadenspauschale** sein, die der Verkäufer dem Käufer für den Fall nicht fristgerechter Räumung zahlt.

> Vgl. Formulierungsvorschlag bei
> *Brambring*, in: Amann/Brambring/Hertel, S. 449 f., 479.

V. Mitwirkung des Käufers bei der Kaufpreisfinanzierung

Literatur: *Kesseler*, Gestaltung von Belastungsvollmachten in Grundstückskaufverträgen, DNotZ 2017, 651; *Pfeifer*, Grundschulden aus der Sicht von Bank und Notar, MittRhNotK 1998, 333; *Schramm*, Grundprobleme der Kaufpreisfinanzierungsvollmacht, ZNotP 1998, 363.

959 Finanziert der Käufer den Kaufpreis, verlangt die kreditgebende Bank die Eintragung des Grundpfandrechts als Voraussetzung für die Darlehensauszahlung. Der Käufer kann aus eigenem Recht Grundpfandrechte erst nach Umschreibung des Eigentums bestellen. Das Sicherungsinteresse des Verkäufers verlangt, dass das Eigentum erst nach Kaufpreiszahlung auf den Käufer umgeschrieben wird. Die Praxis löst dies in der Regel durch eine eingeschränkte Finanzierungsvollmacht des Verkäufers an den Käufer. Doch wären auch andere Lösungen denkbar. Kann (mangels Finanzierungsvollmacht) oder soll das Grundstück nicht belastet werden (insbesondere bei einem Teilflächenverkauf), kann der Käufer insbesondere auch seinen Übereignungsanspruch an die finanzierende Bank verpfänden.

1. Grundschuldeintragung erst nach Eigentumsumschreibung

960 Theoretisch könnte der Käufer das Grundpfandrecht (im eigenen Namen) bestellen und dessen Eintragung zugleich mit der Eigentumsumschreibung beantragen. Die Bank könnte dann den Kredit aufgrund entsprechender Notarbestätigung auszahlen – oder bei Verwahrung des Kaufpreises auf Notaranderkonto könnte der Notar den hinterlegten Betrag nach erfolgter Eigentumsumschreibung und Eintragung des Finanzierungsgrundpfandrechts auszahlen (oder schon nach Sicherstellung von Umschreibung und Grundschuldeintragung).

961 Die **Nachteile** dieser Vertragsgestaltung sind:

- Die Kaufpreiszahlung erfolgt erst zu einem relativ späten Zeitpunkt nach Vorlage aller Umschreibungsvoraussetzungen, einschließlich der Unbedenklichkeitsbescheinigung.

- Wird das Anwartschaftsrecht des Käufers von einem Gläubiger gepfändet, so erwirbt dieser mit dem Übergang des Eigentums auf den Käufer (= Schuldner) für seine Forderung eine Sicherungshypothek, die dem vorher vom Käufer bestellten (aber noch nicht eingetragenen) Grundpfandrecht im **Rang vorgeht**.

  BGH, Beschl. v. 18.12.1967 – V ZB 6/67, DNotZ 1968, 483;
  BayObLG DNotZ 1972, 536.

  Der Finanzierungsgläubiger erhält nicht die verlangte Rangstelle – der Haftpflichtprozess gegen den Notar wird nicht lange auf sich warten lassen.

- Hat der Notar bei Antragstellung übersehen, dass unerledigte Anträge vorliegen, oder wird der Antrag des Notars beanstandet und kann das Eintragungshindernis nicht beseitigt werden, so droht dem Notar aufgrund fehlerhafter Notarbestätigung ebenfalls ein Haftpflichtfall.

- Auf der „sicheren" Seite sind selbstverständlich die Notare, die erst **nach** Eigentumsumschreibung und Eintragung des Finanzierungsgrundpfandrechts den Kaufpreis auszahlen. Diese Praxis setzt aber ein „blitzartiges" Eintragungsverfahren voraus, das eine seltene Ausnahme sein wird.

2. Grundschuldeintragung vor Kaufpreiszahlung, aber mit eingeschränkter Sicherungsabrede

Zur Vermeidung dieser Risiken wird heute nahezu allgemein der Weg gewählt, 962
dass die Finanzierungsgrundpfandrechte des Käufers unter Mitwirkung des Verkäufers (als Eigentümer) bestellt und bereits vor Kaufpreiszahlung in das Grundbuch eingetragen werden. Der Verkäufer erteilt dem Käufer im Kaufvertrag Vollmacht, die Eintragung von Grundpfandrechten zu bewilligen und die dingliche Zwangsvollstreckungsunterwerfung zu erklären (Beleihungsvollmacht oder Belastungsvollmacht). Gegen die Bevollmächtigung des Käufers bestehen keine Bedenken aus § 17 Abs. 2a Satz 2 Nr. 1 BeurkG.

Die **Vorteile** dieses Verfahrens sind: 963

- Im Zeitpunkt der Valutierung durch die finanzierende Bank ist die Grundschuld bereits eingetragen (oder die Eintragung sichergestellt), wenn auch nur an rangbereiter Stelle. Die Bank hat also bereits die dingliche Sicherheit.

- Das Risiko einer Pfändung des Anwartschaftsrechts (und des Anspruchs auf Eigentumsübertragung) wird für den Finanzierungsgläubiger ausgeschaltet.

- Die Fälligkeit des Kaufpreises kann unabhängig davon vereinbart werden, ob alle Voraussetzungen für die Eigentumsumschreibung vorliegen, insbesondere ist die Kaufpreisfälligkeit unabhängig von der Zahlung der Grunderwerbsteuer.

964 Da das Grundpfandrecht **vor** Kaufpreiszahlung eingetragen wird, bedarf es Maßnahmen zur **Sicherung des Verkäufers.** Welche Risiken der Verkäufer eingeht, wenn er dem Käufer uneingeschränkte Vollmacht zur Bestellung von Grundpfandrechten erteilt, zeigen die nachstehenden Fälle.

1. Fall:

Aufgrund einer uneingeschränkten Vollmacht hat der Käufer für die Stadtsparkasse auf dem unbelasteten Grundstück eine Grundschuld von 150.000 € eingetragen. Die Stadtsparkasse zahlt das Darlehen an den Käufer aus, der sich nach Südamerika absetzt.

2. Fall:

Nach Eintragung einer Finanzierungsgrundschuld über 150.000 € und Auszahlung des Darlehens an den Verkäufer stellt sich heraus, dass der Käufer den Restkaufpreis nicht aufzubringen vermag. Der Verkäufer tritt vom Vertrag zurück. Die Sparkasse ist nur bereit, Löschungsbewilligung zu erteilen gegen Rückzahlung der valutierten Summe von 140.000 € (die der Verkäufer erhalten hat) zuzüglich 10.000 € Disagio und zuzüglich 8.500 € angefallener Zinsen.

965 Lässt daher der Grundstücksverkäufer eine Finanzierungsgrundschuld bestellen, ohne dass die Zahlung des Kaufpreises gewährleistet ist und ohne sonstige Absicherung, erbringt er eine ungesicherte Vorleistung.

BGH, Urt. v. 15.4.1999 – IX ZR 93/98, ZfIR 1999, 430
= DNotZ 2001, 473= NJW 1999, 2188 = ZNotP 1999, 330.

966 Zur Abwendung dieser Risiken für den Verkäufer werden folgende Lösungswege vorgeschlagen:

aa) **Abtretung der Auszahlungsansprüche:** Der Käufer tritt bereits im Kaufvertrag seinen Anspruch auf Auszahlung der Darlehensvaluta an den Verkäufer ab. Diese Lösung genügt nicht. Die AGB der Banken enthalten einen Ausschluss der Abtretung nach § 399 BGB, der nur durch Individualabrede (§ 305b BGB) mit Zustimmung der Bank aufgehoben werden kann. Erhält die Bank von der Abtretung keine Kenntnis, kann sie mit befreiender Wirkung auch an den Käufer auszahlen (§ 407 BGB).

Die Lösung ist sogar gefährlich. Denn wenn der Darlehensvertrag unwirksam ist, könnte die Bank ihre Zahlung nach der Rechtsprechung des Bundesgerichtshofs vom Käufer kondizieren, da sie dann (rechtsgrundlos) auf den Darlehensanspruch geleistet hat (und nicht auf den Kaufpreisanspruch).

BGH, Urt. v. 27.6.2008 – V ZR 83/07,
ZIP 2008, 1911 = DNotZ 2008, 923;
dazu *Keim*, DNotZ 2009, 245.

bb) **Auszahlungsanweisung:** Der Käufer erteilt eine Auszahlungsanweisung zugunsten des Verkäufers (§ 783 BGB). Auch diese Lösung ist unvollständig, da sie gegenüber der Bank nur wirkt, wenn sie von ihr angenommen ist (§ 784 BGB).

Erforderlich ist daher in jedem Fall, dass die finanzierende Bank vom Inhalt des Kaufvertrags, insbesondere der Auszahlungsanweisung, Kenntnis erhält und eine Bestätigung erteilt, dass sie die Auszahlungsanweisung beachten wird.

3. Fall:

Da die Bank die Auszahlung des Darlehens endgültig ablehnt, tritt der Verkäufer vom Vertrag zurück und verlangt auflagenfreie Löschungsbewilligung für die Grundschuld. Die Bank weigert sich unter Berufung auf die Sicherungsabrede (Zweckbestimmungserklärung), nach der die Grundschuld „zur Sicherung aller Forderungen gegen den Schuldner dient"; sie weist nach, dass ihr aus der Geschäftsverbindung mit dem Käufer eine Forderung von 130.000 € zusteht.

cc) **Einschränkung des Sicherungsvertrags:** Für den Verkäufer als Sicherungsgeber ist es zwingend erforderlich, den **Sicherungsvertrag (Zweckbestimmungserklärung)** zur Grundschuld dahin einzuschränken, dass die Grundschuld der Bank **bis zur vollständigen Kaufpreiszahlung** nur als Sicherheit für tatsächlich an den Verkäufer geleistete Zahlungen dient, d. h., dass die Bank den Anspruch aus der Grundschuld nicht herleiten darf aus sonstigen Forderungen gegen den Käufer, auch nicht wegen des Disagios oder der Zinsen. Bei Nichtdurchführung des Vertrags hat die Bank Löschungsbewilligung Zug um Zug gegen Rückzahlung des an den Verkäufer valutierten Betrags zu erteilen. Die Lösung beruht darauf, dass der Verkäufer darauf vertrauen kann, dass sich die finanzierende Bank auch an die Einschränkung hält – und dass, falls sie doch einmal versehentlich dagegen verstoßen sollte, ein Schadensersatzanspruch gegen die Bank auch werthaltig wäre. Daher wird man sinnvollerweise die Finanzierungsvollmacht auf Grundpfandrechte für Kreditinstitute mit Sitz in Deutschland (oder ggf. das jeweilige Nachbarland) beschränken.

Unbestritten ist, dass die Bank von dieser Einschränkung des Sicherungsvertrags Kenntnis erhalten und mit ihr einverstanden sein muss. Dies kann durch Übersendung einer Abschrift des Kaufvertrags geschehen (wobei im Begleitschreiben auf den entsprechenden Abschnitt der Urkunde besonders hingewiesen wird) oder – einfacher – durch einen Zusatz zur Grundpfandrechtsbestellungsurkunde.

Häufig wird in der Diskussion übersehen, dass die Bank ohne Sicherungsvertrag mit dem Verkäufer die Grundschuld nicht behalten und auch nicht verwerten darf, da sie rechtsgrundlos erlangt ist. Es ist also Sache der Bank, dafür zu sorgen, dass ein Sicherungsvertrag mit dem Eigentümer geschlossen wird. Weil der Verkäufer den Sicherungsvertrag nur mit der eingeschränkten Sicherungsabrede abzuschließen bereit ist, darf heute keine Bank mehr davon ausgehen, dass für eine Finanzierungsgrundschuld die weite Sicherungsabrede vor vollständiger Kaufpreiszahlung gelten kann.

Die Beschränkung der Finanzierungsvollmacht hilft dem Verkäufer nur, wenn sie den Käufer auch im Außenverhältnis beschränkt. Dann muss aber die Einhaltung der Beschränkung auch dem Grundbuchamt durch öffentliche Urkunde nachgewiesen werden; sonst kann die Grundschuld nicht eingetragen 967 werden. Ich beschränke daher die Finanzierungsvollmacht dahingehend, dass bestimmte Klauseln zur Beschränkung des Sicherungszwecks in der Grundschuld wiederholt sein müssen (ggf. zumindest sinngemäß). Die Textübereinstimmung ist dem Grundbuchamt aus den beiden Urkunden einfach nachzuweisen (und kontrolliere ich bei der Beurkundung durch das parallele Verlesen der diesbezüglichen Klausel in Kaufvertrags- und Grundschuldurkunde). Die Bank kann dann die Grundschuld nur mit dem eingeschränkten Sicherungszweck annehmen.

968 Der Bundesgerichtshof war großzügiger und ließ auch bei einer materiellen Beschränkung der Finanzierungsvollmacht den Nachweis genügen, dass die bestellte Grundschuld diesbezügliche Klauseln enthielt. Die Annahme durch die Bank müsse dem Grundbuchamt nicht in der Form des § 29 GBO nachgewiesen werden. Auch hier steht die Überlegung dahinter, dass die Bank die Grundschuld ja nur mit dem eingeschränkten Sicherungszweck annehmen kann.

> BGH, Beschl. v. 21.4.2016 – V ZB 13/15,
> DNotZ 2016, 853 = NJW-RR 2016, 1295 = NotBZ 2016, 386
> (m. Anm. *Reithmann*) = ZfIR 2016, 676 (m. Anm. *Salzig*);
> vgl. allg. *Kesseler*, DNotZ 2017, 651.

3. Folgen der eingeschränkten Sicherungsabrede

969 Zur Vollstreckung aus einer zur Kaufpreisfinanzierung bestellten Grundschuld vor Eigentumsumschreibung siehe

> OLG Hamm, Beschl. v. 7.1.1999 – 15 W 444/98,
> ZfIR 1999, 876 = DNotI-Report 1999, 50
> = Rpfleger 1999, 231 = ZNotP 1999, 168.

970 Der Kaufvertrag bestimmte, dass der Gläubiger des Finanzierungsgrundpfandrechts dieses „bis zur vollständigen Zahlung des Kaufpreises und Eigentumsumschreibung des Vertragsbesitzes auf den Käufer nur als Sicherheit für solche Zahlungen verwenden dürfe, mit denen der Kaufpreis bezahlt wird".

971 Es wurde eine Grundschuld zu 10 Mio. DM bestellt und im Grundbuch eingetragen. In der Folgezeit leistete die Käuferin aus dem Darlehen Kaufpreiszahlungen, deren Höhe zwischen den Beteiligten streitig ist. Die Käuferin trat unter Berufung auf ein ihr eingeräumtes vertragliches Rücktrittsrecht von dem Kaufvertrag zurück. Eine Rückabwicklung, insbesondere die Rückzahlung des bereits bezahlten Kaufpreisteils, scheiterte „aus finanziellen Gründen". Der Gläubiger betreibt die Zwangsversteigerung des Kaufgrundbesitzes aus der Grundschuld in Höhe von 10 Mio. DM. Hiergegen wandte sich der Verkäufer und Grundstückseigentümer mit der Vollstreckungserinnerung; aus der eingeschränkten Sicherungsabrede ergebe sich eine sog. vollstreckungsbeschränkende Vereinbarung, die eine Zwangsvollstreckung des Gläubigers aus der Grundschuld in dem Zeitraum vor vollständiger Kaufpreiszahlung und Eigentumsumschreibung ausschließe.

Das OLG Hamm entschied, dass ungeachtet der schuldrechtlichen Sicherungsabrede der Gläubiger auch vor Eigentumsumschreibung ein Verwertungsrecht an dem belasteten Grundbesitz hat, wenn auch schuldrechtlich beschränkt auf die von ihm für die Käuferin erbrachten Kaufpreiszahlungen. Der Eigentümer könne daher seine Einwendungen gegen die Verwertungsbefugnis im Rahmen der Sicherungsabrede nur mit der Vollstreckungsgegenklage geltend machen. 972

VI. Kaufpreisabwicklung über Notaranderkonto

1. „Berechtigtes Sicherungsinteresse" als Voraussetzung für die Verwahrungstätigkeit

Das notarielle Verwahrungsverfahren wurde erst durch die Dritte BNotO-Novelle von 1998 gesetzlich in den damaligen §§ 54a–54e BeurkG geregelt. Zuvor gab es nur eine Regelung durch Verwaltungsvorschrift (§§ 11–13 DONot 1985). Die ursprünglichen Regelungen in §§ 54a–54e BeurkG wurden mit Wirkung zum 9.6.2017 wortgleich in §§ 57–62 BeurkG verschoben (nur ergänzt um eine Verordnungsermächtigung in § 59 BeurkG und eine Regelung zum Verwahrungsverzeichnis in § 59a BeurkG). 973

Die wichtigste Änderung ergab sich aus § 57 Abs. 2 Nr. 1 BeurkG (zuvor § 54a Abs. 2 Nr. 1 BeurkG a. F.). Danach darf der Notar Geld zur Verwahrung nur entgegennehmen, wenn hierfür ein **„berechtigtes Sicherungsinteresse"** der am Verwahrungsgeschäft Beteiligten Personen besteht. 974

Der Gesetzentwurf begründet die Vorschrift wie folgt: 975

> „Absatz 2 konkretisiert darüber hinaus die Voraussetzungen für die Übernahme von Verwahrungsgeschäften, indem hierfür ein – nach objektiven Kriterien – vorliegendes berechtigtes Sicherungsinteresse gefordert wird. Hierdurch soll einer ‚formularmäßig' vorgesehenen Verwahrung entgegengewirkt werden."

BT-Drucks. 13/4184, S. 37/38.

Erforderlich ist daher ein **objektives Sicherungsinteresse**, das bei Direktzahlung nicht oder nur durch Gewährung von Sicherheiten außerhalb des Vertragsobjektes oder durch Einschaltung eines anderen Treuhänders abgesichert werden könnte. 976

KG, Urt. v. 14.5.2019 – Not 6/18, RNotZ 2019, 492;

OLG Celle, Beschl. v. 18.3.2010 – Not 1/10, NdsRpfl. 2010, 321;

OLG Celle, Urt. v. 16.2.2011 – Not 24/10, NotBZ 2011, 214 (m. Anm. *Renner*);

OLG Schleswig, Beschl. v. 6.10.2009 – 9 W 74/09, SchlHA 2010, 88; dazu *Wudy*, notar 2010, 21;

Brambring, DNotZ 1999, 381;
Vaasen/Starke, DNotZ 1998, 661, 677;
Tönnies, ZNotP 1999, 419;
Frenz/Miermeister-*Hertel*, § 57 BeurkG Rn. 7;
Sandkühler, in: Arndt/Lerch/Sandkühler, BNotO, § 23 Rn. 50 ff.;
Winkler, BeurkG, § 57 Rn. 10.

977 Abzulehnen ist die Meinung, die allein darauf abstellen will, ob die Beteiligten die Kaufpreiszahlung über Anderkonto wünschen, oder ob diese von der finanzierenden Bank verlangt wird.

Weingärtner, DNotZ 1999, 393;
Tröder, AnwBl 1999, 633;
ders., ZNotP 1999, 462;
Möhrle, DB 2000, 605;
unklar
Weingärtner, Verwahrungsgeschäft, Rn. 62 ff.

978 Üblicherweise wird nach **Fallgruppen** unterschieden.

Bundesnotarkammer, Rundschreiben Nr. 1/96 v. 11.1.1996,
Bundesnotarkammer, Rundschreiben Nr. 31/2000 v. 4.9.2000,

Notarkammer Hamm und Präsident des OLG Hamm, „Leitlinien zur Auslegung des § 54a Abs. 2 Nr. 1 BeurkG", Kammermitteilungen Hamm = ZNotP 2002, 137;

Schleswig-Holsteinische Notarkammer, „Handreichung der Schleswig-Holsteinischen Notarkammer zur ordnungsgemäßen Durchführung von Verwahrungsgeschäften gemäß §§ 54a–54e BeurkG", Beilage zu Schleswig-Holsteinische Rechtsanwaltskammer/Schleswig-Holsteinische Notarkammer II/2002;

vgl. bereits die Fallgruppen bei *Brambring*, DNotZ 1990, 615.

979 So ist eine Anderkontenabwicklung insbesondere zulässig,

- bei **vorzeitiger Besitzübergabe** (vor vollständiger Kaufpreiszahlung),
- zur Absicherung einer **Restleistung des Verkäufers** (z. B. noch ausstehende Werkleistung oder noch ausstehende Lastenfreistellung für ein Briefgrundpfandrecht, für das der Brief verloren gegangen ist),
- beim freihändigen Verkauf in der **Zwangsversteigerung**,
- wenn ausnahmsweise bereits die Eintragung der Auflassungsvormerkung oder der Finanzierungsgrundschuld für einen **ausländischen Gläubiger** von der Einzahlung auf Anderkonto abhängen soll.

980 **Abgelehnt** wurde ein berechtigtes Sicherungsinteresse hingegen etwa:

- wenn nur ein Grundpfandrecht abzulösen ist und der Käufer nur über eine Bank finanziert,

OLG Schleswig, Beschl. v. 6.10.2009 – 9 W 74/09, SchlHA 2010, 88; dazu *Wudy*, notar 2010, 21,

- oder wenn die Verwahrung nur dazu dienen soll, eine mögliche Haftung des Verkäufers für die Grunderwerbsteuer zu verhindern (da der Verkäufer die Haftung auch durch Rücktritt vom Vertrag vermeiden kann).

OLG Schleswig, Beschl. v. 29.10.2014 – 9 W 196/13, notar 2015, 130 (m. Anm. Mohr) = SchlHA 2015, 279.

Dem Notar steht bei der Prüfung der Frage, ob ein berechtigtes Sicherungs- 981
interesse für eine Verwahrung auf Notaranderkonto besteht, ein gerichtlich nur eingeschränkt überprüfbarer Beurteilungsspielraum zu.

BGH, Urt. v. 16.11.2020 – NotSt(Brfg) 2/19, DNotZ 2021, 508 = NotBZ 2021, 219 (m. Anm. Szalai) = ZfIR 2021, 172, Rn. 34.

2. Verfahrensrechtliche Schriftform (§ 57 Abs. 4 BeurkG)

Materiell-rechtlich muss die **Vereinbarung der Kaufvertragsparteien**, den 982
Kaufpreis über Notaranderkonto zu zahlen, als Vertragsbestandteil des Grundstückskaufvertrags nach § 311b Abs. 1 Satz 1 BGB notariell beurkundet werden.

OLG Brandenburg, Urt. v. 18.2.2010 – 5 U 123/09, n. v. – zitiert nach juris.

Verfahrensrechtlich erfordert hingegen § 57 Abs. 4 BeurkG (= § 54a Abs. 4 983
BeurkG a. F.) für die Verwahrungsanweisung sowie deren Änderung, Ergänzung oder Widerruf nur Schriftform. Relevant ist dies vor allem für Anweisungen Dritter im Zusammenhang mit der Zahlung über ein Notaranderkonto – etwa für die Treuhandauflage der abzulösenden Grundschuldgläubiger. Der Bundesgerichtshof entschied (entsprechend der herrschenden Meinung in der Literatur), dass die Schriftform des § 57 Abs. 4 BeurkG keine Wirksamkeitsvoraussetzung ist. Auch eine mündliche Anweisung ist wirksam, doch hat sie der Notar im Streitfall zu beweisen.

BGH, 28.7.2005 – III ZR 416/04, DNotZ 2006, 56 = NotBZ 2005, 360.

Das Schriftformerfordernis gilt auch für eine **Änderung** der Verwahrungsan- 984
weisung. Das heißt insbesondere, dass der Notar die abzulösende Gläubigerin gegebenenfalls ersuchen muss, ihm die Fristverlängerung nicht nur am Telefon zuzusagen, sondern auch schriftlich zu übersenden.

BGH, Beschl. v. 24.11.2014 – NotSt (Brfg) 6/14, DNotZ 2015, 224 = NJW-RR 2015, 574 = WM 2015, 350.

§ 57 Abs. 4 BeurkG ist eine „**verfahrensrechtliche** Schriftform“. Die mate- 985
riell-rechtlichen Vorschriften der §§ 125, 126 BGB sind nicht anwendbar. Jedenfalls genügt die Einhaltung der „prozessualen Schriftform“ des § 130 ZPO.

- Eine **Unterschrift** ist grundsätzlich erforderlich.

- Übermittlung per **Telefax** genügt. Das Ausgangsfax muss aber unterschrieben sein (daran mangelte es in dem vom Bundesgerichtshof entschiedenen Fall).
- Meines Erachtens genügt auch ein maschinell erstelltes Fax (**Computerfax** mit automatischer Unterschrift). Denn für die „prozessrechtliche Schriftform" (§ 130 ZPO) hatte die Rechtsprechung auch ein Computerfax zugelassen.

Gemeinsamer Senat der obersten Gerichtshöfe, NJW 2000, 2340.

986 Sofern zweifelhaft ist, ob die Schriftform gewahrt ist, sollte der Notar nochmals um unterschriebene Einreichung nachsuchen.

3. Gestaltung der Verwahrungsanweisung

987 § 57 Abs. 2 Nr. 2 BeurkG schreibt als gesetzlichen **Mindestinhalt** jeder Verwahrungsanweisung vor:

- Wer ist der Anweisende (beide Kaufvertragsparteien oder nur einer)?
- Wer ist Empfangsberechtigter (= an wen ist auszuzahlen)?
- Welches sind die Auszahlungsvoraussetzungen?
- Wie (unter welchen zeitlichen und sachlichen Bedingungen) hat die Verwahrung zu erfolgen?
- Wer trägt die Kosten und was geschieht mit den Erträgen (= Zinsen) der Verwahrung?

988 § 57 Abs. 3 BeurkG formuliert als inhaltliche Anforderungen an die Verwahrungsanweisung:

- Die Anweisung muss dem **Sicherungsinteresse** aller am Verwahrungsgeschäft beteiligten Personen genügen.
- Und die Anweisung muss eine ordnungsgemäße Geschäftsabwicklung und einen **ordnungsgemäßen Vollzug** ermöglichen (sowohl der Verwahrung selbst wie auch allgemein eine ordnungsgemäße Abwicklung des gesamten Rechtsgeschäfts, dem die Verwahrung dient). So müssen etwa Auszahlungsvoraussetzungen so formuliert werden, dass der Notar ihren Eintritt eindeutig und zweifelsfrei feststellen kann.

989 Auch wenn § 57 Abs. 2 Nr. 2 BeurkG dies nicht als Mindestinhalt der Verwahrungsanweisung aufführt, sind auch die **Einzahlungsvoraussetzungen** zu regeln.

- Dabei kann eine Einzahlungspflicht auch dann wirksam vereinbart werden, wenn die Wirksamkeit des Vertrags noch von der behördlichen Genehmigung abhängt.

BGH, Urt. v. 20.11.1998 – V ZR 17/98, ZIP 1999, 110 = ZfIR 1999, 182 = WM 1999, 556 (für GVO-Genehmigung); dazu EWiR 1999, 1159 *(Weber/Bonin)*.

- Keinesfalls sollte aber eine Einzahlung erfolgen, bevor nicht eine beide Seiten bindende Verwahrungsanweisung vorliegt. Wurde etwa der Verkäufer **vollmachtlos vertreten**, so ist vorzusehen, dass der Käufer erst nach Vertragsgenehmigung durch den Verkäufer einzahlen muss.

Beim Verkauf durch mehrere Verkäufer (z. B. geschiedene Ehegatten, Erben- 990
gemeinschaft) empfiehlt sich, auch die **Aufteilung des Restkaufpreises unter mehreren Verkäufern** bindend zu regeln. Damit vermeidet der Notar Abwicklungsprobleme etwa bei Pfändungen gegen oder bei abweichenden Auszahlungsanweisungen durch einen einzelnen Verkäufer.

Beispiel (nach KG DNotZ 2001, 865 [m. abl. Anm. Wegerhoff] = NotBZ 2001, 425 [mit abl. Anm. Hertel]):

Miterben A, B und C verkaufen ihr Grundstück. A ist Miterbe zu 50 %, B zu 45 %, C zu 5 %. Entsprechend ist der (nach Ablösung der dinglichen Gläubiger verbleibende) Restkaufpreis auszuzahlen.

C hat eine bessere Idee: Er widerruft die Auszahlungsanweisung gegenüber dem Notar. Ob er seine mageren 5 % jetzt oder später erhält, ist ihm weniger wichtig als die Chance, durch dieses Störmanöver möglicherweise von A und B einen größeren Anteil zu erhalten.

Das Kammergericht gab C Recht und erklärte seinen einseitigen Widerruf für 991
zulässig. Die Entscheidung ruft Ehepartner in Scheidung oder zerstrittene Miterben geradezu auf, sich möglichst gegenseitig zu blockieren.

Die Entscheidung ist falsch. Eine derartige Aufteilung ist natürlich von den 992
Beteiligten als mehrseitige (und damit nach § 60 BeurkG grundsätzlich nicht einseitig widerrufliche) Anweisung gedacht. Um aber dem Problem des Kammergerichts aus dem Weg zu gehen, sollte die Aufteilung im Vertrag ausdrücklich als „mehrseitig" oder „im Verhältnis der Verkäufer untereinander bindend" bezeichnet werden.

Der Notar muss unbedingt auf eine **präzise Formulierung der Verwahrungs-** 993
anweisung achten. Denn nach ständiger Rechtsprechung des Bundesgerichtshofs hat er im Rahmen der Verwahrung erteilte Treuhandaufträge mit peinlicher Sorgfalt wortgetreu zu beachten.

BGH DNotZ 1972, 551;

BGH, Beschl. v. 14.10.1985 – NotSt (B) 3/85, DNotZ 1986, 310;

BGH, Urt. v. 13.10.1986 – NotSt (Brfg) 2/86, DNotZ 1987, 556;

BGH, Urt. v. 17.2.1994 – IX ZR 158/93, DNotZ 1995, 125 = NJW 1994, 1403 = WM 1994, 647;

BGH, Urt. v. 10.2.2000 – IX ZR 41/99,
ZfIR 2000, 259 = DNotZ 2001, 856 (m. Anm. *Hertel*)
= NJW 2000, 1644;

BGH, Urt. v. 8.5.2003 – III ZR 294/02
ZfIR 2003, 547 = DNotI-Report 2003, 102
= RNotZ 2003, 402 (m. Anm. *Kemp*).

994 Der Notar hat daher nicht die Möglichkeit, später durch eine großzügige Auslegung der Verwahrungsanweisung nachzuholen, was er zunächst bei der Formulierung oder Annahme der Verwahrungsanweisung an Präzision versäumt hat – auch nicht, wenn er die Verwahrungsanweisung (wie regelmäßig) selbst entworfen hat.

BGH, Beschl. v. 20.1.2011 – V ZB 219/10, RNotZ 2011, 326.

4. Widerruf der Verwahrungsanweisung durch die Kaufvertragsparteien (§ 60 BeurkG)

995 § 60 BeurkG (bis 2017: § 54c BeurkG a. F.) regelt den Widerruf – und zwar sowohl die Voraussetzungen, unter denen der Widerruf der Verwahrungsanweisung für den Notar zu beachten ist, als auch das Verfahren, das zu einer gerichtlichen Klärung führt, wenn der andere Verwahrungsbeteiligte den Widerrufsgrund bestreitet. Nach der Gesetzesbegründung,

BT-Drucks. 10/4184, S. 38,

ist dies „im Interesse der Rechtssicherheit dringend geboten, um sowohl für die am Verwahrungsgeschäft beteiligten Personen als auch für den amtierenden Notar grundsätzliche Klarheit in Zweifelsfragen zu schaffen". Der Gesetzgeber hat hier eine interessengerechte und praktikable Regelung geschaffen, die die zuvor bestehenden Zweifelsfragen beseitigt hat.

996 Nach § 60 BeurkG ist zu unterscheiden, ob eine einseitige oder eine mehrseitige Verwahrungsanweisung widerrufen wird:

- Eine **einseitige Anweisung**, die von einem Anweisenden erteilt wurde, kann grundsätzlich auch einseitig widerrufen werden (§ 60 Abs. 1 BeurkG). Hauptbeispiele sind der Treuhandauftrag der den Kaufpreis finanzierenden Bank und des aus dem Kaufpreis abzulösenden Gläubigers. Widerruft die Bank ihren Treuhandauftrag, kann sie Rückzahlung des Geldes an sich verlangen.

- Eine **mehrseitige Verwahrungsanweisung** kann natürlich von allen Anweisenden gemeinsam widerrufen oder geändert werden (§ 60 Abs. 2 BeurkG) – so etwa, wenn die Vertragsparteien gemeinsam den Notar anweisen, aufgrund einer Minderung einen Kaufpreisteil an den Käufer (bzw. bei Kaufpreisfinanzierung an die finanzierende Bank) zurückzuzahlen.

- Der **einseitige Widerruf einer mehrseitigen Verwahrungsanweisung** ist hingegen nach § 60 Abs. 3 BeurkG nur ausnahmsweise dann beachtlich, wenn er darauf gegründet wird, dass das mit der Verwahrung durchzuführende Rechtsverhältnis „aufgehoben, unwirksam oder rückabzuwickeln" ist (also z. B. erklärter Rücktritt, nicht hingegen die bloße Minderung). Auch bei einem beachtlichen einseitigen Widerruf kann der widerrufende Käufer nicht etwa einseitig Rückzahlung des Geldes an sich verlangen. Vielmehr muss der Notar die weitere Auszahlung stoppen und alle Beteiligten informieren. Außerdem kann der Notar (nach seinem Ermessen) dem Widerrufenden eine Frist setzen, binnen derer der Widerrufende zivilrechtlich Klage gegen die anderen Verwahrungsbeteiligten erheben muss (auf Zustimmung zur Rückzahlung o. Ä.); wird nicht fristgemäß Klage erhoben, wird der Widerruf unbeachtlich und die Auszahlung kann gemäß der ursprünglichen Verwahrungsanweisung erfolgen.

Beispiel:

Vor Auszahlung widerruft der Käufer einseitig und verlangt Rückzahlung des Geldes an sich.

1. Variante:

Der Käufer trägt vor, er sei wegen des arglistigen Verschweigens von Nässe im Keller vom Kaufvertrag zurückgetreten. Beweise dafür legt er dem Notar nicht vor.

2. Variante:

Der Käufer trägt vor, er habe den Kaufpreis gemindert (wieder wegen des arglistigen Verschweigens von Nässe im Keller). Der Käufer zeigt dem Notar sogar Bilder alter Wasserflecken im Keller, die vorher wegen davorstehenden Mobiliars nicht sichtbar waren.

In der ersten Variante ist der vorgetragene Rücktritt ein nach § 60 Abs. 3 **997**
BeurkG beachtlicher Widerrufsgrund. Der Käufer muss seinen Vortrag nicht etwa beweisen; der Notar ist kein streitentscheidender Richter. Jedoch kann der Käufer nicht Rückzahlung des Geldes, sondern nur ein Anhalten der Auszahlung verlangen; das Geld bleibt solange auf dem Anderkonto, bis der Streit geklärt ist. Unternimmt der Notar nichts weiter, so müsste der Verkäufer gegen den Käufer auf Auszahlung klagen. Setzt der Notar dem widerrufenden Käufer hingegen eine Frist zur Klageerhebung, so muss der Käufer gegen den Verkäufer auf Zustimmung zur Rückzahlung oder Feststellung der Berechtigung des Rücktritts klagen. Mit der Fristsetzung entscheidet daher der Notar über die Prozessrollen (während die Beweislast unabhängig von den Prozessrollen dieselbe ist).

In der zweiten Variante ist der vorgetragene Widerrufsgrund nach § 60 Abs. 3 **998**
BeurkG unbeachtlich, da die bloße Minderung nicht zur Unwirksamkeit oder Rückabwicklung des Vertrags führt.

999 Nach § 60 Abs. 3 BeurkG unbeachtlich ist auch, wenn der Käufer erst nach Vorliegen der Auszahlungsvoraussetzungen widerruft, da dann keine mehrseitige Verwahrung, sondern nur mehr eine einseitige Verwahrung vorliegt.

KG, Beschl. v. 23.11.2010 – 9 W 165/09,
DNotZ 2011, 758 = RNotZ 2011, 372.

1000 Allerdings hat der Notar gegebenenfalls nach § 61 Nr. 2 BeurkG von der Auszahlung teilweise (nämlich hinsichtlich des Minderungsbetrages) abzusehen, wenn ihm erkennbar ist, dass dem Käufer dadurch ein unwiederbringlicher Schaden entstünde, insbesondere wenn der Minderungsanspruch nach der Auszahlung infolge zwischenzeitlich eingetretener Insolvenz des Verkäufers wirtschaftlich nicht mehr durchsetzbar wäre (und sowohl das Bestehen des Mangelanspruchs wie dessen wirtschaftliche Wertlosigkeit nach Auszahlung dem Notar erkennbar sind – was deutlich höhere Anforderungen stellt als nach § 60 Abs. 2 BeurkG).

5. Treuhandauflagen der finanzierenden Bank

a) Rechtsnatur: Einseitiger Treuhandauftrag

1001 Treuhandauflagen der finanzierenden Bank sind nach der Rechtsprechung des Bundesgerichtshofs **einseitige Auflagen**, die die Bank daher grundsätzlich auch jederzeit einseitig widerrufen oder ändern kann.

BGH, Urt. v. 19.3.1987 – IX ZR 166/86,
ZIP 1987, 772 = DNotZ 1987, 560, 561 = NJW 1987, 3201;
dazu EWiR 1987, 681 *(Hegmanns)*;

BGH, Urt. v. 7.3.1997 – V ZR 4/96,
ZfIR 1997, 334 = NJW 1997, 2104 = DNotI-Report 1997, 146;

BGH, Urt. v. 8.5.2003 – III ZR 294/02,
ZfIR 2003, 547 (m. Anm. *Beining*) = DNotI-Report 2003, 102
= RNotZ 2003, 402 (m. Anm. *Kemp*) = ZNotP 2003, 397.

1002 Erst mit Erledigung der einseitigen Treuhandauflagen der finanzierenden Bank wird daher die Stufe der mehrseitigen kaufvertraglichen Verwahrungsanweisung erreicht.

b) Keine Nachschieben einer Treuhandauflage nach vorbehaltloser Einzahlung

1003 Ist das Geld hingegen bereits auf der Stufe der mehrseitigen kaufvertraglichen Verwahrungsanweisung, so kann es die Bank nicht mehr einseitig auf die Stufe der einseitigen Treuhandauflage zurückholen. Der Treuhandauftrag der finanzierenden Bank muss daher spätestens mit der Überweisung des Kaufpreises auf das Notaranderkonto erteilt oder zumindest erkennbar vorbehalten sein.

> „Gibt eine Bank Darlehensmittel zur Finanzierung eines Grundstückskaufes durch Kaufpreishinterlegung bei einem Notar aus der Hand, kann sie die erbrachte Leistung grundsätzlich nicht durch spätere einseitige Verwahrungsanweisungen einschränken."

BGH, Urt. v. 25.10.2001 – IX ZR 427/98,
ZfIR 2002, 128 = DNotZ 2002, 269 = NJW 2002, 1346
= NotBZ 60 (m. Anm. *Reithmann*) = WM 2002, 29.

OLG Frankfurt, Urt. v. 24.11.2010 – 4 U 17/10,
RNotZ 2011, 317.

Vor der BGH-Entscheidung war es durchaus üblich gewesen, dass die Bank einen Treuhandauftrag nachreichte – insbesondere wenn der Treuhandauftrag erst parallel zur Überweisung des Geldes abgesandt wurde. 1004

- Auch nach Maßgabe dieser BGH-Entscheidung genügt hingegen, dass die Bank den Treuhandauftrag bei der Einzahlung ankündigt (z. B. **Vermerk „Treuhandauftrag folgt"** auf dem Überweisungsträger). Der bloße Vermerk „zu treuen Händen" genügt aber nicht, da er sich ebenso auf die bloße Tatsache der Verwahrung nach Maßgabe der kaufvertraglichen Verwahrungsanweisung beziehen könnte.
- Kommt der Treuhandauftrag der finanzierenden Bank verspätet erst nach der Einzahlung, so kann der Notar den verspäteten Treuhandauftrag der Bank nur mit Zustimmung der Kaufvertragsparteien annehmen.

Hertel, MittBayNot 2002, 181.

c) Präzise Definition

Treuhandauflagen der finanzierenden Bank sind oft ungenau formuliert. Der Notar muss dann bei der Treugeberin nachfragen, was sie genau gemeint hat. Er darf eine inhaltlich mehrdeutige Treuhandauflage nicht etwa in eigener Machtvollkommenheit auslegen. 1005

BGH, Urt. v. 16.3.2015 – NotSt (Brfg) 2/14,
DNotZ 2015, 545 = NJW-RR 2015, 1011
= ZfIR 2015, 489 (m. Anm. *Zimmer*).

Gefährlich ist vor allem der Begriff der „Sicherstellung". Wie gefährlich eine unbedachte Annahme einer solchen Verwahrungsanweisung sein kann, verdeutlicht eine Entscheidung des Bundesgerichtshofs mit einem potentiellen Schadensvolumen von 2,8 Mio. DM: Die finanzierende Bank hatte eine Treuhandauflage auf „Sicherstellung" der Eintragung des Erwerbers im Grundbuch erteilt. Der Notar verstand dies – ebenso wie dies auch ich verstanden hätte – als Übernahme der kaufvertraglichen Auszahlungsvoraussetzungen und zahlte aus. 1006

Nach Auszahlung widerrief die Bank ihren Treuhandauftrag. Sie machte geltend, dass die „Sicherstellung" auch noch die Zahlung der Grunderwerbsteuer bzw. das Vorliegen der Unbedenklichkeitsbescheinigung erfordert hätte. Diese lag noch nicht vor; deshalb hätte sie widerrufen können (hätte der Notar nicht vorzeitig ausgezahlt). 1007

1008 Das OLG Düsseldorf als Berufungsinstanz schloss sich der Auslegung des Notars an, der Bundesgerichtshof als Revisionsinstanz hingegen folgte der Auslegung der Bank (und bejahte einen Amtshaftungsanspruch dem Grunde nach).

> BGH, Urt. v. 8.5.2003 – III ZR 294/02,
> ZfIR 2003, 547 (m. Anm. *Beining*)
> = DNotZ 2004, 218 (m. Anm. *Hertel*)
> = MittBayNot 2004, 60 (m. Anm. *Fembacher*)
> = RNotZ 2003, 402 (m. Anm. *Kemp*);
>
> vgl. auch die Vorentscheidung des
> OLG Düsseldorf, Urt. v. 17.7.2002 – 18 U 246/01,
> ZNotP 2002, 486 (m. Anm. *Wehrstedt*, ZNotP 2002, 461)
> und *Kemp*, ZNotP 2003, 27.

1009 Der Fehler des Notars lag hier schon darin, die Treuhandauflage ohne nähere Definition des Begriffes der Sicherstellung anzunehmen.

> Vgl. Rheinische Notarkammer, Rundschreiben Nr. 3/1990
> v. 12.3.1990.

1010 Nach der Rechtsprechung kann die Annahme einer derartigen, nicht hinreichend bestimmten Auflage durch den Notar sogar disziplinarisch geahndet werden.

> OLG Celle Nds. Rpfleger 1998, 45, 46 f.

1011 Hätte der Notar später gemerkt, dass der Treuhandauftrag unpräzise ist, hätte er noch nachträglich um eine Präzisierung nachsuchen bzw. die beabsichtigte Auszahlung jedenfalls vorab mit einem Vorbescheid ankündigen können. Diesen Vorbescheid hätte die Bank dann gegebenenfalls mit der Beschwerde nach § 15 Abs. 2 BNotO angreifen und so einen Schaden noch vermeiden können.

1012 Allgemein ist die Eintragung eines Rechts oder einer Rechtsänderung dann sichergestellt, wenn dazu nur noch das pflichtgemäße Handeln des Notars und des zuständigen Grundbuchbeamten erforderlich ist.

> BGH, Urt. v. 19.3.1987 – IX ZR 166/96,
> ZIP 1987, 772 = DNotZ 1987, 560, 561 = NJW 1987, 3201;
> dazu EWiR 1987, 681 *(Hegmanns)*;
>
> BGH, Urt. v. 8.5.2003 – III ZR 294/02, a. a. O.

1013 Für die genauere Definition unterscheidet man sinnvollerweise drei Fallgruppen:

- Sicherstellung der Lastenfreistellung,
- Sicherstellung der Eintragung der Finanzierungsgrundschuld und
- Sicherstellung des Eigentumserwerbs des Käufers.

aa) „Sicherstellung der Lastenfreistellung“

1014 Für den Begriff der „Sicherstellung der Lastenfreistellung“ hat sich in der notariellen Rechtspraxis wohl bereits ein fester Inhalt herausgebildet. In älteren Mustern fand sich teilweise nur die allgemeine Voraussetzung, dass „die vereinbarte Lastenfreistellung gesichert" sein müsse – z. T. früher auch in veröffentlichten Formulierungsvorschlägen.

> *Schippel*, in: Beck'sches Formularbuch Bürgerliches, Handels- und Wirtschaftsrecht, III.B.5 (7. Aufl., 1998), § 3 Abs. 2, S. 161.

Jedoch empfiehlt sich dringend die ausdrückliche Definition des Begriffs. Der **Landgerichtspräsident Berlin** wertet die Annahme einer derartigen unbestimmten Treuhandauflage sogar als Amtspflichtverletzung und greift dies im Rahmen der Amtsprüfung auf). 1015

> Präsident des LG Berlin,
> Rundschreiben an die Berliner Notare v. 25.11.2003, S. 5;
> Rundschreiben v. 2.12.1998, S. 3;
> Rundschreiben v. 10.12.1997, S. 2 f.

Auch alle heute veröffentlichten Formulierungsvorschläge sehen eine konkrete Formulierung vor, wonach dem Notar alle Unterlagen vorliegen müssen, „um den verkauften Grundbesitz von Rechten freizustellen, die im Grundbuch bereits vor oder gleichzeitig mit der Vormerkung des Käufers eingetragen wurden und vom Käufer nicht übernommen werden. Diese Unterlagen liegen auflagenfrei vor oder unter Auflagen, zu deren Erfüllung der Kaufpreis (ggf. nach Begleichung der Kosten bei Notar und Grundbuchamt für die Lastenfreistellung) ausreicht". 1016

> So bei Direktzahlung des Kaufpreises: *Everts*, in: Beck'sches Notar-Handbuch, § 1 Rn. 218;
>
> ähnlich
> *Hertel*, in: Würzburger Notarhandbuch, Teil 2, Kap. 2 Rn. 4, Ziff. III. 2;
> *Leitzen*, in: Wurm/Wagner/Zartmann, Muster 43.1, § 2 Abs. 4;
>
> *Otto*, in: Münchener Vertragshandbuch, Bd. 5, Muster I. 1, § 4 Abs. 2 lit. d).

bb) „Sicherstellung" der (ranggerechten) Eintragung der Finanzierungsgrundschuld

Auch die „Sicherstellung" der (ranggerechten) Eintragung der Finanzierungsgrundschuld sollte näher definiert werden. Denn sonst setzt die „Sicherstellung" nach der Rechtsprechung grundsätzlich voraus, dass zur Eintragung des Rechts nur noch das pflichtgemäße Handeln des beauftragten Notars oder des zuständigen Grundbuchbeamten erforderlich ist. 1017

> OLG Köln, Urt. v. 22.12.2011 – 7 U 55/11,
> n. v. – zitiert nach juris;
> unter Verweis auf BGH, Urt. v. 10.7.2008, III ZR 255/07,
> NJW-RR 2008, 1644 = ZNotP 2008, 372.

1018 Dieser Begriff ist in der Praxis zu weit und nicht erfüllbar. Für eine Definition der „Sicherstellung" der Eintragung der Finanzierungsgrundschuld empfiehlt sich ein Rückgriff auf den **Formulierungsvorschlag der Bundesnotarkammer,** der in Abstimmung mit den im Zentralen Kreditausschuss zusammengeschlossenen Verbänden der deutschen Kreditwirtschaft erarbeitet wurde.

BNotK DNotZ 1999, 359.

1019 Nach dem Formulierungsvorschlag der BNotK umfasst der Begriff der Sicherstellung der Eintragung des Finanzierungsgrundpfandrechts folgende Voraussetzungen:

- **Antragstellung** beim Grundbuchamt unter Vorlage der Bestellungsurkunde für das Grundpfandrecht auch im Namen der Grundpfandrechtsgläubigerin,
- Vorliegen aller zur **Rangverschaffung erforderlichen Unterlagen** (Löschungsbewilligungen, Rangrücktritt etc.), deren Verwendung nach Zahlung von aus dem verwahrten Betrag erfüllbaren Ablösebeträgen gestattet sein muss,
- keine aus dem Grundbuch oder (wahlweise) den Grundakten (bzw. der Markentabelle eines elektronisch geführten Grundbuches) erkennbaren **Eintragungshindernisse**.

1020 In dieser Definition **nicht enthalten** sind verschiedene bisher teilweise strittige Punkte:

- Eine **nochmalige Kontrolle** der Grundakten eine Woche nach Antragstellung bzw. eine Rückfrage beim zuständigen Rechtspfleger auf mögliche bereits zuvor eingegangene, aber noch nicht der entsprechenden Grundakte zugeordnete Eintragungsanträge ist nicht erforderlich, sofern die Bank dies nicht ausdrücklich verlangt – wie dies Hypothekenbanken und verwandten Instituten bankrechtlich vorgeschrieben ist.
- Ebenso wenig ist die **Zahlung der Eintragungsgebühren des Grundbuchamtes** Voraussetzung der Sicherstellung der Eintragung im Sinne dieser Definition.
- Die **Eintragungsverfügung des zuständigen Rechtspflegers** oder gar die Eintragung muss nicht abgewartet werden.

Nach KG DNotZ 1987, 576 wäre es aber auch nicht amtspflichtwidrig, wenn der Notar den Vollzug der Eintragung abwartet.

1021 Bei dieser Definition der Sicherstellung verbleiben einige **Risiken der Bank**, über die diese aber – anders als ein Privatmann – aufgrund ihrer Geschäftserfahrung nicht eigens belehrt werden muss, insbesondere:

- **Widerruf der dinglichen Einigung** über die Grundschuldbestellung, solange der Bank noch keine Ausfertigung der Bestellungsurkunde zuging (§ 873 Abs. 2 BGB),
- **vorgehende Eintragungsanträge**, die noch nicht zu den Grundakten gelangt waren oder in der Markentabelle noch nicht vermerkt waren,

- nicht ersichtliche **Mängel der Verfügungsbefugnis** des Bestellers oder nicht erkennbare öffentlich-rechtliche Genehmigungserfordernisse.
- Ferner kann die Rangverschaffung scheitern, wenn diesbezügliche Erklärungen der Inhaber vorrangiger Rechte oder Eintragungsanträge widerrufen werden oder eine Abtretung oder Pfändung des Rechts oder des Rückgewähranspruchs erfolgte.

Ist der Begriff der Sicherstellung hingegen **nicht definiert**, so setzt ein Treu- 1022
handauftrag der finanzierenden Bank nach einer Entscheidung des Kammergerichts auch die Sicherstellung der **Grundbuchkosten** für die Löschung vorrangiger Belastungen voraus.

> KG, Urt. v. 21.9.2007 – 9 U 123/06,
> KG-Report 2007, 1025 = NJ 2008, 29.

cc) „Sicherstellung" der Eigentumsumschreibung

Eine Treuhandauflage auf „Sicherstellung" der Eigentumsumschreibung ist 1023
nach der zitierten BGH-Entscheidung,

> BGH, Urt. v. 8.5.2003 – III ZR 294/02, ZfIR 2003, 547
> (m. Anm. *Beining*) = DNotZ 2004, 218 (m. Anm. *Hertel*)
> = MittBayNot 2004, 60 (m. Anm. *Fembacher*)
> = RNotZ 2003, 402 (m. Anm. *Kemp*),

im Zweifel als auf Einhaltung der im üblicherweise in Kaufverträgen geregelten Auszahlungsvoraussetzungen plus Vorliegen der **Unbedenklichkeitsbescheinigung** gerichtet, also:

- Eintragung der Auflassungsvormerkung für den Erwerber,
- „Sicherstellung" der Lastenfreistellung,
- Vorliegen allfällig erforderlicher Genehmigungen (öffentlich-rechtlich bzw. Vormundschaftsgericht) sowie Negativzeugnisse,
- gegebenenfalls Vorkaufsrechtverzicht bzw. entsprechendes Negativzeugnis,
- plus eben die grunderwerbsteuerliche Unbedenklichkeitsbescheinigung.

Ich selbst hätte den Treuhandauftrag hingegen nur auf die üblichen kaufver- 1024
traglichen Auszahlungsvoraussetzungen beschränkt gelesen (ohne die Unbedenklichkeitsbescheinigung).

d) Widerruf des Treuhandauftrags der finanzierenden Bank

Fall: 1025

Die finanzierende Bank machte in ihrem Treuhandauftrag die Verwendung des eingezahlten Geldes u. a. abhängig von:

– der Sicherstellung der Eintragung der Finanzierungsgrundschuld (unter Verweis auf das BNotK-Rundschreiben DNotI 1999, 269),

- der Einhaltung der kaufvertraglichen Auszahlungsvoraussetzungen,
- der vollständigen Einzahlung des Kaufpreises.

Außerdem erklärt sie, sich für drei Monate an diesen Treuhandauftrag gebunden zu halten – insoweit alles durchaus üblich.

Der Notar hat den Treuhandauftrag angenommen, da er erwartete, dass er bei den üblichen Vollzugszeiten des zuständigen Grundbuchamtes und der zuständigen Genehmigungsbehörden den Vertrag innerhalb von gut zwei Monaten abwickeln könnte. Unerwartet kam es jedoch zu einer Verzögerung.

Die finanzierende Bank, die mittlerweile gemerkt hat, dass der Käufer doch kein so gutes Kreditrisiko ist, widerruft ihren Treuhandauftrag nach Ablauf der dreimonatigen Bindungsfrist und verlangt Rückzahlung des Geldes an sich.

Der Verkäufer hat, wie kaufvertraglich vereinbart, nach erfolgter Einzahlung den Besitz an den Käufer übergeben. Der Käufer hat bereits munter mit Umbauarbeiten begonnen und erst einmal etliche Innenwände eingerissen, Löcher für neue Fenster und Türen in die Außenwände geschlagen, Bodenbeläge, die alte Heizung und sonstige Installationen entfernt. Verständlich, dass der Verkäufer beim Gedanken an eine Rückabwicklung erbleicht.

Muss der Notar auf den Widerruf der Bank hin das Geld zurückzahlen?

1026 Nach ständiger Rechtsprechung des Bundesgerichtshofs kann die Bank ihren einseitigen Treuhandauftrag bis zu dessen Erledigung jederzeit widerrufen oder ändern.

> BGH, Urt. v. 19.3.1987 – IX ZR 166/86, ZIP 1987, 772 = DNotZ 1987, 560, 561 = NJW 1987 3201; dazu EWiR 1987, 681 *(Hegmanns)*;
>
> BGH, Urt. v. 7.3.1997 – 4/96, ZfIR 1997, 334 = NJW 1997, 2104 = DNotI-Report 1997, 146 – unter ausdrücklicher Berufung auf *Brambring*, DNotZ 1990, 615, 643;
>
> BGH, Urt. v. 8.5.2003 – III ZR 294/02, ZfIR 2003, 547 (m. Anm. *Beining*) = RNotZ 2003, 402 (m. Anm. *Kemp*);
>
> ebenso OLG Frankfurt/M., Urt. v. 24.6.1991 – 11 U 10/91, WM 1992, 91.

1027 Grundsätzlich ist bei einem Widerruf der Bank dieser das eingezahlte Geld wieder **zurückzuzahlen**.

> OLG Hamm, Beschl. v. 23.5.1995 – 15 W 167/95, DNotZ 1996, 384 (m. Anm. *Preuß*).

(Man beachte den Unterschied zu dem – ausnahmsweise – beachtlichen einseitigen Widerruf einer mehrseitigen Verwahrungsanweisung nach § 60 Abs. 3 BeurkG, bei dem der Notar nur die weitere Abwicklung zu stoppen hat, aber keinesfalls das Geld zurückzahlen darf, bevor eine einvernehmliche Anweisung oder eine rechtskräftige Gerichtsentscheidung vorliegt.)

1028 Die Bank kann also dem Verkäufer – bildlich gesprochen – die vermeintliche Sicherheit unter seinen Füßen wegziehen.

Die freie Widerruflichkeit endet nach der BGH-Rechtsprechung mit der **Erledigung** des Treuhandauftrags der Bank. 1029

- Zeitlich in der Regel kurzfristig erledigt ist die Treuhandauflage auf (näher definierte) Sicherstellung der ranggerechten Eintragung des Finanzierungsgrundpfandrechts. Denn den Antrag auf Eintragung des Finanzierungsgrundpfandrechts stellt der Notar in der Regel sofort nach Beurkundung (zusammen mit dem Antrag für die Käufervormerkung). Auch die Löschungsunterlagen für vorrangige Belastungen werden meist binnen zwei bis vier Wochen vorliegen.
- Die Treuhandauflage auf „Einhaltung der kaufvertraglichen Auszahlungsvoraussetzungen" ist aber erst mit der Auszahlung selbst erledigt. Ist dies eine einseitige Treuhandauflage, so hat daher der Verkäufer bis zur Auszahlung keinen sicheren Boden unter den Füßen.

In der Literatur wird daher eine Einschränkung der freien Widerruflichkeit vertreten. Ansatzpunkt ist **§ 60 Abs. 1 BeurkG** (vor 2017: § 54c Abs. 1 BeurkG a. F.), wonach auch bei einer einseitigen Anweisung der Widerruf ausgeschlossen ist, soweit dadurch Dritten gegenüber bestehende Amtspflichten verletzt werden: Hat der Verkäufer etwa im Vertrauen auf die erfolgte Einzahlung eine ansonsten ungesicherte Vorleistung des Verkäufers erbracht (etwa die Finanzierungsgrundschuld für die Bank und die Vormerkung für den Käufer zur Eintragung bewilligt sowie den Besitz an den Käufer übergeben), so kann die Bank zwar widerrufen, erhält aber ihr Geld nur Zug um Zug gegen Löschung von Finanzierungsgrundschuld und Vormerkung sowie gegen Rückgabe des Besitzes zurückgezahlt. 1030

> *Brambring*, ZfIR 1999, 333, 336;
> Frenz/Miermeister-*Hertel*, BeurkG, § 60 Rn. 7;
>
> ebenso
> LG Schwerin, Beschl. v. 3.4.2001 – 4 T 36/00,
> DNotI-Report 2001, 110 = NotBZ 2001, 231;
>
> zustimmend
> *v. Campe*, NotBZ 2001, 208, 209.

Die Gegenmeinung wendet ein, dass diese Lösung materielle und verfahrensrechtliche Fragen unzulässig vermische – und stellt in Frage, inwieweit das Vertrauen des Verkäufers schutzwürdig ist, weil er doch das Widerrufsrecht der Bank kennen konnte. 1031

> *Reithmann*, WM 2002, 683, 685 f.

Auch das Kammergericht legt § 60 Abs. 1 BeurkG enger aus und verlangte, dass bereits vorgelagert eine Amtspflicht gegenüber dem Dritten besteht. 1032

> KG, Beschl. v. 23.11.2010 – 9 W 165/09,
> DNotZ 2011, 758 = RNotZ 2011, 372.

Da die betroffenen Fallgruppen noch höchst strittig sind, ist dem Notar zu empfehlen, in derartigen Fällen stets einen Vorbescheid zu erlassen und die 1033

Beteiligten auf die Beschwerdemöglichkeit nach § 15 Abs. 2 BNotO hinzuweisen.

So selbst die Regierungsbegründung zu § 54c Abs. 1 BeurkG
(= jetzt § 60 BeurkG),
BT-Drucks. 13/4184, S. 38.

e) Absicherung des Verkäufers gegen einen Widerruf der finanzierenden Bank

1034 In der Vertragsgestaltung bestehen mehrere Möglichkeiten, den Verkäufer gegen diese Rechtsunsicherheit zumindest teilweise abzusichern:

- Ganz abgesichert ist der Verkäufer, wenn er seine Leistung (z. B. die Besitzübergabe) erst erbringen muss, sobald keine einseitigen Treuhandauflagen der finanzierenden Bank mehr bestehen. In diesem Sinne legte auch der Bundesgerichtshof mehrfach Verträge aus, da zuvor die vertragliche Einzahlungspflicht des Käufers nicht erfüllt sei.

  BGH, Urt. v. 7.3.1997 – V ZR 4/96, ZfIR 1997, 334
  = NJW 1997, 2104 = MittRhNotK 1998, 172 (m. Anm. *Tönnies*)
  = WM 1997, 1152 = ZNotP 1998, 34;

  dazu *Brambring*, RWS-Forum 13, S. 11, 15;
  Maaß, ZNotP 1998, 58;

  BGH, Urt. v. 12.10.2001 – V ZR 338/00, ZfIR 2002, 29
  = DNotZ 2002, 213= NJW 2002, 59 = ZNotP 2001, 480;
  dazu EWiR 2002, 147 *(Mues)*;

  BGH, Urt. v. 25.10.2001 – IX ZR 427/98, ZfIR 2002, 128
  = DNotZ 2002, 269 = NJW 2002, 1346 = WM 2002, 29;

  vgl. *Müller-Magdeburg*, ZNotP 2003, 213.

- Stammt ein Teilbetrag des eingezahlten Geldes nicht von der finanzierenden Bank, sondern zahlt der Käufer einen Teil auch als Eigenkapital ein, für das kein Treuhandauftrag der Bank besteht, so ist der Verkäufer zumindest hinsichtlich des Eigenkapitals des Verkäufers vor einem einseitigen Widerruf geschützt.

- Eine **lange Bindungsfrist** der Bank (etwa für die normale Vollzugszeit zuzüglich eines Sicherheitsaufschlages) beseitigt das Risiko zwar nicht ganz, vermindert es aber. Die notarielle Gestaltungspraxis erachtet dies daher als ausreichende Absicherung.

E. Sach- und Rechtsmängel

I. Allgemeines

1. Das Haftungssystem

Die Haftung für Sach- und Rechtsmängel ist nach der Schuldrechtsreform grundsätzlich gleich gestaltet. Der Verkäufer haftet für die Verletzung der vertraglichen, ihm nach § 433 Abs. 1 BGB auferlegten Pflicht, **die Sache frei von Sach- und Rechtsmängeln zu verschaffen**. Damit ist man an sich beim Grundtatbestand des **Leistungsstörungsrechts**, bei § 280 Abs. 1 BGB. Für das Kaufrecht hat der Gesetzgeber gleichwohl einige Besonderheiten geregelt, die sich aus § 437 BGB ergeben, die aber grundsätzlich für Sach- und Rechtsmängel in gleicher Weise gelten. Der Käufer kann 1035

- nach § 439 BGB **Nacherfüllung** fordern (vorrangig, siehe sogleich Rn. 1036),
- nach den §§ 440, 323, 326 Abs. 5 BGB vom Vertrag **zurücktreten** (frühere Wandlung) oder
- (statt des Rücktritts) nach § 441 BGB den Kaufpreis **mindern**,
- nach den §§ 440, 280, 281 und 311a BGB **Schadensersatz** oder
- nach § 284 BGB Ersatz **vergeblicher Aufwendungen** verlangen.

Der **Anspruch auf Nacherfüllung** ist nach § 439 BGB nach Wahl des Käufers auf Beseitigung des Mangels oder (was bei Grundstücken freilich ausscheidet) auf Lieferung einer mangelfreien Sache gerichtet. Er ist den anderen Mängelansprüchen **zwingend vorgeschaltet**. Das ergibt sich zwar nicht unmittelbar aus § 437 BGB, wohl aber daraus, dass der Anspruch auf Schadensersatz statt der Leistung (§ 281 BGB) und der Rücktritt (§ 323 BGB) und damit auch die Minderung, grundsätzlich den erfolglosen Ablauf einer vom Gläubiger gesetzten Frist zur Nacherfüllung voraussetzt. 1036

Das Recht auf **Minderung** ist als Gestaltungsrecht ausgeformt. Wird es wirksam ausgeübt, tritt eine Bindung ein, d. h., der Käufer kann hiervon nicht wieder Abstand nehmen und wegen desselben Mangels großen Schadensersatz qua Rückabwicklung verlangen, sei es anstelle der Minderung, sei es zusätzlich. 1037

> BGH, Urt. v. 9.5.2018 – VIII ZR 26/17, ZIP 2018, 1244 = JZ 2018, 890; dazu EWiR 2018, 459 *(Samhat)*.

Anders ist es, wenn die **Minderung fehlgeschlagen** ist, weil der Betrag der Minderung, wie in § 441 Abs. 3 Satz 1 BGB vorgegeben, nicht ermittelt werden kann. Unter diesen Umständen bleibt der Weg zum Schadensersatzanspruch offen. 1038

> BGH, Urt. v. 5.11.2010 – V ZR 228/09, NJW 2011, 1217 = ZIP 2011, 33; dazu *St. Lorenz*, LMK 2011, 314163; EWiR 2011, 179 *(Klöhn)*.

1039 **Unterschiede zwischen der Haftung für Sach- oder Rechtsmängel** gibt es im Hinblick auf die in § 434 BGB geregelten Anforderungen, denen die verkaufte Sache genügen muss, um frei von Sachmängeln zu sein. Auf Rechtsmängel passen diese Kriterien nicht; die maßgebliche Norm für Rechtsmängel ist § 435 BGB. Ferner gilt die Beweiserleichterung des § 477 BGB nur für Sachmängel; und hinsichtlich des für die Mangelfreiheit maßgeblichen Zeitpunkts gilt für Sachmängel der Zeitpunkt des Gefahrübergangs, § 434 Abs. 1 Satz 1 BGB, während für Rechtsmängel der Zeitpunkt des Eigentumserwerbs des Käufers maßgeblich ist (allgemeine Meinung).

> Vgl. MünchKomm-*Maultzsch*, BGB, § 435 Rn. 12 m. w. N.;
> wohl versehentlich – weil nur beiläufig –
> anders BGH, NJW 2004, 1802, 1803 a. E.

1040 Die **Verjährungsfrist** für Mängelansprüche beträgt beim Grundstückskauf zwei Jahre (§ 438 Abs. 1 Nr. 3 BGB), beim Kauf eines bebauten Grundstücks hinsichtlich Mängeln des Bauwerks fünf Jahre (§ 438 Abs. 1 Nr. 2a BGB). Für den Fall des arglistigen Verschweigens gilt die regelmäßige Verjährungsfrist von drei Jahren, beginnend mit der Kenntnis; beim Verkauf eines bebauten Grundstücks endet die Frist hinsichtlich Mängeln des Bauwerks nicht vor Ablauf von fünf Jahren (§ 438 Abs. 3 Satz 2 BGB, §§ 195, 199 Abs. 1 Nr. 2 BGB). Von Fällen der Arglist abgesehen, beginnt die Verjährung – unabhängig von Kenntnis oder grob fahrlässiger Unkenntnis – mit der Übergabe (§ 438 Abs. 2 BGB).

2. Konkurrenzen

a) Grundsatz

1041 Das Sachmängelgewährleistungsrecht wurde nach früherem Recht – anders als das Rechtsmängelrecht –

> siehe zuletzt BGH, Urt. v. 6.4.2001 – V ZR 394/99,
> ZIP 2001, 1465 = ZfIR 2001, 815 = NJW 2001, 2875;
> dazu EWiR 2001, 803 *(Gsell)*,

für die Zeit nach Gefahrübergang als abschließende Sonderregelung begriffen, die eine Anfechtung wegen Irrtums über eine Eigenschaft der Kaufsache (§ 119 Abs. 2 BGB) ebenso ausschloss wie die Berufung darauf, dass eine bestimmte Eigenschaft für beide Teile Geschäftsgrundlage gewesen sei. Ansprüche aus culpa in contrahendo wegen fahrlässiger Verletzung einer Offenbarungspflicht des Verkäufers in Bezug auf die Beschaffenheit des Kaufgegenstandes waren ebenfalls verdrängt.

> BGH, Urt. v. 10.7.1987 – V ZR 236/85, NJW-RR 1988, 10;
>
> BGH, Urt. v. 30.3.1990 – V ZR 13/89,
> JZ 1991, 257 = NJW 1990, 1658;
> dazu EWiR 1990, 873 *(Knöpfle)*;

BGH, Urt. v. 22.2.1991 – V ZR 299/89,
NJW 1991, 1673 = WM 1991, 1341;
dazu EWiR 1991, 963 *(Sonnenschein)*.

Daran hat sich **durch die Reform** im Ergebnis **nichts Wesentliches geändert**, wenn auch die Einzelheiten weiterhin der Klärung bedürfen. 1042

Die **Irrtumsanfechtung nach § 119 Abs. 2 BGB** (Irrtum über verkehrswesentliche Eigenschaft) muss hinter den Regelungen des § 437 BGB zurücktreten, weil sonst die engeren Voraussetzungen der Gewährleistungsrechte ausgehebelt würden. So kann grobe Fahrlässigkeit des Käufers zwar die Mängelrechte ausschließen (§ 442 Abs. 1 Satz 2 BGB), stünde einer Anfechtung aber nicht entgegen. Auch die nach wie vor unterschiedlichen Verjährungs- bzw. Ausschlussfristen (angefochten werden kann ohne Rücksicht auf die Fristen des § 438 BGB unverzüglich nach Kenntnis vom Anfechtungsgrund) sprechen für den Vorrang des Mängelrechts. 1043

Einzelheiten bei MünchKomm-*Maultzsch*, BGB, § 437 Rn. 80.

Was die in § 313 BGB geregelte **Störung der Geschäftsgrundlage** anbetrifft, gilt Folgendes: Richtigerweise scheidet die Norm schon tatbestandlich aus, wenn die „Störung" auf einem Mangel i. S. v. §§ 434, 435 BGB beruht. Bei Vertragsstörungen, die nicht rechts- oder sachmängelbedingt sind, steht der Anwendbarkeit des § 313 BGB nichts im Wege. 1044

Vgl. MünchKomm-*Maultzsch*, BGB, § 437 Rn. 84.

Ansprüche aus **culpa in contrahendo** sind im Sachbereich der §§ 434 ff. BGB nach Gefahrübergang weiterhin grundsätzlich ausgeschlossen. Zwar streitet dafür nicht mehr das Argument, dass sonst eine nach Kaufrecht viel engere Schadensersatzhaftung (§ 463 BGB a. F.) unterlaufen würde; denn nach neuem Kaufrecht wird auf der Verschuldensebene nicht mehr verlangt als bei der culpa in contrahendo. Auch das Argument unterschiedlicher Verjährungsfristen greift möglicherweise nicht, gibt es doch Anzeichen dafür, dass auch Ansprüche wegen culpa in contrahendo den Fristen des § 438 BGB unterliegen. 1045

Vgl. *Schmidt-Räntsch*, ZfIR 2004, 569, 571.

Entscheidend ist aber, dass bei einem Nebeneinander von culpa in contrahendo und § 437 BGB das Konzept der Nacherfüllung unterlaufen würde. 1046

BGH, Urt. v. 27.3.2009 – V ZR 30/08,
BGHZ 180, 205 = NJW 2009, 2120 = ZfIR 2009, 560;
dazu *Krüger*, ZNotP 2010, 42;
H. Roth, JZ 2009, 1174;
St. Lorenz, LMK 2009, 282362.

b) Einschränkungen

aa) Vor Gefahrübergang

1047 Ist die Gefahr noch nicht übergegangen, können Ansprüche wegen Verschuldens bei den Vertragsverhandlungen uneingeschränkt bestehen; denn die Vorschriften über Sach- und Rechtsmängel regeln erst den Zeitraum ab Gefahrübergang. Auch ein vertraglicher Haftungsausschluss steht für die Zeit davor einem Anspruch aus culpa in contrahendo nicht entgegen. Diese für das alte Recht entwickelten Grundsätze,

> BGH, Urt. v. 16.3.1973 – V ZR 118/71,
> BGHZ 60, 319 = NJW 1973, 1234 = LM BGB § 459 Nr. 33;
>
> BGH, Urt. v. 25.6.1982 – V ZR 158/81 (unveröffentlicht);
>
> BGH, Urt. v. 6.6.1986 – V ZR 67/85,
> ZIP 1986, 1199 = WM 1986, 1189;
> dazu EWiR 1986, 871 *(Bunte)*,

haben auch nach der Reform Gültigkeit. Bei der Frage des Haftungsausschlusses ist allerdings im Wege der Auslegung zu prüfen, ob er nicht auch Ansprüche aus culpa in contrahendo mitumfassen sollte.

bb) Verletzung von Aufklärungspflichten, die nicht die Beschaffenheit der Kaufsache betreffen

1048 Unberührt bleiben Ansprüche wegen Verschuldens bei den Vertragsverhandlungen, die sich daraus ergeben, dass ein Vertragsteil den anderen nicht über bestimmte Umstände aufklärt, die zwar die Erreichung des Vertragszwecks gefährden, aber nicht die Beschaffenheit des Kaufgegenstands betreffen.

> BGH, Urt. v. 27.2.1974 – V ZR 85/72,
> NJW 1974, 859 = WM 1974, 512;
>
> BGH, Urt. v. 20.11.1987 – V ZR 66/86,
> NJW-RR 1988, 458 = WM 1988, 95.

cc) Vorsätzliche culpa in contrahendo

1049 Ansprüche aus vorsätzlichem Verschulden bei den Vertragsverhandlungen (z. B. wegen arglistiger Täuschung) werden durch die Mängelrechte des § 437 BGB nicht ausgeschlossen.

> BGH, Urt. v. 27.3.2009 – V ZR 30/08,
> BGHZ 180, 205 = NJW 2009, 2110 = ZfIR 2009, 560.

dd) Verletzung zusätzlicher Beratungspflichten

1050 Übernimmt der Verkäufer zusätzliche Beratungspflichten als besondere vertragliche Nebenverpflichtung oder als selbständige vertragliche Hauptpflicht, so haftet er bei schuldhafter Verletzung nach §§ 280, 281 BGB ohne Rücksicht auf die Regelungen des § 437 BGB. Mit der Haftung für Sach- oder Rechtsmängel haben diese Pflichtverletzungen nichts zu tun.

BGH, Urt. v. 12.12.1980 – V ZR 168/78, NJW 1981, 1035
= WM 1981, 308.

3. Abgrenzung von Sach- und Rechtsmängeln

a) Allgemeines

Da es nach wie vor, wenn auch in erheblich geringerem Umfang, auf die Unterscheidung von Sach- und Rechtsmängeln ankommt (siehe Rn. 1004, 1039), bleibt die Rechtsprechung dazu, möglicherweise mit Einschränkungen, verwertbar. **1051**

Nach §§ 433 Abs. 1, 435 BGB ist der Verkäufer verpflichtet, dem Käufer das gekaufte Grundstück **frei von – nicht übernommenen – Rechten** zu verschaffen, die von Dritten gegen den Käufer geltend gemacht werden können (Rechtsmangel). So klar diese Regelung erscheint, so schwierig ist im Einzelfall die Abgrenzung zum Sachmangel. Denn ein Rechtsmangel liegt nicht immer schon dann vor, wenn es um rechtliche Beziehungen eines Grundstücks geht. Das hängt wiederum mit dem Begriff des Sachmangels zusammen. Er knüpft zwar, auch nach neuem Recht, an die körperliche Beschaffenheit der Sache an und bewertet etwa ihre Eignung für die nach dem Vertrag vorausgesetzte (§ 434 Abs. 2 Satz 1 Nr. 2 BGB) bzw. gewöhnliche (§ 434 Abs. 3 Satz 1 Nr. 1 BGB) Verwendung. Da es aber zumal um die vereinbarte (subjektive) Beschaffenheit der Sache geht, ist der Sachmangel nicht auf Defizite in der natürlichen Beschaffenheit beschränkt, sondern umfasst auch Abweichungen vom vertraglich Vereinbarten, die ihren Grund in der Beziehung der Sache zur Umwelt haben und deswegen der Eignung zu der vorausgesetzten Verwendung entbehren. **1052**

Vgl. zum alten Recht BGH, Urt. v. 24.10.1997 – V ZR 187/96, ZIP 1997, 2158 = ZfIR 1997, 716;
dazu EWiR 1998, 13 *(Grunewald)*.

Nach der jüngsten, Anfang 2022 in Kraft getretenen Gesetzesänderung, die in Umsetzung der Warenkauf-RL erfolgte, ist dieser subjektive Mangelbegriff eher noch weiter zu fassen, da die RL begrifflich anders vorgeht und nicht von Beschaffenheit spricht, sondern von „Merkmalen" ausgeht, was ein weites Verständnis ermöglicht. **1053**

MünchKomm-*Maultzsch*, BGB, § 434 Rn. 15 m. w. N., der selbst aber für einen engeren Beschaffenheitsbegriff eintritt, Rn. 16.

Diese Beziehungen können tatsächlicher, wirtschaftlicher oder rechtlicher Art sein. Nach einer für das frühere Recht gängigen Formel kommen als Sachmangel aber **nur solche Rechtsbeziehungen** infrage, **die auf der besonderen Beschaffenheit des Kaufgegenstands beruhen** und in dieser selbst ihre Ursache haben. **1054**

BGH, Urt. v. 9.7.1976 – V ZR 256/75, BGHZ 67, 134.

1055 Es bleibt abzuwarten, wie sich die Rechtsprechung dazu aufgrund der neuen Rechtslage entwickelt und ob der Bezug zur Beschaffenheit wie bisher als Abgrenzungskriterium heranzuziehen ist.

Für ein Festhalten an der bisherigen Abgrenzung Sachmangel – Rechtsmangel MünchKomm-*Maultzsch*, BGB § 434 Rn. 29, § 435 Rn. 10;

a. A. BeckOK BGB/*Faust*, 72. Ed., § 434 Rn. 19.

b) Einzelfragen

1056 Als Rechtsmängel kommen typischerweise **private Rechte Dritter** in Betracht. Darauf ist der Anwendungsbereich des § 435 BGB aber nicht beschränkt. Auch **Bindungen kraft öffentlichen Rechts** können Rechtsmängel darstellen. Andererseits kann auch eine Zuordnung zur Kategorie des Sachmangels gerechtfertigt sein. So ist z. B. anerkannt, dass öffentlich-rechtliche Baubeschränkungen einen Sachmangel darstellen.

BGH, Urt. v. 9.7.1976 – V ZR 256/75, BGHZ 67, 134 (Baulast).

1057 Die Abgrenzung ist tendenziell dahin vorzunehmen, ob die öffentlich-rechtliche Beschränkung mehr auf der Beschaffenheit des Grundstücks beruht (Sachmangel) oder andere Ursachen hat (Rechtsmangel). Insgesamt befindet man sich aber in einer Grauzone, in der Einzelfallentscheidungen dominieren. Dazu einige Beispiele:

BGH, Urt. v. 14.9.2018 – V ZR 165/17, ZIP 2018, 2173 = WM 2019, 561 (Sozialbindung = Rechtsmangel; dazu EWiR 2019, 527 *(Klingen/Rossbroich)*;

BGH, Urt. v. 9.7.1976 – V ZR 256/75,
BGHZ 67, 134 = NJW 1976, 1888 = LM BGB § 459 Nr. 41 (Wohnungsbindung = Rechtsmangel);

ebenso
BGH, Urt. v. 28.10.1983 – V ZR 235/82,
DNotZ 1984, 689 = WM 1984, 214;

BGH Urt. v. 4.6.1982 – V ZR 81/81, DNotZ 1983, 630 = NJW 1983, 275 = WM 1982, 909 (Veräußerungsverpflichtung nach Bauplanungsrecht = Rechtsmangel);

BGH, Urt. v. 7.2.1992 – V ZR 246/90,
BGHZ 117, 159 = WM 1992, 918
(fehlende Bebaubarkeit nach öffentl. Recht = Sachmangel);

BGH, Urt. v. 13.10.2000 – V ZR 430/99,

BGH, Urt. v. 13.10.2000 – V ZR 430/99,
NJW 2001, 65 (nur von einem beschränkten Personenkreis nutzbare Eigentumswohnung).

1058 Soweit eine Sachmängelhaftung nicht in Betracht kommt, muss deswegen nicht notwendigerweise Rechtsmängelhaftung eingreifen. Vielmehr kann auch eine Haftung aus einem **selbständigen Garantieversprechen** in Betracht kommen.

BGH, Urt. v. 28.11.1980 – V ZR 105/79,
NJW 1981, 1600 = WM 1981, 364 m. w. N.

Außerhalb des Sach- und Rechtsmängelrechts und damit unabhängig von den hiervon ausgehenden Bindungen als Spezialnormen ist ferner eine Haftung aus **Verschulden bei den Vertragsverhandlungen** denkbar. **1059**

BGH, Urt. v. 19.12.1980 – V ZR 185/79,
BGHZ 79, 183 = NJW 1981, 864.

4. Rechtsfolgen

Die Rechtsfolgen der Sach- und Rechtsmängelhaftung sind der allgemeinen Leistungsstörungshaftung angepasst, jedoch nicht frei von Besonderheiten. Eine besteht darin, dass sowohl der an die Stelle der früheren Wandlung getretene Rücktritt als auch die Geltendmachung von Schadensersatz statt der Leistung ausgeschlossen ist, wenn die **Pflichtverletzung unerheblich** ist, §§ 437 Nr. 2 und 3, 281 Abs. 1 Satz 3, 323 Abs. 1 und 5 Satz 2 BGB. Die Pflichtverletzung liegt in der Lieferung einer mit einem Mangel behafteten Sache. Gleichwohl stellt der Bundesgerichtshof nicht allein auf die Geringfügigkeit des Mangels ab, sondern hält eine umfassende Interessenabwägung für geboten, in die auch das Verhalten des Schuldners einzubeziehen ist. Danach erhält die Verletzung der Pflicht zur Verschaffung einer mangelfreien Sache bei Arglist ein anderes Gewicht als im Regelfall, in dem ein Verkäufer unter Beachtung der Redlichkeitsanforderungen (fahrlässig) eine mangelhafte Sache liefert. Eine unerhebliche Pflichtverletzung ist daher – mit der herrschenden Meinung in der Literatur – in der Regel zu verneinen, wenn der Verkäufer über das Vorhandensein eines Mangels **arglistig getäuscht** hat. **1060**

BGH, Urt. v. 24.3.2006 – V ZR 173/05, BGHZ 167, 19
= ZIP 2006, 904 = NJW 2006, 1960 = WM 2006, 1440;
dazu EWiR 2006, 549 *(Gsell)*;
abl. Anm. von
Roth, JZ 2006, 1026 und *St. Lorenz*, NJW 2006, 1925.

II. Einzelne Aspekte der Rechtsmängelhaftung

1. Buchberechtigung

Nach § 435 Satz 2 BGB wird als Rechtsmangel auch ein im Grundbuch eingetragenes, in Wahrheit aber nicht bestehendes Recht angesehen. Grund dafür ist, dass es den Eigentümer wegen der Möglichkeit des gutgläubigen Erwerbs beeintrachtigen kann. Damit sind freilich nur **Scheinbelastungen gemeint.** Nicht darunter fällt eine unrichtige Eigentumseintragung. So wie die fehlende Verschaffung des Eigentums keinen Fall der Rechtsmängelhaftung darstellt, sondern einen solchen der Nichterfüllung, so begründet auch **Bucheigentum keinen Rechtsmangel**, sondern ein nach den Vorschriften über die Nichterfüllung zu behandelndes Hindernis. **1061**

BGH, Urt. v. 19.10.2007, V ZR 211/06,
Rn. 27 ff., BGHZ 174, 61 = NJW 2007, 3777 = WM 2007, 2393.

2. Relativ unwirksame Grundstücksbelastungen

1062 Gleichzubehandeln ist der Fall, dass das eingetragene Recht dem Käufer gegenüber (relativ) unwirksam ist, weil dieser durch eine Auflassungsvormerkung gemäß § 883 Abs. 2 BGB geschützt ist. Der Verkäufer darf den Käufer nicht darauf verweisen, dass dieser nach § 888 Abs. 1 BGB die Löschung des ihm gegenüber unwirksamen Rechts selbst durchsetzen könnte.

BGH, Urt. v. 8.11.1985 – V ZR 153/84,
DNotZ 1986, 275 = NJW 1986, 1982 = WM 1986, 203;

BGH, Urt. v. 5.12.2003 – V ZR 341/02, ZfIR 2004, 394
= NJW-RR 2004, 1135 = DNotZ 2004, 464
(m. Anm. *Oppermann*).

3. Bestehen eines Miet- oder Pachtverhältnisses

1063 Das Bestehen eines Miet- oder Pachtverhältnisses beim Grundstückskauf ist grundsätzlich ein **behebbarer Rechtsmangel**; denn es beschwert das Grundstück mit dem privaten Recht eines Dritten, das diesen zum Besitz des Grundstücks berechtigt und im Fall des Verkaufs nach §§ 566, 581 Abs. 2 BGB auch gegenüber dem Käufer des Grundstücks wirkt. Derjenige, der das Grundstück behalten will, kann Schadensersatz statt der Leistung unter den Voraussetzungen der §§ 440, 281 BGB verlangen, also nach fruchtlosem Ablauf einer für die Behebung des Mangels gesetzten Frist. Bei einem **nicht behebbaren Rechtsmangel** bedürfte es einer Fristsetzung nicht, da dem Schuldner die Behebung des Mangels unmöglich ist und er nach § 275 Abs. 1 BGB frei wird; der Schadensersatzanspruch folgt dann aus §§ 283, 281 BGB.

1064 Endet ein dem Käufer **bekanntes** Miet- oder Pachtverhältnis nicht zu dem mitgeteilten Zeitpunkt, stehen dem Käufer die Rechte aus §§ 435, 437 Nr. 3, 440, 281 BGB ebenfalls zu. Der Käufer irrt dann über den **Umfang des Rechts** mit der Folge, dass § 442 BGB insoweit nicht eingreift.

Vgl. BGH, Urt. v. 17.5.1991 – V ZR 92/90,
JZ 1991, 940 = NJW 1991, 2700 = WM 1991, 1809;
dazu EWiR 1991, 879 *(Eckert)*;

vgl. auch BGH, Urt. v. 15.4.1994 – V ZR 175/92,
WM 1994, 1342 (Wohnungsbesetzungsrecht).

1065 Das Gleiche gilt für eine **Verlängerungsoption**, die dem Mieter (Pächter) eingeräumt ist. Hat der Mieter (Pächter) entgegen der Angabe des Verkäufers von der Verlängerungsoption Gebrauch gemacht, so bedeutet dies einen Rechtsmangel des Grundstücks.

BGH, Urt. v. 24.10.1997 – V ZR 187/96,
ZIP 1997, 2158 = ZfIR 1997, 716;
dazu EWiR 1998, 13 *(Grunewald)*.

Die **Darlegungs- und Beweislast** dafür, dass er zwar das Bestehen eines Miet- oder Pachtverhältnisses, nicht aber dessen Umfang gekannt habe (vgl. § 442 Abs. 1 BGB), liegt beim Käufer. 1066

BGH, Urt. v. 2.10.1987 – V ZR 105/86,
DNotZ 1988, 308 = NJW-RR 1988, 79 = WM 1987, 1371;

BGH, Urt. 17.5.1991 – V ZR 92/90,
JZ 1991, 940 = NJW 1991, 2700 = WM 1991, 1809;
dazu EWiR 1991, 879 *(Eckert)*.

4. Aktuelle und potentielle Beeinträchtigung

Schon das frühere Recht (§ 434 BGB a. F. vor der Schuldrechtsreform) beschränkte die Verkäuferpflicht nicht darauf, dem Käufer eine unbeeinträchtigte Nutzungsmöglichkeit zu verschaffen. Die Beseitigungspflicht bestand schon dann, wenn das Recht des Dritten auch nur potentiell geeignet war, den Käufer in der ungestörten Ausübung der ihm gebührenden Rechtsposition zu beeinträchtigen. 1067

BGH, Urt. v. 11.12.1992 – V ZR 204/91,
NJW-RR 1993, 396 = WM 1993, 762;

BGH, Urt. v. 19.11.1999 – V ZR 321/98,
ZfIR 2000, 526 = NJW 2000, 803 = WM 2000, 578.

Dies hat die Reform verdeutlicht. In § 435 Satz 1 BGB heißt es jetzt ausdrücklich, dass die Kaufsache nur dann frei von Rechtsmängeln ist, wenn Dritte in Bezug auf die Sache keine Rechte **geltend machen können**. 1068

5. Rechtsfolgen

Die Rechtsfolgen eines Rechtsmangels ergeben sich aus §§ 437, 439, 440 BGB und den jeweiligen Vorschriften des allgemeinen Schuldrechts. Zu einigen Besonderheiten im Folgenden: 1069

a) Rücktritt und Ersatz von Vertragskosten

Nach § 325 BGB schließt der Rücktritt die Möglichkeit, Schadensersatz zu verlangen, nicht aus. Ob die Vertragskosten – wie früher – als Mindestschaden begriffen werden („Rentabilitätsvermutung") oder über § 284 BGB zu erstatten sind (dann freilich anstelle von Schadensersatz), ist eine nach wie vor umstrittene Frage. Zutreffen dürfte die Auffassung, dass beide Möglichkeiten dem Berechtigten (natürlich nicht kumulativ) zu Gebote stehen. 1070

MünchKomm-*Ernst*, BGB, § 284 Rn. 40 m. w. N.

b) Ersatz entgangenen Gewinns bei Weiterveräußerung

Der Verkäufer hat dem Käufer auch den Schaden zu ersetzen, den dieser dadurch erleidet, dass er im Fall der Weiterveräußerung seinem Abnehmer den entgangenen Gewinn zu ersetzen hat, der auf einem Rechtsmangel des ver- 1071 kauften Gegenstands beruht. Ein solcher Schadensersatzanspruch ist zwar nach § 249 Abs. 1 BGB grundsätzlich auf Befreiung von der Verbindlichkeit gerichtet; er wandelt sich aber dann, wenn er an den Gläubiger der Schuld (Drittkäufer) abgetreten wird, in einen solchen auf die diesem geschuldete Leistung, d. h. auf Zahlung von Schadensersatz.

BGH, Urt. v. 8.11.1991 – V ZR 139/90,
NJW 1992, 905 = WM 1992, 495.

6. Verjährung

1072 Ansprüche auf Schadensersatz statt der Leistung wegen eines Rechtsmangels verjähren nach § 438 Abs. 1 Nr. 1 BGB in **dreißig Jahren**, wenn der Mangel in einem dinglichen Drittrecht besteht, und zwar a), wenn aufgrund des Rechts Herausgabe verlangt werden kann, und b), wenn der Mangel in einem sonstigen im Grundbuch eingetragenen Recht besteht. Hintergrund dieser Regelung ist, dass die Drittansprüche nach § 197 Abs. 1 Nr. 2 BGB in dreißig Jahren verjähren, der Käufer daher bei kürzerer Verjährungsfrist seines Rechtsmängelanspruchs in eine „Gewährleistungsfalle" liefe. Daher hat der Bundesgerichtshof die Vorschrift des § 438 Abs. 1 Nr. 1b BGB entsprechend auf den Fall angewendet, dass das Recht zwar im Zeitpunkt der Übergabe (§ 438 Abs. 2 BGB) nicht im Grundbuch eingetragen war, gleichwohl aber bestand und gegen einen gutgläubig lastenfreien Erwerb geschützt war.

BGH, Urt. v. 27.2.2015 – V ZR 133/14, NJW 2015, 2029
= WM 2015, 1438.

III. Einzelne Aspekte der Sachmängelhaftung

1. Allgemeines

1073 Bis zur Schuldrechtsreform unterschied das Gesetz zwei Arten von Sachmängeln. Gehaftet wurde für **Fehler**, die den Wert oder die Tauglichkeit zu dem gewöhnlichen oder dem nach dem Vertrage vorausgesetzten Gebrauch aufheben oder mindern (§ 459 Abs. 1 BGB a. F. – **Beschaffenheitsmerkmale**), und einzustehen hatte der Verkäufer ferner für das Vorhandensein für Eigenschaften, die der Verkäufer zugesichert hat (§ 459 Abs. 2 BGB a. F. – **Eigenschaftszusicherung**). Fehler- und Eigenschaftsbegriff voneinander abzugrenzen, blieb auch nach 100 Jahren BGB schwierig. Gemeinsam war beiden, dass sie an die Beschaffenheit der Sache anknüpften, aber auch die tatsächlichen, wirtschaftlichen, sozialen und rechtlichen Beziehungen mit einbezogen. Die Rechtsprechung ging im Übrigen davon aus, dass der Fehlerbegriff enger als der Eigenschaftsbegriff war; Versuche, die Begriffe gegeneinander abzugrenzen, blieben jedoch umstritten. In der Literatur gab es nicht wenige Stimmen, die von einer Identität ausgingen und Beschaffenheitsvereinbarung und Eigenschaftszusicherung nur durch die unterschiedlich weit reichende Übernahme einer Einstandspflicht abgrenzten. Ansätze davon finden sich auch in einer Entscheidung des Bundesgerichtshofs.

Urt. v. 16.1.1991 – VIII ZR 335/89,
ZIP 1991, 321 = NJW 1991, 1223,
dazu EWiR 1991, 245 *(Westermann)*.

Das geltende Recht kennt den Begriff der zugesicherten Eigenschaft nicht 1074
mehr. An die Stelle getreten ist die vereinbarte Beschaffenheit und die **Garantie** für eine bestimmte Beschaffenheit.

Vgl. BGH, Urt. v. 29.11.2006 – VIII ZR 92/06, BGHZ 170, 86.

Die Frage nach dem Unterschied zwischen Fehler und Eigenschaft stellt sich 1075
daher nicht mehr. Neben den „normalen" Sachmängelrechten („unbeschadet", vgl. § 443 BGB) gewährt das Gesetz mit der Garantie eine verschuldensunabhängige Haftung, die in eine Erfüllungshaftung darstellt, deren weitere Ausgestaltung aber von den individuellen Umständen abhängt. Sie kann sich darauf beschränken, die in § 437 Nr. 3 BGB geregelte Schadensersatzhaftung zu garantieren, also verschuldensunabhängig zu gestalten. Sie kann aber auch einen darüber hinausgehenden Inhalt haben und steht in diesem Fall eigenständig neben der Haftung nach den Vorschriften des § 437 BGB.

Vgl. MünchKomm-*Maultzsch*, BGB, § 443 Rn. 20.

Für die Sachmängelhaftung **zentral sind die Vorschriften des § 434 BGB**, die 1076
den Sachmangelbegriff konkretisieren. Den bisher relativ klaren Gesetzestext hat der Gesetzgeber in Umsetzung der Warenkaufrichtlinie (RL (EU) 2019/771 durch Gesetz vom 25.6.2021 (BGBl. I, S. 2133) in der für die heutige Gesetzgebung üblich gewordenen geschwätzigen Art aufgebläht und dadurch schwerer erfassbar gemacht. Für den Bereich des Grundstückskaufs sind indes viele der Regelungen ohne Belang, sodass sich kaum Änderungen zur bisherigen Rechtslage ergeben dürften. Die Novelle gilt für Kaufverträge **ab dem 1.1.2022**.

Nach der Konzeption des Gesetzes ist der Kaufgegenstand frei von Sachmän- 1077
geln, wenn er bei Gefahrübergang den subjektiven Anforderungen, den objektiven Anforderungen und den Montageanforderungen entspricht (§ 434 Abs. 1 BGB). Von diesen Anforderungen, die an sich kumulativ vorliegen müssen, spielen Montageanforderungen (§ 434 Abs. 4 BGB) bei Grundstücken keine Rolle. Die objektiven Anforderungen kommen nur zum Tragen, wenn nicht wirksam etwas anderes vereinbart wurde (§ 434 Abs. 3 Satz 1 BGB). Somit läuft es in der Praxis bei Grundstückskaufverträgen darauf hinaus, dass es in erster Linie auf die **subjektiven Anforderungen** ankommt, und zwar auf die in § 434 Abs. 2 Satz 1 Nr. 1 und 2 BGB geregelten. Danach entspricht das verkaufte Grundstück diesen Anforderungen,

- wenn es die vereinbarte **Beschaffenheit** hat (Nr. 1) und
- wenn es sich für die nach dem Vertrag **vorausgesetzte Verwendung** eignet (Nr. 2).

Diese beiden Voraussetzungen stehen in einem gewissen Widerspruch zueinan- 1078
der. Je nach Vertrag (Auslegung) kann die Vereinbarung der Beschaffenheit

den Anwendungsbereich der vertraglich vorausgesetzten Verwendung miterfassen. Für ihn bleibt Raum bei eng gefassten Beschaffenheitsvereinbarungen oder im Falle, dass die Vereinbarung nicht bewiesen werden kann.

Vgl. MünchKomm-*Maultzsch*, BGB, § 434 Rn. 12, 34.

1079 Fehlt es an Vereinbarungen, so kommt es auf die **objektiven Anforderungen** an, und zwar bei Grundstückkäufen auf § 434 Abs. 3 Satz 1 Nr. 1 und 2 BGB. Danach ist das Grundstück – wie auch nach bisherigem Recht – frei von Sachmängeln,

- wenn es sich für **die gewöhnliche Verwendung eignet** (Nr. 1) und
- eine Beschaffenheit aufweist, die **üblich** ist und vom Käufer **erwartet werden** kann (Nr. 2). Bei diesem Merkmal sollen zwei Gesichtspunkte Berücksichtigung finden, nämlich a) die **Art** der Sache (darauf wäre man auch ohne diesen Hinweis gekommen) und b) **öffentliche Äußerungen** im Vorfeld des Kaufs.

1080 Alle anderen Voraussetzungen und Begriffserläuterungen der umfangreichen Norm spielen für den Grundstückskauf allenfalls am Rande eine Rolle und werden in dieser Darstellung vernachlässigt.

2. Beschaffenheitsvereinbarung – Garantie

a) Beschaffenheitsvereinbarung

aa) Beschaffenheit

1081 Zur Beschaffenheit einer Sache gehören alle Faktoren, die der Sache selbst anhaften, wie aber auch alle Beziehungen zur Umwelt, die nach der Verkehrsauffassung Einfluss auf die Wertschätzung der Sache haben (im konkreten Fall: das Bestehen einer Herstellergarantie).

BGH, Urt. v. 15.6.2016 – VIII ZR 134/15, ZIP 2016, 1928 = NJW 2016, 2874; dazu EWiR 2016, 699 *(Lindacher)*.

1082 Jedenfalls erfüllen die Beziehungen der Kaufsache zur Umwelt dann die Voraussetzung der Beschaffenheit, wenn sie in irgendeiner Weise mit ihren physischen Eigenschaften zusammenhängen (im konkreten Fall: mit Cyanid belastetes Grundwasser).

BGH, Urt. v. 30.11.2012 _ V ZR 25/12, NJW 2013, 1671 = ZfIR 2013, 287; dazu *Schmidt-Räntsch*, ZfIR 2014, 113.

1083 Angesichts dieses **weiten Beschaffenheitsbegriffs** können Umstände und Merkmale, die nach früherem Recht als zusicherungsfähige Eigenschaften angesehen wurden, nach geltendem Recht als Beschaffenheit der Kaufsache gewertet werden (im konkreten Fall: Mietertrag und Bewirtschaftungskosten).

BGH, Urt. v. 5.11.2010 – V ZR 228/09, ZIP 2011, 33 = NJW 2011, 1217; dazu EWiR 2011, 179 *(Klöhn/Haesen)*;

Zur Problematik insgesamt *Looschelders*, in: Festschrift Krüger, S. 263, 264 ff.

Zum Begriff der Beschaffenheit auch nach der jüngsten Novelle MünchKomm-Maultzsch, BGB, § 434 Rn. 14 ff. (Anknüpfung an physische Beschaffenheit).

bb) Vereinbarung

Die Vereinbarung muss sich auf eine **Beschaffenheit** beziehen. Vereinbarungen, die den Kaufgegenstand selbst festlegen, zählen nicht dazu. So liegt es bei einer Vereinbarung des Inhalts, dass sich das verkaufte Grundstück auf ein Nachbargrundstück erstreckt. Vereinbart ist dann der Inhalt des Kaufgegenstands, nicht seine Beschaffenheit. 1084

BGH, Urt. v. 23.6.2023 – V ZR 89/22 Rn. 5, NJW 2023, 2942 = ZIP 2023, 2370 = ZNotP 2023, 358.

Eine Beschaffenheitsvereinbarung setzt keine ausdrücklichen Erklärungen voraus, sondern kann sich auch aus den Umständen des Vertragsschlusses, etwa aus dem Kontext der dabei geführten Gespräche ergeben. So genügt es für eine Beschaffenheitsvereinbarung, dass der Verkäufer die Eigenschaften der verkauften Sache in bestimmter Weise beschreibt und der Käufer sich auf der Grundlage dieser Beschreibung zum Kauf entschließt. Allerdings müssen solche Beschreibungen **in der notariellen Erklärung einen Niederschlag** gefunden haben. Fehlt es daran, kann dies i. d. R. nicht durch die Heilungswirkung des § 311b Abs. 1 Satz 2 BGB behoben werden. Das ergibt sich daraus, dass die Parteien in diesem zentralen Punkt eine Bindung im Zweifel nicht gewollt haben, wenn die Beschreibung nicht zum Gegenstand der notariellen Beurkundung gemacht wurde. Die Heilung nach § 311b Abs. 1 Satz 2 BGB überwindet indes nur die Außerachtlassung des Formgebots, sie kann nicht den **fehlenden Bindungswillen** ersetzen. 1085

BGH, Urt. v. 6.11.2015 – V ZR 78/14, BGHZ 207, 349 = ZIP 2016, 222 = ZfIR 2016, 226;

dazu *Herrler*, NotBZ 2016, 137; ausführlich *Krüger*, ZfIR 2018, 753; krit. *Gsell*, in: Festschrift Krüger, S. 117.

Übersehen wird das Formproblem in zwei Entscheidungen des VII. Zivilsenats des Bundesgerichtshofs: 1086

BGH, Urt. v. 8.1.2004 – VII ZR 181/02, NJW 2004, 2156 = ZfIR 2004, 324; dazu EWiR 2004, 539 *(Schwenker)*;

BGH, Urt. v. 25.10.2007 – VII ZR 205/06, NJW-RR 2008, 258 = ZfIR 2008, 290 = DNotZ 2008, 609 (m. Anm. *Koeble*).

In den Entscheidungen ging es um Angaben des Bauträgers zur Beschaffenheit der erstellten Wohnungen (Wohnfläche; Nutzung zu Wohnzwecken), die er vor Abschluss des notariellen Vertrags gemacht hatte und die nicht Eingang in den Vertrag gefunden hatten. Der Senat bejahte gleichwohl eine Haftung des Bauträgers nach den Vorschriften der §§ 633 ff. BGB. Haltbar sind diese Ent- 1087 scheidungen m. E. nur, wenn man ein **Fortwirken** der vorvertraglichen Einigung über diese Beschaffenheiten im Zeitpunkt des notariellen Vertragsschlusses annimmt, sodass ein Bindungswille bestand. Ferner muss das Manko der fehlenden Beurkundung nach § 311b Abs. 1 Satz 2 BGB überwunden worden sein. Zu beiden Voraussetzungen erfährt man in den Entscheidungen nichts oder kaum etwas.

1088 Wird ein solches Fortwirken einer vorvertraglichen Einigung auf den Notarvertrag festgestellt, wird auch der V. Zivilsenat einen Bindungswillen nicht verneinen können, sodass eine Heilung des Formmangels nach § 311b Abs. 1 Satz 2 BGB möglich ist.

Zu allem *Krüger*, ZfIR 2018, 753.

1089 **Kein Formproblem** stellt sich, wenn es um die **Haftung für öffentliche Äußerungen geht, § 434 Abs. 3 Satz 1 Nr. 2b BGB**. Diese Äußerungen müssen nicht beurkundet werden; der Verkäufer haftet nicht für eine gewillkürte Vertragsbestimmung, sondern für die öffentliche Bewerbung.

BGH, Urt. v. 9.2.2018 – V ZR 274/16, ZIP 2018, 1355 = NJW 2018, 687; dazu EWiR 2018, 687 *(Karst/Litzenberger)*; eingehend *Krüger*, ZfIR 2018, 753, 757 ff.

BGH, Urt. v. 25.1.2019 – V ZR 38/18, ZIP 2019, 1620 = NJW 2019, 2380 = ZfIR 2019, 559 (m. Anm. *Brändle*); dazu EWiR 2019, 525 *(Cziupka)*.

BGH, Beschl. v. 14.3.2019 – V ZR 186/18, NJW 2019, 2383.

1090 Entgegen einer in der Literatur vertretenen Auffassung,

Weber, RNotZ 2016, 650; *Herrler*, NJW 2017, 152,

ist die Norm auf Grundstücksverkäufe anwendbar. Bezweifelt wurde dies aus folgendem Grund: Die Haftung für öffentliche Äußerungen stehe wertungsmäßig einer Haftung für eine vereinbarte Beschaffenheit gleich. Bei einer Beschaffenheitsvereinbarung sei der Haftungsausschluss aber regelmäßig dahin auszulegen, dass er für die vereinbarte Beschaffenheit nicht gelte (richtig, siehe Rn. 1142). Übertragen auf die Haftung für öffentliche Äußerungen, führe das dazu, den Haftungstatbestand für Grundstückskäufe für nicht anwendbar zu erklären (teleologische Reduktion). Das ist schon im Ansatz verfehlt. Die Haftung für eine vereinbarte Beschaffenheit und die Haftung für öffentliche Äußerungen sind wesensverschieden, was der Gesetzgeber dadurch zum Ausdruck gebracht hat, dass er den Tatbestand des § 434 Abs. 3 Satz 1 Nr. 2b BGB (öffentliche Äußerungen) zu den objektiven Anforderungen zählt, nicht zu den subjektiven, zu denen die Vereinbarung gehört (Absatz 2 Satz 1 Nr. 1). Es findet auch keine Einigung (auch keine konkludente) über den Inhalt der öffentlichen Äußerung statt (ähnlich einer Beschaffenheitsvereinbarung), sondern allein das öffentliche Bewerben löst die Haftung aus.

Zum Recht vor der Umsetzung der WarenkaufRL *Krüger*, ZfIR 2018, 753, 758;

BGH, a. a. O.

Die Gesetzesänderung lässt das Ergebnis unberührt.

Regeln die Kaufvertragsparteien, dass eine bestimmte Eigenschaft des Kaufgegenstands **nicht zu einer vereinbarten Beschaffenheit gehört**, so stellt diese Regelung selbst keine Beschaffenheitsvereinbarung dar (im konkreten Fall: Zulässigkeit weiterer Bebauung). 1091

BGH, Urt. v. 25.1.2019 – V ZR 38/18, ZIP 2019, 1620 = NJW 2019, 2380 = ZfIR 2019, 559 (m. Anm. *Brändle*); dazu EWiR 2019, 525 *(Cziupka)*.

Bestehen zwischen öffentlichen Äußerungen vor Vertragsschluss und einer konkreten Beschaffenheitsvereinbarung Differenzen, so geht letztere dem vor Vertragsschluss Geäußerten vor. 1092

BGH, a. a. O.

b) Garantie

Im Rahmen eines Kaufvertrags ist die Garantie eine Vereinbarung, mit der der Verkäufer (oder ein Dritter) die Gewähr dafür übernimmt, dass die verkaufte Sache zur Zeit des Gefahrübergangs eine bestimmte Beschaffenheit aufweist (Beschaffenheitsgarantie) oder für eine bestimmte Dauer behält (Haltbarkeitsgarantie). Soweit es um die Haftung des Verkäufers geht, weist die Beschaffenheitsgarantie in großem Umfang Parallelen zur früheren Eigenschaftszusicherung auf, sodass auf die Rechtsprechung dazu zurückgegriffen werden kann. 1093

Vgl. BGH, Urt. v. 29.11.2006 – VIII ZR 92/06, BGHZ 170, 86 = ZIP 2007, 583 = NJW 2007, 1346 = WM 2007, 616; dazu EWiR 2007, 361 *(Reinking)*.

aa) Konkludente Garantieübernahme

Vorsicht ist bei der Annahme konkludenter Garantien geboten. Allgemeine Angaben bei der Anpreisung eines Objekts genügen für die Übernahme einer Garantie nicht. Der Verkäufer muss die Gewähr für das Vorhandensein der Beschaffenheit übernehmen und zu erkennen geben, dass er für die Folgen einstehen wolle, wenn die Beschaffenheit fehlt. 1094

BGH, Urt. v. 18.12.1987 – V ZR 223/85, BGHZ 103, 39 = NJW 1988, 1202; dazu EWiR 1988, 361 *(Medicus)*;

ebenso BGH, Urt. v. 13.12.1995 – VIII ZR 328/94, ZIP 1996, 279 = WM 1996, 452; dazu EWiR 1996, 489 *(Tiedtke)*.

In notariellen Grundstückskaufverträgen taucht immer wieder die Erklärung des Verkäufers auf, dass ihm **versteckte Mängel nicht bekannt** seien und dass er **keine ihm bekannten Mängel verschwiegen** habe. Obwohl in der Rechtsprechung des V. Zivilsenats des Bundesgerichtshofs seit langem geklärt 1095 war, dass eine solche Erklärung **keine Zusicherung** von Eigenschaften i. S. d. § 459 Abs. 2 BGB a. F., etwa der Mängelfreiheit, darstellte,

> BGH, Urt. v. 9.11.1990 – V ZR 194/89, NJW 1991, 1181;
> BGH, Urt. v. 22.11.1991 – V ZR 215/90, NJW-RR 1992, 333;
> BGH, Urt. v. 3.3.1995 – V ZR 43/94, NJW 1995, 1549;
> dazu EWiR 1995, 647 *(Salzwedel)*, jeweils m. w. N.,

haben sich unterinstanzliche Gerichte immer wieder bemüht, darin eine Zusicherung zu erblicken oder daraus auf eine Umkehr der Beweislast für die, die Arglist begründenden Umstände (für eine Haftung nach § 463 Satz 2 BGB a. F.) zu schließen. Beiden Ansätzen ist der Bundesgerichtshof erneut entgegengetreten.

> BGH, Urt. v. 7.3.2003 – V ZR 437/01, ZfIR 2003, 769 = NJW-RR 2003, 989 = WM 2003, 1680 (zur Zusicherung); dazu EWiR 2003, 557 *(Reinking)*;
>
> BGH, Urt. v. 30.4.2003 – V ZR 100/02, NJW 2003, 2380 (zur Beweislast für die Arglist).

1096 Nach **geltendem Recht** ergeben sich insoweit keine Änderungen. Wer erklärt, dass er „nichts weiß und nichts verschwiegen hat", übernimmt keine verschuldensunabhängige Haftung nach §§ 276 Abs. 1 Satz 1, 443 BGB. Auch für eine Umkehr, der nach § 444 BGB dem Käufer obliegenden Beweislast für die Ausnahmen vom Haftungsausschluss (insbesondere Arglist) gibt die Erklärung nichts her.

1097 Die bloße Bezeichnung des verkauften Grundstücks im Kaufvertrag als **„Bauplatz"** enthält keine Garantie zur Baugrundbeschaffenheit.

> BGH, Urt. v. 18.9.1987 – V ZR 219/85, MDR 1988, 214 = NJW-RR 1988, 136 = WM 1988, 200;
>
> BGH, Urt. v. 18.12.1987 – V ZR 223/85, BGHZ 103, 39 = NJW 1988, 1202 = WM 1988, 716; dazu EWiR 1988, 361 *(Medicus)*.

bb) Inhalt der Garantie

1098 Worauf sich die Garantie erstreckt, ist eine Frage der Auslegung, bei der das Verhalten des Verkäufers aus der Sicht des Käufers unter Berücksichtigung seines Erwartungshorizonts bei objektiver Würdigung aller Umstände nach Treu und Glauben zu bewerten ist.

(1) Baugenehmigung

1099 Versichert der Verkäufer eines Grundstücks, dass die aufstehenden Gebäude **behördlicherseits genehmigt** und abgenommen sind, so muss der Käufer diese Erklärung nach Treu und Glauben unter Berücksichtigung der Verkehrssitte dahin verstehen, dass die verkauften Gebäude baurechtlich genehmigt sind und die behördliche Genehmigung sowie die Abnahme sich nicht nur auf das Mauerwerk, den Grundriss und die Aufteilung des Hauses beziehen, sondern die **Nutzung** des Gebäudes einschließen, die dem Ausbauzustand des Hauses mit seinen Räumlichkeiten bei Vertragsschluss entspricht. Ist das nicht der Fall, muss der Verkäufer den Käufer darauf hinweisen und seine Garantie entsprechend eingrenzen.

> BGH, Urt. v. 31.10.1997 – V ZR 248/96,
> ZIP 1997, 2202 = ZfIR 1997, 714;
> dazu EWiR 1998, 103 *(Reithmann)*.

Das Gleiche gilt für die Übernahme der Gewähr für die **„baurechtliche Zulässigkeit“.** 1100

> BGH, Urt. v. 17.9.1999 – V ZR 220/98, MittRhNotK 2000, 249.

Ist die **Bebaubarkeit** eines Grundstücks garantiert, so tritt der Garantiefall ein, 1101
wenn im Zeitpunkt des Gefahrübergangs die – an die Lage des Grundstücks anknüpfenden – **öffentlich-rechtlichen Voraussetzungen für die Erteilung der Baugenehmigung** nicht vorliegen.

> Vgl. BGH, Urt. v. 9.7.1976 – V ZR 256/75,
> BGHZ 67, 134 = NJW 1976, 1888;
>
> BGH, Urt. v. 6.10.1987 – V ZR 28/76, WM 1979, 101;
>
> BGH, Urt. v. 7.2.1992 – V ZR 246/90,
> NJW 1992, 1384 = WM 1992, 918.

Leistet der Verkäufer eines Grundstücks für die **„Zulässigkeit der Bebauung“** 1102
Gewähr, so kann dies bedeuten, dass er dem Käufer für den Zeitpunkt des Gefahrübergangs als Beschaffenheitsmerkmal die rechtliche Möglichkeit einer Bebauung mit Wohnhäusern garantiert,

> BGH, Urt. v. 22.6.1979 – V ZR 25/77,
> NJW 1979, 220 = WM 1979, 1119 m. w. N.,

aber für den Fortbestand dieser Beschaffenheit keine Gewähr leistet. Wird in einem solchen Fall die Wohnbebauung zunächst (rechtsfehlerhaft) genehmigt und die Genehmigung später (rechtmäßig) zurückgenommen, so fehlte die „Bebaubarkeit“ bereits in dem kaufrechtlich maßgeblichen Zeitpunkt des Gefahrübergangs.

> BGH, Urt. v. 16.6.1978 – V ZR 109/77,
> NJW 1979, 34 = WM 1978, 1273.

Wer die **sofortige Bebaubarkeit** eines Grundstücks garantiert, will nach der 1103
Lebenserfahrung im Allgemeinen dafür einstehen, dass der Bebauung im maßgeblichen Zeitpunkt der Übergabe des Kaufobjekts keine objektiven baurechtlichen Hindernisse entgegenstehen und mit der Bebauung unverzüglich nach Abschluss des Baugenehmigungsverfahrens begonnen werden kann.

> BGH, Urt. v. 12.6.1987 – V ZR 151/86,
> JZ 1988, 54 (m. Anm. *Crezelius*) = NJW 1987, 2513;
> dazu EWiR 1987, 973 *(Reithmann)*.

1104 Dagegen kann der Garant in der Regel nicht vorausschauend beurteilen, ob die Baugenehmigungsbehörde bei objektiv bestehender Bebaubarkeit die Erteilung der Baugenehmigung **rechtswidrig verweigern** oder **sachwidrig verzögern** wird. Die Übernahme der Einstandspflicht für ein rechtmäßiges Verhalten der Bauordnungsbehörde durch einen Verkäufer ist daher ungewöhnlich. Sie hat nichts mit der Beschaffenheit des Grundstücks zu tun und geht über die Garantie der Bebaubarkeit weit hinaus. Sie kann daher nur angenommen werden, wenn sich dies klar und eindeutig ergibt.

> Vgl. BGH, Urt. v. 12.6.1987 – V ZR 151/86, a. a. O.;
>
> BGH, Urt. v. 15.3.1985 – V ZR 275/83, DNotZ 1985, 625 = WM 1985, 662.

1105 Die Erwartung, dass ein im Zeitpunkt des Gefahrübergangs nicht bebaubares Grundstück **„in Bälde"** oder zu einem bestimmten späteren Zeitpunkt „baureif" oder bebaubar (i. S. d. Anspruchs auf Erteilung der Baugenehmigung) wird, begründete nach früherem Recht keine Eigenschaft des Grundstücks.

> Vgl. BGH, Urt. v. 15.10.1976 – V ZR 245/74, JZ 1977, 177; BGH, Urt. v. 20.1.1978 – V ZR 183/75, WM 1978, 554.

1106 Ob dies auch für den – nach der Tendenz des Gesetzes – weiten Beschaffenheitsbegriff gilt, darf bezweifelt werden. Jedenfalls kann aber der Verkäufer die **Garantie für eine Bebaubarkeit in Bälde** oder zu einem bestimmten Zeitpunkt übernehmen.

> So schon nach früherem Recht (selbständige Garantievereinbarung), BGH, a. a. O.

(2) Wohnfläche

1107 Die Angabe einer bestimmten **Wohnfläche** bezieht sich im Regelfall auf die zulässige Wohnungsnutzung. Sie kann Gegenstand einer Garantie sein.

> Vgl. BGH, Urt. v. 22.6.1990 – V ZR 126/89, NJW-RR 1990, 1161 = WM 1990, 1755;
>
> BGH, Urt. v. 30.11.1990 – V ZR 91/89, NJW 1991, 912 = WM 1991, 519; dazu EWiR 1991, 121 *(Quack)*;
>
> siehe auch Anm. v. *Tiedtke*, DNotZ 1991, 677.

1108 Nach der vorstehend erwähnten Entscheidung (V ZR 91/89) verbindet der allgemeine Sprachgebrauch mit dem Begriff der Wohnfläche nicht eine bestimmte Art ihrer Berechnung, z. B. nach §§ 42–44 der Zweiten Berechnungsverordnung.

> Anderer Auffassung aber für den Fall der Verwendung des Begriffs Wohnfläche im Prospekt über ein Bauherrenprojekt, das sowohl Wohnungen mit Dachschrägen als auch Vollgeschosse umfasst:

BGH, Urt. v. 15.5.1991 – VIII ZR 123/90,
NJW-RR 1991 = WM 1991, 1266;

vgl. auch
BGH, Urt. v. 11.7.1997 – V ZR 246/96,
ZfIR 1997, 595 = WM 1997, 2176.

Vereinbaren die Kaufvertragsparteien, dass **„geringfügige Änderungen der berechneten Wohnfläche“** einer Eigentumswohnung nicht zu einer Ermäßigung oder Erhöhung des Kaufpreises berechtigen sollen, und führt die endgültige Berechnung eine deutliche Abweichung nach unten (hier: statt 102,5 qm nur 90,48 qm), so ergibt die Auslegung der Klausel, dass die dann berechtigte Herabsetzung des Kaufpreises nicht um einen „Geringfügigkeitszuschlag“ von 3 % gekürzt werden darf. 1109

BGH, Urt. v. 22.10.1999 – V ZR 398/98, ZfIR 2000, 451
= NJW-RR 2000, 202 = WM 2000, 149.

Eine bestimmte **Grundstücksgröße** kann garantiert werden. Einer solchen Garantie muss nicht entgegenstehen, dass der Vertrag nur die Angabe einer ungefähren („circa“) Größe enthält. Hinzunehmen ist dann allerdings eine geringfügige Abweichung von der Circa-Angabe. 1110

Vgl. zu der auch von § 468 BGB a. F. bestimmten Problematik
BGH, Urt. v. 14.7.1978 – V ZR 168/75, WM 1978, 1291.

(3) Ertragsfähigkeit

Die **Ertragsfähigkeit** eines Hausgrundstücks wurde schon nach bisherigem Recht als Beschaffenheitsmerkmal angesehen. Für den **Mietertrag** gilt das zutreffender Auffassung nach ebenso. Er kann daher sowohl Gegenstand einer Beschaffenheitsvereinbarung sein wie auch einer Garantie, 1111

BGH, Urt. v. 5.11.2010 – V ZR 228/09, ZIP 2011, 33 =
NJW 2011, 1217; dazu EWiR 2011, 179 *(Klöhn/Haesen)*;
ferner *Looschelders*, in: Festschrift Krüger, S. 263, 267 f.,

zum früheren Recht:
BGH, Urt. v. 19.9.1980 – V ZR 51/78,
ZIP 1981, 67 = NJW 1981, 45 = WM 1980, 1307;

BGH, Urt. v. 2.4.1982 – V ZR 54/81, WM 1982, 696;

BGH, Urt. v. 1.10.1982 – V ZR 83/81, WM 1982, 1278,

und zwar selbst dann, wenn das verkaufte Hausgrundstück einer **Mietpreisbindung** unterliegt.

BGH, Urt. v. 8.2.1980 – V ZR 174/78, NJW 1980, 1456
= WM 1980, 673 = LM BGB § 459 Nr. 53.

Die in einem Kaufvertrag enthaltenen und ausdrücklich zum Gegenstand der Vereinbarungen gemachten Angaben über tatsächlich **erzielte Mieterträge** waren nach gefestigter Rechtsprechung des Bundesgerichtshofs als Zusicherung einer Eigenschaft zu verstehen. Eine andere Würdigung konnte sich nur 1112 aus den besonderen Umständen des Einzelfalls ergeben. Nichts anderes gilt nach geltendem Recht für eine Garantie.

> Vgl. BGH, Urt. v. 19.9.1980 – V ZR 51/78, ZIP 1981, 67 = NJW 1981, 45 = WM 1980, 1307;
>
> BGH, Urt. v. 3.11.1989 – V ZR 154/88, DNotZ 1990, 41 = JZ 1990, 99 = NJW 1990, 902 = WM 1990, 322; dazu EWiR 1990, 241 *(Reithmann)*;
>
> BGH, Urt. v. 22.6.1990 – V ZR 126/89, NJW-RR 1990, 1161 = WM 1990, 1755;
>
> BGH, Urt. v. 26.2.1993 – V ZR 270/91, DNotZ 1993, 692 = NJW 1993, 1385.

1113 Die Garantie von Mieteinnahmen erstreckt sich in der Regel nicht nur darauf, dass die Beträge bei Gefahrübergang gezahlt werden, sondern auch darauf, dass sie aus einer **zulässigen Vermietung** herrühren; denn nur solche Einnahmen können Grundlage für die bei dem Kauf eines Mietshauses bedeutsame Bemessung der Ertragsfähigkeit sein. Eine geringere Tragweite hat die Garantie nur dann, wenn der Käufer darüber aufgeklärt wird, dass es sich um Einnahmen aus rechtlich unzulässiger Nutzung handelt. Nur dann kann der Käufer entscheiden, ob er das damit verbundene Risiko übernehmen will.

> BGH, Urt. v. 2.12.1988 – V ZR 91/87, NJW 1989, 1795 = WM 1989, 579;
>
> BGH, Urt. v. 22.6.1990 – V ZR 126/89, NJW-RR 1990, 1161 = WM 1990, 1755.

(4) Mietdauer

1114 Wie der Mietertrag kann auch die Dauer eines bestehenden Mietverhältnisses Gegenstand einer Garantie sein. Dies trifft zu, wenn die Angabe über die Ertragshöhe mit derjenigen über die rechtlich gesicherte Dauer des Ertrags verbunden ist.

> BGH, Urt. v. 23.3.1990 – V ZR 16/89, NJW-RR 1990, 970 = WM 1990, 1210.

(5) Steuervorteile

1115 Schwierige Abgrenzungsfragen werden durch die Erwähnung von Steuervorteilen im Zusammenhang mit dem Kauf eines Grundstücks oder einer Eigentumswohnung aufgeworfen. Die Rechtsprechung dazu verläuft nicht geradezu geradlinig. Nach dem Bisherigen lässt sich wohl Folgendes zusammenfassen.

1116 Die aus dem Gesetz folgende **Ermäßigung der persönlichen Steuerschuld** konnte nach früherem Recht nicht Gegenstand einer Eigenschaftszusicherung sein. Denn die Steuerbegünstigung (z. B. nach § 7b EStG 1981, § 15 BerlinFG) haftet weder allein an der Sachbeschaffenheit noch an der Lage des Grundstücks. Die Möglichkeit erhöhter steuerlicher Absetzungen hing immer auch von den Erwerbsmodalitäten ab und knüpfte insoweit an die Person des Erwerbers und nicht an den Kaufgegenstand an. Die Rechtsfolge der Vorschriften im Einzelfall entzog sich daher einer umfassenden Eigenschaftszusicherung und konnte nur **Gegenstand einer selbständigen Garantie** des Verkäufers sein.

BGH, Urt. v. 26.4.1991 – V ZR 165/89, BGHZ 114, 263 = ZIP 1991, 874 = NJW 1991, 2556 = WM 1991, 1171; dazu EWiR 1991, 655 *(Reithmann)*.

Für das geltende Recht bedeutet dies, dass eine an der Beschaffenheit der Sache anknüpfende unselbständige Garantie (§ 443 BGB) wohl – wie die frühere Eigenschaftszusicherung – ausscheidet. Möglich ist nach wie vor eine selbständige Garantie. **1117**

Gegenstand einer unselbständigen Garantie können bei Steuervorteilen des Erwerbs nur die **in der Sache selbst** liegenden Voraussetzungen sein. In diesem Sinn hat der Bundesgerichtshof z. B. zwar die objektgebundenen Voraussetzungen der erhöhten Absetzungen nach § 7b EStG a. F. (Anschaffung von inländischen Ein- und Zweifamilienhäusern sowie Eigentumswohnungen, die zu mehr als 66 2/3 % Wohnzwecken dienen) als zusicherungsfähige Eigenschaft – und damit jetzt als unselbständige Garantie – anerkannt, **1118**

BGH, Urt. v. 19.12.1980 – V ZR 185/79, BGHZ 79, 183 = NJW 1981, 864 = WM 1981, 383;

ebenso
BGH, Urt. v. 6.12.1985 – V ZR 2/85, NJW-RR 1986, 700 = WM 1986, 360,

nicht aber das Nichtvorliegen eines steuerlichen Objektverbrauchs i. S. d. § 7b Abs. 6 EStG a. F.,

BGH, Urt. v. 23.3.1990 – V ZR 16/89, NJW-RR 1990, 970 = WM 1990, 1210,

oder sonstiger **nicht objektgebundener** Voraussetzungen einer steuerlichen Vergünstigung.

BGH, Urt. v. 30.10.1987 – V ZR 144/86, ZIP 1988, 316 = MDR 1988, 303 = WM 1988, 48;

BGH, Urt. v. 26.4.1991 – V ZR 165/89, BGHZ 114, 263 = ZIP 1991, 874 = NJW 1991, 2556 = WM 1991, 1171; dazu EWiR 1991, 655 *(Reithmann)*.

(6) Gaststättenerlaubnis

Auf dieser Linie liegt es, das Fehlen objektgebundener Versagungsgründe als Voraussetzung für die Erteilung einer Gaststättenerlaubnis als einer unselbständigen Garantie zugänglich anzusehen. **1119**

Vgl. BGH, Urt. v. 6.3.1987 – V ZR 200/85, NJW-RR 1987, 908 = WM 1987, 1041.

(7) Sonstiges

1120 Die Tilgung der für die Herstellung eines privaten Abwasserkanals angefallenen Kosten ist nicht als zusicherungsfähige Eigenschaft des Kaufgrundstücks angesehen worden, weil sie mit den maßgeblichen Umweltbeziehungen des Grundstücks nichts zu tun hat.

> BGH, Urt. v. 28.11.1980 – V ZR 105/79, NJW 1981, 1600 = WM 1981, 364.

1121 Man wird daher auch eine unselbständige Garantie für nicht möglich erachten müssen, wohl aber ein selbständiges Garantieversprechen.

> BGH, Urt. v. 28.11.1980 – V ZR 105/79, a. a. O.;
>
> zu den Voraussetzungen dieses Instituts: BGH, Urt. v. 10.2.1999 – VIII ZR 70/98, ZIP 1999, 607; dazu EWiR 2000, 63 *(Nielsen)*.

1122 Der nur in einem Jahr – zumal bei eingeschränkter Öffnungszeit – erzielte **Bierumsatz** einer Gaststätte ist keine zusicherungsfähige Eigenschaft des Grundstücks und kann auch nicht Gegenstand einer unselbständigen Garantie sein. Ein so kurzer Zeitraum gibt keinen verlässlichen Anhalt für die Bewertung der Ertragsfähigkeit der Gaststätte und damit des Grundstücks. Anders liegt es – ähnlich wie beim Unternehmenskauf – bei einem längeren, mehrjährigen Zeitraum.

> BGH, Urt. v. 30.3.1990 – V ZR 13/89, NJW 1990, 1658; dazu EWiR 1990, 873 *(Knöpfle)*.

1123 Die Erklärung des Grundstücksverkäufers, alle **Kosten der Erschließung** seien im Kaufpreis enthalten, bedeutet nicht die Übernahme einer (unselbständigen) Garantie, sondern eine Bestimmung darüber, wer im Innenverhältnis die Erschließungskosten zu tragen hat.

> BGH, Urt. v. 2.7.1993 – V ZR 157/92, DNotZ 1994, 52 = MDR 1993, 1203 = NJW 1993, 2796.

1124 Wer als Verkäufer garantiert, „dass eine ordnungsgemäße, den Vorgaben der Gesetze und Anforderungen entsprechende **Entfluchtung** des Kaufgrundstücks […] sichergestellt ist", hat auch dann einzustehen, wenn dazu eine Baulasterklärung des Nachbarn erforderlich ist, auf deren Abgabe der Käufer zwar möglicherweise einen Anspruch hat, dessen Durchsetzung aber auf Schwierigkeiten stößt.

> BGH, Urt. v. 16.10.2009 – V ZR 246/08 (unveröffentlicht).

3. Sachmangelbegriff

a) Allgemeines

1125 Mit § 434 BGB hat der Gesetzgeber den zum früheren Rechtszustand herrschenden Sachmangelbegriff als Differenz zwischen Soll- und Istbeschaffenheit aufgegriffen, jetzt in Form der subjektiven Anforderungen, § 434 Abs. 2 BGB. Auf die frühere Rechtsprechung zum Sachmangelbegriff kann insoweit daher weiterhin zurückgegriffen werden.

Problematisch ist bisweilen die Einstufung bauartbedingter Eigenschaften eines 1126
älteren Hauses. Kommt es bei der Frage, ob ein Mangel vorliegt, auf die Verhältnisse an, die zum Zeitpunkt der Errichtung des Hauses gegolten haben (Standard der Bautechnik) oder auf die Zeit, in der der jeweilige Fall spielt?

Dazu eingehend *Krüger*, ZNotP 2010, 42.

Maßgeblich ist der **Zeitpunkt des Gefahrübergangs**; in diesem Zeitpunkt muss 1127
ein Sachmangel vorliegen. Maßstab ist die konkrete Leistung, zu der sich der Verkäufer verpflichtet hat. Für einen **feuchten Keller** bedeutet dies z. B., dass beim Verkauf eines älteren Hauses, für dessen Entstehungszeit vertikale und/oder horizontale Abdichtungen gegen drückendes Wasser noch nicht Standard waren, ein Mangel nur dann angenommen werden kann, wenn das Haus in dem Zustand eines modernisierten, den heutigen Anforderungen genügenden Hauses verkauft wurde oder wenn der Keller Wohnqualität haben sollte.

Vgl. BGH, Urt. v. 7.11.2008 – V ZR 138/07 (unveröffentlicht).

Werden Räumlichkeiten im Souterrain als Wohnungen verkauft, so ist die 1128
vertraglich vorausgesetzte Verwendung ein Bewohnen dieser Räumlichkeiten. Dazu zählt, dass die Wohnung trocken ist, auch wenn sie in einem Altbau gelegen ist. Erhebliche Wandfeuchtigkeit bedeutet daher einen Sachmangel (jetzt nach § 434 Abs. 2 Satz 1 Nr. 2 BGB).

Noch zum früheren Recht BGH, Urt. v. 21.6.2024 – V ZR 79/23 Rn. 11, NJW 2024, 2823 = NZM 2024, 830.

Mangelsymptome, die auf das Vorhandensein eines Mangels schließen lassen, 1129
sind für sich genommen noch keine Sachmängel i. S. d. § 434 Abs. 1 BGB (sei es nach Abs. 2 Satz 1 Nr. 2 oder nach Abs. 3 Satz 1 Nr. 1 und 2 BGB). So kann es sich bei Feuchtigkeitserscheinungen unbekannter Genese verhalten. Anders ist es aber, wenn ein Hausgrundstück mit überdachter Terrasse verkauft wird und durch das Terrassendach wiederholt Wasser eintritt; hier begründet die Undichtigkeit des Daches den Mangel.

BGH, Urt. v. 27.10.2023 – V ZR 43/23, NJW-RR 2024, 542 = ZfIR 2024, 111 = WM 2024, 1238.

Für die Verwendung von **Asbest** als Baumaterial kommt es nicht darauf an, ob 1130
der Baustoff bei der Errichtung als unbedenklich galt, sondern darauf, ob von ihm heute eine konkrete (nicht lediglich abstrakte) Gefahr ausgeht, etwa weil der Baustoff an Stellen verwendet wurde, bei denen es im Rahmen der gewöhnlichen Nutzung zu einem Eingriff in die Substanz mit der Folge kommen kann, dass sich die Gefährlichkeit des Baustoffes konkretisiert.

BGH, Urt. v. 27.3.2009 – V ZR 30/08,
BGHZ 180, 205 = NJW 2009, 2120 = ZfIR 2009, 560.

1131 Hängt bei einem älteren Wohnhaus die **Wasserversorgung** und Abwasserentsorgung davon ab, dass ein Nachbar die Mitnutzung seiner Leitungen auf freiwilliger Basis gestattet, so liegt in dieser ungesicherten Wasserver- und -entsorgung ein Sachmangel.

BGH, Urt. v. 8.4.2011 – V ZR 185/10,
ZfIR 2011, 657 = NJW 2011, 2128.

1132 Die **Beziehungen der Kaufsache zur Umwelt** gehören jedenfalls dann zu ihrer Beschaffenheit i. S. d. § 434 Abs. 1 BGB, wenn sie in irgendeiner Weise mit ihren physischen Eigenschaften zusammenhängen. Der Bundesgerichtshof hat daher einen Sachmangel darin gesehen, dass ein Grundstück von Grundwasser durchströmt wird, das mit Giftstoffen belastet ist.

BGH, Urt. v. 30.11.2012 – V ZR 25/12, NJW 2013, 1671
= ZfIR 2013, 287 (m. Anm. *Häcker*, S. 290).

1133 Eine fehlende Baugenehmigung stellt regelmäßig einen Sachmangel dar, und zwar auch dann, wenn sie hätte erteilt werden können.

BGH, Urt. v. 12.4.2013 – V ZR 266/11, NJW 2013, 2182;
dazu *Schmidt-Räntsch*, ZfIR 2014, 113.

1134 Auch die **Denkmaleigenschaft** eines Hauses kann einen Sachmangel nach (jetzt) § 434 Abs. 3 Satz 1 Nr. 1 und 2 BGB begründen.

BGH, Urt. v. 19.3.2021 – V ZR 158/19, Rn. 9, NJW-RR 2021,
1068 = NZM 2021, 662 (noch zu § 434 BGB a. F.).

1135 Ein Haus, das unter Verstoß gegen das **Schwarzarbeit**sbekämpfungsgesetz gebaut wurde, begründet keinen Sachmangel des Grundstücks, auf dem es errichtet wurde.

BGH, Urt. v. 28.5.2021 – V ZR 24/20, Rn. 22, NJW 2021, 3397
= ZIP 2022, 643 = ZfIR 2022, 31.

b) Vorausgesetzte Verwendung

1136 Zum Tatbestand des **§ 434 Abs. 2 Satz 1 Nr. 2 BGB**: Die Prüfung, ob die Parteien nach dem Vertrag eine bestimmte Verwendung der Kaufsache vorausgesetzt haben, beschränkt sich nicht auf den Vertragsinhalt, sondern hat auch die **Begleitumstände** in die Prüfung einzubeziehen.

Vgl. BGH, Urt. v. 6.12.2017 – VIII ZR 219/16, NJW-RR 2018,
822 = BauR 2018, 671.

c) Gewöhnliche Verwendung, übliche Beschaffenheit

1137 Zum Tatbestand des **§ 434 Abs. 1 Satz 2 Nr. 2 BGB a. F., jetzt § 434 Abs. 3 Satz 1 Nr. 2**: Begründet die frühere Nutzung des verkauften Grundstücks die Gefahr von erheblichen Schadstoffbelastungen, so weist es unabhängig von dem mit dem Kauf verfolgten Zweck in aller Regel nicht die übliche Beschaffenheit im Sinne der Norm auf.

> BGH, Urt. v. 8.7.2016 – V ZR 35/15, ZIP 2017, 380 = NJW-RR 2017, 468 = ZfIR 2016, 783; dazu EWiR 2017, 113 *(Hahn)*; Bspr. *Krauß* NotBZ 2017, 99;
>
> BGH, Urt. v. 21.7.2017 – V ZR 250/15, ZIP 2018, 839 = NJW 2018, 389 = ZfIR 2018, 55 (m. Anm. *Hahn*).

Für geltende Recht, § 434 Abs. 3 Satz 1 Nr. 2 BGB, dürfte dasselbe gelten. 1138

Schon wenn aufgrund der früheren Nutzung eines Grundstücks ein **Altlastenverdacht** besteht, stellt dies einen offenbarungspflichtigen Sachmangel nach § 434 Abs. 1 Satz 2 Nr. 2 BGB a. F. dar. 1139

> BGH, Urt. v. 21.7.2017 – V ZR 250/15 a. a. O. (m. w. N.).
>
> BGH, Urt. v. 11.11.2022 – V ZR 213/21, Rn. 41 f., ZfIR 2023, 90 = NJW 2023, 217.

Auch insoweit ist jetzt die einschlägige Norm § 434 Abs. 3 Satz 1 Nr. 2 BGB. 1140

d) Öffentliche Äußerungen

Zum Tatbestand des **§ 434 Abs. 1 Satz 3 BGB a. F., jetzt § 434 Abs. 3 Satz 1 Nr. 2b BGB:** Der Ausnahmefall des § 434 Abs. 1 Satz 3 Halbs. 2 BGB a. F. (jetzt § 434 Abs. 3 Satz 3 BGB), wonach der Verkäufer für seine unzutreffende öffentliche Äußerung über Eigenschaften der Kaufsache dann nicht haftet, wenn die Äußerung die Kaufentscheidung nicht beeinflussen konnte, liegt nur vor, wenn ein **Einfluss** der öffentlichen Äußerung auf die Kaufentscheidung **nachweislich ausgeschlossen** ist. Maßgeblicher Zeitpunkt für diese Beurteilung ist der Zeitpunkt der notariellen Beurkundung des Vertrages. 1141

> BGH, Urt. v. 16.7.2021 – V ZR 119/20, NJW 2021, 3781 = ZIP 2021, 2643 = ZfIR 2022, 27 (m. Anm. *Marski*); dazu EWiR 2022, 111 (*Kliebisch*).

4. Haftungsausschluss

a) Verhältnis zur Beschaffenheitsvereinbarung

Nach § 444 BGB kann sich der Verkäufer auf einen Haftungsausschluss nicht berufen, wenn er den Mangel arglistig verschwiegen oder eine Garantie für die Beschaffenheit übernommen hat. Die Rechtsprechung des Bundesgerichtshofs geht darüber noch hinaus. Sie nimmt im Wege der Auslegung an, dass ein pauschaler Ausschluss der Sachmängelhaftung regelmäßig **einschränkend dahin auszulegen** ist, dass er für das Fehlen einer vereinbarten Beschaffenheit nicht gilt. Von Bedeutung ist der Haftungsausschluss dann nur noch insoweit, als es um die Fälle des § 434 Abs. 2 Satz 1 Nr. 2 BGB (fehlende Eignung für die nach dem Vertrag vorausgesetzte Verwendung) und des § 434 Abs. 3 Satz 1 Nr. 1 und 2 BGB (fehlende Eignung für die gewöhnliche Verwendung; feh- 1142 lende übliche Beschaffenheit) geht (zu § 434 Abs. 3 Satz 1 Nr. 2 b BGB sogleich).

BGH, Urt. v. 29.11.2006 – VIII ZR 92/06, BGHZ 170, 86 = ZIP 2007, 583 = NJW 2007, 1346 = WM 2007, 616; dazu EWiR 2007, 361 *(Reinking)*;

BGH, Urt. v. 10.4.2024 – VIII ZR 161/23, NJW 2024, 2246 = ZIP 2024, 1084 = MDR 2024, 706.

b) Verhältnis zu öffentlichen Äußerungen

1143 Ein allgemeiner Haftungsausschluss für Sachmängel erfasst auch die nach öffentlichen Äußerungen des Verkäufers zu erwartenden Eigenschaften der Kaufsache, § 434 Abs. 1 Satz 3 BGB).

BGH, Urt. v. 22.4.2016 – V ZR 23/15, ZIP 2016, 1930 = NJW 2017, 150 = ZfIR 2016, 1930; dazu EWiR 2016, 729 *(Cramer)*; ferner *Krüger*, ZfIR 2019, 753, 758 f.

BGH, Urt. v. 25.1.2019 – V ZR 38/18, ZIP 2019, 1620 = NJW 2019, 2380 = ZfIR 2019, 559 (m. Anm. *Brändle*); dazu EWiR 2019, 525 *(Cziupka)*.

c) Entstehung des Mangels zwischen Vertragsschluss und Gefahrübergang

1144 Entsteht **zwischen Vertragsschluss und Gefahrübergang** ein **Mangel,** so wird er von einem Haftungsausschluss nicht ohne Weiteres erfasst. Natürlich können die Kaufvertragsparteien vereinbaren, dass der Verkäufer auch für solche Mängel nicht einstehen soll. Die Frage ist nur, ob dies bei einem gewöhnlichen Haftungsausschluss „für sichtbare und unsichtbare Mängel" anzunehmen ist.

1145 Der Bundesgerichtshof hat dies für das frühere Recht verneint, weil es nicht der Interessenlage entsprach. Der Gewährleistungsausschluss sollte den Verkäufer vor der Haftung wegen ihm nicht bekannter Mängel schützen. Der Schutz des Käufers war durch § 476 BGB a. F. (bestehen bleibende Haftung bei Arglist) und durch die Möglichkeit, sichtbare Mängel vor Vertragsschluss selbst zu entdecken, gesichert. Dieser Schutz versagte, wenn Mängel erst nach Vertragsschluss entstehen. Weder griff das Korrektiv des § 476 BGB a. F. noch konnte der Käufer diese Mängel bei Vertragsschluss erkennen. Dieses Risiko wies das Gesetz daher dem Verkäufer zu (§§ 446 Abs. 1, 459 Abs. 1 Satz 1 BGB a. F.). Wollte er es auf den Käufer überwälzen, musste dies im Vertrag deutlich werden. Sonst verblieb es bei der **gesetzlichen Risikoverteilung**.

BGH, Urt. v. 24.1.2003 – V ZR 248/02, ZIP 2003, 532 = ZfIR 2003, 233 = NJW 2003, 1316 = WM 2003, 1490 = DNotZ 2003, 643 (m. Anm. *Amann*, auch zur Rechtslage nach neuem Recht); dazu auch EWiR 2003, 507 *(Gsell)*.

An dieser Rechtslage dürfte sich durch das **neue Recht** nichts Wesentliches geändert haben, da die Risikoverteilung unverändert geblieben ist (§§ 434 Abs. 1 Satz 1, 446 BGB) und auch die Grenzen des Haftungsausschlusses der Sache nach gleich geblieben sind (§ 444 BGB). **1146**

d) Kenntnis vom Mangel

Hat der Käufer bei Abschluss eines formnichtigen, erst durch Grundbucheintragung wirksam gewordenen Kaufvertrags keine Kenntnis von dem Sachmangel, ist § 442 BGB nicht anwendbar, wenn er den Sachmangel im Zeitpunkt der Eintragung kennt. **1147**

> BGH, Urt. v. 27.5.2011 – V ZR 122/10, ZIP 2011, 1413 = NJW 2011, 2953.

Macht der Käufer das Angebot, das von dem Verkäufer zeitlich danach in eigenständiger Urkunde angenommen wird, so kommt es für seine Kenntnis vom Mangel i. d. R. nicht auf den Zeitpunkt der Annahme des Angebots, sondern auf den Zeitpunkt der Beurkundung des Angebots an. **1148**

> BGH, Urt. v. 15.6.2012 – V ZR 198/11 (auch zu Ausnahmefällen), BGHZ 193, 326 = ZNotP 2012, 306; dazu EWiR 2012, 593 (*Grunewald*).

Wird der Käufer bei Abschluss des Kaufvertrags durch einen vollmachtlosen Vertreter vertreten, so kommt es für seine Kenntnis vom Mangel (§ 442 Abs. 1 Satz 1 BGB) auf den Zeitpunkt der Abgabe der Genehmigungserklärung an. Der Käufer ist in gleicher Weise schutzwürdig wie in dem zuvor geschilderten Fall, dass der Käufer ein Angebot abgibt, das von dem Verkäufer zeitlich versetzt angenommen wird. **1149**

> BGH, Urt. v. 6.5.2022 – V ZR 282/20, NJW 2022, 2843 = ZIP 2022, 1546 = ZNotP 2022, 344; dazu EWiR 2022, 652 (*Faust*).

5. Arglistiges Verschweigen von Mängeln

Ein arglistiges Verschweigen eines Mangels war früher vor allem Haftungsvoraussetzung für einen Schadensersatzanspruch im Sachmängelrecht beim Kauf, § 463 Satz 2 BGB a. F. Das hat sich geändert. Schadensersatz setzt nach §§ 437, 280 Abs. 1 Satz 2 BGB Vertretenmüssen (mit Umkehr der Darlegungs- und Beweislast) voraus. Es gilt somit § 276 BGB; Arglist ist nicht mehr Haftungsvoraussetzung. In der Sache kommt der **Frage der Arglist aber nach wie vor große Bedeutung** zu. Im Regelfall wird nämlich der Verkäufer seine Haftung auf das gesetzlich Unumgängliche beschränken. Die Grenze liegt hier nach wie vor bei Arglist und Garantieübernahme (früher: Eigenschaftszusicherung), § 444 BGB. Was die Voraussetzungen der Arglist anbetrifft, kann daher auf die bisherige Rechtsprechung zurückgegriffen werden. **1150**

a) Offenbarungspflicht

1151 Ein arglistiges Verschweigen eines Mangels setzt grundsätzlich voraus, dass der Verkäufer den **Mangel kennt** und dass ihn eine **Offenbarungspflicht** trifft. Nach ständiger Rechtsprechung des Bundesgerichtshofs besteht auch bei Vertragsverhandlungen, in denen die Parteien entgegengesetzte Interessen verfolgen, für jeden Vertragspartner die Pflicht, den anderen Teil über solche Umstände aufzuklären, die den Vertragszweck (des anderen) vereiteln können und daher für seinen Entschluss von wesentlicher Bedeutung sind, sofern er die Mitteilung nach der Verkehrsauffassung erwarten konnte.

> BGH, Urt. v. 2.3.1979 – V ZR 157/77, NotZ 1980, 38 = NJW 1979, 2243 m. w. N.;
>
> BGH, Urt. v. 25.6.1982 – V ZR 143/81, WM 1982, 960;
>
> BGH, Urt. v. 30.10.1987 – V ZR 144/86, ZIP 1988, 316 = MDR 1988, 303 = WM 1988, 48 = LM BGB § 463 Nr. 50 und öfter.

1152 Für den Kauf eines Hausgrundstücks ist eine Pflicht zur Offenbarung regelmäßig aber nur wegen **verborgener**, nicht unerheblicher Mängel oder solcher nicht erkennbarer Umstände zu bejahen, die nach der Erfahrung auf das Entstehen bestimmter Mängel schließen lassen; denn eine Aufklärung über Mängel, die einer **Besichtigung zugänglich und ohne Weiteres erkennbar** sind, kann der Käufer nicht erwarten, weil er solche Mängel bei der im eigenen Interesse gebotenen Sorgfalt selbst wahrnehmen kann.

> BGH, Urt. v. 16.6.1989 – V ZR 74/88 (unveröffentlicht);
>
> BGH, Urt. v. 8.4.1994 – V ZR 178/92, NJW-RR 1994, 907;
>
> BGH, Urt. v. 2.2.1996 – V ZR 239/94, BGHZ 132, 30, 34 = ZIP 1996, 548; dazu EWiR 1996, 585 *(Taupitz)*.

1153 Eine Offenbarungspflicht ist daher z. B. zu verneinen, wenn ein Wasserschaden deutlich erkennbar ist und sich an den Kellerwänden Pilz- und Schimmelbildung zeigt.

> BGH, Urt. v. 16.6.1978 – V ZR 74/88 (unveröffentlicht).

1154 Dabei kommt es indes stets auf die Umstände des Einzelfalls, insbesondere darauf an, ob der Käufer bei einer dem allgemein Üblichen entsprechenden Besichtigung überhaupt die Möglichkeit der Mängelwahrnehmung hat. Daran fehlt es bei einem in einem nicht frei zugänglichen Wartungsraum befindlichen Wasserschaden, der auf eine Undichtigkeit des Beckens schließen lässt (zu verneinen auch z. B. bei lediglich in einer Ecke einer großen Tiefgarage erkennbaren Wasserschäden, bei denen die Sicht zudem durch Rohre beeinträchtigt ist).

> Vgl. BGH, Urt. v. 12.4.2002 – V ZR 302/00 (unveröffentlicht).

1155 Eine Offenbarungspflicht besteht ebenfalls nicht, wenn der Käufer weiß, dass mit einem bestimmten Risiko zu rechnen ist und der Verkäufer ihm zusätzliche

Aufklärung (im entschiedenen Fall: durch Preisgabe eines von ihm eingeholten Sachverständigengutachtens) nur gegen ein zusätzliches Entgelt geben will. Es ist dann Sache des Käufers, das rechtliche Risiko gegen den Preis vollständiger Aufklärung abzuwägen.

BGH, Urt. v. 29.1.1993 – V ZR 227/91, NJW 1993, 1643 = WM 1993, 1099.

Seiner Offenbarungspflicht genügt der Verkäufer nicht immer schon dann, 1156
wenn er dem Käufer **Unterlagen überreicht**, aus denen sich ein Mangel der Kaufsache ergibt. Das ist vielmehr nur dann der Fall, wenn der Verkäufer aufgrund der Umstände die berechtigte Erwartung haben kann, dass der Käufer die Unterlagen nicht nur zum Zwecke allgemeiner Information, sondern unter einem bestimmten Gesichtspunkt gezielt durchsehen wird.

Bejaht für den Fall, dass im Zusammenhang mit möglichen Mängeln ein Sachverständigengutachten übergeben wird, BGH, Urt. v. 12.11.2010 – V ZR 181/09, NJW 2011, 1280 = ZIP 2011 383 = ZfIR 2011, 69;

verneint für den Fall, dass Unterlagen übergeben werden, die der Käufer als Finanzierungsunterlagen für die Bank benötigt, BGH, Urt. v. 11.11.2011 – VZR 245/10, ZIP 2012, 332 = ZNotP 2012, 58;

BGH, Urt. v. 15.9.2923 – V ZR 77/22, BGHZ 238, 179 = ZIP 2023, 2152 = NJW 2023, 3423 (Einstellung von Unterlagen in einem Datenraum); dazu *Wentz*, WuB 2024, 234.

Ob der Verkäufer über eine **Gefahr des Eintritts eines Mangels** (im entschie- 1157
denen Fall: Gefahr des Befalls mit Hausschwamm) aufklären muss, hängt insbesondere von der Schwere des zu befürchtenden Mangels und der Wahrscheinlichkeit des Gefahreintritts ab. Eine Aufklärungspflicht entfällt auch dann, wenn der Käufer die gefahrbegründenden Umstände kennt und den Schluss auf die Gefahr zieht.

BGH, Urt. v. 7.2.2003 – V ZR 25/02, ZfIR 2004, 100 = NJW-RR 2003, 772 = WM 2003, 1676.

Der Verkäufer muss auch dann über einen ihm bekannten Mangel (im konkre- 1158
ten Fall: Undichtigkeit einer Überdachung) aufklären, wenn ihm die Ursachen unbekannt sind.

BGH, Urt. v. 27.10.2023 – V ZR 43/23, Rn. 16, NJW-RR 2024, 542 = ZfIR 2024, 111 = WM 2024, 1238.

Der Verkäufer ist von einer Aufklärungspflicht über die Beschaffenheit des 1159
Kaufgrundstücks nicht deshalb entbunden, weil sich der Käufer beim Kaufentschluss von steuerlichen Erwägungen leiten lässt.

BGH, Urt. v. 23.3.1990 – V ZR 16/89, NJW-RR 1990, 970 = WM 1990, 1210.

Über **Baustoffe**, die bei der Errichtung eines Wohnhauses gebräuchlich waren, 1160
später aber als gesundheitsschädlich erkannt worden sind (z. B **Asbest**), kön-

nen einen Mangel der Kaufsache begründen, der ungefragt zu offenbaren ist. Entscheidend ist dabei nicht das abstrakte Gefährdungspotential des Baustoffs, sondern entscheidend ist, ob die ernsthafte Gefahr besteht, dass solche Stoffe im Rahmen der üblichen Nutzung frei und damit konkret gesundheitsgefährdend werden.

> BGH, Urt. v. 27.3.2009 – V ZR 30/08,
> BGHZ 180, 205 = NJW 2009, 2120 = ZfIR 2009, 560;
> dazu *Krüger*, ZNotP 2010, 42;
> *H. Roth*, JZ 2009, 1174,
> *St. Lorenz*, LMK 2009, 282362.

b) Arglist

1161 Für den Vorsatz ist Voraussetzung, dass der Verkäufer den Mangel **zumindest für möglich hält** und zugleich weiß oder doch damit rechnet und billigend in Kauf nimmt, dass der Vertragspartner den Fehler nicht kennt und bei Offenbarung den Vertrag nicht oder nicht mit dem vereinbarten Inhalt abgeschlossen hätte.

> Std. Rspr., vgl. etwa
> BGH, Urt. v. 28.6.1978 – VIII ZR 112/77,
> NJW 1978, 2240 = WM 1978, 1175;
>
> BGH, Urt. v. 10.6.1983 – V ZR 292/81, WM 1983, 990;
>
> BGH, Urt. v. 20.3.1987 – V ZR 27/86,
> ZIP 1987, 995 = NJW 1987, 2511 = WM 1987, 1222;
>
> BGH, Urt. v. 7.7.1989 – V ZR 21/88,
> NJW 1990, 42 = WM 1989, 1735.

1162 Damit erfasst das Tatbestandsmerkmal der Arglist nicht nur ein Handeln des Veräußerers, das von betrügerischer Absicht getragen ist, sondern auch solche Verhaltensweisen, die auf **bedingten Vorsatz** – im Sinne eines (bloßen) „Fürmöglichhaltens und Inkaufnehmens" – reduziert sind und mit denen kein moralisches Unwerturteil verbunden sein muss.

> BGH, Urt. v. 7.7.1989 – V ZR 21/88, a. a. O.;
>
> BGH, Urt. v. 19.3.1992 – III ZR 16/90,
> BGHZ 117, 363 = NJW 1992, 1953 (Altlasten);
>
> BGH, Urt. v. 14.10.1993 – III ZR 156/92,
> BGHZ 123, 363 = NJW 1994, 253 = WM 1994, 70 (Altlasten).

1163 **Nicht ausreichend** ist demgegenüber die Feststellung, dass sich der Verkäufer der Kenntnis offenbarungspflichtiger Umstände **„bewusst verschlossen"** habe. Mit diesem Grad von Kenntnis begnügt sich die Rechtsprechung des Bundesgerichtshofs, wenn es um die Kenntnis von Rechtsfolgen geht, die eine rechtliche Bewertung voraussetzen (z. B. Nichtberechtigung bei § 819 Abs. 1 BGB), nicht aber, wenn es nur auf die Kenntnis von Tatsachen ankommt (Vorhandensein eines Mangels) und nicht auf deren zutreffende rechtliche Bewertung (Sachmangel i. S. d. § 434 BGB).

BGH, Urt. v. 7.3.2003 – V ZR 437/01,
ZfIR 2003, 769 = NJW-RR 2003, 989 = WM 2003, 1680;
dazu EWiR 2003, 557 *(Reinking)*.

BGH, Urt. v. 12.4.2013 – V ZR 266/11, NJW 2013, 2182;
dazu *Schmidt-Räntsch*, ZfIR 2014, 113;

siehe auch BGH, Urt. v. 14.6.2019 – V ZR 73/18, ZIP 2019, 2115
= ZfIR 2019, 846;

BGH, Urt. v. 28.5.2021 – V ZR 24/20, Rn. 19, NJW 2021, 3397
= ZIP 2022, 643 = ZfIR 2022, 31.

Fällt einem von **mehreren Verkäufern** Arglist zur Last, so können sich sämtliche Verkäufer gemäß § 444 Alt. 1 BGB nicht auf den vertraglich vereinbarten Ausschluss der Sachmängelhaftung berufen. **1164**

BGH, Urt. v. 8.4.2016 – V ZR 150/15, VersR 2017, 766;
dazu EWiR 2016, 665 *(H. P. Westermann)*.

Bezugspunkt der Arglist in § 444 BGB ist ein konkreter Mangel. Die Berufung auf den Haftungsausschluss nach § 444 BGB ist folglich nur gegenüber Rechten und Ansprüchen des Käufers ausgeschlossen, die sich aus dem verschwiegenen Mangel ergeben. Hinsichtlich anderer, nicht arglistig verschwiegener Mängel bleibt es bei dem Haftungsausschluss. **1165**

BGH, Urt. v. 28.5.2021 – V ZR 24/20, Rn. 9, NJW 2021, 3397
= ZIP 2022, 643 = ZfIR 2022, 31.

c) Behauptung „ins Blaue hinein“

Der Bundesgerichtshof hat wiederholt **arglistiges Verhalten bejaht**, wenn ein Verkäufer auf Fragen des Käufers ohne tatsächliche Anhaltspunkte („ins Blaue hinein“) unrichtige Angaben über Mängelfreiheit gemacht hat. Dabei ist er davon ausgegangen, dass ein solcher Verkäufer, wenn er die für den Kaufentschluss des Käufers offensichtlich bedeutsame Frage unrichtig beantwortet, wenigstens mit der Möglichkeit von Mängeln rechnet. **1166**

BGH, Urt. v. 21.1.1975 – VIII ZR 101/73, BGHZ 63, 382
= JZ 1975, 227 = MDR 1975, 750 = NJW 1975, 642
= LM BGB § 276 (Fa) Nr. 42;

BGH, Urt. v. 14.3.1979 – VIII ZR 129/78,
NJW 1979, 1707 = WM 1979, 672;

BGH, Urt. v. 19.12.1980 – V ZR 185/79,
BGHZ 79, 183 = NJW 1981, 864.

Keine Arglist liegt hingegen vor, wenn Schadenssymptome (Feuchtigkeitsflecken) erkannt sind und der Verkäufer nicht offenbart, dass die Schadensursache unklar ist und nähere Untersuchungen dazu nicht angestellt worden sind. Darin liegt kein bedingt vorsätzliches Verschweigen eines Mangels. **1167**

BGH, Urt. v. 16.3.2012 – V ZR 18/11, ZfIR 2012, 463
(m. Anm. *Binkowski*) = ZNotP 2012, 174.

1168 Ebenso wenig handelt der Verkäufer arglistig, wenn er ein Fachunternehmen mit der umfassenden Beseitigung eines Mangels beauftragt hat und nachfolgend von einer Erfolgskontrolle absieht. Ohne Vorliegen besonderer Umstände darf er davon ausgehen, dass die Mangelbeseitigung erfolgreich war. Ein späteres Wiederauftreten des Mangels nimmt er nicht billigend in Kauf.

BGH, Urt. v. 19.2.2016 – V ZR 216/14, ZNotP 2016, 70.

d) Darlegungs- und Beweislast

1169 Die Darlegungs- und Beweislast hinsichtlich der **Arglist liegt beim Käufer**. Das ergab sich nach früherem Recht daraus, dass die Arglist ein anspruchsbegründendes Tatbestandsmerkmal war (§ 463 Satz 2 BGB a. F.). Das ist jetzt zwar anders. Der Verkäufer haftet bei jedem Vertretenmüssen auf Schadensersatz, § 437 Nr. 3 BGB; zudem muss er sich entlasten (§ 280 Abs. 1 Satz 2 BGB). Bedeutsam wird das in der Praxis aber kaum, da im Regelfall ein Haftungsausschluss vereinbart wird. Im Falle eines Haftungsausschlusses muss aber der Käufer darlegen und beweisen, dass sich der Verkäufer hierauf nicht berufen kann, weil er nämlich arglistig gehandelt hat (§ 444 BGB). Folglich obliegt in der Praxis auch nach neuem Recht im Regelfall dem Käufer die Darlegungs- und Beweislast für ein arglistiges Verhalten des Verkäufers.

1170 In der Rechtsprechung der unteren Gerichte wird dabei leicht übersehen, dass die Behauptung des Verkäufers, er habe den Käufer über bestimmte zu offenbarende Umstände aufgeklärt, den Käufer zum **Beweis des Gegenteils** zwingt. Denn Arglist setzt voraus, dass der Verkäufer seiner Offenbarungspflicht nicht nachgekommen ist. Und der Nachweis der Arglist liegt beim Käufer (siehe Rn. 1169).

Siehe zu allem BGH, Urt. v. 12.11.2010 – V ZR 181/09,
ZfIR 2011, 69 = ZIP 2011, 383 = ZNotP 2011, 68;
dazu *Gsell* (Anm.), ZJS 2011, 86;
Krüger, ZNotP 2011, 442;
EWiR 2011, 209 *(Ring)*.

1171 An dieser Beweislast ändert sich auch nicht dadurch etwas, dass der Verkäufer im Vertrag erklärt, dass ihm „vom Vorhandensein wesentlicher unsichtbarer Mängel nichts bekannt" sei.

BGH, Urt. v. 30.4.2003 – V ZR 100/02, NJW 2003, 2380.

1172 Da es sich bei der unterbliebenen Offenbarung um eine negative Tatsache handelt, kommen dem Käufer Erleichterungen nach den Grundsätzen der **sekundären Darlegungslast** zugute. Der Verkäufer muss darlegen, wann und unter welchen Umständen er den Käufer aufgeklärt haben will. Diesen Vortrag muss der Käufer dann widerlegen.

BGH, Urt. v. 12.11.2010 – V ZR 181/09,
ZfIR 2011, 69 = ZIP 2011, 383 = ZNotP 2011, 68;

BGH, Urt. v. 23.9.2022 – V ZR 133/21, NZM 2023, 137.

Wendet der Verkäufer gegen die behauptete arglistige Täuschung ein, er sei davon ausgegangen, der Käufer sei über den Mangel bereits aufgeklärt worden, trifft ihn auch insoweit eine sekundäre Darlegungslast; dagegen trägt er die volle Darlegungs- und Beweislast für die Behauptung, der Käufer habe Kenntnis von dem Mangel unabhängig von einer ihm, dem Verkäufer, zurechenbaren Aufklärung erlangt (§ 442 Abs. 1 BGB). **1173**

BGH, Urt. v. 12.11.2010 – V ZR 181/09, ZfIR 2011, 69 = ZIP 2011, 383 = ZNotP 2011, 68.

Macht der Verkäufer, der aus der ihm bekannten früheren Nutzung des Grundstücks den Schluss auf einen Altlastenverdacht gezogen hat, geltend, er habe bei Vertragsschluss angenommen, der Verdacht sei ausgeräumt gewesen, so muss er dies anhand objektiver Umstände plausibel machen; insoweit trifft ihn eine sekundäre Darlegungslast. **1174**

BGH, Urt. v. 21.7.2017 – V ZR 250/15, ZIP 2018, 839 = NJW 2018, 389 = ZfIR 2018, 55 (m. Anm. *Hahn*).

An die Ausschöpfung des Prozessstoffs sind wegen der ungünstigen Beweislage des Käufers strenge Anforderungen zu stellen; das Gericht darf sich nicht auf die Beweislastregeln zurückziehen, ohne die für ein arglistiges Verhalten des Verkäufers sprechenden Indizien zu würdigen und erforderlichenfalls zur Überwindung letzter Zweifel auch eine Parteivernehmung des Käufers nach § 448 ZPO in Erwägung zu ziehen. **1175**

BGH, Urt. v. 12.3.1982 – V ZR 71/81 (unveröffentlicht);

BGH, Urt. v. 7.3.1986 – V ZR 258/84 (unveröffentlicht).

Anders als bei der Anfechtung nach § 123 BGB braucht der Käufer nicht darzulegen und zu beweisen, dass er durch die arglistige Täuschung in einen Irrtum versetzt worden ist. **1176**

Vgl. BGH, Urt. v. 7.7.1989 – V ZR 21/88, NJW 1990, 42 = WM 1989, 1735.

Das ergibt sich daraus, dass der Verkäufer wegen der Lieferung der mangelhaften Sache haftet, nicht wegen der Täuschung des Käufers. Die Arglist stellt nur den im Falle des Haftungsausschlusses erforderlichen Verschuldensgrad dar, der lediglich entfällt, wenn dem Käufer der Mangel positiv bekannt ist, § 442 Abs. 1 Satz 1 BGB. **1177**

Nach früherem Recht wurde die **Ursächlichkeit des Mangels** für den Kaufentschluss vermutet; der Verkäufer wurde für darlegungs- und beweispflichtig dafür gehalten, dass die vorgespiegelte Eigenschaft der Sache bzw. die Eigenschaft, deren Fehlen arglistig verschwiegen worden war, für den Kaufentschluss des Käufers ohne jede Bedeutung gewesen ist. **1178**

BGH, Urt. v. 26.4.1991 – V ZR 165/89, BGHZ 114, 263 = ZIP 1991, 874 = NJW 1991, 2556 = WM 1991, 1171; dazu EWiR 1991, 655 *(Reithmann)*.

1179 Nach neuem Recht kann die Frage der Ursächlichkeit nicht ernsthaft gestellt werden. Die Lieferung einer mangelhaften Sache stellt eine Pflichtverletzung dar, an die Haftungsfolgen geknüpft werden. Unbedeutsame Mängel hindern lediglich den Rücktritt, § 323 Abs. 5 Satz 2 BGB, stehen aber sonstigen Mängelrechten nicht entgegen. Im Ausnahmefall mag § 242 BGB eingreifen.

BGH, Urt. v. 15.7.2011 – V ZR 171/10, BGHZ 190, 272 = ZfIR 2011, 792 (m. Anm. *Hertel*) = ZIP 2011, 1872 = NJW 2011, 3640.

1180 Für Rechtsmängel gilt nichts anderes.

BGH, Urt. v. 14.9.2018 – V ZR 165/17, ZIP 2018, 2173 = WM 2019, 561; dazu EWiR 2019, 527 *(Klingen/Rossbroich)*.

6. Rechtsfolgen

1181 Die Rechtsfolgen ergeben sich aus **§ 437 BGB**. Vorrangig ist der Anspruch auf **Nacherfüllung** (mit dem ein Recht des Verkäufers auf Nacherfüllung korrespondiert), §§ 437 Nr. 1, 439 BGB. Dabei erfasst der Anspruch aus § 439 Abs. 2 BGB verschuldensunabhängig auch **Sachverständigenkosten**, die dem Käufer entstehen, um die Ursache des Mangels zu eruieren. Der Anspruch bleibt unberührt, wenn der Käufer später zur Minderung übergeht.

BGH, Urt. v. 30.4.2014 – VIII ZR 275/13, BGHZ 201, 83 = NJW 2014, 2351 = ZIP 2014, 1127; dazu EWiR 2014, 417 *(Derleder)*.

1182 Nach § 439 Abs. 1 BGB kann der Käufer als Nacherfüllung nach seiner Wahl die Beseitigung des Mangels oder die Lieferung einer mangelfreien Sache verlangen. Letzteres scheidet bei einem Grundstückskauf regelmäßig aus. Das führt zu Besonderheiten für den Fall, dass der Verkäufer nach § 439 Abs. 4 BGB die Beseitigung des Mangels verweigern kann, weil sie **nur mit unverhältnismäßigen** Kosten möglich wäre. Das schließt die Rechte des Käufers (wie ein Rückschluss aus § 440 Satz 1 BGB ergibt) nicht aus, führt aber zu einer Begrenzung des möglichen Schadensersatzanspruchs.

1183 Im Einzelnen gilt Folgendes: Ein Anspruch auf Nacherfüllung wegen unverhältnismäßiger Kosten kann – in einem ersten Schritt der Beurteilung – verweigert werden (§ 439 Abs. 4 BGB), wenn die Kosten entweder den Verkehrswert des Grundstücks in mangelfreiem Zustand übersteigen oder wenn sie höher als 200 % des mangelbedingten Minderwerts sind. Ausgehend hiervon kommt es – in einem weiteren Schritt – auf die Umstände des Einzelfalls an, wobei einerseits dem Maß des Vertretenmüssens des Verkäufers (dem vorsätzlich Handelnden kann mehr zugemutet werden) und andererseits dem Interesse des Käufers an der Mangelbeseitigung besonderes Gewicht zukommt.

BGH, Urt. v. 4.4.2014 – V ZR 275/12, Rn. 42 ff., BGHZ 200, 350 = ZIP 2014, 1532 = NJW 2015, 468; dazu EWiR 2014, 651 (*Keil*).

In diesem Fall beschränkt sich der dem Käufer verbliebene (kleine) Schadensersatzanspruch gemäß §§ 437 Nr. 3, 280, 281 BGB auf den Ersatz des mangelbedingten Minderwerts; denn der Verkäufer, der die Beseitigung des Mangels nach § 439 Abs. 4 BGB verweigern darf, kann nicht qua Schadensersatz dazu verpflichtet werden, die Kosten dafür letztlich doch zu tragen. Daher die Beschränkung auf den Minderwert. 1184

> BGH, a. a. O. Rn. 36;
>
> BGH, Urt. v. 12.3.2021 – V ZR 33/19, BGHZ 229, 115 = NJW 2021, 1532 = ZIP 2021, 960;
>
> BGH, Urt. v. 13.5.2022 – V ZR 231/20, ZIP 2022, 1389 = NJW 2022, 2328; dazu EWiR 2022, 554 (*Faust*).

Es gibt andererseits aber grundsätzlich **keine Beschränkung der Liquidation des Minderwerts**, wenn die Kosten, die für eine Mangelbeseitigung aufgewendet werden müssten, deutlich geringer wären. Maßstab der Schadensberechnung ist die durch den Mangel der Kaufsache verursachte Störung des Äquivalenzverhältnisses. Der Käufer hat die Wahl, wie er den dadurch entstandenen Schaden bemisst, durch Ersatz des Minderwerts oder durch Geltendmachung der Beseitigungskosten. Hinsichtlich dieser Wahlmöglichkeit sieht das Gesetz (anders als im Rahmen von § 439 Abs. 4 BGB und den sich daraus ergebenden Folgen, siehe soeben im Text) keine Einschränkungen vor. Hier dem Käufer den Ersatz des Minderwerts zu verweigern, ließe sich auch nicht mit dem ihm einschränkungslos zur Verfügung stehenden Recht auf Minderung (§ 437 Nr. 2 BGB) vereinbaren. 1185

> BGH, Urt. v. 25.5.2023 – V ZR 134/22, NJW 2023, 2484 = ZIP 2023, 1594.

Schwierigkeiten ergeben sich für den Anspruch auf **Nacherfüllung**, wenn der Käufer einen **Miteigentumsanteil** gekauft hat. Die Vorschriften der §§ 433, 434, 437, 439 BGB sind hierauf zwar anwendbar; denn es handelt sich um einen Sachkauf, keinen Rechtskauf. Der Mangel betrifft aber die vollständige Sache, also das Grundstück, nicht allein den Kaufgegenstand Miteigentumsanteil. Der Bundesgerichtshof gesteht dem Käufer gleichwohl einen „Anspruch auf volle Nacherfüllung" zu, nicht nur einen irgendwie gearteten quotalen Ausgleich. 1186

> BGH, Urt. v. 14.2.2020 – V ZR 11/18, ZIP 2020, 769, Rn. 48 ff.

Das ist (im Ergebnis) deswegen richtig, weil der Miteigentumsanteil einen ideellen Bruchteil des Eigentums verkörpert. Der Miteigentümer ist Eigentümer des gesamten, ungeteilten Gegenstands, in seiner Rechtszuständigkeit aber beschränkt auf seinen Anteil. Der Mangel kann daher nicht auf einen (realen) Anteil des Miteigentümers aufgeteilt werden, sondern betrifft das Eigentum insgesamt. Dem muss der Nacherfüllungsanspruch Rechnung tragen. 1187

Probleme können sich ergeben, wenn die übrigen Miteigentümer nicht mitspielen. Die Obliegenheitspflicht des Käufers, dem Verkäufer den Kaufgegenstand zur Mangelbeseitigung zur Verfügung zu stellen, ist hier erweitert. Er 1188 muss dafür Sorge tragen, dass die übrigen Miteigentümer bei der Durchsetzung des Nacherfüllungsanspruchs mitwirken. Gelingt ihm das nicht, wird der Verkäufer nach § 275 Abs. 1 Fall 1 BGB (Unvermögen) frei.

BGH, a. a. O., Rn. 70.

IV. Ausgewählte Fragen zum Schadensersatz

1. Allgemeines

1189 Die Schadensersatzhaftung wegen eines Sach- oder Rechtsmangels ist eine Haftung wegen einer Pflichtverletzung, §§ 437 Nr. 3, 280, 281 BGB. Sie entspricht insoweit dem Haftungssystem des allgemeinen Schuldrechts. Ging es früher bei der Haftung aus § 463 BGB um **Schadensersatz wegen Nichterfüllung**, so geht es jetzt um Schadensersatz statt der Leistung nach § 281 BGB. Ging es früher um eine **Haftung neben der fortbestehenden Leistung**, so geht es jetzt um die Haftung wegen der Pflichtverletzung nach § 280 BGB. Verlangt aber der Käufer Ersatz des Mangel- und des Mangelfolgeschadens, so wird nicht aufgeteilt, zwischen Nichterfüllungsschaden und Folgeschaden (früher: § 463 BGB einerseits und pVV andererseits), sondern der gesamte Schaden ist Schadensersatz statt der Leistung und wird nach § 281 BGB ersetzt.

Vgl. MünchKomm-*Ernst*, BGB, § 281 Rn. 1.

1190 Nach geltendem Recht haben **pVV und c. i. c.** an sich **dieselbe Rechtsgrundlage**, nämlich §§ 241 Abs. 2, (§ 311 Abs. 2), 280 BGB. Gleichwohl kann die Frage, was an Schäden zu ersetzen ist, bei der c. i. c. nach wie vor anders zu beurteilen sein als bei der Haftung wegen pVV. Grundsätzlich ist stets zu fragen, welcher Schaden gerade durch die verletzte Pflicht entstanden ist. Bei der pVV kann es häufig um Schadensersatz wegen Nichterfüllung, nämlich der geschuldeten Sorgfaltspflicht, gehen (das ist dann kein Fall von § 281 BGB, sondern von § 280 BGB). Bei vorvertraglichem Verschulden richtet sich der Anspruch demgegenüber im Regelfall nicht auf die ordnungsgemäße Vertragserfüllung, sondern auf den Ausgleich der Nachteile, die durch die Verletzung des bei der Vertragsanbahnung in den Vertragspartner gesetzten Vertrauens entstanden sind.

BGH, Urt. v. 16.11.1967 – III ZR 12/67, BGHZ 49, 77;

BGH, Urt. v. 2.3.1988 – VIII ZR 380/86, ZIP 1988, 505 = NJW 1988, 2234 = WM 1988, 781;

BGH, Urt. v. 6.6.2000 – XI ZR 235/99, ZfIR 2001, 286 = WM 2000, 1849.

1191 Das bedeutet im Regelfall, dass es um den Ersatz des negativen Interesses geht. Im Kaufrecht heißt das: **Verletzt** der Verkäufer **Aufklärungspflichten** und begründet dies eine Haftung nach §§ 311 Abs. 2, 241 Abs. 2, 280 BGB (culpa in contrahendo), so ist der Käufer **so zu stellen, wie er bei Offenbarung** der für seinen Kaufentschluss maßgeblichen Umstände **stünde.**

BGH, Urt. v. 8.10.1993 – V ZR 146/92, NJW-RR 1994, 76;

BGH, Urt. v. 6.4.1991 – V ZR 394/99,
ZIP 2001, 1465 = NJW 2001, 2875 = WM 2001, 1302.

Das kann zur Rückabwicklung des Vertrags führen, wenn nämlich der Käufer 1192
diesen für ihn wirtschaftlich ungünstigen (Vermögensschaden) Vertrag nicht geschlossen hätte (typischer Fall des **negativen Interesses**).

Um die Geltendmachung eines Vertrauensschadens geht es aber auch, wenn 1193
der Geschädigte am Vertrag festhält und den Betrag als Schaden verlangt, um den er die Sache infolge der Pflichtverletzung des anderen Teils zu teuer erworben hat. Die Rechtsprechung erlaubt ihm dies, ohne dass er nachweisen müsste, dass sich die andere Partei auf einen entsprechend niedrigeren Preis eingelassen hätte.

BGH, Urt. v. 6.4.2001 – V ZR 394/99, ZIP 2001, 1465
= ZfIR 2001, 815 = NJW 2001, 2875 = WM 2001, 1302;
dazu EWiR 2001, 803 *(Gsell)*;

BGH, Urt. v. 19.5.2006 – V ZR 264/05,
BGHZ 168, 35 = NJW 2006, 3139 = WM 2006, 1536;
dazu EWiR 2007, 7 *(Lindacher)*.

Es ist Sache des Verkäufers, den Gegenbeweis zu führen; Unklarheiten gehen 1194
also zu seinen Lasten.

BGH, Urt. v. 31.5.1990 – VII ZR 341/88, WM 1990, 1658;
BGH, Urt. v. 14.3.1991 – VII ZR 342/89, BGHZ 114, 87
m. w. N.;
dazu EWiR 1991, 871 *(Siegburg)*.

Will der Käufer hingegen ein **Erfüllungsinteresse** geltend machen, also so 1195
gestellt werden, als sei es ihm gelungen, einen für ihn noch besseren Vertrag zu schließen, muss er nachweisen, dass ein solcher Vertrag bei erfolgter Aufklärung zustande gekommen wäre.

BGH, Urt. v. 19.5.2006 – V ZR 264/05, a. a. O.

2. Schadensersatz wegen Pflichtverletzung

In der Regel wird der Käufer bei Lieferung einer mangelbehafteten Sache nach 1196
§§ 437 Nr. 3, 280 Abs. 3, 281 Abs. 1 BGB Schadensersatz statt der Leistung verlangen. Es kommt aber auch Schadensersatz neben der Leistung in Betracht, so z. B., wenn der Verkäufer vorübergehend seiner Pflicht zur Verschaffung der Sache frei von Mängeln nicht nachkommt.

Im zu entscheidenden Fall hatte der Verkäufer garantiert, dass der „gegen- 1197
wärtige Baustand formell und materiell bauordnungsgemäß ist." Dem war aber nicht so; für einen Teil des Gebäudes fehlte es an einer Baugenehmigung. Diese brachte der Verkäufer zwar innerhalb der ihm von dem Käufer dazu gesetzten Frist bei, unterdessen war diesem aber wegen der fehlenden Genehmigung ein Mieter abgesprungen. Den Mietausfallschaden machte der Käufer geltend. Sowohl unter dem Gesichtspunkt eines Verzugsschadens als auch als

Schadensersatz statt der Leistung wäre die Klage nicht begründet gewesen, weil der Verkäufer innerhalb der ihm gesetzten Frist die Leistung vertragsgerecht erbracht hatte. Der Bundesgerichtshof hat der Klage auf Erstattung des Nutzungsausfallschadens jedoch unter dem Gesichtspunkt des Schadensersatzes wegen Pflichtverletzung, § 280 Abs. 1 BGB, stattgegeben. Die Pflichtverletzung liegt in der Lieferung einer mangelhaften Sache. Das löst – bei Verschulden – die Schadensersatzhaftung aus. Weiterer Voraussetzungen bedarf es nicht.

BGH, Urt. v. 19.6.2009 – V ZR 93/08, BGHZ 181, 317
= NJW 2009, 2674 = ZfIR 2009, 859;
dazu *St. Lorenz*, LMK 2009, 286449;
EWiR 2009, 731 *(Grunewald)*.

3. Schadensersatz statt der Leistung; Probleme der Schadensberechnung

a) Grundsätzliches

1198 Wer Schadensersatz statt der Leistung schuldet, muss den anderen Teil so stellen, wie dieser gestanden hätte, wenn der Vertrag ordnungsgemäß erfüllt worden wäre (sog. **Differenztheorie**).

BGH, Urt. v. 19.6.1951 – I ZR 118/50, BGHZ 2, 310;

BGH, Urt. v. 9.5.1956 – V ZR 95/55, BGHZ 20, 338;

BGH, Urt. v. 10.12.1986 – VIII ZR 349/85, BGHZ 99, 182
= ZIP 1987, 297 = JZ 1987, 512 (m. Anm. *Stoll*)
= NJW 1987, 2050 = WM 1987, 426;
dazu EWiR 1987, 131 *(Eckert)*;

BGH, Urt. v. 20.5.1994 – V ZR 64/93, ZIP 1994, 1277;
dazu EWiR 1994, 1067 *(Wiedemann)*.

1199 Er hat ihm daher die **Wertdifferenz** zwischen der Vermögenslage, die sich bei ordnungsgemäßer Vertragserfüllung ergeben hätte, und derjenigen zu ersetzen, die sich infolge des haftungsbegründenden Ereignisses tatsächlich ergeben hat. Dabei wird das Vertragsverhältnis in der Weise umgestaltet, dass an die Stelle der beiderseitigen Leistungspflichten ein einseitiges – am **Erfüllungsinteresse ausgerichtetes** – **Abrechnungsverhältnis** tritt, innerhalb dessen die gegenseitigen Ansprüche nur noch unselbständige Rechnungsposten sind. Der Gläubiger, der Schadensersatz statt der Leistung verlangt, ist deshalb nicht verpflichtet, die von ihm ursprünglich geschuldete Leistung zu erbringen; diese wird freilich bei der Ermittlung des Abrechnungsüberschusses berücksichtigt.

1200 Dementsprechend gehört zur **konkreten Berechnung** des Schadens die Darlegung aller Vermögensveränderungen, die sich im Falle ordnungsgemäßer Vertragserfüllung ergeben hätten, sowie derjenigen, die sich infolge des haftungsbegründenden Ereignisses bis zur letzten mündlichen Verhandlung in der Tatsacheninstanz ergeben haben. Es ist unzureichend, lediglich einen Posten herauszugreifen, ohne im Wege der Saldierung einen **Gesamtvermögensvergleich** vorzunehmen. Hierbei dürfen freilich alle jene Posten unberücksichtigt bleiben, deren Entwicklung von dem haftungsbegründenden Ereignis unbeeinflusst geblieben ist; denn sie würden sich in beiden zu vergleichenden Vermögenslagen wiederfinden und sich daher rechnerisch ausgleichen.

BGH, Urt. v. 11.2.1983 – V ZR 191/81, WM 1983, 418.

Was den **maßgeblichen Zeitpunkt** für die Schadensberechnung angeht, so hat die Rechtsprechung dies wie folgt präzisiert. Ist Schadensersatz statt der Leistung geschuldet, so orientiert sich der Anspruch am Wert des Interesses, das der Gläubiger an der ordnungsgemäßen Erfüllung der Verbindlichkeit zum vorgesehenen Erfüllungszeitpunkt hatte. Die weitere Entwicklung bis zu einem späteren Zeitpunkt (z. B. Wertverlust der Immobilie) braucht er sich grundsätzlich nicht entgegenhalten zu lassen. 1201

BGH, Urt. v. 24.9.1999 – V ZR 71/99, ZfIR 2000, 267 = MDR 2000, 1494 = NJW 2000, 3625 = WM 1999, 2510.

Anders liegt es, wenn der Geschädigte auch **entgangenen Gewinn** geltend macht, sich also auf eine zukünftige Geschäftsentwicklung beruft, die wahrscheinlich eingetreten wäre. Dann kann er nicht einen positiven Aspekt des hypothetischen Geschäfts (z. B. steuerliche Abschreibung) herausgreifen, ohne dem die Kosten und Nachteile der Anlagebeteiligung (Aufwendungen für die Beteiligung; Rendite) gegenüberzustellen. Nur die Differenz macht den Gewinn aus, der i. S. v. § 252 Satz 2 BGB wahrscheinlich eingetreten wäre. Eine zeitliche Begrenzung für die Beurteilung ergibt sich nur aus den natürlichen Grenzen einer Wahrscheinlichkeitsprognose. 1202

BGH, Urt. v. 24.9.1999 – V ZR 71/99, a. a. O.

Hat der Käufer den Kaufpreis bereits entrichtet, besteht sein Schaden zumindest auch in dem Verkehrswert des ihm entgangenen Grundstücks (**„abgeschwächte Differenztheorie“**). 1203

BGH, Urt. v. 19.6.1951 – I ZR 118/50, BGHZ 2, 310;
BGH, Urt. v. 18.1.1980 – V ZR 110/76, NJW 1980, 1742 = WM 1980, 466.

Ist ein **Minderungsverlangen** des Käufers **fehlgeschlagen**, weil der Betrag der Minderung mit der nach § 441 Abs. 3 Satz 1 BGB vorgesehenen Berechnungsmethode nicht ermittelt werden kann, so kann der Käufer, auch wenn er zunächst Minderung verlangt hat, den mangelbedingten Vermögensschaden nach §§ 437 Nr. 3, 280 Abs. 3, 281 Abs. 1 BGB ersetzt verlangen. 1204

BGH, Urt. v. 5.11.2010 – V ZR 228/09, NJW 2011, 1217 = ZIP 2011, 33;
dazu *St. Lorenz*, LMK 2011, 314163;
EWiR 2011, 179 *(Klöhn)*

b) Berechnung des Erfüllungsschadens

aa) „Großer" und „kleiner" Schadensersatz

1205 Hat der Geschädigte Anspruch auf Schadensersatz statt der Leistung, so ist er so zu stellen, als habe der Schuldner die Leistung wie geschuldet erbracht. Der Käufer kann auch nach geltendem Recht das mit Mängeln behaftete Grundstück behalten und unter den Voraussetzungen der §§ 434, 437 Nr. 3, 440, 281 BGB den Minderwert als Schaden geltend machen. Der Ersatz des Minderwerts stellt ihn dann so, als habe der Schuldner die ihm obliegende Leistung vollständig erbracht (früher sog. **„kleiner" Schadensersatz** bei § 463 Satz 2 BGB a. F).

Vgl. zum geltendem Recht MünchKomm-*Ernst*, BGB, § 281 Rn. 143 f.).

1206 Nach der gefestigten höchstrichterlichen Rechtsprechung kann der Käufer den kleinen Schadensersatz aber auch in der Weise geltend machen, dass er **Ersatz der voraussichtlichen Mängelbeseitigungskosten** verlangt, wobei es **unerheblich ist, ob der Mangel tatsächlich beseitigt wird**. Dies haben der V. und der VIII. Zivilsenat im Wesentlichen mit dem Gleichlauf zwischen werkvertraglichem und kaufrechtlichem Nacherfüllungsanspruch infolge der Schuldrechtsreform begründet (BGHZ 193, 326 Rn. 31 [V. ZS]; NJW 2015, 2244 Rn. 12 [VIII. ZS], jew. m. w. Nachw.). Das Werkvertragsrecht kannte nämlich früher schon einen Mängelbeseitigungsanspruch des Bestellers (§§ 633 Abs. 2, 634, 635 BGB a. F.), der jetzt in §§ 634 Nr. 1, 635 BGB geregelt ist. Und es entsprach der ständigen Rechtsprechung des für das Werkvertragsrecht zuständigen VII. Zivilsenats, dass der Schadensersatzanspruch anhand der voraussichtlichen Mängelbeseitigungskosten berechnet werden kann, und zwar unabhängig davon, ob der Mangel beseitigt wurde (BGHZ 61, 28, 30; BauR 2013, 81 Rn. 10).

1207 Mit dieser Rechtsprechung hat der VII. Zivilsenat für das Werkvertragsrecht nun gebrochen. Anhand der Mängelbeseitigungskosten könne der Schaden nur berechnet werden, wenn der Besteller den Mangel beseitigt, die Kosten dafür also tatsächlich aufgewandt habe. Andernfalls könne er nur den Minderwert geltend machen. Den Grund für die Rechtsprechungsänderung sieht er in den Besonderheiten des Werkvertragsrechts; der Besteller sei durch den Vorschussanspruch nach § 637 Abs. 3 BGB hinreichend geschützt.

BGH, Urt. v. 22.2.2018 – VII ZR 46/17, BGHZ 218, 1 = NJW 2018, 1463 = ZfIR 2018, 305 (m. Anm. *Reichelt*); dazu EWiR 2018, 753 (*Wilkens*); *Voit* NJW 2018, 2166;
BGH, Urt. v. 27.9.2018 – VII ZR 45/17, NJW 2019, 421 (m. Anm. *Schwenker*) = ZfIR 2019, 130 (m. Anm. *Reichelt/Lutz*);

BGH, Urt. v. 19.12.2019 – VII ZR 6/19, NJW-RR 2020, 269 = ZfBR 2020, 254.

Die Anfrage des V. Zivilsenats, der die neue Rechtsprechung des VII. Zivilsenats als eine Rechtsauffassung ansah, die nicht nur das Werkvertragsrecht, sondern auch das Kaufrecht betreffe, 1208

> BGH, Beschl. v. 13.3.2020 – V ZR 33/19, ZIP 2020, 1073 = ZfIR 2020, 501; dazu EWiR 2023, 525 (*Böffel*),

hat der VII. Zivilsenat dahin beantwortet, dass er an seiner neuen Rechtsprechung festhalte, dieser aber nur Geltung für das Werkvertragsrecht zuspreche und die Beurteilung kaufrechtlicher Schadensersatzansprüche unberührt lasse.

> BGH, Beschl. v. 8.10.2020 – VII AZR 1/20, ZIP 2020, 2573 = NJW 2021, 53 = NZM 2021. 569; dazu EWiR 2021, 45 (*Keil*).

Der V. Zivilsenat hat daraufhin in Fortführung seiner bisherigen Rechtsprechung entschieden, dass der kaufvertragliche Schadensersatzanspruch statt der Leistung (als kleiner SEA) nach §§ 437 Nr. 3, 280, 281 BGB anhand der voraussichtlich erforderlichen aber (noch) nicht aufgewendeten **(„fiktiven") Mängelbeseitigungskosten** berechnet werden kann. 1209

> BGH, Urt. v. 12.3.2021 – V ZR 33/19, BGHZ 229, 115 = NJW 2021, 1532 = ZIP 2021, 960 = ZfIR 2021, 426; dazu EWiR 2021, 463 (*Kran/Degen*).

In diesem Fall kann allerdings keine Mehrwertsteuer auf die Beseitigungskosten verlangt werden, da sie tatsächlich nicht angefallen ist. 1210

> BGH, Urt. v. 11.11.2022 – V ZR 106/22, Rn. 8, BeckRS 35505.

Wird der (kleine) Schadensersatzanspruch nach den fiktiven Mängelbeseitigungskosten bemessen, so hat das Gericht die Schadensermittlung nach den Grundsätzen des **§ 287 Abs. 1 ZPO** vorzunehmen und zu prüfen, in welcher Höhe ein Schaden überwiegend wahrscheinlich ist, und zwar gerade auch dann, wenn ein zugezogener Sachverständiger eine Schätzungsbandbreite genannt hat (im konkreten Fall +/- 30 %). 1211

> BGH, Urt. v. 11.3.2022 – V ZR 35/21, ZIP 2022, 1673 = NJW 2022, 2685 (m. Anm. *Manteufel*).

Weitere Fälle zum kleinen SEA: 1212

Verschweigt der Verkäufer in haftungsbegründender Weise, dass das verkaufte Grundstück als „wilde" Müllkippe benutzt worden ist, so kann der Käufer Ersatz des mit der Beseitigung von abgelagertem Sondermüll verbundenen Schadens verlangen, und zwar auch dann, wenn der Verkäufer zwar nicht die Ablagerung von Sondermüll, wohl aber die Nutzung als „wilde" Müllkippe gekannt hat. 1213

> BGH, Urt. v. 12.7.1991 – V ZR 121/90, ZIP 1991, 1291 = NJW 1991, 2900 = WM 1991, 1964; dazu EWiR 1992, 245 (*Westermann/v. Tirpitz*).

Von der Ersatzpflicht ausgenommen sind aber die Kosten der Entsorgung solcher Schadstoffe, über deren Vorhandensein der Verkäufer aufgeklärt hatte. 1214

BGH, Urt. v. 3.3.1995 – V ZR 43/94,
NJW 1995, 1549 = WM 1995, 849;
dazu EWiR 1995, 647 *(Salzwedel)*.

1215 Wird ein Grundstück durch verschiedene Ereignisse kontaminiert, so ist die erforderliche Bodensanierung auch dann als durch jedes der Ereignisse verursacht anzusehen, wenn sich alle vorhandenen Schadstoffbelastungen ohne zusätzlichen Aufwand mit derselben Sanierungsmethode beseitigen lassen.

BGH, Urt. v. 7.5.2004 – V ZR 77/03,
ZfIR 2004, 898 = NJW 2004, 2526.

1216 Da beim Schadensersatz statt der Leistung das Leistungsdefizit durch Zahlung ausgeglichen wird, kann der Käufer als Schaden nicht die Finanzierungskosten ersetzt verlangen, die er für den Teilbetrag des Kaufpreises hat aufwenden müssen, um den er die Sache an sich mit Rücksicht auf den Mangel zu teuer gekauft hat. Denn er wird durch den Schadensausgleich so gestellt, als sei der Kaufpreis den Kaufgegenstand wert.

BGH, Urt. v. 28.6.2002 – V ZR 188/01, ZIP 2002, 1811
= ZfIR 2002, 976 = WM 2003, 152;
dazu EWiR 2002, 939 *(Theis)*.

1217 Der Käufer kann auch den **„großen" Schadensersatz** geltend machen, d. h., er kann den Kaufgegenstand zurückweisen und Ersatz des gesamten ihm durch die Nichterfüllung des Vertrags entstandenen Schadens verlangen.

bb) Konkrete und abstrakte Schadensberechnung

1218 Die Möglichkeit der konkreten und die der abstrakten Schadensberechnung bestehen nicht generell wahlweise nebeneinander. Die **abstrakte** Schadensberechnung steht – als zusätzliche Möglichkeit – grundsätzlich nur in den gesetzlich festgelegten Fällen, insbesondere beim Handelskauf (vgl. § 376 HGB), zu Gebote.

BGH, Urt. v. 18.1.1980 – V ZR 110/76, NJW 1980, 1742
= WM 1980, 466 = LM BGB § 252 Nr. 27.

1219 Im Allgemeinen verbleibt es bei der Notwendigkeit einer **konkreten** Schadensberechnung. Bei ihr sind grundsätzlich alle adäquaten Folgen des haftungsbegründenden Ereignisses bis zum **Zeitpunkt der letzten mündlichen Tatsachenverhandlung** (dem aus prozessualen Gründen letztmöglichen Beurteilungszeitpunkt) in die Schadensberechnung einzubeziehen. Nur wenn der Schuldner bereits vorher seine Ersatzpflicht erfüllt, schließt er die Zurechnung späterer Schadensfolgen aus.

BGH, Urt. v. 18.1.1980 – V ZR 110/76, a. a. O. m. w. N.

1220 Für den Fall, dass der Käufer das Grundstück bebaut und behalten hätte, ist – unter Abzug der erforderlichen Aufwendungen – von dem Wert auszugehen, den es im maßgeblichen Zeitpunkt (siehe Rn. 1201) gehabt hätte. Für den Fall, dass er es mit Eigentumswohnungen bebaut und diese verkauft hätte, ist – wiederum unter Abzug der Aufwendungen – auf den Wert abzustellen, den das Grundstück im Zeitpunkt des Verkaufs gehabt hätte. Der geringste hiernach ermittelte Betrag wäre als Mindestschaden zu ersetzen.

BGH, Urt. v. 18.1.1980 – V ZR 110/76, a. a. O. (unter Hinweis auf § 287 ZPO).

Praktisch einfacher dürfte es jedoch sein, allein auf den entgangenen Wertzuwachs des Grundstücks abzustellen und die übrigen angeführten Rechnungsposten unter Rückgriff auf die „Rentabilitätsvermutung" aus der Schadensberechnung auszuklammern. 1221

Garantiert der Verkäufer eines Hausgrundstücks dem Käufer einen **bestimmten Mietertrag**, so kann der Käufer verlangen, so gestellt zu werden, wie er gestanden hätte, wenn das Kaufgrundstück im Zeitpunkt der Vertragserfüllung den Wert gehabt hätte, wie er sich auf der Grundlage eines der Marktlage entsprechenden Mietertrags in Höhe des im Kaufvertrag angegebenen Mietzinses ergeben hätte. Der Schaden des Käufers entfällt nicht dadurch, dass der im Kaufvertrag benannte Mieter eine abstrakte Schuldverpflichtung in Höhe des garantierten Mietertrags abgibt; denn nach der Verkehrsanschauung gibt der Mietvertrag über den Bestand eines bestimmten Mietverhältnisses hinaus Aufschluss über die Ertragsfähigkeit und damit über eine Größe, die üblicherweise für die Bewertung eines Grundstücks verwendet wird. 1222

BGH, Urt. v. 19.9.1980 – V ZR 51/78, ZIP 1981, 67 = NJW 1981, 45 = WM 1980, 1307.

c) Vorteilsausgleichung

Ist Schadensersatz statt der Leistung geschuldet, so erfolgt die Schadensberechnung im Grundsatz nach der sog. Differenzhypothese, also nach einem Vergleich der infolge des haftungsbegründenden Ereignisses eingetretenen Vermögenslage mit derjenigen, die sich ohne jenes Ereignis ergeben hätte. 1223

BGHZ (GSZ) 98, 212, 217 = ZIP 1986, 1394.

Das bedingt die den Schaden mindernde Berücksichtigung von Vorteilen, die dem Geschädigten infolge des Schadensereignisses zugeflossen sind. Es besteht dabei heute Einigkeit, dass nicht generell jeder Vorteil den Schaden mindert. Vielmehr bedarf es jeweils einer auf die **einzelnen Vermögensvor- und -nachteile bezogenen rechtlichen Wertung**. Nach ihr erfasst der Schadensersatz nur diejenigen nachteiligen Vermögensveränderungen, die adäquat verursacht worden sind und im Schutzbereich der verletzten Norm bzw. der verletzten Vertragspflicht liegen. 1224

Nach einem ersten groben Raster ist die Vorteilsausgleichung an zwei Voraussetzungen gebunden: (1) Die Anrechnung muss dem **Sinn und Zweck der Schadensersatzpflicht** entsprechen, d. h., sie darf den Geschädigten nicht unzumutbar belasten und den Schädiger nicht unbillig begünstigen. (2) Jeder einzelne Vorteil, der hiernach für eine Anrechnung grundsätzlich in Betracht 1225 kommt, muss dem einzelnen Schadensposten „seiner Art nach" entsprechen und i. d. S. mit dem Nachteil **kongruent** sein.

BGH, Urt. v. 6.6.1997 – V ZR 115/96, ZIP 1997, 1378 = ZfIR 1997, 461 = JZ 1998, 96 (m. Anm. *Hermann Lange*) = NJW 1997, 2378 = WM 1997, 1671; dazu EWiR 1997, 737 *(Grunsky)*;

eingehend zur Vorteilsausgleichung: *Henke*, in: Festschrift Hagen, S. 371 ff.

1226 **Keinen Fall der Vorteilsausgleichung** stellt es dar, wenn der Geschädigte einen Vermögensvorteil nicht durch das schädigende Ereignis erhält, sondern erst durch die Ersatzleistung des Schädigers (im entschiedenen Fall wurde durch die erforderliche Sanierungsmaßnahme das mit zwei verschiedenen Altlasten kontaminierte Grundstück auch von der Altlast befreit, für die der Schädiger wegen eines Haftungsausschlusses nicht einzustehen hatte). In solchen Fällen kann ein **Abzug „neu für alt"** gerechtfertigt sein. Im konkreten Fall wurde dies allerdings verneint, weil der Schädiger an sich zur Lieferung eines Grundstücks frei von Schadstoffen verpflichtet war. Der Haftungsausschluss bewahrt ihn nur vor den Folgen der Nichterfüllung. Bei dieser Sachlage kann der Vermögensvorteil, der dem Geschädigten durch die Sanierung zufließt, nicht als ungerechtfertigt angesehen werden. Im Gegenteil, der Schädiger stünde bei einem solchen Abzug infolge des – neben dem haftungsrelevanten Sachmangel bestehenden – weiteren Mangels besser, als er aufgrund der Pflichtwidrigkeit bei Lieferung eines im Übrigen mangelfreien Grundstücks stünde.

BGH, Urt. v. 7.5.2004 – V ZR 77/03, ZfIR 2004, 898 = NJW 2004, 2526.

1227 Zur weiteren Präzisierung der Vorteilsausgleichung ist die Rechtsprechung bemüht, **Fallgruppen** herauszuarbeiten und deren jeweiligen Eigenart durch möglichst spezielle rechtliche Wertungsmaßstäbe Rechnung zu tragen. Dabei haben die Kriterien zum Teil gewechselt.

aa) Wertsteigerung während des Verzuges; Deckungsverkauf

1228 Kommt der Käufer eines Grundstücks mit seiner Leistungspflicht in Verzug und erleidet der Gläubiger hierdurch einen Schaden, so kann eine **während des Schuldnerverzugs eingetretene Wertsteigerung** des Grundstücks im Wege der **Vorteilsausgleichung** zu berücksichtigen sein. Entscheidend ist, dass in der Regel zwischen dem konkret eingetretenen Schaden und dem in der Wertsteigerung liegenden Vorteil ein innerer Zusammenhang besteht.

BGH, Urt. v. 16.5.1980 – V ZR 91/79, BGHZ 77, 151 = ZIP 1980, 883 = LM BGB § 251 Nr. 29 *(Hagen)*;

teilweise konkretisiert und modifiziert durch BGH, Urt. v. 6.6.1997 – V ZR 115/96, ZIP 1997, 1378 = ZfIR 1997, 461 = JZ 1998, 96 (m. Anm. *Hermann Lange*) = NJW 1997, 2378 = WM 1997, 1671; dazu EWiR 1997, 737 *(Grunsky)*.

Dieser innere Zusammenhang ist in der Regel zu verneinen, wenn es nicht um eine Wertsteigerung geht, sondern um einen infolge **Deckungsverkaufs** erzielten **Mehrerlös**. Der hierdurch erlangte, den Verkehrswert des Grundstücks übersteigende Erlös ist auf den Schaden des Verkäufers nicht anzurechnen, weil er entweder auf überobligationsmäßigen Bemühungen des Verkäufers oder auf einem den Verkehrswert übersteigenden Interesse des Drittkäufers beruht. 1229

BGH, Urt. v. 6.6.1997 – V ZR 115/96, a. a. O.

bb) Zinsersparnis während des Schuldnerverzugs

Auf den Verzögerungsschaden wegen verspäteter Fertigstellung einer Eigentumswohnung sind die Vorteile anzurechnen, die der geschädigte Besteller (Käufer) aus ersparten Zinsaufwendungen für die Kaufpreisfinanzierung erlangt. Es gibt keinen triftigen Grund, dem Käufer diesen Vorteil zu belassen und ihn insoweit besser zu stellen, als er bei rechtzeitiger Vertragserfüllung gestanden hätte. Er kann nicht einerseits Ersatz des Verzögerungsschadens und in diesem Rahmen die für den Kredit aufgewendeten Bereitstellungszinsen verlangen, andererseits aber auch noch den „Zinsgewinn“ (Zinsersparnis) behalten, der ihm nur deshalb „zugeflossen“ ist, weil er den Kredit erst zu dem vom Werkunternehmer (Verkäufer) hinausgezögerten Zeitpunkt der Bezugsfähigkeit benötigte. In einem solchen Fall sind Vor- und Nachteil gleichsam in einer Rechnungseinheit miteinander verbunden. 1230

BGH, Urt. v. 15.4.1983 – V ZR 152/82,
NJW 1983, 2137 = WM 1983, 790.

cc) Steuervorteile infolge des Schuldnerverzugs

Steuerersparnisse, die mit dem haftungsbegründenden Ereignis zusammenhängen, vermindern den Schaden und sind grundsätzlich im Wege der Vorteilsausgleichung **anzurechnen**. 1231

BGH, Urt. v. 22.3.1979 – VII ZR 259/77, BGHZ 74, 103
= NJW 1979, 1449 = WM 1979, 530;

zur Darlegungs- und Beweislast und zur Gegenrechnung der auf den Schadensbetrag zu zahlenden Steuern siehe:
BGH, Urt. v. 25.2.1988 – VII ZR 152/87, NJW-RR 1988, 788;

BGH, Urt. v. 9.12.1987 – IVa ZR 204/86, NJW-RR 1988, 856;

BGH, Urt. v. 17.10.2003 – V ZR 84/02 (unveröffentlicht).

Allerdings können Besonderheiten der Zweckbestimmung oder des Anlasses einer Steuervergünstigung der Anrechnung entgegenstehen. 1232

BGH, Urt. v. 15.4.1983 – V ZR 152/82,
NJW 1983, 2137 = WM 1983, 790 m. w. N.

dd) Mehrerlös aus Deckungsverkauf des Käufers

1233 Erwirtschaftet der Käufer eines mängelbehafteten Grundstücks dadurch einen Vorteil, dass er das Grundstück weiterverkauft, so soll die Vorteilsanrechnung vor allem davon abhängen, ob er entsprechend dem in § 254 BGB zum Ausdruck kommenden Gedanken gehalten war, sich im Rahmen seiner persönlichen oder geschäftlichen Verhältnisse mit zumutbarem Arbeitsaufwand und bei zumutbarem Risiko um Vorteile der erzielten Art zu bemühen.

BGH, Urt. v. 19.9.1980 – V ZR 51/78, ZIP 1981, 67
= NJW 1981, 45 = WM 1980, 1307.

zu einem Preis weiterzuveräußern, der dem hypothetischen Verkehrswert auf der Grundlage des garantierten Mietertrags entspricht (oder ihn übersteigt), so ist dieser Mehrerlös in der Regel nicht als Ausgleich auf den vertraglichen Schadensersatzanspruch anzurechnen. Vom Zeitpunkt der Weiterübertragung an fielen die mit der weiteren Verwendung des Kaufobjekts verbundenen Vor- und Nachteile gleichermaßen in den Risikobereich des Käufers.

BGH, Urt. v. 19.9.1980 – V ZR 51/78, a. a. O.

ee) Nutzungsvorteile

1234 Schwierig zu beantworten ist die Frage, in welcher Weise die Nutzungen zu berücksichtigen sind, die der Käufer trotz der Mängel der Kaufsache gezogen hat. Auf der Grundlage des früheren Rechts sah der V. Zivilsenat die Lösung darin, dass sich der Käufer beim sog. großen Schadensersatz (Käufer verlangt Rückzahlung des Kaufpreises gegen Rückgabe oder Rückübereignung des Grundstücks) die Nutzungsvorteile im Rahmen der **Differenzberechnung** unter dem Gesichtspunkt des Vorteilsausgleichs anrechnen lassen müsse. Für die Berechnung des Vorteils sei grundsätzlich der objektive Wert der gezogenen Nutzungen maßgeblich. Worin dieser bestehe, hänge indes davon ab, in welchem Umfang der Käufer seinen Schaden geltend mache. Beschränke er sich darauf, den Leistungsaustausch rückgängig zu machen und Ersatz der Vertragskosten zu verlangen, sei bei der Eigennutzung als Vorteil **nur** die **abnutzungsbedingte, zeitanteilig linear zu berechnende Wertminderung** der Immobilie anzurechnen. Denn nur insoweit stehe der Nutzungsvorteil mit dem Schaden in einem qualifizierten Zusammenhang („Kongruenz" von Vorteil und Schaden). Verlange er demgegenüber auch Ersatz seiner Finanzierungskosten bzw. der Kosten für die Unterhaltung des Grundstücks, müsse er sich darauf den nach dem **üblichen Miet- oder Pachtzins zu berechnenden Wert der Eigennutzung** anrechnen lassen.

BGH, Urt. v. 31.3.2006 – V ZR 51/05, BGHZ 167, 108
= ZfIR 2006, 851 (m. Anm. *Heinemann*)
= NJW 2006, 1582 = WM 2006, 1163;

anders der VII. Zivilsenat, der bei der Eigennutzung wohl generell die zeitanteilig linear zu berechnende Wertminderung für zutreffend hält, vgl. BGH, Urt. v. 6.10.2005 – VII ZR 325/03, BGHZ 164, 235 = ZfIR 2006, 10 (m. Anm. *Vogel*) = NJW 2006, 53 = WM 2006, 51, bei der Fremdnutzung hingegen die aus der Vermietung gezogenen Einnahmen für herausgabepflichtig ansieht.

BGH, Urt. v. 9.2.2006 – VII ZR 228/04, ZfIR 2006, 856 (m. Anm. *Blank*) = WM 2006, 1540 = NJW-RR 2006, 890.

An der Behandlung des Problems unter dem Gesichtspunkt des Vorteilsausgleichs hält der Bundesgerichtshof (V. und VIII. Zivilsenat) vor dem Hintergrund der durch die Schuldrechtsmodernisierung **geänderten Rechtslage** nicht fest. Er sieht die Lösung vielmehr in folgenden Erwägungen: 1235

Erklärt der Käufer den Rücktritt vom Vertrag und verlangt er daneben (möglich nach § 325 BGB) Ersatz des über die Rückabwicklung hinausgehenden Schadens, so hat er dem Verkäufer die aus der Nutzung des Kaufgegenstands gezogenen Vorteile nach **§ 346 Abs. 1 BGB** herauszugeben. Für eine Vorteilsausgleichung fehlt es dann natürlich an einer Grundlage. 1236

BGH, Urt. v. 30.6.2017 – V ZR 134/16, NJW 2017, 3438 Rn. 19 (unscharf ist dort von „ersetzen nach § 346 Abs. 2 BGB“ die Rede; m. Anm. *Markworth*) = ZIP 2018, 537 = NZM 2018, 44 = WM 2018, 684.

Anders als früher ist der Wert der Nutzung nicht je nach Sachlage (Rn. 1234) nach dem Mietwert, **sondern generell zeitanteilig linear aus dem Kaufpreis** zu ermitteln, wie sich aus § 346 Abs. 2 Satz 2 BGB ergibt. 1237

BGH, a. a. O. Rn. 28.

Wählt der Käufer nicht den Rücktritt, sondern verlangt er Schadensersatz statt der Leistung nach §§ 437 Nr. 3, 280, 281 BGB, so ergibt sich **dieselbe Rechtsfolge**, und zwar wegen des Verweises in § 281 Abs. 5 BGB auf die Vorschriften der §§ 346 bis 348 BGB. Der Verkäufer erhält also auch bei dieser Variante einen Nutzungsherausgabeanspruch nach § 346 Abs. 1 BGB. 1238

BGH, a. a. O. Rn. 20.

Das ist aber nicht das Ende des Falles. Denn wenn der Käufer Schadensersatz statt der Leistung beanspruche (neben dem Rucktritt), dann – so der Bundesgerichtshof – könne er verlangen, so gestellt zu werden, wie er bei ordnungsgemäßer Erfüllung gestanden hätte. Dann aber hätte er die Sache nutzen können; sein Schadensersatzanspruch umfasse daher den Ersatz für die infolge der Nichterfüllung **ausgebliebene Nutzungsmöglichkeit.** 1239

BGH, a. a. O. Rn. 20;

BGH, Urt. v. 28.11.2007 – VIII ZR 16/07, BGHZ 174, 290 = NJW 2008, 911 = ZIP 2008, 319; dazu EWiR 2010, 601 (*Podewils*);

BGH, Urt. v. 14.4.2010 – VIII ZR 145/09, NJW 2010, 2426 = ZIP 2010, 1449; dazu EWiR 2010, 601 *(Podewils)*; *Gsell* LMK 2010, 307697 (Anm.).

1240 Das führt zu einem recht umständlichen,

vgl. *Markworth*, NJW 2017, 3442,

zweistufigen Ausgleichssystem,

BGH, Urt. v. 14.4.2010 – VIII ZR 145/09, a. a. O. Rn. 23,

zu einem Nacheinander von Rücktritts- und Schadensersatzrecht.

BGH, Urt. v. 30.6.2017 – V ZR 134/16, a. a. O. Rn. 20.

1241 In jeder Hinsicht überzeugend erscheint mir diese sich anscheinend zwingend aus dem Gesetz ergebende, doch wenig elegante Lösung nicht. Erst soll der Käufer die gezogenen Nutzungen herausgeben, und dann soll er den dadurch entstandenen Nutzungsausfallschaden ersetzt verlangen können. Abgesehen von Besonderheiten des Einzelfalls, die zu unterschiedlichen Bewertungen von gezogenen und vorenthaltenen Nutzungen führen mögen (dass das regelmäßig der Fall sei,

vgl. *Kaiser*, ZfPW 2015, 129, 147,

wird man jedenfalls für den Grundstückskauf bezweifeln dürfen), haben wir es mit einem **Nullsummenspiel** in einem aufwendigen Verfahren zu tun. Es ist zwar richtig, dass wechselseitige Rückgewähransprüche nach dem Rücktritt einer Partei nicht automatisch saldiert werden, sondern unabhängig nebeneinander stehen.

BGH, Urt. v. 30.6.2017 – V ZR 134/16, a. a. O.

1242 Verbindet jedoch der Käufer die Rechte aus Rücktritt und Schadensersatz, so kann er m. E. bei der Berechnung seines Schadens (Differenztheorie) die Gegenansprüche des Verkäufers einbeziehen und muss nicht erst die Nutzungen herausgeben, um sie dann qua Schadensersatz ersetzt zu verlangen. Der Schaden besteht schon in der Zahlungsverpflichtung. Dieser Vermögensnachteil ist in die Rechnung einzustellen. Der Bundesgerichtshof führt selbst – wenn auch in einem anderen Zusammenhang – zutreffend aus: „Denn in die schadensersatzrechtliche Betrachtung sind auch die vermögensrechtlichen Folgen des Rücktritts einzubeziehen, wenn der Käufer […] aufgrund desselben Umstands vom Vertrag zurücktritt, dessentwegen er Schadensersatz statt der Leistung verlangt."

BGH, Urt. v. 28.11.2007 – VIII ZR 16/07, BGHZ 174, 290 = NJW 2008, 911 = ZIP 2008, 319, Rn. 15.

ff) Beweiserleichterungen

(1) Entgangener Gewinn

§ 252 BGB stellt eine allgemeine Vorschrift zur Beweiserleichterung dar; sie beschränkt den Schadensersatzanspruch nicht auf den Gewinn, der im Zeitpunkt des schädigenden Ereignisses zu erwarten war. Ersatzfähig ist daher nach der Vorschrift auch der entgangene Gewinn aus solchen Geschäften, zu denen sich der Gläubiger erst während des Verzugs des Schuldners entschlossen hat und die er durchgeführt haben würde, wenn er über den geschuldeten Gegenstand (im entschiedenen Fall: Geld) hätte verfügen können. **1243**

BGH, Urt. v. 29.11.1982 – II ZR 80/82,
ZIP 1983, 327 = WM 1983, 172;

vgl. auch
BGH, Urt. v. 24.4.1979 – VI ZR 204/76,
BGHZ 74, 221 = NJW 1979, 1403.

(2) Haftungsausfüllende Kausalität

Die Beweisführung erleichtern soll auch **§ 287 ZPO**. Die Vorschrift gilt aber **nicht für den Haftungsgrund**. Zum Haftungsgrund (einschließlich haftungsbegründender Kausalität) gehört beim Schadensersatzanspruch wegen einer Vertragsverletzung die Feststellung, dass der Vertragspartner von der Pflichtverletzung so betroffen wurde, dass **nachteilige Folgen** für ihn **eintreten können**. Danach erst beginnt der Bereich des § 287 ZPO. Ob und in welcher Höhe nachteilige Folgen eingetreten sind (haftungsausfüllende Kausalität), unterliegt der erleichterten Beweisführung. **1244**

BGH, Urt. v. 28.4.1982 – IVa ZR 8/81,
ZIP 1982, 742 = WM 1982, 718.

In diesem Bereich der **haftungsausfüllenden Kausalität** darf sich der Tatrichter mit einer **„erheblichen Wahrscheinlichkeit"** für den Ursachenzusammenhang zwischen dem haftungsbegründenden Ereignis und dem eingetretenen Schaden begnügen. **1245**

BGH, Urt. v. 8.12.1977 – III ZR 46/75,
MDR 1978, 735 = LM BGB § 839 (Fd) Nr. 19;

BGH, Urt. v. 16.4.1982 – V ZR 249/80 (unveröffentlicht).

Hierunter fällt auch, soweit nicht bereits § 252 BGB eingreift, die Frage, ob dem Gläubiger ein Gewinn dadurch entgangen ist, dass er infolge der Vertragsverletzung Geldmittel nicht gewinnbringend anlegen konnte (**„Anlageverlust"**). **1246**

BGH, Urt. v. 30.11.1979 – V ZR 23/78, WM 1980, 85.

(3) Rentabilitätsvermutung

1247 Die Differenzhypothese hat an sich zur Folge, dass der Käufer beim Schadensersatz statt der Leistung nicht einfach den gezahlten Kaufpreis und etwaige nutzlos gewordene Aufwendungen (z. B. Notar- und Maklerkosten) ersetzt verlangen kann. Denn diese Aufwendungen hätte er auch auf sich nehmen müssen, wenn der Vertrag ordnungsgemäß erfüllt worden wäre. Gleichwohl hat schon das Reichsgericht den Standpunkt vertreten, dass der Käufer die geleistete Zahlung und die mit dem Vertragsschluss verbundenen (nutzlos gewordenen) Auslagen als **Mindestschaden** berechnen dürfe. Dabei stellt es u. a. auf den synallagmatischen Zusammenhang von Leistung und Gegenleistung ab und darauf, dass sich die beiderseitigen Leistungen nach dem Parteiwillen als **gleichwertig** gegenüberstünden. Der **Kaufpreis** sei aus dieser Sicht immer der **mindeste Schaden**.

RG JW 1913, 595, 596;
RG, Urt. v. 19.2.1930 – I 248/29, RGZ 127, 245, 248.

1248 Die Erstreckung der Ersatzpflicht auf alle anderen Aufwendungen zur Erlangung der Gegenleistung (z. B. Beurkundungskosten) begründete das Reichsgericht mit der Erwägung, dass der Gläubiger sie durch den Vorteil der erwarteten Gegenleistung im Zweifel wieder eingebracht haben würde.

RG, Urt. v. 19.2.1930 – I 248/29, RGZ 127, 245, 248.

1249 Allerdings blieb auch schon nach der Rechtsprechung des Reichsgerichts gegenüber dieser „**Rentabilitätsvermutung**" dem Schuldner der Beweis des Gegenteils offen, dass sich nämlich der Vertrag bei ordnungsgemäßer Durchführung für den Gläubiger als Verlustgeschäft erwiesen hätte.

RG Recht 1927 Nr. 19;
RG, Urt. v. 19.2.1930 – I 248/29, RGZ 127, 245, 248.

1250 Der **Bundesgerichtshof** hat diese Rechtsprechung und mit ihr die – widerlegbare – Rentabilitätsvermutung übernommen.

BGH, Urt. v. 28.5.1969 – VIII ZR 135/67,
WM 1969, 835 = LM BGB § 158 Nr. 11;

BGH, Urt. v. 22.9.1971 – VIII ZR 38/70, BGHZ 57, 78
= NJW 1971, 2218 = LM BGB § 249 (Hd) Nr. 14;

BGH, Urt. v. 21.4.1978 – V ZR 235/77,
BGHZ 71, 234 = LM BGB § 252 Nr. 25 *(Hagen)*.

1251 Das **Schuldrechtsmodernisierungsgesetz** hat eine eigene Anspruchsgrundlage geschaffen, die dem Rentabilitätsgesichtspunkt Rechnung trägt: § 284 BGB. Das schließt indes nach bestrittener aber vorzugswürdiger Auffassung in der Literatur die Geltendmachung von nutzlos gewordenen Aufwendungen als Schadensersatz statt der Leistung nicht aus; der Gesetzgeber wollte mit § 284 BGB die bisherige von der Rechtsprechung entwickelte schadensersatzrechtliche Lösung nicht beseitigen.

MünchKomm-*Ernst*, BGB, § 284 Rn. 40 m. w. N.

1252 Es kann daher an den bisherigen Grundsätzen festgehalten werden. Sie sind im Folgenden darzustellen.

1253 Die tatsächliche Vermutung, dass die – vermögensmindernden – Aufwendungen durch eine entsprechende (hypothetische) Vermögensmehrung mindestens ausgeglichen worden wären, hält sich im Rahmen des Differenzschadensbegriffs, begründet aber eine – über § 252 BGB hinausgehende – **Darlegungs- und Beweiserleichterung.**

1254 Dient ein Vertrag **ideellen Zwecken** und werden durch seine Nichterfüllung Aufwendungen nutzlos, so ist für die Rentabilitätsvermutung kein Raum; denn dann war die Erlangung eines wirtschaftlichen Äquivalents von vornherein nicht beabsichtigt.

> BGH, Urt. v. 10.12.1986 – VIII ZR 349/85, BGHZ 99, 182 = ZIP 1987, 297 = JZ 1987, 512 (m. Anm. *Stoll*) = NJW 1987, 2050 = WM 1987, 426; dazu EWiR 1987, 131 *(Eckert)*.

1255 Nach **neuem Recht** dürfte hier allerdings ein Anspruch aus § 284 BGB in Betracht kommen, da die Norm nicht darauf abstellt, ob der Vertrag materiellen oder ideellen Zwecken diente.

> Vgl. MünchKomm-*Ernst*, BGB, § 284 Rn. 7, 25.

1256 Bei dem Gedanken der Rentabilitätsvermutung ist **nach Schadensquellen und Risikosphären zu differenzieren.** Hat z. B. der Verkäufer garantiert (nach früherem Recht: zugesichert), dass auf dem Kaufgrundstück eine Diskothek betrieben werden kann, und stellt sich dies als falsch heraus, so wird der Verkäufer im Schadensersatzprozess mit dem Einwand, der Betrieb der Diskothek würde sich als Verlustgeschäft erwiesen haben, nur teilweise gehört. Der Bundesgerichtshof beschränkt die Rentabilitätsvermutung auf die Aufwendungen zur Erlangung der Gegenleistung respektive auf die Aufwendungen, die in notwendigem Zusammenhang mit dem Austausch von Leistung und Gegenleistung stehen: Beurkundungs- und Grundbuchkosten, Maklerlohn, Kosten für Erschließung, Grundsteuer, Brandversicherung, Vermessung. Für diese Positionen ist es dem Schuldner verwehrt, die Rentabilitätsvermutung mit dem Hinweis auf Verluste aus dem Zweitgeschäft zu entkräften. Anders liegt es bei dem Zweitgeschäft und den damit zusammenhängenden Vermögensdispositionen selbst, für die der Käufer Schadensersatz verlangt (Anschaffung des Diskothekeninventars, Umbau der Räume, Verzinsung eines übernommenen Brauereidarlehens). Insoweit kommt dem Käufer die Rentabilitätsvermutung nicht zugute; er muss vielmehr im Rahmen der Differenzhypothese – allerdings mit der Beweiserleichterung des § 252 BGB – darlegen und beweisen, dass den Aufwendungen ein entsprechender Wert gegenübergestanden hätte. Zu vergleichen ist danach der Wert der Aufwendungen mit dem – hypothetischen – Unternehmenswert der Diskothek, wenn diese hätte betrieben werden können. Diesen Gedanken einer Trennung der Risikosphären von Erst- und Zweitgeschäft hält der Bundesgerichtshof auch bei der Frage einer etwaigen Vorteilsausgleichung durch: Vorteile aus dem Zweitgeschäft (Einnahmen aus der zeitweiligen Verpachtung der Diskothek) sind auf den Schaden des Erstgeschäfts nicht anzurechnen.

> BGH, Urt. v. 19.4.1991 – V ZR 22/90, BGHZ 114, 193
> = ZIP 1991, 798 = NJW 1991, 2277 = WM 1991, 1522;
> dazu EWiR 1992, 441 *(Knothe)*
> und Anm. v. *Wiedemann/Müller*, JZ 1992, 467 ff.;
> zustimmend und vertiefend
> *Messer/Schmitt*, in: Festschrift Hagen, S. 425 ff.

1257 Die Rentabilitätsvermutung gilt danach uneingeschränkt nur, wenn der Geschädigte neben der Rückforderung einer bereits erbrachten Leistung lediglich die Erstattung nutzlos gewordener Aufwendungen beansprucht, nicht, wenn er daneben Ersatz solcher Vorteile verlangt, die ihm durch das Ausbleiben der Gegenleistung entgangen sind. Denn der Ersatz nutzlos gewordener Aufwendungen ist nur vor dem Hintergrund gerechtfertigt, dass sie im Allgemeinen durch die Gegenleistung ausgeglichen worden wären. Verlangt der Geschädigte aber (auch) konkret Ersatz von Vorteilen, die er aus der Gegenleistung hätte ziehen können, so verlangt er insoweit den in Höhe der nutzlosen Aufwendungen pauschalierten Ersatz zu Unrecht **ein zweites Mal**, und zwar in **konkreter Schadensberechnung**. Jedenfalls bis zur Höhe dieser Vorteile kann er nicht außerdem Erstattung von Aufwendungen verlangen.

> BGH, Urt. v. 24.9.1999 – V ZR 71/99, ZfIR 2000, 267
> = MDR 2000, 1494 = NJW 1999, 3625 = WM 1999, 2510.

1258 Verlangt der Käufer Ersatz des nach den besonderen Umständen zu erwartenden Gewinns, so hat er gewinnmindernd alle Aufwendungen in Rechnung zu stellen, die er entweder bereits erbracht hat oder die er i. S. d. § 252 BGB wahrscheinlich noch hätte erbringen müssen.

> BGH, Urt. v. 22.10.1999 – V ZR 401/98, ZIP 2000, 27
> = ZfIR 2000, 95 = NJW 2000, 506 = WM 2000, 150;
> dazu EWiR 2000, 117 *(Grunsky)*.

1259 Die Entstehung der Aufwendungen, deren Ersatz er verlangt, hat der Käufer unabhängig davon zu beweisen, ob er sie zur Erlangung der Gegenleistung oder im Vertrauen auf den Bestand des Kaufs für ein weiteres Geschäft erbracht hat. In beiden Fällen kommt ihm die Beweiserleichterung des § 287 ZPO zugute.

> BGH, Urt. v. 22.10.1999 – V ZR 401/98, a. a. O.

1260 Die Rentabilitätsvermutung gilt dann nicht, wenn der **Schuldner berechtigt** war, von dem Vertrag **zurückzutreten**; denn dann hatte der Gläubiger, als er Schadensersatz statt der Leistung verlangte, noch keine hinreichend gesicherte Aussicht, dass seine Aufwendungen im Zusammenhang mit dem Zustandekommen des Vertrags durch die Vorteile der Durchführung des Vertrags ausgeglichen würden.

> BGH, Urt. v. 30.6.1993, XII ZR 136/91,
> BGHZ 123, 96 = ZIP 1993, 1165;
> dazu EWiR 1993, 855 *(Medicus)*.

Anders liegt es aber, wenn die Aufwendungen zwar zu einem Zeitpunkt gemacht wurden, in dem der durch einen vollmachtlosen Vertreter geschlossene Vertrag noch **schwebend unwirksam** war, sofern später die Genehmigung erteilt und der Vertrag dadurch rückwirkend geheilt ist. 1261

BGH, Urt. v. 26.3.1999 – V ZR 364/97,
ZIP 1999, 845 = ZfIR 1999, 515;
dazu EWiR 1999, 681 *(Grunsky)*.

Der Unterschied beider Fälle liegt darin, dass die im freien Belieben des Vertragspartners stehende Rücktrittsmöglichkeit bis zu dem den Schadensersatzanspruch auslösenden Umstand fortbesteht, während die Genehmigung den Vertrag rückwirkend hatte wirksam werden lassen, bevor der Verkäufer aus vertragsfremden Gründen die Erfüllung verweigerte und so den Schadensersatzanspruch des Käufers auslöste. 1262

gg) Darlegungs- und Beweislast

Wenngleich es Sache des Geschädigten ist, seinen Schaden darzulegen und im Bestreitensfall zu beweisen und die einzelnen Schadensposten sowie Vor- und Nachteile den erstattungsfähigen Schaden, die Wertdifferenz i. S. d. Differenzhypothese, erst ergeben, ist doch anerkannt, dass für die Umstände, aus denen sich ein schadensmindernder Vorteil ergeben soll, der **Schädiger darlegungs- und beweispflichtig** ist. 1263

BGHZ 94, 195, 217 m. w. N.

Da sich diese Umstände aber häufig der genaueren Kenntnis des Schädigers entziehen, können **Beweiserleichterungen** bis zur Umkehr der Beweislast in Betracht kommen. Dies gilt insbesondere für Steuervorteile, die dem Geschädigten erwachsen sind, oder auch für Mieteinnahmen, die ihm zugeflossen sind und die ihm bei einer im Wege des Schadensersatzes verfolgten Rückabwicklung des Vertrags nicht verbleiben können. Der Schädiger genügt in solchen Fällen in der Regel seiner Darlegungslast, wenn er vorträgt, dass Mieteinkünfte erwirtschaftet oder eine Steuerersparnis eingetreten ist. Es ist dann Sache des Geschädigten, der ja seinen Schaden darlegen muss, Angaben zur Höhe der anzurechnenden Vorteile zu machen. 1264

BGH, Urt. v. 3.5.2002 – V ZR 115/01, NJW-RR 2002, 1280;

BGH, Urt. v. 17.10.2003 – V ZR 84/02 (unveröffentlicht), auch zur Frage, inwieweit die Besteuerung der Schadensersatzleistung den Steuervorteil wieder ausgleichen kann.

d) Verjährung

Zum alten Recht hat der Bundesgerichtshof entschieden, dass die Vermögensnachteile, die ein Käufer infolge einer arglistigen Täuschung erleidet, unselbständige Faktoren eines einheitlichen Schadensersatzanspruchs bilden, sodass für sie keine unterschiedlichen Verjährungsfristen gelten. 1265

BGH, Urt. v. 6.6.2008 – V ZR 52/07,
NJW 2008, 2912 = WM 2008, 1797.

1266 Das geltende Recht hat daran im Ergebnis nichts geändert. Zwar beruht der Anspruch nicht mehr auf der arglistigen Täuschung, sondern auf der Lieferung einer mangelhaften Sache. Für diesen Haftungsgrund gilt aber ebenfalls, dass wir es mit einem einheitlichen Schadensersatzanspruch zu tun haben.

4. Exkurs: Naturalrestitution im Wege der Erstattung des zur Herstellung erforderlichen Geldbetrages, § 249 Abs. 2 Satz 1 BGB

1267 Bei der Beschädigung einer Sache kann der Geschädigte wählen, ob er Herstellung des Zustandes verlangt, der bestehen würde, wenn der zum Ersatz verpflichtende Umstand nicht eingetreten wäre (§ 249 Abs. 1 BGB) oder ob er den dazu erforderlichen Geldbetrag verlangt (§ 249 Abs. 2 Satz 1 BGB). Letzteres wird er im Zweifel vorziehen. Dabei handelt es sich um eine **besondere Form der Naturalrestitution**, nicht um einen Schadensersatzanspruch in Geld, der nur unter den engeren Voraussetzungen der §§ 250, 251 Abs. 1 BGB besteht.

1268 Da es auch bei § 249 Abs. 2 Satz 1 BGB um Naturalrestitution geht, setzt der Anspruch grundsätzlich voraus, dass die **Herstellung noch möglich** ist. Daran fehlt es, wenn die beschädigte Sache untergegangen ist. Nach der früheren Rechtsprechung des V. Zivilsenats fehlte es – jedenfalls bei Immobilien – daran auch, wenn der Geschädigte die beschädigte Sache veräußert hatte. Er war dann auf einen Schadensersatzanspruch nach § 251 Abs. 1 BGB beschränkt.

BGHZ 81, 385, 392.

1269 Für bewegliche Sachen, speziell für Kraftfahrzeuge, hatte der VI. Zivilsenat stets auch nach Veräußerung des beschädigten Kraftfahrzeugs die Geltendmachung des Herstellungsanspruchs nach § 249 Abs. 2 Satz 1 BGB (früher: § 249 Satz 2) für zulässig erachtet.

BGH, Urt. v. 23.3.1976 – VI ZR 41/74, BGHZ 66, 239;
BGH, Urt. v. 5.3.1985 – VI ZR 204/83, NJW 1985, 2469;
dazu EWiR 1985, 355 *(Grunsky)*.

1270 Der V. Zivilsenat ist dem im Ergebnis für den Fall beigetreten, dass der Geschädigte spätestens mit Wirksamwerden der Eigentumsübertragung **den Anspruch aus § 249 Abs. 2 Satz 1 BGB an den Erwerber des Grundstücks abgetreten hat**. Den Grund hierfür sieht er nicht allgemein in der freien Verfügbarkeit des Geldbetrags unabhängig von der Durchführung der Reparatur (wie aber der VI. Zivilsenat). Daher hält er die Veräußerung auch nicht für generell unschädlich, sondern nur für den Fall der spätestens mit der Veräußerung wirksam werdenden Zession des Ersatzanspruchs. Sonst ergäbe sich ein Wertungswiderspruch zum Fall der Gesamtrechtsnachfolge: Der Gesamtrechtsnachfolger wird Eigentümer des beschädigten Grundstücks und Inhaber des Anspruchs aus § 249 BGB, den er wie der Rechtsvorgänger geltend machen kann. Bei der Einzelrechtsnachfolge kann nichts anderes gelten; auch hier bleibt der von der Norm bezweckte Integritätsschutz möglich. Ob dies auch dann anzunehmen ist, wenn die Abtretung des Anspruchs der Veräußerung des Grundstücks nachfolgt, hat der Senat ausdrücklich offengelassen.

> BGH, Urt. v. 4.5.2001 – V ZR 435/99, BGHZ 147, 320 = ZIP 2001, 1205 = ZfIR 2001, 634 = NJW 2001, 2250 = BGH LM BGB § 249 (Gb) Nr. 30 (m. Anm. *Schiemann*); dazu EWiR 2001, 659 *(Vogel)*; siehe auch *Krüger*, in: Festschrift Wenzel, S. 491, 492 ff.

Keine Anwendung finden diese Grundsätze auf einen Schadensersatzanspruch **1271** statt der Leistung nach §§ 437 Nr. 3, 280, 281 BGB. Dieser Anspruch ist von Anfang an nur auf Geld, nicht auf Naturalrestitution gerichtet und besteht unabhängig davon fort, ob der Käufer das mangelbehaftete Grundstück mit oder ohne Abtretung des Anspruchs weiterveräußert hat.

> BGH, Urt. v. 15.6.2012 – V ZR 198/11, BGHZ 193, 326 (Rn. 31);
> BGH, Urt. v. 11.12.2015 – V ZR 26/15, MDR 2016, 482 (Rn. 21).

V. Vertragliche Regelungen zu Sachmängeln (und Gefahrübergang)

1. Ausschluss der Mängelrechte bei Verkauf eines Bestandsobjekts

a) Ausschlussklausel

Literatur: *Brambring* und *Hertel*, in: Amann/Brambring/Hertel, Vertragspraxis nach neuem Schuldrecht, 2. Aufl., 2003, S. 144 ff, S. 482 ff; *Herrler*, Vorvertragliche Eigenschaftsangaben beim Immobilienkaufvertrag, DNotZ 2020, 369; *Hertel*, Vertragliche Regelungen zu Sach- und Rechtsmängeln im Grundstückskaufvertrag nach der Schuldrechtsreform, in: RWS-Forum 23, S. 171.

Beim Verkauf eines Grundstücks mit einem bestehenden Gebäude (Bestandsob- **1272** jekt) oder einer Bestandwohnung werden Rechte des Käufers wegen Sachmängeln typischerweise ganz ausgeschlossen. Dies ist eine für beide Kaufvertragsparteien sachgerechte Lösung. Der Käufer soll sich das Objekt vor dem Kauf gut ansehen. Mögliche Mängel – oder allgemein den Zustand des Objekts – sollen die Vertragsparteien bei der Vereinbarung über den Kaufpreis berücksichtigen, solange sie noch ohne Weiteres vom Kaufvertragsschluss Abstand nehmen können, wenn sie zu keiner einheitlichen Bewertung kommen – und nicht sich hinterher kosten- und zeitaufwendig über die Bewertung der Mängel streiten.

Der gesetzliche Sachmängelbegriff unterscheidet zwischen der vereinbarten **1273** und der üblichen Beschaffenheit. Diese **Zweiteilung** in **subjektive und objektive Anforderungen** verdeutlicht die jetzige, seit 1.1.2022 geltende Fassung des § 434 BGB besonders deutlich. In der vertraglichen Regelung zum Ausschluss von Sachmängelrechten spiegelt sich diese Zweiteilung meistens – und sinnvollerweise – wider:

- Zu den subjektiven Anforderungen regeln die meisten Klauseln, dass „eine besondere Beschaffenheit nicht vereinbart“ ist, „soweit nicht der Vertrag etwas anderes regelt“.

- Hinsichtlich der objektiven Anforderungen werden Ansprüche wegen Sachmängeln ausgeschlossen (ausgenommen bei Arglist – und bei einem Unternehmer als Verkäufer in den Fällen des § 309 Nr. 7 BGB).

1274 Der Bundesgerichtshof hat entschieden, dass vorvertragliche Beschaffenheitsangaben, die nicht in den notariellen Kaufvertrag aufgenommen wurden, im Regelfall keine Beschaffenheitsvereinbarung sind, sondern nur Informationen, die der Verkäufer dem Käufer gibt. Man spricht von der **Zäsurwirkung der notariellen Beurkundung** (siehe Rn. 1085 ff.). Dies betont und verdeutlicht eine Regelung im Kaufvertrag, wonach eben (außer dem im notariellen Vertrag ausdrücklich Geregelten) keine Beschaffenheitsvereinbarung getroffen wurde.

1275 Dies bedarf aber der Ergänzung durch den Ausschluss von Sachmängelansprüchen. Denn nur dadurch kann der Verkäufer seine Haftung für unwissentlich falsche Angaben in **Exposé, Verkaufsanzeigen** etc. ausschließen. Denn diese zählten bereits bisher nach § 434 Abs. 1 Satz 3 BGB a. F. als gewöhnliche Beschaffenheit bzw. jetzt nach § 434 Abs. 2 Nr. 2 lit. b) BGB zu den objektiven Anforderungen. Sie sind nicht (subjektiv) vereinbart und unterfallen damit nicht der Zäsurwirkung der notariellen Beurkundung – wohl aber dem vertraglichen Ausschluss der Sachmängelrechte (ausgenommen natürlich bei Arglist).

> BGH, Urt. v. 22.4.2016 – V ZR 23/15, DNotZ 2016, 921 = NJW 2017, 150 (m. Anm. *Herrler*) = ZfIR 2016, 785 (m. Anm. *Bickert*);
>
> BGH, Urt. v. 25.1.2019 – V ZR 38/18, DNotZ 2019, 852 = MittBayNot 2020, 24 (m. Anm. *Weber*) = NotBZ 2019, 379 (m. Anm. *Krauß*) = ZfIR 2019, 559 (m. Anm. *Brändle*), dazu *Hahn*, ZfIR 2019, 755.
>
> kritisch wegen des Wertungswiderspruchs, dass der Verkäufer für Aussagen im Exposé stärker haftet als für direkte Aussagen gegenüber dem Käufer: *Herrler*, DNotZ 2020, 397.

1276 Für den Ausschluss von Sachmängelansprüchen sind folgende **Einschränkungen** zu beachten:

- Beim Verbrauchsgüterkauf sind die Mängelrechte des Verbrauchers nach § 476 BGB weitgehend unabdingbar. Beim **Mitverkauf beweglicher Sachen** (Zubehör) im Grundstückskaufvertrag sollte daher auch beim Verkauf durch einen Verkauf der Ausschluss der Mängelrechte für die beweglichen Sachen in einem eigenen Satz geregelt werden. Denn falls der Verkäufer doch Unternehmer sein sollte, schlägt dann wenigstens die Unwirksamkeit der Regelung für die mitverkauften beweglichen Gegenstände nicht auf den Ausschluss der Mängelrechte für Grundstück und Gebäude durch.

  > *Brambring*, DNotZ 2001, 590, 610.

- Verkauft ein Unternehmer (**Verbrauchsgüterkauf**) so können die gesetzlichen Mängelrechte für mitverkaufte bewegliche Sachen (oder für digitale Elemente) seit 1.1.2022 nur dann durch Beschaffenheitsvereinbarung oder Beschränkung der Mängelrechte eingeschränkt werden, wenn der Verbraucher) vor Abgabe seiner Vertragserklärung eigens von der Abweichung **in Kenntnis gesetzt** wurde, und die Abweichung im Vertrag »**ausdrücklich und gesondert vereinbart**« wurde (§ 476 Abs. 1 Satz 2 BGB)- wofür wohl ein eigener Absatz genügt; sicherer ist die Auslagerung in eine eigens unterschriebene Anlage.

- Im Formularvertrag oder **Verbrauchervertrag** ist außerdem zu beachten, dass nach § 309 Nr. 7 BGB in Allgemeinen Geschäftsbedingungen ein Ausschluss von Schadensersatzansprüchen für **Schäden aus der Verletzung des Lebens**, des Körpers oder der Gesundheit unzulässig ist – ebenso für sonstige Schäden bei einer **grob fahrlässigen oder vorsätzlichen Pflichtverletzung**. Dies erfordert einen entsprechenden Vorbehalt. Andernfalls ist der gesamte Gewährleistungsausschluss unwirksam (auch wenn es konkret gar nicht um Schäden an Leib und Leben oder um grobes Verschulden geht.

  BGH, Versäumnisurt. v. 19.9.2007 – VIII ZR 141/06, ZIP 2007, 2270 = NJW 2007, 3774 (zum Gebrauchtwagenverkauf);

  BGH, Urt. v. 22.9.2015 – II ZR 340/14, DB 2015, 3000 = NZG 2016, 31 = ZIP 2015, 2414 (zur Haftungsklausel eines Emissionsprospektes) – beide insoweit aber übertragbar auf den Verkauf einer Gebrauchtimmobilie).

  Dabei erscheint mir ausreichend, nur die Gesetzesüberschrift sinngemäß mit Verweis auf den Paragraphen zu zitieren, ggf. verkürzt als „Schäden aus Verletzung von Leben, Körper und Gesundheit sowie bei grobem Verschulden (§ 309 Nr. 7 BGB)“ (während ein bloßes Zitat der Paragrafennummer dem Transparenzgebot wohl nicht genügt).

b) Korrektur durch „Arglistprobe“

Von einem Ausschluss der Mängelrechte unberührt bleiben Rechte bei arglis- 1277
tigem Verschweigen von Mängeln (§ 444 Var. 1 BGB). Zwar gibt es seit der Schuldrechtsreform keine eigenständige Anspruchsgrundlage für Schadensersatz bei arglistigem Verschweigen eines Mangels mehr (§ 463 Satz 2 BGB a. F.). Doch kommt man nun bei arglistigem Verschweigen (oder arglistiger Täuschung) zu einer Schadensersatzpflicht nach §§ 437 Nr. 3, 280, 281 BGB.

Die Offenbarung von Mängeln durch den Verkäufer oder die Erklärung des 1278
Käufers, gewisse Mängel seien ihm bekannt, ist zwar als bloße Wissenserklärung nicht vom Beurkundungserfordernis des § 311b Abs. 1 BGB erfasst. Jedoch ist ihre **Mitbeurkundung zu Beweiszwecken** sinnvoll (§ 415 ZPO).

Um auf die Offenbarungspflicht des Verkäufers hinzuweisen und zugleich 1279
möglicherweise bereits zwischen den Beteiligten angesprochene Mängel abzufragen (und dann gegebenenfalls noch in die Niederschrift aufnehmen zu können), hat die notarielle Praxis eine „**Arglistprobe**“ (*Amann*) entwickelt: So „versichert“ der Verkäufer nach vielen Vertragsmustern, dass ihm versteckte

Mängel nicht bekannt sind, oder er erklärt, dass ihm keine altrechtlichen Belastungen oder Baulasten „bekannt“ sind oder er davon „nichts weiß“. In anderen Formulierungsmustern ist erläutert, dass es dabei nicht um eine Zusicherung, sondern um eine Wissenserklärung geht: Dem Verkäufer „ist nach Belehrung durch den Notar bekannt, dass er insoweit eine Offenbarungspflicht gegenüber dem Käufer hat, um nicht wegen arglistigen Verschweigens eines Mangels zu haften.“

> *Nieder/Otto*, in: Münchener Vertragshandbuch (6. Aufl., 2008), Muster I. 1., S. 1, 9 (während *Otto* in späteren Auflagen die allgemein übliche Nichtwissenserklärung aufgenommen hat).

1280 Diese Erklärungen sind von einer Beschaffenheitsvereinbarung oder gar der Übernahme einer Garantie i. S. d. § 443 BGB zu unterscheiden: Denn der Verkäufer hat bei der „Arglistprobe“ für das Erklärte nur einzustehen, wenn er bewusst etwas Falsches gesagt hat (oder doch „ins Blaue hinein“ etwas behauptet hat, obwohl er weiß, dass er dies gar nicht beurteilen kann).

> BGH, Urt. v. 8.5.1980 – IVa ZR 1/80, NJW 1980, 2460 = WM 1980, 983;
>
> BGH, Urt. v. 18.3.1981 – VIII ZR 44/80, ZIP 1981, 626 = NJW 1981, 1441.

1281 Bei der Formulierung sollte der Notar daher darauf achten, dass dies nicht als Garantie missverstanden wird.

1282 Der Bundesgerichtshof setzt dabei die Hürde für eine Haftung für Angaben „ins Blaue hinein“ sehr hoch (vgl. Rn. 1166):

- „Hat der Verkäufer im Zeitpunkt des Vertragsschlusses an das Vorhandensein eines offenbarungspflichtigen Mangels des Grundstücks **keine Erinnerung** mehr, begründet seine Versicherung in dem Kaufvertrag, dass ihm erhebliche Mängel nicht bekannt seien, auch unter dem Gesichtspunkt der ‚Erklärung ins Blaue hinein‘ nicht den Vorwurf arglistigen Verhaltens.“

  > BGH, Urt. v. 11.5.2001 – V ZR 14/00, ZfIR 2001, 541 = DNotI-Report 2001, 133 = MittBayNot 2001, 476 = NJW 2001, 2326.

- Die in den Kaufvertrag aufgenommene Erklärung des Verkäufers, ihm sei „vom Vorhandensein wesentlicher unsichtbarer Mängel nichts bekannt“, rechtfertigt keine Abweichung von dem Grundsatz, dass den Käufer die **Darlegungs- und Beweislast** dafür trifft, dass der Verkäufer ihn über offenbarungspflichtige Umstände nicht aufgeklärt hat (vgl. Rn. 1169 ff.).

  > BGH, Urt. v. 30.4.2003 – V ZR 100/02, DNotZ 2003, 696 = NJW 2003, 2380 = NotBZ 2003, 265 = WM 2003, 1956.

- Selbst wenn ein fachkundiger Verkäufer (im konkreten Fall ein Maurermeister) angibt, er habe das Kaufobjekt „fachgerecht bzw. nach den anerkannten Vorschriften errichtet“, haftet er für Abweichungen nicht notwendig wegen arglistiger (Falsch-)Angaben „ins Blaue hinein“, wenn ihm die Abweichung von den einschlägigen DIN-Vorschriften nicht bewusst war.

> BGH, Urt. v. 14.6.2019 – V ZR 73/18, DNotZ 2020, 27 = ZfIR 2019, 846 (m. Anm. *Bickert*).

Die Arglistprobe ändert nichts an der **Beweislast** für die unterbliebene Mängel- 1283
offenbarung. Der Käufer muss zwar darlegen und beweisen, dass nicht offenbart wurde. Dabei kommen ihm aber Erleichterungen nach den Grundsätzen der sekundären Darlegungslast zugute. Der Verkäufer muss konkret vortragen, was er wann wem gegenüber offenbart habe. Kann der Käufer dies widerlegen, ist ihm der Beweis gelungen.

> BGH, Urt. v. 6.3.2020 – V ZR 2/19, DNotZ 2021, 35 = ZNotP 2020, 468.

2. Mängelrechte beim Verkauf neuerrichteter Gebäude

a) Formularvertrag oder Verbrauchervertrag

Wird eine neu hergestellte Sache verkauft, so untersagt **§ 309 Nr. 8 b) BGB** 1284
im Formularvertrag oder Verbrauchervertrag weitgehend einen Ausschluss oder eine Beschränkung der Rechte auf Nacherfüllung, Minderung und Rücktritt. Als neu hergestellt betrachtet die Rechtsprechung ungenutzte Bauwerke bis zu drei bis fünf Jahren nach ihrer Fertigstellung, bewohnte oder sonst genutzte Bauwerke hingegen nur bis zu etwa zwei Jahre nach ihrer Fertigstellung.

> BGH, Urt. v. 6.5.1982 – VII ZR 74/81, DNotZ 1982, 626 (m. Anm. *Ulmer*, DNotZ 1982, 587) = NJW 1982, 2243;
>
> BGH, Urt. v. 21.2.1985 – VII ZR 72/84, DNotZ 1985, 622 = NJW 1985, 1551.

Schadensersatzansprüche sind nicht in § 309 Nr. 8 b) BGB geregelt. Inso- 1285
weit gelten (für neue wie für gebrauchte Sachen) die Grenzen der §§ 309 Nr. 7, 307 Abs. 2 BGB. Für den Werkvertrag (d. h. für neu errichtete Häuser) sah aber der VII. Zivilsenat in einem formularmäßigen Ausschluss der Schadensersatzansprüche wegen Sachmängeln des Werkes einen Verstoß gegen § 9 Abs. 2 Nr. 1 AGBG (= § 307 Abs. 2 Nr. 1 BGB),

> BGH, Urt. v. 27.7.2006 – VII ZR 276/05, ZfIR 2006, 752 = DNotZ 2007, 22 = NJW 2006, 3275 = WM 2006, 1901,

sodass im Ergebnis dasselbe wie beim speziellen Klauselverbot des Ausschlusses des Rücktritts gilt (obwohl der Schadensersatz darüber hinaus noch Verschulden voraussetzt).

b) Individualvertrag

Beim Verkauf neu errichteter Häuser unterwirft die Rechtsprechung des 1286
VII. Zivilsenates auch einen individualvertraglichen Gewährleistungsausschluss einer **Inhaltskontrolle nach § 242 BGB**. Danach ist auch im Individualver-

trag „ein formelhafter Ausschluss der Gewährleistung für Sachmängel beim Erwerb neu errichteter oder noch zu errichtender Eigentumswohnungen und Häuser gemäß § 242 BGB unwirksam, wenn die Freizeichnung nicht mit dem Erwerber unter ausführlicher Belehrung über die einschneidenden Rechtsfolgen eingehend erörtert worden ist".

> BGH, Urt. v. 5.4.1979 – VII ZR 308/77,
> BGHZ 74, 204 = DNotZ 1979, 741 (m. Anm. *Thomas*)
> = NJW 1979, 1406;
>
> BGH, Urt. v. 17.9.1987 – VII ZR 153/86,
> BGHZ 101, 350 = ZIP 1987, 1461
> = DNotZ 1988, 292 (m. Anm. *Brambring*) = NJW 1988, 135;
> dazu EWiR 1987, 1169 *(Heinrichs)*;
>
> BGH, Urt. v. 21.4.1988 – VII ZR 146/87,
> DNotZ 1989, 299 (m. Anm. *Kanzleiter*) = NJW 1988, 1972;
>
> BGH, Urt. v. 29.6.1989 – VII ZR 151/88,
> BGHZ 108, 164 = ZIP 1989, 1200
> = DNotZ 1990, 96 (m. Anm. *Brambring*) = NJW 1989, 2748;
> dazu EWiR 1989, 973 *(Löwe)*.

1287 Diese Rechtsprechung bestätigte der VII. Zivilsenat auch nach der Schuldrechtsreform.

> BGH, Urt. v. 8.3.2007 – VII ZR 130/05, ZfIR 2007, 623
> = DNotZ 2007, 822 = NJW-RR 2007, 895 = ZNotP 2007, 222;
> ebenso OLG Köln, Urt. v. 23.2.2011 – 11 U 70/10, DNotZ 2012,
> 126 = MittBayNot 2011, 480 (m. Anm. *Brambring*).

1288 So fragwürdig diese Rechtsprechung dogmatisch ist, muss sich die Vertragspraxis darauf einstellen. Die Rechtsprechung gilt aber nur für Werkverträge, nicht für den normalen **Verkauf eines bereits genutzten** (wenngleich vielleicht vor oder während der Nutzungszeit umfassend umgebauten) **Wohnhauses** (jedenfalls wenn es nach den Kriterien der Rechtsprechung – siehe Rn. 1284 – nicht mehr ein Neubau ist).

3. Abtretung von Schadensersatzansprüchen gegen Dritte

1289 Man kann erwägen, den Ausschluss der (Sach-)Mängelrechte jedenfalls teilweise zu kompensieren gegen eine ausdrückliche Abtretung aller Ansprüche, die dem Verkäufer möglicherweise gegen Dritte zustehen, z. B.:

- (vertragliche) Ansprüche gegen **am Bau Beteiligte** (Architekt, Bauhandwerker),
- (vertragliche) Ansprüche gegen **Mieter** oder **frühere Eigentümer,**
- **deliktische** Ansprüche.

1290 Denn nach der Rechtsprechung besteht i. d. R. keine konkludente Verpflichtung zur Abtretung derartiger Ansprüche (siehe Rn. 659 ff.). Diese Abtretung ist beim Neubau besonders wichtig, wenn die Abnahme des Bauwerks weniger als fünf Jahre zurückliegt und daher die Gewährleistungsfrist bzw. Verjährungsfrist noch nicht abgelaufen ist. Sie kann aber auch beim Altbau Sinn machen.

Manche Ansprüche will der Verkäufer aber wahrscheinlich **nicht abtreten**: 1291

- so insbesondere nicht Ansprüche gegen **Familienangehörige** oder sonst ihm Nahestehende, die er selbst typischerweise auch nicht durchsetzen würde.
- Dies gilt auch für Ansprüche aus **unentgeltlicher Nachbarhilfe** oder Hilfe durch Freunde.

Im Übrigen will der Verkäufer möglicherweise einfach **nichts mehr mit dem** 1292 **Bau zu tun haben**, der ihn ohnehin durch den Stress und Streit mit den Handwerkern genug graue Haare gekostet hat. Eigentlich will er auch nicht als Zeuge vor Gericht aussagen müssen und erst recht nicht dazu möglicherweise nochmals in den alten Bauakten kramen müssen.

Eine mögliche Regelung könnte wie folgt aussehen: 1293

> „Soweit dem Verkäufer noch unverjährte Ansprüche wegen Mängeln gegen frühere Veräußerer oder gegen an Baumaßnahmen Beteiligte oder Schadensersatzansprüche gegen Mieter oder Dritte hinsichtlich des Grundstücks zustehen, tritt er diese an den Käufer ab. Ausgenommen sind Ansprüche gegen Familienangehörige des Verkäufers und gegen Mitbewohner der Wohnung des Verkäufers sowie aus unentgeltlichen Hilfeleistungen. Die Abtretung erfolgt aufschiebend bedingt mit Eigentumsübergang. Der Verkäufer ist nicht verpflichtet, darüber hinaus zur Durchsetzung möglicher Forderungen mitzuwirken."

Nach *Hertel*, in: Würzburger Notarhandbuch, Teil 2, Kap. 2 Rn. 4.

4. Beschaffenheitsvereinbarung statt Ausschluss der Mängelrechte?

a) Keine pauschale Beschaffenheitsvereinbarung

Nachdem die Schuldrechtsreform den Begriff des Mangels in § 434 BGB in der 1294 von 2002–2021 geltenden Fassung eindeutig auf dem Boden der subjektiven Theorie definierte, lag nahe, eine Beschaffenheitsvereinbarung statt eines Ausschlusses der Mängelrechte einzusetzen – insbesondere in den Fällen, in denen die gesetzlichen Mängelrechte nicht eingeschränkt werden dürfen (wie z. B. beim Verbrauchervertrag nach § 478 BGB).

Nach einer Ansicht soll es für eine derartige Beschaffenheitsvereinbarung be- 1295 reits genügen, einen **Verkauf „wie besichtigt"** zu vereinbaren (pauschale Beschaffenheitsvereinbarung).

Heinze/Salzig, NotBZ 2002, 1, 2 f.;
Kornexl, ZNotP 2002, 86 und 131;
Feller, MittBayNot 2003, 81.

Meiner Ansicht nach ist hingegen eine **konkrete Beschreibung** der verein- 1296 barten Beschaffenheit im Vertrag erforderlich.

Hertel, ZNotP 2002, 126.

1297 *Brambring* hat dies etwa wie folgt formuliert:

> „Die Beteiligten vereinbaren als Beschaffenheit des Gebäudes: Es handelt sich um einen Altbau aus dem Jahre 1960, der nicht modernisiert worden ist. Insbesondere sind die Wasser- und Elektroleitungen nicht erneuert, sodass der Käufer damit rechnen muss, dass es zu einem Schaden kommen kann.
>
> Die Rechte des Käufers wegen eines Sachmangels des Grundstücks und des Gebäudes werden ausgeschlossen. Dies gilt auch für alle Ansprüche auf Schadensersatz, es sei denn, der Verkäufer handelt vorsätzlich."

Brambring, in: Amann/Brambring/Hertel, S. 466.

1298 Unverzichtbar ist der zweite Absatz: Eine bloße Beschaffenheitsvereinbarung kann den Ausschluss von Sachmängelrechten nicht ersetzen, sondern allenfalls unterstützen. Denn mit einer Beschaffenheitsvereinbarung kann man zwar die subjektiven Anforderungen nach § 434 Abs. 2 BGB regeln, nicht aber die Rechte wegen Fehlens von objektiven Anforderungen nach § 434 Abs. 3 BGB ausschließen.

Auch die Rechtsprechung hat einen Verkauf „wie es liegt und steht" als Ausschluss der Sachmängelrechte ausgelegt, nicht als Beschaffenheitsvereinbarung.

OLG Brandenburg, Urt. v. 28.1.2010 – 5 U 48/09, NJW-RR 2010, 1169 = NZM 2010, 712.

b) Kenntnis des Käufers vom Mangel

1299 Das Beispiel zeigt auch: Bei einer konkreten Beschaffenheitsvereinbarung verschwimmen die Grenzen zur **Offenbarung von Sachmängeln**. Denn soweit der Käufer einen Mangel kennt (oder nur infolge grober Fahrlässigkeit nicht kennt), ist er mit seinen Mängelrechten ausgeschlossen (§ 442 Abs. 1 Satz 1 BGB). Zwar wird man das bloße Alter des Gebäudes wohl eher als Beschaffenheit (und nicht per se als Mangel ansehen). Andererseits wird auch niemand dem Käufer Mängelrechte zugestehen, wenn sich herausstellt, dass das Gebäude nicht aus dem Jahr 1960, sondern aus dem Jahr 1965 stammt (obwohl dies bei einer Beschaffenheitsvereinbarung relevant wäre).

5. Vertragskosten bei Rücktritt

1300 Beim Rücktritt sehe ich Regelungsbedarf allenfalls hinsichtlich der Vertragskosten beim Rücktritt. Bei der Wandelung erhielt der Käufer nach **§ 467 Satz 2 BGB a. F.** vom Verkäufer auch die Vertragskosten ersetzt. Nach jetzigem Schuldrecht fehlt ein entsprechender Anspruch im Rücktrittsrecht. § 284 BGB gewährt Aufwendungsersatz lediglich, wenn der Verkäufer den Mangel zu vertreten hat; dies ist aber nicht Voraussetzung des Rücktritts.

1301 Die Regelung des § 467 Satz 2 BGB a. F. war sachgerecht. Von daher kann man erwägen, sie vertraglich wieder einzuführen. Zu erwägen ist, die Regelung nicht auf Sachmängel zu beschränken, sondern allgemein für alle vertraglichen oder gesetzlichen Rücktrittsrechte vorzusehen, soweit der Rücktrittsgrund in der Sphäre des Rücktrittsgegners liegt. Denn dann ist es auch angemessen, dem Rücktrittsgegner die Vertragskosten aufzuerlegen.

Zum **Umfang** der zu ersetzenden Vertragskosten: Nach § 467 Satz 2 BGB 1302
a. F. musste der Verkäufer dem Käufer bei der Wandelung insbesondere die Kosten der Beurkundung des Kaufvertrags und die Maklerkosten ersetzen. Ob auch die Kosten der Rückabwicklung unter § 467 Satz 2 BGB a. F. fielen, war strittig;

ablehnend *Deckers*, NJW 1997, 158;

sie sollte man daher vertraglich einbeziehen. Sicher nicht darunter fielen hingegen die Finanzierungskosten des Käufers.

OLG Köln, Urt. v. 3.11.1995 – 19 U 81/95, NJW-RR 1996, 559, 560 = OLG-Report 1996, 77;

LG Bonn, Urt. v. 14.4.1993 – 5 S 64/92, NJW-RR 1993, 1269.

Dies sollte man vertraglich so belassen; denn es ist sachgerecht, dass der Käufer 1303
seine Finanzierungskosten nur bei Verschulden des Verkäufers ersetzt erhält (dann als Schadensersatz oder als Aufwendungsersatz).

6. Schadensersatz statt der Leistung

Nach jetzigem Schuldrecht besteht auch bei Sachmängeln ein Schadensersatz- 1304
anspruch, wenn der Verkäufer den Mangel zu vertreten hat. Wann der Verkäufer einen **Sachmangel zu vertreten** hat, kann man in folgenden Fallgruppen zusammenfassen:

Hertel, in: RWS-Forum 23, S. 171, 184 ff.

- Der Verkäufer haftet sicher in den **Arglistfällen** des früheren § 463 BGB a. F.
- Ausdrücklich angeordnet hat das Gesetz, dass der Verkäufer sich bei Übernahme einer **Beschaffenheitsgarantie** (jedenfalls im Zweifel) verpflichtet hat, verschuldensunabhängig für den Sachmangel einzustehen (§ 276 Abs. 1 Satz 1 BGB).
- Der Verkäufer haftet auch, wenn er sonst **schuldhaft den Mangel verursacht** hat.
- Schließlich haftet der Verkäufer, wenn er die vertraglich vereinbarte oder vorausgesetzte (oder mangels Vereinbarung die übliche) Sorgfalt bei **Pflege oder Schutz** der Sache vernachlässigt hat oder wenn er eine geschuldete Untersuchung der Sache nicht sorgfältig durchgeführt hat.

7. Garantie

Die seit der Schuldrechtsreform 2001 in §§ 443, 444 BGB erstmals gesetzlich 1305
geregelte Beschaffenheits- und Haltbarkeitsgarantie ist ein scharfes Instru-

ment und darf nur wohlbegründet eingesetzt werden. Mit der Abgabe einer Garantie geht der Verkäufer weitreichende Verpflichtungen ein:

- Falls der Verkäufer in der Garantie zusätzlich zu den gesetzlichen Mängelrechten weitere Rechte verspricht (z. B. 10 € für jeden Fehler auslobt, den ein Käufer entdeckt), stehen dem Käufer natürlich diese Rechte aus der Garantie zu (§ 443 BGB).
- Diese zusätzlichen Rechte bestehen aber „unbeschadet der gesetzlichen Ansprüche" (§ 443 BGB). Zusätzlich hat der Käufer daher auch sämtliche gesetzlichen Mängelrechte nach § 437 BGB, wenn die Sache nicht die garantierte Beschaffenheit oder Haltbarkeit hat.
- Dabei schuldet der Verkäufer bei Fehlen der garantierten Eigenschaft Schadensersatz (jedenfalls im Zweifel) verschuldensunabhängig, da sich aus der Übernahme der Garantie eine strengere Haftung ergibt (§ 276 Abs. 1 BGB).

1306 So wird der Verkäufer etwa vor der Garantie zurückschrecken, wenn er hört, dass er dann auch verschuldensunabhängig auf Schadensersatz haftet. Warum sollte er etwa für die Dichtigkeit eines Daches garantieren? Das Dach mag zwar erst vor zwei Jahren gedeckt worden sein. Aber will der Verkäufer deshalb Schadensersatzansprüchen ausgesetzt sein, wenn der Dachdecker schlampig gearbeitet hat, obwohl der Verkäufer hiervon nichts weiß?

1307 In der Fassung des § 444 BGB nach der Schuldrechtsreform war zunächst zweifelhaft, ob bei einer selbständigen Garantie die Rechte aus der **Garantie auch hinsichtlich der Rechtsfolgen beschränkt** werden könnten (oder ob nur eine Einschränkung auf der Tatbestandsseite möglich wäre, etwa hinsichtlich der garantierten Beschaffenheit). Im Jahr 2004 hat der Gesetzgeber jedoch § 444 BGB geändert, um dies klarzustellen.

1308 Für die Vertragsgestaltung kommt außerdem eine **Beschaffenheitsvereinbarung als Alternative** in Betracht (§ 434 Abs. 1 Satz 1 BGB). Hier können die Beteiligten im Einzelnen regeln, welche Rechte der Käufer bei Fehlen der vereinbarten Beschaffenheit hat. So kann der Notar eine auf die Interessen der Vertragsparteien im Einzelfall zugeschnittene sachgerechte Lösung gestalten. Dies erscheint transparenter, als zunächst eine Garantie vorzusehen, diese aber auf der Rechtsfolgenseite wieder einzuschränken.

8. Energieausweis

1309 Seit 2007 muss auch beim Verkauf eines Bestandsgebäudes ein **Energieausweis** („Energiepass") vorgelegt werden (damals § 16 EnEV, jetzt § 80 GEG).

1310 Die bloße Vorlage des Energieausweises ist **keine Beschaffenheitsvereinbarung**. Denn der Ausweis dient nur der Information. Den Inhalt des Energieausweises vertraglich zur Beschaffenheitsvereinbarung zu machen, ist möglich, aber jedenfalls zwischen Privatleuten nicht zu empfehlen, da der Verkäufer nicht kontrollieren kann, ob der Aussteller des Ausweises richtig gerechnet hat. Für **falsche Angaben** gegenüber dem Aussteller des Energieausweises kann und sollte der Verkäufer hingegen genauso wie für falsche Angaben gegenüber dem Käufer in die Haftung genommen werden.

> OLG Schleswig, Urt. v. 13.3.2015 – 17 U 98/14,
> NJW 2015, 2668 = RNotZ 2015, 425.

Hingegen **haftet der Aussteller des Energieausweises** bei schuldhaft falscher Berechnung auch gegenüber dem Käufer (oder Mieter) nach den Grundsätzen über die Einbeziehung Dritter in den Schutzbereich eines Gutachtens, wenn das Gutachten für den Aussteller erkennbar auch dem Dritten vorgelegt werden soll und der Dritte darauf seine Entscheidung stützt. 1311

> *Hertel*, DNotZ 2007, 486, 495;
> *Kamphausen*, BauR 2006, 1208, 1213 f.

Legt der Verkäufer keinen Energieausweis vor, begeht er eine Ordnungswidrigkeit (§ 108 Abs. 1 Nr. 25 GEG). Die bloße Nichtvorlage als solche begründet aber meines Erachtens noch keine zivilrechtliche Haftung. Eine Haftung des Verkäufers wegen der Nichtvorlage sehe ich nur bei arglistigem Verschweigen (§§ 434, 437 BGB), d. h., wenn den Verkäufer eine **Offenbarungspflicht** traf, weil er wusste, dass der Energieverbrauch deutlich höher als bei Vergleichsobjekten gleichen Alters und Bauart ist – und wenn dies einem Käufer nicht bei einer Besichtigung erkennbar war. 1312

Der Notar kann über die **Vorlagepflicht belehren**, ohne damit gegen seine Neutralitätspflicht zu verstoßen. Allerdings besteht keine diesbezügliche Amtspflicht, da es sich nicht um eine unmittelbare Rechtsfolge des Kaufvertrags handelt (§ 17 Abs. 1 BeurkG). Bei der Beurkundung können die Kaufvertragsparteien kaum mehr sinnvoll auf den Hinweis reagieren; sinnvoller erscheint mir daher, den Hinweis bereits bei der Vorbesprechung bzw. mit dem Entwurfsversand zu geben; m. E. genügt allerdings, wenn der Hinweis im versandten Entwurf enthalten ist. 1313

9. Vertragsgestaltung für zwischen Besichtigung und Besitzübergabe auftretende Mängel

Im Zusammenhang mit der Schuldrechtsreform wurde wieder verstärkt diskutiert, ob man in den Kaufvertrag nicht eine gesonderte Regelung für zwischen Besichtigung und Besitzübergabe auftretende (Sach-)Mängel treffen sollte. 1314

> Formulierungsvorschläge vgl.
> *Weigl*, MittBayNot 1996, 349 und
> *ders.*, MittBayNot 2000, 33, 35;
> *Amann*, DNotZ 2003, 643, 656 ff.;
> *Amann/Brambring/Hertel*, S. 494 ff.

Anlass dazu bot vor allem eine Entscheidung des **OLG Hamm**, wonach der Käufer aufgrund eines vertraglichen Gewährleistungsausschlusses Mängel nicht 1315 geltend machen konnte, die zwischen Vertragsschluss und Übergabe entstanden, obwohl sie im konkreten Fall auf einem Verschulden des Verkäufers beruhten.

OLG Hamm, Urt. v. 28.1.1999 – 22 U 100/98, DNotZ 1999, 723 = MittBayNot 2000, 33.

1316 Ein paar Jahre später entschied aber der **Bundesgerichtshof**, dass ein vertraglicher Gewährleistungsausschluss („für sichtbare und unsichtbare Mängel") im Zweifel nicht erst nach Vertragsabschluss (aber vor Gefahrübergang) entstandene Mängel erfasst. Wollten die Parteien auch solche Mängel von der Haftung ausschließen, so müssten sie dies deutlich machen.

BGH, Urt. v. 24.1.2003 – V ZR 248/02, ZIP 2003, 532 = ZfIR 2003, 233 = DNotZ 2003, 687 = NJW 2003, 1316; dazu EWiR 2003, 507 *(Gsell)*.

1317 Die BGH-Entscheidung führt zu sachgerechten Ergebnissen, auch ohne dass eine gesonderte Klausel für zwischen Vertragsabschluss und Gefahrübergang auftretende Mängel erforderlich wäre. Dennoch schlägt *Amann* auch weiterhin eine ausdrückliche Regelung vor.

Amann, DNotZ 2003, 643, 647 ff.

1318 Die in der Literatur vorgeschlagenen Formulierungen enthalten folgende – teilweise alternative – Elemente:

- Die **Gefahr eines zufälligen Untergangs** oder einer zufälligen Verschlechterung geht mit Kaufvertragsschluss auf den Käufer über. Alternativ kann man neben den Mängelrechten auch andere Rechte wegen Mängeln ausschließen (z. B. das Leistungsverweigerungsrecht aus § 320 BGB) – allerdings nur im Individualvertrag.

- Vom Gefahrübergang ausnehmen kann man die Gefahr für „Brandschäden und **Elementarschäden**"; denn insoweit ist der Verkäufer versichert (oder kann er sich zumindest versichern). Alternativ kann man zwar auch insoweit die Gefahr auf den Käufer übergehen lassen, zugleich aber den Verkäufer verpflichten, einen (möglichst näher zu bestimmenden) **Versicherungsschutz** bis zur Übergabe aufrechtzuerhalten (z. B. die – näher zu benennenden – bestehenden Schadensversicherungen); diesbezügliche Ansprüche auf Schadensersatz oder Versicherungsleistungen werden bei dieser Lösung an den Käufer abgetreten (aufschiebend bedingt durch die Kaufpreiszahlung).

- In jedem Fall ist der Verkäufer zur **ordnungsgemäßen Unterhaltung** der Kaufsache bis zur Übergabe zu verpflichten. Sinnvoll dürfte auch sein, die **Verjährung** der diesbezüglichen (Mängel- und anderen) Ansprüche gegen den Verkäufer zu verkürzen (und damit dem Käufer eine Prüfungsobliegenheit jedenfalls kurz nach Übergabe aufzuerlegen).

10. Gebäudeversicherungen

Versicherungsrechtlich gehen **Sachversicherungen** von Gebäude und Grundstück (Brand, Sturm etc.) mit Eigentumsübergang auf den Erwerber über (§ 95 VVG). Die Vertragsparteien müssen der Versicherung den Eigentumsübergang anzeigen (§ 97 VVG). Erwerber und Versicherung haben ein einmonatiges Sonderkündigungsrecht (der Erwerber ab Eigentumsübergang, die Versicherung ab Kenntnis vom Eigentumsübergang, § 96 VVG). 1319

Der Gefahrübergang im Innenverhältnis der Kaufvertragsparteien erfolgt typischerweise mit Kaufpreiszahlung, also i. d. R. vor Eigentumsübergang. Tritt ein versicherter Schaden nach Kaufpreiszahlung und nach Gefahrübergang ein, so kann der Käufer vom Verkäufer die Abtretung des Anspruchs gegen die Versicherung als stellvertretendes commodum nach § 285 BGB verlangen. 1320

> BGH, Urt. v. 10.3.1995 – V ZR 7/94,
> BGHZ 129, 103 = ZIP 1995, 1019 = DNotZ 1995, 883
> = MittBayNot 1995, 275 = NJW 1995, 1737.

Dies setzt aber voraus, dass Gebäudeversicherungen in hinreichender Höhe bestehen. Nachdem der Bundesgerichtshof entschieden hat, dass der Verkäufer gesetzlich nicht verpflichtet ist, darauf hinzuweisen, dass keine Gebäudeversicherung besteht, 1321

> BGH, Urt. v. 20.3.2020 – V ZR 61/19, siehe Rn. 594,

halte ich eine vertraglich vereinbarte Verpflichtung für sinnvoll, dem Käufer mitzuteilen, welche Gebäudeversicherungen bestehen. Wenn der Käufer eine Finanzierung benötigt, wird bereits die finanzierende Bank einen Versicherungsnachweis verlangen. Die vertragliche Verpflichtung bleibt aber für den ohne Bankkredit finanzierenden Erwerber sinnvoll.

Außerdem verpflichte ich den Verkäufer in meinen Kaufvertragsmustern, die bestehenden Versicherungen bis zum Eigentumsübergang aufrechtzuerhalten. Damit will ich zum einen verhindern, dass der Verkäufer die Versicherung in der irrigen Meinung kündigt, dies sei ja nun Angelegenheit des Käufers. Ebenso bestünde das Risiko, dass der Verkäufer die fällige Prämie nicht leistet, Mahnungen des Versicherers ignoriert und auch nicht an den Käufer weiterleitet, der Versicherer deshalb kündigt und dann ein Schaden eintritt, nachdem die Gefahr bereits auf den Käufer übergegangen ist. 1322

> Vgl. den Sachverhalt der Entscheidung des OLG Jena,
> Urt. v. 17.1.2007 – 4 U 574/06, DNotI-Report 2007, 144
> = BauR 2007, 603 = DB 2007, 1136, die sich allerdings nur mit den versicherungsrechtlichen Fragen befasst, nicht mit dem Innenverhältnis der Kaufvertragsparteien.

VI. Regelungen zu Rechtsmängeln

Auch wenn das Gesetz seit der Schuldrechtsreform für Rechts- und Sachmängel die gleichen Rechtsfolgen anordnet (§ 437 BGB), bleibt der Unter- 1323 schied zwischen Rechts- und Sachmängeln doch für die Vertragsgestaltung relevant. Die Rechte wegen Sachmängeln werden jedenfalls im Individualvertrag praktisch immer ausgeschlossen. Ein Ausschluss der Rechte des Käufers wegen Rechtsmängeln ist hingegen nicht interessengerecht.

- Stattdessen wird geregelt, welche der im Grundbuch eingetragenen **Belastungen** der Käufer **übernimmt**. Dogmatisch gesehen handelt es sich hierbei um eine Beschaffenheitsvereinbarung.
- Ein Ausschluss kann und wird hingegen häufig – und sinnvollerweise – hinsichtlich der **nicht im Grundbuch eingetragenen altrechtlichen Belastungen** vereinbart – hier aber vorbehaltlich der vom Verkäufer auf die ausdrückliche Frage des Notars hin arglistig verschwiegenen Mängel („Arglistprobe").

1. Im Grundbuch eingetragene Rechte: Vertragliche Rückkehr zur Garantiehaftung?

1324 Die Abschaffung der früheren gesetzlichen Garantiehaftung für Rechtsmängel (§§ 434, 440 BGB a. F.) und deren Ersetzung durch eine verschuldensabhängige Schadensersatzhaftung (§§ 435, 437 Nr. 3, 280 Abs. 1 Satz 2 BGB n. F.) war wohl die wichtigste Änderung des neuen Schuldrechts im Bereich der Rechtsmängel.

1325 Für den Vertragsgestalter lag der Reflex nahe, durch eine Garantie (§ 443 BGB) wieder zum vertrauten Rechtszustand zurückzukehren – allerdings nur bei eingetragenen Grundstücksbelastungen. In der Anwendung dürfte das neue Schuldrecht aber bei eingetragenen Grundstücksbelastungen kaum zu anderen Ergebnissen kommen als das alte Recht. Denn nach § 280 Abs. 1 Satz 2 BGB n. F. besteht eine Verschuldensvermutung. Die Entlastung dürfte dem Verkäufer kaum je gelingen. Denn er hat sich zunächst vertraglich zur Lastenfreistellung verpflichtet; darin liegt auch ein Element einer Beschaffungsschuld, die nach § 276 Abs. 1 BGB einen strengen Vertretensmaßstab begründet. Die gesetzliche Regelung genügt daher.

2. Vermietetes Grundstück

1326 Verpflichtet sich der Verkäufer zur Räumung eines derzeit noch vermieteten Grundstücks, ist sachgerecht, die Rechte des Käufers für den Fall, dass der Mieter doch nicht (fristgerecht) räumt, auf den **Rücktritt zu beschränken**, Minderung und Schadensersatz hingegen auszuschließen (vorbehaltlich § 309 Nr. 7 BGB).

> Vgl. Formulierungsbeispiel von
> *Brambring*, in: Amann/Brambring/Hertel, S. 457.

1327 Besteht das Mietverhältnis fort, so haftet der Verkäufer dem Mieter seit der Mietrechtsreform weiter auf **Rückzahlung der Kaution**, wenn der Mieter die Sicherheit bei Beendigung des Mietverhältnisses vom Käufer nicht erlangen kann (§ 566a Satz 2 BGB). Davon kann der Verkäufer nur frei werden, wenn der Mieter einer Schuldübernahme (der Pflicht zur Herausgabe der Kaution) durch den Käufer zustimmt (§ 415 Abs. 1 BGB), bevor der Verkäufer die gestellte Kaution dem Käufer übergibt.

> Vgl. *Vielitz*, RNotZ 2001, 574, 582 f.;
> *Wachter*, MittBayNot 2001, 544, 546
> – beide mit Formulierungsmuster;
> Gutachten, DNotI-Report 2004, 103.

Die bloße „Zustimmung“ des Mieters zum Übergang des Mietverhältnisses o. Ä. beinhaltet aber noch keine Haftungsfreistellung des Veräußerers. Sicher ist der Veräußerer nur bei einer ausdrücklichen Haftungsfreistellung. Der Veräußerer hat aber keinen Anspruch, dass ihn der Mieter von der Haftung freistellt. 1328

> BGH, Urt. v. 7.12.2011 – VIII ZR 206/10,
> NJW-RR 2012, 214 = ZfIR 2012, 124.

VII. Regelung zu Erschließungsbeiträgen

Die mit der Schuldrechtsreform geänderte gesetzliche Regelung über die Verteilung der Erschließungsbeiträge (§ 436 BGB) knüpft nun an den **Baubeginn** der jeweiligen Erschließungsanalyse an. Die gesetzliche Neuregelung passt genauso wie die frühere nur in den seltensten Fällen. Daher ist weiterhin in der Regel eine abweichende vertragliche Regelung erforderlich. 1329

> *Grziwotz*, NotBZ 2001, 383;
> *Hertel*, in: Amann/Brambring/Hertel, S. 140 ff., 512 ff.;
> *Wilhelms*, NJW 2003, 1420.

Flapsig formuliert, ist das Beste an der gesetzlichen Regelung ihre Dispositivität. Sie stellt auch **kein gesetzliches Leitbild** dar, sodass Abweichungen auch im Formular- und Verbrauchervertrag zulässig sind. Es besteht daher umfassende Gestaltungsfreiheit. 1330

> BT-Drucks. 14/6040, S. 219.

Wie bisher, gibt es grundsätzlich **drei Gestaltungsmöglichkeiten**: 1331

- vollständige Übernahme der Erschließungskosten durch eine Vertragspartei,
- Aufteilung mit **Zugang des Beitragsbescheides** als Stichtag (eindeutig, aber zufällig) oder
- Aufteilung mit tatsächlichem **Bautenstand** der Erschließungsanlage als Stichtag (theoretisch gerecht, praktisch nachträglich kaum feststellbar).

Persönlich bevorzuge ich die Bescheidslösung mit dem Kaufvertragsschluss als Stichtag. Sie vermeidet, dass der Verkäufer sonst womöglich noch nach Jahr und Tag Erschließungsbeiträge nachzahlen muss – wie in einem vom OLG Saarbrücken entschiedenen Sachverhalt 12 Jahre nach Kaufvertragsschluss. 1332

OLG Saarbrücken, 4.4.2006 – 4 U 377/05,
DNotZ 2007, 35 = MittBayNot 2007, 123 (m. Anm. *Bauer*).

1333 Die Bescheidslösung vermeidet auch ungesicherte Vorleistungen des Käufers hinsichtlich der Erschließungskosten.

BGH, Urt. v. 17.1.2008 – III ZR 136/07,
BGHZ 175, 111 = DNotZ 2008, 280 = NJW 2008, 1321
= ZfIR 2008, 247.

1334 Manchmal wollen Beteiligte den Besitzübergang als **Stichtag** wählen anstelle des Kaufvertragsschlusses. Das passt nicht, weil es nicht um die Abgrenzung laufender Kosten geht, sondern um die Verteilung eines Risikos. Um zu veranschaulichen, dass der Besitzübergang kein sinnvoller Stichtag ist, frage ich, was passieren würde, wenn die Beteiligten nach Kaufvertragsschluss erfahren würden, dass die Gemeinde doch noch in Kürze Erschließungsbeiträge erheben will: Ob dann der Käufer bei der Gemeinde anruft und sie bittet, den Beitragsbescheid doch bitte schnellstmöglich zu versenden – während der Verkäufer die Gemeinde ersucht, sich doch ruhig noch etwas Zeit zu lassen mit dem Beitragsbescheid ...

1335 Vertraglich sollte auch geregelt werden, welche Erschließungsbeiträge von der vertraglichen Klausel erfasst werden, wenn man nicht einfach den Begriff der „Erschließungsbeiträge und sonstigen Anliegerbeiträge nach § 436 BGB" übernehmen will:

- Typischerweise sind dies jedenfalls **„Erschließungsbeiträge nach BauGB und KAG"**. Eine derartige Formulierung kann beibehalten werden, auch soweit das Erschließungsbeitragsrecht nach §§ 127 ff. BauGB in den verschiedenen Bundesländern sukzessive in Landesrecht übernommen wird – so z. B. bereits in Bayern erfolgt.

  Grziwotz, MittBayNot 2003, 200.

- Eine ausdrückliche Regelung empfiehlt sich auch, inwieweit **Hausanschlusskosten** von der vertraglichen Regelung miterfasst sind. Auch eine weit formulierte Klausel (z. B. „Erschließungsbeiträge u. Ä.") würde ich entsprechend auslegen.

- Im Zweifelsfall umfasst die Aufteilung auch die **naturschutzrechtliche Ausgleichsabgabe** (§§ 135a ff. BauGB). Auch hier empfiehlt sich eine ausdrückliche Regelung (zumindest in der Form „Erschließungsbeiträge u. Ä.").

VIII. Regelungen zu öffentlich-rechtlichen Beschränkungen

1336 Öffentlich-rechtliche Beschränkungen bilden eine „Grauzone" zwischen Rechts- und Sachmängeln, da sie zwar überwiegend Sachmangel, teils aber auch Rechtsmangel sind – mit einer im Einzelnen schwierigen und keinesfalls immer eindeutigen Abgrenzung. Sinnvollerweise werden öffentlich-rechtliche Beschränkungen vertraglich gesondert geregelt.

Keinesfalls dürfen sie einfach pauschal in den Ausschluss der Sachmängelrechte 1337
einbezogen werden. Ansonsten besteht etwa die Gefahr, dass bei einem Bauplatzverkauf ein vereinbarter umfassender Ausschluss der Sachmängelrechte (jedenfalls seinem Wortlaut nach) auch Ansprüche wegen der fehlenden Bebaubarkeit umfassen würde (was natürlich nicht gewollt ist, da der Käufer ja Baulandpreis bezahlt hat). Das wäre ein Kunstfehler.

1. Bebaubarkeit

Literatur: *Grziwotz*, Haftung für die Bebaubarkeit beim Grundstückskauf nach neuem Schuldrecht, ZfIR 2002, 246.

Wichtigster Fall ist natürlich die Bebaubarkeit des Grundstücks. Im Rahmen 1338
der Beschaffenheitsvereinbarung ist zu regeln, ob die Bebaubarkeit des Grundstücks geschuldet ist. Gegebenenfalls ist dabei genau anzugeben, welche Bebaubarkeit Inhalt der Leistungspflicht ist. Die Bebaubarkeit kann Inhalt einer Beschaffenheitsvereinbarung sein.

> BGH, Urt. v. 7.2.1992 – V ZR 246/90,
> BGHZ 117, 159 = NJW 1992, 1384.

Ist das **Grundstück bebaut**, müssen dem Käufer entweder die gesetzlichen 1339
Mängelrechte zustehen, falls die vorhandene Bebauung baurechtlich unzulässig ist, oder der Verkäufer muss, wenn auch insoweit Mängelrechte ausgeschlossen werden, zumindest der „Arglistprobe“ unterworfen werden und erklären, dass ihm nichts bekannt ist, was gegen die Zulässigkeit der vorhandenen Bebauung spricht. Ich differenziere daher in meinen Vertragsentwürfen: Für eigene Baumaßnahmen muss der Verkäufer für die baurechtliche Zulässigkeit einstehen. Für Maßnahmen vor seinem eigenen Erwerb muss er nur bei Arglist haften.

Beim Kauf eines **Bauplatzes** wird der Verkäufer hingegen nicht für eine be- 1340
stimmte Bebaubarkeit einstehen wollen. Denn er kann regelmäßig nicht beurteilen, ob die vom Käufer beabsichtigte Bebauung zulässig ist.

- Eine Gestaltungsmöglichkeit ist hier, etwa nur ein Verkaufsangebot abzugeben oder einen aufschiebend bedingten Vertrag abzuschließen (und im Übrigen keine bestimmte Bebaubarkeit des Grundstücks zu vereinbaren). Dann mag der Käufer abklären, ob sich sein Bauvorhaben auf dem Grundstück verwirklichen lässt, bevor er das Angebot annimmt.

- Soll hingegen bereits ein unbedingter Kaufvertrag abgeschlossen werden, empfiehlt sich meist, die Rechte des Käufers auf den Rücktritt zu beschränken. Ebenso kann man anstelle der gesetzlichen Ansprüche ein vertragliches Rücktrittsrecht vereinbaren. In beiden Fällen ist allerdings genau zu definieren, unter welchen Voraussetzungen der Käufer zurücktreten kann.

> *Grziwotz*, ZfIR 2002, 246;
> Formulierungsbeispiel bei
> *Wälzholz/Bülow*, MittBayNot 2001, 509, 512.

1341 In beiden Fällen kann der Käufer noch vom Vertrag loskommen, wenn sich sein Bauvorhaben nicht verwirklichen lässt. Aber der Verkäufer muss nicht für einen Schaden einstehen oder sich Abzüge vom Kaufpreis gefallen lassen für ein Risiko, das er nicht beherrscht. Das Rücktrittsrecht wird den Verkäufer hingegen nicht übermäßig belasten; vielleicht findet er ja einen anderen Käufer, der das Grundstück anderweitig bebauen will.

2. Soziale Wohnraumförderung (Wohnungsbindung)

1342 Die Wohnungsbindung ist Rechtsmangel.

> BGH, Urt. v. 21.1.2000 – V ZR 387/98, ZIP 2000, 626 = ZfIR 2000, 261 = NJW 2000, 1256; dazu EWiR 2000, 419 *(St. Lorenz)*.
>
> BGH, Urt. v. 14.9.2018 – V ZR 165/17, DNotZ 2019, 48 = IMR 2018, 524 (m. Anm. *Grziwotz*) = ZIP 2018, 2173.

1343 Für Altfälle ergab sich die Wohnungsbindung aus dem Wohnungsbindungsgesetz (WoBindG), für Neufälle aus dem Gesetz über die soziale Wohnraumförderung (Wohnraumförderungsgesetz).

> Gesetz zur Reform des Wohnungsbaurechts v. 13.9.2001, BGBl I, 2376;
> vgl. *Grziwotz*, DNotZ 2001, 821;
> *Heimsoeth*, RNotZ 2002, 88.

1344 Diesbezüglich kann man den Verkäufer versichern lassen (als Arglistprobe), dass keine Beschränkungen aufgrund öffentlicher Wohnungsbauförderung bestehen (oder, ausführlicher formuliert, dass keine Beschränkungen nach dem Wohnungsbindungsgesetz oder aufgrund von Verwaltungsakten nach dem Wohnraumförderungsgesetz bestehen). Ich sehe hier sogar eine Garantie vor; denn eine Sozialbindung muss der Verkäufer kennen und dafür einstehen.

IX. Besonderheiten der Vertragsgestaltung bei Formularvertrag und Verbrauchervertrag

1345 Formularvertrag und Verbrauchervertrag unterliegen bekanntlich einer besonderen Klauselkontrolle. Daher ist nicht nur für das Beurkundungsverfahren (§ 17 Abs. 2a BeurkG), sondern auch für die materielle Vertragsgestaltung relevant, ob die Beteiligten den Vertrag als Unternehmer oder als Verbraucher abschließen.

1. Wann sind notarielle Vertragsbedingungen AGB?

1346 Zur Frage, wann notarielle Vertragsbedingungen AGB sind, sind vor allem drei Entscheidungen aus den Jahren nach 2000 zu erwähnen:

1347 Für eine „Vielzahl von Verträgen" vorformuliert und damit Allgemeine Geschäftsbedingungen (AGB) sind Vertragsbedingungen dann, wenn der Verwender sie in mindestens drei bis fünf Fällen verwenden will. Dann sind sie bereits bei der ersten Verwendung Allgemeine Geschäftsbedingungen. Voraussetzung ist aber – dies präzisierte die erste Entscheidung, dass der Verwender die **Absicht der Mehrfachverwendung** bereits **im Zeitpunkt des Vertragsabschlusses** hatte.

BGH, Urt. v. 13.9.2001 – VII ZR 487/99, ZIP 2001, 1921 = ZfIR 2001, 980 = MittBayNot 2002, 111 = NJW-RR 2002, 13.

Nach § 305 Abs. 1 Satz 3 BGB liegen keine Allgemeinen Geschäftsbedingungen vor, soweit die Vertragsbedingungen zwischen den Vertragsparteien im Einzelnen ausgehandelt sind. Dabei kann ein **Aushandeln** auch dann vorliegen kann, wenn die Vertragspartei die Wahl zwischen verschiedenen Alternativen hat, von denen aber einzelne mehr kosten (also die **Angebotsalternativen mit einem erhöhten Entgelt** verbunden sind). **1348**

BGH, Urt. v. 6.12.2002 – V ZR 220/02, BGHZ 153, 148 = ZIP 2003, 407 = DNotZ 2003, 349 = NJW 2003, 1313.

Nach ständiger Rechtsprechung ist dabei eine Einzelbetrachtung jeder Klausel erforderlich, ob gerade die betreffende Klausel ausgehandelt wurde. Die Anforderungen sind hoch: Ein Aushandeln i. S. d. § 305 Abs. 1 Satz 3 BGB liegt nur dann vor, wenn der Verwender den in seinen Allgemeinen Geschäftsbedingungen enthaltenen „gesetzesfremden Kerngehalt zur Disposition stellt“ und „dem Verhandlungspartner Gestaltungsfreiheit zur Wahrung eigener Interessen einräumt“. Er muss sich zur gewünschten Änderung einzelner Klauseln bereit erklären. Derartige Umstände hat der Verwender darzulegen. Regelmäßig sind beim Aushandeln Änderungen des vorformulierten Textes zu erwarten. **1349**

BGH, Urt. v. 19.3.2019 – XI ZR 9/18, NJW 2019, 2080.

Die Klauselkontrolle erfolgt nach § 307 Abs. 3 Satz 1 BGB (= § 8 AGBG) nur für Vertragsbestimmungen, durch die von Rechtsvorschriften abweichende oder diese ergänzende Regelungen vereinbart werden. Insbesondere sind daher **Preis- und Leistungsvereinbarungen** einer Inhaltskontrolle entzogen, soweit sie Preis bzw. Leistung unmittelbar regeln; hier gilt nur das Transparenzgebot (§ 307 Abs. 3 Satz 1 BGB). Preis- oder Leistungsnebenabreden unterliegen hingegen einer Klauselkontrolle. **1350**

Vgl. BGH, Urt. v. 11.7.2019 – VII ZR 266/17, BGHZ 223, 1 = NJW 2019, 2997 (m. Anm. *Ostendorf*) = ZIP 2019, 1573.

Zur Abgrenzung ergingen zwei BGH-Entscheidungen, wonach Vereinbarungen in Privatisierungsverträgen der Treuhandanstalt, die wegen eines fehlenden funktionsfähigen Grundstücksmarkts im Zeitpunkt des Vertragsschlusses eine Erhöhung des zunächst vereinbarten Kaufpreises aufgrund einer **Nachbewertung der verkauften Grundstücke** vorsehen, als Preishauptabrede nicht der Inhaltskontrolle nach den AGBG §§ 9 bis 11 unterliegen – und keine kontrollfähige Nebenabrede darstellen. **1351**

BGH, Urt. v. 26.1.2001 – V ZR 452/99, BGHZ 146, 331 = ZIP 2001, 463 = ZfIR 2001, 365 = DNotZ 2001, 617 = NJW 2001, 2399 = WM 2001, 642; dazu EWiR 2001, 505 *(Lindacher)*;

BGH, Urt. v. 22.2.2002 – V ZR 251/00, ZIP 2002, 808 = DNotI-Report 2002, 69 = MDR 2002, 752 = WM 2002, 1970; dazu EWiR 2002, 505 *(Nolting)*.

2. Begriff des Verbrauchers

a) Allgemeines

1352 Der Notar muss vor Beurkundung abklären, ob ein Beteiligter Verbraucher ist und damit ein Verbrauchervertrag i. S. d. § 17 Abs. 2a BeurkG vorliegt, sofern der Status des Urkundsbeteiligten nicht offensichtlich ist. In Zweifelsfällen muss der Notar den sichersten Weg wählen, d. h., verfahrensrechtlich auf die Einhaltung der 2-Wochen-Frist nach § 17 Abs. 2a Satz 2 Nr. 2 BeurkG hinwirken.

BGH, Urt. v. 28.5.2020 – III ZR 58/19, BGHZ 226, 39 = DNotZ 2021, 135 (m. Anm. *Forschner*) = MittBayNot 2021, 75 (m. Anm. *Regler*) = NotBZ 2021, 28 (m. Anm. *Küstner*) = ZfIR 2020, 709 (m. Anm. *Volmer*).

1353 Der Begriff des Verbrauchervertrags in § 17 Abs. 2a BeurkG entspricht dem Begriff in § 310 Abs. 3 BGB, die Begriffe von Verbraucher und Unternehmer ergeben sich aus §§ 13, 14 BGB.

1354 Auch wenn es bei der Abgrenzung zwischen Verbraucher und Unternehmer diverse Zweifelsfragen gibt, kann man doch einige einfache Grundsätze aufstellen:

- Die Kurzformel für § 14 BGB lautet: Unternehmer = **Kaufmann + Freiberufler** (also z. B. auch der Arzt oder Notar).
- Zu beachten ist aber: Die Abgrenzung ist je bezogen auf das einzelne **Rechtsgeschäft** vorzunehmen.

1355 Bestimmte Personen sind immer Verbraucher oder (fast) immer Unternehmer:

- Nur eine **natürliche Person** kann Verbraucher sein (§ 13 BGB).
- Allerdings stellt der Bundesgerichtshof auch eine **Wohnungseigentümergemeinschaft** einem Verbraucher gleich, wenn ihr mindestens ein Verbraucher angehört und sie ein Rechtsgeschäft weder zu einem gewerblichen noch zu einem selbständigen beruflichen Zweck abschließt.

  BGH, Urt. v. 25.3.2015 – VIII ZR 243/13, BGHZ 204, 325–346 = DNotZ 2016, 32 = NJW 2015, 3228 = ZfIR 2015, 438.

- Umgekehrt soll eine **Außen-GbR** wegen ihrer Rechtsfähigkeit bereits dann nicht als Verbraucher zu behandeln sein, wenn ihr eine juristische Person angehört (unabhängig vom Zweck des jeweiligen Rechtsgeschäfts). Gehören der GbR aber nur Verbraucher an, so ist sie trotz Rechtsfähigkeit wie ein Verbraucher zu behandeln.

> BGH, Urt. v. 30.3.2017 – VII ZR 269/15,
> DNotZ 2017, 623 = MittBayNot 2017, 470 = ZIP 2017, 917;
>
> BGH, Beschl. v. 24.10.2017 – XI ZR 189/17, NWB 2017, 3991.

- Kapitalgesellschaften **(GmbH, AG)** und Personenhandelsgesellschaften **(OHG, KG)** handeln **immer als Unternehmer** (auch wenn sie z. B. einmal etwas verschenken).
- Hingegen gibt es auch juristische Personen, die jedenfalls bei manchen Rechtsgeschäften nicht als Unternehmer handeln, insbesondere juristische Personen des öffentlichen Rechts **(Gemeinde oder Kirche)**, aber auch juristische Personen des privaten Rechts (z. B. **Stiftung oder Verein**). Diese können je nach Rechtsgeschäft Unternehmer oder auch Nicht-Unternehmer sein (aber nie Verbraucher).

	handelt in Ausübung einer **gewerblichen** oder **selbständigen** beruflichen Tätigkeit	handelt **nicht** in Ausübung einer gewerblichen oder selbständigen beruflichen Tätigkeit
natürliche Person (und Wohnungseigentümergemeinschaft mit natürlicher Person)	Unternehmer	Verbraucher
juristische Person	Unternehmer (immer bei Kapital- und Personenhandelsgesellschaften sowie bei GbR mit juristischer Person)	Gemeinde und öffentliche Hand bei Verfolgung öffentlicher Ziele weder Verbraucher noch Unternehmer?

Ein paar Faustregeln zur Abgrenzung bei natürlichen Personen: 1356

- Als **Kapitalanleger** handelt eine natürliche Person immer als Verbraucher, auch wenn sie mehrere Millionen anlegt.

> Vgl. BGH, Urt. v. 23.10.2001 – XI ZR 63/01,
> BGHZ 149, 80 = ZIP 2001, 2224
> = ZfIR 2002, 23 = DNotZ 2002, 528 = NJW 2002, 368;
> dazu EWiR 2002, 93 *(Saenger/Bertram)*.

Eine Anleger-GbR, bestehend aus Rechtsanwälten, einem Wirtschaftsprüfer und einem Notar, hatte ein Darlehen über mehrere Millionen Mark zur Finanzierung eines (als Steuersparmodell bezweckten) Anlageobjekts im Osten aufgenommen. Der Darlehensvertrag enthielt keine Angabe zum effektiven Jahreszins. Bei einem Verbraucherkredit wäre diese Angabe erforderlich gewesen (§ 4 Abs. 1 Nr. 1 c) VerbrKrG = jetzt Art. 247 § 6 Abs. 1 Nr. 1 i. V. m. Art. 247 § 3 Abs. 1 Nr. 3 EGBGB).

Der Bundesgerichtshof sah die Darlehensnehmer als **Verbraucher** an, da sie als **Kapitalanleger** handelten – auch wenn sie aufgrund ihrer beruflichen Kenntnisse vielleicht nicht schutzwürdig wären und unabhängig von der Höhe der angelegten Summe, solange die Betreuung der Kapitalanlage keine (teil-)berufsmäßige Beschäftigung damit erfordert. Im Ergebnis mussten sie daher anstelle des vereinbarten nur den gesetzlichen Verzugszins von 4 % zahlen.

- Für die Abgrenzung zwischen privater und berufsmäßiger **Vermögensverwaltung** kommt es nicht auf den Wert des verwalteten Vermögens an, sondern auf den Umfang der damit verbundenen Tätigkeit.

  BGH, Urt. v. 20.2.2018 – XI ZR 445/17,
  NJW 2018, 1812 (m. Anm. *Bausch*) = ZfIR 2018, 421;
  dazu Anm. *Freitag*, WM 2018, 2261; *Wehrt*, ZIP 2018, 1212.

- Der **Unternehmensgründer** (Existenzgründer) handelt bereits als Unternehmer. Die Spezialregelung des § 507 BGB a. F. (jetzt § 513 BGB), die für das Verbraucherdarlehen nach der Darlehenshöhe differenziert, wird daher e contra gelesen.

  BGH, Beschl. v. 24.2.2005 – III ZB 36/04, BGHZ 162, 253
  = ZIP 2005, 622 = DNotZ 2005, 680 = NJW 2005, 1273;
  dazu EWiR 2005, 781 *(Kulke)*.

- Entsprechend handelt der Unternehmer wohl auch bei der **Unternehmens-Liquidation** (Geschäftsaufgabe) noch als Unternehmer.

- Bei einem **gemischten Zweck** (teils gewerblich, teils privat) kommt es nach dem seit 13.6.2014 geltenden Wortlaut des § 13 BGB darauf an, ob das Rechtsgeschäft überwiegend weder einer gewerblichen noch einer selbständigen beruflichen Tätigkeit zugerechnet werden kann.

  Gesetz v. 20.9.2013 zur Umsetzung der Verbraucherrechterichtlinie und zur Änderung des Gesetzes zur Regelung der Wohnungsvermittlung, BGBl. I, S. 3642.

- **Täuscht der Käufer** dem Verkäufer einen gewerblichen Verwendungszweck der Kaufsache vor, so ist ihm die Berufung auf die Vorschriften über den Verbrauchsgüterkauf (§§ 474 ff. BGB) verwehrt,

  BGH, 22.12.2004 – VIII ZR 91/04, ZIP 2005, 357 = DNotZ 2005, 611 = NJW 2005, 1045;
  dazu EWiR 2005, 463 *(Moseschus)*,

- und damit wohl weitergehend auch die Berufung auf die Verbrauchereigenschaft überhaupt.

- Eine **Umsatzsteueroption** macht den Beteiligten noch nicht zivilrechtlich zum Unternehmer.

  BGH, Urt. v. 3.3.2020 – XI ZR 461/18, DB 2020, 892
  = NZM 2020, 808 = WM 2020, 781.

b) Beispielsfälle bei Grundstücksverkäufen

1357 Einige Beispielsfälle zu Grundstücksverkäufen:

- Ein Unternehmer (Privatperson), der ein Grundstück aus seinem **steuerlichen Privatvermögen** verkauft, handelt dabei wohl auch zivilrechtlich als Verbraucher. (Handelt dieselbe Person aber sonst i. d. R. als Unternehmer, würde ich vorsichtshalber auch bei einem Privatverkauf die 2-Wochen-Frist des § 17 Abs. 2a BeurkG einhalten und den Vertrag AGB-fest gestalten. Dann passiert nichts, falls es doch ein Unternehmergeschäft war.)

- Ein Landwirt, der einen Bauplatz verkauft, handelt dabei wohl noch als Unternehmer (teilweise Unternehmensliquidation) – auch wenn es nur ein einziger Verkauf ist.
- Verkauft eine **Gemeinde oder Kirche** Bauland, so handelt sie nach der bisher wohl mehrheitlichen Rechtsprechung dabei nicht als Unternehmer (da sie keine Gewinnerzielungsabsicht verfolge). Die wohl herrschende Meinung in der Literatur behandelt sie hingegen als Unternehmer, da hierfür keine Gewinnerzielungsabsicht erforderlich sei, sondern eine entgeltliche Tätigkeit genüge.
- **Kauft die Gemeinde** hingegen Grund für den Straßenbau (für einen Kindergarten oder sonst **für einen öffentlichen Zweck**), so handelt sie dabei wohl nicht als Unternehmer (insbesondere deshalb nicht, weil sie die Grundstücke für öffentliche Zwecke notfalls auch enteignen könnte).

Noch nicht ausdiskutiert, geschweige denn judiziert ist die Frage, ob eine Gemeinde oder die Kirche bei der Baulandveräußerung als Unternehmer i. S. d. § 14 BGB handelt. Der Bundesgerichtshof ließ die Frage bei der Veräußerung durch die Gemeinde im Rahmen eines Einheimischenmodells ausdrücklich offen. **1358**

> BGH, Urt. v. 29.11.2002 – V ZR 105/02, ZIP 2003, 535 = ZfIR 2003, 205 (m. Anm. *Krautzberger*) = DNotZ 2003, 341 (m. Anm. *Grziwotz*) = NJW 2003, 888;
> dazu EWiR 2003, 843 *(Gronemeyer)*;
>
> ebenso BGH, Urt. v. 16.4.2010 – V ZR 175/09, ZfIR 2010, 462 (m. Anm. *Grziwotz*) = DNotZ 2011, 121 = MittBayNot 2010, 501 (m. Anm. *Vierling*) = NJW 2010, 3505 (m. Anm. *Hausmann*);
> dazu *Krüger*, ZNotP 2010, 450.

Heranziehen kann man jedoch die Rechtsprechung zur Unternehmereigenschaft bzw. zum Vorliegen eines Gewerbes bei **kommunalen Eigenbetrieben**. Hier lehnte die **Rechtsprechung** bisher in den bisherigen Entscheidungen die Gewerblichkeit öffentlicher Unternehmen ab. **1359**

> Abgelehnt wurde das Vorliegen eines Gewerbebetriebes i. S. d. § 196 Abs. 1 Nr. 1 BGB a. F. etwa in: BGHZ 36, 273, 276 („Einfuhrstelle und Vorratsstelle für Getreide und Futtermittel");
>
> BGHZ 49, 258, 260 = NJW 1968, 639 (als Eigenbetrieb geführte städtische Wasserversorgungsanlage);
>
> BGHZ 53, 222, 224 (städtische Abwasserbeseitigung);

Die Deutsche Bundesbahn wurde hingegen, wenn sie Beschaffungsgeschäfte tätigt, als Gewerbebetrieb i. S. d. § 196 Abs. 1 Nr. 1 BGB a. F. angesehen (BGHZ 95, 155, 156 = NJW 1985, 1363 – wohl im Gegensatz zu BGHZ 36, 273).

1360 Legt man diese Rechtsprechung zugrunde, so wären die Gemeinden bei Baulandverkäufen nicht als Unternehmer i. S. d. § 14 BGB anzusehen, da sie damit in der Regel **keine Gewinnerzielungsabsicht** verfolgen, sondern jedenfalls auch öffentliche Zwecke – sei es, dass sie Einheimischen erschwinglichen Wohnraum verschaffen oder dass sie Gewerbe ansiedeln wollen. Dasselbe müsste dann für die Kirchen gelten, wenn diese bei der Erbbaurechtsausweisung und dem Baulandverkauf – wie häufig – stark auch soziale Ziele verfolgen.

1361 Allerdings hatte sich diese Rechtsprechung noch nicht mit der Frage auseinander zu setzen, inwieweit das Europarecht dazu zwingt, die Gemeinden als Unternehmer i. S. d. §§ 14, 310 Abs. 3 BGB anzusehen (siehe Rn. 1752 ff.).

1362 Die herrschende Literaturmeinung hält hingegen eine Gewinnerzielungsabsicht nicht für erforderlich und lässt eine bloße Entgeltlichkeit genügen. Die Literatur bejaht daher überwiegend die Unternehmereigenschaft öffentlicher Unternehmen jedenfalls beim Abschluss privatrechtlicher Verträge.

So insbesondere
Faber, ZEuP 1998, 854, 868;
Heinrichs, NJW 1996, 2190, 2191;
MünchKomm-*Bachmann*, BGB, § 14 Rn. 69;
Grüneberg-*Ellenberger*, BGB, § 14 Rn. 2;
K. Schmidt, ZHR 151 (1987), 302, 305 f.;
Ulmer, in: Ulmer/Brandner/Hensen, § 310 BGB Rn. 24.

1363 In Konsequenz wäre auch die Gemeinde (oder Kirche) beim Verkauf eines Bauplatzes als Unternehmer i. S. d. § 14 BGB anzusehen.

Pützhoven, NotBZ 2002, 273, 276;
Rieger, MittBayNot 2002, 325, 327;
Sorge, DNotZ 2002, 593, 599.

1364 Ich halte diese Literaturmeinung für richtig. Das Auftreten der Kommunen und der öffentlichen Einrichtungen im Rechtsverkehr hat sich gewandelt. Ehemals öffentliche Aufgaben werden zunehmend entweder durch privatrechtliche Töchter der Kommunen oder durch private Betreiber übernommen. Von daher wäre eine Argumentation wie etwa noch in BGHZ 53, 222 zur Abwasserbeseitigung heute nicht mehr vorstellbar.

1365 Meines Erachtens gilt dies auch beim Verkauf im Rahmen eines **Einheimischenmodells**.

Ähnlich *Rieger*, MittBayNot 2002, 325, 328.

1366 Der Bundesgerichtshof ließ die Frage der Anwendbarkeit der Klauselkontrolle auf nach Inkrafttreten der EG-Klauselrichtlinie abgeschlossene Verträge der Gemeinden in Einheimischenmodellen ausdrücklich offen.

BGH, Urt. v. 29.11.2002 – V ZR 105/02, ZIP 2003, 535 = ZfIR 2003, 205 (m. Anm. *Krautzberger*) = DNotZ 2003, 341 (m. Anm. *Grziwotz*) = NJW 2003, 888; dazu EWiR 2003, 843 (*Gronemeyer*);

weiterhin offengelassen in:
BGH, Urt. v. 13.10.2006 – V ZR 33/06, = DNotZ 2007, 513 (m. Anm. *Vierling*) = MittBayNot 2007, 306 (m. Anm. *Grziwotz*) = NJW-RR 2007, 962 (Immenstadt);

ebenso BGH, Urt. v. 16.4.2010 – V ZR 175/09, ZfIR 2010, 462 (m. Anm. *Grziwotz*) = DNotZ 2011, 121 = MittBayNot 2010, 501 (m. Anm. *Vierling*) = NJW 2010, 3505 (m. Anm. *Hausmann*); dazu *Krüger*, ZNotP 2010, 450.

Hingegen handelt die Gemeinde wohl nicht als Unternehmer, wenn sie Grund 1367
für den Straßenbau, für einen Kindergarten oder sonst **für einen öffentlichen Zweck kauft** – jedenfalls soweit sie die Grundstücke für den öffentlichen Zweck notfalls auch enteignen könnte.

DNotI-Gutachten, DNotI-Report 2014, 137, 139;
Brambring, in: Amann/Brambring/Hertel, S. 441;
Rieger, MittBayNot 2002, 325, 327;
Sorge, DNotZ 2002, 593, 599.

Denn hier tritt sie nicht wie ein normaler Erwerber am Grundstücksmarkt auf, 1368
sondern kann ihre Hoheitsbefugnisse zumindest als Drohpotential einsetzen. Ob sie davon tatsächlich Gebrauch macht, kann keine Rolle spielen; die Möglichkeit genügt. Hier genügen wohl die öffentlich-rechtlichen Bindungen der Gemeinde. Denn der freihändige Grundstückserwerb ersetzt ja die ansonsten ebenfalls mögliche Enteignung.

c) Vorgehen des Notars in Zweifelsfällen

Im Zweifelsfall wird der Notar **verfahrensrechtlich** auf die Einhaltung der 1369
Vorgaben des § 17 Abs. 2a Satz 2 BeurkG achten.

Soweit es um die Klauselkontrolle nach §§ 305 ff. BGB geht, erübrigt sich häu- 1370
fig eine Abgrenzung, ob die Gemeinde als Unternehmer handelt, da ohnehin Allgemeine Geschäftsbedingungen vorliegen (nämlich wenn dieselben Klauseln für eine „Vielzahl" von Verträgen verwandt werden sollen – also jedenfalls für **3–5 Verträge**; etwa beim Bauplatzverkauf durch eine Gemeinde oder bei der Erbbaurechtsbestellung durch eine Kirche). (Es bleibt allerdings die Frage, ob bei einem städtebaulichen Vertrag nur eine Prüfung nach § 11 Abs. 2 BauGB vorzunehmen ist oder ob zusätzlich auch die zivilrechtliche Klauselkontrolle nach §§ 305 ff. BGB eingreift.)

Lässt sich die Eigenschaft als Verbraucher oder Unternehmer bei einem Be- 1371
teiligten nicht sicher feststellen, so wird der Notar im Zweifel vorsichtshalber eine den §§ 309 Nr. 7, 476 BGB genügende Gestaltung aufnehmen.

F. Sonderfälle des Beurkundungsverfahrens

I. Beurkundung mit einem Vertreter

1. Prüfung der Vertretungsmacht

a) Prüfungspflicht des Notars

Nach § 12 BeurkG hat der Notar ihm „vorgelegte Vollmachten und Ausweise über die Berechtigung eines gesetzlichen Vertreters" (z. B. Handelsregisterauszug oder Testamentsvollstreckerzeugnis) der Niederschrift beizufügen. 1372

Die Pflicht des Notars, die **Vertretungsmacht inhaltlich zu prüfen**, ergibt sich aus § 17 BeurkG. So hat der Notar etwa zu prüfen, ob die als Käuferin auftretende ausländische Gesellschaft tatsächlich besteht und der für sie als Vertreter Auftretende tatsächlich Vertretungsmacht hat. Kann der Notar dies nicht prüfen (etwa weil ihm keine ihm verständlichen Handelsregisterauszüge o. ä. Nachweise vorliegen), so muss er dies den Beteiligten mitteilen. 1373

> BGH, Beschl. v. 13.11.2017 – NotSt (Brfg) 4/17, DNotI-Report 2018, 29 = NJW-RR 2018, 443 = NotBZ 2018, 265 (m. Anm. *Böttger*), (bei Beurkundung noch unter anderem Namen firmierende maltesische Gesellschaft).

Zu den Prüfungspflichten des Notars beim Handeln aufgrund Vollmacht führt der Bundesgerichtshof aus: 1374

> „Der Notar, der Erklärungen eines Vertreters beurkunden soll, hat gemäß § 17 BeurkG die Vertretungsmacht zu prüfen. Beruft sich der Vertreter auf eine Vollmacht, hat der Notar sich grundsätzlich die Vollmachtsurkunde in Urschrift oder – wenn die Vollmacht notariell beurkundet ist – in Ausfertigung vorlegen zu lassen. Bedenken gegen die Vertretungsmacht hat er mit den Beteiligten zu erörtern und, wenn die Beteiligten gleichwohl auf der Beurkundung bestehen, durch einen Vorbehalt in der Urkunde kenntlich zu machen. Steht der Mangel der Vertretungsmacht fest und erscheint eine Genehmigung durch den Vertretenen ausgeschlossen, hat der Notar die Beurkundung abzulehnen."

> BGH, Urt. v. 21.1.1988 – IX ZR 252/86, DNotZ 1989, 43 = NJW-RR 1988, 1206 = WM 1988, 545.

Bestehen Zweifel an der Vertretungsmacht, hat der Notar diese mit den Beteiligten zu erörtern (§ 17 Abs. 2 Satz 1 BeurkG). Steht hingegen der Mangel der Vertretungsmacht fest und erscheint eine nachträgliche Genehmigung durch den Vertretenen als ausgeschlossen, hat der Notar die Beurkundung abzulehnen (§ 4 BeurkG, § 14 Abs. 2 BNotO). 1375

> BGH, Urt. v. 27.5.1993 – IX ZR 66/92, DNotZ 1994, 485 = NJW 1993, 2744, 2745 = WM 1993, 1513.

Beurkundet ein Notar den Verkauf eines Grundstücks mit Auflassung durch einen Nichtberechtigten, muss er die Beteiligten über das Erfordernis einer Genehmigung des Berechtigten und die Folgen bei Versagung der Genehmigung belehren. 1376

BGH, Urt. v. 25.4.1996 – IX ZR 237/95,
DNotZ 1997, 62 = NJW 1996, 2037 = WM 1996, 1694.

b) Prüfung durch das Grundbuchamt

1377 Der **Grundbuchvollzug** setzt voraus, dass die Vertretungsmacht für die Bewilligung bzw. die Einigung (§§ 19, 20 GBO) noch **im Zeitpunkt des Wirksamwerdens der Erklärung** bestand. Die Bewilligung wird mit ihrem Eingang beim Grundbuchamt wirksam bzw. bereits mit Beurkundung der Erklärung, wenn die Erklärung notariell beurkundet wird und wenn dem Begünstigten ein gesetzlicher Anspruch auf Erteilung einer Ausfertigung der Niederschrift zusteht (§ 51 Abs. 1 BeurkG – wobei nicht genügt, wenn die Beteiligten nach § 51 Abs. 2 BeurkG nur die Anweisung zur Erteilung einer Ausfertigung auch an den Begünstigten erteilen).

BGH, Urt. v. 15.10.1987 – III ZR 235/86,
BGHZ 102, 60 = ZIP 1987, 1454
= DNotZ 1988, 551 (m. abl. Anm. *Bohrer*)
= NJW 1988, 697 = WM 1987, 1426;
dazu EWiR 1987, 1163 *(Köndgen)*.

1378 Dies ist dem Grundbuchamt in öffentlicher Urkunde nachzuweisen (§ 29 GBO).

- Der Nachweis ist erbracht, wenn dem Grundbuchamt die **Vollmachtsurkunde im Original oder in Ausfertigung** eingereicht wird.
- Ebenso genügt die **amtliche Feststellung** des Notars (in Form einer öffentlichen Urkunde), dass ihm bei der Beurkundung der Niederschrift der Erklärung die Vollmachtsurkunde im Original oder in Ausfertigung vorgelegt wurde. Zum Nachweis des Inhalts der Vollmacht muss der Notar außerdem eine beglaubigte Abschrift der Vollmacht beifügen.

  BayObLG, 27.12.2001 – 2Z BR 185/01,
  DNotI-Report 2002, 38 = MittBayNot 2002, 112
  = RNotZ 2002, 53 = Rpfleger 2002, 194;

  Schöner/Stöber, Rn. 3576 ff.

- Befindet sich die Urschrift der Vollmacht in der Urkundssammlung des Notars, so genügt ebenfalls eine amtliche Feststellung des Notars (und eine beglaubigte Abschrift), sofern der Begünstigte einen **gesetzlichen Anspruch auf Erteilung einer Ausfertigung** dieser Niederschrift hat, weil er an der Beurkundung beteiligt ist (§ 51 Abs. 1 Nr. 1 BeurkG), also z. B. beim Grundstückskaufvertrag die jeweils andere Kaufvertragspartei.

  BayObLG, Beschl. v. 11.9.1985 – BReg 2 Z 75/85,
  BayObLGZ 1985, 318 = DNotZ 1986, 344
  = MittBayNot 1985, 257 = NJW-RR 1986, 14;

  OLG Köln, Beschl. v. 14.12.1983 – 2 Wx 33/83,
  OLGZ 1984, 165 = DNotZ 1984, 569 = Rpfleger 1984, 182;

OLG Stuttgart, Beschl. v. 24.3.1998 – 8 W 67/98,
DNotZ 1999, 138 = FGPrax 1998, 125 = MittBayNot 1999, 289.

- Eine **beglaubigte Abschrift genügt sonst nicht**, da sich daran keine Rechtsscheinswirkung nach § 172 BGB anknüpft.

- Nach § 21 Abs. 3 BNotO (i. d. F. ab 1.9.2013) kann die Vertretungsmacht auch durch eine **Vollmachtsbescheinigung** des Notars nachgewiesen werden, in der der Notar bescheinigt, wann ihm die Vollmachtsurkunde vorgelegt wurde und dass sich daraus eine hinreichende Vertretungsmacht für das beurkundete Rechtsgeschäft ergibt. Damit soll insbesondere bei Vertretungsketten die Übermittlung und Prüfung der gesamten Vertretungskette an das Grundbuchamt erspart werden. In der Praxis wird von dieser Möglichkeit eher selten Gebrauch gemacht.

  Vgl. OLG Bremen, Beschl. v. 28.3.2014 – 3 W 46/13,
  DNotZ 2014, 636 = NotBZ 2014, 293 = ZfIR 2014, 564;

  OLG Nürnberg, Beschl. v. 9.1.2017 – 15 W 2134/16,
  MittBayNot 2017, 293 = NJW 2017, 2481.

  Wurde die Vollmacht von einem organschaftlichen Vertreter des Vollmachtgebers erteilt, muss auch die Vertretungsbefugnis dieses organschaftlichen Vertreters nachgewiesen werden – z. B. durch eine Registerbescheinigung, die auch mit der Vollmachtsbescheinigung in einer notariellen Bescheinigung zusammengefasst sein kann.

  OLG Hamm, Beschl. v. 10.3.2016 – 15 W 45/16,
  FGPrax 2016, 198 = MittBayNot 2017, 93 = Rpfleger 2016, 550.

2. Vertretung aufgrund Vollmacht und vollmachtlose Vertretung

a) Beurkundungsrechtliche Einschränkung der Vertretung bei Verbraucherverträgen (§ 17 Abs. 2a BeurkG)

Materiell-rechtlich bestehen für die Vertretung bei Verbraucherverträgen keine **1379**
Besonderheiten. § 17 Abs. 2a Satz 2 Nr. 1 BeurkG ordnet jedoch beurkundungsverfahrensrechtlich an, dass der Notar darauf hinzuwirken hat, dass der Verbraucher seine Willenserklärung entweder persönlich oder durch eine Vertrauensperson abgibt. Bei Beurkundungen mit Verbrauchern ist daher eine Vertretung nur eingeschränkt zulässig (siehe Rn. 427 ff.).

b) Checkliste zur Prüfung einer Vollmacht

Ist Stellvertretung **zulässig**? Sie ist ausgeschlossen bei bestimmten persönli- **1380**
chen Rechtsgeschäften im Familien- und Erbrecht, z. B. bei Einwilligung zur Adoption, Testamentserrichtung, Rücknahme eines Testaments aus der amtlichen Verwahrung, bei Abschluss und Aufhebung eines Erbvertrags für den Erblasser, beim Rücktritt vom Erbvertrag oder Widerruf des gemeinschaftlichen Testaments. Beim Erbverzicht (oder Pflichtteilsverzicht) kann der Erblasser nicht vertreten werden, wohl aber der Verzichtende, § 2347 Abs. 2 BGB. Für Grundstückskäufe spielt das praktisch nie eine Rolle.

1381 Ist die Vollmacht **formgültig** bzw. liegt die zum Nachweis gegenüber dem Grundbuchamt erforderliche Form vor? Nach § 167 Abs. 2 BGB bedarf die Vollmacht zwar materiell-rechtlich nicht der Form des Rechtsgeschäfts, auf das sich die Vollmacht bezieht. Verfahrensrechtlich muss die Vollmacht zu Verkauf/Kauf eines Grundstücks aber in jedem Fall beurkundet oder beglaubigt sein, da sie nur dann Nachweis zum Grundbuchvollzug erbringt (§ 29 GBO). Fehlt es nur an der Form des § 29 GBO, so kann der Bevollmächtigte entweder als vollmachtloser Vertreter handeln oder sich verpflichten, einen formgerechten Vollmachtsnachweis nachzubringen. Letzterenfalls ist der Vertrag wirksam, kann aber nicht vollzogen werden. Daher kann man erwägen, der anderen Vertragspartei ein Rücktrittsrecht zu geben, falls der formgerechte Nachweis nicht binnen einer bestimmten Frist erfolgt.

1382 Die Vollmacht ist auch materiell-rechtlich beurkundungsbedürftig, wenn sie **unwiderruflich** erteilt wird, oder wenn sie zwar rechtlich widerrufen werden kann, tatsächlich aber mit der Bevollmächtigung schon die **gleiche Bindungswirkung** eintreten sollte und nach der Vorstellung des Vollmachtgebers auch eingetreten ist wie durch Abschluss des formbedürftigen Hauptvertrags, die Vollmacht also den damit in Wahrheit bereits gewollten Grundstückskaufvertrag nur „verdeckt".

BGH DNotZ 1965, 549;
BGH NJW 1979, 2306;
KG DNotZ 1986, 290.

1383 Die Vollmacht führt auch dann für den Vollmachtgeber zu einer ähnlichen Bindung wie bei einer unwiderruflichen Vollmacht und ist daher beurkundungsbedürftig, wenn der Bevollmächtigte von den Beschränkungen des § 181 BGB befreit ist und wenn die Vollmacht nach den Umständen zum Zeitpunkt der Vollmachtserteilung dazu dient, innerhalb kurzer Frist den Abschluss im Wege des Selbstkontrahierens herbeizuführen.

BGH DNotZ 1979, 684.

1384 In der Literatur wird die Ansicht vertreten, die freie Widerruflichkeit der Vollmacht könne durch einseitige Erklärung des Vollmachtgebers ausgeschlossen werden, also eine isolierte Vollmacht unwiderruflich erteilt werden. Das Bayerische Oberste Landesgericht entschied hingegen, dass die Widerruflichkeit nur in dem zugrunde liegenden Rechtsgeschäft ausgeschlossen werden kann:

> „Das Recht, die Vollmacht zur Veräußerung (zum Erwerb) eines Grundstücks zu widerrufen, kann nur dadurch wirksam ausgeschlossen werden, dass das der Erteilung der Vollmacht zugrunde liegende Rechtsgeschäft (z. B. Auftragsvertrag, Geschäftsbesorgungsvertrag) **notariell beurkundet** wird. Die Beurkundung nur der Erklärung des Vollmachtgebers reicht nicht aus."

BayObLG, Beschl. v. 14.3.1996 – 2Z BR 121/95,
BayObLGZ 1996, 62 = DNotZ 1997, 312 (m. Anm. *Wufka*)
= NJW-RR 1996, 848;
dazu *Brambring*, ZIR 1997, 184.

Umfang der Vertretungsmacht: Deckt die Vollmacht alle für den Vertretenen in der Urkunde abzugebenden Erklärungen? Bei einer Vollmacht zum Grundstücksverkauf kann z. B. zweifelhaft sein, ob der Bevollmächtigte dem Käufer im Wege der Untervollmacht eine sog. „Belastungs-“ oder „**Beleihungsvollmacht**“ erteilen kann. Ist das Vertretergeschäft nicht vollinhaltlich von der Vollmacht gedeckt, so bedarf der Vertrag der Genehmigung des Vertretenen. **1385**

Ist der Bevollmächtigte berechtigt, **Untervollmacht** zu erteilen? Erteilt der Verkäufer dem Käufer Vollmacht zur Bestellung von Finanzierungsgrundpfandrechten (oder bevollmächtigen sich die Vertragsparteien gegenseitig zur Erklärung der Auflassung), ist dies eine Untervollmacht. **1386**

Hinweis:

Häufig verlangen Kreditinstitute, dass das in der Grundschuldbestellungsurkunde enthaltene notarielle Schuldversprechen nebst Unterwerfungserklärung vom Schuldner persönlich und nicht von einem Bevollmächtigten abgegeben wird.

> Zu den Gründen vgl. DNotI-Report 1995, 161, 163;
> OLG Düsseldorf ZIP 1995, 1376.

Entsprechend weisen die Beurkundungsaufträge darauf hin, dass Erklärungen eines Bevollmächtigten „zurückgewiesen“ werden. Auch wenn Ehegatten gemeinsam eine Grundschuld bestellen, sollten daher beide Ehepartner zur Beurkundung kommen (und nicht der eine dem anderen im Kaufvertrag eine Vollmacht erteilen).

Früher war es in einigen Regionen üblich, Finanzierungsgrundpfandrechte durch **Mitarbeiter des Notars** bestellen zu lassen. Die „systematische“ Bevollmächtigung von Finanzierungsgrundpfandrechten durch Mitarbeiter des Notars verstößt aber gegen § 17 Abs. 2a Satz 2 Nr. 1 BeurkG (siehe Rn. 428). **1387**

Ist der Bevollmächtigte gegebenenfalls von den Beschränkungen des **§ 181 BGB befreit**? Bei einem Teilflächenverkauf ist für die Messungsanerkennung und Auflassung keine Befreiung von § 181 BGB erforderlich, sofern die vermessene mit der verkauften Fläche übereinstimmt. Denn es handelt sich um ein bloßes Erfüllungsgeschäft, das nicht unter § 181 BGB fällt. Auch die „Messungsanerkennung“ enthält (anders als der Name vielleicht vermuten lässt) keine schuldrechtliche Vereinbarung, sondern nur die grundbuchverfahrensrechtliche Bezeichnung der veräußerten Teilfläche mit den nach § 28 GBO erforderlichen Angaben (insbesondere der Flurstücksnummer). **1388**

> BGH, Beschl. v. 16.2.2012 – V ZB 204/11
> BeckRS 2012, 6466 bzw. juris;
> BGH, Beschl. v. 1.10.2015 – V ZB 181/14,
> DNotZ 2016, 115 = ZfIR 2016, 101.

Handelt hingegen ein **vollmachtloser Vertreter**, so bedarf dieser nach h. M. der Befreiung von § 181 BGB. Das heißt, ein nicht selbst von § 181 BGB befreiter Vertreter kann nach h. M. die vollmachtlose Vertretung nicht nachgenehmigen – und wenn der Vertreter eines Vertragsteils zugleich als vollmacht- **1389** loser Vertreter des anderen Vertragsteils handelte, bedarf er nach h. M. der Befreiung von § 181 BGB. Dies führt zu Problemen bei der vollmachtlosen Vertretung beim Vertragsschluss mit einem Insolvenzverwalter (da dieser nicht von § 181 BGB befreit ist) oder mit Kommunen (da hier nach dem maßgeblichen Landeskommunalrecht i. d. R. nur der Gemeinderat, nicht der Bürgermeister von § 181 BGB befreien kann). Diese Auffassung halte ich nicht für richtig; sie ist aber mehrheitliche Rechtsprechung.

> BayObLG, Beschl. v. 13.2.1986 – BReg 2 Z 52/85, MittBayNot 1986, = Rpfleger 1988, 61;
> OLG Düsseldorf, Beschl. v. 30.11.1998 – 3 Wx 427/98, FGPrax 1999, 80 = MittBayNot 1999, 470;
> OLG München, Beschl. v. 28.8.2013 – 34 Wx 223/13, FGPrax 2013, 257 = MittBayNot 2014, 234.

1390 Allerdings haben zwei OLG auch anders entschieden, dass der Genehmigende bei vollmachtloser Vertretung nicht selbst von § 181 BGB befreit sein müsse.

> OLG Zweibrücken, Beschl. v. 5.1.2012 – 3 W 99/11, DNotI-Report 2012, 38 = MittBayNot 2012, 377 (m. Anm. *Auktor*), OLG Rostock, Beschl. v. 22.11.2019 – 3 W 125/19, Rpfleger 2020, 129 = ZfIR 2020, 33;
> ebenso *Lichtenberger*, MittBayNot 2000, 434;
> *Neumeyer*, RNotZ 2001, 249, 265 f.;
> *Schneeweiß*, MittBayNot 2001, 341;
> *Schöner/Stöber* Rn. 3559a.

1391 Ist die Ausübung der Vollmacht an einen bestimmten **Notar gebunden?** Beleihungsvollmachten sind regelmäßig in der Weise gebunden, dass der Käufer von ihr nur bei dem Notar Gebrauch machen kann, der den Kaufvertrag beurkundet hat. Eine solche Bindung ist richtig, weil nur so der Notar seinen Überwachungspflichten nachkommen kann (Unterrichtung der Bank über die Einschränkung der Sicherungsabrede, Abtretung der Auszahlungsansprüche und Anweisung zur Auszahlung an den Verkäufer bzw. auf Anderkonto des Notars). Kommen die Käufer von auswärts und kann die Finanzierungsgrundschuld nicht im selben Termin wie die Vollmacht beurkundet werden, sollte man die Bindung auch auf einen bestimmten Notar aus ihrer Heimatstadt erweitern. Dann kann der den Grundstückskaufvertrag beurkundende Notar sich mit diesem in Verbindung setzen.

1392 Die Frage, ob die Vollmacht **widerrufen** ist, braucht der Notar nicht zu prüfen, solange die Vollmacht in Urschrift oder in Ausfertigung vorgelegt wird. Denn an deren Vorlage ist der Rechtsschein des Fortbestandes der Vollmacht geknüpft (§ 172 Abs. 2 BGB).

1393 Nach einer Entscheidung des OLG Hamm aus dem Jahr 2013 soll eine dem **Alleinerben** vom Erblasser erteilte **transmortale Vollmacht** mit dem Erbfall wegen Konfusion erlöschen: Denn mit dem Erbfall wirke die Vollmacht gegen den Erben. Niemand könne aber sein eigener Bevollmächtigter sein.

OLG Hamm, Beschl. v. 10.1.2013 – I-15 W 79/12, DNotZ 2013, 689 (m. Anm. *Keim*) = FamRZ 2013, 1513 (m. Anm. *Dutta*) = ZEV 2013, 341 (m. Anm. *Lange*), dazu *Amann*, MittBayNot 2013, 367, *Mensch*, ZNotP 2013, 171.

Das OLG München ging noch weiter und hielt die Vollmacht schon dann als Vertretungsnachweis für grundbuchverfahrensrechtlich ungenügend, wenn auch nur die Möglichkeit bestand, dass der Bevollmächtigte Alleinerbe geworden sein könnte. 1394

OLG München, Beschl. v. 31.8.2016 – 34 Wx 273/16, NJW 2016, 3381 = ZfIR 2017, 70, dazu Anm. *Keim*, MittBayNot 2017, 111, *Wendt*, ErbR 2017, 19, *Zimmer*, NJW 2916, 3341.

Das ist ein eklatanter Wertungswiderspruch: Warum soll die Vollmacht bei jedem anderen wirksam bleiben – nur ausgerechnet nicht bei dem, dem der Erblasser am meisten vertraut hat? Zum Glück haben andere Oberlandesgerichte mittlerweile richtig entschieden, dass keine Konfusion erfolgt, weil ein rechtlich schützenswertes Interesse des Erben/Bevollmächtigten an der Trennung beider Rechtspositionen besteht. 1395

KG, Beschl. v. 22.10.2020 – 1 W 1357/20, FGPrax 2021, 4 = Rpfleger 2021, 210;
KG, Beschl. v. 2.3.2021 – 1 W 1503/20, DNotZ 2021, 703 = RNotZ 2021, 193;

OLG Brandenburg, Beschl. v. 8.1.2025 – 5 W 116/24, FGPrax 2025, 53 = Rpfleger 2025, 259;

OLG Celle, Beschl. v. 16.8.2019 – 18 W 33/19, DNotZ 2020, 672 = FGPrax 2020, 10 (m. Anm. *Dressler-Berlin*);

OLG Schleswig, Beschl. v. 15.7.2014 – 2 W 48/14, FGPrax 2014, 206 (m. Anm. *Bestelmeyer*) = MittBayNot 2015, 132.

Tritt ein **Untervertreter** auf, so hat sich der Notar durch Vorlage sowohl der Untervollmacht als auch der Hauptvollmacht von der Vertretungsmacht des Untervertreters zu überzeugen. Die Untervollmacht muss in Urschrift oder Ausfertigung vorgelegt werden. Für die Hauptvollmacht genügt hingegen, wenn zu öffentlicher Urkunde nachgewiesen ist, dass die Hauptvollmacht bei Erteilung der Untervollmacht bestand (etwa wenn in der Niederschrift über die Erteilung der Untervollmacht festgestellt ist, dass damals die Hauptvollmacht in Ausfertigung vorlag und die Hauptvollmacht in beglaubigter Abschrift beigefügt ist) – jedenfalls wenn der Unterbevollmächtigte direkt für den Vollmachtgeber handelt. Denn auch wenn die Hauptvollmacht später erlischt, bleiben wirksam erteilte Untervollmachten grundsätzlich bestehen. 1396

KG, Beschl. v. 14.7.2015 – 1 W 688-689/15, FGPrax 2015, 195 = ZfIR 2015, 621;
Meikel/*Hertel*, § 29 GBO Rn. 73;
a. A. zum Fortbestand der Hauptvollmacht:
Wolf, MittBayNot 1996, 2.66.

c) Umfang der Vollmacht

1397 Im Grundbuchverfahren gilt der Grundsatz: **Im Zweifel** ist vom **geringeren Umfang der Vollmacht** auszugehen. Genauer: Führt die Auslegung einer Vollmacht nicht zu einem eindeutigen Ergebnis, so hat das Grundbuchamt von dem geringeren, noch eindeutig festgestellten Umfang auszugehen. Das heißt, eine Vollmacht genügt nur dann für den Grundbuchvollzug, wenn sich die Vertretungsmacht für das betreffende Rechtsgeschäft daraus eindeutig ergibt.

> OLG Hamm DNotZ 1954, 38;
> BayObLG DNotZ 1997, 470;
> BayObLG DNotZ 1997, 374 = ZfIR 1997, 173;
>
> OLG München DNotZ 2011, 379 = NJW-RR 2011, 524;
> *Schöner/Stöber*, Rn. 3580.

1398 Lässt sich der Verkäufer aufgrund einer Spezialvollmacht vertreten, sollte diese unbedingt neben der eigentlichen Verkaufsvollmacht (mit Auflassung) auch sonstige Verfügungen über das Grundstück umfassen (insbesondere die Bestellung der Auflassungsvormerkung und der **Finanzierungsgrundschuld** einschließlich dinglicher Zwangsvollstreckungsunterwerfung). Letzteres wird leider häufig bei Verkaufsvollmachten übersehen, insbesondere wenn die Beteiligten selbst einen Vollmachtstext zur Unterschriftsbeglaubigung entwerfen.

1399 So entschied etwa das OLG Jena, dass die Vollmacht, ein Grundstück „zu verkaufen und aufzulassen" grundsätzlich nicht dazu befugt, den Käufer zur Belastung des Grundstücks zu ermächtigen. Ermächtigt der Bevollmächtigte den Käufer hierzu, folge aus § 139 BGB, dass die Unwirksamkeit der Belastungsermächtigung sich auch auf eine mit dem Kaufgeschäft bewilligte Auflassungsvormerkung dann erstrecke, wenn der Käufer den Kaufpreis mittels der gestatteten Belastung zu finanzieren beabsichtigt. (Letzteres halte ich für falsch.)

> OLG Jena, Beschl. v. 19.10.1993 – 6 W 11/93,
> DNot-Report 1995, 6 = OLG-NL 1994, 245;
> vgl. auch Gutachten, DNot-Report 1995, 29.

1400 Erteilt der Bevollmächtigte des Verkäufers dem Käufer eine sog. Beleihungs- oder **Finanzierungsvollmacht**, handelt der Käufer insoweit in Untervollmacht. Dies geht nur, wenn man aus dem Text der dem Bevollmächtigten des Verkäufers erteilten Vollmacht entnehmen kann, dass dies dem Bevollmächtigten gestattet ist. Denn im Grundbuchverfahren ist bei Auslegungszweifeln im Zweifel vom geringeren Umfang der erteilten Vollmacht auszugehen. Enthält die Vollmacht an den Vertreter des Verkäufers keine ausdrückliche Finanzierungsvollmacht, muss der Verkäufer entweder die Finanzierungsgrundschuld nachgenehmigen oder der Käufer (einstweilen) seinen Übereignungsanspruch verpfänden.

1401 Hingegen kann ein Betreuer mit dem Aufgabenkreis „Veräußerung der Eigentumswohnung" dem Erwerber Vollmacht für die Bestellung der Finanzierungsgrundschuld erteilen. Denn bei der Betreuerbestellung wird der Aufgabenkreis nur schlagwortartig umrissen. Und ohne die Finanzierungsvollmacht wäre die Aufgabe „Veräußerung" nicht zu erfüllen.

> KG, Beschl. v. 6.9.2018 – 1 W 88/18, DNotI-Report 2018, 158 = FGPrax 2018, 248 = MittBayNot 2019, 30.

Eine weitere Frage ist, ob eine Vollmacht, „Grundpfandrechte bis zur Höhe des Kaufpreises" zu bestellen, als Vollmacht zur Bestellung einer in üblicher Höhe verzinslichen Grundschuld anzusehen ist, 1402

> zu recht bejahend
> BayObLG, Beschl. v. 5.3.1987 – BReg 2 Z 18/87, MittBayNot 1987, 140 = NJW-RR 1987, 792,

und zur Abgabe der dinglichen Unterwerfungserklärung nach § 800 ZPO ermächtigt.

> m. E. zu Unrecht ablehnend
> OLG Düsseldorf, Beschl. v. 11.4.1988 – 3 Wx 86/88, MDR 1988, 784 = OLGZ 1988, 297 = Rpfleger 1988, 357.

Eine **Änderungvollmacht in einem Bauträgervertrag** über eine Eigentums- 1403
wohnung, durch die der Erwerber den Veräußerer (Bauträger) ermächtigt, die Teilungserklärung zu ändern, „soweit das Sondereigentum des Käufers nicht unmittelbar betroffen ist", ist ausreichend bestimmt. Die Auslegung ergibt, dass der Bauträger nur zu solchen Änderungen nicht ermächtigt ist, durch welche die im Sondereigentum stehenden Räume in ihrer Lage und Größe verändert werden.

> BayObLG DNotl-Report 22/94 = MittBayNot 1996, 27.

Eine Vollmacht, durch die der Käufer den Bauträger ermächtigt, die Gemein- 1404
schaftsordnung zu ändern, „wenn dadurch der Mitgebrauch des gemeinschaftlichen Eigentums nicht wesentlich eingeschränkt wird", ist – wenn diese Beschränkung für das Außenverhältnis gilt – nicht ausreichend bestimmt und daher keine geeignete Grundlage für die Eintragung der Änderung der Teilungserklärung.

> BayObLG, Beschl. v. 30.5.1996 – 2Z BR 47/96, ZfIR 1997, 175 = DNotZ 1997, 473 (m. Anm. *Brambring*).

Nach dem Bayerischen Obersten Landesgericht berechtigt eine Vollmacht, „die 1405
Auflassung zu erklären sowie alle Erklärungen abzugeben und entgegenzunehmen, die zum Vollzug im Grundbuch erforderlich oder zweckdienlich sind", nicht zu einer Bestandteilszuschreibung oder Flurstücksverschmelzung.

> BayObLG, Beschl. v. 21.3.1996 – 2Z BR 11/96, DNotZ 1997, 470 = MittBayNot 1996, 287 = MittRhNotK 1996, 218 = Rpfleger 1996, 332.

Eine Vollmacht zur Bestellung von Dienstbarkeiten soll nach dem Bayerischen 1406
Obersten Landesgericht nicht zur Erklärung der Zustimmung zu einem Rangrücktritt eines Grundpfandrechts trotz Bewilligung des Gläubigers berechtigen.

BayObLG, Beschl. v. 30.5.1996 – 2Z BR 47/96, ZIR 1997, 175;

ablehnend:
Brambring, DNotZ 1997, 478.

1407 Viele Vollzugshindernisse beim Grundbuchamt aufgrund unzureichender Vollmachten können vermieden werden, wenn anstelle einer Bevollmächtigung der Mitarbeiter des Notars der Notar selbst bevollmächtigt wird, die verfahrensrechtlichen Erklärungen der Beteiligten, soweit erforderlich, zu ändern und zu ergänzen. Aufgrund dieser Vollmacht kann der Notar durch **Eigenurkunde** die allermeisten Zwischenverfügungen des Grundbuchamts ohne Mitwirkung der Vertragsbeteiligten erledigen.

d) Nachgenehmigung bei vollmachtloser Vertretung

1408 Wird ein Beteiligter bei der Beurkundung vollmachtlos vertreten, so wirkt die Erklärung erst dann gegen ihn, wenn er sie nachträglich genehmigt. Der andere Vertragsteil kann ihn zur Erklärung über die Genehmigung auffordern; wird die Genehmigung dann nicht bis zum Ablauf von zwei Wochen nach der Aufforderung erklärt, so gilt sie als verweigert (§ 177 Abs. 2 BGB).

1409 Typischerweise wird vereinbart, dass die Beteiligten auf den Zugang der Genehmigungserklärung an sich selbst verzichten und die Genehmigung bereits mit ihrem Zugang an den Notar wirksam sein soll. In der Regel übernimmt es der **Notar**, den vollmachtlos Vertretenen um die Erteilung der Nachgenehmigung zu bitten. Diese Bitte ist keine Aufforderung i. S. d. § 177 Abs. 2 BGB und **setzt die Zweiwochenfrist nicht in Gang**; denn der Notar handelt dabei als Amtsträger und nicht als Vertreter der Beteiligten.

BGH, Beschl. v. 20.3.2000 – NotZ 17/99, DNotZ 2000, 714 = NJW 2000, 2428 = ZNotP 2000, 402, 403;

OLG Naumburg, Urt. v. 28.10.1993 – 4 U 102/93, DNotI-Report 1995, 26 = MittRhNotK 1994, 315;
LG Oldenburg Nds.Rpfleger 1997, 255;

a. A. OLG Köln, Beschl. v. 26.5.1994 – 18 W 14/94, NJW 1995, 1499 = MittRhNotK 1994, 168.

1410 Hat eine Vertragspartei die andere vollmachtlos vertreten (sodass auf dieser Ebene ein In-Sich-Geschäft vorlag), so kann ein Vertreter die vollmachtlose Vertretung nach h. M. nur genehmigen, wenn er selbst von den Beschränkungen des § 181 BGB befreit ist. Die OLG Rostock und Zweibrücken entschieden hingegen anders – m. E. zu Recht, denn bei der Nachgenehmigung besteht kein In-Sich-Geschäft mehr (siehe Rn. 1389).

3. Gesetzliche Vertretung juristischer Personen des Privatrechts

a) Inländische Gesellschaften

Bei juristischen Personen und Personengesellschaften ergibt sich die Vertretungsmacht in aller Regel aus dem **Handelsregister** oder einem vergleichbaren Register (Genossenschaftsregister, Gesellschaftsregister, Vereinsregister). 1411

Daneben kann auch der **Notar** unter bestimmten Voraussetzungen **amtliche Feststellungen** über die gesetzliche Vertretungsmacht treffen, die im Grundbuchverfahren als Vertretungsnachweis der Form des § 29 GBO genügen: 1412

- Nach **§ 21 BNotO** kann der Notar Registerbescheinigungen u. a. über Bestand und Vertretung von im Handelsregister, Genossenschafts-, Vereins- oder Partnerschaftsregister eingetragenen Gesellschaften etc. erstellen. Dies genügt nach § 32 GBO als Vertretungsnachweis.

  Melchior/Schulte, ZNotP 2003, 344.

- Auch darüber hinaus kann der Notar aber Feststellungen über von ihm amtlich wahrgenommene Tatsachen aufnehmen.

  So hat das Bayerische Oberste Landesgericht eine notarielle Bescheinigung über den Inhalt einer Satzungsregelung zur **Vertretung einer altrechtlichen „Corporation“** (seinerzeit noch durch königliche Verleihung der Rechtsfähigkeit gegründeter Verein) als für das Grundbuchverfahren ausreichenden Nachweis anerkannt.

  BayObLG, Beschl. v. 30.9.1999 – 2Z BR 146/99,
  DNotZ 2000, 293 (m. Anm. *Limmer*)
  = NJW-RR 2000, 161 = Rpfleger 2000, 62.

Die Vertretungsbefugnis für eine **Stiftung** kann durch Vorlage der Stiftungssatzung oder durch Bescheinigung der Aufsichtsbehörde nachgewiesen werden. 1413

Vgl. Gutachten, DNotI-Report 2002, 28;
Häming, RNotZ 2025, 328.

b) Ausländische Gesellschaften

Ausländische Handelsregister genügen nur dann als Vertretungsnachweis, wenn das ausländische Register dem deutschen Handelsregister in Inhalt und Rechtswirkungen vergleichbar ist, insbesondere in seiner Publizitätsfunktion bzw. Gutglaubensschutz. Die Mehrzahl der EU-Staaten – aber keinesfalls alle – haben solche vergleichbaren Register. 1414

Vgl. Gutachten, DNotI-Report 2001, 121 (Vertretungsnachweis für eine niederländische Gesellschaft (B.V. oder N.V.) durch einen Auszug des niederländischen Handelsregisters).

Da jedoch das deutsche Recht nicht mehr an Nachweisen fordern kann als nach dem einschlägigen ausländischen Gesellschafts- und Registerrecht mög- 1415 lich ist, genügt jedenfalls der nach ausländischem Recht höchstmögliche Nachweis der Vertretungsbefugnis auch gegenüber dem deutschen Grundbuchamt.

> OLG Jena, Beschl. v. 22.1.2018 – 3 W 322/17, FGPrax 2018, 104 = RNotZ 2018, 466 = Rpfleger 2018, 440 (zu einer auf den British Virgin Islands ansässigen Limited).

1416 Im **anglo-amerikanischen Rechtsbereich** gibt es zwar ein Register. Durch das Register lässt sich jedoch etwa in den USA nur die Existenz der Gesellschaft nachweisen, nicht der Vertretungsberechtigte. So erfolgt der Nachweis für eine *Corporation* aus den USA durch eine Kombination des *Certificate of Incorporation* und einer Bestätigung des *Secretary* der Gesellschaft.

> Vgl. zum Recht von Delaware:
> Gutachten, DNotI-Report 2001, 29;
> zur Vertretung einer englischen *Limited*:
> Gutachten, DNotI-Report 4/1993, S. 4.

1417 Im Register des **englischen Companies House** findet sich zwar auch eine Zusammenfassung der aktuellen Rechtsverhältnisse der Gesellschaft. Dieser kommt aber keinerlei Publizitätsfunktion von. Daher muss man auf die Mitteilungen über die Bestellung bzw. Abberufungen der Geschäftsführer (directors) zurückgreifen, die ebenfalls im Register eingestellt sind. Jedenfalls wenn zusätzlich auch noch das Beschlussbuch (minutes) der Gesellschaft herangezogen wurde, genügt eine darauf beruhende Bescheinigung eines englischen notary public als Vertretungsnachweis gegenüber dem deutschen Grundbuchamt.

> OLG Schleswig, Beschl. v. 1.2.2012 – 2 W 10/12, NJW-RR 2012, 1063;
>
> OLG Köln, Beschl. v.25.9.2012 – 2 Wx 184/12, FGPrax 2013, 18;
>
> OLG Nürnberg, Beschl. v. 25.3.2014 – 15 W 381/14, DNotZ 2014, 626 = Rpfleger 2014, 492 = ZIP 2014, 2033;
>
> ebenso für eine israelische Limited Company:
> OLG Jena, Beschl. v. 28.7.2025 – 3 W 175/25,
> BeckRS 2025, 21387.

1418 Dieselbe Beweiswirkung hat eine Bescheinigung, die ein **deutscher Notar** aufgrund Einsicht in das Register des englischen Companies House und die dort eingestellten Unterlagen erstellt – jedenfalls wenn er auch das Beschlussbuch der Gesellschaft (minutes) heranzieht.

> KG, Beschl. v. 1.7.2025 – 1 W 140/25, FGPrax 2025, 147 = RPfleger 2025, 605 = ZIP 2025, 1805;
>
> a. A. OLG Düsseldorf, Beschl. v. Beschl. v. 21.8.2014 – I-3 Wx 190/13, NZG 2015, 199 = RNotZ 2015, 88 = RPfleger 2015, 137.

1419 Unklar an der Argumentation der Gerichte ist, dass sie vorauszusetzen scheinen, dass das **Beschlussbuch der Gesellschaft** (minutes) ebenfalls beim Companies House einsehbar ist. Das Beschlussbuch befindet sich aber bei der Gesellschaft. Im Companies House sind nur Meldungen der Gesellschaft zu bestimmten Beschlüssen gesammelt, wie insbesondere zu Bestellung und Abberufung von Geschäftsführern. Fordert man eine Einsicht in das Beschlussbuch, so kann aus praktischen Gründen nur ein Notar am oder nahe des Sitzes der Gesellschaft eine Bescheinigung ausstellen.

> *Hertel*, in: Festschrift Heidinger, 2023, 219, 229.

In der **Literatur** finden sich Zusammenstellungen über die verschiedenen Gesellschaftsformen und deren jeweilige Vertretungsorgane für wichtige Länder bei: 1420

> *Hausmann*, in: Reithmann/Martiny, Teil 6 Rn. 6.197 ff.;
> *Heggen/Weber*, in: Würzburger Notarhandbuch, Teil 7, Kap. 6 Rn. 17 ff.;
> Meikel/*Hertel*, GBO, Einl. G Rn. 97 ff.;
> *Holzborn/Israel*, NJW 2003, 3014;
> *Mödl*, RNotZ 2008, 1;
> *Schaub*, NZG 2000, 953;
> *Süß/Wachter*, Handbuch des internationalen GmbH-Rechts;
> *Wegen/Spahlinger/Barth*, Gesellschaftsrecht des Auslands;
> *Zimmermann* in Beck'sches Notarhandbuch, § 28 Rn 317 ff.

4. Vertretung juristischer Personen des öffentlichen Rechts

a) Vertretungsberechtigte Person

Welcher Amtsträger eine **Behörde** oder juristische Person des öffentlichen Rechts vertreten kann, ergibt sich häufig bereits aus dem Gesetz oder doch einem Organisationsakt. Wer Inhaber des betreffenden Amtes ist, lässt sich aber durch kein Register nachweisen. 1421

Sofern dies nicht offenkundig ist, kann Vertretungsnachweis für eine Behörde oder juristische Person des öffentlichen Rechts entweder durch eine Bescheinigung der Aufsichtsbehörde, 1422

> BayObLG, Beschl. v. 24.4.1986 – BReg 2 Z 27/85, BayObLGZ 1986, 86 = Rpfleger 1986, 370;
>
> Vgl. Gutachten, DNotI-Report 2000, 101 (Landwirtschaftskammer),

oder durch gesiegelte Erklärung der Behörde selbst (§ 29 Abs. 3 GBO) geführt werden.

> OLG Düsseldorf, Beschl. v. 21.11.2003 – 3 Wx 312/03, MittBayNot 2004, 261= RNotZ 2004, 92;
>
> OLG Hamm, MittBayNot 1996, 452 = MittRhNotK 1996, 228 (m. Anm. *Grziwotz*) = Rpfleger 1996, 338;
>
> OLG Zweibrücken, Beschl. v. 30.10.2000 – 3 W 227/00, FGPrax 2001, 10 = Rpfleger 2001, 71 = ZfIR 2001, 587.

b) Kompetenzvorschriften über interne Willensbildung

1423 Nach außen vertritt der Bürgermeister die Gemeinde allein (in allen Bundesländern mit Ausnahme der hessischen Magistratsverfassung). In der internen Kompetenzverteilung der Gemeinde ist aber der Gemeinderat zur Entscheidung zuständig, soweit ein Rechtsgeschäft über die Angelegenheiten der laufenden Verwaltung hinausgeht. Für Grundstücksveräußerungen oder Grundstückskauf durch die Gemeinde ist daher in der Regel ein Gemeinderatsbeschluss erforderlich. In den verschiedenen Landesrechten wird unterschiedlich beurteilt, ob die Regelungen über die **interne Willensbildung** zugleich als Beschränkung der Vertretungsmacht im Außenverhältnis wirken.

- In **Bayern** ist eine rechtsgeschäftliche Erklärung des Bürgermeisters schwebend unwirksam, solange nicht die erforderliche Beschlussfassung des Gemeinderates vorliegt (Art. 38 BayGO).

  Früher war dies nicht ausdrücklich gesetzlich geregelt, doch ständige Rechtsprechung:
  BayObLGZ 1952, 251 = DNotZ 1953, 94, 96;
  BayObLGZ 1974, 81 = BayVBl 1974, 706 = MittBayNot 1974, 106;
  BayObLGZ 1974, 374 = Rpfleger 1974, 95;
  BayObLGZ 1986, 112 = BayVBl 1986, 476 = NJW-RR 1986, 1080;
  BayObLGZ 1997, 37 = MittBayNot 1997, 120, 122
  (m. Anm. *Grziwotz*) = NJW-RR 1998, 161;
  BayObLGZ 1997, 223 = MittBayNot 1997, 383, 386;
  ebenso etwa OLG München, Beschl. v. 21.2.2012 – 34 Wx 46/12,
  DNotZ 2012, 535 = MittBayNot 2012, 248 = ZfIR 2012, 251.

  Der bayerische Landesgesetzgeber regelte es erst ausdrücklich, nachdem der BGH zwischenzeitlich anders entschieden hatte:
  BGH, Urt. v. 18.11.2016 – V ZR 266/14,
  MittBayNot 2017, 299 (m. Anm. *Grziwotz*) = Rpfleger 2017, 259
  = ZfIR 2017, 159.

  Notar und Grundbuchamt müssen sich daher bei Rechtsgeschäften bayerischer Gemeinden einen **beglaubigten Auszug aus dem Gemeinderatsprotokoll** mit dem Gemeinderatsbeschluss vorlegen lassen (sofern das Rechtsgeschäft nicht eindeutig zur laufenden Verwaltung zählt, wie z. B. das Negativzeugnis für das gemeindliche Vorkaufsrecht).

- Nach dem Kommunalrecht der **anderen Bundesländer** hat hingegen der Bürgermeister **im Außenverhältnis unbegrenzte Vertretungsmacht** – auch soweit ein im Innenverhältnis erforderlicher Gemeinderatsbeschluss fehlt (bzw. sogar ein gegenteiliger Beschluss vorliegt). Grenze ist lediglich kollusiver Vertretungsmissbrauch.

Baden-Württemberg:
BGH BB 1966, 603 = MDR 1966, 669;
VGH Mannheim VBlBW 1983, 210;
VGH Mannheim NVwZ 1990, 892 = VBlBW 1990, 140;
Brandenburg:
OLG Brandenburg, Beschl. v. 30.8.2010 – 5 Wx 31/10, NotBZ 2011, 40 – Gesamtvertretung durch Hauptverwaltungsbeamten (= hauptamtlichen Bürgermeister) und einen seiner Stellvertreter);
Hessen:
OLG Frankfurt, Beschl. v. 20.7.2015 --20 W 215/15, NotBZ 2016, 265,
VG Gießen DÖV 2010, 699 = LKRZ 2010, 354;
DtZ 1996, 323;
Mecklenburg-Vorpommern:
OLG Rostock NJW-RR 1994, 661;
Niedersachsen:
BGH BB 1966, 1290;
Rheinland-Pfalz:
BGH NJW 1980, 117, 118;
Sachsen:
LG Leipzig DtZ 1997, 68;

ebenso für die frühere **Kommunalverfassung-DDR** (1990):
BGH, Urt. v. 17.4.1997 – III ZR 98/96, DNotI-Report 1997, 207 = DtZ 1997, 358 = WM 1997, 2410; dazu EWiR 1997, 1119 *(Hasselbach)*;

BGH, Urt. v. 18.12.1997 – VII ZR 155/96, WM 1998, 1097 = ZfBR 1998, 147;

BGH, Urt. v. 4.11.1997 – VI ZR 348/96, BGHZ 137, 89 = NJW 1998, 377; dazu EWiR 1998, 595 *(Medicus)*;

BGH, Urt. v. 15.4.1998 – VIII ZR 129/97, NJW 1998, 3058 = WM 1998, 2038.

Auch außerhalb des Kommunalrechts wirken Regelungen über die interne Wil- 1424
lensbildung bei einer **Behörde** oder juristischen Person des öffentlichen Rechts **im Zweifel nicht als Beschränkung der Vertretungsmacht im Außenverhältnis**.

Vgl. Gutachten, DNotI-Report 2000, 189 (Industrie- und Handelskammer).

5. Verkauf durch Eltern, Vormund oder Betreuer

a) Genehmigungserfordernis – zuständiges Gericht

Verkaufen Eltern ein Grundstück ihrer Kinder, ein Betreuer ein Grundstück 1425
des Betreuten bzw. ein Vormund ein Grundstück seines Mündels, so bedürfen sie dafür einer **gerichtlichen Genehmigung** (**§ 1850 Nr. 1 BGB** – bzw. vor 1.1.2023: § 1821 Abs. 1 Nr. 1 und Nr. 5 BGB a. F.– bei Eltern i. V. m. § 1643 Abs. 1 BGB, beim Vormund i. V. m. § 1799 Abs. 1 BGB).

Vgl. allg. *Neuhausen*, RNotZ 2003, 157.

1426 Für die Genehmigungserteilung ist zuständig:

- bei einem Verkauf durch die Eltern oder den Vormund das **Familiengericht** (§§ 1643 Abs. 1, 17999 Abs. 1 BGB),
- bei einem Verkauf durch einen Betreuer das **Betreuungsgericht** (§ 1850 Halbs. 1 BGB).

b) Doppelvollmacht des Notars

1427 Die gerichtliche Genehmigung wird dem gesetzlichen Vertreter gegenüber erklärt (Eltern, Betreuer, Vormund – § 1855 BGB). Sie wird jedoch erst mit ihrer Mitteilung an den anderen Vertragsteil wirksam (§ 1856 Abs. 1 Satz 2 BGB). Um den Vertragsvollzug zu vereinfachen, lässt sich der Notar in der Praxis eine **Doppelvollmacht** von beiden Vertragsparteien erteilen, die gerichtliche Genehmigung in deren Namen entgegenzunehmen, dem anderen Vertragsteil mitzuteilen und die Mitteilung für diesen entgegenzunehmen. Der Gebrauch der Doppelvollmacht wird dann durch Eigenurkunde des Notars gegenüber dem Grundbuchamt nachgewiesen.

> Vgl. BGH, Beschl. v. 2.12.2015 – XII ZB 283/15, DNotZ 2016, 195 = NJW 2016, 565;
>
> Gutachten, DNotI-Report 2001, 90.

c) Wegfall der Vertretungsmacht eines Betreuers während des Vertragsvollzugs

1428 **Verstirbt** der Betreute nach Vertragsschluss, aber **vor Mitteilung der Genehmigung**, so ist nach der Rechtsprechung dann für die betreuungs- oder vormundschaftsgerichtliche Genehmigung kein Raum mehr. Die Entscheidung über den Vertrag liegt dann bei den Erben.

> BayObLGZ 1964, 350, 351 = NJW 1965, 397;
> KG OLGE 4, 4156;
> OLG Frankfurt/M. Rpfleger 1978, 99;
> OLG Schleswig NJWE-FER 2001, 258.

1429 Der Käufer muss – und kann – vor diesem Risiko aber nicht geschützt werden. Er weiß (bzw. wurde vom Notar belehrt), dass der Vertrag erst mit Rechtswirksamkeit der Genehmigung (und Mitteilung) wirksam wird. Andernfalls muss er eben die Entscheidung der Erben abwarten.

1430 Möglich und zu erwägen sind aber Vorkehrungen gegen eine irrtümlich falsche Fälligkeitsmitteilung. So könnte der Notar (sinnvollerweise nach Gebrauch von der Doppelvollmacht) nochmals **beim Betreuer nachfragen**, ob der Betreute noch lebt und ob er weiterhin Betreuer ist. (Letzteres könnte der Notar auch beim Betreuungsgericht erfragen.)

1431 Ob das wirklich erforderlich ist, weiß ich nicht. Denn wenn der Betreute verstirbt, bevor die Genehmigung rechtskräftig geworden ist, wird das Betreuungsgericht i. d. R. davon erfahren und die Genehmigung nicht mehr herausgeben. Unmittelbar nach Erhalt der rechtskräftigen Genehmigung wird der Notar die Eigenurkunde aufgrund seiner Doppelvollmacht erstellen. Sollte bis dahin der Betreute verstorben sein, würde ich jedenfalls bei einem beruflich tätigen Betreuer davon ausgehen, dass er von sich aus dem Notar mitteilen würde, falls er vom Tod des Betreuten erfährt. Die Nachfrage des Notars bringt nur eine zusätzliche Erinnerung des Betreuers. Daher dürfte eine Nachfrage in der Praxis nicht allgemeiner Standard sein. Es spricht aber auch nichts gegen eine solche Nachfrage; v. a. verzögert sie die Kaufpreisfälligkeit nicht, da die Auflassungsvormerkung ohnehin erst nach Gebrauch der Doppelvollmacht beantragt werden kann.

6. Verkauf durch Testamentsvollstrecker oder Insolvenzverwalter

a) Verkauf durch Testamentsvollstrecker

Ein ähnliches Problem stellt sich beim Verkauf durch einen Testamentsvollstrecker: **1432**

- Nach § 2368 Abs. 3 Halbs. 1 i. V. m. § 2366 BGB ist zwar der **gute Glaube in die Richtigkeit des Testamentsvollstreckerzeugnisses** geschützt. Der Erwerber braucht daher nicht zu befürchten, dass womöglich später noch ein Testament auftaucht, in dem keine Testamentsvollstreckung vorgesehen oder ein anderer Testamentsvollstrecker eingesetzt ist.
- Überraschenderweise **nicht geschützt** ist jedoch nach § 2368 Abs. 3 Halbs. 2 BGB der **gute Glaube in die Fortdauer des Amtes.** Vielmehr wird das Zeugnis bei Beendigung des Testamentsvollstreckeramtes von selbst kraftlos. Das Nachlassgericht kann zwar das Zeugnis formlos zu seinen Akten zurückfordern; eine Einziehung ist aber nach herrschender Meinung nicht möglich.

Praktische Probleme könnten hier insbesondere bei einer Entlassung des Testamentsvollstreckers durch das Nachlassgericht (§ 2227 BGB) während des Vertragsvollzugs auftreten. Ist die Auflassungsvormerkung bereits beantragt, so gilt zwar nach herrschender Literaturmeinung **§ 878 BGB analog.** **1433**

> OLG Brandenburg VIZ 1995, 365;
> MünchKomm-*Kohler*, BGB, § 878 Rn. 11;
> Grüneberg-*Herrler*, BGB, § 878 Rn. 11;
> *Schöner/Stöber*, Rn. 124;
> Staudinger-*Heinze*, BGB (2018), § 878 Rn. 58.

Die Rechtsprechung verneint hingegen überwiegend die Anwendung von § 878 BGB. **1434**

> KG OLGE 26, 4;
> OLG Celle NJW 1953, 945;
> OLG Köln MittRhNotK 1981, 139;
> OLG Naumburg, Beschl. v. 18.3.2020 – 12 Wx 51/19, MittBayNot 2022, 164, Rn. 13.

1435 Außerdem besteht kein Schutz, wenn das Amt bereits vor Antragstellung auf Eintragung der Vormerkung endet.

- Eine **Bestätigung des Testamentsvollstreckers** bringt nur eine begrenzte Absicherung.
- Eine weitergehende Absicherung wäre durch eine **Bestätigung des Nachlassgerichtes** möglich, auf die aber nach herrschender Meinung kein Anspruch besteht.

  Haegele/Winkler, Rn. 708;
  a. A. *Bestelmeyer*, ZEV 1997, 316.

- Dritte Möglichkeit wäre die **Einsicht in die Nachlassakten** durch den Notar selbst.

1436 In der Praxis erfolgt häufig keine Absicherung, da zwischen Beurkundung und Eintragung der Auflassungsvormerkung i. d. R. nur etwa zwei Wochen verstreichen – und da der Notar sich bei einem Anwalt oder Steuerberater als Testamentsvollstrecker darauf verlässt, dass ihm dieser das Erlöschen seines Amts mitteilen würde.

1437 Ob auch die **Auflassung wirksam** ist, kann der Notar nur prüfen, wenn er nach Vollzug der Auflassung nochmals die Nachlassakten prüft – und erst dann die Auflassungsvormerkung löschen lässt.

b) Verkauf durch Insolvenzverwalter

1438 Die Urkunde über die Bestellung zum Insolvenzverwalter (§ 56 Abs. 2 InsO) begründet von vornherein keinen Gutglaubensschutz.

1439 Hier ist zwar die Verpflichtung zur Rückgabe der Urkunde an das Insolvenzgericht mit Beendigung des Amtes ausdrücklich gesetzlich geregelt (§ 56 Abs. 2 Satz 2 InsO). Ein Schutz ist jedoch nur entsprechend der vorstehend zum Testamentsvollstrecker dargestellten Maßnahmen möglich.

7. Vertretung bei unzulässiger Rechtsdienstleistung

1440 Siehe hierzu die Ausführungen in der 10. Auflage unter Rn. 1389 ff.

II. Getrennte Beurkundung von Angebot und Annahme

Literatur: *Herrler*, Angebotsfortgeltungsklauseln im Grundstücksverkehr in der AGB-Kontrolle, NJW 2014, 19; *Müller/Klühs*, Bindung durch Angebot, Bedingung und Rücktrittsrecht bei Grundstücksgeschäften, RNotZ 2013, 81.

1. Gestaltungsalternativen

a) Angebotsvertrag unter Beteiligung des Angebotsempfängers

Beispiel 1: 1441

Auf Veranlassung des Kaufinteressenten K bietet der Eigentümer V den Abschluss eines Kaufvertrags an. In der Angebotsurkunde heißt es: „Die Notargebühren und die Gerichtsgebühren für die Eintragung der Vormerkung trägt K".

K lehnt die Zahlung der Notar- und Gerichtsgebühren ab; er sei am Kauf nicht interessiert; es habe lediglich unverbindliche Vorgespräche mit V gegeben. V legt daraufhin ein Schreiben des K vor, wonach dieser sich verpflichtet, die Notar- und Gerichtsgebühren zu zahlen.

Beispiel 2:

Nachdem die Angebotsfrist abgelaufen ist, ohne dass der Kaufinteressent K die Annahme erklärt hätte, bemüht sich der Eigentümer V um die Löschung der zur Absicherung des Angebotes eingetragenen Vormerkung. K ist jedoch nicht bereit, eine Löschungsbewilligung für die Vormerkung zu erteilen.

Die Beispiele zeigen: Häufig genügt ein einseitiges Angebot nicht, sondern 1442
ist ein **Angebotsvertrag** erforderlich, weil auch der Angebotsempfänger Verpflichtungen bereits vor Annahme des Angebotes eingeht. Auch diese Verpflichtungen des Angebotsempfängers sind beurkundungsbedürftig, sofern – wie regelmäßig – die Verpflichtung aus dem Angebot nach dem Willen des Anbietenden von der Gegenverpflichtung des Angebotsempfängers abhängt.

- Dies gilt etwa, wenn sich der Angebotsempfänger verpflichtet, die **Kosten** des Angebotes zu übernehmen,

  OLG München, Urt. v. 5.7.1990 – 29 U 2003/90,
  MittBayNot 1991, 19 = NJW-RR 1991, 86,

- oder dem anbietenden Verkäufer ein **Bindungsentgelt** zu zahlen (das bei Annahme im Zweifel auf den Kaufpreis anzurechnen ist) oder eine **Entschädigung**, falls er das Angebot nicht annimmt.

  BGH, Urt. v. 27.10.1982 – V ZR 136/81,
  ZIP 1982, 1415 = DNotZ 1983, 231
  = NJW 1983, 565 = WM 1982, 1362;

  BGH, Urt. v. 19.9.1985 – IX ZR 138/84,
  ZIP 1985, 1503 = DNotZ 1986, 264
  = NJW 1986, 246 = WM 1985, 1425;
  dazu EWiR 1985, 949 *(Reithmann)*.

- Beurkundungsbedürftig ist auch die Verpflichtung des Angebotsempfängers, die für ihn einzutragende **Auflassungsvormerkung** unter bestimmten Voraussetzungen wieder löschen zu lassen – auch wenn diese Verpflichtung durch eine Löschungsbewilligung unter Treuhandauflagen an den

Notar (**Schubladenlöschung**) oder eine Löschungsvollmacht an den Notar abgesichert wird.

1443 Als Gestaltungsalternative wird daher in der neueren Literatur eine **auflösend bedingte Vormerkung** bevorzugt. Als Bedingung sieht man sinnvollerweise eine Eigenurkunde des Notars vor (und der Notar lässt sich genaue Anweisungen erteilen, unter welchen Bedingungen er davon Gebrauch machen soll). Vorteil ist, dass der Angebotsempfänger nicht mehr handeln muss (sodass die Lösung damit auch in der Insolvenz des Angebotsempfängers ohne Mitwirkung des Insolvenzverwalters funktioniert).

> *Hagenbucher*, MittBayNot 2003, 249, 255 f.;
> *Krauß*, Rn. 1370 ff. (mit Formulierungsvorschlag);
> *Weber*, RNotZ 2015, 195.

1444 Ebenso möglich ist, die Vormerkungsbewilligung im Verkäuferangebot nur unter der **Bedingung** zu erklären, dass der Verkäufer Löschungsvollmacht oder Schubladenlöschung erteilt (vgl. Rn. 929 ff.),

> Vgl. BayObLG DNotZ 1995, 311.

1445 Auch wenn der Angebotsempfänger keine vertragliche Löschungsverpflichtung eingegangen ist, dürfte sich ein Anspruch auf Abgabe der Löschungsbewilligung aus **Bereicherungsrecht** ergeben (§ 812 BGB).

b) Gestaltungsalternativen

1446 Folgende Gestaltungsalternativen kann man gegenüber einer getrennten Beurkundung von Angebot und Annahme erwägen:

- Da in aller Regel die Mitwirkung des Angebotsempfängers bei der Beurkundung des Angebots unverzichtbar ist, ist als Gestaltungsalternative der Abschluss eines Kaufvertrags als **Optionsvertrag** unter Vereinbarung einer aufschiebenden Bedingung zu erwägen. Als aufschiebende Bedingung kann (allein) die Erklärung des Käufers vereinbart werden, von der Option Gebrauch zu machen, aber auch der Eintritt bestimmter Voraussetzungen, z. B. die Erteilung der Baugenehmigung.

  Der Vorteil gegenüber einer Sukzessivbeurkundung liegt vor allem in der einfacheren Vertragsgestaltung (üblicher Kaufvertrag mit der alleinigen Besonderheit, erst aufschiebend bedingt wirksam zu werden). Die Auflassung kann bereits (unbedingt) erklärt werden (allerdings natürlich mit Vorlagesperre). Für den Verkäufer ist ein Rücktrittsrecht vorzusehen, falls der Vertrag nicht bis zu einem bestimmten Zeitpunkt wirksam geworden ist.

  Früher hatte der Optionsvertrag auch den Vorteil, eine sicher insolvenzfeste Vormerkung zu bieten. Nach neuerer BGH-Rechtsprechung steht aber fest, dass auch die Angebotsvormerkung bereits vor Annahme insolvenzfest ist.

BGH, Urt. v. 14.9.2001 – V ZR 231/00,
BGHZ 149, 1 = ZIP 2001, 2008
= ZfIR 2001, 998= DNotZ 2002, 275
= NJW 2002, 213 = WM 2001, 2173.

- Das gleiche Regelungsziel lässt sich auch durch Vereinbarung eines **Rücktrittsrechts zugunsten des Käufers** erreichen. Allerdings wird dann die Grunderwerbsteuer sofort fällig.
- Soll das Angebot sicher angenommen werden und ist einziger Grund für die getrennte Beurkundung, dass eine Vertragspartei nicht zur Beurkundung kommen kann, so kann auch eine Beurkundung in **vollmachtloser Vertretung** des abwesenden Vertragsteils erfolgen.

2. Keine systematische Aufspaltung von Kaufverträgen in Angebot und Annahme

Zum Schutz eines belehrungsgerechten Verfahrens untersagt § 17 Abs. 2a Satz 1 BeurkG dem Notar die systematische Aufspaltung von Kaufverträgen in Angebot und Annahme. **1447**

Vgl. BGH, Beschl. v. 28.8.2019 – NotSt(Brfg) 1/18,
BGHZ 223, 335 = MittNot 2020, 489 = NJW-RR 2020, 557
= ZIP 2020, 722;

Brambring, DNotI-Report 1998, 184, 187;
Winkler, MittBayNot 1999, 1, 16 f.
= ZNotP 1999, Beilage 1/99, S. 15.

Weiter heißt es in Ziffer II. 1. d) der Richtlinienempfehlung der Bundesnotarkammer: „Soweit die Aufspaltung aus sachlichen Gründen gerechtfertigt ist, soll das Angebot vom belehrungsbedürftigeren Vertragsteil ausgehen". **1448**

BNotK, Richtlinienempfehlung, DNotZ 1999, 258.

Nur so ist die Belehrung des schwächeren Vertragsteils gesichert (da bei der Annahme über den Inhalt des Angebotes grundsätzlich nicht belehrt werden muss) und nur so kann der schwächere Vertragsteil auf die Belehrung auch reagieren, indem er sein Angebot noch während der Beurkundung abändert. **1449**

3. Beurkundung des Angebots

a) Trennung in Angebotsmantel und Vertragstext als Anlage

Beispiel 3: **1450**

Der angebotene Kaufvertrag enthält die Zwangsvollstreckungsunterwerfung des K wegen der Zahlung des Kaufpreises, die Auflassung und die Bewilligung des V mit dem Antrag des K auf Eintragung einer Vormerkung. K erklärt die Annahme; weitere Erklärungen enthält die Annahmeurkunde nicht.

Der Notar beantragt die Eintragung der Vormerkung zugunsten des Angebotsempfängers K. Das Grundbuchamt wird die Eintragung der Vormerkung ableh-

nen, da die Bewilligung des V Inhalt des angebotenen Kaufvertrags ist, der erst mit Annahme des K wirksam wird. Die Eintragungsbewilligung gehört in den Teil „Angebot", wenn die Vormerkung vor Annahme des Angebots eingetragen werden soll.

Die Auflassung ist unwirksam, wenn sie durch Angebot und Annahme erfolgt (da § 925 BGB eine Erklärung bei „gleichzeitiger Anwesenheit" verlangt).

Beantragt V später eine vollstreckbare Ausfertigung, wird ihm der anstelle des Notars amtierende Notarvertreter möglicherweise mitteilen, dass die Zwangsvollstreckungsunterwerfung als einseitige Erklärung nicht angenommen werden kann.

1451 Das Beispiel zeigt, dass deutlich zwischen einseitigen Erklärungen des Anbietenden, dem Inhalt des angebotenen Vertrags und zusätzlichen (einseitigen) Erklärungen des Annehmenden zu unterscheiden ist. Üblicherweise besteht daher die Angebotsurkunde aus einem **Mantel**, der alle die Aufspaltung in Angebot und Annahme betreffenden Regelungen enthält, während der eigentliche **Vertragsinhalt** (d. h. der Text des angebotenen Vertrags) sich im zweiten Teil der Urkunde findet oder in einer Anlage (die nach § 9 Abs. 1 Satz 2 BeurkG mitzuverlesen ist).

1452 Die **Auflassung** muss nach § 925 Abs. 1 Satz 1 BGB „bei gleichzeitiger Anwesenheit beider Teile" erklärt werden. Daher kann das Angebot nie die Auflassung enthalten, sondern allenfalls eine Auflassungsvollmacht.

1453 Erteilt der Verkäufer dem Käufer Vollmacht, bei Annahme des Angebots die Auflassung zu erklären (was auch im Verbrauchervertrag zulässig ist), muss sichergestellt werden, dass der Käufer vor Zahlung des Kaufpreises keine Ausfertigung oder beglaubigte Abschrift der Annahmeurkunde erhält, die die Auflassung enthält (oder zumindest die Bewilligung der Eigentumsumschreibung ausdrücklich ausgenommen ist und erst später vom Notar erklärt wird).

Vgl. Rn. 875 ff.

1454 Enthält der angebotene Vertrag **einseitige Erklärungen des Annehmenden**, etwa Vollmachten, Grundbuchbewilligungen oder insbesondere etwa im Verkäuferangebot bereits eine **Zwangsvollstreckungsunterwerfung** des Käufers, so ist der Annehmende mit der Annahme zur Abgabe der entsprechenden Erklärungen verpflichtet.

OLG Köln, Urt. v. 15.3.1996 – 19 U 139/95, NJW-RR 1996, 1236, mit Korrektur des Leitsatzes in: NJW-RR 1997, 336 = OLG-Report 1996, 149 (Zwangsvollstreckungsunterwerfung des Käufers in Verkäuferangebot).

1455 Die Zwangsvollstreckungsunterwerfung ist jedoch mit der bloßen Beurkundung der Annahme, jedenfalls nach einer Ansicht, noch nicht erklärt (ebenso wenig andere einseitige Erklärungen).

OLG Dresden, Urt. v. 23.12.1998 – 6 U 2622/98,
ZfIR 1999, 958 = NotBZ 1999, 180
= OLG-Report 1999, 205 = ZNotP 1999, 123;
Reithmann, in: Reithmann/Albrecht, Rn. 126.

Das Bayerische Oberste Landesgericht erwog hingegen, auch auf die Unterwerfung unter die sofortige Zwangsvollstreckung entgegen der herrschenden Meinung die Vorschrift des § 185 BGB, oder jedenfalls dessen Absatz 1, entsprechend anzuwenden. Es sei nicht einzusehen, warum für die Unterwerfung unter die sofortige Zwangsvollstreckung nicht das Gleiche gelten soll wie für die Eintragungsbewilligung, auf die nach allgemeiner Ansicht § 185 BGB entsprechend anzuwenden ist. **1456**

BayObLG, Beschl. v. 5.9.1991 – BReg 2 Z 105/91,
MittBayNot 1992, 190 = MittRhNotK 1992, 86
= Rpfleger 1992, 99;

ebenso
Wolfsteiner, NJW 1971, 1140 und
ders., MittRhNotK 1985, 113;

ähnlich
OLG Celle, Beschl. v. 17.3.2005 – 4 U 253/04,
DNotI-Report 2005, 93 = NotBZ 2005, 338
= OLG-Report 2005, 457, für im Angebot enthaltene
Vollmacht des Angebotsempfängers.

Bis zu einer endgültigen Klärung der Rechtsfrage wird der Notar den sichersten Weg vorschlagen, die Annahme des Angebots von der Zwangsvollstreckungsunterwerfung abhängig zu machen (allerdings mit der Folge, dass eine 1,0 Gebühr statt einer 0,5 Gebühr anfällt – Ziff. 21101 KV zum GNotKG). **1457**

b) Zulässige Angebotsfrist

In AGB oder im **Verbrauchervertrag** darf sich der AGB-Verwender keine „**unangemessen lange**' oder nicht hinreichend bestimmte" Annahmefrist vorbehalten (§ 308 Nr. 1 BGB = § 10 Nr. 1 AGBG). Als angemessene Frist sieht der Bundesgerichtshof bei Grundstückskaufverträgen einen Zeitraum von vier Wochen. **1458**

BGH, Urt. v. 6.11.2010 – V ZR 85/09,
ZIP 2010, 1854 = DNotZ 2010, 913
= MittBayNot 2011, 49 (m. Anm. *Kanzleiter*)
= NJW 2010, 2873 (m. Anm. *Blank*)
= NotBZ 2010, 335 (m. Anm. *Krauß*)
= RNotZ 2010, 530 (m. Anm. *Kesseler*);

BGH, Versäumnisurt. v. 7.6.2013 – V ZR 10/12,
DNotZ 2013, 923 = NJW 2013, 3434 – ZfIR 2013, 766.

vgl. Gutachten, DNotI-Report 2010, 181;
Herrler, DNotZ 2010, 883; *ders.*, NJW 2014, 19.

- In der 11. Auflage (Rn. 1282) hatte ich noch vertreten, dass bei einem **Kapitalanleger** i. d. R. doppelt so lange Bindungsfristen zulässig seien. Diese Differenzierung macht die Rechtsprechung nicht.

- Ebenso hielt ich dort bei **Verkaufsangeboten** des Verbrauchers jedenfalls für unbebaute oder nicht mehr baulich genutzte Grundstücke längere Bindungsfristen von mehreren Monaten, auch über ein Jahr für zulässig. Auch dies dürfte die Rechtsprechung nicht pauschal, sondern nur bei entsprechender Interessenabwägung für zulässig halten.

1459 Die Literatur hatte Bindungsfristen von bis zu sechs Wochen ganz überwiegend für unproblematisch gehalten, weil es ja absolut nur zwei Wochen mehr sind. Der Bundesgerichtshof entschied aber, dass bereits eine Bindungsfrist von (exakt) sechs Wochen die regelmäßige gesetzliche Frist wesentlich (da um 50 %) überschreitet und damit im Verbrauchervertrag i. d. R. unwirksam sei. Anders sei dies nur, wenn der Verwender hierfür ein schutzwürdiges Interesse geltend machen könne, hinter dem das Interesse des anderen Vertragspartners am baldigen Wegfall der Bindung zurückstehen müsse.

> BGH, Urt. v. 17.1.2014 – V ZR 5/12,
> DNotZ 2014, 358 = NJW 2014, 857;
>
> BGH, Urt. v. 27.9.2013 – V ZR 52/12,
> DNotZ 2014, 41 = NJW 2014, 854 = ZfIR 2014, 51.

1460 Bei einer unzulässig langen Bindungsfrist **erlischt das Angebot** nach der Rechtsprechung mit Ablauf der gesetzlichen Annahmefrist (§ 147 Abs. 2 BGB). Nimmt der AGB-Verwender erst danach an, ist dies zwar als neues Angebot umzudeuten; ein formwirksamer Kaufvertrag liegt damit jedoch nicht vor.

- In den bisher vom Bundesgerichtshof und von Oberlandesgerichten entschiedenen veröffentlichten Fällen war dies für den Erwerber günstig, da er vom Vertrag loskommen wollte.

- Das Ergebnis ist jedoch für alle Erwerber gefährlich, die am Vertrag festhalten wollen, bei denen die Eigentumsumschreibung aber noch nicht vollzogen ist. Denn wenn etwa der Bauträger in Insolvenz fiele, hätte der Erwerber keinen Vormerkungsschutz. Die Rechtsprechung könnte dann allenfalls helfen, indem sie dem Unternehmer versagt, sich darauf zu berufen, dass er verspätet angenommen hat – was aber wohl in der Insolvenz des Unternehmers nichts hülfe.

- Insolvenzschutz ergibt sich aber, wenn man annimmt, dass die Auflassungsvollmacht des Erwerbers von der Unwirksamkeit des Angebots nicht erfasst ist (§ 139 BGB). Denn dann ist die Auflassung wirksam und hat der Erwerber mit Grundbuchumschreibung Eigentum erworben. Für die Trennung spricht, dass die Vollmacht nur zugunsten des Erwerbers wirkt.

Ebenso verwarf der Bundesgerichtshof einen Gestaltungsvorschlag der Literatur, wonach das Angebot auch **nach Ablauf der Bindungsfrist** für eine gewisse Zeit bestehen bleibt, sofern es nicht widerrufen wird. 1461

> BGH, Versäumnisurt. v. 7.6.2013 – V ZR 10/12,
> DNotZ 2013, 923 = NJW 2013, 3434 = ZfIR 2013, 766.
>
> anders zuvor: *Cremer/Wagner*, NotBZ 2004, 331, 332;
> anders auch noch die 10. Auflage Rn. 1284.
>
> Erst recht unwirksam ist eine unbefristete Fortgeltung nach Ablauf der Bindungsfrist:
> BGH, Urt. v. 24.8.2017 – III ZR 558/16,
> DNotZ 2018, 130 = NJW 2017, 3161 = NotBZ 2018, 45 (m. Anm. *Suppliet*) = ZfIR 2017, 735 (m. Anm. *Grziwotz*),
>
> BGH, Urt. v. 23.1.2020 – III ZR 28/19,
> MDR 2020, 376 = NJW-RR 2020, 626 = ZIP 2020, 522.

Wünschen die Beteiligten eine längere Frist, damit der Unternehmer bestimmte (wirtschaftliche) Vertragsvoraussetzungen noch abklären kann, ist ihnen eher zur raten, ein **Rücktrittsrecht** zu vereinbaren. Der wesentliche Wertungsunterschied liegt darin, dass dann auch der Unternehmer bereits gebunden ist und nur unter den im Vertrag genau zu regelnden Gründen (vgl. § 308 Nr. 3 BGB) von dem Vertrag loskommt – aber nicht, wie beim Angebot, nach seinem freien Belieben entscheiden kann. Ebenfalls möglich, aber starrer ist eine (aufschiebende oder auflösende) Bedingung; eine reine Voluntativbedingung zugunsten des Unternehmers ist aber denselben Kriterien wie eine Bindungsfrist im Angebot zu unterwerfen. 1462

> *Müller/Klühs*, RNotZ 2013, 81.

c) Verlängerung der Angebotsfrist

Beispiel 4: 1463

Im Angebot ist als Frist für die Annahme der 1.10.2025 bestimmt. Erst am 28.9. fällt dem Eigentümer ein, dass er die Frist verlängern möchte.

Wird die Angebotsfrist vor ihrem Ablauf verlängert, bedarf die **Verlängerung** der **notariellen Beurkundung**. 1464

> RGZ 65, 394;
> RGZ 101, 332;
> BGH WM 1963, 407;
> BGH DNotZ 1971, 721;
>
> BGH, Urt. v. 20.11.1981 – V ZR 155/80,
> BGHZ 82, 292 = NJW 1982, 881 = WM 1982, 206.

Die Verlängerung der Angebotsfrist muss aber **nicht im Grundbuch eingetragen** werden. Denn der gesicherte Anspruch bleibt der gleiche. Auch sei die Publizitätsfunktion des Grundbuchs nicht beeinträchtigt. Denn die Publizität des Grundbuchs und der Schutz des öffentlichen Glaubens erstrecken sich 1465 ohnehin nicht auf den Bestand und Inhalt der durch die Vormerkung gesicherten Forderung.

BGH, Urt. v. 8.3.2024 – V ZR 176/22, JuS 2024, 980 (m. Anm. *Omlor*) = MittBayNot 2025, 195 = NotBZ 2024, 293 (m. Anm. *Krauß*) = RNotZ 2024, 456 = ZfIR 2024, 334 (m. Anm. *Zimmer*).

Die frühere oberlandesgerichtliche Rechtsprechung hatte hingegen noch eine Eintragung der Fristverlängerung bei der Vormerkung verlangt (vgl. die Nachweise in der 12. Auflage, Rn. 1375).

1466 Ist hingegen die Annahmefrist bereits **abgelaufen**, so ist das Angebot erloschen. Eine Fristverlängerung ginge ins Leere; vielmehr kann nur ein neues Angebot beurkundet werden.

1467 Als Gestaltungsalternative ist im Individualvertrag möglich, statt einer Befristung des Angebots eine **Widerrufsmöglichkeit des Anbietenden nach Ablauf der Bindungsfrist** vorzusehen. (In AGB ist dies hingegen unwirksam.)

Formulierungsbeispiel:

„Der Anbietende hält sich an das Angebot bis zum 30.9.2025 unwiderruflich gebunden. Wird das Angebot nicht innerhalb der Frist angenommen, erlischt es nicht; es kann dann jedoch von dem Anbietenden jederzeit widerrufen werden."

d) Wirksamwerden mit Zugang einer Angebotsausfertigung

1468 *Beispiel 5:*

Der Notar übersendet dem K eine beglaubigte Abschrift der Angebotsurkunde. K nimmt an.

1469 Das Angebot (Antrag) ist eine einseitige, empfangsbedürftige Willenserklärung, die mit dem Zugang wirksam wird (§ 130 Abs. 1 BGB). Nur die **Ausfertigung** der Niederschrift vertritt die Urschrift im Rechtsverkehr (§ 47 BeurkG); erst mit Zugang einer Ausfertigung wird daher das Angebot wirksam.

1470 Hat der Angebotsempfänger die Angebotsurkunde lediglich in beglaubigter Abschrift erhalten (häufiger Fehler!), ist mangels Zugangs des Angebots die Annahme nicht möglich. Nach einer Entscheidung des OLG Dresden kann aber bei einem Grundstückskaufvertrag der Annehmende in der (formbedürftigen) Annahmeerklärung auf den Zugang der Angebotserklärung in der für die materielle Erklärung erforderlichen gesetzlichen Form verzichten; der Verzicht könne auch konkludent erklärt werden.

OLG Dresden, Beschl. v. 25.6.1999 – 3 W 0570/99 und 3 W 570/99, ZNotP 1999, 402 (m. zust. Anm. *Wudy*, 394).

1471 Der Bundesgerichtshof lässt jedenfalls eine Vereinbarung über eine Zugangserleichterung, wohl auch einen einseitigen Verzicht zu.

BGH, Urt. v. 7.6.1995 – VIII ZR 125/94,
ZIP 1995, 1089 = DNotZ 1996, 967 = NJW 1995, 2217;
dazu EWiR 1995, 743 *(Limmer)*;

vgl. *Armbrüster*, NJW 1996, 438;
kritisch *Kanzleiter*, DNotZ 1996, 931.

Der sicherere Weg ist der Zugang einer Ausfertigung der Angebotsurkunde. 1472

Davon zu unterscheiden ist der Fall, dass zwar die Annahme noch vor Zugang 1473
einer Angebotsausfertigung erklärt wird, die Angebotsausfertigung danach aber noch zugeht (sich **kreuzende Angebote**).

Die Annahme dieses (noch nicht wirksam gewordenen) Angebotes ist als neues Angebot auszulegen. Das neue Angebot ist formwirksam, wenn es entweder selbst alle Bedingungen des Vertrags enthält oder diesbezüglich eine Verweisung auf das ursprüngliche Angebot nach § 13a BeurkG erfolgt. Obwohl nur zwei Angebote vorliegen, bewirken die beiden sich derart kreuzenden Angebote ebenfalls einen Kaufvertragsschluss, allerdings erst mit Zugang der letzten der beiden Urkunden in Ausfertigung.

Gutachten, DNotI-Report 1995, 145.

4. Annahme

a) Beurkundung der Annahme

Beurkundet werden muss nur die Annahme als solche, **nicht** hingegen **der** 1474
Inhalt des angenommenen Angebotes. Es genügt daher, das angenommene Angebot hinreichend bestimmt zu bezeichnen (etwa nach beurkundendem Notar und Urkundennummer); eine Verweisung (§ 13a BeurkG) oder gar eine Mitbeurkundung mit erneuter Verlesung des Angebotes ist hingegen nicht erforderlich.

BGH, Urt. v. 25.2.1994 – V ZR 63/93,
BGHZ 125, 218, 223 = ZIP 1994, 538
= DNotZ 1994, 764 = NJW 1994, 1344, 1346
= Rpfleger 1994, 408;

BGH, Urt. v. 23.6.1988 – III ZR 84/87,
DNotZ 1990, 356 = NJW 1989, 164;
dazu EWiR 1988, 1153 *(Brambring)*;

OLG Düsseldorf JurBüro 1980, 1564.

In die Annahmeurkunde aufzunehmen sind hingegen einseitige Erklärungen 1475
des Annehmenden (insbesondere eine Zwangsvollstreckungsunterwerfung oder Vollmachten – vgl. Rn. 1454) sowie gegebenenfalls die Auflassung.

Entsprechend muss der Notar nach ständiger Rechtsprechung nicht über den 1476
Inhalt des angebotenen Rechtsgeschäfts **belehren**, sondern nur darüber, dass durch die Annahme der angebotene Vertrag zustande kommt (anders nur, soweit das Angebot nochmals als Anlage mitbeurkundet wird).

BGH, Urt. v. 25.2.1994 – V ZR 63/93,
BGHZ 125, 218, 224 = ZIP 1994, 538
= NJW 1994, 1344 = WM 1994, 746;

BGH, Urt. v. 24.6.1993 – IX ZR 216/92,
NJW 1993, 2747, 2750 = WM 1993, 1889;

BGH, Urt. v. 11.11.2004 – III ZR 63/04,
ZIP 2005, 257 = DNotZ 2005, 286
= NJW-RR 2005, 1003
= RNotZ 2005, 492 (m. Anm. *Knoche*);

Ganter, in: Ganter/Hertel/Wöstmann, Kap. 3 Rn. 584;
Staudinger-*Hertel*, BGB, § 128 Rn. 33.

1477 Die Literatur vertritt hingegen teilweise, dass der Notar auch über den Inhalt des angenommenen Vertrags belehren müsse.

Armbrüster, in: Armbrüster/Preuß, BeurkG,
§ 17 Rn. 186;
Reithmann, in: Reithmann/Albrecht, Rn. 127;
in diese Richtung auch BeckOGK/Regler, BeurkG, 1.10.2025,
§ 17 Rn. 58.

1478 Eine weitergehende Belehrungspflicht kann jedoch den **Zentralnotar** treffen, wenn er allein den Vertragsvollzug steuert und daher umfassendere Kenntnisse als der das Angebot beurkundende Notar hat.

BGH, Urt. v. 4.3.2004 – III ZR 72/03,
ZIP 2004, 719 = ZfIR 2004, 582
= NJW 2004, 1865 = ZNotP 2004, 243;
dazu EWiR 2004, 699 *(Reithmann)*.

b) Wirksamwerden oder Fristwahrung auch ohne Zugang (§ 152 Satz 1 BGB)

1479 Nach **§ 152 Satz 1 BGB** kommt der Vertrag bei einer Sukzessivbeurkundung mit der Beurkundung der Annahme zustande, ohne dass es auf deren Zugang ankäme. § 152 BGB kann jedoch auch abbedungen werden.

1480 Ist eine **Annahmefrist** gesetzt, so sah darin jedenfalls die ältere Rechtsprechung eine stillschweigende **Abbedingung von § 152 BGB**, sodass die Annahmeerklärung noch während der Frist zugehen müsse.

RGZ 49, 127, 132;
RG WarnRspr 1913 Nr. 354;
RG Gruchot Bd. 57, 148, 149;
RGZ 96, 273, 275 m. w. N.;

ebenso wohl
BGH, Urt. v. 16.9.1988 – V ZR 77/87,
NJW-RR 1989, 198, 199 – insoweit in:
DNotZ 1989, 501, nicht abgedruckt.

1481 Da die Beteiligten in der Regel § 152 BGB aber nicht vollständig abbedingen wollen, findet sich im Vertragsangebot üblicherweise eine ausdrückliche Regelung, wonach zur Fristwahrung der Zugang nicht erforderlich ist, sondern die Beurkundung der Annahme genügt (auch wenn zum Wirksamwerden des Angebotes noch dessen Zugang erforderlich ist).

III. Änderung eines Kaufvertrags

1. Änderungen nach erklärter Auflassung

Der Bundesgerichtshof verneint in ständiger Rechtsprechung, **1482**

> BGH BB 1971, 1026 = MDR 1971, 737
> = NJW 1971, 1450 = LM § 313 BGB Nr. 49;
> BGH BB 1973, 728;
>
> BGH, Urt. v. 28.9.1984 – V ZR 43/83,
> DNotZ 1985, 284 (m. abl. Anm. *Kanzleiter*)
> = NJW 1985, 266 = WM 1984, 1539;
>
> BGH, Urt. v. 14.9.2018 – V ZR 213/17,
> DNotZ 2019, 183 = NJW 2018, 3523 (m. Anm. *L. Böttcher*)
> = ZfIR 2018, 789 (m. Anm. *Grziwotz*);
>
> BGH, Urt. v. 11.10.2019 – V ZR 7/19,
> DNotZ 2020, 740 = ZfIR 2020, 425;
>
> ebenso
> BayObLG, Beschl. v. 20.11.1986 – BReg 3 Z 107/86,
> BB 1987, 711, 712 = DB 1987, 215;
>
> OLG Bamberg, Urt. v. 27.7.1998 – 4 U 195/97,
> ZfIR 1999, 270 = MDR 1999, 151
> = OLG-Report 1998, 353,

eine Formbedürftigkeit der **nach Auflassung** (aber noch vor Eigentumsumschreibung) abgeschlossenen Abänderungsverträge (siehe Rn. 204 ff.). Die Neufassung des § 313 BGB (jetzt § 311b Abs. 1 BGB) durch das Gesetz vom 30.5.1973 habe daran nichts geändert. Die von Teilen der Literatur geübte Kritik halte ich für berechtigt.

> MünchKomm-*Ruhwinkel*, BGB, § 311b Rn. 67;
> Staudinger-*Hertel*, BeurkG, Rn. 134;
> Staudinger-*Schumacher*, BGB (2017) § 311b Rn. 206 ff.
>
> (anders jetzt Staudinger-*Meier*, BGB (2023) § 311b Rn. 292, der in § 16a Abs. 2 Satz 3 GWG eine indirekte Anerkennung der Formlosigkeit von Änderungen nach der Auflassung sieht).

Für einen rechtlich unerfahrenen Beteiligten können Änderungen des Vertrags **1483**
von wesentlicher Bedeutung zu wesentlichen Nachteilen führen; auch hier gilt der Schutzzweck des § 311b Abs. 1 BGB. Der Bundesgerichtshof hat allerdings im zitierten Urteil,

> BGH, Urt. v. 28.9.1984 – V ZR 43/83,
> DNotZ 1985, 284 = NJW 1985, 266
> = WM 1984, 1539,

aus „Gründen der Rechtssicherheit“ eine Abkehr von seiner bisherigen Rechtsprechung ausgeschlossen und dies in seiner Entscheidung vom 14.9.2018 nochmals bekräftigt.

2. Änderungen vor der Auflassung

1484 Änderungen des Kaufvertrags vor Erklärung der Auflassung sind dagegen grundsätzlich beurkundungspflichtig.

1485 Checkliste der beurkundungsbedürftigen Änderungen:

- Herabsetzung/Erhöhung des Kaufpreises;

  BGH DNotZ 1954, 667;
  BGH DNotZ 1958, 383;
  BGH DNotZ 1980, 222;

  BGH, Urt. v. 6.11.1981 – V ZR 138/80,
  DNotZ 1982, 310 = NJW 1982, 434;

  BGH, Urt. v. 21.10.1983 – V ZR 121/82,
  DNotZ 1984, 238 = NJW 1984, 612;

  BGH, Urt. v. 6.6.1986 – V ZR 264/84,
  DNotZ 1987, 208 = NJW 1986, 2759;

- Ersetzung der Barzahlung durch Ablösung von Verbindlichkeiten oder durch sonstige Leistungen an Erfüllungs statt;

  BGHZ 56, 562;
  BGH NJW 1971, 1459;

- Inhaltsänderung der Verpflichtung zur Einräumung von Sondereigentum und Änderung der Regelung für die Pflicht zur Tragung von Kosten und Lasten;

  BGH, Urt. v. 21.10.1983 – V ZR 121/82,
  DNotZ 1984, 238 = NJW 1984, 612;

- Abreden über die Änderung des Inhalts des veräußerten Sondereigentums;

  BGH, Urt. v. 6.6.1986 – V ZR 264/84,
  DNotZ 1987, 208 = NJW 1986, 2759;

- Vereinbarung über die Abänderung der Voraussetzungen für einen Rücktritt von einem Grundstückskaufvertrag;

  BGH, Urt. v. 8.4.1988 – V ZR 260/86,
  DNotZ 1989, 228 = NJW 1988, 3263 = WM 1988, 1026;
  dazu EWiR 1988, 659 *(Reithmann)*;

- nachträgliche Verlängerung der Frist zur Ausübung eines Wiederkaufsrechts.

  BGH, Urt. v. 9.11.1995 – V ZR 36/95,
  ZIP 1996, 79 = MittBayNot 1996, 26
  = NJW 1996, 452 = WM 1996, 181;
  dazu EWiR 1996, 155 *(Limmer)*.

1486 Jedoch entschied das OLG Düsseldorf: Haben die Parteien eines Grundstücksübertragungsvertrags in diesem zwar die Auflassung erklärt, jedoch den Zeitpunkt der grundbuchrechtlichen Vollziehung der Eigentumsumschreibung in das freie Belieben des Übertragenden gestellt, so bedarf eine dies abändernde Vereinbarung der notariellen Beurkundung.

> OLG Düsseldorf, Urt. v. 6.10.1997 – 9 U 24/97,
> DNotZ 1998, 949 (m. Anm. *Kanzleiter*)
> = MittBayNot 1999, 53 (m. Anm. *Schwarz*)
> = NJW 1998, 2225;
> dazu *Burbulla*, Jura 2001, 384.

Der sichere Weg ist jedenfalls die Beurkundung der Änderung. 1487

Auch beim **Bauträgervertrag** sind Sonderwunschvereinbarungen nach Abschluss des Vertrags beurkundungsbedürftig, soweit im Vertrag nicht bereits die Auflassung erklärt ist. 1488

> *Weigl*, MittBayNot 1996, 10.

3. Checkliste nicht beurkundungsbedürftiger Änderungen

Auch vor Beurkundung der Auflassung sind nachträgliche Vereinbarungen nicht beurkundungsbedürftig, wenn durch sie „unvorhergesehen aufgetretene Schwierigkeiten bei der Vertragsabwicklung beseitigt werden sollen und wenn die zu diesem Zweck getroffene Vereinbarung die beiderseitigen Verpflichtungen aus dem Grundstückskaufvertrag nicht wesentlich verändert" (siehe Rn. 202). 1489

> BGH WM 1966, 656;
> BGH DNotZ 1972, 485;
> BGH, Urt. v. 6.11.1981 – V ZR 138/80,
> DNotZ 1982, 310 = NJW 1982, 434.

- Nicht beurkundungsbedürftig kann danach etwa eine Vereinbarung über eine Kaufpreisstundung oder eine Vereinbarung über aufgetretene Rechts- oder Sachmängel sein.
- Entschieden zu weit geht aber eine Entscheidung des VII. Zivilsenats, wonach eine Schwangerschaft der Käuferin eine nachträglich aufgetretene Abwicklungsstörung sein soll.

> BGH, Urt. v. 5.4.2001 – VII ZR 119/99,
> ZIP 2001, 883 – ZfIR 2001, 363
> = DNotZ 2001, 798 (m. krit. Anm. *Kanzleiter*)
> = NJW 2001, 1932 = WM 2001, 1307;
> dazu EWiR 2001, 569 (*Grziwotz*);
> vgl. *Suppliet*, NotBZ 2001, 221.

Eine abweichende Ansicht in der Literatur hält zwar grundsätzlich alle Vertragsänderungen für beurkundungsbedürftig; im Einzelfall könne aber eine Vereinbarung der Vertragsparteien vorliegen, wie eine ergänzende Vertragsauslegung vorzunehmen sei; diese sei formlos möglich. 1490

> MünchKomm-*Ruhwinkel*, BGB, § 311b Rn. 66;
> Staudinger-*Schumacher*, BGB (2017), § 311b Abs. 1, Rn. 201.

1491 Im Ergebnis unterscheidet sich dies nicht wesentlich von der Rechtsprechung, auch wenn die Ausnahmen vom Beurkundungserfordernis etwas seltener sein mögen.

1492 Nach einer anderen BGH-Entscheidung bedarf auch eine Vereinbarung, durch die die Frist zur Ausübung eines vertraglichen Rücktrittsrechts verlängert wird, nicht der notariellen Beurkundung.

> BGH, Urt. v. 5.5.1976 – IV ZR 63/75,
> BGHZ 66, 270 = DNotZ 1976, 682
> = MDR 1977, 35 = WM 1976, 1033;
>
> **a. A.** MünchKomm-*Ruhwinkel*, BGB, § 311b Rn. 66.

1493 Begründbar ist diese Entscheidung, wenn man darin eine Parallele zur Teilaufhebung sieht, die ebenfalls formfrei möglich wäre.

IV. Aufhebung eines Kaufvertrags

1. Beurkundungspflicht

1494 Soll ein Grundstückskaufvertrag einvernehmlich zwischen den Beteiligten aufgehoben werden, so ist für die Frage der Beurkundungspflicht der Aufhebung nach bisheriger Rechtsprechung nach dem **Abwicklungsstadium** des Vertrags zu unterscheiden:

> BGH, Urt. v. 30.4.1982 – V ZR 104/81,
> BGHZ 83, 395 = DNotZ 1982, 619
> = NJW 1982, 1639 = WM 1982, 715.

1. Fall:

Eine Eigentumsvormerkung ist für den Käufer bislang nicht eingetragen; der Kaufpreis ist nicht gezahlt; Schadensersatz wird von keinem Vertragsteil geltend gemacht.

1495 Hier kann die Vertragsaufhebung **formfrei** erfolgen. Der Notar wird auf einer übereinstimmenden schriftlichen Mitteilung von Verkäufer und Käufer bestehen, den Vertrag nicht abzuwickeln (auch wegen der Mitteilung an das Finanzamt zwecks Nichtfestsetzung der Grunderwerbsteuer oder deren Erstattung). Dabei ist festzulegen, wer die Notarkosten trägt.

2. Fall:

Für den Käufer ist bereits eine Auflassungsvormerkung eingetragen (sonst wie Fall 1).

1496 Der Bundesgerichtshof leitete die Beurkundungsbedürftigkeit des Aufhebungsvertrags zunächst aus der entsprechenden Anwendung des § 313 Satz 1 BGB a. F. (= § 311b Abs. 1 Satz 1 BGB) ab, sofern dem Käufer ein Anwartschaftsrecht zusteht (d. h. insbesondere, wenn die Auflassung bereits erklärt und eine Auflassungsvormerkung eingetragen ist). Denn Anwartschaftsrecht und Eigentum seien auch für die Formbedürftigkeit gleichzubehandeln.

Später begründete der Bundesgerichtshof das Beurkundungserfordernis damit, dass einer Aufhebungsvereinbarung im Wege der Auslegung regelmäßig eine vertragliche Verpflichtung zur Rückgewähr des Erlangten zu entnehmen sei, weil die Vertragsbeteiligten nur so „den Schutz der Sanktionen des Schadensersatzrechts für Leistungsstörungen […] erlangen und nicht auf die weniger weit reichenden und schwächer bewährten gesetzlichen Ansprüche aus ungerechtfertigter Bereicherung beschränkt bleiben“. 1497

BGH, Urt. v. 7.10.1994 – V ZR 102/93,
BGHZ 127, 168, 174 = ZIP 1994, 1778
= DNotZ 1995, 529 = NJW 1994, 3346;
dazu EWiR 1994, 1171 *(Limmer)*;

hierzu *Hagen*, in: Festschrift Schippel, S. 172.

3. Fall:

Das Eigentum ist bereits auf den Käufer umgeschrieben (sonst wie Fall 1).

Wird durch den Aufhebungsvertrag, eine Verpflichtung zur Rückübertragung des Eigentums begründet, bedarf er nach § 311b Abs. 1 Satz 1 BGB der notariellen Beurkundung. Auch wenn die Aufhebungsvereinbarung selbst keine vertragliche Rückübertragungspflicht enthielt, sondern sich die Rückabwicklung nach Bereicherungsrecht richten sollte, entnahm der Bundesgerichtshof aus § 311b Abs. 1 Satz 1 BGB ein Beurkundungserfordernis. 1498

BGH, Urt. v. 7.10.1994 – V ZR 102/93, a. a. O.

Krüger bezweifelt dies mit einer rein auf den Wortlaut des § 311b abstellenden Argumentation: Vertragsinhalt des Aufhebungsvertrags sei nur die Aufhebung der vertraglichen Verpflichtung; mehr wollten die Beteiligten nicht regeln. Die Rückübereignungspflicht ergebe sich lediglich als gesetzliche Rechtsfolge aus dem Bereicherungsrecht. 1499

Siehe Rn. 208 ff.

Das ist scharfsinnig gedacht, geht aber m. E. am Schutzzweck des § 311b Abs. 1 BGB vorbei. Denn ob die Rückübereignungspflicht Vertragsinhalt oder gesetzliche Rechtsfolge ist, jedenfalls ist sie unmittelbare Rechtsfolge aus dem Vertrag. Der Gesetzeswortlaut („vertraglich verpflichtet“) zwingt nicht zu einer Trennung zwischen dem Vertragsinhalt und seinen Rechtsfolgen. Das Schutzbedürfnis ist nicht geringer, ob sich ein Beteiligter zur erstmaligen Übereignung oder zur Rückübereignung verpflichtet. 1500

Auch ist umstritten, ob bei einer Vertragsaufhebung mit Wirkung ex tunc bereits erbrachte Leistungen entsprechend §§ 346 ff. BGB rückabzuwickeln sind, oder ob die Vorschriften über die Herausgabe einer ungerechtfertigten Bereicherung anzuwenden sind (wobei der Anspruch an einer Entreicherung scheitern könnte, § 818 Abs. 3 BGB). 1501

2. Inhalt des Aufhebungsvertrags

1502 Jedenfalls wären die Beteiligten schlecht beraten, wenn sie sich auf die bloße Vertragsaufhebung beschränkten und nicht auch die Rückabwicklung vertraglich regeln. Denn die Rückabwicklung birgt einige Tücken in sich.

1503 Zur Absicherung der Beteiligten ist die Rückabwicklung **Zug um Zug** zu gestalten. Ist der Kaufpreis oder ein Teil davon bereits bezahlt, sollte der Kaufvertrag nur **aufschiebend bedingt mit Rückzahlung aufgehoben** werden (in seinem schuldrechtlichen Teil; die Aufhebung der Auflassung selbst muss unbedingt erfolgen, § 925 Abs. 2 BGB) und der Notar angewiesen wird, die Löschung der Vormerkung erst zu veranlassen, wenn der gezahlte Kaufpreisteil erstattet ist (am besten ohne Löschungsbewilligung in der Urkunde, mit Löschungsvollmacht für den Notar).

1504 Denn würde die Aufhebung unbedingt erklärt, so erlischt die Vormerkung mangels eines zu sichernden Anspruchs sofort. Gegebenenfalls könnte der Verkäufer deren Löschung im Wege der Grundbuchberichtigung unter Vorlage einer beglaubigten Abschrift der Urkunde erreichen. Auch könnte der Käufer seinen Rückzahlungsanspruch dem Löschungsverlangen in der Insolvenz des Verkäufers nicht entgegenhalten.

BGH, Urt. v. 7.3.2002 – IX ZR 457/99,
BGHZ 150, 138 = ZfIR 2002, 539
= DNotZ 2002, 635 = NJW 2002, 2313.

1505 Schwieriger ist die Rückabwicklung, wenn – wie regelmäßig – ein Teil des Kaufpreises von einer **Bank finanziert** wurde. Um die richtige Aufteilung bei der Rückzahlung einerseits und die Löschung von Auflassungsvormerkung und Finanzierungsgrundschuld andererseits steuern zu können, kann sich empfehlen, die Rückabwicklung über Notaranderkonto durchzuführen.

Herrler, in: Beck'sches Notar-Handbuch, § 1 Rn. 964.

1506 Ebenso ist zu regeln, ob und welche sonstigen Ansprüche aus dem ursprünglichen Vertrag und seiner Rückabwicklung bestehen, z. B. ob **Schadensersatzansprüche** vorbehalten bleiben. Belehrt der Notar die Beteiligten nicht, dass sie Schadensersatzansprüche mit einer rückwirkenden Aufhebung verlieren können, kann dies einen Amtshaftungsanspruch begründen.

OLG Bremen, Urt. v. 3.1.1985 – 3 U 45/84, DNotZ 1985, 769.

1507 Schließlich sollte die **Grunderwerbsteuer** bedacht werden. Bei Vertragsaufhebung ohne zugrundeliegenden Anspruch wird die Grunderwerbsteuerfestsetzung nur dann auf Antrag aufgehoben, wenn die Aufhebung **binnen zwei Jahren** nach Vertragsschluss erfolgt (§ 16 Abs. 1 Nr. 1 GrEStG). Ist das Eigentum bereits umgeschrieben, muss binnen der Zweijahresfrist sowohl die (Rück-) Auflassung erklärt als auch die Eintragung im Grundbuch beantragt werden (§ 16 Abs. 2 Nr. 1 GrEStG).

Wird es knapp mit der 2-Jahres-Frist, sollte der Notar die Umschreibung beim Grundbuchamt schon beantragen, auch wenn ihm die für die Rückübertragung erforderliche steuerliche Unbedenklichkeitsbescheinigung noch nicht vorliegt. **1508**

> BFH, Beschl. v. 18.1.2006 – II B 105/05,
> BFH/NV 2006, 813 = MittBayNot 2006, 364
> (m. Anm. *Wälzholz*).

Eine „Rückgängigmachung" i. S. d. § 16 Abs. 1 Nr. 1 GrEStG liegt nicht vor, wenn der Erstkäufer Einfluss auf die nachfolgende neue Veräußerung nimmt und damit im Ergebnis wie ein Zwischenhändler auftritt – etwa wenn zunächst der Ehemann kauft, dies aber dann rückgängig gemacht wird, damit die Ehefrau kaufen kann. Hier fällt für beide Verkäufe Grunderwerbsteuer an. **1509**

> BFH, Urt. v. 9.3.1994 – II R 86/90,
> BFHE 173, 568 = BStBl 1994 II, 413
> = BB 1994, 1205 = MittRhNotK 1994, 188;
> Gutachten, DNotI-Report 22/1994, S. 1.

Hätte hingegen der Ehemann an seine Ehefrau weiterverkauft, wäre dies grunderwerbsteuerfrei gewesen (und somit nur einmal Grunderwerbsteuer angefallen). **1510**

G. Fragen des Vorkaufsrechts

I. Bestellung eines Vorkaufsrechts

Literatur: *Basty*, Vertragsgestaltung bei rechtsgeschäftlichen Vorkaufsrechten, ZNotP 1998, 275; *Böttcher/Joo*, Die Stellung des Berechtigten beim schuldrechtlichen Vorkaufsrecht, RNotZ 2010, 557; *Falkner*, Vorkaufsrechte im Grundstücksverkehr, MittBayNot 2016, 378 und 465; *Hahn*, Rechtsgeschäftliche Vorkaufsrechte im Rahmen von Grundstückskaufverträgen, MittRhNotK 1994, 193; *Hertel*, in: Würzburger Notarhandbuch, Teil 2, Kap. 8 (mit Formulierungsbeispielen); *Lüke*, Die Begründung des rechtsgeschäftlichen Vorkaufsrechts, ZfIR (ZIR) 1997, 121; *ders.*, Die Ausübung und Wirkung des Vorkaufsrechts, ZfIR 1997, 245; *Maaß*, Vertragsgestaltung beim vorkaufsrechtsbelasteten Grundstück, notar 2013, 395; *Schermaier*, Die Umgehung des Vorkaufsrechts durch kaufähnliche Verträge, AcP 196 (1996) 256; *Vogt*, Muss der Vorkaufsberechtigte Änderungen des Drittkaufs bis zur Ausübung des Vorkaufsrechts gegen sich gelten lassen?, in: Festschrift Hagen, S. 219.

Vorkaufsrechte zu bestellen ist beliebt, sollte aber gut überlegt sein. Viele Notarkollegen weisen daher die Beteiligten zu Recht darauf hin, dass das Vorkaufsrecht den Grundstückseigentümer in der **wirtschaftlichen Verfügung** über das Grundstück **deutlich einschränken** kann. Denn beim Verkauf muss er gegebenenfalls bis zu zwei Monaten warten, bis sich der Vorkaufsberechtigte entschieden hat. Auch sind Banken bei einer Finanzierung im Nachrang zu einem Vorkaufsrecht zögerlich (weil sie nicht feststellen können, ob möglicherweise der Vorkaufsfall schon ausgelöst wurde); dies kann man durch eine Verpflichtung des Vorkaufsberechtigten zum Rangrücktritt teilweise lösen. Umgekehrt nutzt das Vorkaufsrecht dem Vorkaufsberechtigten nur begrenzt, wenn der Eigentümer entschlossen ist, es zu umgehen. 1511

Regelmäßig empfehle ich daher den Beteiligten, ein persönliches Vorkaufsrecht **befristet** oder jedenfalls weder veräußerlich noch vererblich zu bestellen – um die Belastung des Eigentümers zumindest zeitlich auf den Zeitraum zu beschränken, in dem der Berechtigte realistischerweise ein Erwerbsinteresse haben könnte. 1512

1. Schuldrechtliches/dingliches Vorkaufsrecht

Zu unterscheiden ist zwischen dem **schuldrechtlichen** (§§ 463–473 BGB = §§ 504–514 BGB a. F.) und dem **dinglichen** (§§ 1094–1104 BGB) Vorkaufsrecht. 1513

> Zur Abgrenzung vgl. OLG Zweibrücken, Urt. v. 28.6.2012 – 4 U 147/10, MittBayNot 2013, 43 = ZfIR 2012, 565.

Der Vertrag über das **schuldrechtliche** Vorkaufsrecht bedarf der notariellen Beurkundung (§ 311b Abs. 1 BGB). Eine Verpflichtung besteht hier nur für den derzeitigen Eigentümer, sodass gegebenenfalls zu vereinbaren ist, dass der Besteller verpflichtet ist, die sich aus dem Vertrag über das Vorkaufsrecht ergebende Verpflichtung bei Veräußerung des Grundstücks dem Käufer auf- 1514 zuerlegen. Zur Sicherung des bedingten Anspruchs auf Eigentumsübertragung kann eine Vormerkung zugunsten des Vorkaufsberechtigten im Grundbuch eingetragen werden.

1515 Das schuldrechtliche Vorkaufsrecht spielt in der Praxis fast keine Rolle, obwohl es (ebenso wie ein Ankaufsrecht) die Möglichkeit schafft, den Kaufpreis unabhängig davon festzulegen, welcher Kaufpreis in dem den Vorkaufsfall auslösenden Vertrag mit dem Dritten vereinbart ist. Ein preislimitiertes dingliches Vorkaufsrecht oder ein dingliches Vorkaufsrecht zu einem Festpreis ist ausgeschlossen.

> BGH, Urt. v. 16.11.1970 – VIII ZR 121/69,
> DNotZ 1971, 185 = LM § 157 BGB Nr. 11.

1516 Wird zugunsten mehrerer Berechtigter ein schuldrechtliches Vorkaufsrecht bestellt, auf das § 472 BGB (= § 513 BGB a. F.) Anwendung findet, kann bei der Eintragung einer Vormerkung zugunsten der Berechtigten die Angabe des nach Ausübung des Rechts zwischen ihnen zustande kommenden Gemeinschaftsverhältnisses nicht verlangt werden. Gemäß § 47 GBO ist vielmehr in das Grundbuch einzutragen, dass § 472 BGB auf das Vorkaufsrecht Anwendung findet.

> BGH, Beschl. v. 11.9.1997 – V ZB 11/97,
> BGHZ 136, 327 = ZIP 1997, 1924 = ZfIR 1997, 656
> = DNotZ 1998, 292 = NJW 1997, 3235;
> dazu EWiR 1998, 119 *(Muth)*.

2. Form der Bestellung

1517 Für das **dingliche** Vorkaufsrecht gelten die allgemeinen Vorschriften über die Belastung eines Grundstücks mit einem Recht. Zur Bestellung sind materiellrechtlich ein dinglicher Vertrag (Einigung) und die Eintragung im Grundbuch erforderlich (§ 873 BGB). Grundbuchrechtlich genügt die einseitige Bewilligung des Eigentümers (in der Form des § 29 GBO) und sein Antrag.

1518 Da der Bestellung des Vorkaufsrechts stets ein schuldrechtlicher Verpflichtungsvertrag zugrunde liegt, mit dem sich der Eigentümer bedingt zur Übertragung des Eigentums am Grundstück verpflichtet, bedarf die Vereinbarung des **Vorkaufsrechts** insgesamt der **notariellen Beurkundung.**

> BGH, Urt. v. 17.5.1967 – V ZR 96/64, DNotZ 1968, 93.

1519 Erfolgt die Bestellung des Vorkaufsrechts in einem Miet- oder Pachtvertrag, so ist dieser Vertrag mitzubeurkunden. Der Formmangel wird allerdings mit Eintragung des Vorkaufsrechts nach § 311b Abs. 1 Satz 2 BGB geheilt.

1520 Sollen **mehrere Berechtigte** ein dingliches Vorkaufsrecht erhalten, so kann ein einheitliches Vorkaufsrecht für sie als Berechtigte nach § 472 BGB bestellt werden.

BGH, Beschl. v. 13.10.2016 – V ZB 98/15,
NJW 2017, 1811 (m. Anm. *Kesseler*) = ZfIR 2017, 496
(m. Anm. *Herrler*).

Werden mehrere dingliche Vorkaufsrechte bestellt, so muss zwingend auch deren Rangfolge geregelt werden. Mehrere gleichrangige dingliche Vorkaufsrechte wären insgesamt unwirksam und wieder zu löschen.

OLG München, Beschl. v. 15.3.2016 – 34 Wx 3/16,
NJW-RR 2016, 986 = RNotZ 2016, 308 (m. Anm. *Hüren*).

3. Ausübung des Vorkaufrechts

Das Vorkaufsrecht wird durch Erklärung gegenüber dem Verpflichteten ausgeübt. Die Ausübung bedarf keiner besonderen Form. **1521**

BGH, Urt. v. 28.6.1996 – V ZR 136/85,
MittBayNot 1996, 367 = NJW-RR 1996, 1167
(rechtsgeschäftliches Ankaufsrecht);

BGH, Urt. v. 7.6.2000 – VIII ZR 268/99,
BGHZ 144, 357 = ZfIR 2000, 861
= DNotZ 2000, 764 (m. Anm. *Rieger*) = NJW 2000, 2665
(Mietervorkaufsrecht nach § 570b BGB a. F.);

OLG Frankfurt/M. DNotI-Report 1999, 13
= OLG-Report 1998, 338 = MDR 1998, 1093
(dingliches Vorkaufsrecht);

a. A. *Einsele*, DNotZ 1996, 835, 854 ff.;
Wufka, DNotZ 1990, 339, 350.

Die Erklärung muss eindeutig und vorbehaltlos abgegeben werden. Steht das Vorkaufsrecht mehreren gemeinschaftlich zu, so kann es nur im Ganzen ausgeübt werden. Ist es für einen der Berechtigten erloschen oder übt einer von ihnen sein Recht nicht aus, so können die Übrigen das Vorkaufsrecht im Ganzen ausüben (§ 472 BGB = § 513 BGB a. F.). Steht das Vorkaufsrecht einer Miterbengemeinschaft zu, bedarf es einer Einigung der Miterben. Ein einzelner Miterbe kann daher das Vorkaufsrecht nur in der Weise ausüben, dass es aufschiebend bedingt ist durch eine Einigung aller Miterben, durch das Erlöschen des Rechts oder durch den Verzicht auf Ausübung durch die übrigen Miterben. **1522**

BGH, Urt. v. 28.10.1981 – IVa ZR 163/80,
DNotZ 1982, 368 = NJW 1982, 330.

4. Vorkaufsrecht für den „ersten" Verkaufsfall

Ist das Vorkaufsrecht lediglich pauschal für den ersten Verkaufsfall bestellt, kann es vom Verpflichteten leicht „ausgehebelt" werden, etwa durch Verkauf mit Rücksicht auf ein künftiges Erbrecht an ein Kind – oder auch durch eine unentgeltliche Übertragung (und dann Verkauf durch den Beschenkten nach einer Schamfrist, sodass die Umgehungsabsicht nicht nachweisbar ist). **1523**

OLG Stuttgart DNotZ 1998, 305.

1524 Es ist daher zu empfehlen, das Vorkaufsrecht so zu formulieren, dass es für **den ersten Fall der Veräußerung, bei welcher das Vorkaufsrecht ausgeübt werden** kann, gilt.

Vgl. OLG München, Beschl. v. 11.5.2016 – 34 Wx 61/16, Rpfleger 2016, 713 = ZfIR 2016, 586.

5. Ankaufsrecht

1525 Soll einer Person die schuldrechtliche Befugnis eingeräumt werden, bei Eintritt bestimmter vertraglich vereinbarter Voraussetzungen das Grundstück zu erwerben, so ist ein **Ankaufsrecht** vorzuziehen. Ein (dingliches) Vorkaufsrecht zu einem bereits festgelegten Kaufpreis ist ebenso gesetzlich ausgeschlossen wie die Möglichkeit, die Ausübung (eines dinglichen oder schuldrechtlichen Vorkaufsrechts) auf andere Fälle als den des Verkaufs zu erstrecken. (Allenfalls ist möglich, ein dingliches Vorkaufsrecht mit einer bloß schuldrechtlichen Verpflichtung für einen Preisnachlass zu verbinden.)

1526 Für das Ankaufsrecht kommen verschiedene Vertragsgestaltungen in Betracht:

- **Angebot** des Grundstückseigentümers auf Abschluss eines Kaufvertrags, das meist befristet ist und bei dem die Annahme vom Eintritt bestimmter Bedingungen abhängt.
- Ein **Vorvertrag** auf Abschluss eines Kaufvertrags.
- Abschluss eines Kaufvertrags mit **aufschiebender Bedingung.**

1527 Alle drei Formen des Ankaufsrechts bedürfen nach § 311b Abs. 1 Satz 1 BGB der notariellen Beurkundung.

1528 Der Inhalt des angebotenen Kaufvertrags bzw. der Inhalt des Kaufvertrags, zu dessen Abschluss sich die Beteiligten verpflichten, ist **vollständig** in der Urkunde festzulegen. Nur ein Vorvertrag kommt in Betracht, wenn der Kaufpreis der Höhe nach noch nicht feststeht, etwa weil er bei Abschluss des Hauptvertrags durch Sachverständigengutachten (Verkehrswert) ermittelt werden soll.

1529 Bei allen Gestaltungsformen des Ankaufsrechts kann zur Sicherung eine **Auflassungsvormerkung** eingetragen werden. Bei mehreren Ankaufsberechtigten bedarf es nicht der Angabe des zwischen ihnen bestehenden Gemeinschaftsverhältnisses i. S. d. § 47 GBO; zwischen ihnen besteht ein Rechtsverhältnis entsprechend § 472 BGB (= § 513 BGB a. F.).

II. Vertragsgestaltung bei Verkauf eines vorkaufsrechtsbelasteten Grundstücks

1. Belehrungspflicht des Notars (§ 20 BeurkG)

Der Notar muss die Beteiligten eines Grundstückskaufvertrags über bestehende Vorkaufsrechte **belehren**: 1530

- Nach § 20 BeurkG muss der Notar bei einer Grundstücksveräußerung darauf hinweisen, wenn ein **gesetzliches Vorkaufsrecht** „in Betracht kommen könnte“.
- Nach § 21 BeurkG muss der Notar grundsätzlich vor einer Beurkundung das **Grundbuch einsehen.** Ist im Grundbuch ein Vorkaufsrecht eingetragen, so muss er aufgrund seiner notariellen Belehrungspflicht (§ 17 Abs. 1 BeurkG) die Beteiligten auf das eingetragene Vorkaufsrecht und dessen Bedeutung für den abzuschließenden Grundstückskaufvertrag hinweisen.

  BGH, Urt. v. 3.2.1984 – V ZR 190/82,
  DNotZ 1984, 636 = WM 1984, 700.

- Ist dem Notar ein rechtsgeschäftliches **schuldrechtliches Vorkaufsrecht** bekannt, so ergibt sich auch insoweit eine Belehrungspflicht aus § 17 Abs. 1 BeurkG.

Im Einzelfall kann sich sogar eine **Belehrungspflicht** gegenüber einem bei den Vertragsverhandlungen zugezogenen, aber nicht selbst an der Beurkundung beteiligten **nur vermeintlich Vorkaufsberechtigten** ergeben. 1531

BGH, Urt. v. 9.1.2003 – IX ZR 422/99,
DNotZ 2003, 426 = MittBayNot 2003, 310 (m. Anm. *Reithmann*) = NJW 2003, 1940 = ZNotP 2003, 150.

Dem Pächter war privatschriftlich (und damit formnichtig) ein schuldrechtliches Vorkaufsrecht eingeräumt worden. Im Hinblick darauf zogen die Beteiligten den Pächter zu den Vertragsverhandlungen zu. Erst bei der Ausübung des Vorkaufsrechts bemerkten die Beteiligten die Formunwirksamkeit. Hätte der Verkäufer dies vorher bemerkt, hätte er die formgerechte Bestellung nach den Feststellungen der Tatsacheninstanz wohl noch nachgeholt.

2. Relevante gesetzliche Vorkaufsrechte

Aufgrund **Bundesrechts** bestehen insbesondere folgende gesetzliche Vorkaufsrechte: 1532

- Vorkaufsrechte nach **§§ 24 – 28 BauGB** und andere **planungsrechtliche Vorkaufsrechte** bei verkehrsrechtlichen Planfeststellungsverfahren oder Plangenehmigungsverfahren (grundsätzlich nur beim Verkauf von Grundstücken, nicht von Wohnungseigentum).

- **Vorkaufsrechte des Mieters und Nutzers:**

  § 577 BGB n. F. (vor der Schuldrechtreform: § 570b BGB a. F.): beim Verkauf einer vermieteten Eigentumswohnung, sofern Wohnungseigentum nach Überlassung an den Mieter begründet wurde;

  Anmerkung:
  § 2b WoBindG (BGBl I 1994, 2166, 2319) wurde im Zuge der Reform des Wohnungsbaurechts zum 1.1.2002 **aufgehoben** (BGBl I 2001, 2405) – auch entsprechende landesrechtliche Mietervorkaufsrechte in den neuen Bundesländern sind mittlerweile ausgelaufen;

  sowie im **Beitrittsgebiet**:
  § 20 VermG (Vorkaufsrecht von Mietern und Nutzern)
  § 20a VermG (Vorkaufsrecht des Berechtigten)
  § 57 SchuldRAnpG (Vorkaufsrecht des Nutzers)
  § 5 Landverwertungsgesetz-DDR und § 42 LwAnpG.

- Vorkaufsrechte nach **Reichssiedlungsgesetz** (und Grundstücksverkehrsgesetz):

  § 4 RSG: bei land- und forstwirtschaftlich genutzten Grundstücken.

1533 Im **Landesrecht** finden sich vor allem Vorkaufsrechte nach dem **Denkmalschutzrecht**, dem **Naturschutzrecht** und **Forstrecht**:

> Eine vom Deutschen Notarinstitut erstellte und laufend aktualisierte Liste mit den einschlägigen Paragrafen des Landesrechts findet sich im Internet unter: www.dnoti.de/Arbeitshilfen/immobilienrecht;
>
> vgl. auch die Listen von
> *Hertel*, in: Würzburger Notarhandbuch, Teil 2, Kap. 2 Rn. 403;
> *Schöner/Stöber*, Rn. 4188 ff.

3. Absicherung im Kaufvertrag mit dem Dritten

a) Absicherung des Verkäufers

1534 Besteht ein (gesetzliches oder rechtsgeschäftliches) Vorkaufsrecht, so ist der Verkäufer dagegen abzusichern, dass er sich **nicht zwei kaufvertraglichen Übereignungs- und Übergabeansprüchen** gegenübersieht.

- Zumindest sollten **Schadensersatzansprüche des Käufers** für den Fall der Vorkaufsrechtsausübung ausgeschlossen werden (auch wenn Teile der Literatur ein Verschulden des Verkäufers jedenfalls bei einem gesetzlichen Vorkaufsrecht verneinen).

- Häufig wird ein **Rücktrittrecht des Verkäufers** vereinbart. Nach § 465 BGB (= § 506 BGB a. F.) ist das Rücktrittsrecht zwar dem Vorkaufsberechtigten gegenüber unwirksam. Im Verhältnis zum Erstkäufer kann es aber wirksam vereinbart werden.

BGH, Urt. v. 25.9.1986 – II ZR 272/85,
ZIP 1987, 103 = BB 1987, 84
= NJW 1987, 890 = WM 1987, 10;
dazu EWiR 1987, 27 *(Tiedtke)*.

- Die Beteiligten können auch eine auflösende **Bedingung** (§ 158 Abs. 2 BGB) vereinbaren, dass der (schuldrechtliche Teil des) Erstkaufes mit Vorkaufsrechtsausübung automatisch erlischt. Persönlich würde ich aber eher ein Rücktrittsrecht empfehlen, da dies den Beteiligten die Entscheidung über den Rücktritt belässt (etwa falls das Vorkaufsrecht zwar zunächst ausgeübt, später aber doch nicht vollzogen wird). Beim Verkauf eines mit einem dinglichen Vorkaufsrecht belasteten Grundstücks hatte das Bayerische Oberste Landesgericht durch Vertragsauslegung sogar eine stillschweigende Bedingung der Nichtausübung des Vorkaufsrechts angenommen.

  BayObLG, Urt. v. 21.7.1997 – 1Z RR 558/95,
  BayObLGZ 1997, 223 = DNotZ 1998, 478 = NVwZ-RR 1998, 510.

b) Absicherung des Käufers

1535 Hat das Vorkaufsrecht dingliche Wirkung (§ 1098 Abs. 2 BGB, der z. T. auch für gesetzliche Vorkaufsrechte gilt) oder ist bei gesetzlichen Vorkaufsrechten jedenfalls eine Grundbuchsperre bis zur Vorlage von Nichtausübungserklärung oder Negativattest angeordnet (so insbesondere § 28 Abs. 1 Satz 2 BauGB), so ist der Eigentumserwerb des Käufers erst gesichert, wenn feststeht, dass das Vorkaufsrecht nicht zur Ausübung kommt. Dies ist bei der Kaufpreisfälligkeit zu berücksichtigen.

- Bei gesetzlichen Vorkaufsrechten der **öffentlichen Hand** ist als Fälligkeitsvoraussetzung das Vorliegen der für den Grundbuchvollzug erforderlichen Nichtausübungserklärung oder des Negativattestes zu vereinbaren. Für das gemeindliche Vorkaufsrecht nach §§ 24 ff. BauGB gehört dies in das Standardmuster des Grundstückskaufvertrags.

- Bei einem **dinglichen Vorkaufsrecht**, das nur für den **ersten Verkaufsfall** bestellt ist, wird man eine (unterschriftsbeglaubigte) **Löschungsbewilligung** als Fälligkeitsvoraussetzung vorsehen (die dann zugleich die materiell-rechtliche Aufgabeerklärung nach § 875 Abs. 1 BGB enthält).

- Bei einem für mehrere oder alle Verkaufsfälle bestellten dinglichen Vorkaufsrecht oder bei einem schuldrechtlichen Vorkaufsrecht (insbesondere dem Mietervorkaufsrecht nach § 577 BGB) kann als Fälligkeitsvoraussetzung entweder ein **Erlassvertrag** zwischen Verkäufer und Vorkaufsberechtigtem oder ein **einseitiger Verzicht** (Nichtausübungserklärung) des Berechtigten vorgesehen werden. Beim Mietervorkaufsrecht nach § 577 BGB (§ 570b BGB a. F.) ist nach herrschender Meinung ein Verzicht vor dem Vorkaufsfall nicht möglich.

- Bei einem dinglichen Vorkaufsrecht ist hingegen abzuraten, den bloßen **Fristablauf** (§ 469 Abs. 2 BGB) ohne Erklärung des Vorkaufsberechtigten für die Fälligkeit genügen zu lassen. Denn Käufer und Notar können nicht überprüfen, ob dem Verkäufer fristgerecht eine Ausübungserklärung zuging; sie müssten sich auf die Erklärung des Verkäufers verlassen.

1536 Ebenso kann man eine **Sicherungsabtretung des Kaufpreisanspruchs** und der anderen Ansprüche des Verkäufers gegen den Vorkaufsberechtigten vorsehen – summenmäßig begrenzt auf die dem Erstkäufer zustehenden Rückgewährsprüche, insbesondere zur Erstattung von ihm verauslagter Vertragskosten (und gegebenenfalls schon auf den Kaufpreis erbrachter Zahlungen).

4. Mitteilung an den Vorkaufsberechtigten

1537 Die Ausübungsfrist (§ 469 Abs. 2 BGB) beginnt mit der Mitteilung des Kaufvertrags an den Vorkaufsberechtigten.

- Dem Vorkaufsberechtigten muss der **Inhalt** so vollständig mitgeteilt werden, dass ihm eine Entscheidung über die Ausübung seines Vorkaufsrechts möglich ist; eine unvollständige Mitteilung setzt die Ausschlussfrist des § 469 Abs. 2 BGB (= § 510 Abs. 2 BGB a. F.) nicht in Lauf.

  BGH, Urt. v. 17.1.2003 – V ZR 137/02,
  DNotZ 2003, 431 = WM 2003, 788
  (Übersendung eines Entwurfes, der einen anderen als den später vereinbarten Kaufpreis enthielt);

  vgl. auch RGZ 108, 91, 97.

- Bei einem rechtsgeschäftlich bestellten Vorkaufsrecht empfiehlt sich die Übersendung einer **vollständigen Vertragsabschrift**. Bei gesetzlichen Vorkaufsrechten wie dem gemeindlichen Vorkaufsrecht nach §§ 24 ff. BauGB, die kaum je ausgeübt werden, empfiehlt sich aber aus Gründen des Datenschutzes ein sog. „zweistufigen Verfahren", bei dem der Gemeinde zunächst nur das verkaufte Grundstück mitgeteilt wird; Angaben zu Käufer und Kaufpreis etc. folgen nur, wenn die Gemeinde erklärt, die Ausübung des Vorkaufsrechts prüfen zu wollen.

  Vgl. Rundschreiben Nr. 16/1997 der Bundesnotarkammer v. 12.6.1997 (Datenschutzrechtliche Anforderungen an die Mitteilung nach § 28 Abs. 1 Satz 1 BauGB).

- Ebenfalls mitgeteilt werden müssen die **für die Wirksamkeit des Vertrags erforderlichen Genehmigungen** (nicht aber lediglich für den Vertragsvollzug erforderliche Genehmigungen wie z. B. die Genehmigung der Grundstücksteilung; ebenso wenig die Unbedenklichkeitsbescheinigung des Finanzamtes).

  BGH, Urt. v. 29.10.1993 – V ZR 136/92,
  DNotZ 1994, 459, 460 = NJW 1994, 315, 316.

Häufig übernimmt der **Notar** die Mitteilung an den Vorkaufsberechtigten. 1538
Haftungsrechtlich handelt es sich jedenfalls dann um (nach § 19 Abs. 1 Satz 2 Halbs. 1 BNotO haftungsrechtlich privilegierte) Urkundstätigkeit und nicht um selbständige Betreuung der Beteiligten nach § 24 BNotO, wenn der beurkundende Notar (nur) den Auftrag erhält, dem Vorkaufsberechtigten eine Ausfertigung des Kaufvertrags zu übersenden und gegebenenfalls dessen Freigabeerklärung entgegenzunehmen.

> BGH, Urt. v. 9.1.2003 – III ZR 46/02, DNotI-Report 2003, 40 = NJW 2003, 563 = NotBZ 2003, 107 = ZNotP 2003, 156; dazu EWiR 2003, 519 *(Mues)*.

Bei privaten Vorkaufsberechtigten empfiehlt sich ein **Zustellungsnachweis** 1539
(z. B. Einwurfeinschreiben).

Gibt der Notar einen **Hinweis auf die Ausübungsfrist**, so sollte er formu- 1540
lieren, dass – sofern nichts anderes vertraglich vereinbart ist – für die Ausübung die gesetzliche Zweimonatsfrist des § 469 Abs. 2 BGB gilt. Denn bei einem rechtsgeschäftlich bestellten Vorkaufsrecht könnte eine andere Frist vereinbart sein. Gibt der Notar einen falschen Hinweis, so haftet er hierfür nach § 19 BNotO.

> BGH, Urt. v. 9.1.2003 – III ZR 46/02, a. a. O.

5. Aufhebung und Änderung des Erstkaufvertrags

Heben die Parteien des Erstkaufvertrags diesen auf, so unterscheidet die Recht- 1541
sprechung:

- Ist der **Vorkaufsfall bereits eingetreten** (d. h. der Erstkaufvertrag wirksam), so können die Parteien des Erstvertrags den Vorkaufsfall nicht mehr beseitigen.

  > BGH, Urt. v. 1.10.2010 – V ZR 173/09, MittBayNot 2011, 216 = NJW 2010, 3774;
  >
  > RGZ 106, 320, 323; RGZ 118, 5, 8.

- Erfolgt die Aufhebung jedoch **vor Eintritt des Vorkaufsfalles** (insbesondere vor der Erteilung von für die Wirksamkeit des Vertrags erforderlichen Genehmigungen), so tritt kein Vorkaufsfall ein, selbst wenn die Ausübung bereits erklärt ist.

  > BGH, Urt. v. 4.6.1954 – V ZR 18/53, BGHZ 14, 1 = DNotZ 1954, 532 = NJW 1954, 1442.

Nach der Rechtsprechung wirken **Änderungen des Kaufvertrags**, soweit sie 1542
vor Ausübung des Vorkaufsrechts erfolgen, gegenüber dem Vorkaufsberechtigten.

> BGH, Urt. v. 11.7.1969 – V ZR 25/67, DNotZ 1970, 105 = NJW 1969, 1959; RGZ 118, 5, 8.

1543 *Vogt* will hingegen darauf abstellen, welchen Inhalt der Vertrag bei Eintritt des Vorkaufsfalles (= Wirksamwerden des Erstvertrags) hatte. Der Vorkaufsberechtigte soll dann zu diesen Bedingungen ausüben können, auch wenn die Kaufvertragsparteien den Vertragsinhalt später ändern.

Vogt, in: Festschrift Hagen, S. 219.

1544 Dies scheint mir dogmatisch überzeugend; es entspräche auch der bei der Vertragsaufhebung vorgenommenen Differenzierung.

1545 Wird der Vertrag nach der Mitteilung **geändert**, so muss auch die Änderung dem Vorkaufsberechtigten mitgeteilt werden; dann läuft die Ausübungsfrist neu an.

OLG Karlsruhe, Urt. v. 17.5.1995 – 13 U 125/93, DNotI-Report 1996, 197 = NJW-RR 1996, 916 (Änderung des Kaufpreises).

6. Neuer Kaufvertrag durch Vorkaufsrechtsausübung

1546 Durch die Ausübung des Vorkaufsrechts kommt ein **neuer, selbständiger Kaufvertrag** unter den im Kaufvertrag mit dem Dritten vereinbarten Bestimmungen zustande (§ 464 Abs. 2 BGB = § 505 Abs. 2 BGB a. F.). Es bestehen damit zwei Kaufverträge: Verkäufer – Erstkäufer und (inhaltsgleich) Verkäufer – Vorkaufsberechtigter.

1547 Für den Vollzug würde daher theoretisch eine Beurkundung der Auflassung und gegebenenfalls einseitiger Erklärungen genügen:

- Die Auflassung an den Vorkaufsberechtigten zu beurkunden, ist erforderlich, da die gegenüber dem Dritten erklärte Auflassung nicht für den Vorkaufsberechtigten wirkt.
- Ebenso wenig wirken einseitige Erklärungen des Erstkaufvertrags für oder gegen den Vorkäufer – seien es einseitige Erklärungen des Verkäufers (wie z. B. die Finanzierungsvollmacht) oder des Dritten (wie dessen Zwangsvollstreckungsunterwerfung).

LG Regensburg MittBayNot 1995, 486.

1548 Jedoch ergibt sich aus dem Kaufvertrag die Verpflichtung zur Abgabe der entsprechenden Erklärungen auch im Verhältnis zum Vorkaufsberechtigten.

1549 In der Praxis dürfte sich aber in der Regel die Beurkundung eines die Abwicklung regelnden **dreiseitigen Vertrags** zwischen Verkäufer, Vorkaufsberechtigtem und Erstkäufer empfehlen.

- Für den Vollzug des durch Vorkaufsrechtsausübung zustande gekommenen Kaufvertrags ist eine **Löschungsbewilligung** für die Vormerkung des Erstkäufers erforderlich. Zur Sicherung des Erstkäufers ist die Verwendung der Löschungsbewilligung an die Auflage der **Erstattung der Kosten des Erstvertrags** zu knüpfen.

- Im Verhältnis Verkäufer-Vorkaufsberechtigter geht man sinnvollerweise über die bloße Beurkundung der Auflassung und einseitiger Erklärungen hinaus den Erstkaufvertrag durch und regelt die erforderlichen Anpassungen zumindest klarstellend ausdrücklich, insbesondere die Fälligkeitsvoraussetzungen und die im Vertrag vereinbarten Fristen und Nebenleistungen.

III. Rechtsprechung

1. Entstehen des Ausübungsrechts (Vorkaufsfall)

a) Dingliches und schuldrechtliches Vorkaufsrecht

Die Parteien können sowohl ein dingliches wie auch ein schuldrechtliches Vorkaufsrecht bestellen oder auch beide Varianten nebeneinander. Das eine ist vom anderen unabhängig. Ein dingliches Vorkaufsrecht entsteht erst mit der Eintragung in das Grundbuch (im Normalfall, dass die Eintragung der Einigung nachfolgt), ein schuldrechtliches mit Vertragsschluss. Bestellen die Parteien ein dingliches Vorkaufsrecht und wollen sie zugleich, dass die Vorkaufsberechtigung bereits vom Vertragsschluss an bestehen soll, so ist davon auszugehen, dass sie – neben dem dinglichen – auch ein schuldrechtliches Vorkaufsrecht vereinbart haben. 1550

> BGH, Urt. v. 22.11.2013 – V ZR 161/12,
> NJW 2014, 622 = ZfIR 2014, 295 (m. Anm. *Salzig*, S. 297).

Ein dingliches Vorkaufsrecht an einem ungeteilten Grundstück kann auf den **Erwerb eines noch zu bildenden Miteigentumsanteils** an dem belasteten Grundstück gerichtet sein, wenn der zu verschaffende Miteigentumsanteil hinreichend bestimmt oder bestimmbar ist. Ob dies der Inhalt des Vorkaufsrechts ist, bestimmt sich nach der Grundbucheintragung, die gegebenenfalls auszulegen ist. Die Folge dessen ist, dass das Grundstück mit mehreren **ranggleichen** Vorkaufsrechten belastet ist. Eine solche Gestaltung ist rechtlich möglich. 1551

> BGH, Urt. v. 11.7.2014 – V ZR 18/13,
> BGHZ 202, 77 = NJW 2014, 3024
> = ZfIR 2014, 864 (m. Anm. *Böttcher*, S. 867).

b) Gesetzliches Vorkaufsrecht

Die für die Begründung von Wohnungseigentum geltende Bestimmung des § 577 BGB ist auf die Realteilung eines Grundstücks, das mit zu Wohnzwecken vermieteten Reihenhäusern bebaut ist, entsprechend anzuwenden. Daher kann ein **Vorkaufsrecht des Mieters** sowohl im Falle der Veräußerung eines Grundstücks nach vollzogener Realteilung wie im Falle der Veräußerung eines ungeteilten Grundstücks mit beabsichtigter Realteilung begründet werden, § 577 Abs. 1 Satz 1 Alt. 1 und Alt. 2 BGB analog. Im letzteren Fall wird das Vorkaufsrecht nur dann begründet, wenn der Verkäufer als Vorkaufsverpflichteter in dem Vertrag mit dem Käufer die Verpflichtung zur Aufteilung über- 1552 nommen hat und die vom Vorkaufsrecht erfasste zukünftige Einzelfläche hinreichend bestimmt ist.

> BGH, Urt. v. 27.4.2016 – VIII ZR 61/15, NJW-RR 2016, 910 = NZM 2016, 543 (m. Anm. *Klühs*, S. 812).

1553 Das Vorkaufsrecht des Mieters nach § 577 Abs. 1 Satz 1 BGB **besteht nur bei dem ersten Verkauf nach der Umwandlung in Wohnungseigentum**. Bei der gebotenen typisierenden Betrachtung realisiert sich bei einem zweiten Verkauf nicht mehr die Gefahr der Verdrängung des Mieters aufgrund einer spekulativen Umwandlung von Wohnungen in Eigentumswohnungen, der mit der Regelung des § 577 BGB begegnet werden soll. Das gilt auch, wenn die Entstehung des Vorkaufsrechts bei dem ersten Verkauf nach § 471 BGB (Verkauf im Wege der Zwangsvollstreckung) ausgeschlossen ist.

> BGH, Urt. v. 29.3.2006 – VIII ZR 250/05, BGHZ 167, 58 = ZfIR 2006, 803 (m. Anm. *Heinemann*) = NZM 2006, 505.

1554 Auf nachfolgende Verkäufe erstreckt es sich auch dann nicht, **wenn die Möglichkeit zur Ausübung des Vorkaufsrechts bei dem ersten Verkauf nicht bestand**, weil die Wohnung an einen Familienangehörigen verkauft wurde (§ 577 Abs. 1 Satz 2 BGB). Auch der Umstand, dass der erste **Verkauf der Wohnung „en bloc“**, zusammen mit weiteren Eigentumswohnungen erfolgt ist und dadurch die Ermittlung des anteiligen Preises für die dem Vorkaufsrecht unterfallenden Wohnung schwierig sein mag, rechtfertigt keine Ausnahme.

> BGH, Urt. v. 22.6.2007 – V ZR 269/06, ZfIR 2007, 758 (m. Anm. *Fabisch*) = NZM 2007, 640.

1555 **Verletzt der Vermieter seine Mitteilungspflicht** nach § 469 Abs. 1 Satz 1 BGB, so kann der Mieter, wenn er erst nach Erfüllung des Kaufvertrags zwischen Vermieter und Drittem von dem Vorkaufsfall erfährt, Ersatz der Differenz von Verkehrswert und Kaufpreis (abzüglich ansonsten angefallener Vertragskosten) verlangen, und zwar auch dann, wenn er das Vorkaufsrecht nicht ausübt.

> BGH, Urt. v. 21.1.2015 – VIII ZR 51/14, NJW 2015, 1516 = ZfIR 2015, 278; EWiR 2015, 315 *(Hahn)*.

c) Vertragliches Vorkaufsrecht

1556 Der **Vorkaufsfall** entsteht bei einem rechtsgeschäftlich bestellten Vorkaufsrecht schon beim Verkauf eines **ideellen Anteils** (im entschiedenen Fall: Wohnungseigentum).

> BGH, Beschl. v. 16.2.1984 – V ZB 24/83, WM 1984, 510 (nicht anders beim gesetzlichen Vorkaufsrecht nach dem BauGB).

Im Rahmen der Vertragsfreiheit kann ein Vorkaufsrecht auch **bedingt** eingeräumt und z. B. von dem Ergebnis eines „**Vorverfahrens**“ nach Mitteilung der Verkaufsabsicht abhängig gemacht werden. Im entschiedenen Fall war für mehrere Familienmitglieder an bestimmten Grundstücken (die vorzugsweise im Familienbesitz bleiben sollten) ein (vererbliches) Vorkaufsrecht für alle Vorkaufsfälle eingeräumt worden. Dieses Recht musste innerhalb von sechs Monaten nach Ankündigung der Verkaufsabsicht ausgeübt sein; der Taxwert (Verkehrswert) sollte notfalls durch eine Schiedskommission verbindlich festgestellt werden. Unter diesen Umständen lag die Auslegung nahe, dass der Vorkaufsberechtigte, wenn er seinen Erwerbswillen innerhalb der Frist von sechs Monaten nicht mitgeteilt hatte, für den folgenden Verkaufsfall mit der Ausübung des Vorkaufsrechts ausgeschlossen sein sollte. Äußerte er dagegen sein Kaufinteresse (zumal hier zum Verkehrswert als Kaufpreis), so brauchte es kaum noch zum Abschluss eines Kaufvertrags mit einem (familienfremden) Dritten zu kommen. **1557**

BGH, Urt. v. 18.9.1992 – V ZR 86/91,
NJW 1993, 324 = WM 1993, 117.

Liegen die Voraussetzungen zur Ausübung des Vorkaufsrechts vor, so wird das daraus erwachsene Gestaltungsrecht des Vorkaufsberechtigten in seinem Fortbestand nicht dadurch beeinträchtigt, dass der Käufer aufgrund eines vertraglichen Vorbehalts vom Kaufvertrag **zurücktritt** oder dass die Parteien den Kaufvertrag **aufheben**, bevor das Vorkaufsrecht ausgeübt ist. Dabei kommt die **Selbständigkeit** von Kauf- und Vorkaufsverhältnis zum Tragen. Nur bis zum Eintritt des Vorkaufsfalles, der auch die Erteilung der für die Wirksamkeit des Kaufvertrags erforderlichen Genehmigungen voraussetzt, können Verkäufer und Käufer durch Rücktritt oder (auch willkürliches) Aufheben des Kaufvertrags das Vorkaufsrecht gegenstandslos machen. **1558**

BGH, Urt. v. 11.2.1977 – V ZR 40/75,
BGHZ 67, 395 = DNotZ 1977, 349
= NJW 1977, 762 = WM 1977, 338
= LM BGB § 505 Nr. 12 *(Hagen)*.

BGH, Urt. v. 1.10.2010 – V ZR 173/09,
NJW 2010, 3774 = WM 2010, 2328.

Andererseits entsteht das Vorkaufsrecht nur, wenn der Kaufvertrag rechtswirksam zustande gekommen ist. Letzteres ist erst dann der Fall, wenn die für die Wirksamkeit des Vertrages **erforderlichen Genehmigungen** erteilt sind. Bis dahin können Verkäufer und Käufer durch Aufhebung des Vertrages das Entstehen des Vorkaufrechts noch verhindern. **1559**

BGH, Urt. v. 11.4.2025 – V ZR 194/23, juris (auch zu Besonderheiten des siedlungsrechtlichen Vorkaufsrechts nach § 4 RSiedlG.

Seiner **Mitteilungspflicht nach § 469 Abs. 1 BGB** genügt der Vorkaufsverpflichtete auch im Fall des Verkaufs einer Grundstücksteilfläche (eines größeren, mit dem Vorkaufsrecht belasteten Grundstücks) schon dadurch, dass er dem Vorkaufsberechtigten die notarielle Urkunde über den wirksamen schuld- **1560** rechtlichen Vertrag zugehen lässt. Die Mitteilung der zum dinglichen Vollzug notwendigen Teilungsgenehmigungen ist nicht erforderlich, um die Frist zur Ausübung des Vorkaufsrechts (§ 469 Abs. 2 BGB) in Lauf zu setzen.

BGH, Urt. v. 29.10.1993 – V ZR 136/92,
NJW 1994, 315 = WM 1994, 116.

1561 Wird ein mit einem Vorkaufsrecht belastetes Grundstück unter einer **irrtümlichen** (Verwirrung stiftenden) **Bezeichnung** verkauft (im entschiedenen Fall: zwei mit einem Vorkaufsrecht belastete Grundstücke unter der Bezeichnung nur eines Grundstücks), so läuft die Frist zur Ausübung des Vorkaufsrechts (§ 469 Abs. 2 BGB) erst nach Empfang der Mitteilung der Falschbezeichnung.

BGH, Urt. v. 23.6.2006 – V ZR 17/06,
BGHZ 168, 152 = ZfIR 2007, 61
= NJW-RR 2006, 1449 = WM 2006, 1598;
dazu EWiR 2007, 11 *(Wolf)*.

1562 Die Verletzung der Mitteilungspflicht macht den Verkäufer gegenüber dem Vorkaufsberechtigten nach § 280 Abs. 1 BGB schadensersatzpflichtig. Dieser ist so zu stellen, wie er bei ordnungsgemäßer Mitteilung gestanden hätte. Ist davon auszugehen, dass er dann sein Vorkaufsrecht ausgeübt hätte, geht der Anspruch auf Ausgleich des Erfüllungsinteresses. Denn der Verkäufer hätte dann entweder ihm gegenüber erfüllt oder er wäre, falls er den Vertrag mit dem Dritten erfüllt hätte, nach §§ 281 Abs. 1, 280 Abs. 1 BGB zum Schadensersatz statt der Leistung verpflichtet gewesen.

BGH, Urt. v. 14.12.2001 – V ZR 212/00,
BGHReport 2002, 751 (nur redaktioneller Leitsatz).

2. Umgehung des Vorkaufsrechts

1563 Ein Vorkaufsrecht ist schnell bestellt. Wenn dann aber dessen Ausübung droht, ist guter Rat teuer. Eine einfallsreiche Kautelarpraxis hat seit jeher Versuche unternommen, Vorkaufsrechte zu unterlaufen. Die höchstrichterliche Rechtsprechung ist diesen Versuchen entgegengetreten, wobei sich das Instrumentarium im Laufe der Zeit verfeinert hat.

a) Ansatz: Kaufvertrag ist nichtig

1564 Die Rechtsprechung ging zunächst dahin, Verträge, die zu dem Zweck abgeschlossen werden, das Vorkaufsrecht zu vereiteln, dem Verdikt des **§ 138 Abs. 1 BGB** zu unterstellen.

BGH, Urt. v. 14.11.1969 – V ZR 115/66, WM 1970, 321;

BGH, Urt. v. 2.7.1970 – III ZR 42/67, WM 1970, 1315.

1565 Ein Verstoß gegen § 138 Abs. 1 BGB wurde z. B. angenommen, wenn der Vorkaufsverpflichtete zur Aushöhlung des Vorkaufsrechts sein Grundstück vor dem Verkauf entwertet, indem er es mit einer Grundschuld und mit einer Grunddienstbarkeit belastet, die den Käufer berechtigt, das Kaufgrundstück als Parkplatz herzurichten und zu nutzen und dafür auch vorhandene Bauwerke und Anpflanzungen zu beseitigen.

> OLG Celle, Urt. v. 3.4.1981 (unveröffentlicht);
> bestätigt durch Nichtannahmebeschl. des
> BGH v. 12.2.1982 – V ZR 139/81 (ebenfalls unveröffentlicht).

Ein anderer Ansatz ging dahin, mit dem Gedanken des **Scheingeschäfts** zu arbeiten. Im entschiedenen Fall ging der Vortrag dahin, dass Vorkaufsverpflichteter und Dritter zur Abschreckung des Vorkaufsberechtigten einen überhöhten Kaufpreis hatten beurkunden lassen und daneben schriftlich verabredet hatten, dass bei Nichtausübung des Vorkaufsrechts der Käufer den überhöhten Kaufpreis habe abziehen dürfen, während bei Ausübung des Vorkaufsrechts der überhöhte Teil des Kaufpreises zwischen Verkäufer und Drittem habe aufgeteilt werden sollen. Dies spreche für ein Scheingeschäft (mit der Folge, dass der überhöhte Kaufpreis wegen § 117 BGB und der gewollte wegen §§ 311b Abs. 1, 125 BGB nichtig wäre). **1566**

> BGH, Urt. v. 16.5.1980 – V ZR 15/79,
> ZIP 1980, 652 = WM 1980, 938.

An diesen Lösungsansätzen störte im Ergebnis, dass sie dem Vorkaufsberechtigten nicht die Möglichkeit zur Ausübung des Vorkaufsrechts gaben. Da der Kaufvertrag nichtig war, trat der Vorkaufsfall nicht ein. **1567**

b) Ansatz: Vorkaufsfall tritt trotz Umgehungsversuchs ein

aa) § 464 Abs. 2 BGB

Nach § 464 Abs. 2 BGB kommt mit der Ausübung des Vorkaufsrechts (nur) „der Kauf" zwischen dem Berechtigten und dem Verpflichteten unter den Bedingungen zustande, die der Verpflichtete mit dem Dritten vereinbart hat. Der V. Zivilsenat hat hieraus geschlossen, dass den Vorkaufsberechtigten solche Bestimmungen nicht verpflichten, die wesensgemäß nicht zum Kaufvertrag gehören und sich darin als **Fremdkörper** ausnehmen. Das ist in der Regel der Fall bei einer Vertragsgestaltung, die völlig außerhalb des Abhängigkeitsverhältnisses von Leistung und Gegenleistung des Kaufs liegt, vielmehr nur für den Vorkaufsfall getroffen wurde und den Parteien des Erstvertrags bei dessen Durchführung keine Vorteile bringt. **1568**

> BGH, Urt. v. 13.6.1980 – V ZR 11/79,
> BGHZ 77, 359 = ZIP 1980, 878
> = NJW 1980, 2304 = WM 1980, 1143
> (Vereinbarung einer „Projektierungsgebühr" zugunsten eines
> Dritten, die nach Sachlage nur den Vorkaufsberechtigten,
> nicht aber den Erstkäufer getroffen hätte).

Darüber hinaus ist der Vorkaufsberechtigte nur an eine solche Vertragsgestaltung gebunden, bei der ihm die **Erfüllung** bei fristgerechter Ausübung **möglich bleibt**. Die vorgegebenen Bedingungen des Erstvertrags sind auf den neuen Vertrag nur derart übertragbar, dass sie sich auch nach diesem Vertrag noch **1569** erfüllen lassen. Anderenfalls hätten es die Parteien des Erstvertrags in der Hand, das Vorkaufsrecht zu vereiteln. War schon vor Ausübung des Vorkaufsrechts der Kaufpreis nach dem zwischen dem Verkäufer und dem Dritten geschlossenen Kaufvertrag fällig, so ist daher diese **Fälligkeitsabrede** dem neuen Kaufvertrag mit dem Vorkaufsberechtigten sinnentsprechend **anzupassen**; Fälligkeit kann immer erst nach Ausübung des Vorkaufsrechts eintreten.

BGH, Urt. v. 8.10.1982 – V ZR 147/81, WM 1982, 1410.

1570 Ist zugleich mit dem Kaufvertrag die Auflassung erklärt worden, so führt dies in der Regel dazu, dass der von dem Vorkaufsberechtigten geschuldete Kaufpreis erst fällig wird, wenn ihm gegenüber die Auflassung erklärt worden ist.

BGH, Urt. v. 12.5.2017 – V ZR 210/16, NJW 2017, 3295 = ZNotP 2017, 340 = MittBayNot 2018 328 (m. Anm. *Grziwotz*).

1571 Anders kann es sein, wenn die Beurkundung der Auflassung nicht dazu diente, dem Käufer durch die Bindungswirkung (§ 873 Abs. 2 BGB) eine Sicherung zu verschaffen, sondern dazu, die Abwicklung zu erleichtern (Vermeidung eines weiteren Beurkundungstermins).

BGH, a. a. O.

bb) § 465 BGB

1572 Nach § 465 BGB ist eine Vereinbarung des Verpflichteten mit dem Dritten (Erstkäufer), durch welche der Kauf von der Nichtausübung des Vorkaufsrechts abhängig gemacht oder dem Verpflichteten für den Fall der Ausübung des Vorkaufsrechts der Rücktritt vorbehalten wird, dem Vorkaufsberechtigten gegenüber unwirksam. Auf diese Weise will das Gesetz verhindern, dass das Vorkaufsrecht unterlaufen wird. Gemessen an diesem **Schutzzweck** der Vorschrift kann eine – gleichermaßen sanktionswürdige – Umgehung darin liegen, dass die Parteien des Erstkaufs mit einem für den Vorkaufsberechtigten handelnden vollmachtlosen Vertreter einen **Erlassvertrag** in dem Sinne abschließen, dass der Vorkaufsberechtigte sein Vorkaufsrecht nicht ausüben wird. Im entschiedenen Fall sollte damit für den Fall der Nichtgenehmigung des Erlassvertrags auch eine Unwirksamkeit des damit in Rechtseinheit stehenden Kaufvertrags (§ 139 BGB) erreicht werden. Deshalb hat der Bundesgerichtshof der Klausel nach dem Rechtsgedanken des § 465 BGB die Wirksamkeit versagt. Die Beweislast für die Tatsache einer Umgehung des § 465 BGB trägt allerdings der Vorkaufsberechtigte.

BGH, Urt. v. 9.2.1990 – V ZR 274/88,
BGHZ 110, 230 = ZIP 1990, 384
= NJW 1990, 1473 = WM 1990, 716;
dazu EWiR 1990, 343 *(Medicus)*.

cc) § 242 BGB

Beliebt sind auch Vertragsgestaltungen, die zur Umgehung des Vorkaufsrechts 1573
zwar formell nicht als Kaufvertrag erscheinen, mit Blick auf die Gesamtheit der Regelungen einem Kaufvertrag aber inhaltlich nahezu gleichkommen. Hier hilft die Rechtsprechung, indem sie diese Fälle gemäß § 242 BGB als den Vorkaufsfall begründend ansieht. Voraussetzung ist u. a., dass der Vorkaufsberechtigte zur Wahrung seiner Erwerbs- und Abwehrinteressen in den kaufähnlichen Vertrag „eintreten" kann, ohne die vom Verpflichteten ausgehandelten Konditionen der Veräußerung zu beeinträchtigen. Der Vorkaufsverpflichtete muss sich dann so behandeln lassen, als sei der Vorkaufsfall eingetreten.

Im ersten entschiedenen Fall lagen folgende bezeichnenden Umstände vor: 1574
unbefristetes, unwiderrufliches Kaufangebot mit Auflassungsvormerkung, unbefristete und unwiderrufliche Veräußerungs- und Belastungsvollmacht unter gleichzeitiger Bestellung eines Nießbrauchs und einer Grundschuld mit sofortigem Besitzübergang und Zurechnung aller Lasten und Nutzungen des „Kaufobjekts" an den „Erstkäufer" gegen Leistung des vorgesehenen Entgelts.

> BGH, Urt. v. 11.10.1991 – V ZR 127/90,
> BGHZ 115, 335 = NJW 1992, 236 = WM 1991, 2159;
> dazu EWiR 1992, 151 *(Mayer-Maly)*.

Im zweiten Fall wandte der Eigentümer in einem „Erbvertrag" durch „Ver- 1575
mächtnis" seine Eigentumswohnung einem anderen gegen Zahlung eines bestimmten Betrags zu und verpflichtete sich, zu Lebzeiten Verfügungen über das Wohnungseigentum (einschließlich Maßnahmen der Zwangsvollstreckung) zu unterlassen. Diese Unterlassungspflicht sicherte er zugunsten des anderen durch einen bedingten Übereignungsanspruch nebst Auflassungsvormerkung und weiterer Nebenabreden ab. Auch diesen Vertrag wertete der Bundesgerichtshof nach Treu und Glauben als kaufähnlich und dementsprechend als Vorkaufsfall.

> BGH, Urt. v. 20.3.1998 – V ZR 25/97,
> ZfIR 1998, 352 = WM 1998, 1189.

In einem weiteren Fall hatte der Verpflichtete die mit einem Vorkaufsrecht 1576
belastete Sache in eine von ihm beherrschte Gesellschaft eingebracht und die Gesellschaftsanteile entgeltlich an einen Dritten übertragen. Auch diese „Idee" hat der Bundesgerichtshof als eine den Vorkaufsfall auslösende kaufähnliche Vertragsgestaltung gewertet.

> BGH, Urt. v. 27.1.2012 – V ZR 272/10,
> NJW 2012, 1354 = ZIP 2012, 680 – WM 2012, 863.

dd) § 826 BGB

Bisweilen genügt zum Schutz des Vorkaufsberechtigten nicht die Anwendung 1577
des § 242 BGB und die darauf gegründete Feststellung des Vorkaufsfalls. Die

Rechtsprechung hat dem Vorkaufsberechtigten daher seit jeher **neben den** bereits erörterten **Sanktionen** auch die Möglichkeit eröffnet, gegen den Verkäufer und/oder gegen den Dritten **Schadensersatzansprüche** geltend zu machen. Die Rechtsgrundlage dafür bietet § 826 BGB.

BGH, Urt. v. 5.12.1974 – II ZR 24/73, WM 1975, 325, 328.

1578 Um einen Schadensersatzanspruch gegen den Verkäufer und den Dritten (Käufer) ging es in einem Fall, in dem Verkäufer und Käufer in sittenwidriger Weise vorsätzlich zusammengewirkt hatten, dass das mit einem Vorkaufsrecht belastete Grundstück im Wege einer „Mischkalkulation" zusammen mit einem anderen Grundstück zu einem weit überhöhten Preis verkauft wurde. Hier kann der Vorkaufsberechtigte nach Ausübung des Vorkaufsrechts sowohl vom Verkäufer als auch vom Käufer Schadensersatz wegen des überhöhten Kaufpreisanteils verlangen.

BGH, Urt. v. 4.12.1998 – V ZR 373/97 (unveröffentlicht).

1579 § 826 BGB bietet die zur Durchsetzung des nur **schuldrechtlich wirkenden Vorkaufsrechts unerlässliche Schutzmöglichkeit**, wenn der Käufer als Eigentümer in das Grundbuch eingetragen worden ist oder sein Erwerb durch Vormerkung gesichert ist. Da seine Rechtsstellung dinglich wirksam ist, kann der Berechtigte nach Ausübung des Vorkaufsrechts zu dem von ihm erstrebten eigenen Erwerb nur gelangen, wenn er **von dem Dritten nach §§ 826, 249 Abs. 1 BGB** Wiederherstellung des Zustandes verlangen kann, der ohne die sittenwidrige Vereitelung des Vorkaufsrechts bestanden hätte (also z. B. Löschung der Auflassungsvormerkung; Zurückübertragung auf den Verkäufer – der wiederum dem Berechtigten auflassen muss – oder Zustimmung zur Eintragung des Vorkaufsberechtigten).

1580 Eine solche Konstellation ergab sich in dem folgenden Fall. Der Vorkaufsverpflichtete hatte seine Eigentumswohnung zunächst für 1.050.000 DM an einen Dritten verkauft, der für den Fall der Ausübung des Vorkaufsrechts durch den Mieter (§ 570b BGB a. F.) auf Schadensersatzansprüche verzichtete. Als der Mieter, den man zunächst durch die Ankündigung einschüchtern wollte, von ihm Schadensersatz zu verlangen, das Vorkaufsrecht ausübte, schlossen die Kaufvertragsparteien einen neuen Vertrag über die Wohnung. Sie stellten zunächst fest, dass sie den ersten Vertrag wegen unbeabsichtigter Verletzung der Beurkundungspflicht für unwirksam hielten. Neben dem Kaufpreis sei nämlich von Anfang an die Erbringung höchstpersönlicher fachspezifischer Leistungen (deren inhaltliche Beschreibung sich aus Gründen des Persönlichkeitsschutzes verbiete) durch den Käufer vereinbart gewesen. Die Aufnahme dieser Käuferverpflichtung, deren Wert mit rd. 150.000 DM angegeben wurde, holten die Parteien nun nach. Außerdem legten sie ihre Rechtsauffassung dar, dass die Ausübung des Vorkaufsrechts wegen der höchstpersönlichen nicht in Geld zu schätzenden (die Wertangabe sei nur im Kosteninteresse erfolgt) Gegenleistung ausgeschlossen sei (§ 466 Satz 2 BGB). Für den Fall, dass dies anders zu beurteilen sein sollte, räumten sie dem Verkäufer ein Rücktrittsrecht ein, das der Käufer dadurch abwenden konnte, dass er den Verkäufer von Schadensersatzansprüchen wegen der Verletzung des Vorkaufsrechts freistellte. Der Vorkaufsberechtigte übte sein Recht auch hinsichtlich dieses Vertrags aus.

Das Berufungsgericht konnte sich nicht die – an sich nicht fern liegende – Gewissheit darüber verschaffen, dass die Kaufvertragsparteien sich die Idee mit der höchstpersönlichen Leistung erst nachträglich hatten einfallen lassen. Daher versagte es den „Eintritt" in den ersten Vertrag, bejahte dies aber für den zweiten Vertrag und lehnte es ab, auf die Gegenleistung § 466 Satz 2 anzuwenden, ging vielmehr von einem Gesamtkaufpreis von 1.200.000 DM aus (§ 466 Satz 1 BGB). Gegenüber dem Käufer, zu dessen Gunsten eine Auflassungsvormerkung eingetragen worden war und der die Wohnung mit Grundpfandrechten belastet hatte, gewährte es einen Schadensersatzanspruch aus § 826 BGB und verurteilte ihn zur Löschung der Eintragungen. Die gegen dieses Urteil eingelegte Revision hat der Bundesgerichtshof nicht zur Entscheidung angenommen (auch eine Verfassungsbeschwerde blieb ohne Erfolg). 1581

BGH, Beschl. v. 10.10.2002 – V ZR 250/01 (unveröffentlicht).

Blickt man auf die Gesamtheit dieser Entscheidungen, kann man sicher sagen, dass die Rechtsprechung für jeden Versuch, ein Vorkaufsrecht zu umgehen, ein Mittel bereit hat, dies zu verhindern. Die **Grenze** liegt allerdings dort, wo Vorkaufsverpflichteter und Dritter eine Vertragsgestaltung wählen, die nicht mehr als kaufähnlich bezeichnet werden kann. Der Vorkaufsberechtigte hat keinen Anspruch darauf, dass der Vorkaufsfall herbeigeführt wird. Die Parteien können ihn vermeiden; nur können sie es nicht mit Verträgen, die bei **wirtschaftlicher Betrachtung** Kaufverträge sind, mögen sie auch formal in anderen Gewändern erscheinen. 1582

Die Grenze zu einem – wirtschaftlich betrachtet – Kaufvertrag ist z. B. da nicht überschritten, wo die Parteien eine durchaus **übliche Vertragsgestaltung** zur Regelung des Sachproblems wählen, die nicht in einer kaufvertraglichen Gestaltung besteht. So ist es z. B. üblich, **Ausbeutungsverträge** über Stein- oder Kiesvorkommen im Wege der Bestellung einer beschränkten persönlichen Dienstbarkeit zu regeln. Eine solche Vertragsgestaltung gibt dem Berechtigten zwar das Recht, den wesentlichen Wert des Grundstücks zu vereinnahmen. Ein solcher Vertrag stellt aber selbst dann keine Umgehung eines Kaufvertrags dar, wenn die Dienstbarkeit für 99 Jahre bestellt wird und die Gegenleistung dem wirtschaftlichen Wert des Grundstücks entspricht, jedoch in 10 Jahresraten zu erbringen ist. Ein solcher Vertrag entspricht durchaus der Üblichkeit und belässt, anders als beim Kauf, dem Dienstbarkeitsverpflichteten das Eigentum. Der langen Vertragslaufzeit kommt keine entscheidende Bedeutung zu, weil sie nur den zeitlichen Rahmen des Ausübungsrechts vorgibt, die Dienstbarkeit indes bereits erlischt, wenn das Grundstück ausgebeutet ist. 1583

BGH, Urt. v. 26.9.2003 – V ZR 70/03,
ZfIR 2003, 1038 = NJW 2003, 3769 = WM 2004, 686;
dazu EWiR 2004, 637 *(Hegmanns)*;

siehe auch *Hertel*, DNotZ 2004, 451.

3. Ausübungsverzicht und Rechtsmissbrauch

1584 Auf die Ausübung des Vorkaufsrechts kann – schon vor Eintritt des Vorkaufsfalls – durch formlosen Erlassvertrag verzichtet werden.

BGH, Urt. v. 14.11.1956 – V ZR 178/54,
DNotZ 1957, 306 = JZ 1957, 307 = WM 1957, 554;

BGH, Urt. v. 10.6.1966 – V ZR 177/64, WM 1966, 893.

1585 Werden die **Bedingungen**, unter denen ein (dinglich) Vorkaufsberechtigter bereit ist, auf sein Recht zu verzichten, zu einem kleinen Teil nicht erfüllt, so kann der Berechtigte das Vorkaufsrecht geltend machen; die Rechtsausübung stellt sich dann auch unter dem Gesichtspunkt des sog. **Übermaßverbots** nicht als missbräuchlich dar.

BGH, Urt. v. 10.6.1966 – V ZR 177/64, a. a. O.

1586 Ein besonders schützenswertes Interesse an der Ausübung des Vorkaufsrechts braucht der Vorkaufsberechtigte nicht darzulegen.

BGH, Urt. v. 18.12.1986 – V ZR 137/85 (unveröffentlicht).

1587 Die Ausübung eines Vorkaufsrechts kann aber missbräuchlich sein, wenn der Berechtigte vorher durch sein Verhalten das Vertrauen des Verpflichteten begründet hat, er werde von seinem Recht keinen Gebrauch machen (**venire contra factum proprium**) Dies kann auch im Verhältnis des Vorkaufsberechtigten zum Erstkäufer gelten, obwohl dieser zunächst nur zum Vorkaufsverpflichteten in rechtlichen Beziehungen steht. Insoweit sind jedoch strenge Anforderungen zu stellen; denn der Verpflichtete hat es in der Hand, dem Vorkaufsberechtigten den Inhalt des Kaufvertrags alsbald mitzuteilen (§§ 1098 Abs. 1, 469 Abs. 1 Satz 2 BGB), dadurch die Ausschlussfrist des § 469 Abs. 2 BGB in Lauf zu setzen und auf diese Weise klare Verhältnisse zu schaffen.

BGH, Urt. v. 15.2.1985 – V ZR 131/83, WM 1985, 876.

4. Ausübung

1588 Nach § 464 Abs. 1 BGB wird das schuldrechtliche – gemäß § 1098 Abs. 1 BGB auch das dingliche – Vorkaufsrecht durch **Erklärung gegenüber dem Verpflichteten** ausgeübt. Die Erklärung ist nicht formbedürftig und innerhalb der Zweimonatsfrist des § 469 Abs. 2 Satz 1 BGB abzugeben. Die Erklärung muss „die Rechtslage eindeutig klären",

BGH, Urt. v. 20.6.1962 – V ZR 157/60, LM BGB § 505 Nr. 3,

ist aber auch einer Auslegung zugänglich, § 133 BGB.

BGH, Urt. v. 18.12.1986 – V ZR 137/85 (unveröffentlicht).

Wird die Ausübung des Vorkaufsrechts **gegenüber dem Notar** erklärt, der den das Vorkaufsrecht auslösenden Kaufvertrag beurkundet hat, so hängt die Wirksamkeit der Ausübung davon ab, ob der Notar **Empfangsvollmacht** für den Verpflichteten hat. Sie folgt regelmäßig nicht schon aus der – zumeist formularmäßig in den Vertrag aufgenommenen – allgemeinen Vollzugsvollmacht, kann aber durch schlüssiges Verhalten des Verkäufers erteilt werden. Entscheidend sind die Umstände des Einzelfalls. Für eine Bevollmächtigung kann sprechen, dass der Verkäufer den Notar mit der Mitteilung nach § 469 Abs. 1 Satz 1 BGB beauftragt und zur Entgegennahme eines Verzichts auf das Vorkaufsrecht (sowie weiterer Zustimmungserklärungen, etwa zur Belastung und zur Veräußerung, bevollmächtigt hat. **1589**

Nicht veröffentlichter und nicht mit Gründen versehener Nichtzulassungsbeschluss des BGH v. 13.12.2007 – V ZR 54/07, durch den eine dahin gehende Entscheidung des OLG Frankfurt/M. v. 27.2.2007 – 17 U 188/06, gebilligt wurde.

Bedarf der Kaufvertrag der behördlichen Genehmigung (z. B. nach dem Grundstücksverkehrsgesetz), so kann der Vorkaufsberechtigte die Ausübung seines Vorkaufsrechts schon vor Erteilung der Genehmigung mit Wirkung auf den Genehmigungszeitpunkt erklären. **1590**

BGH, Urt. v. 15.5.1998 – V ZR 89/97,
ZIP 1998, 1228 = ZfIR 1998, 416 = WM 1998, 1405;
dazu EWiR 1998, 637 *(Grunewald)*.

Steht das Vorkaufsrecht **mehreren gemeinschaftlich** zu, so kann es nur im Ganzen ausgeübt werden. Ist es für einen der Berechtigten erloschen oder übt einer von ihnen sein Recht nicht aus, so sind die Übrigen berechtigt, das Vorkaufsrecht im Ganzen auszuüben (§ 472 BGB). Zur Ausübung des Vorkaufsrechts der **Miterben** (vgl. § 2034 Abs. 1 BGB) bedarf es daher einer **Einigung** der Miterben. Die Ausübung des Rechts durch einen Miterben allein kann daher nur aufschiebend bedingt durch eine Einigung aller Miterben, durch das Erlöschen des Rechts der Übrigen oder durch den Verzicht auf Ausübung durch die übrigen Miterben wirksam sein. **1591**

BGH, Urt. v. 28.10.1981 – IVa ZR 163/80,
DNotZ 1982, 368 (unter Hinweis auf RG,
Urt. v. 14.7.1938 – IV 56/38, RGZ 158, 57, 60).

Werden mehrere mit einem Vorkaufsrecht belastete Grundstücke zu einem Gesamtpreis verkauft, so kann der Berechtigte die Ausübung des Vorkaufsrechts auf ein (oder mehrere) Grundstück(e) beschränken. Der Verpflichtete kann in einem solchen Fall in entsprechender Anwendung des **§ 467 Satz 2 BGB** verlangen, dass der Vorkauf auf alle Grundstücke erstreckt wird, die nicht ohne Nachteil für ihn ausgenommen werden können. **1592**

BGH, Urt. v. 23.6.2006 – V ZR 17/06,
BGHZ 168, 152 = ZfIR 2007, 61 (m. Anm. *Böttcher*)
= NJW-RR 2006, 1449 = WM 2006, 1598;
dazu EWiR 2007, 11 *(Wolf)*;

siehe auch BGH, Urt. v. 27.4.2016 – VIII ZR 61/15, NJW-RR 2016, 910 = NZM 2016, 543 (m. Bespr. *Klühs*, S. 812), Rn. 64 ff.

1593 Der Verpflichtete kann die Erstreckung des Vorkaufs auf andere Grundstücke (im entschiedenen Fall: Eigentumswohnungen) als die, die vorkaufsbelastet sind, aber nicht schon deshalb verlangen, weil ein Verkauf „im Paket" für ihn vorteilhaft ist. Erforderlich ist vielmehr, dass sich infolge der Herauslösung des vorkaufsbelasteten Grundstücks aus dem Gesamtareal kein adäquater Preis für die verbleibenden Grundstücke erzielen lässt.

BGH, Urt. v. 27.1.2012 – V ZR 272/10,
NJW 2012, 1354 = ZIP 2012, 680 = WM 2012, 863.

BGH, Urt. v. 27.4.2016 – VIII ZR 61/15, NJW-RR 2016, 910 = NZM 2016, 543 (m. Bespr. *Klühs*, S. 812), Rn. 64 ff.

5. Rechtsfolgen

1594 Durch die Ausübung des Vorkaufsrechts tritt der Vorkaufsberechtigte nicht in den, den Vorkaufsfall auslösenden Kaufvertrag ein; vielmehr begründet er einen **selbständigen neuen Kaufvertrag**, dessen Inhalt sich nach den Bedingungen jenes Ausgangsvertrags bestimmt.

BGH, Urt. v. 11.2.1977 – V ZR 40/75,
BGHZ 67, 395 = DNotZ 1977, 349
= NJW 1977, 762 = WM 1977, 338
= LM BGB § 505 Nr. 12 *(Hagen)*;

BGH, Urt. v. 8.10.1982 – V ZR 147/81, WM 1982, 1410.

1595 Ein Anspruch auf **Herausgabe des Grundstücks** kann sich beim dinglichen Vorkaufsrecht gegen den Käufer aus § 1100 BGB ergeben, wo er vorausgesetzt und näher geregelt ist.

BGH, Urt. v. 18.12.1986 – V ZR 137/85 (unveröffentlicht).

1596 Diesen Herausgabeanspruch gegen den besitzenden Erstkäufer hat der Vorkaufsberechtigte nach Ausübung seines dinglichen Vorkaufsrechts schon vor seiner Eintragung in das Grundbuch.

BGH, Urt. v. 11.10.1991 – V ZR 127/90,
BGHZ 115, 335 = NJW 1992, 236 = WM 1991, 2159;
dazu EWiR 1992, 151 *(Mayer-Maly)*.

1597 Ein Anspruch gegen den Käufer auf **Zustimmung zur Eintragung** des Vorkaufsberechtigten in das Grundbuch kann sich aus § 1098 Abs. 2 i. V. m. § 888 Abs. 1 BGB ergeben. Er setzt aber voraus, dass der Käufer bereits als Eigentümer im Grundbuch eingetragen ist.

BGH, Urt. v. 11.10.1991 – V ZR 127/90, a. a. O. m. w. N.

War für den Käufer eine **Auflassungsvormerkung** im Grundbuch eingetragen und ist diese gegenüber dem dinglich Vorkaufsberechtigten unwirksam (§ 1098 Abs. 2 i. V. m. § 883 Abs. 2 BGB), so kann der Vorkaufsberechtigte vom Käufer analog § 888 Abs. 1 BGB die Bewilligung der Löschung verlangen. **1598**

BGH, Urt. v. 11.10.1991 – V ZR 127/90, a. a. O.

Die vorgenannten gegen den Käufer (Ersterwerber) gerichteten „Hilfsansprüche", die dazu dienen, den durch die Vormerkung gesicherten Anspruch zu verwirklichen, setzen zwar den Bestand dieses Anspruchs voraus. Doch bleibt es dem Vormerkungsberechtigten (**Vorkaufs**berechtigten) überlassen, in welcher **Reihenfolge** er die Ansprüche (gegen den Vorkaufsverpflichteten und den Ersterwerber) geltend machen will. **1599**

BGH, Urt. v. 24.6.1988 – V ZR 51/87,
DNotZ 1989, 357 = NJW-RR 1988, 1357 = WM 1988, 1422;
dazu EWiR 1988, 1085 *(Kohler)*;
im Anschluss an BGHZ 54, 56, 62.

6. Verwendungsersatz des Erstkäufers und Nutzungsersatz des Vorkaufsberechtigten

Der **dinglich Vorkaufsberechtigte** hat die Stellung eines Vormerkungsberechtigten (§ 1098 Abs. 2 BGB), ist insoweit gegenüber dem Dritten (Dritterwerber, Erstkäufer) dinglich gesichert. Hat der Dritte Besitz an dem Grundstück erlangt, so stellt sich die Frage, ob er sich mit Rücksicht auf diese dinglich gesicherte Stellung des Vorkaufsberechtigten wie ein unrechtmäßiger Besitzer dem Eigentümer gegenüber behandeln lassen muss, ob er infolgedessen dem Vorkaufberechtigten zur **Herausgabe von Nutzungen** nach §§ 987 f. BGB verpflichtet ist und ob er andererseits von diesem **Verwendungsersatz** nach §§ 994 ff. BGB verlangen kann. **1600**

Der V. Zivilsenat des Bundesgerichtshofs hat beide Fragen im Grundsatz bejaht. **1601**

BGH, Urt. v. 5.10.1979 – V ZR 71/78,
BGHZ 75, 288 = WM 1980, 167 (Verwendungsersatz);

BGH, Urt. v. 20.5.1983 – V ZR 291/81,
BGHZ 87, 296 = NJW 1983, 2024 = WM 1983, 763
(Nutzungsersatz und Verwendungsersatz).

Dabei hat er im Urteil vom 20.5.1983 in Abweichung von der früheren Entscheidung dahin erkannt, dass die für die Haftung bzw. den Haftungsumfang nach § 990 Abs. 1 BGB maßgebliche **Bösgläubigkeit** des Dritten gegeben ist, wenn er **bei Besitzerwerb** das auf dem Kaufgrundstück lastende dingliche Vorkaufsrecht kennt. Schon die Kenntnis hiervon, nicht erst die Kenntnis von der Ausübung des Vorkaufsrechts, rechtfertigt die entsprechende Anwendung der Norm. **1602**

1603 Hinsichtlich des Anspruchs auf Nutzungsherausgabe war gegen die Rechtsprechung des Bundesgerichtshofs – bezogen auf die gleichgelagerte Problematik der Vormerkung – eingewendet worden, dass der Vormerkungsberechtigte trotz der dinglich wirkenden Sicherung gegenüber Zwischenverfügungen lediglich einen schuldrechtlichen Anspruch auf Eigentumsverschaffung habe und dass dem Vormerkungsberechtigten gegenüber seinem Auflassungsschuldner die Nutzungen erst ab Übergabe oder Übereignung des Grundstücks gebührten, § 446 Abs. 1 Satz 2, Abs. 2 BGB a. F., in der Sache unverändert.

> Vgl. Staudinger-*Gursky*, BGB (1996), § 888 Rn. 60;
> *Kohler*, NJW 1984, 2849.

1604 Der Bundesgerichtshof hat dieser Kritik teilweise Rechnung getragen. Er hat zwar an der **grundsätzlichen Anwendbarkeit der §§ 987 ff. BGB festgehalten**. So sei es gerechtfertigt, den Vormerkungsberechtigten aufgrund seiner Besserberechtigung gegenüber dem Dritten, dessen Eigentumserwerb ihm gegenüber relativ unwirksam ist (§ 883 Abs. 2 Satz 1 BGB), wie einen Eigentümer zu behandeln. Wegen der **Wertung des § 446 BGB** gewährt er ihm einen Nutzungsherausgabeanspruch aber nur dann, wenn ihm die Nutzungen auch gegenüber dem Auflassungsschuldner zustehen (was im entschiedenen Fall nach § 292 BGB gegeben war).

> BGH, Urt. v. 19.5.2000 – V ZR 453/99,
> BGHZ 144, 323 = ZIP 2000, 1446 = ZfIR 2000, 777
> = NJW 2000, 2899 = DNotZ 2001, 320;
> dazu EWiR 2000, 963 *(Reithmann)*.
>
> Siehe auch *Krüger*, in: Festschrift Wenzel, S. 491, 499 ff.

1605 Für das Verhältnis des dinglich Vorkaufsberechtigten zum Erstkäufer gilt Entsprechendes.

H. Sonderfälle der Vertragsgestaltung

I. Ausländische Gesellschaften

Die Eintragung ausländischer Gesellschaften kann im Ergebnis Lücken in der Publizitätswirkung des Grundbuchs bewirken, da Existenz und Vertretungsbefugnis der ausländischen Gesellschaft vielfach nicht durch ein dem deutschen vergleichbares Handelsregister nachweisbar sind (siehe Rn. 1411 ff.). 1606

Denn in Konsequenz der EuGH-Entscheidungen in Sachen **Überseering** und **Inspire Art**, 1607

> EuGH, Urt. v. 5.11.2002 – Rs C-208/00 *(Überseering)*,
> ZIP 2002, 2037 = BB 2002, 2402 = NJW 2002, 3614;
> dazu EWiR 2002, 1003 *(Neye)*;
>
> EuGH, Urt. v. 30.9.2003 – Rs C-167/01 *(Inspire Art)*,
> ZIP 2003, 1885 = DNotI-Report 2003, 166;
> dazu EWiR 2003, 1029 *(Drygala)*,

sowie der Entscheidung des VII. Zivilsenats des Bundesgerichtshofs zu Überseering,

> BGH, Urt. v. 13.3.2003 – VII ZR 370/98,
> ZIP 2003, 718 = DNotI-Report 2003, 78 = NJW 2003, 1461;
> dazu EWiR 2003, 571 *(Paefgen)*;
>
> anders zuvor noch der für das Gesellschaftsrecht
> zuständige II. Zivilsenat:
> BGH, Urt. v. 1.7.2002 – II ZR 380/00,
> BGHZ 151, 204 = ZIP 2002, 1763
> = DNotI-Report 2002, 157 = NJW 2002, 3539;
> dazu EWiR 2002, 971 *(Emde)*,

anerkannte das Bayerische Oberste Landesgericht die **„Grundbuchfähigkeit"** einer im EU-Ausland wirksam gegründeten Gesellschaft unabhängig davon, ob die Gesellschaft möglicherweise ihren tatsächlichen Verwaltungssitz in Deutschland hat.

> BayObLG, Beschl. v. 19.12.2002 – 2Z BR 7/02,
> ZIP 2003, 398 = ZfIR 2003, 200 = DNotI-Report 2003, 29;
> dazu EWiR 2003, 273 *(Mankowski)*:
> Einer Kapitalgesellschaft, die in einem Mitgliedstaat
> des EG-Vertrags wirksam gegründet wurde und dort
> als rechtsfähig anerkannt ist, kann die Rechtsfähigkeit
> und damit die Grundbuchfähigkeit in Deutschland auch
> dann nicht versagt werden, wenn der tatsächliche
> Verwaltungssitz in Deutschland liegt.
>
> Vgl. dazu *Dumig*, ZfIR 2003, 191.

Dasselbe gilt auch für in Staaten des **Europäischen Wirtschaftsraumes** (EWR) gegründete Gesellschaften, also aus Island, Liechtenstein oder Norwegen. 1608

BGH, Urt. v. 19.9.2005 – II ZR 372/03, BGHZ 164, 148 = DNotZ 2006, 143 = NJW 2005, 3351 (zur Rechts- und Parteifähigkeit einer Gesellschaft aus Liechtenstein).

1609 Dasselbe gilt auch für nach dem Recht der USA wirksam gegründete Gesellschaften. Denn diese sind nach Maßgabe des **deutsch-amerikanischen Freundschaftsvertrags** von 1954 auch dann als rechts- und parteifähig anzuerkennen, wenn sie ihren tatsächlichen Verwaltungssitz in Deutschland haben.

BGH, Urt. v. 29.1.2003 – VIII ZR 155/02, ZIP 2003, 720 = DNotI-Report 2003, 86; dazu EWiR 2003, 661 *(Mankowski)*;

ebenso zuvor bereits die h. M. in der Literatur.

1610 Die **Schweiz** ist hingegen nicht Mitglied des Europäischen Wirtschaftsraumes (EWR). In der Schweiz gegründete Gesellschaften unterliegen daher nach der Sitztheorie dem Recht am tatsächlichen Sitz der Gesellschaft. Daher ist eine in der Schweiz gegründete Aktiengesellschaft mit Verwaltungssitz in Deutschland aus Sicht des deutschen Rechts als Personenhandelsgesellschaft zu behandeln.

BGH, Urt. v. 27.10.2008 – II ZR 158/06 (Trabrennbahn), BGHZ 178, 192 = DNotZ 2009, 385 = NJW 2009, 289 = ZIP 2008, 2411.

1611 Mit dem Austritt des Vereinigten Königreiches von **Großbritannien** und Nordirland (**Brexit**) gilt auch für Gesellschaften aus Großbritannien und Nordirland wieder die Sitztheorie. Viele – wahrscheinlich sogar die allermeisten – der im englischen Register eingetragenen Limited deutscher Gesellschafter haben aber ihren Verwaltungssitz in Deutschland. Sie sind daher seit Ablauf der Übergangsfrist (also seit 1.1.2021), wenn sie mehrere Gesellschafter haben, als Personengesellschaft zu behandeln – und zwar als OHG, wenn sie ein Handelsgewerbe betreiben (§ 105 Abs 1 HGB), ansonsten als Gesellschaft bürgerlichen Rechts (GbR, §§ 705 ff BGB) – oder Einzelunternehmen, falls sie nur einen Gesellschafter haben. Allerdings dürften nur wenige Limited Grundeigentum in Deutschland erworben haben. Denn typischerweise wurde die Limited von deutschen Gesellschaftern für kapitalarme Gesellschaften verwendet.

BGH, Beschl. v. 16.2.2021 – II ZB 25/17, IPRax 2021, 374 = NZG 2021, 702 = ZIP 2021, 566;

OLG München, Urt. v. 5.8.2021 – 29 U 2411/21 Kart, BWNotZ 2021, 397 = EuZW 2021, 955 (m. Anm. *Habighorst*) = IPRax 2023, 186 = ZIP 2021, 2178 (Kartellsache).

II. Ausländer als Erwerber oder Veräußerer

1. Volljährigkeitsalter nach ausländischem Recht

1612 Die Volljährigkeit ausländischer Beteiligter ist i. d. R. kein Problem. Nach deutschem IPR ist das Heimatrecht des Betreffenden maßgeblich (Art. 7 Abs. 1

EGBGB) – vorbehaltlich einer Rück- oder Weiterverweisung. In allen europäischen Staaten ist man mit **18 Jahren** volljährig (einzige Ausnahme die Kanalinsel Jersey), weltweit spätestens mit 21 Jahren.

> Länderübersichten finden sich bei:
> *Emmerling de Oliveira*, in: Würzburger Notarhandbuch, Teil 7, Kap. 5 Rn. 14;
> *Hausmann*, in: Hausmann/Odersky, § 4 Rn. 21 ff.;
> Meikel-*Hertel*, GBO, Einl. G Rn. 23 ff.;
> Staudinger-*Hausmann*, Art. 7 EGBGB Rn. 3, 16 ff.;
> *Süß*, Rpfleger 2003, 53;
> Weltkarte mit Übersicht in Notarius International 1 – 2/2006;
> siehe näher die Länderdarstellungen in: Henrich/Dutta/Ebert, Internationales Ehe- und Kindschaftsrecht.

2. Güterstand bei gemeinschaftlichem Erwerb durch Ausländer

> Länderübersichten zum ausländischen Güterstand und zu Anknüpfung im ausländischen IPR finden sich bei:
> *Hertel*, in: Würzburger Notarhandbuch, Teil 7, Kap. 2 Rn. 77 (wesentlich ausführlicher mit Angabe der Gesetzesparagraphen in 7. Aufl., Kap. 40 Rn. 78 ff.);
> Meikel-*Hertel*, GBO, Einl. G Rn. 209 ff.;
> *Süß*, Rpfleger 2003, 53, 57 ff.;
> Weltkarte mit Übersicht in Notarius International 1–2/2005.

1. Fall: 1613

Ein niederländisches Ehepaar möchte ein Grundstück zu Miteigentum von je ½ erwerben. Sie leben im gesetzlichen Güterstand des niederländischen Rechts (früher: *allgehele gemeenschap van goederen*; bzw. bei Heirat ab 1.1.2018: *gemeenschap van goederen* = beschränkt auf die ab Eheschließung erworbenen Güter). Notar und Grundbuchamt meinen, dass die Ehegatten deshalb nur „im gesetzlichen Güterstand des niederländischen Rechts" erwerben können (sofern sie keine Rechtswahl und keine güterrechtliche Vereinbarung treffen).

Erwerben Ehegatten, die (möglicherweise) in einem Güterstand ausländischen 1614
Rechts leben, gemeinsam ein Grundstück, versuchte die Vertragspraxis früher teilweise, die güterrechtlichen Fragen durch eine auf den inländischen Grundbesitz **beschränkte Rechtswahl** zugunsten des deutschen Güterrechts (Art. 15 Abs. 2 Nr. 3 EGBGB a. F.) zu umgehen. Das geht seit 29.1.2019 nicht mehr, da Art 22 EuGüVO jetzt keine Güterrechtswahl des Belegenheitsrechts mehr zulässt – und zwar auch nicht mehr für zuvor abgeschlossene „Altehen". (Von einer beschränkten Rechtswahl war auch schon bisher in den meisten Fällen abzuraten, da sie zu einer Güterrechtsspaltung führte.)

Risiken können aber auch bestehen, wenn die Ehegatten unbedacht als Erwer- 1615
ber im gesetzlichen Güterstand eines ausländischen Rechts eingetragen werden.

Denn § 47 GBO lässt einen Erwerb in einem Güterstand ausländischen Rechts nur zu, wenn diesem Güterstand auch sachenrechtliche Wirkung zukommt. Manche Güterstände ausländischen Rechts führen aber entgegen dem ersten Anschein nicht zu einer dinglichen Beteiligung des anderen Ehegatten:

- Die Errungenschafts*beteiligung* als gesetzlicher Güterstand des **schweizerischen** und (seit 1.1.2002) auch des **türkischen** Rechts wird manchmal mit einer Errungenschafts*gemeinschaft* verwechselt und an die Ehegatten „im gesetzlichen Güterstand des türkischen Rechts" aufgelassen. Die Errungenschaftsbeteiligung ist aber (ebenso wie die Zugewinngemeinschaft) eine Unterform der Gütertrennung mit nachfolgendem güterrechtlichen Ausgleich.

  Gutachten, DNotI-Report 2004, 93.

- In den **nordischen Staaten** (Dänemark, Finnland, Island, Norwegen, Schweden) ist eine Art „aufgeschobener Gütergemeinschaft" (oder aufgeschobene Errungenschaftsgemeinschaft) gesetzlicher Güterstand. Während des Güterstandes besteht Gütertrennung. Lediglich bei Auflösung des Güterstandes erfolgt eine hälftige Teilung (und zwar grundsätzlich auch des bereits in die Ehe eingebrachten Vermögens – mit Ausnahme Norwegens, wo bei der Scheidung Anfangsvermögen von der Aufteilung ausgenommen ist).

  Dübeck, ZEuP 1995, 827, 828;
  Henrich, FamRZ 2000, 6, 8.

- Ähnlich gestaltet ist der gesetzliche Güterstand der **Niederlande**, auch wenn ihn das Gesetz als „(allgemeine) Gütergemeinschaft" bezeichnet (bei Heirat vor dem 1.1.2018: *allgehele gemeenschap van goederen*, seither nur *gemeenschap van goederen* = beschränkt auf die ab der Eheschließung erworbenen Vermögensgegenstände – Art. 1:93 ff. BW). Er führt m. E. zu keinem Gesamtgut i. S. d. deutschen Rechts. Jeder Ehegatte kann allein erwerben und auch wieder allein veräußern, auch wenn eine gegenseitige Haftung besteht. In der niederländischen Praxis kann daher ein Ehegatte auch allein erwerben und wird auch allein im Grundbuch eingetragen. Für einen Gesamtgutscharakter lässt sich nur die Haftung des gemeinschaftlichen Vermögens auch für Schulden des anderen Ehegatten anführen.

  Döbereiner, MittBayNot 2001, 266;
  Schotten/Schmellenkamp, Rn. 412.

  Die h. M. in der deutschen Rechtsprechung nimmt hingegen an, dass der gesetzliche Güterstand niederländischen Rechts auch sachenrechtliche Wirkungen hat und dass daher ein Alleinerwerb durch einen Ehegatten (ohne güterrechtliche Vereinbarung) nicht möglich ist und dass bei einem gemeinschaftlichen Erwerb die Ehegatten nicht zu Bruchteilen, sondern „im gesetzlichen Güterstand des niederländischen Rechts" erwerben.

OLG Düsseldorf, Beschl. v. 3.11.1999 – 3 Wx 343/99, DNotI-Report 2000, 35 = FamRZ 2000, 1574 = MittRhNotK 1999, 384 = NJW-RR 2000, 542 = Rpfleger 2000, 107 = ZNotP 2000, 111;

OLG München, Beschl. v. 16.2.2009 – 34 Wx 95/08, ZfIR 2009, 303 = DNotZ 2009, 683 = FamRZ 2009, 1582 = NJW-RR 2009, 806;

OLG Oldenburg, Beschl. v. 22.5.1991 – 5 W 55/91, NdsRpfl 1991, 205 = Rpfleger 1991, 412;

OLG Schleswig, Beschl. v. 19.8.2009 – 2 W 82/09, FamRZ 2010, 377 = FGPrax 2010, 19 = Rpfleger 2010, 73.

Einen innovativen Ansatz ging das OLG Oldenburg: Es hält zwar auch einen Erwerb zu Alleineigentum für möglich, wenn der Erwerber im gesetzlichem Güterstand niederländischen Rechts lebt. Jedoch sei der Erwerber im Grundbuch als Alleineigentümer mit dem Hinweis auf die Verfügungsbeschränkung durch den Güterstand einzutragen. Das beschreibt zwar die Rechtslage korrekt. Doch ist im deutschen Grundbuch nur das Eigentum einzutragen, jedenfalls de lege lata nicht mögliche güterrechtliche Verfügungsbeschränkungen. Daher ist dieser Ansatz abzulehnen.

OLG Oldenburg (Oldenburg), Beschl. v. 11.2.2019 – 12 W 143/17, FamRZ 2019, 1540 = FGPrax 2019, 122 = RNotZ 2019, 336.

Wird daher an die Ehegatten **„im gesetzlichen Güterstand"** der Niederlande, Schwedens oder der Türkei etc. aufgelassen und dies als Erwerbsverhältnis nach § 47 GBO ins Grundbuch eingetragen, so fragt sich, ob der **Erwerb überhaupt wirksam** ist. **1616**

- Jedoch können Auflassung und Eintragung **umgedeutet** werden in einen Erwerb zu Bruchteilen von je ½.

BayObLG, Beschl. v. 5.5.1983 – BReg 2 Z 13/83 und BReg 2 Z 14/83, BayObLGZ 1983, 118 = DNotZ 1983, 754 = Rpfleger 1983, 346;

Gutachten, DNotI-Report 2007, 91;
Kappler/Kappler, ZfIR 2019, 296;
Schöner/Stöber, Rn. 762.

Zwar hat das Bayerische Oberste Landesgericht bei der Auflassung an eine GbR die Umdeutung in eine Auflassung an die Gesellschafter abgelehnt.

BayObLG, Beschl. v. 31.10.2002 – 2Z BR 70/02, ZIP 2002, 2175 = ZfIR 2002, 992 = DNotI-Report 2002, 180 = NotBZ 2002, 453;
dazu EWiR 2003, 107 *(Pohlmann)*.

Dies würde ich aber nicht auf die Auflassung an vermeintlich in Errungenschaftsgemeinschaft lebende Ehegatten übertragen. Andernfalls gäbe es vor allem bei niederländischen Erwerbern massenhaft unwirksame Grundbucheintragungen.

- Verneint man eine Umdeutung, wird man zumindest eine Ermächtigung bzw. **Vollmacht** zur Erklärung der Auflassung ableiten können. Dies führt aber zu Problemen, wenn die Veräußerer mittlerweile in Insolvenz gefallen sind oder die Erwerber bereits verstorben sind.

Amann, in: Amann/Hertel, S. 85.

1617 Unproblematisch ist hingegen der umgekehrte Fall, dass an die Ehegatten **zu Bruchteilen aufgelassen** wird und auch die Eintragung auf Bruchteilseigentum lautet, obwohl der Erwerb gesetzlich in das Gesamtgut einer Errungenschaftsgemeinschaft oder Gütergemeinschaft fällt. Die Auflassung ist wirksam; allerdings erwerben die Ehegatten kraft Gesetzes zum Gesamtgut.

BGH, Beschl. v. 10.12.1981 – V ZB 12/81,
BGHZ 82, 346 = DNotZ 1982, 692
= NJW 1982, 1097 = Rpfleger 1982, 135
(Auflassung zu Bruchteilen);

vgl. RGZ 84, 326 (Auflassung zu Alleineigentum);
Schöner/Stöber, Rn. 761.

1618 Daher wäre es unschädlich, wenn sich – entgegen der vorstehend vertretenen Auffassung – doch herausstellen würde, dass der gesetzliche Güterstand nach niederländischem Recht oder nach den nordischen Rechten zu einer dinglichen Beteiligung des anderen Ehegatten führt.

Gutachten, DNotI-Report 2007, 91.

1619 Zu weitgehend erscheinen mir hingegen Vorschläge, bei gemeinschaftlichem Erwerb vorsorglich immer an die Ehegatten zu Bruchteilen aufzulassen.

Wolfsteiner, DNotZ 1987, 67, 87;
Amann, in: Amann/Hertel, S. 88;

Jetzt zurückhaltender nur für die Fälle mit unklarem Güterstand:
Amann, in: Festschrift 25 Jahre Deutsches Notarinstitut, S. 721, 740.

1620 Damit tritt zwar sicher Eigentumserwerb ein. Aber zugleich nimmt der Notar sehenden Auges in Kauf, dass in zahlreichen Fällen das Grundbuch unrichtig ist.

3. Güterstand bei Alleinerwerb bei ausländischem Güterstand

1621 **2. Fall:**

Ein im gesetzlichen Güterstand des italienischen Rechts *(comunione legale)* lebender Erwerber will ein Grundstück allein erwerben. Seine Ehefrau ist damit einverstanden. Der Notar beurkundet daher im Rahmen des Grundstückskaufvertrags eine Vereinbarung der Ehegatten, wonach der Erwerb (soweit möglich) zu Alleineigentum des Ehemannes erfolgen soll. Der Ehemann wird im Grundbuch auch allein eingetragen. Ist die Ehefrau dennoch Miteigentümerin?

1622 Lebt der Erwerber in einem Güterstand der **Gütergemeinschaft oder Errungenschaftsgemeinschaft**, so erwirbt sein Ehegatte möglicherweise kraft Gesetzes mit, auch wenn die Auflassung nur an einen Ehegatten allein erklärt und dieser auch allein im Grundbuch eingetragen wird.

- Die Errungenschaftsgemeinschaft ist gesetzlicher Güterstand in den Ländern des Rechtskreises des **Code Napoleon** (Frankreich, Italien, Spanien, Portugal, Belgien, Luxemburg, Lateinamerika, ehemalige französische, portugiesische und spanische Kolonien)
- sowie im Rechtskreis der **ehemals kommunistisch regierten Staaten** (osteuropäische Staaten und ehemalige Sowjetunion, VR China u. a.).
- **Allgemeine Gütergemeinschaft** gilt nur auf den Philippinen sowie in Südafrika (und den vom südafrikanischen Recht beeinflussten Nachbarstaaten Eswatini, Lesotho und Swasiland).
- Die **aufgeschobene Gütergemeinschaft** der **nordischen Staaten** und der gesetzliche Güterstand des niederländischen Rechts führt hingegen meines Erachtens zu keiner dinglichen Beteiligung des anderen Ehegatten i. S. d. § 47 GBO (siehe Rn. 1615).
- Unproblematisch möglich ist ein Alleinerwerb eines Ehegatten, soweit **Gütertrennung** (gegebenenfalls mit einem güterrechtlichen Ausgleich) als Güterstand gilt. Gütertrennung ist gesetzlicher Güterstand in den Staaten des **Common Law** (England und ehemalige Kolonien, USA mit Ausnahme einzelner Bundesstaaten) sowie im **islamischen Rechtskreis.**

Inwieweit ein Ehegatte allein erwerben kann, bestimmt sich bei Bestehen von **1623**
Errungenschaftsgemeinschaft (oder Gütergemeinschaft) nach dem anwendbaren (ausländischen) Güterrecht:

- Häufig ist auch hier ein Alleinerwerb möglich, wenn der Kaufpreis aus Eigengut/Vorbehaltsgut des erwerbenden Ehegatten bezahlt wird (**Surrogat**).
- Jedenfalls die meisten Rechtsordnungen des Code Napoleon lassen einen Alleinerwerb eines Ehegatten aufgrund ehevertraglicher Vereinbarung bzw. bei **Zustimmung des anderen Ehegatten** zu. In den ehemaligen Ostblockstaaten ist dies aber nicht immer möglich.

Auch das **italienische Güterrecht** kennt bei gesetzlicher Errungenschaftsgemeinschaft zwar einen Alleinerwerb eines Ehegatten, wenn der andere Ehegatte bestätigt, dass der Erwerb aus Eigengut des betreffenden Ehegatten erfolgt (Art. 179, 2647 Codice Civile). In der Praxis geben Ehegatten diese Erklärung häufig ab, obwohl sie nicht stimmt. Nach der Rechtsprechung tritt aber Alleinerwerb nur ein, wenn auch objektiv der Erwerb als Surrogat erfolgt.

Die bloße ehevertragliche Vereinbarung in Fall 2. würde daher nicht genügen. Erforderlich wäre, dass der Erwerb auch objektiv aus Eigengut des Ehemannes finanziert wird.

4. Prüfung des Erwerbsverhältnisses durch das Grundbuchamt

Das Grundbuchamt darf eine beantragte und bewilligte Eintragung der Erwer- **1624**
ber als Bruchteilseigentümer oder als Alleineigentümer nur ablehnen, wenn es aufgrund nachgewiesener Tatsachen zu der **sicheren Überzeugung** gekommen

ist, dass durch die beantragte Eintragung das **Grundbuch unrichtig** wird; die bloße Möglichkeit der Grundbuchunrichtigkeit genügt für die Ablehnung noch nicht.

> BayObLG, Beschl. v. 17.4.1986 – BReg 2 Z 1/86, BayObLGZ 1986, 81 = DNotZ 1987, 98 = NJW-RR 1986, 893 = Rpfleger 1986, 369;
>
> BayObLG, Beschl. v. 2.4.1992 – 2Z BR 17/92, BayObLGZ 1992, 85 = DNotZ 1992, 575 = NJW-RR 1992, 1235 = Rpfleger 1992, 341;
>
> BayObLG, Beschl. v. 6.12.2000 – 2Z BR 5/00, DNotZ 2001, 391 = NJW-RR 2001, 879 = Mitt-BayNot 2001, 221 (m. Anm. *Riering*);
>
> OLG Düsseldorf, Beschl. v. 3.11.1999 – 3 Wx 343/99, DNotI-Report 2000, 35 = MittRhNotK 1999, 384 = NJW-RR 2000, 542 = Rpfleger 2000, 107;
>
> OLG Hamm, Beschl. v. 5.10.1995 – 15 W 199/95, DNotI-Report 1996, 29 = MittBayNot 1996, 210 = MittRhNotK 1996, 364 = NJW-RR 1996, 350;
>
> OLG Karlsruhe, Beschl. v. 4.11.1993 – 11 Wx 61/93, Rpfleger 1994, 248;
>
> OLG Schleswig, Beschl. v. 24.1.2005 – 2 W 204/04 und 2 W 220/04, FGPrax 2005, 105 = MittBayNot 2006, 38 (m. Anm. *Bauer*) = NotBZ 2005, 222 = Rpfleger 2005, 356;
>
> *Demharter*, Anhang zu § 13 GBO Rn. 30; *Schöner/Stöber*, Rn. 3421b.

5. Güterstand bei Ausländern als Veräußerer

1625 Lebt der Veräußerer möglicherweise in einem Güterstand ausländischen Rechts, so ist zu überlegen, vorsorglich den Ehegatten der Veräußerung zustimmen zu lassen, auch wenn der Veräußerer als Alleineigentümer im Grundbuch eingetragen ist.

- Lebt der Veräußerer in Gütergemeinschaft oder Errungenschaftsgemeinschaft, so ist der andere Ehegatte möglicherweise **Miteigentümer** (und das Grundbuch unrichtig).

- Auch bei Gütertrennung (und deren Unterformen wie Zugewinngemeinschaft oder Errungenschaftsbeteiligung) können **Verfügungsbeschränkungen** für Grundvermögen insgesamt oder doch für die Ehewohnung bestehen. Solche Verfügungsbeschränkungen unterliegen bei ab dem 29.1.2019 abgeschlossenen Ehen immer dem Ehegüterstatut (Art. 27 lit. d) EuGüVO). Bei vor dem 29.1.2019 abgeschlossenen Altehen unterfallen hingegen nach Art. 15 EGBGB a. F. nur die güterstandsabhängigen Verfügungsbeschränkungen (wie z. B. § 1365 BGB) dem Güterstatut, während güterstandsunabhängige Verfügungsbeschränkungen den allgemeinen Ehewirkungsstatuten unterfallen. Letzteres knüpft nach Art. 14 Abs. 2 Nr. 1 EGBGB wandelbar an den jeweiligen gewöhnlichen Aufenthalt an, sodass darauf in der Regel nicht das ausländische, sondern deutsches allgemeines Ehegüterrecht anwendbar ist.

Hat der andere Ehegatte nicht zugestimmt, obwohl seine Mitwirkung erforderlich gewesen wäre, kommen jedoch zwei Vorschriften zum Schutz des **guten Glaubens** in Betracht: 1626

- Bei Unrichtigkeit des Grundbuches (= Miteigentum des anderen Ehegatten) schützt **§ 892 Abs. 1 Satz 1 BGB** den guten Glauben des Erwerbers in die Richtigkeit der Eintragung des Veräußerers als Alleineigentümer. Hier schadet nur positive Kenntnis der Grundbuchunrichtigkeit.
- Gegenüber Verfügungsbeschränkungen aufgrund eines ausländischen Güterstandes schützt bei vor dem 29.1.2019 abgeschlossenen Altehen **Art. 16 Abs. 1 EGBGB a. F.**(der nach Art. 229 § 47 Abs. 2 Nr. 2 EGBGB fortgilt), sofern zumindest einer der Veräußererehegatten seinen gewöhnlichen Aufenthalt im Inland hat, bei seit dem 29.1.2019 abgeschlossenen Ehen hingegen Art. 28 EuGüVO. Hier schadet nach Art. 28 EuGüVO bzw. § 1412 BGB (i. d. F. ab 1.1.2023) bereits grobe Fahrlässigkeit.

Problematisch ist, dass bei dem durch deutsch-französischen Vertrag neu eingeführten Güterstand der **Wahl-Zugewinngemeinschaft kein Gutglaubensschutz** eingreift. Über die Familienwohnung kann der Ehegatte, der Eigentümer ist, nur mit Zustimmung oder Genehmigung des anderen Ehegatten verfügen (Art. 5 des Abkommens). Hierfür gilt kein Gutglaubensschutz: Art. 16 EGBGB a. F. bzw. Art. 28 EuGüVO greifen nicht, da es kein ausländischer, sondern ein deutscher Güterstand ist. § 1412 BGB ist nach der ausdrücklichen Regelung des § 1519 BGB nicht anwendbar. Durch Vertragsgestaltung könnte man nur absichern, wenn man immer beide Ehegatten handeln lässt – was mir angesichts des geringen praktischen Risikos deutlich übertrieben schiene. Denn in der deutschen Rechtspraxis dürfte es die Wahl-Zugewinngemeinschaft bisher so gut wie nicht geben. 1627

„Gesetz zu dem Abkommen v. 4.2.2010 zwischen der Bundesrepublik Deutschland und der Französischen Republik über den Güterstand der Wahl-Zugewinngemeinschaft v. 15.3.2012", BGBl. II 2012, S. 178.

III. Teilflächenverkauf

1. Bestimmung der verkauften Teilfläche

Literatur: *Böhmer*, Zur bestimmten Bezeichnung einer noch nicht vermessenen Grundstücksteilfläche, MittBayNot 1998, 329; *v. Campe*, Zum Bestimmtheitserfordernis bei der Bezeichnung von Grundstücksteilflächen – Vereinbarung eines Leistungsbestimmungsrechts als Problemlösung? DNotZ 2000, 109; *Kanzleiter*, Die ungenaue Bezeichnung des veräußerten Grundstücks im Veräußerungsvertrag, MittBayNot 2002, 13; *ders.*, Der beiderseitige Irrtum über die Größe der verkauften Grundstücksteilfläche als Beispiel eines beiderseitigen Eigenschaftsirrtums, MittBayNot 2004, 401.

1628 Bei einem Teilflächenverkauf muss die verkaufte Teilfläche **hinreichend bestimmt oder bestimmbar bezeichnet** sein. Ist die verkaufte Teilfläche nicht hinreichend bestimmt, so ist der Kaufvertrag unwirksam. Denn dann fehlt ein *essentiale negotii* (vgl. Rn. 9 ff.).

> BGH, Urt. v. 8.11.1968 – V ZR 58/65, DNotZ 1969, 286 = NJW 1969, 131;
>
> BGH, Urt. v. 24.11.1988 – III ZR 215/86, DNotZ 1989, 41 = NJW 1989, 1262 = WM 1989, 392;
>
> BGH, Urt. v. 19.4.2002 – V ZR 90/01, BGHZ 150, 334 = ZfIR 2002, 550 = DNotZ 2002, 937 = NJW 2000, 2247 (m. Anm. v. *Campe*);
> dazu: *Demharter*, EWiR 2002, 775;
> *Hinz*, JR 2003, 196;
> *Kanzleiter*, MittBayNot 2002, 393;
>
> OLG Brandenburg, Urt. v. 20.9.1995 – 3 U 190/94, DNotI-Report 1997, 82 = OLG-Report 1996, 254.

1629 Auch die Eintragung einer Vormerkung ist unzulässig bzw. eine dennoch eingetragene Vormerkung ist mangels gesicherten Anspruchs unwirksam, wenn der Umfang des schuldrechtlichen Übereignungsanspruchs nicht hinreichend bestimmbar ist. Dies ist etwa der Fall, wenn sich aus den Eintragungsunterlagen nur die Größe der Teilfläche ergibt, auf die sich der Übereignungsanspruch bezieht, nicht aber deren Lage auf dem Grundstück. Etwas anderes kann gelten, wenn dem Berechtigten der Auflassungsvormerkung ein Bestimmungsrecht eingeräumt ist; dies muss sich aber aus dem Eintragungsvermerk oder den Eintragungsunterlagen ergeben.

> BayObLG, Beschl. v. 8.1.1998 – 2Z BR 160/97, ZfIR 1998, 174 = MittBayNot 1998, 340 = NJW-RR 1998, 522 = Rpfleger 1998, 241.

1630 Ist der Belastungsgegenstand einer Vormerkung im Grundbuch eindeutig bezeichnet, kommt insoweit eine Auslegung anhand der Eintragungsbewilligung nicht in Betracht.

> BGH, Urt. v. 17.10.1997 – V ZR 376/96, ZIP 1997, 2080 = ZfIR 1997, 734 = MittBayNot 1998, 179 = NJW-RR 1998, 158 dazu EWiR 1998, 355 *(Muth)*.

1631 Der Notar darf daher nicht etwa die laienhaften Angaben der Urkundsbeteiligten ungeprüft übernehmen, sondern muss aufgrund seiner **Amtspflicht zur Sachverhaltsaufklärung** von den Beteiligten eine genaue Flächenbeschreibung erfragen.

> KG, Beschl. v. 19.6.2003 – 1 W 270/02, DNotI-Report 2004, 53 = KG-Report 2004, 39 (unrichtige Sachbehandlung i. S. v. § 16 Abs. 1 Satz 1 KostO).

1632 Die Flächenabgrenzung kann auf verschiedene Arten erreicht werden (siehe Rn. 10):

- Eine **zeichnerische Darstellung** ist jedenfalls dann hinreichend bestimmt, wenn ein maßstabsgerechter Plan verwendet wurde.

  BGH, Urt. v. 13.6.1980 – V ZR 119/79,
  DNotZ 1981, 235 = WM 1980, 1013;

  BGH, Urt. v. 23.4.1999 – V ZR 54/98,
  ZfIR 1999, 818 = DNotZ 2000, 121 (m. Anm. *v. Campe*, S. 109)
  = NJW-RR 1999, 1030 (m. Anm. *Kanzleiter*, NJW 2000, 1919).

Im Einzelfall kann auch eine nicht maßstabsgerechte Skizze genügen, wenn **1633** die verkaufte Teilfläche darin durch Angaben von Maßpunkten in der Natur oder durch die angegebenen Längenmaße hinreichend bestimmt ist,

  BGH, Urt. v. 19.4.2002 – V ZR 90/01,
  BGHZ 150, 334 = ZfIR 2002, 550
  = DNotZ 2002, 937 = NJW 2002, 2247 = Rpfleger 2002, 513;
  dazu EWiR 2002, 775 *(Demharter)*,

- durch **textliche Beschreibung** (insbesondere zur Ergänzung der zeichnerischen Darstellung, etwa durch genaue Längen- oder Breitenangaben oder Winkelmaße, die gegebenenfalls auch in der Skizze selbst eingetragen werden können) oder

- Bestimmbarkeit durch ein **Leistungsbestimmungsrecht** einer Vertragspartei (§ 315 BGB) oder eines Dritten (§ 317 BGB). Dies ist vor allem als Ergänzung zur Detailabgrenzung sinnvoll – dann aber mit einer Begrenzung des Umfangs des Leistungsbestimmungsrechts.

Nicht ausreichend bestimmt ist hingegen **1634**

- die (früher beliebte) Erklärung der Beteiligten, ihnen sei die Teilfläche nach Lage und Größe genau bekannt,

  BGH, Urt. v. 23.3.1979 – V ZR 24/77,
  BGHZ 74, 116 = DNotZ 1979, 403 = NJW 1979, 1350,

- die Angabe der ungefähren Größe oder einer bestimmten Größe allein,

  BayObLG, Urt. v. 21.11.1973 – BReg 2 Z 43/73,
  BayObLGZ 1973, 309 = DNotZ 1974, 174, 176
  = Rpfleger 1974, 65 = WM 1974, 165,

- die Kombination von Größen- und Grenzenangaben, wenn sich die wörtliche Beschreibung und die zeichnerische Festlegung widersprechen (außer wenn sich durch Auslegung eine bestimmbare Teilfläche ergibt),

  BGH, Urt. v. 30.10.1970 – V ZR 27/68, DNotZ 1971, 95,

- allein die Angabe der Größe der Teilfläche ohne Bezeichnung von deren Lage auf dem Grundstück,

  BayObLG, Beschl. v. 8.1.1998 – 2Z BR 160/97,
  ZfIR 1998, 174 = MittBayNot 1998, 340
  = NJW-RR 1998, 522 = Rpfleger 1998, 241,

- wenn die verkaufte Teilfläche weder aufgrund der Angaben im Kaufvertrag noch anhand der dem Vertrag beigefügten Skizze genau ermittelt werden kann.

  BGH, Urt. v. 23.4.1999 – V ZR 54/98,
  ZfIR 1999, 818 = DNotZ 2000, 121
  = MittBayNot 2000, 35 = NJW-RR 1999, 1020.

1635 Weichen die im Text angegebene Flächengröße und die sich aus der zeichnerischen Grenzziehung ergebende Größe voneinander ab, so ist nach der Rechtsprechung des Bundesgerichtshofs **im Zweifel die zeichnerische Umgrenzung allein maßgeblich** und die Bezifferung für die Bestimmung des Kaufgegenstandes ohne Bedeutung (wohl aber möglicherweise für dessen Beschaffenheit).

BGH, Urt. v. 13.6.1980 – V ZR 119/97,
DNotZ 1981, 235 = WM 1980, 1013;

BGH, Urt. v. 23.4.1999 – V ZR 54/98,
ZfIR 1999, 818 = DNotZ 2000, 121
= NJW-RR 1999, 1030;

BGH, Urt. v. 19.4.2002 – V ZR 90/01,
BGHZ 150, 343 = ZfIR 2002, 550
= DNotZ 2002, 937 = NJW 2002, 2247;
dazu EWiR 2002, 775 *(Demharter)*.

1636 Ausnahmsweise kommt jedoch auch eine Anpassung oder Auflösung des Vertrags nach den Grundsätzen des **Fehlens der Geschäftsgrundlage** in Betracht, wenn die Parteien bei Vertragsschluss übereinstimmend davon ausgingen, dass die Größe der zeichnerisch dargestellten Fläche in etwa der bezifferten Flächengröße entspricht und das Ergebnis der Vermessung davon wesentlich abweicht.

BGH, Urt. v. 30.1.2004 – V ZR 92/03,
ZfIR 2004, 812 = DNotZ 2004, 916
= MittBayNot 2004, 432 = NJW-RR 2004, 435;

vgl. auch KG, Beschl. v. 19.6.2003 – 1 W 270/02,
DNotI-Report 2004, 53 = KG-Report 2004, 39
(mangelnde Einigung bzw. fehlende Beurkundung
der Einigung bei widersprüchlichen Angaben).

1637 Sofern sowohl eine zeichnerische wie eine textliche Festlegung erfolgt, sollte daher in der Urkunde geregelt werden, welche der Festlegungen bei Abweichungen Vorrang hat.

2. Kaufpreisanpassung und Vermessungskosten

1638 In gleicher Weise ist beim Kaufpreis zu unterscheiden, ob es sich handelt

- um einen **Festpreis**, der unabhängig vom Vermessungsergebnis ist,
- oder ob der Kaufpreis **vorläufig** aufgrund der angenommenen Flächengröße berechnet ist, maßgeblich jedoch ein bestimmter Kaufpreis pro qm

ist, der endgültig nach Vorlage des Veränderungsnachweises festgestellt wird.

Der Vertrag sollte regeln, wer (ob Verkäufer oder Käufer) die Vermessung in Auftrag gibt und wer die Kosten trägt. Nach § 448 Abs. 1 BGB hat der Verkäufer die Kosten zu tragen, wenn nichts anderes vereinbart wurde. 1639

Nach Landesrecht richten sich die **Vermessungsgebühren** z. T. nur nach der Zahl der abvermessenen Grundstücke, nicht nach deren Größe. Dann können auch bei Abvermessung einer kleinen Fläche Vermessungskosten von ca. 2.000 € entstehen. Geht es den Beteiligten nur darum, eine Abrundung für ihre Ausfahrt zu erhalten, kann daher eine Grunddienstbarkeit anstelle eines Teilflächenverkaufs zu erwägen sein. 1640

3. Teilungsgenehmigung

Die bauplanungsrechtliche Teilungsgenehmigung (§ 19 BauGB) entfiel durch mit Wirkung zum 20.7.2004 endgültig. 1641

> Europarechtsanpassungsgesetz Bau (EAG Bau),
> BGBl I 2004, 1359.

(Bauordnungsrechtliche) **landesrechtliche Teilungsgenehmigungen** bestehen (und sind dem Grundbuchamt zum Vollzug der Teilung auch nachzuweisen): 1642

- allgemein noch in **Nordrhein-Westfalen** (§ 8 BauO NRW)
- sowie für **Waldgrundstücke** in Baden-Württemberg und Schleswig-Holstein (§ 24 LWaldG BW, § 18 LWaldG SH) sowie für gemeinschaftliche Holzungen in Rheinland-Pfalz (§§ 8, 6 Gesetz über die gemeinschaftliche Holzung für die Regierungsbezirke Koblenz, Trier und Montabaur).

> Das DNotI publiziert im Internet eine laufende
> aktualisierte Übersicht über die landesrechtlichen
> Genehmigungserfordernisse unter:
> www.dnoti.de/arbeitshilfen/immobilienrecht;
> vgl. auch Gutachten, DNotI-Report 2006, 104.

4. Mietervorkaufsrecht

Das Mietervorkaufsrecht des § 577 BGB gilt nach dem Gesetzeswortlaut nur bei der Aufteilung in Wohnungseigentum. Die Rechtsprechung wendet es jedoch analog auch auf die Realteilung eines mit mehreren Reihenhäusern (Doppelhaushälften oder Einzelhäusern) bebauten Grundstücks an. 1643

> BGH, Urt. v. 28.5.2008 – VIII ZR 126/07,
> DNotZ 2008, 771 (m. Anm. *Langhein*) = MittBayNot 2009, 37
> = NJW 2008, 2257 = RNotZ 2008, 490 (m. Anm. *Terner*),
> dazu Langhein, notar 2008, 277;

vgl. zur entsprechenden Frage der Kündigungsfrist (§ 577a BGB):
BGH, Urt. v. 23.6.2010 – VIII ZR 325/09, MittBayNot 2010, 465 = NJW 2010, 3571;

vom BVerfG als zulässige richterliche Rechtsfortbildung gebilligt: BVerfG, Nichtannahmebeschluss v. 4.4.2011 – 1 BvR 1803/08, MittBayNot 2011, 477 (m. Anm. *Volmer*) = NZM 2011, 479.

1644 Ebenso kann ein Mietervorkaufsrecht auch bestehen, wenn an zu Wohnzwecken genutzten Räumen Teileigentum (und nicht Wohnungseigentum) begründet wird.

BGH, Urt. v. 21.5.2025 – VIII ZR 201/23, BWNotZ 2025, 239 m. Anm. Steuer = NJW-Spezial 2025, 513 m. Anm. Drasdo = RNotZ 2025, 409.

5. Dienstbarkeiten

1645 Beim Teilflächenverkauf sind häufig auch **Dienstbarkeiten** (Wege- oder Leitungsrechte) entweder zugunsten der verkauften Teilfläche oder zugunsten des dem Verkäufer verbleibenden Restgrundstücks erforderlich (oder auch eine Abstandsflächendienstbarkeit oder ein Überbaurecht für einen Dachüberstand o. Ä.). Erkennt der Notar, dass durch ein Grundstück die Teilung die bestehende Anbindung an eine öffentliche Straße verliert, so muss er die Beteiligten fragen, welche Fahrt- oder Leitungsrechte erforderlich sind.

OLG Celle Urt. v. 2.3.2005 – 3 U 233/04, OLG-Report 2005, 270;

OLG Celle, Urt. v. 26.8.2009 – 3 U 58/09, ZfIR 2009, 838 = notar 2009, 590 (m. Anm. *Stuppi*) = NotBZ 2009, 495 (vom OLG Celle als notarielle Amtspflicht zur Sachverhaltsaufklärung behandelt, § 17 Abs. 1 Satz 1 BeurkG, m. E. aber nur eine erweiterte Belehrungspflicht – Warnpflicht –, wenn der Notar die konkrete Gefahr erkennt);

zu weitgehend hingegen m. E. OLG Hamm, Urt. v. 11.8.2021 – 11 U 114/20, MittBayNot 2023, 81: Grundstück stieß an X-Straße an, war aber nach der Y-Straße benannt. Nach OLG Hamm haftet der Notar, wenn er nicht nachfragt, ob auch eine Erschließung von der Y-Straße erforderlich ist.

1646 Es empfiehlt sich daher, die Beteiligten bei einer Teilflächenveräußerung immer zu **fragen**, ob Dienstbarkeiten an einer der neu gebildeten Teilflächen erforderlich sind.

1647 Die Dienstbarkeiten sind nur sicher, wenn sie Rang vor Grundpfandrechten und Reallasten erhalten. Fälligkeitsvoraussetzung für die Kaufpreiszahlung sollte daher auch die Sicherung der ranggerechten Eintragung von an der dem Verkäufer verbleibenden Restfläche bestellten Dienstbarkeiten sein (durch Dienstbarkeitsvormerkung und Rangrücktrittserklärungen bestehender Grundpfandrechte). Soweit umgekehrt Dienstbarkeiten an der verkauften Teilfläche für die Restfläche erforderlich sind, darf die Eigentumsumschreibung nur nach oder gleichzeitig (§ 16 Abs. 2 GBO) mit der Eintragung dieser Dienstbarkeiten erfolgen. Sollte schon vorab eine Grundschuld an der Gesamtfläche bestellt werden, empfiehlt sich ein Rangvorbehalt für die Dienstbarkeiten.

6. Grundbuchvollzug

a) Vormerkung

Auch vor Vermessung und katasteramtlicher Fortschreibung kann eine (Auflassung-)**Eigentumsübertragungsvormerkung** „zur Sicherung des Anspruchs des Käufers auf Übertragung einer Teilfläche in einer Größe von ca. […] qm gemäß Bewilligung im Kaufvertrag UVZ-Nr. […]/2025 der Notarin N.N. in X-Stadt" auf dem ungeteilten Grundstück eingetragen werden. **1648**

Zu beachten ist, dass die nicht verkaufte Restfläche nach Vollzug der Teilung von der Vormerkung freigestellt wird. Die Bewilligung kann bereits im Kaufvertrag erklärt werden, mit einer Vollmacht an den Notar, die betroffene Fläche durch Eigenurkunde in grundbuchverfahrensrechtlich ausreichender Weise (§ 28 GBO) zu bezeichnen. **1649**

b) Finanzierungsgrundschuld

Das **Finanzierungsgrundpfandrecht** des Käufers kann vor Grundbuchvollzug der Vermessung nur auf dem ungeteilten Gesamtgrundstück eingetragen werden. Dann muss sichergestellt werden, dass die Bank das Restgrundstück des Verkäufers später wieder freigibt. Dazu ist die Belastungsvollmacht wie folgt zu ergänzen: **1650**

> „Der Notar wird angewiesen, den Antrag auf Eintragung der Finanzierungsgrundpfandrechte des Käufers erst zu stellen, wenn sich der Gläubiger unwiderruflich verpflichtet hat, die nicht verkaufte Teilfläche nach katasteramtlicher Fortschreibung auflagenfrei aus der Mithaft zu entlassen".

Alternativ ist auch die **Verpfändung der Auflassungsvormerkung** (genauer des durch die Vormerkung gesicherten Anspruchs) zur Sicherung der finanzierenden Bank möglich. Persönlich ziehe ich diese Lösung vor. Die Beteiligten sollten aber zuvor abklären, dass die finanzierende Bank dies genügen lässt. In Bayern ist dies üblich. Aber vor allem im Westen und Norden Deutschlands ist manchen Kreditinstituten die Absicherung durch Verpfändung nicht vertraut. **1651**

Schöner/Stöber, Rn. 1555 ff. (mit Formulierungsvorschlag).

Die Verpfändung wird erst mit Anzeige (**Mitteilung**) an den Veräußerer wirksam (§ 1280 BGB). Am einfachsten lässt sich der Notar im Wege der Doppelvollmacht zur Anzeige der Verpfändung und Entgegennahme der Anzeige bevollmächtigen. Dann kann er dies durch Eigenurkunde beweiskräftig festhalten (ähnlich wie der familien- oder betreuungsgerichtlichen Genehmigung). **1652**

1653 Erfolgt die Verpfändung **auflösend bedingt** durch ranggerechte Eintragung der Grundschuld, so kann der Verpfändungsvermerk ohne Bewilligung des Kreditinstituts gelöscht werden (was Zeit und Kosten spart).

1654 Beide Lösungen verursachen deutliche Mehrkosten: Die Gesamtbelastung und spätere Freigabe kostet etwa das 1,5-fache, die Verpfändung etwa das Doppelte gegenüber der direkten Grundschuldeintragung an der vermessenen Fläche.

1655 In der Literatur werden weitere Lösungen vorgeschlagen, so etwa die teilweise (nämlich an der Restfläche durch Vermessung und Realteilung) **auflösend bedingte** Grundschuld,

Szalai/Jung, notar 2020, 243, 275,

sowie die Absicherung durch **Grundschuldvormerkung.**

Kesseler, in: Herrler/Hertel/Kesseler, Aktuelles Immobilienrecht 2022, S. 130 (mit Formulierungsvorschlag).

1656 Die Grundschuldvormerkung ist sachen- und grundbuchverfahrensrechtlich eine elegante Lösung. Ob sie auch bankrechtlich als Sicherheit genügt, weiß ich nicht.

c) Auflassung

1657 Für die **Auflassung** gibt es beim Teilflächenkauf verschiedene Gestaltungsmöglichkeiten:

- Die Auflassung kann bereits **im Kaufvertrag** mitbeurkundet werden. Für den Grundbuchvollzug erfolgt dann eine Identitätserklärung durch den Notar nach Vermessung.
- Alternativ kann die Auflassung erst **nach Vermessung** beurkundet werden (und hierfür im Kaufvertrag Vollmacht erteilt werden).
- Schließlich kann man die Auflassung auch im Kaufvertrag erklären und nach Vermessung **nochmals wiederholen** („Doppelt hält besser").

1658 Die schlankste (und für die Beteiligten billigste) – aber auch gefährlichste – Lösung ist, die Auflassung nur im Kaufvertrag, d. h. **vor Vermessung** zu beurkunden. Das ist materiell-rechtlich möglich, sofern die Teilfläche sachenrechtlich hinreichend bestimmt sie (vgl. Rn. 9 ff.). Lediglich für den Grundbuchvollzug ist noch eine Bezeichnung des übereigneten Grundstücks in der Form des § 28 GBO, also dessen katastermäßige Bezeichnung, erforderlich (**„Identitätserklärung"**).

a. A. OLG Köln, Beschl. v. 18.10.1991 – 2 Wx 20/91, DNotZ 1992, 371 = Rpfleger 1992, 153, wonach eine Identitätserklärung verzichtbar sei, wenn aufgrund des Veränderungsnachweises keine vernünftigen Zweifel an der Identität der Teilfläche bestehen.

Verkäufer und Käufer können dem Notar (oder dessen Mitarbeitern) Vollmacht erteilen, die Identitätserklärung für sie nach Vermessung abzugeben. (Die Mitarbeitervollmacht verstößt auch nicht gegen § 17 Abs. 2a BeurkG, da die Identitätserklärung ein bloßes Vollzugsgeschäft ist – vgl. Rn. 431). Gibt der Notar selbst die Identitätserklärung ab, bedarf diese nicht der Beglaubigung durch einen anderen Notar; es handelt sich um eine notarielle **Eigenurkunde** mit einer grundbuchverfahrensrechtlichen Erklärung. Ausreichend ist die Unterzeichnung der Erklärung durch den Notar unter Beifügung des Siegels bzw. der elektronischen Signatur (keine Eintragung in die Urkundenrolle). 1659

Zum Begriff der notariellen Eigenurkunde vgl.
BGH, Urt. v. 9.7.1980 – V ZB 6/80,
BGHZ 78, 36 = WM 1980, 1367;

BayObLG, Beschl. v. 6.8.1987 – BReg 2 Z 124/86,
DNotZ 1988, 117 = NJW-RR 1988, 330 = Rpfleger 1988, 60;

vgl. auch Gutachten, DNotI-Report 1998, 169.

Vorteil der Lösung ist, dass durch die Mitbeurkundung der Auflassung bereits die Bindungswirkung nach § 873 Abs. 2 BGB eintritt. Ihre Gefahr liegt darin, dass die Auflassung nur wirksam ist, wenn das vermessene Grundstück mit dem im Kaufvertrag bezeichneten und aufgelassenen **genau übereinstimmt**. Sonst fehlt es an einer wirksamen Einigung, der Käufer erwirbt kein Eigentum, auch die Grundbuchumschreibung heilt dies nicht nach § 311b Abs. 1 Satz 2 BGB (weil der Fehler nicht in der Form des Kaufvertrags, sondern im Inhalt der Auflassung liegt). 1660

Dies spricht dafür, die **Auflassung erst nach der Vermessung** erklären zu lassen. Zur Vereinfachung können sich die Kaufvertragsparteien im Vertrag gegenseitig **Auflassungsvollmacht** erteilen. Eine Befreiung von den Beschränkungen des § 181 BGB ist für die Auflassungsvollmacht nicht erforderlich, da die Auflassung (bei Flächenidentität) ein bloßes Erfüllungsgeschäft ist. Das heißt, auch wenn der Vertreter einer Vertragspartei selbst nicht von § 181 BGB befreit ist, kann er Auflassungsvollmacht erteilen bzw. aufgrund einer von den Vertragsparteien sich gegenseitig erteilten Vollmacht die Auflassung erklären. 1661

BGH, Beschl. v. 1.10.2015 – V ZB 181/14,
DNotZ 2016, 115 = MittBayNot 2016, 131 (m. Anm. *Volmer*)
= ZfIR 2016, 101 (m. Anm. *Grziwotz*);

BGH, Beschl. v. 16.2.2012, V ZB 204/11,
BeckRS 2012, 6466 bzw. juris.

Die Vollmacht kann auch an Notarangestellte erteilt werden; dies verstößt auch bei einem Verbraucherimmobiliarkaufvertrag nicht gegen § 17 Abs. 2a Satz 2 Nr. 1 BeurkG, da die Auflassung bei Flächenidentität ein bloßes Erfüllungsgeschäft ist. Jedoch würden die Angestellten gegenüber den Beteiligten haften, wenn sie schuldhaft eine falsch vermessene Fläche auflassen; daher rate ich davon ab und verwende selbst eine gegenseitige Auflassungsvollmacht der Beteiligten. Eine Auflassungsvollmacht an den Notar macht wenig Sinn. Denn die Auflassung ist in beurkundeter Form nachzuweisen (§ 20 GBO); eine Ei- 1662 genurkunde genügt nicht. Der Notar kann aber nicht die von ihm selbst erklärte Auflassung beurkunden (§ 6 Abs. 1 Nr. 1 BeurkG), sondern müsste dies von einem anderen Notar beurkunden lassen.

1663 Die Gefahren bei Flächenabweichungen sind wesentlich geringer. Denn anders als die sachenrechtliche Auflassung kann die schuldrechtliche Vollmacht dem Bevollmächtigten einen gewissen Spielraum einräumen (und wird ihm i. d. R. einen – begrenzten – Spielraum einräumen). Bei größeren Abweichungen sollte aber die Auflassung nicht aufgrund der Vollmacht, sondern unter Mitwirkung aller Beteiligten erklärt werden. Ich selbst bitte beide Vertragsparteien, zur Auflassung zu kommen, wenn mir irgendeine Abweichung der vermessenen von der veräußerten Teilfläche auffällt. (Besteht eine Vertragspartei aus mehreren Personen, z. B. Ehegatten, so können sich diese im Kaufvertrag gegenseitig Vollmacht auch zu Vertragsänderungen erteilen. Dann genügt, wenn bei einer möglicherweise den Vertrag ändernden Auflassungsurkunde ein Ehegatte mitwirkt.)

Vgl. hierzu Gutachten, DNotI-Report 1997, 225.

1664 Hat das Grundbuchamt die nach der Vermessung erklärte Auflassung vollzogen, so kann eine ungenügende Vollmacht auch durch formlose Genehmigung geheilt werden (etwa wenn der andere Vertragsteil vorab privatschriftlich sein Einverständnis mit der Auflassung aufgrund der erfolgten Vermessung erklärt hat). Auch dies spricht für die nachträgliche Auflassung.

1665 Die Vollmacht sollte auch beinhalten, nach Vorlage des katasteramtlichen Veränderungsnachweises die Löschung der Vormerkung des Käufers auf der nichtverkauften Teilfläche zu bewilligen (unabhängig von der Eigentumsumschreibung der verkauften Teilfläche) und die nicht verkaufte Teilfläche aus der Mithaft für das Finanzierungsgrundpfandrecht des Käufers freizugeben.

1666 Die sicherste, aber etwas umständliche Lösung ist, die **Auflassung von allen Beteiligten doppelt erklären** zu lassen – im Kaufvertrag und nochmals nach Vermessung. Dies empfiehlt etwa *Brambring.*

Brambring, Beck'sches Notar-Handbuch (5. Aufl., 2009), Rn. 275;
Schöner/Stöber, Rn. 879.

1667 Persönlich bevorzuge ich für den Regelfall die gegenseitige Vollmacht der Kaufvertragsparteien – und in Zweifelsfällen Ladung beider Vertragsparteien zur Auflassung, wenn nicht klar ist, ob die vermessene tatsächlich der verkauften Fläche entspricht. (Die doppelte Auflassung wähle ich bei der Überlassung von Teilflächen, um den **schenkungsteuerlichen Vollzug** bereits mit Beurkundung der Verpflichtung zu erreichen, und nicht erst mit der Messungsanerkennung.)

IV. Altlastengrundstück mit Sanierungspflicht des Verkäufers

Literatur: *Baumann/Schürmann*, Zur Notwendigkeit bundesgesetzlicher Regelungen über Altlasten und umweltgefährdende Boden- oder Gebäudekontaminationen aus der Sicht der notariellen Praxis, DNotZ 1994, 502; *Fabis*, Altlastenhaftung des Voreigentümers nach dem Bundes-Bodenschutzgesetz und Gestaltung von Immobilienkaufverträgen, ZfIR 1999, 633; *Meißner*, Die Sanierungsverantwortlichkeit der gewerblichen Wirtschaft nach dem Bundesbodenschutzgesetz, ZfIR 1999, 407; *Pützenbacher*, Der Ausgleichsanspruch nach § 24 II BBodSchG, NJW 1999, 1137; *Schürmann*, „Altlasten" als Rechtsproblem bei Grundstücksgeschäften – Risikoanalyse und Risikovorsorge –, MittRhNotK 1994, 1; *Schwartmann/Papst*, Bauvorhaben auf Altlasten, 2001; *Sorge*, Das Bundes-Bodenschutzgesetz und seine Auswirkungen auf den Grundstückskaufvertrag, MittBayNot 1999, 232; Gutachten, DNotI-Report 1999, 85.

Fall: 1668

Ein Industriewerk eines Konzerns ist stillgelegt. Die Flächen werden auch anderweitig im Konzern nicht mehr benötigt. Sie sollen verkauft werden. Der Erwerber möchte aber das Altlastenrisiko nicht übernehmen. Daher soll der Veräußerer noch bestimmte Sanierungsarbeiten durchführen.

1. Bundesbodenschutzgesetz

Das Bundesbodenschutzgesetz (BBodSchuG, BGBl I 1998, 502) definiert – 1669
abweichend vom allgemeinen Sprachgebrauch:

- **„Schädliche Bodenveränderungen"** sind danach „Beeinträchtigungen der Bodenfunktionen, die geeignet sind, Gefahren, erhebliche Nachteile oder erhebliche Belästigungen für den Einzelnen oder die Allgemeinheit herbeizuführen" (§ 2 Abs. 3 BBodSchG).
- Der umgangssprachlich meist verwandte Begriff der **Altlasten** ist auf Grundstücke mit stillgelegten Abfallbeseitigungsanlagen oder andere Altablagerungen sowie Grundstücke mit stillgelegten Anlagen beschränkt (§ 2 Abs. 5 BBodSchG).

Daher empfiehlt sich eine **vertragliche Definition** – in Kurzform etwa „schäd- 1670
liche Bodenveränderungen und Altlasten i. S. d. § 2 BBodSchG oder vergleichbare Verunreinigungen des Gebäudes" oder zumindest auch die Erwähnung des Begriffs „schädliche Bodenveränderungen". Denn enthält der Vertrag keine Definition, legt die Rechtsprechung den Begriff „Altlasten" teilweise i. S. d. gesetzlichen Definitionen aus, obwohl es eigentlich auf die von den Vertragsparteien gewollte Bedeutung ankäme.

> OLG Düsseldorf, Urt. v. 21.8.1996 – 9 U 99/95, MittRhNotK 1997, 26 = NJW 1996, 3284;
>
> OLG Karlsruhe, Urt. v. 3.3.2003 – 1 U 67/02, Justiz 2003, 445 = OLG-Report 2003, 281.

Nach § 4 Abs. 3 BBodSchG sind sowohl der **Verursacher** wie der **Grund-** 1671
stückseigentümer und der Inhaber der tatsächlichen Gewalt zur Sanierung ver-

pflichtet (was der Haftung sowohl des Handlungsstörers wie des Zustandsstörers nach allgemeinem Sicherheitsrecht entspricht).

1672 Nach allgemeinem Sicherheitsrecht wäre ein **früherer Grundstückseigentümer**, der die Bodenverunreinigung nicht selbst verursacht hat, nicht mehr zur Sanierung verpflichtet, nachdem er das Grundstück weiter übereignet hat. Anders **§ 4 Abs. 6 BBodSchG**:

> „Der frühere Eigentümer eines Grundstücks ist zur Sanierung verpflichtet, wenn er sein Eigentum nach dem 1. März 1999 übertragen hat und die schädliche Bodenveränderung oder Altlast hierbei kannte oder kennen musste. Dies gilt für denjenigen nicht, der beim Erwerb eines Grundstücks darauf vertraut hat, dass schädliche Bodenveränderungen oder Altlasten nicht vorhanden sind, und sein Vertrauen unter Berücksichtigung der Umstände des Einzelfalles schutzwürdig ist."

> Zur verfassungsrechtlichen Zulässigkeit der Haftung des früheren Grundstückseigentümers vgl.
> BVerfG, Beschl. v. 16.2.2000 – 1 BvR 242/91,
> ZfIR 2000, 464 = DNotI-Report 2000, 146 = NJW 2000, 2573;
> dazu EWiR 2000, 655 *(Scherer-Leydecker)*.

1673 Sind mehrere Beteiligte zur Sanierung verpflichtet, so kann der von der Behörde für die Sanierung in Anspruch genommene von den anderen Ausgleich verlangen. Soweit nichts anderes vereinbart ist, richtet sich die **Ausgleichspflicht im Innenverhältnis** nach dem Anteil an der Verursachung (§ 24 Abs. 2 BBodSchG). Der bloße Zustandsstörer kann daher bei dem Handlungsstörer Rückgriff nehmen. Er trägt aber das Insolvenzrisiko des Handlungsstörers.

1674 Im Rahmen der Vertragsgestaltung kann der **Ausgleichsanspruch nach § 24 Abs. 2 BBodSchG ausgeschlossen** werden. Diesen Ausschluss (sowie den Ausschluss von Ausgleichsansprüchen nach § 9 Abs. 2 USchG – Umweltschadensgesetz) verlangt die öffentliche Hand standardmäßig bei Veräußerung von Konversionsflächen (ehemalige Kasernengrundstücke oder ehemalige Industrieflächen).

1675 Hingegen kann die öffentlich-rechtliche Sanierungsverpflichtung des früheren Grundstückseigentümers nach § 4 Abs. 6 BBodSchG nicht ausgeschlossen werden. Vereinbaren die Vertragsparteien, dass der Erwerber das Grundstück saniert, so trägt daher der Verkäufer das Insolvenzrisiko, falls der Erwerber seiner Pflicht nicht nachkommt.

2. Vertragsgestaltung

1676 Sind schädliche Bodenveränderungen und Altlasten bekannt, wird der Verkäufer in der Regel daran interessiert sein, dass in der Kaufurkunde dokumentiert wird, welche Belastungen er dem Käufer offenbart hat bzw. welche **Belastungen dem Käufer bekannt** sind – etwa dass dem Käufer ein Bodengutachten bekannt ist.

Dies ist eine **Wissenserklärung**, die als solche nicht dem Beurkundungserfordernis des § 311b Abs. 1 BGB unterfällt. Eine Mitbeurkundung empfiehlt sich aber zu Beweiszwecken. Dafür genügt aber, wenn in die Urkunde selbst die Erklärung des Käufers aufgenommen wird, das Bodengutachten sei ihm bekannt; gegebenenfalls kann das Bodengutachten dann noch zu Beweiszwecken zur Urkunde geheftet werden, um späteren Streit über den Text des Gutachtens auszuschließen. **1677**

Ergänzen wird man auch dies durch die **Arglistprobe**, wonach der Verkäufer erklärt, ihm seien keine weiteren schädlichen Bodenveränderungen oder Altlasten als die in dem Gutachten genannten bekannt (und auch kein Verdacht hierauf, insbesondere keine weitere möglicherweise zu Belastungen führende frühere Grundstücksnutzung). Dabei gelten bei einem Weiterverkauf zur Wohnbebauung strengere Offenbarungspflichten als bei einem Weiterverkauf als Industriegelände. **1678**

Zur Offenbarungspflicht des Verkäufers bei Altlasten vgl.
BGH, Urt. v. 19.3.1992 – III ZR 16/90,
BGHZ 117, 363 = DNotZ 1993, 325
= NJW 1992, 1953 = NVwZ 1992, 913
(Offenbarungspflicht einer früheren Nutzung als Mülldeponie);

BGH, Urt. v. 14.10.1993 – III ZR 156/92,
BGHZ 123, 363 = DNotZ 1994, 452
= NJW 1994, 253 = WM 1994, 70
(keine Offenbarungspflicht früherer Nutzung als Industriegelände);

BGH, Urt. v. 20.10.2000 – V ZR 285/99,
ZIP 2000, 2257 = ZfIR 2001, 190
MittBayNot 2001, 67 = NJW 2001, 64
(Offenbarung tatsächlicher Belastungen erforderlich, wenn Käufer nur einen Altlastenverdacht kennt);
dazu EWiR 2001, 355 *(Tiedtke)*;

OLG Düsseldorf, Urt. v. 21.8.1996 – 9 U 99/95
MittRhNotK 1997, 26 = NJW 1996, 3284
(Offenbarungspflicht einer früheren Nutzung als Mülldeponie);

OLG München, Urt. v. 21.4.1994 – 32 U 2088/94,
DNotI-Report 20/1994, S. 6 = NJW 1995, 2566
(Offenbarungspflicht bereits bei bloßem Altlastenverdacht).

Übernimmt der Verkäufer eine **Sanierungspflicht**, so sind folgende Gestaltungsmöglichkeiten denkbar – in der Praxis meist in Kombination miteinander: **1679**

- Entweder es werden nur bestimmte **Zielvorgaben** vereinbart (z. B. die Höchstbelastung durch bestimmte Schadstoffe),
- oder es werden **konkret Maßnahmen** vorgegeben (etwa das Abtragen des vorhandenen Bodens bis zu einer gewissen Tiefe und die Aufbringung einer neuen Bodendeckschicht).

1680 Soweit nur das Ziel der Sanierung vorgegeben ist, muss auch nur dieses beurkundet werden.

> BGH, Urt. v. 3.4.2003 – IX ZR 163/02,
> ZIP 2003, 854 = ZfIR 2003, 443
> = DNotZ 2003, 698 = NJW-RR 2003, 1136
> dazu EWiR 2003, 641 *(Eckert)*.

1681 Dort hatte der Bundesgerichtshof über die Formwirksamkeit eines Vertrags zu entscheiden, in dem sich der Bauträger verpflichtet hatte, ein – nicht mitbeurkundetes – Bodengutachten „zu beachten". Der Bundesgerichtshof legte dies dahingehend aus, dass der Bauträger damit nicht auf die in dem Gutachten selbst empfohlene Art der Gründung des Baus festgelegt war (sonst wäre jedenfalls dieser Teil des Gutachtens mitzubeurkunden gewesen), sondern dass nur das Ziel (formwirksam) vereinbart war, dem Bauträger aber die Wahl der Mittel freistand.

1682 Selbstverständlich darf dann auch der **Kaufpreis** bzw. ein entsprechender Kaufpreisteil erst nach erfolgreicher Durchführung der Sanierung fällig gestellt werden. Da der Notar dies nicht selbst überprüfen kann,

- ist dies entweder aus der notariellen Fälligkeitsmitteilung auszunehmen (ähnlich wie die Räumung; dann muss der Käufer zu seiner Absicherung gegebenenfalls selbst eine Bodenprobe durchführen lassen),
- oder es ist ein formalisiertes Verfahren zu regeln, aufgrund dessen der Notar den Kaufpreis fällig stellt (z. B. Probe und Bestätigung durch einen Fachmann).

V. Verbundene Geschäfte (§ 358 Abs. 3 Satz 3 BGB)

1683 Zu verbundenen Geschäften siehe die Ausführungen in der 10. Auflage unter Rn. 1505 ff.

I. Grundstückskäufe unter Beteiligung der Gemeinde

I. Grundstückserwerb durch die Gemeinde gegen Baulandausweisung

Literatur: *Grziwotz*, Verträge im Zusammenhang mit Baulandausweisungen und Bauplatzveräußerungen – Übersicht über neue Gerichtsentscheidungen – MittBayNot 2010, 356; *ders.*, Angebotsmodelle im Vorfeld einer Baulandausweisung, KommJur 2011, 172; *Seeger*, Planungszusagen und Koppelungsverbot bei Grundstücksgeschäften mit Gemeinden, in: DNotI (Hrsg.), Zehn Jahre Deutsches Notarinstitut 1993–2003, S. 129.

Fall: 1684

Im Gemeinderat wird der Haushalt diskutiert. Allenthalben sind Einsparungen erforderlich, selbst über die Schließung des gemeindlichen Schwimmbades wird diskutiert.

Nächster Tagesordnungspunkt ist der Flächennutzungsplan der Gemeinde, denn es besteht Bedarf für neue Baugebiete. Die Gemeinderäte überlegen, dass die betroffenen Bauern mit der Baulandausweisung eigentlich ein gutes Geschäft machen: Ohne dass sie etwas tun, ist ihr Acker als Bauland plötzlich das Zehnfache wert. Wenn die Gemeinde zumindest den halben Gewinn vereinnahmen könnte, wäre sie ihre Finanzsorgen vorerst los.

So beschließt der Gemeinderat folgendes Modell: Neues Bauland wird nur dann ausgewiesen, wenn der Grundstückseigentümer zuvor die Hälfte der Fläche an die Gemeinde verkauft hat – natürlich zum Preis von Ackerland.

Als der erste derartige Ackerlandverkauf an die Gemeinde beim Notar zur Beurkundung angemeldet wird, hat der Notar Bedenken gegen die Wirksamkeit des Vertrags.

1. Keine Verpflichtung zur Baulandausweisung (§ 2 Abs. 3 Halbs. 2 BauGB)

Die Gemeinde kann sich nicht vertraglich zur Baulandausweisung verpflichten (§ 1 Abs. 3 Satz 2 Halbs. 2 BauGB). Dies ist Verbotsgesetz i. S. d. § 134 BGB. Jedoch kann die Gemeinde ein Grundstück unter der **aufschiebenden Bedingung** verkaufen, dass ein Bebauungsplan mit einem bestimmten Inhalt zustande kommt. 1685

> BGH, Urt. v. 2.10.2015 – V ZR 307/13, DNotZ 2016, 119 = NotBZ 2016, 33 (m. Anm. *Grzwiotz*) = NVwZ 2016, 404 = ZfIR 2016, 69 (m. Anm. *Busse*).

Zulässig ist auch, wenn umgekehrt die Pflicht zur Grundstücksübereignung an die Gemeinde von der Baulandausweisung für dem Verkäufer verbleibende Flächen abhängt (etwa als aufschiebende oder auflösende Bedingung oder als Rücktrittsrecht). 1686

> OLG München, Beschl. v. 19.7.1999 – 31 U 5443/98, ZfIR 2000, 389 = DNotI-Report 1999, 131 = MittBayNot 1999, 586; ebenso Gutachten, DNotI-Report 2010, 181;

indirekt auch
BGH, Urt. v. 2.10.1998 – V ZR 45/98,
ZIP 1998, 2158 = ZfIR 1998, 726
= DNotZ 1999, 398 = NJW 1999, 208;
dazu EWiR 1999, 301 *(Mayer-Maly)*.

2. Verwaltungsrechtliches Koppelungsverbot (§ 11 Abs. 2 BauGB, § 56 VwVfG)

1687 Nach **§ 56 Abs. 1 VwVfG** (und den entsprechenden Bestimmungen in den Verwaltungsverfahrensgesetzen der Länder) kann ein öffentlich-rechtlicher Vertrag, in dem sich der Vertragspartner der Behörde zu einer Gegenleistung verpflichtet, nur geschlossen werden, „wenn die Gegenleistung zu einem bestimmten Zweck im Vertrag vereinbart wird und der Behörde zur Erfüllung ihrer öffentlichen Aufgaben dient. Die Gegenleistung muss den gesamten Umständen nach angemessen sein und im sachlichen Zusammenhang mit der vertraglichen Leistung der Behörde stehen."

Ähnlich bereits vor der Kodifikation des § 56 VwVfG:
BGH, Urt. v. 21.11.1957 – III ZR 250/55,
BGHZ 26, 84 = WM 1958, 437 (Bausperre);

BGH, Urt. v. 14.7.1966 – III ZR 190/64,
LM Nr. 50 zu § 134 BGB = DÖV 1966, 759
= MDR 1966, 915 = WM 1966, 1039, 1041 („Kulturbeitrag").

1688 Die Angemessenheit ist ebenso in **§ 11 Abs. 2 BauGB** vorgeschrieben, der eine spezielle Ausprägung des verwaltungsrechtlichen Koppelungsverbotes für städtebauliche Verträge darstellt.

a) Gegenleistung des Eigentümers

1689 Wird das Grundstück **zum Verkehrswert** (bei Kaufvertragsschluss) verkauft, so erbringt der Eigentümer nach einer Entscheidung des Bundesgerichtshofs keine Gegenleistung für die Baulandausweisung. Daher greift auch das Koppelungsverbot nicht ein.

BGH, Urt. v. 2.10.1998 – V ZR 45/98,
ZIP 1998, 2158 = ZfIR 1998, 726
= DNotZ 1999, 398 (m. Anm. *Busse*)
= NJW 1999, 208;
dazu EWiR 1999, 301 *(Mayer-Maly)*.

1690 Der Bundesgerichtshof prüfte nicht, ob nicht bereits der Verkauf als solcher eine Gegenleistung des Eigentümers darstellt. Diese Annahme läge aber eigentlich nahe. Denn von sich aus wäre der Eigentümer nie auf die Idee gekommen, einen Grundstücksteil zu verkaufen. Vielmehr hätte er lieber abgewartet, bis das Grundstück Bauland wird und dann den gesamten Planungsgewinn selbst vereinnahmt.

1691 Bei einem bloßen **Verkaufsangebot** soll hingegen nach einer Entscheidung des OLG München bereits dann eine Gegenleistung vorliegen, wenn nach dem

Angebot zwar der Verkehrswert zur Zeit der Angebotsabgabe zu zahlen ist, zum Zeitpunkt der Annahme aber der Verkehrswert höher lag.

> OLG München, Urt. v. 12.4.1999 – 31 U 5443/98,
> ZfIR 2000, 389 = DNotI-Report 1999, 131
> = MittBayNot 1999, 586 = NotBZ 1999, 177.

Ich halte die Entscheidung für falsch. Entscheidend ist doch der Verkehrswert in dem **Zeitpunkt, in dem sich der Eigentümer bindet**. Denn nach der Argumentation des OLG München würde man eine Gegenleistung verneinen, wenn statt eines Angebotes eine auflösende Bedingung oder ein Rücktrittsrecht vereinbart wird – obwohl das wirtschaftlich zu demselben Ergebnis führt. Die Frage hat an Bedeutung verloren, da angesichts der Unsicherheit, ob die Rechtsprechung längere Angebotsfristen in derartigen Fällen noch anerkennen wird, zu einer Vertragsgestaltung mittels Rücktrittsrechts (oder gegebenenfalls aufschiebender Bedingung) zu raten ist. 1692

> Vgl. Rn. 1444 ff.

b) Zulässigkeit der Koppelung

Erbringt der Grundstückseigentümer eine Gegenleistung für die Baulandausweisung, so ist die Koppelung nur zulässig, wenn dadurch „sachlich gerechtfertigten Gründen“ gegen die Gewährung von Baurecht „entscheidend der Boden entzogen werden würde“. 1693

> BGH, Urt. v. 14.7.1966 – III ZR 190/64,
> LM Nr. 50 zu § 134 BGB = DÖV 1966, 759
> = MDR 1966, 915 = WM 1966, 1039, 1041 („Kulturbeitrag“);
>
> OLG München, Beschl. v. 19.7.1999 – 31 U 5443/98,
> ZfIR 2000, 389 = DNotI-Report 1999, 131
> = MittBayNot 1999, 586.

- Geradezu klassisch hierfür ist ein Fall des Bayerischen Verwaltungsgerichtshofs: Eine Gemeinde wollte am Ortsrand eines kleineren Gemeindeteiles neues Baurecht ausweisen. Die Bezirksregierung verweigerte insoweit die Genehmigung des Flächennutzungsplanes. Landesplanerisch sei eine Baulandausweisung in dem betroffenen Ortsteil nur zur Deckung des sich aus dem Ortsteil selbst ergebenden Bedarfs zulässig. Daraufhin machte die Gemeinde ein Einheimischenmodell, in dem sich die Grundstückseigentümer verpflichteten, nur an Einheimische zu veräußern. Daraufhin wurde der Flächennutzungsplan genehmigt. Hier war die Beschränkung der Eigentümer erforderlich, um bauplanerische Bedenken zu überwinden.

  > BayVGH, Urt. v. 11.4.1990 – 1 B 85 A.1480,
  > BayVBl 1991, 47 = MittBayNot 1990, 259
  > = NJW 1990, 3164 = NVwZ 1990, 979.

- Auch das Bundesverwaltungsgerichtes erkannte in seiner Entscheidung zum **„Weilheimer Modell“** als zulässig an, dass die Gemeinde neues Bauland nur dann ausweist, wenn sich der Grundstückseigentümer zuvor verpflichtete, nur an Einheimische zu veräußern und zur Sicherung der Gemeinde ein auf zehn Jahre befristetes Kaufangebot abgab.

BVerwG, Urt. v. 11.2.1993 – BVerwG 4 C 18.91,
BVerwGE 92, 56 = DNotZ 1994, 63 = NJW 1993, 2695.

- Am anderen Ende des Spektrums steht der bloße Wunsch der Gemeinde, die Gemeindekasse durch die **Teilnahme am Grundstückshandel** aufzubessern. Eine darauf gestützte Koppelung ist eindeutig unzulässig.

OLG München, Urt. v. 12.4.1999 – 31 U 5443/98, a. a. O.

1694 Erst recht kann die Gemeinde nicht eine Zahlung als Gegenleistung für die Baulandausweisung verlangen (auch nicht indem sie diese als „Aufwendungsersatz“ bezeichnet).

BGH, Urt. v. 29.10.2009 – V ZR 54/09,
ZfIR 2010, 75 (m. Anm. *Grziwotz*) = NJW 2010, 297
= NotBZ 2010, 338 (m. Anm. *Grziwotz*).

1695 Zulässig ist hingegen ein **Folgekostenvertrag** bzw. Kostenübernahmevertrag (§ 11 Abs. 1 Satz 2 Nr. 3 BauGB), z. B. über Planungskosten oder über Infrastrukturmaßnahmen, die infolge der Baulandausweisung erforderlich werden.

1696 Zur **Verhältnismäßigkeitsprüfung**, wenn der Koppelungsgrund grundsätzlich zulässig ist, vgl. insbesondere die Ausführungen in der BayVGH-Entscheidung.

BayVGH, Urt. v. 11.4.1990 – 1 B 85 A.1480, a. a. O.

3. Rückabwicklung bei Verstoß gegen Koppelungsverbot

1697 **Fall:**

Bauer B. ist rechtlich gut beraten. Nachdem er dem Bürgermeister erst etwas von den schlechten Zeiten vorgejammert hat, geht er auf die Forderung der Gemeinde ein und gibt ein Verkaufsangebot für den Verkauf einer Teilfläche zum Preis von Bauerwartungsland ab, das die Gemeinde erst annehmen kann, wenn die ihm verbleibende Restfläche als Bauland ausgewiesen ist.

Nachdem der Bebauungsplan in Kraft getreten ist und damit sowohl die der Gemeinde zum Verkauf angebotene Fläche wie die dem Bauern verbleibende Restfläche Bauland sind, erklärt der Bauer, dass er eigentlich doch lieber die gesamte Fläche als Bauland hätte. Die Gemeinde dürfe sein Angebot nicht annehmen, da sie damit gegen das Koppelungsverbot verstieße.

1698 Verstößt die Veräußerung gegen das Koppelungsverbot, so ist der **Vertrag nichtig** (wobei dahinstehen kann, ob man dies aus §§ 134, 138 BGB oder aus § 59 Abs. 2 Nr. 4 VwVfG ableitet) und nach **Bereicherungsrecht** rückabzuwickeln.

1699 Der ursprüngliche Zustand (dem Eigentümer gehört die ganze Fläche, es besteht aber kein Baurecht) kann aber nicht wieder hergestellt werden. Denn die Baulandausweisung kann nicht rückabgewickelt werden.

- Wird nur die Grundstücksübereignung rückabgewickelt, so freut sich natürlich der Eigentümer: Dann hat er wieder die ganze Fläche – wie ursprünglich, aber nun zusätzlich mit Baurecht. Im Ergebnis wirkt dies wie eine Bestrafung der Gemeinde. Dies war aber die Lösung des OLG München.

  OLG München, Urt. v. 12.4.1999 – 31 U 5443/98,
  DNotI-Report 1999, 131 = MittBayNot 1999, 586.

- Der **Bundesgerichtshof** äußerte in einem *obiter dictum* zu Recht Bedenken gegen diese Lösung: „Der Kläger möchte nunmehr so gestellt werden, als habe er auch noch sein Teilgrundstück behalten und könne nunmehr einen Planungsgewinn realisieren [...] Damit kann er nach Sinn und Zweck des sog. Koppelungsverbotes, das lediglich einen ‚Verkauf von Hoheitsrechten' verhindern will, keinen Erfolg haben".

  BGH, Urt. v. 2.10.1998 – V ZR 45/98,
  ZIP 1998, 2158 = ZfIR 1998, 726
  = DNotZ 1999, 398 (m. Anm. *Busse*)
  = NJW 1999, 208;
  dazu EWiR 1999, 301 *(Mayer-Maly)*.

Folgende Ansatzpunkte wären denkbar: **1700**

- Hat die Gemeinde mehr als angemessen verlangt, könnte man lediglich eine **Teilunwirksamkeit** annehmen (jedenfalls solange die Gemeinde die Grenzen des Koppelungsverbotes nicht offensichtlich und schwerwiegend überschritten hat).

- Wusste der Grundstückseigentümer positiv, dass er nicht zur Leistung verpflichtet war, ist ein Bereicherungsanspruch nach **§ 814 Var. 1 BGB** ausgeschlossen. Damit kann man Fälle erfassen, in denen der Eigentümer die Gemeinde über den Tisch ziehen will.

- Hingegen ist **§ 817 Satz 2 BGB** (Ausschluss des Bereicherungsanspruchs, wenn auch dem Leistenden ein Sittenverstoß zur Last fällt) wohl nicht anwendbar. Denn nur die Gemeinde, nicht der Bürger verstößt gegen das Koppelungsverbot.

  Ebenso
  OLG München, Urt. v. 12.4.1999 – 31 U 5443/98, a. a. O.;

  ausdrücklich offengelassen hingegen von:
  BGH, Urt. v. 29.10.2009 – V ZR 54/09,
  ZfIR 2010, 75 (m. Anm. *Grziwotz*) = NJW 2010, 297
  = NotBZ 2010, 338 (m. Anm. *Grziwotz*).

Bei unzulässigen Geldzahlungen in Folgekostenverträgen steht hingegen der Grundsatz von Treu und Glauben „der einseitigen Rückabwicklung eines nichtigen Austauschvertrags nicht allein deshalb entgegen, weil die Leistung der Gemeinde nicht mehr rückgängig zu machen ist; es müssen vielmehr besondere, in der Person oder im Verhalten des Erstattung begehrenden Bürgers lie- **1701** gende Umstände hinzutreten, die das Rückforderungsbegehren als treuwidrig erscheinen lassen".

BVerwG, Urt. v. 29.1.2009 – 4 C 15/07, BVerwGE 133, 85 = ZfIR 2009, 464 = KommJur 2009, 312 = NVwZ 2009, 1109;

ebenso bereits BVerwG, Urt. v. 16.5.2000 – 4 C 4/99, BVerwGE 111, 162 = ZfIR 2000, 720 (m. Anm. *Grziwotz*) = DNotZ 2000, 760 = NVwZ 2000, 1285.

1702 Der Rückzahlungsanspruch verjährt binnen der regelmäßigen gesetzlichen Verjährungsfrist von drei Jahren (§§ 195 ff. BGB).

BGH, Urt. v. 29.10.2009 – V ZR 54/09, ZfIR 2010, 75 (m. Anm. *Grziwotz*) = NJW 2010, 297 = NotBZ 2010, 338 (m. Anm. *Grziwotz*).

II. Grundstücksverkauf durch die öffentliche Hand, insbesondere durch Gemeinden

1. Kommunalrechtliches Genehmigungserfordernis und Verbot der Unter-Wert-Veräußerung

1703 Ein spezielles **Genehmigungserfordernis** für Grundstücksveräußerungen unter Wert besteht in vier Bundesländern:

- **Baden-Württemberg** (§ 92 Abs. 3 GO BW).
- **Brandenburg** (§ 79 Abs. 3 BbgKVerf).
- **Mecklenburg-Vorpommern** (§ 56 Abs. 6 Nr. 1 GO M-V).
- **Sachsen** (§ 90 Abs. 3 Nr. 1 SächsGO).

1704 Auch in den anderen Bundesländern verbietet das Kommunalrecht den Gemeinden, **Gegenstände unter Wert zu veräußern**. Das jeweilige Landesrecht bestimmt, ob dies (wie in den meisten Bundesländern) ein **Verbotsgesetz i. S. d. § 134 BGB** ist, sodass der Veräußerungsvertrag bei einem Verstoß zivilrechtlich unwirksam ist.

BGH, Urt. v. 17.1.2003 – V ZR 137/02, DNotI-Report 2003, 57 = DNotZ 2003, 431;

vgl. auch BGH, Urt. v. 30.1.1967 – III ZR 35/65, BGHZ 47, 30, 39 f. = DVBl 1967, 328 (haushaltsrechtliches Schenkungsverbot);

BayObLG, Beschl. v. 12.4.1983 – BReg 2 Z 21/83, BayObLGZ 1983, 85, 91 = Rpfleger 1983, 308;

BayObLG, Beschl. v. 22.6.1995 – 2Z BR 42/95, BayObLGZ 1995, 225, 226 = NVwZ-RR 1996, 342;

BayObLG, Urt. v. 5.3.2001 – 5Z RR 174/99, BayObLGZ 2001, 54, 56 f. = BayVBl 2001, 539.

Eine Veräußerung unter Wert ist nur zulässig, wenn sie einem **öffentlichen Zweck** dient. 1705

Häufig haben die Länder die Voraussetzungen für Unterwertveräußerungen in **Verordnungen** oder Verwaltungsvorschriften näher geregelt. 1706

Zum **Nachweis gegenüber dem Grundbuchamt**, dass die Veräußerung zum Verkehrswert erfolgt, genügt grundsätzlich die Feststellung des Vertretungsberechtigten der Gemeinde, dass keine verbotene Unterwertveräußerung vorliegt. Denn ein Nachweis des Verkehrswerts zu öffentlicher Urkunde (§ 29 GBO) ist nicht möglich. 1707

> BayObLG, Beschl. v. 22.6.1995 – 2Z BR 42/95,
> BayObLGZ 1995, 225, 226 = NVwZ-RR 1996, 342.

Die Vollwertigkeitserklärung wird der Notar vorsorglich immer aufnehmen; grundbuchverfahrensrechtlich ist sie aber nur erforderlich, wenn ausnahmsweise **konkrete Hinweise** vorliegen, dass die Gemeinde unter Wert veräußert. 1708

> OLG Karlsruhe, Beschl. v. 4.4.2012 – 11 Wx 111/11,
> Justiz 2012, 324 = MittBayNot 2012, 513.

Die Erklärung kann dem Grundbuchamt in Form einer gesiegelten Eigenurkunde nachgewiesen werden (§ 29 Abs. 3 GBO). Ebenso möglich ist aber, die Erklärung in den notariellen Kaufvertrag aufzunehmen. Denn § 29 Abs. 3 GBO ist eine Nachweiserleichterung, nicht etwa eine abschließende Sondervorschrift für Erklärungen der öffentlichen Hand. (Wäre § 29 Abs. 3 GBO abschließend, könnte die öffentliche Hand z. B. keine Auflassung erklären). 1709

> Hügel/*Otto*, § 29 GBO Rn 196;
> Meikel/*Hertel*, § 29 GBO Rn. 508;
>
> **a. A.** OLG Dresden, Beschl. v. 27.4.2015 – 17 W 382/15,
> NotBZ 2015, 306 (m. Anm. *Primaczenko*);
>
> OLG Jena, Beschl. v. 18.9.2000 – 6 W 547/00,
> Rpfleger 2001, 22 = ThürVBl 2000, 280;
>
> KG DNotZ 1975, 425 = Rpfleger 1974, 399.

Ebenso genügt die Erklärung, dass die Veräußerung unter Wert zur Erfüllung einer näher zu bezeichnenden kommunalen Aufgabe zulässig ist. 1710

> OLG Brandenburg, Beschl. v. 21.12.2004 – 5 Wx 5/04,
> NotBZ 2005, 217 = Rpfleger 2005, 357;
>
> ebenso *Mayer*, MittBayNot 1996, 251;
> Gutachten, DNotI-Report 1998, 206.

2. Beihilfeverbot

Literatur: *Eckert*, EG-Beihilferecht und Grundstückskaufvertrag, NotBZ 2005, 345; *Höfinghoff*, Notarrelevante Probleme des Europäischen Beihilfenrechts, RNotZ 2005, 387; *Schmidt-Räntsch*, Zivilrechtliche Wirkungen von Verstößen gegen das EU-Beihilfenrecht, NJW 2005, 106; *Verse/Wurmnest*, Zur Nichtigkeit von Verträgen bei Verstößen gegen das EG-Beihilferecht, AcP 204 (2004), 855.

1711 In einer Unter-Wert-Veräußerung durch die öffentliche Hand kann außerdem eine **Beihilfe i. S. d. Art. 107 ff. AEUV** (Ex-Art. 87 ff. EGV) liegen, wenn sie geeignet ist, den **Handel zwischen Mitgliedsstaaten zu beeinträchtigen**. Letzteres wird bei einer Grundstücksveräußerung durch eine Kommune kaum je der Fall sein.

1712 Eine Beihilfe beim Grundstücksverkauf ist grundsätzlich ausgeschlossen, wenn die öffentliche Hand die Grundstücke entweder „in einem wettbewerblichen, transparenten, diskriminierungsfreien und bedingungsfreien Ausschreibungsverfahren" ausschreibt (**Bietverfahren**) oder auf der Grundlage eines vor den Verkaufsverhandlungen eingeholten **Sachverständigengutachtens** eines unabhängigen Sachverständigen über den Marktwert verkauft.

> Bekanntmachung der Kommission zum Begriff der staatlichen Beihilfe i. S. d. Artikels 107 Abs. 1 des Vertrags über die Arbeitsweise der Europäischen Union, C/2016/2946, ABl. C 262 v. 19.7.2016, S. 1; dort Rn. 89 ff. und 103.

1713 Alle anderen Beihilfen müssen der Kommission vorab gemeldet werden (**Notifikationspflicht**) und dürfen erst nach einer positiven Entscheidung der Kommission gewährt werden (**Durchführungsverbot**, Art. 108 Abs. 3 AEUV = ex-Art. 88 Abs. 3 EGV).

1714 Wird gegen die Notifikationspflicht oder das Durchführungsverbot verstoßen, so ist die Beihilfe rechtswidrig, auch wenn sie genehmigungsfähig wäre. Anders als im deutschen Recht führt bereits die **bloße formelle Rechtswidrigkeit**, also die unterlassene Notifizierung, zur **Nichtigkeit** der die Beihilfe gewährenden Maßnahme oder des Rechtsgeschäfts – unabhängig davon, ob die Beihilfe materiell genehmigungsfähig wäre oder nicht.

> BGH, Urt. v. 4.4.2003 – V ZR 314/02, ZfIR 2004, 73 = EuZW 2003, 444 = MittBayNot 2004, 250 = VIZ 2003, 340;
>
> BGH, Urt. v. 20.1.2004 – XI ZR 53/03, ZIP 2004, 498 = EuZW 2004, 252 = NVwZ 2004, 636 = WM 2004, 468;
>
> vgl.
> *Grziwotz*, ZfIR 2004, 53;
> *Quardt/Nielandt*, EuZW 2004, 201.

1715 Noch nicht obergerichtlich geklärt ist, ob bei einem Verstoß gegen das Beihilferecht auch die **Auflassung** unwirksam ist:

> offengelassen in:
> OLG Dresden, Beschl. v. 10.12.1999 – 3 W 1832/99, ZfIR 2000, 406 = DNotI-Report 2000, 55 = NotBZ 2000, 60;

für Unwirksamkeit auch der Auflassung:
Gotzen, KommJur 2005, 161, 164;
Grziwotz, ZfIR 2004, 53, 54;
Knapp, MittBayNot 2004, 253;
Pechstein, EuZW 2003, 447;
Stapper, DB 1999, 2399, 2404;

gegen Unwirksamkeit der Auflassung:
LG Dresden, VIZ 2000, 560;
Eckert, NotBZ 2005, 345, 349;
Höfinghoff, RNotZ 2005, 387, 399;
Kiethe, RIW 2003, 782, 785;
Martin-Ehlers, WM 2003, 1598, 1601;
Schmidt-Räntsch, NJW 2005, 106, 109;
Verse/Wurmnest, AcP 204 (2004), 855, 875 ff.

Die Umschreibung im Grundbuch heilt die Nichtigkeit des Kaufvertrags nicht, 1716
da die Unwirksamkeit nicht auf einem Formmangel beruht (§ 311 b Abs. 1 Satz 2 BGB).

3. Ausschreibungspflicht bei Baupflicht

Literatur: *Bank*, Muss die Veräußerung von gemeindeeigenen Grundstücken an einen privaten Investor zum Zwecke der Bebauung öffentlich ausgeschrieben werden?, BauR 2012, 174; *Greim*, Ausschreibungspflichten beim kooperativen Städtebau nach dem „Helmut Müller"-Urteil des EuGH, ZfBR 2011, 126; *Grziwotz*, Vergaberecht und EuGH, notar 2010, 308; *Grothmann/Tschäpe*, Entwarnung für Projektentwickler bei städtebaulichen Verträgen – EuGH, Helmut Müller, ZfBR 2011, 442; *Haak*, Jenseits von „Ahlhorn" – die vergaberechtliche Beurteilung kommunaler Grundstücksgeschäfte, VergabeR 2011, 351; *Hanke*, Wann ist ein Grundstücksgeschäft der öffentlichen Hand ausschreibungspflichtig?, ZfBR 2010, 562; *Harms/Schmidt-Wottrich*, Ausschreibungspflichten bei kommunalen Grundstücksverkäufen und städtebaulichen Verträgen, LKV 2011, 537; *Hertwig*, Vergaberecht und staatliche (Grundstücks-) Verkäufe, NZBau 2011, 9; *van Kann/Hettich*, Vergaberecht bei kommunalen Grundstücksgeschäften: Wichtige Neuerungen durch EuGH-Rechtsprechung, ZfIR 2010, 783; *Kühling*, Künftige vergaberechtliche Anforderungen an *kommunale* Immobiliengeschäfte, NVwZ 2010, 1257; *Lamm*, Ende der Ausschreibungspflicht für Grundstückskaufverträge der öffentlichen Hände?, KommJur 2010, 161; *Otting*, Städtebauliche Verträge und der EuGH – Was bleibt von „Ahlhorn"?, NJW 2010, 2167; *Seidler*, Anwendung des Vergaberechts auf Grundstücksverkäufe und städtebauliche Verträge, NZBau 2010, 552; *Wittig*, Grundstücksgeschäfte der öffentlichen Hand und Vergaberecht: Besondere Sorgfaltsanforderungen, KommJur 2011, 246.

Beginnend mit der „**Ahlhorn-Entscheidung**" hatte der Vergabesenat des **OLG** 1717
Düsseldorf vertreten, dass auch Grundstücksverkäufe durch die öffentliche Hand nach Vergaberecht auszuschreiben seien, wenn der Erwerber eine Baupflicht einginge (sofern die vergaberechtlichen Schwellenwerte überschritten sind) – und zwar auch dann, wenn die öffentliche Hand das Bauwerk gar nicht selber (für sich oder die Allgemeinheit) nutzen wolle, sondern die Baupflicht lediglich städtebaulichen oder regionalplanerischen Zielsetzungen dient (wie im entschiedenen Fall die Folgenutzung eines aufgegebenen Flughafens).

OLG Düsseldorf, Beschl. v. 13.6.2007 – Verg 2/07, ZfIR 2007, 859 (m. Amm. *Grziwotz*) = NZBau 2007, 530 (Fliegerhorst *Ahlhorn*).

1718 Der **Gesetzesgeber** reagierte schnell und stellte durch eine Änderung der §§ 97 ff. GWB klar, dass er das anders sieht.

BGBl. I 2009, S. 790, in Kraft seit 24.4.2009.

1719 Insbesondere schränkt § 99 Abs. 3 GWB 2009 den Begriff der „Bauaufträge" ein auf „Verträge über die Ausführung […] eines Bauvorhabens oder eines Bauwerkes für den öffentlichen Auftraggeber […] oder einer dem Auftraggeber unmittelbar wirtschaftlich zugutekommenden Bauleistung durch Dritte gemäß den vom Auftraggeber genannten Erfordernissen" (ähnlich jetzt § 103 Abs. 3 Satz 2 GWB 2016). Damit ist eine Baupflicht nicht vergabepflichtig, wenn sie dem Grundstückserwerber nur aus städtebaulichen Gründen auferlegt wird, weil die verkaufende Gemeinde eine Nutzung, keine Brache wünscht.

1720 Der **EuGH** bestätigte in der Entscheidung **„Helmut Müller"** (implizit, aber deutlich), dass die deutsche Gesetzesnovelle den Maßstäben des EU-Vergaberechts genügt. Er entschied, dass ein „öffentlicher Bauauftrag" i. S. d. EU-Vergaberechts zwar nicht voraussetzt, dass die Bauleistung, die Gegenstand des Auftrags ist, in einem gegenständlichen oder körperlich zu verstehenden Sinn für den öffentlichen Auftraggeber beschafft wird, wohl aber, dass „sie diesem unmittelbar wirtschaftlich zugutekommt. Die Ausübung von städtebaulichen Regelungszuständigkeiten durch den öffentlichen Auftraggeber genügt nicht, um diese letztgenannte Voraussetzung zu erfüllen." Außerdem müsse der Auftragnehmer eine einklagbare Baupflicht eingehen.

EuGH, Urt. v. 25.3.2010 – C-451/08 *(Helmut Müller)*, ABl. EU 2010, Nr. C 134, 7 = ZfIR 2010, 417 = DNotZ 2010, 528 = NJW 2010, 2189.

1721 Damit kann man für die Praxis Entwarnung geben. Kommunale Grundstücksverkäufe sind **nur in Ausnahmefällen ausschreibungspflichtig**. Denn ein Bauauftrag i. S. d. § 103 Abs. 3 Satz 2 GWB (zuvor § 99 Abs. 3 GWB 2009), d. h. eine einklagbare Verpflichtung für ein Bauvorhaben, das dem öffentlichen Auftraggeber unmittelbar zugutekommt und gemäß der vom Auftraggeber genannten Erfordernisse zu errichten ist, liegt nicht bereits in der Ausübung von städtebaulichen Regelungszuständigkeiten.

1722 Eine **Ausschreibungspflicht** besteht (bei Erreichen oder Überschreiten der Schwellenwerte von – bei Bauaufträgen – jetzt 5,538 Mio. € netto) nur in folgenden Fallgruppen:

- Bei einem reinen **Bauauftrag** (ohne Grundstücksveräußerung), bei dem sich die Gemeinde auf ihrem eigenen Grundstück ein Bauvorhaben erstellen lässt;
- bei einem **unechten Erschließungsvertrag** (Vorfinanzierungsvertrag), bei dem die Gemeinde den Erschließungsunternehmer als Werkunternehmer

bezahlt (wenn auch erst nachdem sie die Erschließungsbeiträge von den Grundstückseigentümern erhoben hat), oder

- bei einem **Betreibermodell** (Sale und Lease Back mit Bebauung durch den Erwerber), z. B. wenn die Gemeinde ein Grundstück verkauft, damit der Erwerber darauf ein neues Rathaus oder eine Schule nach Vorgaben der Gemeinde errichtet und dann der Gemeinde zurückvermietet (wobei hier auch der Grundstücksverkauf mit ausschreibungspflichtig ist).

Keine Ausschreibungspflicht besteht in folgenden Fallgruppen: 1723

- Bei allen **städtebaulichen Verträgen**, wie z. B. dem Verkauf im Einheimischenmodell, dem Verkauf von Gewerbegrundstücken mit Baupflicht oder dem Verkauf eines brachliegenden Grundstücks, mit der Pflicht, es aus städtebaulichen Gründen einer Nutzung zuzuführen, da hier das Bauwerk nicht der Gemeinde nicht unmittelbar zugutekommt;
- beim **Vorhaben- und Erschließungsplan** (vorhabenbezogenen Bebauungsplan, § 12 BauGB), da die Bebauung weder der Gemeinde unmittelbar zugutekommt noch diese dafür ein Entgelt zahlt;
- beim **echten Erschließungsvertrag** (§ 124 BauGB a. F.), da die Gemeinde hierfür kein Entgelt zahlt;
- bei der **Privatisierung** (z. B. eines Krankenhauses des Landkreises) mit Investitionspflicht des Erwerbers – und zwar m. E. auch dann nicht, wenn der Kreis das Krankenhaus unter Verkehrswert, aber dafür mit einer Pflicht zum Weiterbetrieb abgibt, da auch dies nicht unmittelbar dem Kreis zugutekommt und (mangels zeitlicher Beschränkung) auch keine Baukonzession vorliegt.

Hertel, in: Würzburger Notarhandbuch, Teil 6, Rn. 146 ff.

In den meisten Fällen ist gar keine detaillierte Prüfung erforderlich, da der 1724 **Schwellenwert von 5,538 Mio. €** (netto) für Bauaufträge nicht erreicht ist (§ 106 GWB i. V. m. Art. 4 VergabeRL 2014/24/EU). Hierfür ist nur die Gegenleistung der öffentlichen Hand für den Bauauftrag zu rechnen, nicht der Grundstückswert (ausgenommen gegebenenfalls, falls der Erwerber das Grundstück wegen des Bauauftrags verbilligt erhalt). Der Schwellenwert ergibt sich jetzt jeweils unmittelbar aus der EU-Vergaberichtlinie; er wird dort periodisch angepasst.

Der unterlegene Bewerber kann gegen die Vergabeentscheidung Rechtsschutz 1725 ansuchen (§§ 155 ff. GWB) – und zwar nunmehr auch, wenn nach §§ 97 ff. GWB ein Vergabeverfahren erforderlich gewesen wäre, aber keine Ausschreibung erfolgte, sondern das Bauvorhaben einfach so vergeben wurde. Bei einer derartigen **„De-facto-Vergabe“** ist der öffentliche Auftrag unwirksam (§ 135 Abs. 1 Nr. 2 GWB). Allerdings kann die Unwirksamkeit nur festgestellt werden, wenn sie im Nachprüfungsverfahren innerhalb von 30 Kalendertagen ab

Kenntnis des Verstoßes, jedoch nicht später als sechs Monate nach Vertragsschluss geltend gemacht wird (§ 135 Abs. 2 GWB).

1726 Unterhalb der Schwellenwerte (von 5,538 Mio. €) kann allenfalls eine Vergabepflicht nach Haushaltsrecht in Betracht kommen. Diese kann aber (jedenfalls bisher) vom unterlegenen Bewerber nicht eingeklagt werden.

4. Ablösungsvereinbarung für Erschließungskosten

1727 Verkauft die Gemeinde ein gemeindeeigenes Grundstück, so wird sie mit dem Erwerber i. d. R. eine **Ablösungsvereinbarung** über die Erschließungsbeiträge abschließen – meist aber nur über die Erschließungsbeiträge nach BauGB, nicht über die Herstellungs- und Anschlussbeiträge nach KAG (= für Wasser und Kanal), da letztere auch vom konkreten Umfang der Bebauung abhängen. Eine solche Ablösevereinbarung hat vier Voraussetzungen (§ 133 Abs. 3 Satz 5 BauGB):

- Die **Beitragspflicht** darf **noch nicht entstanden** sein.
- **Ablösungsbestimmungen** müssen vorliegen.
- Der Ablösebetrag muss **offengelegt** werden
- und der Ablösebetrag muss der Höhe nach **angemessen** sein.

1728 (1) Die **Beitragspflicht** darf **noch nicht entstanden** sein (da sonst nur mehr eine Beitragserhebung durch Verwaltungsakt zulässig ist).

1729 Bei **gemeindeeigenen Grundstücken** entsteht die Beitragspflicht nach §§ 127 ff. BauGB (also insbesondere für die Straßenerschließung) noch nicht mit der Fertigstellung der Erschließungsanlage, sondern erst mit dem Eigentumsübergang an einen Dritten.

> BVerwG, Urt. v. 21.10.1983 – 8 C 29/82, DVBl 1984, 188 = DÖV 1984, 590;
>
> BVerwG, Urt. v. 5.7.1985 – 8 C 127/83, MittBayNot 1986, 268 = NVwZ 1985, 912.

1730 Daher kann die Gemeinde beim Verkauf noch eine Ablösungsvereinbarung über die Erschließung nach BauGB treffen, auch wenn die Erschließungsanlagen bereits fertiggestellt sein sollten.

1731 In den meisten Bundesländern gilt dies auch für Erschließungs- bzw. Herstellungsbeiträgen nach dem landesrechtlichen **Kommunalabgabenrecht (KAG)**, also insbesondere für Wasser und Kanal.

1732 Anders ist dies für Herstellungsbeiträge nach Kommunalabgabenrecht in **Baden-Württemberg** (§§ 24, 16 KAG BW i. d. F. ab 1.2.2005), **Bayern, Niedersachsen** und **Rheinland-Pfalz** (§ 26 Abs. 1 KAG RP). In diesen vier Bundesländern entstehen die Herstellungsbeiträge nach KAG auch bei gemeindeeigenen Grundstücken mit Erstellung der Erschließungsanlage. Daher erlöschen sie, soweit die Gemeinde selbst (und nicht ein Zweckverband) die Leitungserschließung vornimmt, mit Fertigstellung der Erschließung. Dann ist keine Ablösung mehr möglich. (Auch danach ist aber eine gesonderte Ausweisung der Herstellungsbeiträge nach KAG im Kaufvertrag zulässig.)

> Vgl. BayVGH, Beschl. v. 7.8.1985 – 23 CS 84 A.3129, BayVBl 1986, 84 = DÖV 1985, 1075 = DVBl 1985, 1182 = MittBayNot 1986, 101;
>
> OVG Lüneburg, Urt. v. 11.5.1990 – 9 L 390/89, KStZ 1990, 239 = NVwZ-RR 1991, 42;
>
> Gutachten, DNotI-Report 2006, 39.

(2) **Ablösungsbestimmungen** müssen vorliegen (formell als Satzung – nach **1733**
BauGB genügt auch ein Gemeinderatsbeschluss –, materiell mit Mindestinhalt: Art der Ermittlung des mutmaßlichen Erschließungsaufwands und dessen Verteilung auf die einzelnen Grundstücke).

> BVerwG, Urt. v. 27.1.1982 – 8 C 24/81, BVerwGE 64, 361= BauR 1982, 266 = DVBl 1982, 550 = NJW 1982, 2392;
>
> BVerwG, Urt. v. 1.12.1989 – 8 C 44/88, BVerwGE 84, 183 = MittBayNot 1990, 196 = NJW 1990, 1679 = ZfBR 1990, 103.

Nach BauGB genügt aber, wenn die Vereinbarung aufschiebend bedingt durch **1734**
den Erlass von Ablösungsbestimmungen getroffen wird.

> BVerwG, Urt. v. 27.1.1982 – 8 C 24/81, a. a. O.;
>
> BVerwG, Urt. v. 25.11.1988 – 8 C 58/87, HGZ 1989, 98 = MittBayNot 1989, 171 = NVwZ-RR 1990, 433, 434;
>
> BayVGH, Urt. v. 24.10.1986 – 23 B 84 A.2812, BayVGHE 39, 89 = BayVBl 1987, 335, 337 = DÖV 1987, 644;
>
> Gutachten, DNotI-Report 2006, 39.

(3) Weiter ist die **Offenlegung** des Ablösungsbetrags erforderlich – sei es als **1735**
Betrag pro Quadratmeter, sei es als Gesamtsumme für das Kaufgrundstück (wobei nach der verwaltungsrechtlichen Rechtsprechung die Offenlegung außerhalb des Kaufvertrags genügt, während die Literatur dies m. E. zu Recht für beurkundungsbedürftig hält). Die Berechnung selbst muss nicht offengelegt werden.

> BVerwG, Urt. v. 1.12.1989 – 8 C 44/88, a. a. O.;
>
> VGH Mannheim, Urt. v. 26.6.2003 – 2 S 2567/01, ESVGH 53, 256 = DVBl 2003, 1404 = DÖV 2004, 716 = VBlBW 2004, 224, fordert auch die getrennte Offenlegung von Erschließungsbeiträgen nach BauGB und nach KAG sowie für die Hausanschlusskosten, da diese jeweils getrennt zu berechnen sind;

vgl. auch Gutachten, DNotI-Report 2001, 53, 55,
sowie DNotI-Report 2007, 129, 130, jeweils m. w. N.

1736 (4) Die vereinbarte Ablösesumme muss **angemessen** sein. Die Wirksamkeit des Ablösungsvertrags entfällt nicht bereits bei einer größeren Abweichung der tatsächlichen Kosten vom vereinbarten Ablösebetrag – auch nicht wenn die anteiligen tatsächlichen Kosten mehr als das Doppelte oder weniger als die Hälfte des vereinbarten Ablösungsbetrags ausmachen. Die Grenze, bis zu der ein Auseinanderfallen von Ablösungsbetrag und Erschließungsbeitrag hinzunehmen ist, bestimmt sich vielmehr im Einzelfall nach den Grundsätzen über den Wegfall der Geschäftsgrundlage anhand einer Abwägung aller sich im Zusammenhang mit Ablösungsverträgen ergebenden Umstände und gegenläufigen Interessen.

BVerwG, Urt. v. 21.1.2015 – 9 C 1/14,
BVerwGE 151, 171 = BayVBl 2015, 499 = NVwZ 2015, 1463.

1737 (5) Die Nichtigkeit der Ablösungsvereinbarung kann zur Gesamtnichtigkeit des Vertrags führen.

BVerwG, Urt. v. 27.1.1982 – 8 C 24/81, a. a. O.

1738 Ist keine (wirksame) Ablösungsvereinbarung getroffen, so muss die Gemeinde (oder der Abwasserzweckverband etc.) Erschließungsbeiträge durch Beitragsbescheid erheben. Teilweise wird auch für zulässig gehalten, **zivilrechtlich** eine Regelung zu treffen, wonach die Gemeinde als Verkäuferin die Erschließungskosten übernimmt oder sich verpflichtet, den Käufer davon freizustellen. Als Argument wird insbesondere angeführt, dass der Verkäufer bereits kraft Gesetzes nach § 436 Abs. 1 BGB in der Fassung durch die Schuldrechtsreform die Erschließungsbeiträge und sonstige Anliegerbeiträge für die Maßnahmen tragen müsse, die bis zum Tage des Vertragsschlusses bautechnisch begonnen sind, unabhängig vom Zeitpunkt des Entstehens der Beitragsschuld. Dann müsse man dies doch auch vertraglich festschreiben oder regeln können.

Schütz/Häußermann, BWGZ 2005, 928, 934;

in diese Richtung tendierend auch
Birk, in: Driehaus, § 8 KAG Rn. 686a;
Miller, VBlBW 2007, 46, 49 f.

1739 Dagegen spricht aber meines Erachtens der Vorrang der öffentlich-rechtlichen Vorschriften von BauGB und KAG als leges speciales; ansonsten könnte der Grundsatz gleichmäßiger Abgabenerhebung und das Verbot des Abgabenverzichts umgangen werden.

Grziwotz, ZfIR 2000, 161, 165;
ders., BauR 2008, 471;
Gutachten, DNotI-Report 2007, 129, 131.

III. Veräußerung im Einheimischenmodell

Literatur: *Busse*, Einheimischenmodelle vor den Zivilgerichten, Bayer. Gemeindetag 1998, 147; *Grziwotz*, Gestaltungsmöglichkeiten bei Einheimischenmodellen, ZfIR 1999, 254; *ders.*, Kommunaler Bauplatzverkauf, Baupflicht und Sicherung, KommJur 2007, 295; *ders.*, Risiken für Einheimischenmodelle und Gestaltungsvorschläge, KommJur 2007, 450; *ders.*, Verträge im Zusammenhang mit Baulandausweisungen und Bauplatzveräußerungen – Übersicht über neue Gerichtsentscheidungen – MittBayNot 2010, 356; *Hamdorf*, Die Rechtsprechung des Bundesgerichtshofs zu Grundstücksverkäufen der Gemeinden im Rahmen städtebaulicher Verträge, insbesondere zum Einheimischenmodell, KommJur 2024, 41; *Hertel*, Einheimischenmodelle an der Schnittstelle zwischen Öffentlichem Recht und Zivilrecht – Zur Gestaltung von Einheimischenmodellen im Zwischenerwerb, in: DNotI (Hrsg.), Zehn Jahre Deutsches Notarinstitut, 2003, S. 77; *Huber/Wollenschläger*, Einheimischenmodelle – Städtebauliche Zielverwirklichung an der Schnittstelle von europäischem und nationalem, öffentlichem und privatem Recht. (= Schriften zum Öffentlichen Recht, Band 1112), 2008; *Krüger*, Grundstückskaufverträge im Einheimischenmodell, ZNotP 2010, 450; *Leidner*, Nachzahlungsklauseln beim Verkauf kommunaler Grundstücke, DNotZ 2019, 83; *Portz*, Einheimischenmodelle auf dem Prüfstand der EU-Kommission, KommJur 2010, 366; *Rastätter*, Probleme beim Grundstückskauf von Kommunen, DNotZ 2000, 17.

Fall: 1740

Im weiteren Umkreis der Großstadt M. wird alles vorhandene Bauland in landschaftlich schönen Regionen von „Auswärtigen" aufgekauft. Einheimische Bauinteressenten können preislich nicht mithalten.

Die Gemeinde W. beschließt darauf, bei Ausweisung neuen Baulandes die Hälfte der Baugrundstücke anzukaufen (zum Preis von Bauerwartungsland) und ausschließlich an Einheimische weiterzuveräußern. Der Verkauf erfolgt zu einem deutlich unter dem Verkehrswert von Bauland liegenden Preis.

Dafür müssen sich die Erwerber verpflichten, das Grundstück binnen 3 Jahren zu bebauen und 20 Jahre lang selbst zu nutzen oder nur an andere Einheimische i. S. d. gemeindlichen Richtlinien weiterzuveräußern. Verstoßen sie dagegen, kann die Gemeinde das Grundstück zum ursprünglichen Preis (zuzüglich des Mehrwertes infolge der Bebauung) zurückkaufen. Wahlweise kann sie vom Erwerber eine Aufzahlung in Höhe der Differenz zwischen Kaufpreis und Verkehrswert verlangen.

Im dargestellten Fall handelt es sich um ein sog. **Zwischenerwerbsmodell** oder **Ankaufsmodell**, bei dem die Gemeinde selbst die Grundstücke veräußert. 1741

Daneben gibt es noch das so genannte **Angebotsmodell** oder **Sicherungsmodell**, bei dem sich die Grundstückseigentümer verpflichten, nur an Einheimische zu veräußern. Lediglich zur Absicherung lässt sich die Gemeinde ein (vormerkungsgesichertes) Erwerbsrecht einräumen. 1742

Ein Zwischenerwerbsmodell (Weilheimer Modell)
war Gegenstand der Entscheidung von
BVerwG, Urt. v. 11.2.1993 – BVerwG 4 C 18.91,
BVerwGE 92, 56 = DNotZ 1994, 63 = NJW 1993, 2695.

1. Öffentlich-rechtliche Vorgaben

a) Sicherung des Subventionszwecks

1743 Eine Veräußerung unter Wert ist nur zulässig, wenn sie einen **öffentlichen Zweck** fördert. Dazu gehört auch die Wohnraumverschaffung für Einheimische.

> BGH, Urt. v. 29.11.2002 – V ZR 105/02,
> ZIP 2003, 535 = ZfIR 2003, 205 (m. Anm. *Krautzberger*)
> = DNotZ 2003, 341 (m. Anm. *Grziwotz*) = NJW 2003, 888;
> dazu EWiR 2003, 843 *(Gronemeyer)*;
>
> Gutachten, DNotI-Report 1998, 206, 207.

1744 Dann muss die Gemeinde aber nicht nur bei der Vergabe darauf achten, dass ein öffentlicher Zweck vorliegt, sondern den Erwerbern auch entsprechende vertragliche Verpflichtungen auferlegen und diese dinglich absichern.

> BGH, Urt. v. 16.4.2010 – V ZR 175/09,
> ZfIR 2010, 462 (m. Anm. *Grziwotz*) = DNotZ 2011, 121
> = MittBayNot 2010, 501 (m. Anm. *Vierling*)
> = NJW 2010, 3505 (m. Anm. *Hausmann*);
>
> ebenso BayVGH, Urt. v. 22.12.1998 – 1 B 94.3288,
> BayVBl 1999, 399 = ZfIR 1999, 302
> = DNotZ 1999, 639 = NVwZ 1999, 1008;
>
> ähnlich BGH, Urt. v. 17.1.2003 – V ZR 137/02,
> DNotZ 2003, 431 = WM 2003, 788 = ZMR 2003, 408.

b) Europarechtliches Diskriminierungsverbot

1745 Einheimischenmodelle sind dadurch in die Zwickmühle geraten, dass Europäische Kommission und EuGH darin eine (indirekte) Diskriminierung wegen der Staatsangehörigkeit sehen. Natürlich können EU-Ausländer nicht von der Vergabe der gemeindlichen Grundstücke ausgeschlossen werden. Aber faktisch profitieren mehr Deutsche davon, weil in Oberbayern nun einmal mehr Deutsche als Franzosen, Polen oder Spanier leben.

1746 Zwar erkannte der **EuGH** an, dass eine Beschränkung der Grundstücksveräußerung oder -vermietung auf Personen mit einer „ausreichenden Bindung" zur betreffenden Gemeinde mit den europarechtlichen Freizügigkeitsrechten vereinbar sein kann, sofern „die Regelung für die Erreichung des Ziels, ein ausreichendes Wohnangebot für einkommensschwache Personen oder andere benachteiligte Gruppen der örtlichen Bevölkerung sicherzustellen, erforderlich und angemessen ist".

> EuGH, Urt. v. 8.5.2013 – Rs. C-197/11 und C-203/11,
> ABl. EU 2013, Nr. C 225, 4 = DNotZ 2013, 831 (m. Anm.
> *Grziwotz*) = DVBl 2013, 1041 = EuZW 2013, 507.

1747 Doch hatte die Europäische Kommission ein **Vertragsverletzungsverfahren** gegen Deutschland wegen verschiedener Einheimischenmodelle angestrengt. Deutschland und die Kommission verglichen sich. Die Kommission wird nicht weiter vorgehen, wenn sich die deutschen Modelle an bestimmte Vorgaben halten.

> Leitlinien für Gemeinden bei der vergünstigten Überlassung von Baugrundstücken im Rahmen des sog. Einheimischenmodells. (veröffentlicht als Anlage zu einem Gemeinsamen Rundschreiben des Bayerischen Gemeindetags und des Bayerischen Städtetages v. 10.3.2017; auch verlinkt auf der Homepage des DNotI).

M. E. ist Deutschland hier zu weitgehende Kompromisse eingegangen. Denn nach den Leitlinien ist eine Sicherung des Förderungszwecks nach EU-Recht nur für 10 Jahre Bindungsdauer zulässig. Bei nur 10 Jahren Bindungsdauer dürfte aber das deutsche Haushaltsrecht nur Preisnachlässe von ca. 20 % zulassen – also deutlich weniger als bisher üblich. Auch sind die Einkommensgrenzen in den Leitlinien so gering angesetzt, dass praktisch nur Erwerber in Betracht kommen, die zwar noch schlecht verdienen, deren Eltern aber tüchtig für den Hausbau zusteuern können. **1748**

2. Prüfungsmaßstab für Veräußerungsvertrag

a) „Doppelte" Zwei-Stufen-Theorie

Die Grundstücksveräußerung durch die Gemeinde im Einheimischenmodell ist ein Anwendungsfall der **Zwei-Stufen-Theorie**, wie sie auch sonst für die Vergabe öffentlicher Subventionen gilt: **1749**

- Die Vergabe der Grundstücke und die **Auswahl unter den Bewerbern** richten sich nach öffentlichem Recht. Die Vergabeentscheidung ist Verwaltungsakt, gegen den ein unterlegener Bewerber nach den Grundsätzen über Konkurrentenschutzklagen verwaltungsgerichtlich vorgehen kann.

  > OVG Koblenz DÖV 1993, 351 = DVBl 1993, 260 = NVwZ 1993, 381;
  > OVG Münster NJW 2001, 698 = NW VBl 2001, 19;
  > VG München BayVBl 1997, 533 = MittBayNot 1996, 392 = NVwZ-RR 1997, 375.

- Der mit dem erfolgreichen Bewerber abgeschlossene **Kaufvertrag** unterliegt hingegen dem Zivilrecht.

  > BGH, Urt. v. 29.11.2002 – V ZR 105/02, BGHZ 153, 93 = ZIP 2003, 535 = ZfIR 2003, 205 (m. Anm. *Krautzberger*) = DNotZ 2003, 341 (m. Anm. *Grziwotz*) = NJW 2003, 888; dazu EWiR 2003, 843 (*Gronemeyer*).

- Ob die Vergabekriterien und die Vergabe rechtmäßig waren, spielt hingegen für den Kaufvertrag keine Rolle mehr.

Man kann hier von einer **„doppelten" Zwei-Stufen-Theorie** sprechen, weil das Zusammenspiel von öffentlichem und Zivilrecht auch wieder zum Tragen **1750** kommt, wenn die Gemeinde entscheidet, ob sie bei Verstößen des Erwerbers gegen die Einheimischenbindung von den ihr eingeräumten privatrechtlichen Rechten Gebrauch macht:

- Der öffentlich-rechtlichen Ebene gehört auch die Entscheidung an, ob die Gemeinde bei einem Verstoß gegen die Einheimischenbindung von ihren **Sicherungsmitteln Gebrauch macht**, also etwa das Wiederkaufsrecht ausübt oder die Aufzahlung fordert.
- Die Ausübung und **Durchsetzung dieser Sicherungsmittel** erfolgt aber wieder auf der privatrechtlichen Ebene.

BGH, Urt. v. 30.9.2005 – V ZR 37/05,
DNotI-Report 2006, 17 = NJW-RR 2006, 298
= NotBZ 2005, 434 = WM 2006, 300;

BGH, Urt. v. 21.7.2006 – V ZR 252/05,
ZfIR 2007, 32 (m. Anm. *Grziwotz*)
= DNotZ 2006, 910 = NJW-RR 2006, 1452;

BGH, Urt. v. 13.10.2006 – V ZR 33/06
= DNotZ 2007, 513 (m. Anm. *Vierling*)
= MittBayNot 2007, 306 (m. Anm. *Grziwotz*)
= NJW-RR 2007, 962 = NotBZ 2007, 140 (m. Anm. *Pützhoven*);

Hertel, in: DNotI (Hrsg.), Zehn Jahre
Deutsches Notarinstitut, S. 77, 83.

b) Angemessenheitskontrolle (§ 11 Abs. 2 BauGB)

1751 Prüfungsmaß auch des zivilrechtlichen Veräußerungsvertrags ist jedenfalls das verwaltungsrechtliche **Gebot angemessener Vertragsgestaltung** (wie es jetzt in **§ 11 Abs. 2 BauGB** kodifiziert ist).

Std. Rspr. seit
BGH, Urt. v. 29.11.2002 – V ZR 105/02,
BGHZ 153, 93 = ZIP 2003, 535
= ZfIR 2003, 205 (m. Anm. *Krautzberger*)
= DNotZ 2003, 341 (m. Anm. *Grziwotz*) = NJW 2003, 888;
dazu EWiR 2003, 843 *(Gronemeyer)*.

c) Zusätzliche AGB-Kontrolle?

1752 Eine zusätzliche Kontrolle am Maßstab des AGB-Gesetzes bzw. jetzt der §§ 305 ff. BGB lehnte der Bundesgerichtshof für **Altverträge vor dem Jahr 1995** ab.

1753 Der Bundesgerichtshof lässt jedoch in mittlerweile ständiger Rechtsprechung ausdrücklich offen, ob eine AGB-Klauselkontrolle durchzuführen ist, wenn der Vertrag erst **nach dem 1.1.1995** abgeschlossen wurde, d. h. nach dem Termin zur Umsetzung der **EG-Klauselrichtlinie**. Denn wenn der Kaufvertrag mit der Gemeinde ein Verbrauchervertrag i. S. d. EG-Klauselrichtlinie ist, so wäre zur richtlinienkonformen Auslegung eine Klauselkontrolle durchzuführen.

BGH, Urt. v. 29.11.2002 – V ZR 105/02, a. a. O;

ebenso BGH, Urt. v. 13.10.2006 – V ZR 33/06,
= DNotZ 2007, 513 (m. Anm. *Vierling*)
= MittBayNot 2007, 306 (m. Anm. *Grziwotz*)
= NJW-RR 2007, 962
= NotBZ 2007, 140 (m. Anm. *Pützhoven*);

ebenso BGH, Urt. v. 16.4.2010 – V ZR 175/09,
ZfIR 2010, 462 (m. Anm. *Grziwotz*)
= DNotZ 2011, 121 = MittBayNot 2010, 501
(m. Anm. *Vierling*)
= NJW 2010, 3505 (m. Anm. *Hausmann*);
dazu *Krüger*, ZNotP 2010, 450.

In der Entscheidung vom 29.11.2002 nahm der Bundesgerichtshof die AGB-Kontrolle gewissermaßen im Rahmen der Angemessenheitsprüfung nach § 11 Abs. 2 BauGB vor. Denn im Rahmen des Gebotes angemessener Vertragsgestaltung erlangen „auch **die den §§ 9 – 11 AGBG zugrunde liegenden Wertungen** Bedeutung“ – jedoch nur „unter Berücksichtigung der besonderen Interessenlage bei Einheimischenmodellen“. 1754

BGH, Urt. v. 29.11.2002 – V ZR 105/02, a. a. O.

- Bei der allgemeinen Angemessenheitskontrolle nach § 307 Abs. 2 BGB dürften sich ohnehin keine Unterschiede gegenüber § 11 Abs. 2 BauGB ergeben. Zu unterschiedlichen Bewertungen könnte man allenfalls bei **speziellen Klauselverboten** (§§ 308, 309 BGB) kommen. Mit seiner Formel behält sich der Bundesgerichtshof vor, bestimmte Klauselverbote bei Einheimischenmodellen nicht oder doch weniger streng anzuwenden.

- Insbesondere sieht der Bundesgerichtshof die Möglichkeit, dass einzelne, für sich genommen bei einer AGB-Kontrolle unwirksame Klauseln auch durch nicht konnexe vorteilhafte Klauseln des Vertrags ausgeglichen werden können. Bisher hatte der Bundesgerichtshof eine derartige **Kompensationswirkung** nur für kollektiv ausgehandelte Vertragswerke wie die VOB/B oder die Allgemeinen Speditionsbedingungen (ADSpB) anerkannt – und ob das für die VOB/B so weitergilt oder ob nach neuem Schuldrecht hier nicht eine Einzelkontrolle der Klauseln erfolgen muss, ist bekanntlich hoch umstritten.

In der Entscheidung vom 13.10.2006 und in den seitherigen Entscheidungen stellte der Bundesgerichtshof jeweils fest, dass die Klausel auch einer AGB-Kontrolle nach §§ 307 ff. BGB standhielte – ließ aber offen, ob sie überhaupt AGB-Kontrolle unterliegen. Ebenso prüfte er in späteren Entscheidungen immer vorsorglich an beiden Prüfungsmaßstäben und entschied jeweils nach beiden Prüfungsmaßstäben identisch. 1755

BGH, Urt. v. 13.10.2006 – V ZR 33/06,
ebenso etwa BGH, Urt. v. 16.4.2010 – V ZR 175/09, je a. a. O.;
ebenso etwa BGH, Urt. v. 15.2.2019 – V ZR 77/18,
DNotZ 2019, 857 = MittBayNot 2020, 79 (m. Anm. *Leidner*).

1756 Genau umgekehrt entschied der **Kartellsenat** in Sachen **„Fernwärme für Börnsen"**, dass die Gemeinde beim Grundstücksverkauf zwar denselben wettbewerbsrechtlichen Beschränkungen unterliegt, denen auch ein privater Grundstückseigentümer oder ein privates Energieversorgungsunternehmen unterliegt, aber keinen strengeren Beschränkungen. Daher seien die für öffentlich-rechtliche Verträge geltenden Beschränkungen (insbesondere §§ 56, 59 Abs. 2 Nr. 4 VwVfG, § 11 Abs. 2 BauGB) nicht anzuwenden. Im zugrunde liegenden Sachverhalt hatte die Gemeinde den Verkauf von Grundstücken in einem Neubaugebiet mit der Verpflichtung der Erwerber verknüpft, ihren Heizenergiebedarf durch ein von einer gemeindeeigenen Gesellschaft betriebenes Blockheizkraftwerk zu decken.

> BGH, Urt. v. 9.7.2002 – KZR 30/00,
> BGHZ 151, 274 = ZfIR 2002, 1004 (m. Anm. *Gronemeyer*)
> = MittBayNot 2003, 161 (m. Anm. *Grziwotz*)
> = NJW 2002, 3779 = NZM 2002, 1039;
> dazu EWiR 2003, 601 *(Dreher)*.

1757 Nach meiner Ansicht unterliegt der Veräußerungsvertrag der Gemeinde sowohl **zivilrechtlichen wie öffentlich-rechtlichen Schranken**.

1758 Jedoch sind **im Rahmen der zivilrechtlichen Klauselkontrolle auch die öffentlich-rechtlichen Bindungen der Gemeinde zu berücksichtigen**. Denn der Gemeinde kann nicht zivilrechtlich verboten sein, wozu sie aus öffentlichem Recht verpflichtet ist. Dies widerspräche der Einheit der Rechtsordnung. Auch ist bei der Klauselkontrolle zu berücksichtigen, dass die Gemeinde die ihr vertraglich eingeräumten Rechte (anders als ein privater AGB-Verwender) nur im Rahmen ihrer öffentlich-rechtlichen Bindungen ausüben kann, insbesondere nur im Rahmen der Verhältnismäßigkeit und der Gleichbehandlung. Das Ergebnis dürfte ähnlich sein wie der Ansatz des Bundesgerichtshofs, umgekehrt im Rahmen der öffentlich-rechtlichen Angemessenheitskontrolle auch die AGB-Klauselkontrolle einzubeziehen.

> *Hertel*, in: DNotI (Hrsg.), Zehn Jahre Deutsches
> Notarinstitut, 2003, S. 77, 90 ff.

3. Einheimischenbindung und Bindungsfrist

1759 Der Erwerber erhält die Subvention (d. h. das verbilligte Grundstück) nur zweckgebunden. Im Wege einer **Einheimischenbindung** muss er sich daher verpflichten, das Grundstück binnen bestimmter Fristen zu bebauen und zu eigenen Wohnzwecken als Erstwohnsitz zu nutzen. Dies sind keine Primärpflichten, sondern Obliegenheiten. Bei einem Verstoß kann die Gemeinde entweder das Grundstück wieder zurückkaufen oder eine Nachzahlung verlangen.

1760 Für die **Bindungsfrist** (für Nachzahlungsklausel wie Wiederkaufsrecht) versuchten Rechtsprechung und Literatur früher feste Zeitgrenzen zu bestimmen (etwa nach der regelmäßigen Geltungsdauer eines Bebauungsplans).

BGH, Urt. v. 29.11.2002 – V ZR 105/02,
a. a. O. (jedenfalls 15 Jahre Bindungsfrist);

OLG München DNotZ 1998, 810;
OLG Oldenburg OLG-Report 2001, 34;
BayVGH DNotI-Report 1999, 28
(je für Bindungsfrist von bis zu 20 Jahren).

Welche Bindungsfrist aber nach dem Angemessenheitsmaßstab des § 11 Abs. 2 BauGB bzw. § 307 Abs. 1 BGB noch zulässig ist, lässt sich nicht abstrakt, sondern nur mit Blick auf die **Höhe der gewährten Subvention** bestimmen. Dabei erachtete der Bundesgerichtshof bei einer „üblichen" Kaufpreisverbilligung von etwa 30 %, aber auch bei 20 % Verbilligung eine zwanzigjährige Bindungsfrist als angemessen. Gewährt die Gemeinde hingegen weniger als 20 % Preisnachlass, so ist eine zwanzigjährige Bindungsfrist unzulässig lang. **1761**

BGH, Urt. v. 15.2.2019 – V ZR 77/18,
DNotZ 2019, 857 = MittBayNot 2020, 79 (m. Anm. *Leidner)*;

BGH, Urt. v. 26.6.2015 – V ZR 271/14,
ZfIR 2015, 901 (m. Anm. *Spieß/Gerold*)
= DNotZ 2015, 819 = NJW 2015, 3169;

BGH, Urt. v. 16.4.2010 – V ZR 175/09,
ZfIR 2010, 462 (m. Anm. *Grziwotz*)
= DNotZ 2011, 121 = MittBayNot 2010, 501 (m. Anm. *Vierling*)
= NJW 2010, 3505 (m. Anm. *Hausmann*);
dazu *Krüger*, ZNotP 2010, 450.

Unabhängig von der Subventionshöhe sieht der Bundesgerichtshof die Obergrenze der Bindungsfrist bei **30 Jahren** – wie gesetzlich beim Wiederkaufsrecht. Spätestens nachdem eine Familie das Grundstück für die Dauer einer Generation, also für etwa 30 Jahre, selbst genutzt habe, sei das mit dem verbilligten Verkauf verbundene Ziel, einer Familie zu einem Eigenheim und damit zu einer Lebensgrundlage zu verhelfen, erreicht. Eine Bindungsfrist von 30 Jahren könnte die Gemeinde allerdings nur bei einem Preisnachlass von deutlich über 30 % verlangen. **1762**

BGH, Urt. v. 21.7.2006 – V ZR 252/05,
ZfIR 2007, 32 (m. Anm. *Grziwotz*)
= DNotZ 2006, 910 = NJW-RR 2006, 1452.

Bei einem Erbbaurecht kann hingegen ein Heimfallanspruch bei Verstoß gegen die Einheimischenbindung auch über 30 Jahre hinaus für die gesamte Laufzeit des Erbbaurechts vereinbart werden, da das Erbbaurecht immer nur zur Haltung eines dem Erbbaurechtszweck entsprechenden Gebäudes berechtigt.

BGH, Urt. v. 26.6.2015 – V ZR 144/14,
BGHZ 206, 120 = ZfIR 2015, 712 (m. Anm. *Krautzberger*)
= DNotZ 2015, 761 = NJW 2015, 3436;

BGH, Urt. v. 15.2.2019 – V ZR 77/18,
DNotZ 2019, 857 = MittBayNot 2020, 79 (m. Anm. *Leidner)*.

1763 Bei einem **Erbbaurecht** kann (und sollte) das Rückerwerbsrecht (hier i. d. R. in Form eines Rückfalls) hingegen für die gesamte Dauer des Erbbaurechts bestehen.

> BGH, Urt. v. 26.6.2015 – V ZR 144/14, BGHZ 206, 120 = DNotZ 2015, 761 = NJW 2015, 3436 = ZfIR 2015, 712 = ZNotP 2015, 299.

1764 Eine unangemessen lange Bindungsfrist führt aber nicht zur Gesamtnichtigkeit, sondern ist auf das zulässige Maß zu reduzieren. Denn ohne das Wiederkaufsrecht verstieße der Verkauf gegen das Verbot der Unter-Wert-Veräußerung und wäre damit insgesamt unwirksam; das liegt auch nicht im Interesse des Käufers.

> BGH, Urt. v. 16.4.2010 – V ZR 175/09, a. a. O;
>
> BGH, Urt. v. 15.2.2019 – V ZR 77/18, DNotZ 2019, 857 = MittBayNot 2020, 79 (m. Anm. *Leidner*).

1765 Vor allem aber ist bei der (öffentlich-rechtlichen Bindungen unterliegenden) Ermessensentscheidung über die Ausübung des Wiederkaufsrechts die Länge der seit dem ursprünglichen Verkauf verstrichenen Zeit in die Ermessensausübung einzubeziehen.

> BGH, Urt. v. 26.6.2015 – V ZR 144/14, BGHZ 206, 120 = ZfIR 2015, 712 (m. Anm. *Krautzberger*) = DNotZ 2015, 761 = NJW 2015, 3436;
>
> BGH, Urt. v. 30.9.2005 – V ZR 37/05, DNotI-Report 2006, 17 = NJW-RR 2006, 298.

4. Wiederkaufsrecht

1766 Wichtigste Absicherung der Gemeinde ist ein Wiederkaufsrecht. Dies wird die Gemeinde vor allem dann ausüben, wenn der Erwerber das Grundstück unbebaut liegen lässt, da sie es dann an einen anderen einheimischen Erwerbsinteressenten veräußern kann.

1767 Zur dinglichen Absicherung des Wiederkaufsrechts ist eine **Vormerkung** vorzusehen. Nur dann ist die vom Verbot der Unter-Wert-Veräußerung geforderte Absicherung des Subventionszwecks gesichert.

> BayVGH DNotZ 1999, 639; ähnlich BGH, Urt. v. 29.11.2002 – V ZR 105/02, a. a. O.;
>
> **a. A.** OLG Hamm, Urt. v. 11.1.1996 – 22 U 67/95, DNotZ 1996, 541 = NJW 1996, 2104 (Vormerkung als unangemessene Benachteiligung des Erwerbers); dazu EWiR 1996, 243 *(Medicus)*.

1768 Entsprechend der gesetzlichen Regelung des § 456 BGB genügt, wenn dem Erwerber für das Grundstück der **ursprüngliche Kaufpreis** ohne zwischenzeitliche Wertsteigerungen zurückerstattet wird.

> BGH, Urt. v. 29.11.2002 – V ZR 105/02, a. a. O.

Bei einer zwischenzeitlichen Bebauung wird meist eine doppelte Begrenzung vorgeschlagen, nämlich einerseits auf die Aufwendungen des Erwerbers, diese aber andererseits nur insoweit zu ersetzen, als dadurch eine **Wertsteigerung des Grundstücks** eingetreten ist. 1769

> *Hertel*, in: DNotI (Hrsg.), Zehn Jahre Deutsches Notarinstitut, 2003, S. 77, 106 f. m. w. N.;
>
> **a. A.** OLG Hamm, Urt. v. 11.1.1996 – 22 U 67/95, DNotZ 1996, 541 = NJW 1996, 2104 (auch bei geringeren Aufwendungen Verpflichtung zum Ersatz der vollen Wertsteigerung); dazu EWiR 1996, 243 *(Medicus)*.

5. Aufzahlungs- oder Mehrerlösklausel

Als zweite Absicherung bei einem Verstoß gegen die Einheimischenbindung wird i. d. R. eine Nachzahlungsklausel vereinbart. Denn wenn der Erwerber das Grundstück bebaut hat, dann aber vertragswidrig nutzt, wird die Gemeinde weniger am Erwerb eines bebauten Grundstücks interessiert sein als an der Rückzahlung der zweckwidrig verwendeten Subvention. 1770

Auch dies ist zulässig. Es handelt sich nicht etwa um eine Vertragsstrafe, sondern um die **Rückforderung einer Subvention**. 1771

> BGH, Urt. v. 29.11.2002 – V ZR 105/02, BGHZ 153, 93 = ZIP 2003, 535 = ZfIR 2003, 205 (m. Anm. *Krautzberger*) = DNotZ 2003, 341 (m. Anm. *Grziwotz*) = NJW 2003, 888; dazu EWiR 2003, 843 *(Gronemeyer)*;
>
> ebenso bereits BayVGH, Urt. v. 22.12.1998 – 1 B 94.3288, ZfIR 1999, 302 = BayVBl 1999, 399; DNotZ 1999, 639 = NVwZ 1999, 1008; LG Traunstein DNotI-Report 1998, 218.

Die Nachzahlungsklausel kann zulässigerweise jedenfalls auf zwei Arten gestaltet sein: 1772

- Entweder als **Mehrerlösklausel**, wonach der Erwerber bei einer Weiterveräußerung unter Verstoß gegen die Einheimischenbindung die Differenz zwischen dem ursprünglichen Ankaufspreis und dem Verkaufspreis bei der Weiterveräußerung zu zahlen hat (bzw. bei Bebauung die Differenz zwischen Ankaufspreis und Bodenwert beim Weiterverkauf),

  > BGH, Urt. v. 29.11.2002 – V ZR 105/02, BGHZ 153, 93,

- oder als **Aufzahlungsklausel**, nach der der Erwerber bei einer unzulässigen Weiterveräußerung eine Aufzahlung in Höhe der ursprünglichen Verbilligung nachzuzahlen hatte (also die Differenz zwischen dem damaligen Verkehrswert und dem damaligen Kaufpreis) – und zwar auch, falls der Erwerber bei der jetzigen Weiterveräußerung einen Verlust macht.

BGH, Urt. v. 13.10.2006 – V ZR 33/06,
DNotZ 2007, 513 (m. Anm. *Vierling*)
= MittBayNot 2007, 306 (m. Anm. *Grziwotz*)
= NJW-RR 2007, 962 = NotBZ 2007, 140 (m. Anm. *Pützhoven*).

1773 Eine Aufzahlungsklausel darf aber nicht über die seinerzeitige Subvention (und die Abschöpfung sonstiger damit zusammenhängender Vorteile) hinausgehen. Eine Nachzahlungsklausel könnte zwar neben der Kaufpreisverbilligung auch künftige Bodenwertsteigerung einbeziehen; dann müsste sie aber umgekehrt auch die Möglichkeit stagnierender oder sinkender Bodenpreise berücksichtigen und die Nachzahlung auf den tatsächlich eingetretenen Vorteil begrenzen.

BGH, Urt. v. 16.4.2010 – V ZR 175/09,
ZfIR 2010, 462 (m. Anm. *Grziwotz*) = DNotZ 2011, 121
= MittBayNot 2010, 501 (m. Anm. *Vierling*)
= NJW 2010, 3505 (m. Anm. *Hausmann*);
dazu *Krüger*, ZNotP 2010, 450.

1774 Manche Vertragsklauseln sehen vor, dass sich die **Aufzahlung im Lauf der Zeit verringert**, da sich der Erwerber dann ja bereits mehrere Jahre an die Einheimischenbindung gehalten hat. Auch ohne derartige Klausel darf die Gemeinde nach dem Verhältnismäßigkeitsgrundsatz (im Rahmen ihrer öffentlich-rechtlichen Entscheidung über die Geltendmachung ihrer vertraglichen Rechte) aber gegebenenfalls nur einen Teil der möglichen Aufzahlung geltend machen.

1775 Entsprechend müsste eine Aufzahlungsklausel auch in einem Angebotsmodell nach Art des Weilheimer Modells zulässig sein, da es sich um ein milderes Mittel gegenüber dem BVerwGE 92, 56 (siehe Rn. 1742) zulässigen Ankaufsrecht der Gemeinde handelt.

1776 Die Aufzahlungsklausel wird meist durch eine **Sicherungshypothek** dinglich abgesichert.

6. Ausübung der Rechte der Gemeinde

1777 Die Entscheidung der Gemeinde, bei einem Verstoß gegen die Einheimischenbindung ihr Wiederkaufsrecht auszuüben oder eine Nachzahlung zu verlangen, ist öffentlich-rechtlich. Die Ausübung selbst erfolgt zivilrechtlich.

1778 In der Praxis sind die Gemeinden häufig langmütig und zeigen Verständnis für Probleme der Erwerber. Doch ist es nicht ermessensfehlerhaft, sondern entspricht sogar den haushaltsrechtlichen Grundsätzen der Wirtschaftlichkeit und Sparsamkeit und damit einer ordnungsgemäßen Verwaltung, wenn die Gemeinde ihr zustehende Rechte auch in vollem Umfang ausübt.

BGH, Urt. v. 23.5.2025 – V ZR 259/23, BauR 2025, 1376 =
NVwZ 2025, 1451 (m. Anm. *Schröer/Kümmel*) = ZNotP 2025, 258.

IV. Zweckbindung und Aufzahlungsklauseln bei Verkauf durch Gemeinde zum Verkehrswert

Auch wenn die Gemeinde zum Verkehrswert verkauft, kann sie dabei zugleich öffentliche Zwecke verfolgen – z. B. um in einem Gewerbegebiet Arbeitsplätze zu schaffen oder damit das neu geschaffene Baugebietet auch kurzfristig bebaut wird. Daher kann die Gemeinde auch bei einem Verkauf zum Verkehrswert dem Erwerber auferlegen, das Grundstück zu **bebauen** und sich bei einem Verstoß ein **Wiederkaufsrecht** vorbehalten. Da der Erwerber das Grundstück ohnehin zur Bebauung kauft, schränkt ihn die Bauobliegenheit nur gering ein (sofern ihm eine hinreichende Frist zur Bebauung eingeräumt wird). **1779**

BGH, Urt. v. 16.12.2022 – V ZR 144/21, DNotZ 2023, 198 = ZfIR 2023, 139, Rn. 12 ff.

Auch bei einem Verkauf zum Verkehrswert ist eine **Mehrerlösklausel** (für die Abschöpfung des Mehrerlöses bei einem Weiterverkauf durch den Erwerber) zulässig, sofern die Gemeinde damit ein anerkennenswertes (über die reine Abschöpfung des Veräußerungsgewinns hinausgehendes) Interesse verfolgt (z. B., dass das verkaufte Grundstück baldmöglichst bebaut wird). **1780**

BGH, Urt. v. 16.3.2018 – V ZR 306/16, MittBayNot 2019, 86 = NVwZ 2018, 1414 = ZfIR 2018, 655 (m. Anm. *Simon/Zintl*).

Eine vorteilsunabhängige Aufzahlungsklausel (= Zahlungspflicht, ohne dass dem Erwerber ein Mehrwert zugeflossen wäre) ist hingegen unzulässig, wenn die Gemeinde zum Verkehrswert verkauft hat. **1781**

BGH, Urt. v. 20.4.2018 – V ZR 169/17, MittBayNot 2019, 81 = NJW 2018, 3012 = ZfIR 2018, 745 (m. Anm. *Krautzberger*).

Sachregister